SEITE 36

REISEZIELE AUF KRETA

ALLE ZIELE AUF EINEN BLICK
Fundierte Einblicke, detaillierte Adressen, Insider-Tipps und mehr

Unterkunft S. 189

SEITE 269

PRAKTISCHE INFORMATIONEN

SCHNELL NACHGESCHLAGEN
Tipps für Unterkünfte, sicheres Reisen, Smalltalk und vieles mehr

Andrea Schulte-Peevers
Chris Deliso, Des Hannigan

Willkommen auf Kreta

Rausch der Landschaft

Kreta ist die Quintessenz alles Griechischen. Die Natur entfaltet sich so abwechslungsreich, dass eigentlich nur ein Künstler sie geschaffen haben kann – von den sonnigen Stränden im Norden bis zu den zerklüfteten Schluchten im Süden, die sich zur buchtenübersäten, klippenreichen Küste öffnen. Dazwischen wiegen Täler launische Dörfer und bilden runde Hügelkuppen das Vorspiel zu oftmals schneegekrönten Bergen. Am schönsten erlebt man diese Natur aktiv: bei einer Wanderung durch Europas längste Schlucht oder zur Höhle, in der Zeus geboren wurde, auf einer Radtour zwischen Obstgärten in der Lassithi-Hochebene oder beim Faulenzen an einem Sandstrand.

Kaleidoskop der Geschichte

Kretas Reichtum in der Natur wird nur noch vom dem seiner Geschichte übertroffen. Die Insel ist die Geburtsstätte der ersten fortschrittlichen Gesellschaft auf europäischem Boden, der Minoer, die vor rund 4000 Jahren über weite Teile der Ägäis herrschten. Spuren dieser geheimnisvollen Zivilisation finden sich überall, etwa im berühmten Palast von Knossos. Durch seine Lage am Kreuzungspunkt dreier Kontinente war Kreta von jeher begehrt und immer wieder Ziel von Invasoren. Geschichte durchweht noch die Altstädte von Chania und Rethymnon, wo über venezianischem Gassenlabyrinth mächtige Festungen wa-

GARETH MCCORMACK/LONELY PLANET IMAGES

Kreta ist ein magisches Mosaik aus herrlichen Stränden, Schätzen aus alter Zeit und Landschaften, deren quirlige Städte und verträumte Dörfer reich an Tradition, tollem Essen und Gastfreundschaft sind.

(links) Badefreuden am Marmara-Strand
(unten) Fresko im Palast von Knossos

MARIA BREUER/IMAGEBROKER

chen und Renaissancevillen neben Moscheen und türkischen Badehäusern stehen. Hunderte Kapellen, Kirchen und Klöster – oft mit byzantinischen Wurzeln – zeugen vom Einfluss der orthodoxen Kirche. Viele schmücken sich mit prachtvollen Fresken, etwa die Kirche Panagia Kera in Lassithi, während andere, wie das Moni Arkadiou nahe Rethymnon, wichtige Rollen während der Ottomanen-Ära und im Zweiten Weltkrieg spielten.

Kultur, Küche & Charakter

Am Ende sind es aber die Menschen und nicht die Bauwerke, die am längsten in Erinnerung bleiben. Die lebensfrohen Kreter sind die besten Sachwalter ihrer einzigartigen Kultur und Bräuche und sorgen dafür, dass altgediente Traditionen weiterhin ein lebendiger Bestandteil der Inselseele bleiben. Es sind die Begegnungen mit ganz normalen Einheimischen, die sich zum Plausch in *kafeneia* (Cafés) treffen, das Ostermahl vorbereiten, sich um ihre Schafe kümmern oder während eines der vielen Feste ausgelassen feiern, die den Besuch Kretas so besonders machen. Wer dazu noch auf dem Feinschmeckertrip ist, wird die frische, ökologische Küche lieben, die in Tavernen auf der ganzen Insel serviert wird. Tatsächlich zählt die kretischen Küche zu den gesündesten der Welt. Die ideale Begleitung dazu ist einer der exzellenten lokalen Weine und zum Schluss ein feuriger Raki.

› Kreta

0 20 km
MITTELMEER
Altstadt von Chania
Durch die historische Hafenstadt schlendern (S. 41)
Rethymnon
Die Romantik des venezianischen Viertels erleben (S. 84)
KRETISCHES MEER
Kap Spanda
Diktynna
Gramvousa-Inseln
Kap Vouxa
Halbinsel Rodopou
Moni Gonias
Bucht von Chania
Bucht von Kalathas
Moni Iannou Eremiti
Stavros
Moni Gouvernotou
Moni Agia Triada
Halbinsel Gramvousa
Bucht von Kissamos
Kolymbari
Chania
Halbinsel Akrotiri
Bucht von Souda
Falasarna
Kisamos-Kastelli
Platanias
Souda
Platanos
Voukolies
Halbinsel Drapano
Polyrinia
Bucht von Almyros
Panormos
Bali
Perama
CHANIA
Vryses
Georgioupoli
Moni Arkadi
Margarites
Omalos
Rethymnon
Eleuderna
Moni Chrisoskalitissa
Agia-Irini-Schlucht
Kandanos
Nationalpark Samaria-Schlucht
Levka Ori (2453 m)
Kournas-See
Argyroupoli
Sfentoni-Höhle
RETHYMNON
Elafonisi
Samaria-Schlucht
Chora Sfakion
Imbros-Schlucht
Spili
Psiloritis (Ida) (2456 m)
Sougia
Agia Roumeli
Plakias
Kap Trachili
Paleochora
Loutro
Kedros (1777 m)
Zaros
Agia Galini
Timbaki
Golf von Messara
Agia Triada
Kalamaki
Festos
Kommos
Matala
Samaria-Schlucht
Zwischen aufragenden Felsen zum Meer wandern (S. 54)
Gavdopoula
Kap Lithino
Gavdos
Kastri
Karabe
Moni Preveli & Strand
Am traumhaften Strand beim Kloster entspannen (S. 102)
Elafonisi
Karibikfeeling am entlegenen Strand genießen (S. 76)
Südkreta per Boot
Einsame Buchten und Strände entdecken (S. 61)
MITTELMEER
24° E

ENTFERNUNGEN (km)

Hinweis: Die Entfernungen sind ungefähre Angaben

	Iraklion	Chania	Agios Nikolaos	Rethymnon	Plakias	Sitia
Chania	142					
Agios Nikolaos	69	209				
Rethymnon	85	57	152			
Plakias	123	95	198	39		
Sitia	142	282	73	227	265	
Matala	69	148	138	91	79	211

12 TOP ERLEBNISSE

Palast von Knossos

1 Das bronzezeitliche Volk der Minoer besaß eine bemerkenswert hoch entwickelte Zivilisation und herrschte vor etwa 4000 Jahren von seiner Hauptstadt Knossos aus über weite Teile der Ägäis. Bis zur Freilegung der Stätte im frühen 20. Jh. schlummerte ein Schatz an Fresken, Skulpturen, Geschmeide, Siegeln und anderen Zeugnissen verborgen unter der kretischen Erde. Ungeachtet einer umstrittenen Teilrekonstruktion ist Knossos eine der bedeutendsten archäologischen Stätten im Mittelmeerraum und Kretas meistbesuchte Touristenattraktion (S. 134).

NEIL SETCHFIELD/LONELY PLANET IMAGES ©

Archäologisches Museum Iraklion

2 Antike Schätze aus mehreren tausend Jahren sind in diesem faszinierenden Museum (S. 116) versammelt. Absolutes Highlight ist die weltweit größte und beste minoische Sammlung, aber auch exquisite Funde aus anderen Epochen gibt es zu bestaunen (wenn erst einmal der Haupttrakt des Museums wiedereröffnet ist). Wer Knossos und die anderen berühmten archäologischen Stätten auf der Insel besser verstehen möchte, sollte definitiv hier einen Besuch einplanen.

GARETH MCCORMACK/LONELY PLANET IMAGES ©

Altstadt von Chania

3 Sie mag überlaufen sein, doch dem Zauber der Altstadt Chanias (S. 41) erliegt jeder. Griechische Kirchen und osmanische Minarette ragen hier über dem bulligen Gemäuer der Venezianer auf. In den verschlungenen alten Gassen verstecken sich kleine feine Hotels und einige der besten Restaurants der Insel. Im geradezu pariserisch anmutenden Splantzia-Viertel locken schattige Cafés und Läden, die wahre Fundgruben für Traditionelles sind. Das Sahnehäubchen der Idylle ist der Blick zum Sonnenuntergang über die geschützte Bucht mit dem Leuchtturm an der Hafeneinfahrt.

Elafonisi

4 Wohl jeder Kreta-Besucher ist fest entschlossen, Elafonisi (S. 76) einen Besuch abzustatten, doch längst nicht jeder nimmt den Aufwand am Ende auf sich, liegt der Strand doch im rauen Südwesten der Insel, jenseits zerklüfteter Berge und kleiner Dörfer. Himmlisch ist es an dem langen Strand mit rosa schimmerndem Sand und kristallklarem Wasser im Herbst, wenn die sommerlichen Besucherscharen verschwunden sind. Dann watet man durch das flache Wasser zur winzigen Gezeiteninsel und fragt sich: Ist das wirklich Kreta oder doch die Karibik?

KATJA KREDER/ IMAGEBROKER ©

Samaria & die Schluchten im Westen

5 Die grandiose Samaria-Schlucht (S. 54), die bei Omalos beginnt und sich durch ein urzeitliches Flussbett bis zum Libyschen Meer zieht, ist Kretas Wanderziel Nummer eins – und das aus gutem Grund. Eine bunte Tierwelt ist hier ebenso zu Hause wie zahlreiche Raubvögel, und im Frühjahr entfaltet ein ganzes Meer an Wildblumen seine Pracht. Rund sechs Stunden bergab dauert der Marsch (früh aufbrechen). Einsamer ist es in unbekannteren Schluchten wie Tripiti (S. 57) und Aradena (S. 27), die grob parallel zur Samaria verlaufen. Unten: Samaria-Schlucht

Altstadt von Rethymnon

6 Zu einem leisen Brummen verebbt der Verkehr im Gassenlabyrinth dieses historischen Viertels (S. 84) mit stilvollen venezianischen Renaissancebauten, zu denen sich Elemente aus osmanischer Zeit gesellen. Überraschungen sind bei einem Bummel garantiert: ein romantischer Innenhof voller Blumen vielleicht, ein idyllischer Platz, ein türkisches Badehaus oder eine venezianische Villa, die jetzt ein Boutique-Hotel ist. Die massive Festung sollte auf jeden Fall auf dem Programm stehen, ebenso ein Abendessen in einem der vielen exzellenten Altstadt-Restaurants.

JON DAVISON/LONELY PLANET IMAGES ©

TREVOR CREIGHTON/LONELY PLANET IMAGES ©

Mit dem Schiff entlang der Südküste

7 Der Tipp für Zivilisationsmüde, Strandliebhaber und Abenteurer – und dabei so einfach! Weite Teile der bergigen Südküste Kretas sind nur per Boot zugänglich, aber dank dieser Schiffsverbindung (S. 67) sind so herrliche Winkel wie das zwischen einsamen Stränden eingezwängte Loutro oder das heiter entspannte Sougia bequem zu erreichen. Paleochora und Chora Stakion, zwei Orte voller ursprünglicher Menschen und kretischer Livemusik am Beginn bzw. am Ende der Route, zählen zu den bekanntesten (und erschwinglichsten) Zielen auf der Insel.

Spinalonga

8 Ihren heutigen Ruhm verdankt die Insel, die früher eine Leprakolonie (S. 173) war, dem Bestsellerroman *Insel der Vergessenen* der britischen Schriftstellerin Victoria Hislop. Das Buch wurde als griechische Fernsehserie *(To Nisi)* verfilmt und heimste viel Kritikerlob für die gelungene wie stimmungsvolle Umsetzung der Inselgeschichte ein. Ganz für sich wird man Spinalonga bei einem Besuch nicht haben, aber der beeindruckenden Wirkung der venezianischen Festungsruinen und der rekonstruierten Gebäude aus der im Roman beschriebenen Epoche tut das keinen Abbruch.

INGOLF POMPE 91/ALAMY ©

CHRIS CHRISTO/LONELY PLANET IMAGES ©

Moni Preveli & Strand von Preveli

9 Berauschend ist der Ausblick von diesem Kloster (S. 102) aus dem 17. Jh. hoch über dem Libyschen Meer. Unten erstreckt sich hinter Palmen der beliebte Preveli-Strand (S. 104). Zum Schwimmen ist es hier phantastisch, in der Hochsaison ist man aber nicht allein. Das Kloster selbst ist wiederholt in die Annalen der Geschichte eingegangen, zuletzt im Zweiten Weltkrieg, als der hiesige Abt die Evakuierung von 5000 Soldaten der Alliierten ermöglichte, die während der Besatzung durch die Nazis auf Kreta festsaßen.

Agios Nikolaos

10 Agios Nikolaos (S. 164) ist unbestritten einer der hübschesten Orte auf Kreta. Dazu trägt zum einen die Lage am Golf von Mirabello – der „schönen Aussicht" der Venezianer – bei, den Rest übernimmt das reizvoll um einen kleinen Hafen und einen kreisrunden See arrangierte Häusergewimmel. Tagsüber lässt es sich prima in einem der Cafés am Seeufer entspannen, abends trifft sich eine bunte Szene aus Besuchern der nahen Ferienanlagen und modisch aufgestylten jungen Einheimischen in den Bars am Hafen.

JOHN ELK III/LONELY PLANET IMAGES ©

DIMITRY KOVYAZIN/ALAMY ©

Lassithi-Hochebene & Dikti-Höhle

11 Als wollten sie nie enden, schrauben sich die Hauptrouten zur Lassithi-Hochebene (S. 173) von der Küste immer steiler und immer kurviger mit wundervoller Aussicht in die Höhe; eingefasst von aufragenden Bergen breitet sich dann schließlich die weite grüne Ebene aus. Ähnlich spektakulär präsentiert sich die berühmte Dikti-Höhle (S. 175), nach der griechischen Mythologie der Geburtsort des Zeus und ein kathedralengleicher Raum voller phantastisch geformter Kalksteingebilde.

Strand von Vai

12 Die Südsee lässt grüßen an diesem exotischen, goldgelben Sandstrand, den ein dichter Palmenhain säumt (S. 180). Vai bedeutet im lokalen Dialekt „Palmwedel", und angeblich waren es von römischen Soldaten oder Piraten weggeworfene Dattelkerne, aus denen die Palmen sprossen. Vai ist natürlich ein beliebtes Ziel, aber im entspannteren Früh- oder Spätsommer angenehm, und auch während der Saison ist am einen oder anderen Ende ein ruhiges Plätzchen zu finden.

KATJA KREDER/IMAGEBROKER ©

Gut zu wissen

Währung

» Euro (€)

Sprache

» Griechisch

Reisezeit

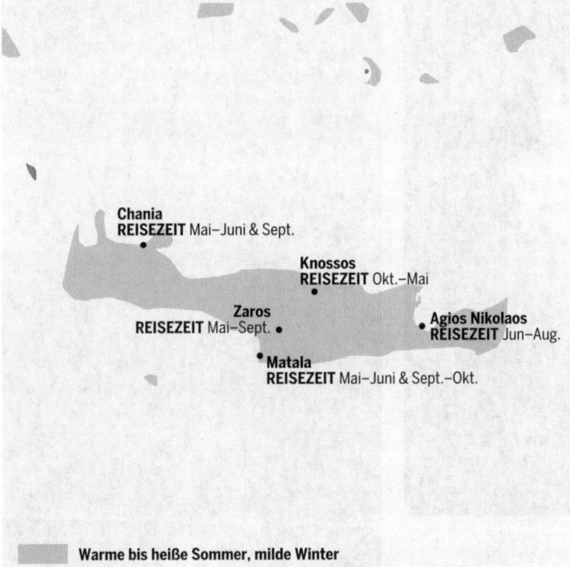

Hochsaison
(Juli & Aug.)

» Großer Andrang, viel Verkehr, volle Strände

» Unterkunftspreise am höchsten

» Wenn der *meltemi* bläst, kann es am Strand ungemütlich werden

» Tagsüber heiß, abends kühler, Meer angenehm warm

Zwischensaison
(April–Juni & Sept.–Okt.)

» Beste Zeit für Wanderungen und Outdooraktivitäten

» Moderate Temperaturen, weniger Leute

» Wildblumen im Frühjahr, Traubenernte im Herbst

» Bessere Preise und Unterkunftsauswahl

Nachsaison
(Nov.–März)

» Sehenswürdigkeiten und Restaurants öffnen kürzer, Strandhotels schließen ganz

» Kaum Touristen an großen Sehenswürdigkeiten

» Höchste Wahrscheinlichkeit für Regen

Tagesbudget

Budget unter

50 €

» Hostel, Camping, einfaches Hotel: 10–25 €

» Nutzung öffentlicher Verkehrsmittel

» Picknicks mit Waren von lokalen Märkten

» Hauswein und sättigende *mezedes* in Tavernen

Mittelklasse

50–150 €

» Apartment oder Doppelzimmer im Mittelklassehotel: 40–90 €

» Mittag- und Abendessen in netter Taverne mit Wein

» Mietwagen

Spitzenklasse ab

150 €

» Doppelzimmer im Boutique-Hotel oder Strandresort: ab 120 €

» Mittags in den besten Tavernen, Abendessen im Gourmetrestaurant in Top-Locations

Geld

» Geldautomaten gibt's in den Städten und größeren Dörfern. Visa und MasterCard werden in Städten und touristischen Zentren akzeptiert.

Visa

» Bürger der EU- und Schengenstaaten brauchen kein Visum. Auch Besucher aus vielen anderen Ländern können bis zu 90 Tage ohne Visum im Land bleiben (S. 277).

Handy

» Mit europäischen Handys kann man problemlos telefonieren. Mit einer griechischen SIM-Karte sind Inlandsgespräche billiger.

Unterkünfte

» Die Auswahl ist groß und reicht von Hostels, Gästehäusern und Hotels bis zu Apartments, Villen und Strandresorts. Im Sommer am besten reservieren (s. S. 189).

Websites

» **Explore Crete** (www.explorecrete.com) Gute allgemeine Seite

» **InfoCrete** (www.infocrete.com) Portal zu den Top 100 Webseiten über Kreta

» **Interkriti** (www.interkriti.org) Umfassender Online-Guide für die Insel

» **Lonely Planet** (www.lonelyplanet.com/crete) Informationen, Hotelbuchungen, Reiseforum und mehr

» **Crete Region** (www.crete-region.gr) Offizielle Seiten der kretischen Verwaltung

Wechselkurs

Schweizer Franken	1 SFr	0,82 €

Aktuelle Wechselkurse siehe www.xe.com

Wichtige Telefonnummern

Krankenwagen	☎166
Polizei	☎100
Pannendienst	☎10400
Landesvorwahl	☎30
Internationale Vorwahl	☎00

Ankunft auf Kreta

» **Nikos Kazantzakis International Airport, Iraklion** (S. 134)

Bus Nr. 1 ins Zentrum von Iraklion: alle 10 Minuten von 6.15 bis 22.45 Uhr (1,10 €).

Taxi nach Iraklion: 7–10 €.

Alle internationalen Autovermieter haben Schalter am Flughafen.

Autofahren auf Kreta

Abseits der Hauptverkehrswege sind die Straßen zwar geteert, aber häufig schmal und kurvenreich. Vor allem in den entlegeneren Ecken im Süden gibt's auch einige unbefestigte Straßen, die nur für Allradantrieb geeignet sind. Außer in abgeschiedenen Berggegenden sind die Straßenschilder in der Regel sowohl griechisch als auch lateinisch beschriftet. Sofern nicht anders ausgeschildert, gilt als Höchstgeschwindigkeit 120 km/h auf Autobahnen, 90 km/h auf anderen Hauptverkehrsstraßen und 50 km/h in Ortschaften. Es besteht Gurtpflicht, auch auf den Rücksitzen. Außerhalb von bebautem Gebiet hat der Verkehr auf Hauptstraßen Vorfahrt, innerhalb von Ortschaften gilt rechts vor links. Die Promillegrenze liegt bei 0,5; ab 0,8 Promille macht man sich strafbar.

Wie wär's mit …

Traumhafte Strände

Unberührte Strände, romantische Buchten, exotische Lagunen oder lange sandige Küstenstreifen – auf Kreta ist es nie weit zu einem tollen Strand mit kristallklarem Wasser, das von tiefblau bis leuchtend grün schillert.

Balos Wie auf einer Postkarte aus den Tropen kommt dieser lagunenähnliche Sandstrand daher (S. 73).

Vai Vorsicht: Beim Aalen an Europas größtem natürlichem Palmenstrand plumpst schon mal die eine oder andere Dattel von oben runter (S. 180).

Preveli-Strand Der „andere" berühmte Palmenstrand Kretas zwischen höhlenzerfurchten Klippen an einer Flussmündung ins Meer (S. 104).

Falasarna Fabelhaft sind die Sonnenuntergänge an diesem langen Sandstrand (S. 74).

Agios Pavlos Bräunen fern der Besuchermassen lässt es sich in den gewaltigen Dünen, die bis zum abgelegenen Strand an der Südküste reichen (S. 105).

Gaidouronisi (Chrysi-Insel) Wie viele Blau- und Grüntöne kann Wasser haben? An einem Strand auf dieser Insel vor Ierapetra kann man es herausfinden (S. 187).

Inseln

Als größte griechische Insel wirkt Kreta manchmal selbst wie ein eigenes großes Land. Wer etwas mehr klassisches Insel-Feeling braucht, nimmt einfach ein Boot zu einem der Eilande vor der kretischen Küste.

Spinalonga Selbst im sommerlichen Touristenansturm fasziniert diese historisch bedeutsame Insel (S. 173).

Gavdos Herrlich abgeschieden ist der südlichste Punkt Europas – nur nicht im trubeligen August (S. 68).

Gaidouronisi (Chrysi) Schöne Strände und Libanonzedern hat diese Insel, die auch den Namen Chrysi, die „Goldene Insel", trägt (S. 187).

Elafonisi Rosa schimmernder Sand und das seichte warme Meer schaffen hier eine magische Atmosphäre (S. 76).

Imeri Gramvousa Der Inselwinzling ganz im Westen vor der Halbinsel Gramvousa ist von einer venezianischen Festungsruine gekrönt. Mittelmeer und Kretisches Meer treffen hier aufeinander. Den nahen Strand von Balos umspült kobaltblaues Wasser in perfekter Postkartenidylle (S. 73).

Bezaubernde Dörfer

Was kann schöner und einfacher sein als ein Spaziergang durch ein schmuckes altes Dorf mit ausgetretenen Gassen, eingestreuten Kirchen und einem Platz als Ankerpunkt, an dem die Einheimischen zum Plaudern zusammenkommen.

Chora Sfakion Typische Kreter und eine schillernde Geschichte machen den Charme dieses Hafenorts im Süden aus (S. 58).

Argyroupoli Umgeben vom Rauschen natürlicher Quellen gibt's hier leckere Forellen zu schmausen (S. 92).

Mochlos Minoische Antike gepaart mit Küstenflair und einigen der besten Tavernen Kretas (S. 176).

Kritsa Das Dorf mit hübschem altem Kern mitten in den Bergen ist bekannt für seine traditionellen Handarbeiten (S. 169).

Myrthios Vom weiß gekalkten Dorf hoch über dem Libyschen Meer reicht der Blick fast bis hinüber nach Afrika (S. 104).

Amari Ein kunterbunter Haufen im ländlichen Amari-Tal (S. 103).

Theriso Herrlich erholsam ist dieses historisch bedeutsame Bergdorf im dichten Wald etwas südlich von Chania (S. 50).

STEFAN KIEFER/IMAGEBROKER

» Auf Radtour in die Levka Ori (Weißen Berge) nahe Vamos

Essen & Trinken

Kreta ist ein Paradies für Feinschmecker. Die Vorliebe für lokale Produkte ist hier kein Trend, sondern eine Lebenseinstellung. Dies gilt vor allem in ländlichen Gegenden, wo Tavernen häufig einen eigenen Hof betreiben und Fleisch, Käse, Olivenöl, Raki und Wein selbst produzieren.

Wein Auf einer Verkostungstour durch das Weinbaugebiet von Iraklion, dem größten Kretas, sind leckere Tropfen garantiert (S. 141).

Ökologischer Landbau Ein Musterbeispiel für traditionellen, ökologischen Anbau ist der herrlich gelegene Bauernhof Agreco (S. 94).

Kräuter Die Hänge Kretas umweht der aromatische Duft von Salbei, Thymian und anderen Kräutern. Welche medizinische Wirkung sie haben, erhellt ein Besuch in einem Kräuterladen in Maroulas (S. 93).

Bergtavernen Die Dorftaverne, eine der großen Wonnen einer Kretareise, feiert ihr Revival, insbesondere in der Region Rethymnon (S. 84).

Beer Brink's ist die einzige Brauerei auf Kreta, und eine gute dazu (S. 102).

Outdoorabenteuer

Ob zu Wasser oder an Land, vom Frühjahr bis zum Herbst gibt's reichlich Möglichkeiten, die Muskeln sportlich spielen zu lassen. Jede Jahreszeit hat dabei ihre besonderen Reize.

Aufstieg auf den Berg Psiloritis Der ultimative Fitnesstest führt fern der Sommerhitze auf Kretas höchsten Gipfel (S. 98).

Radfahren auf der Lassithi-Hochebene Helm auf und los geht's, vorbei an Obstgärten, Feldern und Windmühlen (S. 173).

Klettern in Kapetaniana Beim Kraxeln an Klippen und Felsspalten mit erfahrenen Führern sind Adrenalinschübe garantiert (S. 154).

Windsurfen in Palekastro Ungezähmte Winde machen den Strand von Kouremenos zur Top-Location für Surfer (S. 180).

Wandern in der Aradena-Schlucht Bis zum Libyschen Meer führt der Weg durch die idyllische und spektakuläre Schwester der Samaria-Schlucht (S. 60).

Spaß in den Wellen So macht Meer Laune: kopfüber hineinstürzen in die herandonnernden Wellen am ursprünglichen Strand von Falasarna (S. 74).

Museen

Bilden und unterhalten, das ist der Auftrag von Museen, und Kreta hat viele dieser Fenster in die Vergangenheit. Zum Pflichtprogramm gehört das Archäologische Museum Iraklion, doch es warten noch viele andere Überraschungen.

Nikos-Kazantzakis-Museum Hier erfährt man, was der berühmte kretische Schriftsteller trieb, wenn er nicht gerade *Alexis Sorbas* schrieb (S. 142).

Schifffahrtsmuseum Die Replik eines minoischen Schiffs und andere Zeugnisse einstiger Seemacht in einer venezianischen Werftanlage (S. 42).

Archäologisches Museum Ierapetra Eine marmorne Persephone und abstrakte Darstellungen auf antiken Tonsarkophagen lassen staunen (S. 183).

Lychnostasis-Museum Zeitreise in ein traditionelles kretisches Dorf (S. 156).

Ethnologisches Museum Faszinierende Einblicke in Jahrhunderte kretischen Alltagslebens (S. 149).

Musikinstrumentenmuseum Ross Daly zeigt hier seine unterhaltsame Sammlung kostbarer und seltener Instrumente (S. 144).

Monat für Monat

Top-Events

1 **Karneval**, Februar

2 **Ostern**, März oder April

3 **Unabhängigkeitstag**, März

4 **Sommer-Kunstfestival**, Juli bis Mitte September

5 **Mariä Himmelfahrt**, August

Januar

Im Winter sind die Kreter mehr oder weniger unter sich auf der Insel. Die Ausblicke auf die schneebedeckten Gipfel sind grandios, aber das kalte, windige Wetter macht eher Lust auf Museen und Kirchen.

Neujahr (Fest des hl. Basilius)

Zum neuen Jahr gibt's Geschenke, es wird gesungen, getanzt, festlich gegessen und der *vasilopita* (Neujahrskuchen) angeschnitten. Wer das Stück mit der eingebackenen Münze erwischt, kann sich auf ein glückliches Jahr freuen.

Epiphanias

Am 6. Januar werden das Meer, Seen und Flüsse von einem Priester gesegnet, der auch ein Kreuz hineinwirft. Die mutige Seele, die es wieder herausfischt, darf ein Jahr ohne Sorgen erwarten.

Februar

Mit Rio ist er zwar nicht zu vergleichen, aber eine große Party ist der kretische Karneval allemal. Die blühenden Mandelbäume kündigen das nahende Frühjahr an, und die Zeit ist ideal, um sich mit frisch gepresstem Olivenöl aus der letzten Ernte einzudecken.

Karneval

Vor Beginn der Fastenzeit gibt's drei Wochen Tanz, Maskenbälle, Spiele und Schatzsuchen. Höhepunkt ist eine große Straßenparade am letzten Sonntag. Die größte Party steigt in Rethymnon.

März

Die Tage werden länger und die Sonne zeigt sich häufiger. Zum Schwimmen ist es noch zu früh, aber Kulturfans kommen jetzt voll auf ihre Kosten.

Unabhängigkeitstag

Der 25. März gibt doppelt Grund zu feiern: Mit Militärparaden und Tänzen wird dem Beginn des Unabhängigkeitskriegs 1821 gedacht, und da Maria just am gleichen Tag entdeckte, dass sie schwanger war, gibt's Mariä Verkündigung noch als kirchlichen Feiertag dazu.

April

Ein bunter Teppich von Wildblumen überzieht die Insel, während die Vorbereitungen für das große Osterfest laufen – eine super Gelegenheit, kretische Gastfreundschaft von ihrer besten Seite kennenzulernen.

Ostern

Ein besonderes Erlebnis sind die Ostergottesdienste zum wichtigsten religiösen Fest Griechenlands: am Karfreitag mit Kerzenprozession, am Ostersamstag zu Mitternacht mit Feuerwerk.

Mai

Viel Sonne und angenehme Temperaturen machen den Mai zum idealen Monat für Wanderungen, Radtouren und eine Inselerkundung begleitet vom Duft aromatischer Kräuter.

1. Mai

An diesem Tag setzt ein wahrer Massenexodus aufs Land ein. Beim Picknicken werden Wildblumen gepflückt, um daraus dekorative Kränze fürs traute Heim zu winden. In den größeren Städten finden auch Kundgebungen statt, schließlich ist dies auch der Tag der Arbeit.

Schlacht um Kreta

Die letzte Maiwoche steht ganz im Zeichen dieser historischen Schlacht. Auf dem Programm stehen feierliche Zeremonien und Veranstaltungen, Sportwettkämpfe und Volkstümliches. Zentrale Veranstaltungsorte sind Chania und Rethymnon.

Juni

Startschuss für den Sommer: Schnell noch an die Strände, bevor die großen Horden einfallen. Gourmets genießen derweil die Fülle frischer einheimischer Produkte vom Markt.

Woche des Meeres

Kretas enge Verbundenheit mit dem Meer wird in geraden Jahren Ende Juni mit Musik, Tanz und Wassersportwettbewerben gefeiert. Besonders hoch her geht es in Souda nahe Chania.

Juli

Die Hochsaison beginnt. Ohne Reservierung geht an den Küsten gar nichts, ansonsten bleiben noch die traditionellen Dörfer in den kühleren Bergen. Häufig wehen kräftige Winde.

Renaissance-Festival

Internationale Künstler geben sich in Rethymnon zwei Wochen lang bei Theater, Tanz und Musik aus der Renaissance die Ehre.

Sommer-Kunstfestival

Mit Starbesetzung aus dem In- und Ausland (vom Bolschoi-Ballett bis zur Wiener Staatsoper) geht dieses hochkarätige Tanz-, Musik-, Theater- und Kinofestival von Juli bis Mitte September an den Start.

August

Es ist einfach nur heiß! Die großen Festivals strecken ihre Fühler bis in den August. Das Meer ist am sanftesten, und reife Melonen, Feigen, Pfirsiche und Kirschen füllen die Marktstände. Windig ist es auch jetzt noch.

Mariä Himmelfahrt

Der 15. August ist ein Tag der Familientreffen. Alles und jeder ist unterwegs in die Dörfer, entsprechend mörderisch ist der Verkehr zum Feiertag.

Oktober

Wettermäßig ein toller Monat und kaum noch Touristen. Die Winde lassen nach und die Traubenernte läuft auf Hochtouren. Die Zeit ist ideal für Wanderungen in die Natur.

Ochi-Tag

Ein einfaches „Nein“ (*ochi* auf Griechisch) war Premierminister Metaxas’ berühmte Antwort, als Mussolini am 28. Oktober 1940 den freien Durchmarsch seiner Truppen durch Griechenland forderte. Das Datum ist heute ein Feiertag und wird mit Gedenkveranstaltungen, Paraden und anderen Feiern begangen.

November

Fast alle Ferienanlagen schließen Anfang November. Das Wetter wird kühler und unbeständig. Auf den Bergen fällt der erste Schnee und in den Dörfern erreicht die Raki-Produktion ihren Höhepunkt.

Jahrestag von Moni Arkadi

Patriotenherzen schlagen höher, wenn vom 7. bis 9. November der Explosion im Kloster mit einem der bedeutendsten Feste Kretas gedacht wird.

Dezember

Kurz und recht kalt sind die Tage: Kuschelwetter für drinnen. Regenschirm nicht vergessen.

Weihnachten

Ostern ist in der orthodoxen Kirche das wichtigere Ereignis, aber auch Weihnachten wird gefeiert. Weihnachtsbäume, -deko und -geschenke gehören inzwischen ebenfalls dazu.

Reise-routen

Ob nun für sechs oder 60 Tage, aus diesen Reiserouten kann sich jeder seine Traumreise zusammenstellen. Noch mehr Anregungen gibt's online im Austausch mit anderen Reisenden im Forum www.lonelyplanet.com/thorntree.

Zwei Wochen
Kreta-Highlights

Zwei tolle Städte stehen am Anfang und Ende dieser Route, dazwischen liegen jede Menge Natur und großartige Kulturschätze. Ein paar Tage sollte **Iraklion** mit seinen exzellenten Museum wert sein, bevor es zum **Palast von Knossos** und ins **Weinland von Iraklion** geht. Nächste Station ist Matala, ideale Basis für Ausflüge ins römische **Gortys**, zu den minoischen Palästen von **Festos** und **Agia Triada** sowie zum lohnenden Museum in **Vori** mit Badestopp an den Stränden von **Kommos** und **Kalamaki**.

Westwärts über **Spili** geht's weiter nach **Moni Preveli** und zum herrlichen **Preveli-Strand**, schließlich nach Norden ins malerische **Rethymnon**. Zwei Tage gebühren hier der Altstadt, ein paar weitere den reizvollen Zielen in der Umgebung wie **Moni Arkadi**, dem Töpferdorf **Margarites** oder dem Bergdorf **Argyroupoli**.

Hinter **Vryses** liegt das nächste Etappenziel, **Chania**. Wer sich an Historischem sattgesehen hat, nimmt von hier am frühen Morgen einen Bus zur **Samaria-Schlucht**, wandert nach **Agia Roumeli** und steigt in das Boot nach **Loutro**. Am nächsten Morgen geht's mit dem Boot nach **Chora Sfakion** und von dort per Bus zurück nach Chania.

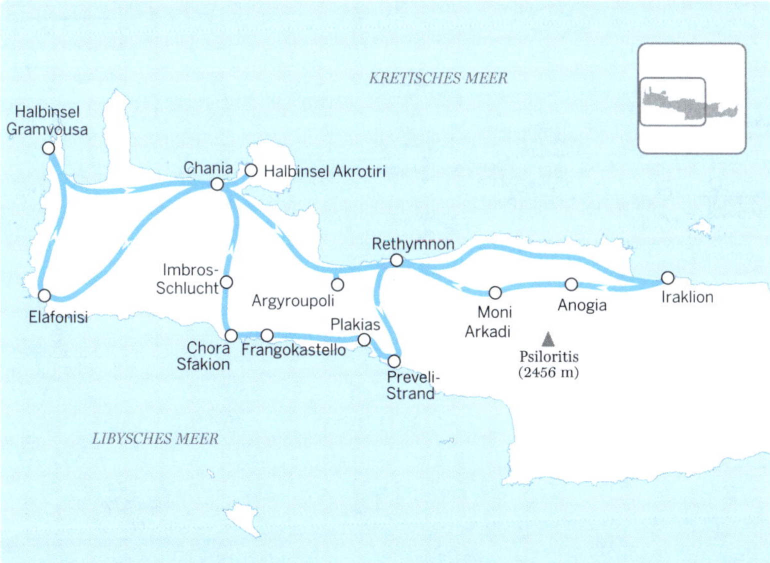

10 Tage
Zentral-Kreta und der Westen

Diese Tour schnürt ein Paket aus all den Facetten kretischer Schönheit. Dazu gehört die ursprüngliche Südküste ebenso wie verschachtelte Bergdörfer und großartige Kunstschätze in zwei der schönsten kretischen Städte. Den Auftakt macht **Iraklion** mit seinem Archäologischen Museum und der beeindruckenden Festung, bevor es gen Westen zunächst ins traditionsbewusste **Anogia** am Fuß des Bergs Psiloritis geht. Weiter westlich liegt das Töpferdorf Margarites auf dem Weg zum **Moni Arkadi**, einem der blutigsten Schauplätze im kretischen Kampf um Unabhängigkeit von den Türken. Der folgende Tag sollte ganz **Rethymnon** und der Erkundung seiner zauberhaften venezianisch-osmanischen Gebäude und der Festung aus dem 16. Jh. gewidmet sein.

Ab an die Südküste heißt es dann, in den lebendigen Badeort **Plakias**, der mit abgeschiedenen Stränden in seiner Umgebung lockt, darunter der palmengesäumte **Preveli-Strand** in grandioser Lage am Ende einer zerklüfteten Schlucht.

Weiter westlich wird nach einem kurzen Stopp an der Küstenfestung **Frangokastello** die Tour in **Chora Sfakion** per Boot fortgesetzt, um den abgelegenen Dörfern an diesem bezaubernden Küstenabschnitt die Ehre zu erweisen. Von Chora Sfakion geht's dann wieder nach Norden, Richtung Levka Ori, wo Zeit für eine Wanderung in der spektakulären **Imbros-Schlucht** sein sollte. Danach lässt es sich gut ein, zwei Nächte in **Chania** an der Nordküste aushalten, wo es neben einem hübschen Hafen auch stolze Festungsanlagen, eine stimmungsvolle Altstadt und interessante Museen gibt. Von hier ist es nicht weit zur **Halbinsel Akrotiri** mit mehreren schönen Klöstern und dem Strand von Stavros, wo die berühmte Tanzszene für den Film *Alexis Sorbas* gedreht wurde.

Von Chania geht es nun auf einer Rundstrecke in den äußersten Westen der Insel: zunächst über Kolymbari und die Dörfer der Region Innahorion nach Südwesten zur Insel **Elafonisi** mit ihrem rosa schimmernden Sandstrand am westlichsten Punkt der Insel, danach auf der Küstenstraße nach Norden zur **Halbinsel Gramvousa**, die mit dem lagunenartigen Strand Balos ein besonderes Highlight besitzt.

Auf dem Weg zurück von Chania nach Iraklion bietet sich ein kurzer Abstecher zu den Quellen von **Argyroupoli** an. Der Rest der Strecke führt hinter Rethymnon ostwärts entlang der Küste durch den idyllischen Ort Panormos und die rummelige Ferienbastion Bali.

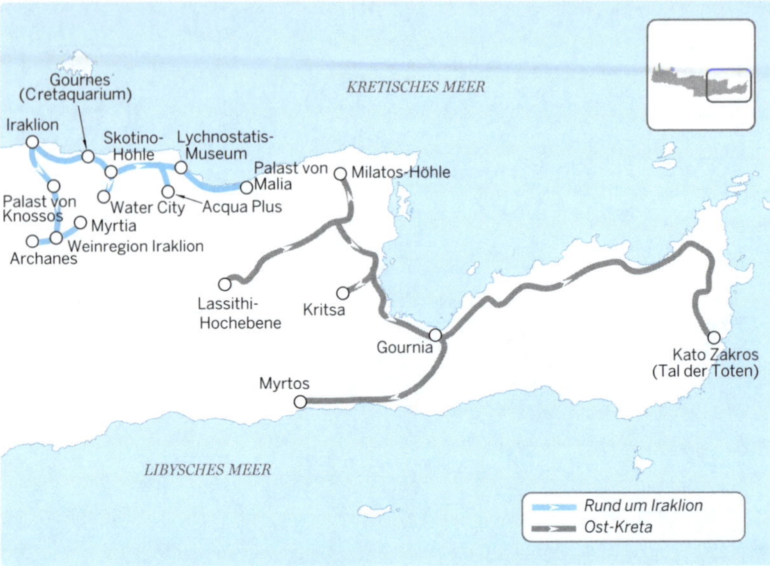

Eine Woche
Ost-Kreta

Nur zu: Es ist schon okay, unbeschwert ein paar Tage am Strand, in den Bars und am Buffet einer Ferienanlage zu genießen. Und wenn man sich dann irgendwann davon losreißen kann, gibt es da draußen noch jede Menge zu entdecken. Das Beste daran: Alles lässt sich bequem mit dem Auto in Tagesausflügen abklappern. Für grandiose Landschaft steht die **Lassithi-Hochebene** in den höheren Lagen des Dikti-Gebirges, wo sich einst die Segel Tausender Windmühlen drehten. Oder wie wäre es mit einer Tour entlang der gewundenen Straßen nördlich von **Myrtos**, vorbei an kahlen, von Felskämmen bekrönten Bergen, die aus grünem Wald aufragen? Ein Ziel für historisch Interessierte ist die heute friedliche **Milatos-Höhle**, die 1823 Schauplatz eines blutigen Massakers der türkischen Besatzer an der Dorfbevölkerung war. Aufkommenden Hunger nach Kunst stillt die **Kirche von Panagia Kera** nahe Kritsa mit ihren fantastischen Fresken. Archäologie-Fans werden sich über die spätminoische Ausgrabungsstätte **Gournia** freuen. Bedeutende Stätten an der Ostküste sind der Palast von **Kato Zakros** und das **Tal der Toten** inmitten atemberaubender Landschaft.

Eine Woche
Rund um Iraklion

Von Iraklion sind viele der berühmtesten Sehenswürdigkeiten und Ausflugsziele Kretas bestens zu erreichen, auch ohne eigenes Fahrzeug. Kretas größte Stadt selbst lockt mit erstklassigen Museen, einer venezianischen Festung, einem bunten Markt, regem Nachtleben und exzellenten Restaurants. Hat man genügend Stadtluft eingeatmet, geht es mit dem Bus zum nahen **Palast von Knossos** zu einer 3D-Einführung in die minoische Gesellschaft. Einsetzen lässt sich das hier erworbene Wissen an einem anderen Tag bei einem Besuch des **Palasts von Malia**. Zu viel Kultur? Dann ab zum Meeresgetier im supermodernen **Cretaquarium** bei Gournes oder zu einer rasanten Rutschpartie in die Wasserparks **Acqua Plus** oder **Water City**. Das nahe **Lychnostatis-Museum** gibt auf seinem Freigelände einen Einblick in traditionelles kretisches Leben. Mit eigenem Fahrzeug (und abstinentem Fahrer) lohnt eine Tagestour ins **Weinland von Iraklion** zum Probieren der guten lokalen Tropfen, mit Stopps im Nikos-Kazantzakis-Museum in **Myrtia** und an den minoischen Stätten von **Archanes**. Abenteuerlustige kommen in der **Skotino-Höhle** auf ihre Kosten – Taschenlampe nicht vergessen.

Wandern & Outdooraktivitäten

Die besten Wander- & Outdoorabenteuer

Küstenwanderung

Ein Ausflug in die Vergangenheit zwischen hellenischen, römischen und byzantinischen Ruinen bei Lissos auf der 14,5 km langen Wanderung von Paleochora nach Sougia.

Vogelbeobachtung

Die Feuchtgebiete an den Seen und Flüssen bei Georgioupoli sind das Ziel zahlreicher Zugvögel, darunter Reiher und Eisvogel.

Offroad mit dem Fahrrad

Freiheit pur auf den Bergpfaden zwischen den Hochebenen von Lassithi und Katharo.

Bungee-Springen

Die Aradena-Schlucht sorgt definitiv für den größten Nervenkitzel.

Ausritte in die Natur

Landschaftsgenuss zu Pferde bei Reitausflügen an der Küste und im Inland bei Malia und durch die Dikti-Berge.

Wanderung durch eine Schlucht

Die Zakros-Schlucht (auch Tal der Toten genannt) im Osten Kretas ist zwar nur 4 km lang, verwöhnt aber mit dem Besten, was eine Schluchtenwanderung bieten kann.

Reiseplanung

Kretas schroffe Landschaft mit ihren majestätischen Bergen, dramatischen Schluchten und ursprünglichen Küsten ist ein Paradies für Aktivurlauber, die abseits von Sonne und Strand Lust auf Abenteuer in der Natur haben. Das Beste daran: Diese wunderbaren wilden Flecken sind relativ bequem zu erreichen und lassen kaum Outdoorwünsche offen.

Das Angebot an anregenden wie aufregenden Aktivitäten auf der Insel wächst nach wie vor. Diverse Spezialveranstalter nehmen sich den Bedürfnissen der Urlauber auf Kreta an und bieten neben herrlichen Ausritten zu Pferde auch extremere Optionen wie Klettern, Canyoning und Bungee-Springen – alles unter Anleitung und mit erfahrenen Guides.

Nichts gegen faules Aalen an Kretas tollen Stränden – nur ab und zu sollte man sich auch der wilderen Seite dieser wunderbaren Insel zuwenden und ein solches, wirklich lohnendes Abenteuer wagen.

Reisezeit

Ganzjährig begehbar sind die Wanderwege in die Hügel und Berge sowie entlang der unberührten Küstenabschnitte, nur für die höheren Lagen ist in den Wintermonaten Erfahrung und komplette Ausrüstung erforderlich. Kreta mag zwar ein wahres Paradies für Wanderer sein, doch im Juli und August, wenn das Thermometer schon mal 40 °C

DER FERNWANDERWEG E4

Der transeuropäische Fernwanderweg E4 beginnt in Portugal und endet auf Zypern. Der kretische Routenabschnitt startet am Hafen von Kissamos-Kastelli im Westen und erreicht seinen Endpunkt nach 320 km am Kiesstrand von Kato Zakros im Osten. Wer den gesamten Abschnitt auf Kreta absolvieren will, sollte dafür mindestens drei Wochen einplanen, das heißt 15 km pro Tag. Etwas gemütlicher geht's mit vier Wochen Zeit, dann kann man Zwischenstopps und/oder kürzere Wanderetappen einplanen. Wer wenig Zeit hat oder nur die interessantesten Abschnitte sehen möchte, kann sich auf Teilstrecken beschränken. Allerdings muss man sich frühzeitig zwischen zwei Alternativrouten durch Westkreta entscheiden: Küste oder Gebirge.

Praktische Informationen

Eine Wanderung auf dem E4 erfordert ein wenig Planung. Zwar gibt es im Abstand eines Tagesmarschs von sechs bis sieben Stunden in der Regel eine Unterkunft, einige müssen jedoch reserviert werden – dies gilt insbesondere für die Berghütten (s. S. 25), für die manchmal vorher Schlüssel besorgt werden müssen.

Der E4 ist auf seiner gesamten Länge mit schwarz-gelben Stangen und Tafeln markiert, aber nicht immer gut gepflegt: Wege sind überwuchert, und oft sind die Schilder nur schwer auszumachen. Von **Anavasi** (☎210 321 8104; www.anavasi.gr) gibt es eine dreiteilige GPS-kompatible Tourenkarte im Maßstab 1:100 000 mit dem E4 auf Kreta, detaillierter sind jedoch deren Wanderkarten im Maßstab 1:25 000 für die Levka Ori (Sfakia und Pachnes), Samaria/Sougia, den Berg Psiloritis und Zakros-Vai.

Der E4 kann einsam sein; an der Route gibt es kaum Verpflegung und nur wenig Wasser. Über die aktuellen Bedingungen sollte man sich bei Einheimischen informieren.

Infos im Netz

CreteTravel.com (www.cretetravel.com/Activities/E4_walking_path.htm)
Completely Crete (www.completely-crete.com/E4-path.html)

erreicht, machen Wandertouren definitiv keinen Spaß. Ideal für tolle Wanderungen und anspruchsvolles Trekking durch wunderbare Schluchten, an der malerischen Küste entlang oder über Bergpfade sind das Frühjahr und der Herbst. Um das ländliche Kreta kennenzulernen, lohnt außerdem immer eine Radtour, und sei es nur für einen Tag, durch das Gelände abseits der Straßen.

Wandern

Kreta bietet Wanderer- und Trekkingfans eine enorme Fülle von Routen zu abgelegenen Dörfern, über Hochebenen und durch Schluchten. Neben einigen deutschsprachigen Wanderführern gibt es inzwischen auch ein paar einheimische Publikationen. Die Wege sind nicht unbedingt optimal markiert, aber auch hier sind Verbesserungen sichtbar, vor allem dort, wo das Interesse der Einheimischen selbst geweckt ist. Viele Besucher entscheiden sich für eine geführte Wandertour oder einen kurzen Spaziergang, erfahrene Trekker finden jedoch jede Menge anregender Herausforderungen.

Schluchtenwanderungen

Kretas viele Schluchten locken Wanderer aus der ganzen Welt an. Eine solche Wanderung kann atemberaubend und manchmal auch sehr schweißtreibend sein. Als Lohn dafür gibt's grandiose Landschaft, den Duft wilder Kräuter und Blumen, schattige Picknickplätze und, mit etwas Glück, Begegnungen mit der einheimischen Tierwelt.

Vorbereitung

Fitness ist für die meisten Schluchtenwanderungen Voraussetzung. Manche Strecken führen einfach nur geradeaus, festes Schuhwerk und Kondition sind aber in jedem Fall nötig. Zum Teil sind Klettererfahrung und Gelenkigkeit gefordert. Am anspruchsvollsten ist die gewaltige Cha-Schlucht, in der ohne geländekundigen Guide und Canyoning- und Kletterfähigkeiten gar nichts geht.

An- & Weiterreise

Wer mit dem eigenen Fahrzeug unterwegs ist, muss für eine Schluchtenwanderung ein wenig planen. Denn entweder muss man

Der Fernwanderweg E4

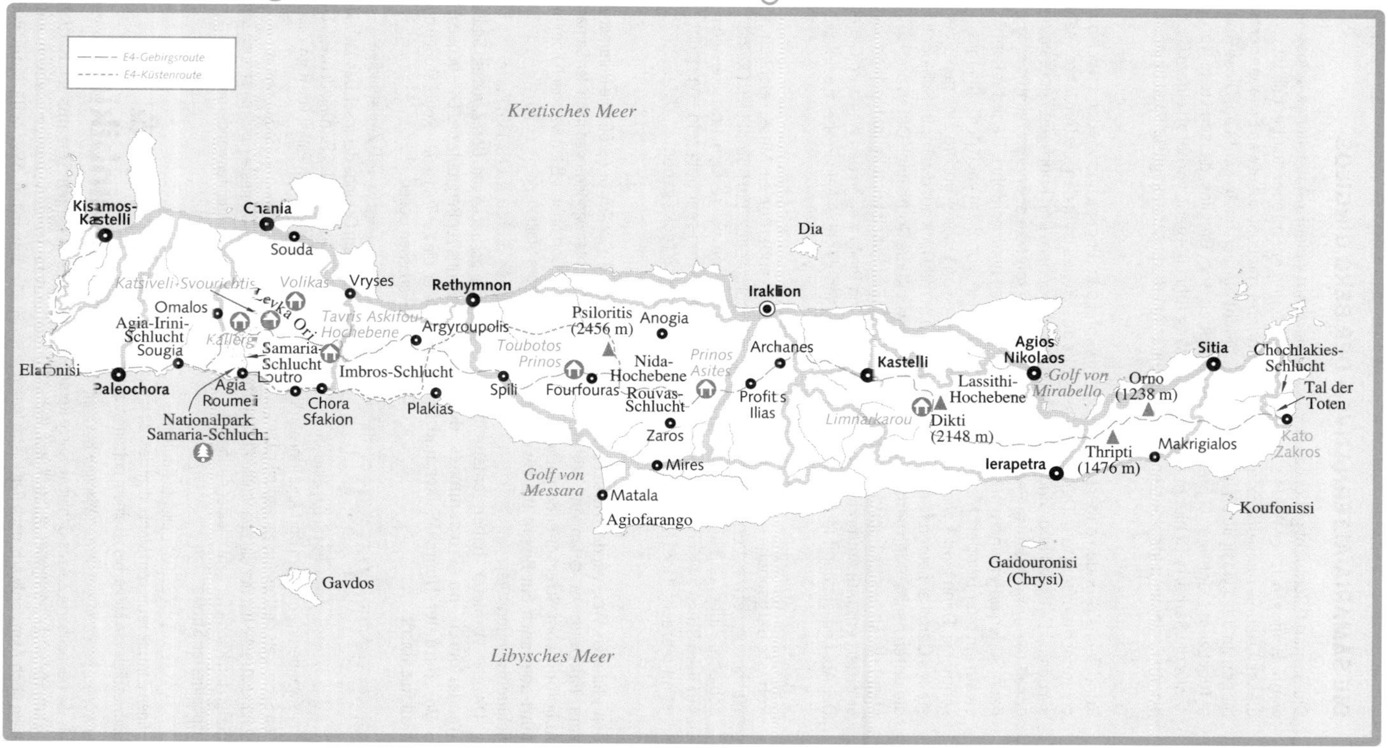

DIE SAMARIA-ALTERNATIVE – DER BERG GINGILOS

Die Samaria-Schlucht gehört zum Pflichtprogramm vieler Kretabesucher, selbst wenn „Wandern in der Wildnis" nicht ihr Ding ist, und entsprechend überfüllt ist dieses Erlebnis dann oft. Erfahrene Bergwanderer mit Lust auf etwas Erhebenderes biegen an der Xyloskala am Eingang zur Schlucht einfach nach rechts ab. Diese Route führt zum mächtigen Gipfel des 2080 m hohen Berg Gingilos, dessen steile Nordflanke die Samaria-Schlucht überragt. Der Weg führt bergauf, vorbei an einem Café, bis am Ende der asphaltierten Straße an einer Art Berghütte ein guter Pfad beginnt.

Den Berg im Visier

Rund sechs Stunden dauert es bis auf den Gipfel des Gingilos und wieder zurück auf dieser echten Bergtour. Der erste Abschnitt des Weges ist in den letzten Jahren sehr verbessert worden und windet sich vorbei an Sträuchern und knorrigen Zypressen über Steine und gestufte Passagen steil hinauf. Es folgt ein ebeneres Teilstück, das nach Süden unter einem phantastischen Felsbogen hindurchführt. Dahinter kann es auf ein paar Hundert Metern etwas rutschig sein, vor allem nach der Frühjahrsschmelze. Dann geht's wieder bergauf zur Quelle von Linoseli und im Zickzack über steiles Geröll auf einen felsigen Sattel auf 1700 m mit Blick auf die Tripiti-Schlucht, die unten nach Süden verläuft. Vom Sattel schwenkt die Route nach Osten und steigt durch felsige Landschaft kontinuierlich an. Der Weg ist nun kaum markiert und erfordert erhöhte Aufmerksamkeit. Rote Punkte und Pfeile weisen den Weg zum Gipfel. Der Abstieg ist zuerst felsig, sollte für erfahrene Wanderer aber kein Problem sein.

Vorbereitung & Sicherheit

Robuste Bergschuhe und -kleidung sind für diese Wanderung ein Muss, reichlich Wasser und etwas Verpflegung gehören ins Marschgepäck. Ein Kompass ist keine schlechte Idee, und bei aufziehendem Dunst ist es eventuell ratsam, umzukehren. Auf dem Stück zwischen Sattel und Gipfel kann der Wind sehr böig sein – Vorsicht ist angebracht. Und: Man muss auch nicht die ganze Strecke gehen ...

den gleichen Weg wieder zurücklaufen, um zum Fahrzeug zu gelangen, oder für die Abholung vom Streckenende sorgen. Meist fährt aber auch ein Bus in Reichweite eines Schluchteneingangs.

Diverse Anbieter haben entsprechende Wandertouren im Programm (s. Kasten S. 26), darunter Happy Walker und Strata Walking Tours.

Sieben der Besten

» **Agia-Irini-Schlucht** (S. 57) Eine Tageswanderung mit dem Dorf Agia Irini nördlich von Sougia als bestem Ausgangspunkt. Die schöne Strecke hat nur ein paar steile Abschnitte, die letzten Kilometer geht's leider entlang der asphaltierten Straße.

» **Agiofarango** (S. 153) Beliebte Route im Süden Zentralkretas vom Moni Odigitrias, 24 km südwestlich von Mires, bis zu einem netten Strand.

» **Chochlakies-Schlucht** Weniger bekannt als die benachbarte Zakros-Schlucht. Kurze Route (3 km) vom Ort Chochlakies bis zur Küste. Wer will, kann noch 7 km nordwärts nach Palekastro laufen.

» **Imbros-Schlucht** (S. 56) Die Nummer zwei der Schluchtenwanderungen nach der Samaria führt vom Dorf Imbros 8 km weit nach Komitades nahe Chora Sfakion.

» **Rouvas-Schlucht** (S. 145) Kurze Verbindungsstrecke vom Dorf Zaros am Südhang des Psiloritis zur Bergroute des E4 – bequem für Wanderer, die zur Transkreta-Route stoßen oder diese verlassen wollen.

» **Tal der Toten** (S. 181) Zweistündige Wanderung am Ostende der Insel. Das Tal bildet den letzten Abschnitt des Fernwanderwegs E4 und verläuft von Zakros zum Palast von Kato Zakros.

» **Samaria-Schlucht** (S. 54) Kretas längste und berühmteste (und meist auch sehr überlaufene) Schluchtenwanderung.

Radfahren & Mountainbiking

Trotz des bergigen Terrains ist Radfahren auf Kreta in den letzten Jahren extrem populär geworden. Wer will, kann von einem Ende der Insel zum anderen radeln, ohne ernstlich ins Schwitzen zu geraten, aber die Nord-Süd-Routen sowie die Strecken an der Südküste sind eher etwas für willens- und konditionsstarke Pedalritter. Radstrecken entlang asphaltierter Straßen mit dezenteren Höhenunterschieden führen z. B. durch die Dörfer und Täler der Nordküste und über die Messara-Ebene im Süden. Kreta ist daneben natürlich ein Traumziel für Mountainbiker.

Radtouren

Plateautouren (besonders über die Lassithi-Hochebene) sind der große Renner, wobei die Anbieter die Räder hinauftransportieren, um Teilnehmern die mörderische Strampelei von der Küste bergauf zu ersparen. Es gibt aber auch extremere Strecken und achttägige Touren über mehr als 650 km.

Mehrere Veranstalter bieten Touren für jegliche Erfahrungs- und Fitnessstufen an (s. Kasten S. 26). Darunter sind auch kleine Spezialanbieter wie **Odysseas the Cyclist** (☎28310 58178; odysseasthecyclist@hotmail.com) in Rethymnon, die geführte und maßgeschneiderte Touren im Programm haben. Mountainbiketouren werden ab 50 € pro Tag angeboten.

Auf eigene Faust

Wer mit dem eigenen Rad anreist, ist gut beraten, ein robustes Tourenrad mit ausreichender Gangzahl mitzubringen. Mountainbikes bekommt man von einer Reihe von Verleihern auf der Insel für etwa 8–20 € pro Tag.

Weitere Informationen

Eine geführte Tour ist bestimmt keine schlechte Idee, anders als in der Vergangenheit gibt es aber inzwischen einen exzellenten Online-Führer auf www.rethymnon.gr (unter „Tourismus" den Punkt „Fahrradtouren" wählen) mit ausführlicher Beschreibung von 22 Radrouten in Rethymnon.

Canyoning, Bergsteigen & Bungee-Springen

Kreta bietet vielleicht nicht die alpinen Bedingungen Österreichs oder der Schweiz, hat aber reichlich Berge und Bergsteigerclubs – einen in jedem Regierungsbezirk. Sie kümmern sich um die Pflege des Fernwanderwegs E4 und der Berghütten und sind alle Mitglieder im Verband der griechischen Bergsteigerclubs (EOS). Regelmäßig veranstalten sie Exkursionen auf ganz Kreta, bei denen auch Gäste willkommen sind.

» **Mountaineering Club of Hania** (☎28210 74560; www.interkriti.org/orivatikos/hania1.htm; Tzanakaki 90, Chania)

» **Mountaineering Club of Iraklio** (☎2810 227 609, 20.30–22.30 Uhr; www.interkriti.org/orivatikos/orivat.html; Dikeosynis 53, Iraklion)

» **Mountaineering Club of Lasithi** (☎28970 23230)

» **Mountaineering Club of Rethymno** (☎28310 57766; www.eos.rethymnon.com; Dimokratias 12, Rethymnon) Mit einer Liste geplanter Exkursionen auf der Website.

BERGHÜTTEN DER CLUBS

NAME	LAGE	HÖHE (M)	BETTENZAHL	EOS-CLUB
Kallergi	nahe der Samaria-Schlucht	1680 m	50	Chania
Katsiveli-Svourichtis	Svourichtis-Ausläufer	1970 m	25	Chania
Limnarkarou	Lassithi-Hochebene	1350m	15	Lassithi
Prinos	Asites, Ostseite des Psiloritis	1100m	45	Iraklion
Tavris	Askifou-Hochebene	1200m	42	Chania
Toubotos Prinos	Psiloritis	1500m	28	Rethymnon
Volikas	Volikas Keramion	1400m	40	Chania

Canyoning

Canyoning ist ein noch junger Sport auf Kreta und sollte nicht mit Schluchtenwandern verwechselt werden. Die Mehrzahl der Canyoning-Routen erfordert fundierte Erfahrung im Klettern und/oder Caving einschließlich der Fähigkeit zum eigenkontrollierten Abseilen. Auch schwimmen sollte man können und Erfahrung mit engen Wasserläufen haben. Die Auswahl an wilden und anspruchsvollen Schluchten auf der Insel ist riesig. Die gut organisierte **Cretan Canyoning Association** (☎6997090307; www.canyon.gr) hat über 50 Schluchten in Südkreta mit Abseilvorrichtungen, Sicherungsverankerungen und Führungsseilen ausgestattet. Eine davon ist die atemberaubende Cha-Schlucht (s. Kasten S. 186) nahe dem Berg Thripti in Ostkreta. Auf seiner Website hat der Verband außerdem nützliche Informationen und einen Führer zu Kretas Schluchten zusammengestellt. Regelmäßig veranstaltet er auch Exkursionen und Anfängerkurse. Der Sport ist allerdings kein Sonntagsspaziergang: Wer Anfänger ist, sollte sich immer von einem erfahrenen Canyoning-Führer begleiten lassen.

Der mehrsprachige Führer *Canyoning in Crete* von Yiannis Bromirakis (Road Editions 2007) beschreibt viele erst seit Kurzem zugängliche Schluchten auf Kreta, Landkarten und Skizzen inklusive.

Bergsteigen & Klettern

Auch Klettern ist auf dem Vormarsch auf Kreta. Zu den beliebtesten Kletterrevieren zählt der Süden Iraklions, vor allem die grandiosen Klippen bei Kapetaniana und der Berg Kofinas an der Südflanke des Asteroussia-Gebirges (S. 154). Die Agiofarango-Schlucht (S. 153) nahe Matala ist ebenfalls beliebt. Derzeit werden viele neue Reviere erschlossen, z. B. in der Umgebung von Samaria, Plakias, Loutro und Malia. Eine Option fürs Deep Water Soloing – das ungesicherte Klettern an Klippen direkt über tiefem Wasser – ist die Umgebung von Chora Sfakion. Unerfahrene Kletterer sollten in jedem Fall vor einer Kletterpartie Kontakt zu einer lokalen Organisation aufnehmen. Die Website www.climbincrete.com bietet reichlich Information und einige unterhaltsame Artikel, darunter ein Bericht über eine ältere Tour in die Cha-Schlucht.

OUTDOORABENTEUER AUF KRETA

Die folgenden Veranstalter bieten vielfältige Wanderungen, Radtouren und andere Outdooraktivitäten auf Kreta an. Geführte Wanderungen kosten ab 44 € pro Tag und 500 € pro Woche inkl. Unterkunft, Transfers und Mahlzeiten.

Axas Outdoor Activities (☎2810 871 239; axas@yahoo.gr) Wander- und Naturfreund Dimitris Kornaros führt dieses Unternehmen in Profitis Ilias nahe Iraklion, das auf maßgeschneiderte Touren abseits der Trampelpfade spezialisiert ist.

Cretan Adventures (☎2810 332 772; www.cretanadventures.gr; Evans 10, Iraklion) Organisiert Wander-, Trekking- und Mountainbiketouren sowie andere spezielle und extreme Aktivitäten.

Happy Walker (☎/fax 28310 52920; www.happywalker.com; Tobazi 56, Rethymnon) Veranstaltet von März bis November eine Vielzahl von Wanderungen, u. a. auf der Omalos-Hochebene und in den Levka Ori.

Korifi Tours (☎28930 41440; www.korifi.de) Der Veranstalter in Kapetaniana hat Wander- und Klettertouren im Süden Iraklions im Programm.

Nature & Adventure (☎28310 54135, 6977541550; www.nat-adv.gr) Das Unternehmen mit Sitz in Rethymnon organisiert Tageswanderungen und andere Aktivitäten wie Reiten, Mountainbiking, Klettern und Paragliding.

Strata Walking Tours (☎28220 24336; www.stratatours.com) Das Angebotsspektrum dieses Anbieters aus Kissamos Kastelli reicht von gemächlichen Tagesausflügen bis zu ein- oder zweiwöchigen Wandertouren zur Südküste.

Trekking Hellas (☎210 331 0323; www.trekking.gr) Einer der größten Veranstalter auf dem Festland mit Sitz in Athen bietet ein umfangreiches Programm auf Kreta an.

Trekking Plan (☎/fax 28210 60861; www.cycling.gr) Der Anbieter in Agia Marina, 10 km westlich von Chania, veranstaltet Wanderungen, Kletter- und Abseiltouren sowie Mountainbikeausflüge in Westkreta.

EIN SPALT ZUM STAUNEN

Der ungestüme Keil der mächtigen Cha-Schlucht teilt den breiten Felsvorhang der Thripti-Berge im Osten Kretas. Die mehr als 1, 5 km lange Schlucht erstreckt sich über eine Serie von Felsstufen zwischen engen, über 300 m hohen Wänden. Ihr Name soll vom griechischen Wort für „staunen" stammen, was die meisten Besucher auch pflichtbewusst tun.

Bungee-Springen

Hoch über der Aradena-Schlucht an der Südküste befindet sich ein spektakulärer Ort zum Bungee-Springen: die höchste Bungee-Brücke Griechenlands und die zweithöchste Europas. Hier können sich Adrenalin-Junkies 138 m tief in die schmale Schlucht stürzen. Das Sprungvergnügen wird von Juni bis September jedes Wochenende von **Liquid Bungy** (☎6937615191; www.bungy.gr; pro Sprung 100 €) angeboten.

Andere Aktivitäten

Golf

Kreta hat mehrere 9-Loch-Plätze, den einzigen professionellen 18-Loch-Platz der Insel betreibt der **Crete Golf Club** (☎28920 26000; www.crete-golf.com) in Chersonisos. Die reizvolle, recht anspruchsvolle Par-72-Anlage fügt sich nahtlos in die Umgebung ein. Eine beidseitig bespielbare Driving Range gehört ebenso dazu wie eine Golfschule und ein Clubhaus. Für Hobbygolfer ist der Platz allerdings nicht geeignet. Eine 9-Loch-Runde kostet im Sommer 50 €, eine 18-Loch-Runde 80 € (ohne Schläger und Buggys).

Reiten

Diverse Stallungen auf Kreta bieten Reitmöglichkeiten und geführte Ausritte an. Der beeindruckendste Anbieter ist **Odysseia Stables** (☎28970 51080; www.horseriding.gr) oberhalb von Avdou am Fuß des Bergs Dikti. Die Einrichtungen sind ausgezeichnet (es gibt auch Unterkünfte), die Dauer der Ausritte reicht von zwei Stunden für Anfänger bis zu dreitägigen Ausflügen in die Lassithi-Hochebene und einwöchigen Exkursionen in das Dikti-Gebirge zur Südküste. Die Preise liegen bei 20 € für eine Stunde Strandausritt, 35 € für zwei Stunden, 65 € für einen Tagesausflug und 539 € für einen achttägigen Kurs inklusive Unterkunft und Mahlzeit. Acht Tage in die Lassithi-Hochebene kosten rund 990 €.

In Georgioupoli bietet **Zoraida's Horseriding** (☎28250 61745; www.zoraidas-horseriding.com) Reiten am Strand und auf Naturpfaden, u. a. als Tagessafaris und in sechstägigen Kurse für Fortgeschrittene, und in Pitsidia bei Matala organisiert die **Melanouri Horse Farm** (☎28920 45040; www.melanouri.com) Ausritte in die Umgebung.

Wassersport

Darf's ein bisschen Meer sein?

Falasarna

Im kristallklaren Wasser der Westküste dem Sonnenuntergang entgegenschwimmen von den kleinen Buchten dieses wunderbaren Sandstrands.

Matala

An einem goldenen Strand schwimmen, wo einst auch Bob Dylan und Joni Mitchell gechillt haben.

Elafonisi

In Kretas „Tropenparadies" herrliche Lagunen und die Insel Elafonisi erkunden.

Olous

Am Damm zwischen Elounda und der Halbinsel Kolokytha durch versunkene Geschichte schwimmen.

Gaidouronisi (Chrysi)

Idyllische Strände und glitzernde Wellen: Relaxen auf einer subtropischen Insel an der Südostküste.

Strand von Vai

Beim Schwimmen dem Wind in den Palmen lauschen – am besten in der Nebensaison.

Küste satt

Kreta macht zwar den Eindruck einer eigenständigen Nation, ist aber ganz eindeutig eine Insel, deren lange Nord- und Südküste rechts und links nur durch ein kleines Stückchen Ost- und Westküste verbunden sind. Aus dieser Geografie ergeben sich ideale Bedingungen für alle möglichen Wassersportarten.

Aktivitäten

Zuallererst gibt's natürlich an den großen Stränden mit Allroundangebot die ganze Palette an „Fun"-Sportarten: Wasserski, Tretboote, Jetski sowie Bananen- und Reifenfahrten (bei denen man auf einem aufgeblasenen Schlauch oder Ring mit Volldampf durchs Wasser gezogen wird). Nichts jedoch ist spektakulärer als ein Parasailing-Flug über dem Strand (solo oder im Tandem). Diese Fahrten sind teilweise ziemlich teuer – aber was für ein Spaß, mit ein paar Gleichgesinnten auf einer Riesenbanane durch die Gegend zu eiern!

An der Nordostküste hat fast jedes Luxushotel eine eigene Wassersportbasis, die ihre Dienste auch Tagesgästen anbietet.

Zu den spezielleren Sportarten, die man auf Kreta ausüben kann, gehören Tauchen, Schnorcheln, Windsurfen, Kajakfahren und Segeln.

Für Taucher und Windsurfer gibt's eigene Reviere mit idealen Bedingungen und zahlreichen Anbietern, die Ausflüge organisieren und die entsprechende Ausrüstung vermieten.

SICHER IST SICHER

Auch wenn das Meer friedlich an einen griechischen Strand plätschert, kann es gefährlich sein. Alle Wassersportarten sind potenziell gefährlich. Speziellere Sportarten wie Tauchen und Kajakfahren sind meist gut organisiert und Kunden werden von ausgebildeten Lehrern begleitet. Vor der Buchung ist es immer eine gute Idee, die Qualifikationen des Anbieters zu prüfen. Bei Strandsportarten wie Parasailing immer darauf achten, dass der Betreiber die entsprechenden Lizenzen sowie einen erwiesenermaßen guten Sicherheitsstandard hat. Für eine Reifenfahrt sollte man jung, fit und ein guter Schwimmer sein! Wo es Jetski zu mieten gibt, sollten Eltern immer die Teenager im Auge behalten: Anbieter sind per Gesetz verpflichtet, stets auf die Altersbeschränkung zu achten sowie darauf, dass der Kunde nüchtern ist.

Reisezeit

» **Wassertemperatur** Von Mai bis November über 20° C, im August teilweise bis 27° C.

» **Sommer** Superheiß und sonnig – jeden Tag! Klar, dass der beste Aufenthaltsort dann das Wasser ist (obwohl das sicher auch noch ein paar Tausend andere denken).

» **Frühjahr und Herbst** Die Nebensaisonmonate vor und nach dem Sommer mit ihrem Farbkaleidoskop an Wildblumen und aromatischen Kräutern sind die schönste Zeit auf der Insel.

» **Meltemi** Im Sommer fegt gerne der *meltemi* (ein trockener Nordwind) über die Insel, was Windsurfer freut, aber andere Badegäste an ungeschützten Stränden teilweise sandstrahlt.

Tauchen & Schnorcheln

Kretas Küste ist über weite Strecken ein wahres Paradies für Schnorchler und Taucher. Ganz entspannt durch die Wellen paddeln, deren Wasser so klar ist wie Luft und teilweise eine Sichtweite von über 30 m hat.

Viele Jahre lang war Tauchen in ganz Griechenland nur beschränkt erlaubt aus Angst, die antiken Unterwasserruinen könnten beschädigt oder Artefakte könnten gar vom Meeresboden gestohlen werden – eine nicht zu unterschätzende Gefahr. Tauchinteressengruppen und die Touristenlobby haben schließlich 2005 eine vernünftige Lockerung der Bestimmungen erreichen können, als die Regierung die griechischen Gewässer größtenteils für Hobbytaucher zugänglich machte. Einzige Ausnahme sind etwa 100 bedeutende archäologische Stätten. In einigen der zugelassenen Tauchreviere sind aber auch antike Mauern, umgestürzte Säulen und riesige Amphoren zu sehen, wie sie einst zum Lagern von Wein, Olivenöl und Getreide genutzt wurden.

Die beliebtesten Tauchreviere sind an der Nordküste, die die besseren Strandzugänge und Wasserbedingungen hat. Viele Anbieter haben ihre Zelte jedoch an der Südküste aufgeschlagen, wo das Taucherlebnis in Sachen Abenteuer noch mal einen Zahn zulegt.

Eines der interessantesten (und auch anspruchslosesten) Schnorchelreviere ist das Gebiet um die versunkene Stadt Olous bei Elounda (S. 171), das auch vom Ufer aus zugänglich ist. Beliebte Tauchreviere sind in Bali und Panormos (S. 107), Ammoudara und Malia (S. 157), Plakias (S. 100) und Paleochora (S. 63).

Mehrere Tauchbasen haben alles vom Anfängerkurs bis zum PADI-Zertifikat im Angebot. Wer einen Tauchgang machen möchte, sollte am besten mindestens einen Tag im Voraus buchen.

Tauchsportanbieter

» **Agia Pelagia** **Stay Wet Diving Center** (☎2897 042 683; www.staywet.gr)

» **Agios Nikolaos** **Happy Divers** (☎28410 82546; www.happydivers.gr) Am Strand vor dem Coral Hotel sowie in Plaka und Elounda. **Crete Underwater Center** (☎28410 22406; www.creteunderwatercenter.com) Im Mirabello Hotel. **Pelagos Dive Centre** (☎28410 24376; www.divecrete.com) Im Minos Beach Art Hotel.

» **Bali** **Hippocampos** (☎28340 94193; www.hippocampos.com) In der Nähe des Hafens.

» **Hania** **Blue Adventures Diving** (☎28210 40608; www.blueadventuresdiving.gr; Daskalogianni 69)

» **Iraklion** **Diver's Club** (☎2810 811 755; www.diversclub-crete.gr; Agia Pelagia); **Stay**

UTOPIE UNTER WASSER

Kretas Unterwasserlandschaft fasziniert und begeistert Taucher mit einer Mischung aus natürlichen Formationen wie Felsen, Riffen, Höhlen, Klippen und blendend weißem Sand. Außerdem breitet sich eine wunderbare Kulisse aus Meerespflanzen, roten und grünen Algen, Korallen, Seeanemonen und Schwämmen über die Felsen und Riffe, während die oft bunt gemischten Vulkanfelsen ein wahres Farbkaleidoskop sind. Die Lieblinge unter dem Meeresgetier lassen sich auch gerne blicken: Kraken, Sepien, Kalmaren, Seepferdchen, Hummer, Moränen, Skorpionfische, Schnapperfische, Brachsen und sogar Stachelrochen.

Wet Diving Center (☎2897 042 683; www.staywet.gr; Mononaftis)

» **Plakias** **Kalypso Rock's Palace Dive Center** (☎28310 20990; www.kalypsodivingcenter.com; Eleftheriou Venizelou 42); **Dive Together Crete** (☎28320 32313, 6974031441; http://crete.dive2gether.com; Dimos Finika); **Phoenix Diving Club** (☎28320 31206; www.scubacrete.com)

» **Rethymnon** **Paradise Diving Center** (☎28310 26317; www.diving-center.gr; Eleftheriou Venizelou 57)

Seekajakfahren

An Kretas Südküste wird auch das Seekajakfahren immer beliebter – vor allem zwischen Paleochora und Chora Sfakion, wo die Küstenlandschaft dramatisch und faszinierend ist. Außerdem locken hier jede Menge einsame Strände und Buchten. Die leider nur vereinzelt vorhandenen Veranstalter bieten meist mehrtägige Gruppenausflüge mit Catering und Übernachtung an. Es lohnt sich aber trotzdem, nach Tagesausflügen zu fragen; wer entsprechende Erfahrung nachweisen kann, darf auch u. U. selbstständig ein Boot für einen Tag ausleihen. Bei manchen Ausflügen ist das Kajakfahren mit Wandern kombiniert. Ein paar Anbieter:

» **Hania Alpine Travel** (☎28210 50939, 6932252890; www.alpine.gr; Boniali 11–19) In Chania.

» **Loutro Nature Maniacs** (☎28250 91017; www.naturemaniacs.com) Organisiert Seekajakfahrten an der Südküste.

» **Driros Beach** (☎6944932760; www.spinalonga-windsurf.com) In Plaka, bei Elounda. Vermietet Kajaks pro Stunde und Tag.

Windsurfen

Windsurfen gehört zu den aufregendsten Wassersportarten überhaupt. Und obwohl es nicht ganz leicht zu erlernen ist, können selbst Anfänger in der ersten Stunde schon Erfolgserlebnisse haben. Der spektakuläre Freestyle und die Wellensprünge der Cracks sind das Ergebnis von sehr viel Übung und Können. Das beste Windsurfrevier der Insel ist am Strand von Kouremenos (S. 181), nördlich von Palekastro (Sitia). Hier bläst nämlich nicht nur (wie überall an der Ägäis) der *meltemi* kräftig herein; vor diesem Strand entsteht außerdem eine Düse, die den Wind noch beschleunigt und somit ideale Bedingungen für Windsurfer schafft. In Almyrida (S. 78) bei Chania kann man ebenfalls gut windsurfen.

Weitere Infos zum Windsurfen in Griechenland gibt's bei der **Hellenic Windsurfing Association** (☎2103 230 330; Filellinon, Athen).

Die wichtigsten Anbieter auf Kreta sind:

» **Driros Beach** (☎6944932760; www.spinalonga-windsurf.com) In Plaka, bei Elounda.

» **Freak Windsurf** (☎28430 61116, 6979254967; www.freak-surf.com) In Kouremenos.

Segeln

Ein Segeltörn um Kreta auf einer schönen Yacht ist ein grandioses Erlebnis. Wer aber kein erfahrener Seebär mit eigenem Boot ist, wird sich meist eins chartern müssen. Manche kretischen Veranstalter bieten tägliche Segelausflüge an, und entsprechende Infos gibt's auch bei den meisten kommerziellen Touristeninformationen.

Gute Adressen sind z. B.:

» **Amazing Sailing in Crete** (☎6944586475; www.amazingsailingingreece.com) In Elounda.

» **Chania Sailing** (☎28210 72790, 6936869912; www.chaniasailing.com; Nerokourou 129) In Chania.

Reisen mit Kindern

Kinderfreundlichste Regionen

Iraklion
Iraklion hat Kretas beste Museen – mit Abteilungen für Kinder jeden Alters.

Iraklions Nordküste
An den Stränden und in den Wasserparks können sich die Kinder austoben.

Chania
Kretas schönste Stadt bezaubert auch die Kleinen mit seiner hübschen Altstadt und seinem riesigen Markt.

Chanias Westen & Süden
Voller grandioser Berge und leerer Strände: ideal für aktive Familien.

Rethymnon
Auf Rethymnons Festung können die Kids Belagerung spielen und auf der schönen Promenade herumtollen.

Lassithi
Das fröhliche Agios Nikolaos hat Bootsausflüge und tolle Restaurants für die ganze Familie.

Östliches Lassithi
Die verlassenen antiken Stätten der Region bieten viel Anregung für die jugendliche Phantasie.

Fragt man die Kinder, sind die idealen Zutaten für einen glücklichen Familienurlaub Sonne, Meer und Strand – vor allem, wenn auch andere Kinder mit im Spiel sind. Kreta bietet dazu aber noch so viel Unterhaltsames und Interessantes, dass die ganze Familie auf ihre Kosten kommt.

Kreta für Kids

Auf Kreta (wie fast überall in Griechenland) werden Kinder beinahe verehrt. Das geht noch auf die Zeiten der engen Familienbindung in Dorfgemeinschaften zurück, die während der langen und oft schwierigen Geschichte der Insel oft überlebenswichtig war. In Tavernen, Cafés und Dörfern stellen Familien schnell fest, dass diese wunderbare Kinderliebe nicht nur den eigenen, sondern auch vollkommen fremden Kindern gilt.

Strände

Die meisten großen Hotelanlagen liegen an leicht zugänglichen, flachen und mühelos zu versorgenden Stränden mit sauberem Wasser, die allen Familienansprüchen zuverlässig genügen. Bei einsamen Stränden und Buchten mit potenziellen Gefahren wie versteckten Riffen und starker Strömung ist mehr Vorsicht angesagt.

Wandern, Radfahren & Reiten

Urlaub ist ja erst einmal zum Ausspannen da. Aber es spricht auch nichts gegen ein wenig Outdoor-Spaß – und da hat Kreta

SICHERHEIT

Im Allgemeinen ist die Verletzungsgefahr auf Kreta nicht besonders hoch. Aber manche Aspekte des täglichen Lebens sind vielleicht unerwartet und eine potenzielle Gefahrenquelle für Kinder.

» Vorsicht auf Straßen ohne Gehsteig und dort, wo geparkte Autos die Bewegungsfreiheit einschränken.

» Bei Dunkelheit Vorsicht vor unbeleuchteten Baustellen, Löchern im Gehweg oder hervortretenden Mauerteilen.

» An antiken Stätten immer die Kleinen im Auge behalten: Oft gibt es keine Sicherheitszäune.

» Nach Autovermietungen suchen, die Kindersitze anbieten, und diese selbst einbauen.

jede Menge zu bieten. Neben den anstrengenderen Schlucht- und Bergwanderungen (z. B. durch die Samaria-Schlucht) gibt es auch zahlreiche familientaugliche Alternativen. Zum Beispiel eine Tour mit Bergführer, eine kleine Wanderung in einer der zugänglicheren Schluchten oder auch einfach nur ein leichter Spaziergang durch ein Bergdorf. Auch mit dem Rad sind zahlreiche Unternehmungen möglich. Die in diesem Führer aufgelisteten Reitställe haben zudem maßgeschneiderte Ausflüge für alle Altersgruppen im Angebot.

Museen & Attraktionen

Für Kinder unter zehn Jahren ist allein schon das Wort „Museum“ ein Synonym für „Tod durch Langeweile“, von Teenagern ganz zu schweigen. Aber mehrere Museen auf Kreta haben spezielle Kinderabteilungen. Mit das beste ist das Naturkundemuseum in Iraklion, dessen „Discovery Center“ voller interaktiver Exponate speziell für Kinder steckt.

Hervorragend ist auch das tolle Cretaquarium, wo der Nachwuchs von Haifischbecken, Quallentank und Streichelpool begeistert sein wird. Ein weiterer Pluspunkt ist der nahe gelegene Strand.

Auswärts essen

Griechische Tavernen sind grundsätzlich – und vor allem in den Dörfern – kinderfreundlich und bieten oft auch Kinderteller an. Die Kids werden vielleicht erst mal die Nase rümpfen, aber beim kretischen Essen könnten sie auch Geschmack an gesundem Essen finden. Im äußersten Notfall kann man natürlich immer auf *patties tighanites* (Pommes) oder Fast Food zurückgreifen – vielleicht bringen aber die folgenden *mezedhes* schon den durchschlagenden Erfolg: *tiropitakia* – Käsetaschen mit Filoteig; *gigantes* – Limabohnen in einer leckeren Soße; *salingaria* – Schnecken mit Zwiebel und Tomate; *dolmadhes* – gewürzter Reis in Weinblättern; und *saganaki* – in der Pfanne gebratener Käse.

Highlights für Kinder

Phantastische Strände

» **Elafonisi** Badespaß in winzigen Lagunen und wunderschöner Umgebung

» **Bali** Mehrere leicht zugängliche Buchten mit vollem Serviceangebot

» **Kato Gouves** Gezeitentümpel und klares Wasser für junge Entdecker

» **Vai** Palmenbeschattetes Paradies; im August überlaufen, sonst recht ruhig

» **Paleochora** Zwei kindersichere Stadtstrände zur Auswahl

Outdoor-Aktivitäten

» **Bootsfahrten** An Chanias Südküste oder rund um Elounda in Lassithi

» **Wandern** Kurze Abschnitte der anspruchsloseren Schluchten wie Zakros oder Agia Irini

» **Drachen steigen lassen** An ruhigen Stränden

» **Reiten** In Avdou unterhalb der Lassithi-Hochebene

» **Höhlen** Die Dikti-Höhle auf der Lassithi-Hochebene oder die Skotino-Höhle bei Chersonisos

Interaktive Attraktionen

» **Water City** Spaß im Wasserpark von Anopoli, südöstlich von Iraklion

» **Naturkundemuseum** Ein Besuch in der aufregenden Kinderabteilung dieses einfallsreichen Museums in Iraklion

» **Agora** Ein Bummel über Chanias lebhaften Markt

» **Cretaquarium** In der Nähe von Iraklion mit zauberhaftem Meeresgetier auf Du und Du

» **Fortezza** Auf Erkundungstour in Rethymnons venezianischer Festung

» **Aqua World Aquarium** In Chersonisos über Fischflossen und Schlangenschuppen staunen

Planung

Reisezeit

Kreta ist sozusagen gleichbedeutend mit „Spaß in der Sonne". Für Teenager ist im Sommer definitiv am meisten geboten. Bei kleineren Kindern bieten sich dagegen vielleicht eher Frühjahr, Frühsommer und Herbst an, wenn die Sonne noch nicht so brennt, aber bereits (oder immer noch) für angenehme Wärme sorgt.

Unterkunft

Die großen Resort-Hotels öffnen oft später ihre Pforten als unabhängige Unterkünfte (teilweise erst im Juni), lohnen sich aber trotzdem, da die besten auch ein Angebot für Kinder haben. Ganz hervorragend sind aber oft auch die kleinen Familienhotels und -pensionen in den kleineren Badeorten.

In der Nebensaison sind die Unterkünfte günstiger, es ist meist ruhiger und die Kreter haben mehr Zeit für einen gemütlichen Plausch.

Nicht vergessen!

» Sonnenschutz. Und zwar kübelweise.

» Windelwechselunterlage und Handwaschgel – Wickelräume sind selten.

Kreta im Überblick

Die riesige Geburtsinsel des Zeus ist eine facettenreiche Schönheit, deren Reize von hohen Berggipfeln über dramatische Schluchten bis zu atemberaubenden Stränden reichen.

An der Nordküste reihen sich Badeorte und Hotelanlagen wie auf einer Perlenkette aneinander. Die meisten Urlauber fahren hierher und die Infrastruktur ist dementsprechend hervorragend.

Das wilde Landesinnere ist hingegen weitgehend vom Massentourismus unberührt. Das verträumte Mosaik aus verschlafenen Dörfern, Terrassenweinbergen und fruchtbaren Tälern mit byzantinischen Kirchen und historischen Klöstern will ganz gemütlich und in Ruhe entdeckt werden.

Abenteuerlustige werden vom größtenteils ungezähmten Süden entzückt sein, wo wilde Serpentinen in einsamen Buchten zwischen zerklüfteten Felsen enden und die Landschaft von tiefen Schluchten mit seltenen Pflanzen und Tieren durchschnitten wird.

Chania

Geschichte ✓✓✓
Strände ✓✓
Aktivitäten ✓✓✓

Venezianisches Flair
Chanias prächtiger venezianischer Hafen ist ein Feuerwerk aus Farben und verblichenem Pomp, ganz wie es der einstigen Seemacht Venedig gebührt. Ein entspannter Spaziergang führt vorbei an riesigen Steinmauern, Arsenalen und Werften (heute mit schicken Galerien) zu einer der Bars am Kai mit Blick aufs Meer.

Kristallklares Wasser
Mitten in den herrlichen Gewässern des Mittelmeers liegt Kreta, weit weg von allem, wo sanfte Wellen mit Badewannentemperatur flache Sandstrände wie Elafonisi, Balos und Falasarna umspielen.

Überlebenstraining
In den Weißen Bergen südlich von Chania ist Kreta am wildesten, mit tiefen Schluchten, Höhlenlabyrinthen und schroffen Felsen. Ob adrenalintreibende Autofahrt, Klettern oder Freeriding – hier ist jedes Abenteuer zu haben.

S. 38

Rethymnon

Geschichte ✓✓
Strände ✓✓
Landschaft ✓✓✓

Geschichte
Alle Phasen der kretischen Geschichte sind in Rethymnon zu bewundern. Schon die namensgebende Stadt ist eine hübsche Mischung aus venezianischer und osmanischer Architektur. Eine Höhle, die man mit Zeus in Verbindung bringt, Klöster mit Widerstandsgeschichte gegen die Türken, Bergdörfer mit uralten Traditionen: Das schmeckt nach mehr!

Ferne Ufer
An Rethymnons zerfurchter Südküste liegen perfekte Strändchen zwischen schroffen Felsen und warten auf den ersten Fußabdruck.

Atemberaubende Aussicht
Überwacht von Kretas höchstem Berg, dem oft beschneiten Haupt des Psiloritis, ist Rethymnon mit seinen atemberaubend dramatischen Schluchten und samtigen Hügeln mit Olivenhainen, Weinbergen und Wildblumen ein Paradies für Fotografen.

S. 81

Iraklion

Antike Stätten ✓✓✓
Strände ✓✓
Kinderaktivitäten ✓✓✓

Märchenhaftes Minoa
Iraklion, Mekka aller Archäologiefans, hat mehr minoische Ruinen als irgendeine andere Region der Insel. Die Paläste von Knossos, Malia, Festos und Agia Triada neben zahllosen kleineren Stätten lassen Besucher ehrfürchtig staunen über Europas älteste Zivilisation.

Strandfreuden
Ob Partystimmung oder einsam und ruhig – Kreta hat für jeden den idealen Strand.

Kindliche Freuden
Die Kreter lieben Kinder. Aber in Iraklion wissen sie auch, wie man Kinder an jeder Ecke glücklich macht: Ob Badespaß oder Ausflug, faszinierendes Aquarium, aufregender Wasserpark, friedlicher Spielplatz oder interaktives Museum – Langeweile ist wirklich nicht angesagt.

S. 111

Lassithi

Antike Stätten ✓✓✓
Strände ✓✓
Wandern ✓✓

Die weniger bekannten Minoer
Lassithi kann vielleicht nicht mit den polierten Ruinen von Knossos aufwarten, aber dafür gehen die minoischen Ausgrabungen in Gournia und Kato Zakros teilweise tiefer unter die Haut. Die wilde Umgebung und die unwirkliche Stimmung lassen einen die Vergangenheit erspüren.

Jenseits der großen Strände
Lassithis Strände sind meist nicht kommerziell organisiert. Berühmtere Orte wie der palmenbeschattete Strand von Vai können im Sommer allerdings sehr voll werden. Dafür gibt's viele versteckte Buchten und kleine Sandstrände, an denen nichts die himmlische Einsamkeit stört.

Ganz hoch hinaus
Lassithis Silhouette zieren einige der schönsten Berge Kretas. Luftige Gipfel und tiefe Schluchten locken zu tollen Ausflügen zwischen Wildblumen und Kräutern.

S. 160

Empfehlungen von Lonely Planet:

LP TIPP Das empfehlen unsere Autoren

Nachhaltig und umweltverträglich

GRATIS Hier bezahlt man nichts

Alle in diesem Buch vorgestellten Reiseziele listet das Register auf.

Reiseziele in Kreta

Chania Χανιά

Inhalt »

Gut essen

» Portes (S. 47)
» Kyma (S. 65)
» Kouzina E.P.E. (S. 47)
» Papadakis (S. 71)
» Platanos (S. 60)

Schön übernachten

» Hotel Doma (S. 192)
» Milia (S. 67)
» Casa Delfino (S. 192)
» Stavroula Palace (S. 198)

Auf nach Chania

Der Westen der Insel Kreta ist in vieler Hinsicht eine Klasse für sich. Hauptstadt dieser Region voller großartiger Berge und noch großartigerer Legenden und Kriegsdenkmäler ist die selbstverliebte (wenn auch etwas melancholische) Hafenstadt Chania – einst venezianisches Juwel, heute Standort künstlerisch angehauchter Boutiquehotels, Galerien und toller Restaurants. Doch es gibt hier noch viel mehr zu entdecken: Europas schönste Schlucht, ganz zu schweigen von seinem allersüdlichsten Flecken Land auf der friedlichen Insel Gavdos (die tatsächlich näher an Afrika als an Griechenland liegt), dazu jede Menge Bergdörfer, die scheinbar noch den Dornröschenschlaf vergangener Jahrhunderte schlafen. Steile Berge säumen die West- und Südwestküste und verhindern dort die gröberen Auswüchse des Tourismus. Auch die unkonventionellen Westkreter – manchmal etwas schroff, aber immer gastfreundlich – sind sich absolut treu geblieben; vom Olivenöl bis zu den prächtigen Schnurrbärten der Alten hat sich hier seit Jahrhunderten nichts verändert. Wer das traditionelle Kreta live erleben will, ist in Chania und Westkreta genau richtig.

Reisezeit

Kreta ist im Sommer ein richtig heißes Pflaster: Im Juli und August sind überall lebhaftes Treiben, quirliges Nachtleben und überfüllte Strände geboten.

Outdoorfreaks kommen eher im Frühjahr auf ihre Kosten, wenn das Klima milder ist und alle Bergkräuter in voller Blüte stehen.

Im Herbst geht es etwas ruhiger zu, obwohl das Wetter immer noch wunderbar ist und das Meer nach einem langen Sommer allmählich Badewannentemperatur erreicht. Damit ist der September ideal für einen entspannenden Strandurlaub.

Der Winter ist kurz (dafür oft recht nass), bietet aber in den Lefka Ori (Weißen Bergen) Tiefschneespaß für alle, die gerne abseits der Pisten unterwegs sind.

Unterwegs vor Ort

In der Stadt Chania ist jedes Ziel fußläufig erreichbar. In der Umgebung kommt man genauso leicht herum, denn die klimatisierten Busse der KTEL fahren regelmäßig die Orte der Region sowie die größeren Strände und Städte im restlichen Kreta an. Die Preise sind aber auch nicht mehr das, was sie mal waren, sodass sich der Bus nur für Alleinreisende lohnt. Wer zu mehreren viel in der Umgebung herumkommen will, fährt mit einem Mietauto besser (im wahrsten Sinne). Da diese auch problemlos an einem anderen Ort abgegeben werden können, entsteht dadurch kein Nachteil.

DREI PERFEKTE TAGE

1. Tag

Der Tag beginnt mit einem Kaffee mit Blick auf Chanias **venezianischen Hafen** – am besten frühmorgens, wenn es noch nicht so voll ist. Weiter geht's mit der faszinierenden **Byzantinischen und Nachbyzantinischen Sammlung von Chania**, dem **Marinemuseum** und der venezianischen **Firkas-Festung**. Zum Mittag gibt's eine schnelle *mayirefta* (fertig gekochtes Gericht) im schicken Stadtviertel Splantzia. Anschließend geht die Fahrt vorbei an Olivenhainen zur Königin der Strände ganz im Westen der Insel: **Falasarna**! Abends dann rechtzeitig wieder in Chania sein, um in einem der vornehmen Freiluftrestaurants in Wein und Oktopus zu schwelgen.

2. Tag

Nieder mit den Kalorien vom gestrigen Abendessen! Heute steht ein ganztägiger Marsch durch die **Samaria-Schlucht** an. Frühmorgens geht's per Auto (oder Bus) nach **Omalos**; von hier aus dehnt sich der europäische „Grand Canyon" nach Süden aus. Unterwegs Ausschau halten nach der schüchternen *kri-kri*, der kretischen Wildziege. Oben kreisen derweil die Raubvögel. Wer sich durch die Eisernen Pforten *(Sidiroportes)* an der schmalsten Stelle der Schlucht gezwängt hat, hat bald **Agia Roumeli** erreicht und kann sich nach **Chora Sfakion** einschiffen, wo der Bus zurück nach Chania wartet.

3. Tag

Im unkonventionellen Strandörtchen **Paleochora** im Südwesten legt morgens ein Schiff nach **Elafonisi** ab. So hat man den ganzen Tag Zeit für Sand und Wellen des Libyschen Meers. Das Nachmittagsschiff kommt rechtzeitig, um ein herzhaftes Abendessen mit Lammbraten und Wildgemüse in Angriff zu nehmen und sich dann in Paleochoras Nachtleben zu stürzen (oft gibt's kretische Livemusik mit *bouzouki* und *lyra*, einer Art Geige).

Unterkunft

Übernachtungsoptionen in dieser Region sind im Kapitel „Unterkunft" aufgeführt (S. 189).

NICHT VERSÄUMEN

Azogires ist ein wunderbares Dörfchen nördlich von Paleochora, das sich durch eine tiefe Schlucht, freundliche Einwohner, einst von Asketen bewohnte Höhlen und Wasserfälle im Wald auszeichnet, in denen angeblich bösartig kokette Nereiden herumspuken.

Top-Strände

- » Elafonisi (S. 76) – Großartiger Strand im Südwesten; bekannt für seinen roséfarbenen Sand
- » Balos (S. 73) – Unglaublich saubere Lagune mit schimmerndem blauen und grünen Wasser auf der Halbinsel Gramvousa
- » Falasarna (S. 74) – Langer Sandstrand mit den schönsten Wellen der Westküste

Top-Schluchten

- » Samaria-Schlucht (S. 54) – Die längste und beliebteste
- » Trypiti-Schlucht (S. 57) – Weniger überlaufen, dafür anstrengender
- » Imbros-Schlucht (S. 56) – Kürzere, dicht bewaldete Schwester der Samaria

Infos im Internet

- » www.chania.gr
- » www.eoshanion.gr
- » www.west-crete.com

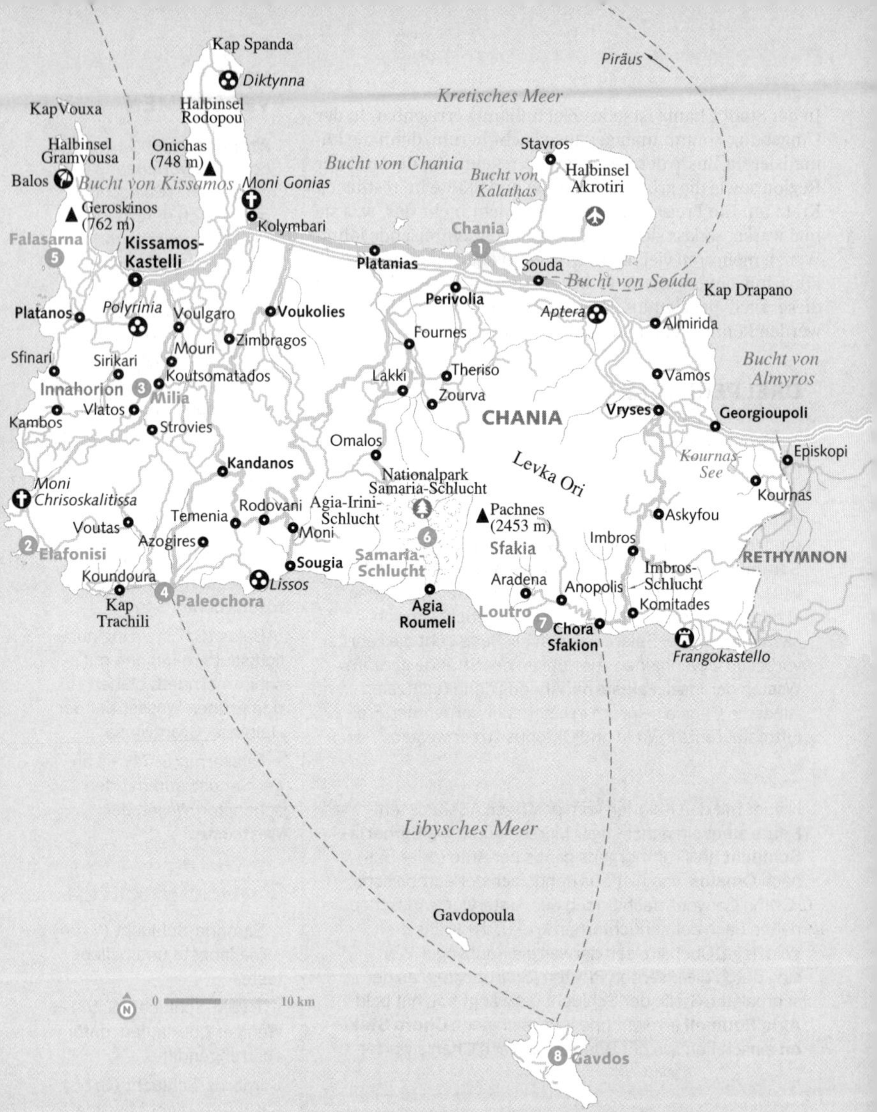

Highlights

1. Bei einem Kaffee auf der Uferpromenade Chanias wunderbaren **venezianischen Hafen** bestaunen (S. 41)
2. Im äußersten Südwesten auf dem feinen Sand von **Elafonisi** entspannen (S. 76)
3. Zurück zur Natur zwischen Kretas Bergen in den traditionellen Häusern des Ökodorfs **Milia** (S. 67)
4. Kretische Musik mit Geige und *bouzouki* in ihrer natürlichen Umgebung genießen: in **Paleochora** im südwestlichen Chania (S. 63)
5. Strandspaß an der Nordwestküste in den langen Wellen von **Falasarna** (S. 74)
6. Durch die 16 km lange **Samaria-Schlucht** bis zum Meer pilgern (S. 54)
7. Zivilisationsflucht per Schiff zum leuchtenden südlichen Dörfchen **Loutro** (S. 61)
8. Noch weiter abhauen auf die Insel **Gavdos**, 65 km südlich von Paleochora (S. [illegible])

CHANIA XANIA

55 850 EW.

Die venezianische Schönheit, durchzogen von schmalen Gassen und gekrönt von einem prächtigen Hafen, ist Kretas zweitgrößte und ganz sicher seine beeindruckendste Stadt. Überall finden sich Reste venezianischer und türkischer Architektur, in restaurierten Stadthäusern sind heute stimmungsvolle Restaurants und Boutiquehotels untergebracht.

Wie alle Schönheiten zieht Chania die Massen an, aber trotz der Touristenschwärme, die im Sommer über die Altstadt herfallen, ist sie ein wunderbar entspannender Ort. Dank der hervorragenden Kunsthandwerker ist auch Shoppen hier eine wahre Freude – am authentischsten im Splantzia-Viertel. In einigen der dachlosen venezianischen Bauten entlang der Straßen Zambeliou, Theotokopoulou und Angelou sind heute Open-Air-Restaurants untergebracht. Spaziergängern ist in den vielen Galerien und Museen des venezianischen Hafenviertels viel geboten.

Chania ist nicht nur Durchgangsstation für die Samaria-Schlucht, sondern auch die Drehscheibe für alle, die noch weiter nach Westen wollen.

Geschichte

Auf dem Hügel östlich von Chanias Hafen (zwischen Akti Tombazi und Karaoli Dimitriou) lag das Zentrum der großen minoischen Siedlung Kydonia. Kydonia wurde 1450 v. Chr. zusammen mit der übrigen minoischen Zivilisation auf Kreta zerstört. Die Stadt wurde jedoch später neu aufgebaut und erlebte während der hellenistischen Ära ihre Blüte als griechische Stadt der Antike.

Auch unter Rom und Byzanz setzte sich die Erfolgsgeschichte fort, bis Chania 1204 während des Vierten Kreuzzugs mit dem Rest der Insel von den aufstrebenden Venezianern erobert und in La Canea umbenannt wurde. 1266 ging die Stadt für kurze Zeit an die genuesischen Erzrivalen verloren, um 1290 schließlich wieder in die Hände der Venezianer zu gelangen. Sie waren es auch, die die riesige Befestigungsanlage als Bollwerk gegen Piratenangriffe errichteten – ein Bauwerk, das die Stadt 350 Jahre lang zu einer der wichtigsten Drehscheiben im mediterranen Handelsimperium der Venezianer machte.

1645 fiel die Stadt nach zweimonatiger Belagerung an die Osmanen, die sie zum Sitz des türkischen Paschas erklärten, bis 1898 schließlich auch sie davongejagt wurden. Während der *tourkokratia* (türkischen Besetzung Griechenlands) wurden Chanias Kirchen zu Moscheen umgebaut. Gleichzeitig bekam die Architektur der gesamten Stadt einen orientalischen Anstrich, geprägt durch hölzerne Wände, mit Gitterwerk verzierte Fenster und Minarette (von denen heute noch zwei stehen).

Nach der kretischen Unabhängigkeitserklärung von türkischer Herrschaft (1898) ernannten Europas Großmächte Chania zur Inselhauptstadt. Diesen Status behielt sie bis 1971, als der Regierungssitz auf Iraklion übertragen wurde.

Im Zweiten Weltkrieg tobte die Schlacht um Kreta vor allem an der Küste westlich von Chania. Auch die Stadt selbst wurde heftig bombardiert, vor allem die Umgebung der antiken Stadt Kydonia, doch von der historischen Bausubstanz blieb immerhin so viel erhalten, dass sie noch heute als schönste Stadt Kretas gilt.

Sehenswertes

Venezianischer Hafen HISTORISCHE STÄTTE

Die massiven Stadtbefestigungen der Venezianer wirken bis heute imposant. Am besten erhalten ist die Westmauer von **Fort Firkas** bis zur **Shiavo-Bastion**. Sie war Teil einer Wehranlage, die 1538 von Michele Sanmichele begonnen wurde, dem Baumeister, der auch die Festungsanlagen von Iraklion entwarf. Die Eingangstore zur Festung befinden sich neben dem Marinemuseum. Oben von der Bastion eröffnet sich ein weiter Blick auf die Altstadt.

Der **venezianische Leuchtturm** an der Hafeneinfahrt wurde restauriert, die neue Beleuchtung an der Küstenmauer hätte aber ruhig etwas dezenter ausfallen dürfen. Der 1,5 km lange Rundgang um die Hafenmole

ENTFERNUNGEN (km)

	Omalos	Chora Sfakion	Kissamos-Kastelli	Paleochora
Chora Sfakion	114			
Kissamos-Kastelli	90	124		
Paleochora	131	157	51	
Chania	44	70	54	87

NOCH MEHR?

Auf **Lonely Planet** (www.lonelyplanet.com/greece/crete/hania) gibt's Vorschläge zur Reiseplanung, Empfehlungen der Autoren, Travellerberichte und Insidertipps.

ist sehr schön, besonders am frühen Abend; eine „Abkürzung" ist die Bootsfahrt vom Fortezza Café.

Am Ostende des inneren Hafens steht die restaurierte **Hassan-Pascha-Moschee** (auch Janitscharen-Moschee genannt), die heute wechselnde Kunstausstellungen zeigt.

Archäologisches Museum MUSEUM
(☎28210 90334; Halidon 30; Eintritt 2 €; ⏲Di–So 8.30–15 Uhr; Mai–Okt. bis 19.30 Uhr, aber lieber nachprüfen) Das Archäologische Museum ist in der ehemaligen venezianischen San-Francesco-Kirche aus dem 16. Jh. untergebracht. Das Gebäude diente unter den Türken als Moschee, ab 1913 als Kino und im Zweiten Weltkrieg als deutsches Munitionsdepot. Das Museum präsentiert eine Sammlung westkretischer Fundstücke vom Neolithikum bis zur Römerzeit. Vom Eingang aus links liegt der Ausstellungsbereich über die Zeit von 3400 bis 1200 v. Chr., u. a. mit Linear-A-Schrifttafeln. Beachtenswert sind auch die exquisite Keramik aus der geometrischen Epoche (1200–800 v. Chr.) und der Schaukasten mit Stierfiguren. Die griechisch-römische Sammlung beinhaltet eine besonders eindrucksvolle Diana-Statue. Im hübschen, mit venezianischen Löwenköpfen geschmückten Hof steht ein Marmorbrunnen. Der türkische Brunnen ist ein Relikt aus der Zeit als Moschee.

Ein Kombiticket mit der Byzantinischen & Nachbyzantinischen Sammlung von Chania kostet 3 €.

Marinemuseum MUSEUM
(☎28210 91875; Akti Koundourioti; Eintritt 3 €; ⏲Mo–Fr 9–19, Sa 9–16, So 10–18 Uhr) Das Marinemuseum zeigt eine interessante Sammlung von Schiffsmodellen ab der Bronzezeit sowie nautische Instrumente, Gemälde, Fotos und Erinnerungsstücke an die Schlacht um Kreta. Das Museum befindet sich im Fort Firkas, dem einstigen türkischen Gefängnis.

Kretisches Seefahrtsmuseum MUSEUM
(☎28210 91875; Akti Defkaliona; Eintritt 2 €; ⏲10–14 & 17–21 Uhr) Das Museum in einer alten venezianischen Werft *(neoria)* veranschaulicht mit Bildern und Nachbauten den antiken und modernen Schiffbau. Zu sehen ist u. a. der originalgetreue Nachbau eines minoischen Schiffs, der 2004 zur Olympiade von Kreta nach Athen segelte.

GRATIS **Neorio tou Moro** KUNSTGALERIE
(☎28210 40265; Akti Defkaliona; ⏲11–14 & 19–22 Uhr) Gleich hinter dem Seefahrtsmuseum liegt die hippe neue Kunstgalerie, die 2011 eröffnet wurde und moderne Wechselausstellungen im Programm hat. Untergebracht ist sie zusammen mit Chanias alteingesessenem Segelclub in einer weiteren venezianischen Werft. Zum Zeitpunkt der Recherche war die Rede davon, das Gebäude auch für Konzerte zu nutzen.

Byzantinische und Nachbyzantinische Sammlung von Chania MUSEUM
(☎28210 96046; Theotokopoulou; Eintritt 2 €; ⏲Di–So 8.30–15 Uhr) Die Byzantinische Sammlung logiert in der bewundernswert restaurierten Kirche San Salvatore. Zu der kleinen, aber faszinierenden Sammlung von Artefakten, Ikonen, Schmuck und Münzen gehören ein Fragment des Mosaikbodens einer frühchristlichen Basilika und eine wertvolle Ikone des hl. Georg als Drachentöter. Das Gebäude selbst ist ein bunter Mix interessanter Architekturelemente aus seinen verschiedenen Nutzungsepochen.

Ein Kombiticket mit dem Archäologischen Museum kostet 3 €.

Kretisches Volkskundemuseum MUSEUM
(☎28210 90816; Halidon 46; Eintritt 2 €; ⏲9.30–15 & 18–21 Uhr) Chanias interessantes kretisches Volkskundemuseum zeigt verschiedene Handwerke wie traditionelle Webarbeiten und die zugehörigen Werkzeuge.

GRATIS **Historisches Museum und Archiv** MUSEUM
(☎28210 52606; Sfakianaki 20; ⏲Mo–Fr 9–13 Uhr) Das Historische Museum und Archiv liegt zu Fuß etwa 5 Min. südöstlich der Altstadt. Es zeichnet Kretas von Kriegen geprägte Vergangenheit nach und erinnert an den Widerstandskampf gegen die Türken, aber auch an die Zeit der deutschen Besatzung. Es beherbergt außerdem eine Volkskunstsammlung.

GRATIS **Großes Arsenal** KUNSTGALERIE
(☎28210 40101; www.kam-arsenali.gr; Plateia Katehaki) Im prachtvoll restaurierten Großen

Arsenal hat sich das Zentrum für Mediterrane Architektur einquartiert, das regelmäßig Ausstellungen und andere Veranstaltungen organisiert.

Etz-Hayyim-Synagoge SYNAGOGE
(Parodos Kondylaki; www.etz-hayyim-hania.org; ⏲Di–Fr 10–20, So 17–20, Mo 10–15 & 17–20 Uhr) Die restaurierte Etz-Hayyim-Synagoge beherbergt eine bewegende Gedenkstätte für die jüdische Gemeinde Chanias, die von den Nazis vernichtet wurde.

Städtische Kunstgalerie KUNSTGALERIE
(☎28210 92294; www.pinakothiki-chania.gr; Halidon 98; Eintritt 2 €, Mi frei; ⏲Mo–Fr 10–14 & 19–22, Sa 10–14 Uhr) Die dreistöckige städtische Kunstgalerie zeigt Ausstellungen moderner griechischer Kunst.

GRATIS **Monastiri Tou Karolou** KUNSTGALERIE
(☎28210 50172; Daliani 22; ⏲11 Uhr–open end; So geschl.) In der Daliani steht nicht nur eines von Chanias noch verbliebenen **Minaretten**, sondern auch dieses restaurierte Kloster aus dem 16. Jh. Im Innenhof ist ein nettes Café, das gelegentlich Livemusik und kulturelle Veranstaltungen im Programm hat. Das alte Kloster selbst ist heute Wohnhaus, Atelier und Salon von Chanias berühmtem Coiffeur und Bildhauer Karolos Kambelopoulos, der früher in Paris lebte. Gelegentlich ist im 2. Stock eine Kunstausstellung zu sehen.

Agios-Nikolaos-Kirche KIRCHE
(Plateia 1821; ⏲7–12 & 16–19 Uhr) Das zweite noch vorhandene Minarett der Stadt befindet sich jenseits eines *kafeneio* (Kaffeehaus) an der Plateia 1821, wo es einer Kirche nachträglich aufgepfropft wurde. Genau gegenüber thront auch noch der ursprüngliche Glockenturm. Dazwischen flattern in einem fröhlich bunten Durcheinander von Blau und Gelb die Fahnen von Griechenland und Byzanz, quasi als sichtbarer Triumph der orthodoxen Kirche über beide Besatzungsmächte: die venezianischen Schismatiker und die treulosen Türken.

Das Fundament der Kirche wurde bereits 1205 von den Venezianern gelegt, das Tonnengewölbe des massiven Baus geht aber wahrscheinlich ebenso auf das Konto von Franziskanermönchen (1320) wie die zahlreichen Buntglasfenster, die am späten Nachmittag den Boden mit einem wunderbaren Farbenkaleidoskop überfluten. 1645 wurde die Kirche von den Osmanen in eine Moschee umgewandelt, bis sie 1918 schließlich wieder an die Orthodoxe Kirche zurückging. Ganz in der Nähe steht auch die restaurierte venezianische **San-Rocco-Kirche**.

Eleftherios-Venizelos-Residenz & -Museum MUSEUM
(☎28210 56008; Plateia Helena Venizelou; Eintritt 2 €; ⏲tgl. 11.30–13.30, Mo–Fr auch 18–20 Uhr, im Winter kürzere Öffnungszeiten) Das Museum in der Eleftherios-Venizelos-Residenz steht etwa 1,5 km östlich der Altstadt im Stadtviertel Chalepa. Hier sind Haus und Einrichtung des großen Staatsmanns originalgetreu aufs Großartigste erhalten und durch Karten und andere Infos ergänzt worden. Das Museumspersonal bietet Führungen durchs Haus an. Anfahrt mit Stadtbus oder Taxi (3–6 €).

GRATIS **Antike Stadt Kydonia** ANTIKE STÄTTE
An der archäologischen Stätte der antiken Stadt Kydonia, östlich vom alten Hafen an der Kreuzung Kanevarou und Kandaloneou, finden laufende Ausgrabungen statt. Neben neu freigelegten antiken Behausungen gibt es auch allgemeine Infos zur minoischen Zivilisation.

Leider befinden sich die Überreste des alten Kydonia unter der heutigen Stadt, sodass sich das Ausmaß der Ausgrabungen zwangsläufig in Grenzen hält. Sie liefern dadurch auch weniger eindrucksvolle Funde als die minoischen Stätten um Iraklion (z. B. Knossos und Festos). Trotzdem hat der Fund einiger Tontafeln mit linearer

CHANIA MIT KINDERN

Falls der Fünfjährige die venezianische Architektur zu langweilig findet, ist ein Abstecher zum **Stadtpark** zwischen Tzanakaki und Dimokratias angesagt. Dort warten ein Spielplatz und ein schattiges Café auf Besucher (aber Zoo und Ziegen sind leider verschwunden). Acht Kilometer südlich der Stadt befindet sich der riesige Aquapark **Limnoupolis** (☎28210 33246; Varypetro; Tageskarte Erw./6–12 J. 17/12 €, Nachmittagskarte 12/9 €; ⏲10–19 Uhr). Dort halten ausreichend Rutschen den Nachwuchs bei Laune, während sich die Alten an die Cafés und Poolbars halten. Vom KTEL-Busbahnhof aus fahren regelmäßig Busse hin (2,10 €).

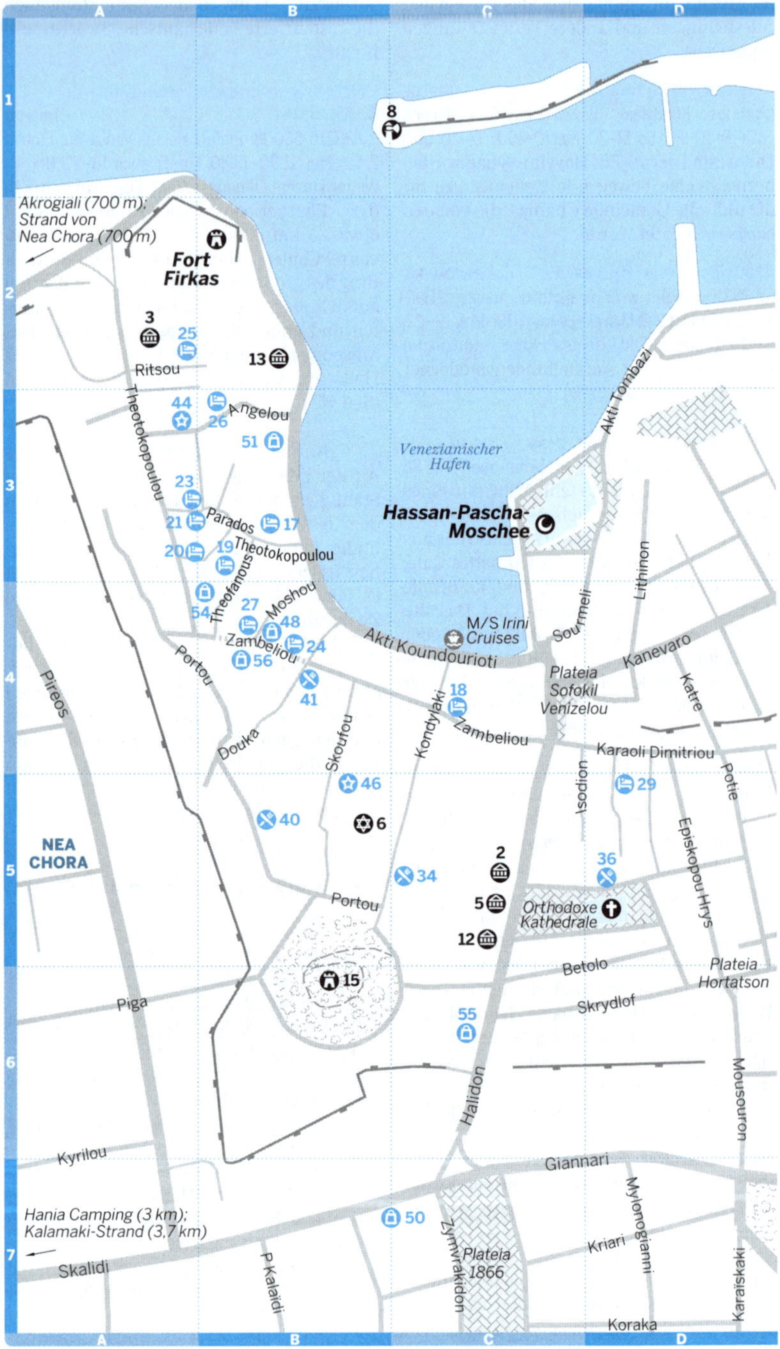
A
B
C
D
1
2
3
4
5
6
7
CHANIA
Akrogiali (700 m);
Strand von
Nea Chora (700 m)
Fort
Firkas
3
25
13
Ritsou
44
26
Angelou
51
Theotokopoulou
23
21
Parados
17
20
19
Theotokopoulou
Theofanous
54
27
Moshou
48
Zambeliou
24
56
Portou
41
Pireos
Douka
Skoufou
Kondylaki
18
Zambeliou
Venezianischer
Hafen
Hassan-Pascha-
Moschee
M/S Irini
Cruises
Akti Koundourioti
Akti Tombazi
Lithinon
Sourmeli
Plateia
Sofokil
Venizelou
Kanevaro
Katre
Karaoli Dimitriou
Isodion
29
Potie
46
40
6
NEA
CHORA
34
2
36
Episkopou Hrys
Portou
5
Orthodoxe
Kathedrale
12
15
Betolo
Plateia
Hortatson
Piga
Skrydlof
55
Halidon
Mousouron
Kyrilou
Giannari
Hania Camping (3 km);
Kalamaki-Strand (3,7 km)
50
Mylonogianni
Kriari
Skalidi
P Kalaidi
Zymvrakidon
Plateia
1866
Karaïskaki
Koraka
8

0
200 m
E
F
G
H
1
2
3
4
5
6
7
Kretisches Meer
14
9
32
Ikarou
31
7
Plateia
Katehaki
Akti Enoseos
Arholeon
47
42
Agiou Markou
Epimenidou
Kalergon
33
43
Kalistou
16
Arholeon
1
Sifaka
52
SPLANTZIA
4
Vourdouba
Plateia
1821
Agios-Nikolaos-Kirche
Kyprou
Sifaka
Minoos
Gavaladon
39
Melidoniou
22
Sarpaki
35
Daskalogianni
Kalistou
45
28
11
Episkopou Nikiforou
37
53
Daliani
49
10
Tsouderon
Plateia
Markopoulou
Nikiforou Foka
Agora
30
Megeireion
Peina Leon (300 m);
Hotel Doma (450 m)
El Venizelou
Souda
Tzanakaki
Trikoupi
Flastira
38
Dimokratias
Stadtpark
(100 m)
Borjali

Chania

B-Schrift für Aufsehen gesorgt. Archäologen halten es seitdem für sehr wahrscheinlich, dass sich in Kydonia sowohl ein Palast als auch eine bedeutende Stadt befand. 2004 wurden um die 50 spätminoischen Gräber in der Umgebung von Agios Ioannis entdeckt – offenbar Teil des Friedhofs, der zur antiken Stadt gehörte. Die Ausgrabungen dauern nach wie vor an.

Agora MARKT
Chanias großartige Markthalle Agora mit einigen hervorragenden Schnellrestaurants (S. 48) sollten sich selbst Einkaufsmuffel nicht entgehen lassen. Leider musste die Zentralbastion der Stadtmauer weichen, um Platz für diese schöne, kreuzförmig angelegte Konstruktion zu schaffen, die 1911 nach dem Vorbild der Markthalle von Marseille errichtet wurde.

Aktivitäten

Gratisinfos zu allen Outdoorsportarten (z. B. anspruchsvolle Kletterrouten in den Lefka Ori oder Berghütten entlang der Wanderroute E4) gibt's in der Sektion Chania des Griechischen Alpenvereins **EOS** (☎28210 44647; www.eoshanion.gr; Tzanakaki 90; ⌚8.30–22 Uhr). EOS liefert nicht nur Infos, sondern veranstaltet auch regelmäßige Wochenendausflüge.

Wandern, Klettern & Radfahren

Trekking Plan WANDERN, RADFAHREN
(☎28210 60861; www.cycling.gr; Agia Marina) Der Veranstalter in Agia Marina, 8 km südwestlich der Altstadt, bietet Wanderungen zu den Schluchten Agia Irini und Imbros, Besteigungen des Gingilos, außerdem Canyoning, Abseiling, Felsklettern und Touren mit Kajak und Mountainbike.

Alpine Travel WANDERN
(☎28210 50939; 6932252890; www.alpine.gr; Boniali 11–19) Realisiert Projekte zu den Themen Ökotourismus, Bergsteigen und Wandern.

Hellas Bike Tours RADFAHREN
(☎28210 60858; www.hellasbike.net; Agia Marina) Der Anbieter in Agia Marina verleiht Fahrräder und veranstaltet halb- und ganztägige Radtouren in der Umgebung.

Tauchen

Blue Adventures Diving TAUCHEN
(☎28210 40608; www.blueadventuresdiving.gr; Arholeon 11) Das Tauchzentrum veranstaltet Kurse mit PADI-Schein (370 €) und bietet täglich Ausflüge in der Umgebung von Chania an (zwei Tauchgänge 75 €), auch für Anfänger. Es gibt Schnorcheltouren und Gelegenheit zum einfachen Mitfahren auf dem Boot.

Schwimmen

Der Stadtstrand in **Nea Chora** ist überlaufen, aber meist sauber und für eine kurze Abkühlung durchaus brauchbar. In Koum Kapi ist es weniger überlaufen – dafür aber auch weniger sauber. Besser schwimmen kann man 3,5 km weiter westlich an den Stränden **Agioi Apostoli**, **Chrysi Akti** und **Kalamaki** – in dieser Reihenfolge. Es fahren regelmäßig Stadtbusse zu diesen Stränden und noch weiter bis hinter Platanias.

Geführte Touren

Vom Hafen verkehren Ausflugsschiffe zu den nahe gelegenen Inselchen Agii Theodoroi und Lazaretto und durch die Bucht von Chania. Eines haben alle gemeinsam: Sie sind eindeutig überteuert. Mehrere Veranstalter haben halb- oder einstündige Rundfahrten mit trüben Glasbodenbooten im Programm, doch die lohnen sich kaum.

Die M/S Irini BOOTSFAHRTEN
(☎28210 52001; Rundfahrten 15 €; bei Sonnenuntergang 8 €, Kinder unter 7 J. gratis) unternimmt täglich Rundfahrten auf einem reizenden Kreuzer aus den 1930er-Jahren, Schnorchelausrüstung gibt's umsonst dazu. Während der Sonnenuntergangsfahrten werden Obst und Raki auf Kosten des Hauses gereicht.

F/B Alexandros BOOTSFAHRTEN
(☎28210 71514) Unternimmt täglich Rundfahrten durch die Souda-Bucht mit Zwischenstopps an Höhlen und Stränden.

Festivals & Events

Im Sommer organisiert die Stadtverwaltung kulturelle Events in der ganzen Stadt, u. a. im Stadtpark und im **Freilichttheater** (www.chania.gr) außerhalb der östlichen Stadtmauer (Odos Kyprou), wo regelmäßig Konzerte und Theatervorstellungen stattfinden.

In der letzten Maiwoche begeht die Stadt Chania den **Jahrestag der Schlacht um Kreta** mit Sportturnieren, Volkstanz und Gedenkfeiern.

Essen

Chania hat einige der schönsten Restaurants von ganz Kreta, einige davon in alten venezianischen Ruinen unter freiem Himmel. Erwartungsgemäß sind die meisten Tavernen in Spitzenlage am Wasser mittelmäßig, überteuert und von lästigen Kundenfängern umlagert. Die beste Qualität versteckt sich in den ruhigen Seitenstraßen.

LP TIPP **Portes** KRETISCH €€
(Portou 48; Hauptgerichte 6– 9 €) In einer ruhigen Altstadtgasse serviert die Irin Susanna schon seit Jahren exquisites kretisches Essen mit internationalem Pfiff. Das macht sie so gut, dass auch viele Einheimische ihr den Vorzug geben. Ein Gedicht sind ihre *gavros* (marinierte kleine Fische), die wilden Schnecken, der gefüllte und in Papier gebackene Fisch, die leckeren Fleischbällchen mit Lauch und Tomaten sowie so ziemlich alles auf der Tageskarte.

Kouzina E.P.E. KRETISCH €
(Daskalogianni 25; Mayirefta 3–7 €, ⏲12–20 Uhr) Dieses fröhliche Lokal im Stadtviertel Splantzia ist mittags der Favorit bei den Kretern. Touristenhorden gibt's hier keine, dafür gute *mayirefta* (vorgekochte Gerichte) und Essen vom Grill. Der augenzwinkernde Name bedeutet „Restaurant mit beschränkter Haftung", ist aber kein Grund zur Beunruhigung, denn alles – von den Sardinen über das Pasticcio bis zum marinierten, gebratenen Gemüse und dem Kalbs-*stifadho*

(Kalbfleisch mit Zwiebeln in Tomatenpüree) – ist ausnahmslos hervorragend.

Megeireion Peina Leon GRIECHISCH €
(El Venizelou 86; Mezedhes 3–7 €; ⏲10–1 Uhr;) Der freundliche Laden im ruhigen Viertel Chalepa hat ein tolles Ambiente, große Glastüren mit Holzrahmen und Böden, auf denen noch die Originalkacheln liegen. Auf der Karte steht Hausmannskost wie das zarte *chorta* (Wildgemüse) in Olivenöl mit Zitrone, gedünstetes Mischgemüse und gefüllte Paprika mit Reis. Zum Trinken gibt's u. a. die neuen kretischen Biere aus Rethymnon.

Tamam GRIECHISCH €€
(Zambeliou 49; Hauptgerichte 6–10 €) Das Lokal im ehemaligen *hamam* (türkischen Dampfbad) serviert griechisches Essen mit entsprechend osmanisch angehauchtem Flair. Neben der exzellenten Auswahl an vegetarischen Gerichten (z. B. pikantes Avocododip mit Kartoffeln für 6,50 €) gibt's auch türkisch inspirierte Leckereien wie *tas kebab* (Kalbfleisch mit Joghurt) oder das Hühnchen *beyendi* mit Auberginenpüree.

Thalassino Ageri MEERESFRÜCHTE €€€
(Vivilaki 35; erstklassiger Fisch 55 € pro kg; ⏲abends) Ein bisschen schwer zu finden, aber zur Belohnung wartet eines der besten Speiselokale auf ganz Kreta: eine einsame Fischtaverne in einem winzigen Hafen zwischen den Ruinen von Chanias alten Gerbereien. Abgesehen von der vorzüglichen Lage gibt es frischen Fisch und ausgezeichnete *mezedhes*, z. B. zarten Oktopus in Weinessig, auf dem Gaumen zerschmelzende Calamares und einen köstlichen Meeresfrüchtesalat. Anfahrt per Taxi oder die Venizelou an der Küste entlang und die Noel landeinwärts nach links abbiegen.

Oasis FAST FOOD €
(Vouloudakidon 2; Souvlaki 2 €; ⏲Mo–Sa; nur während der Geschäftsöffnungszeiten) Auf der Halidon werden an jeder Ecke Snacks und *souvlaki* angeboten – aber Einheimische schwören auf das sehr leckere *souvlaki* in dieser winzigen, altmodischen Oase. (Tipp: Wie überall auf Kreta muss man *souvlaki kalamaki* bestellen, um wirklich die Fleischspieße zu bekommen, die wir in Deutschland darunter verstehen. Wer einfach nur „*souvlaki*" sagt, bekommt hier nämlich Gyros.)

Mesogeiako GRIECHISCH €
(Daliani 36; Mezedhes 3,50–6 €; ⏲18–1 Uhr) Gleich beim Minarett im neu belebten Stadtviertel Spantzia bietet dieses trendige *mezedhopoleio* (*mezedhes*-Restaurant) eine ganze Reihe klassischer und eher kreativer Gerichte. Unbedingt probieren: die Zucchiniblüten, die Auberginen, die Schweinehackbällchen und den hervorragenden Raki.

Doloma GRIECHISCH €
(Kalergon 8; Mayirefta 4,50–6 €; ⏲Mo–Sa) Das unaufdringliche Restaurant am Hafen verschwindet fast hinter den Weinreben und dem üppigen Grün, die seine Terrasse umranken. Die traditionelle Küche lässt keine Wünsche offen: Diverse *mayirefta* (Schmortöpfe und Aufläufe) kommen täglich frisch auf den Tisch, ideal ergänzt durch die großzügige Auswahl an einheimischen Weinen.

L'Artigiano Gelateria EIS €
(Athinagora Plateia; 1,80–4 €) Das vorzügliche, hausgemachte italienische Eis sorgt fast immer für Dauerwarteschlangen. Einheimische wie Touristen sind sich einig: Nirgends ist es besser.

Ela KRETISCH €€
(Kondylaki 47; Hauptgerichte 8–16 €; ⏲12–1 Uhr) Das Gebäude aus dem 14. Jh. war zuerst eine Seifenfabrik, später dann Schule, Brennerei und Käserei. Heute bringt Ela ordentliche kretische Spezialitäten auf den Tisch (z. B. Ziege mit Artischocken), während Musiker für Stimmung sorgen. Das Schild mit dem Hinweis, dass dieses Restaurant in keinem Reiseführer fehlt, ist nicht gerade stilvoll, aber die Lorbeeren sind nicht unverdient.

Apostolis I & II MEERESFRÜCHTE €€€
(Akti Enoseo; Fisch 40–55 € pro kg) Das renommierte Restaurant serviert frischen Fisch und kretische Gerichte in zwei separaten Gebäuden an der ruhigeren Ostseite des Hafens. Apostolis II ist beliebter, weil dort noch der Besitzer selbst das Zepter schwingt, aber das andere hat die gleiche Speisekarte und ist geringfügig billiger. Eine Meeresfrüchteplatte für zwei kostet 30 € inklusive Salat. Die Bedienung ist freundlich und fix, die Weinkarte gut.

Agora MARKT €
(Städtische Markthalle; ⏲Mo, Mi & Sa 8.30–14, Di, Do & Fr 8.30–13.30 & 18–21 Uhr) Chanias berühmte Markthalle ist eine gute Adresse für Selbstversorger oder für ein leckeres Mittagessen. Auch sehr gut ist das Angebot an Gewürzen, Honig, Olivenöl und Wein, die sich hervorragend als Mitbringsel eignen.

To Karnagio GRIECHISCH €€
(Plateia Katehaki 8; kretische Spezialitäten 7–12 €) Beliebtes Restaurant mit Tischen im Freien in der Nähe vom Großen Arsenal. Schöne Auswahl an Fischgerichten (Tipp: gegrillter Tintenfisch) und kretischen Klassikern wie *oktopus stifado* (Oktopus in roter Tomaten-Weinsoße), dazu eine gute Weinkarte.

Pigadi tou Tourkou ORIENTALISCH €€
(Sarpaki 1–3; Hauptgerichte 10–14,50 €; ⏲abends, Mo & Di geschl.) Teile des ehemaligen türkischen Dampfbads aus dem 19. Jh. wurden in die anheimelnde Einrichtung dieses beliebten Restaurants einbezogen, so etwa der Brunnen, dem es seinen Namen verdankt („Brunnen der Türken"). Die verführerische Speisekarte verrät kretischen, marokkanischen und orientalischen Einfluss – z. B. das *yiaourtlou* (Rinderspieß auf Pittabrot mit griechischem Joghurt).

Ausgehen

Die munteren Bars am Hafen und die Discos in der Umgebung der Moschee sind fest in Touristenhand. Aber auch in der Altstadt gibt's einige lebhafte Kneipen. Die echten Nachtclubs liegen jedoch 9–11 km außerhalb der Stadt in den ansonsten langweiligen Pauschaltouristenorten Agia Marina und Platanias. Die beliebtesten Clubs in Platanias sind **Villa Mercedes**, **Utopia** und **Milos**, die sich mit Promi-DJs brüsten können. In Agia Marina heißt der Favorit **Oceanos**.

Fagotto LIVEMUSIK
(Angelou 16; ⏲Juli–Mai 19–2 Uhr) Eine alteingesessene Institution der Stadt: Der Club in einem restaurierten venezianischen Gebäude spielt eher gefälligen Jazz, sanften Rock und Blues. Wen wundert's, dass hier auch ein Zapfhahn in Form eines Saxofons zum Dekor gehört? Aber Achtung: Vor 22 Uhr ist hier grundsätzlich nichts los.

Synagogi LOUNGE/BAR
(Skoufou 15) Die Loungebar in der nach oben offenen Ruine einer venezianischen Synagoge ist ein beliebter Ort für einen entspannten Drink.

Café Kriti LIVEMUSIK
(Kalergon 22; ⏲20 Uhr–open end) Der rustikale Laden (auch bekannt unter dem Namen Lyrakia) zeichnet sich durch ein bunt zusammengewürfeltes Dekor aus (Sägen, Töpfe, alte Nähmaschinen und ausgestopfte Tierköpfe), das bisweilen etwas aufgesetzt wirkt. Auf dem Programm steht kretische Livemusik; Zielgruppe sind allerdings eher Touristen als Einheimische.

Ta Duo Lux CAFÉ, BAR
(Sarpidona 8; ⏲22 Uhr–open end) Das flippige Café mit Bar ein Stück weiter am Hafen entlang ist ein Dauerfavorit der jungen Alternativszene; sowohl tagsüber als auch abends herrscht reger Betrieb. In der Nähe sind auch die Kneipen Bolero und Hippopotamos.

Koukouvagia BAR
(Venizelos Graves) Wer einen fahrbaren Untersatz hat, kann die 4 km auf den Hügel hochfahren, wo der große Staatsmann Eleftherios Venizelos begraben liegt. Die Café-Bar mit tollem Blick auf Chania, die ganz im Zeichen der Eule steht (mit einer wirklich erstaunlichen Kollektion von Eulen-Dekostücken), ist an Sommerabenden eine kühle Oase. Delikate *pitta*-Kreationen und große Auswahl an Kuchen und Desserts.

Shoppen

In Chania kann man prima shoppen – vor allem in den kleineren Seitenstraßen rund um die Theotokopoulou. Skrydlof war früher mal die erste Adresse für authentische kretische Lederstiefel, bietet heute aber eher eine Mischung aus importierten Sandalen, Gürteln und Taschen. Die winzige Handvoll Läden, die noch echt kretische Spezialitäten verkaufen, sind fast alle im Stadtviertel Splantzia.

An der Minoos findet samstags von 7 bis 14 Uhr ein Markt statt. Ein weiterer *laiki* (Straßenmarkt) ist donnerstags im Hafenviertel westlich von Fort Firkas zu finden.

Die meisten Altstadtgeschäfte haben mindestens bis 23 Uhr geöffnet, im Einkaufsviertel der Neustadt werden dagegen die normalen Ladenöffnungszeiten eingehalten (s. S. 274).

Da Kreta für seine guten Lebensmittel bekannt ist, wird sich fast jeder für zuhause eine Scheibe davon abschneiden wollen. Wer allerdings die beste Adresse für Olivenöl und Thymianhonig sucht (die üblicherweise nicht poppig verpackt und mit sinnlosen Zweigen im Glas, sondern in großen, unetikettierten Flaschen verkauft werden), bekommt in einem bescheidenen Dorfladen auf jeden Fall bessere Qualität als in den Delikatessenshops der Städte. Bessere Preise auch.

ABSTECHER

THERISO

Als Tagesausflug oder Alternativroute nach Omalos empfiehlt sich die landschaftlich schöne Strecke über Perivolia zum 14 km von Chania gelegenen Theriso, vor allem bekannt durch seine Verbindung zu Eleftherios Venizelos und Kretas revolutionärer Phase Ende des 19. Jhs. Besonders schön ist die Strecke, die über Perivolia führt, denn hier folgt die spektakuläre Straße einem Wasserlauf durch eine grüne Oase und durch die 6 km lange Theriso-Schlucht. Das Dorf am Fuß der Levka Ori (Weiße Berge), 500 m über dem Meer, war Schauplatz einer historischen Schlacht gegen die Türken. Heute richten seine tollen Tavernen sonntags marathonmäßige Mittagessen aus.

Zwei Tavernen konkurrieren um den Spitzenplatz: **O Leventis** serviert im hübschen Hof unter einem riesigen Platanendach frisches Fleisch aus der Umgebung und kretische Spezialitäten. Lecker und großzügig portioniert ist die *kreatotourta* (Fleischpastete). Gute Noten bekommt auch **O Antartis** für seine famosen *mezedhes* und kretischen Gerichte.

Gleich hinter dem Dorf steht ein kleines **Museum des Nationalen Widerstands**, vor dem ein schauriges Denkmal an die Widerstandskämpferin Chrysi Tripiti erinnert: Den alten Mühlstein benutzten die türkischen Besatzer 1821, um die arme Frau Tripiti in der Olivenpresse des Dorfes zu zerquetschen.

Eine steile Straße windet sich durch das zerklüftete Bergland mit wechselnder Vegetation aus Platanen, Oliven-, Orangen-, Eukalyptusbäumen und Kiefern. Durch die Dörfer **Zourva** und **Meskla** gelangt man nach **Lakki** und von dort entweder weiter nach Omalos oder zurück nach Chania.

Karistianis BEKLEIDUNG
(Skalidi 9–11) Outdoorklamotten? Wanderschuhe? Hier ist die beste Adresse dafür. Der eher hardcoremäßige Armeewarenshop auf der anderen Straßenseite verkauft auch Camping- und Kletterausrüstung.

Miden Agan ESSEN & TRINKEN
(Daskalogianni 70; ⌚Mo & Mi 10–15.30, Di & Do–Sa 10–14.15 & 18.15–22 Uhr) Feinschmecker und Weinliebhaber werden entzückt sein von der Auswahl in diesem vortrefflichen Geschäft: Es führt über 800 griechische Weine, eigene Weine und Liköre, diverse hübsch verpackte traditionelle Delikatessen aus der Region (darunter Öl und Honig) und verschiedene Sorten Löffelsüße aus eigener Herstellung (Tipp: weißer Kürbis).

Exantas Art Space SOUVENIRS
(Ecke Zambeliou & Moschon; ⌚10–14 & 18–23 Uhr) Dieser klasse Laden hat schöne Postkarten, alte Fotos, Lithografien, Holzschnitte, handgemachte Souvenirs, kretische Musik und eine gute Auswahl an Reiseführern, Bildbänden und Kunstbüchern.

Mediterraneo Bookstore BÜCHER
(Akti Koundourioti 57) Dieser Bücherladen direkt am Meer hat eine große Auswahl englischsprachiger Romane und Bücher über Kreta sowie internationale Zeitschriften.

Giorgos Paterakis HANDWERK
(Episkopou Nikoforou 13) In diesem winzigen Laden in Splantzia arbeitet Giorgos, der letzte Schuster der Stadt, der echte kretische Lederstiefel herstellt (200–300 €). Kretische Männer tragen die kniehohen Knobelbecher üblicherweise für Hochzeiten, traditionelle Tänze und andere besondere Anlässe. Die robusten, wasserabweisenden Treter sind allerdings auch bei Schäfern sehr gefragt.

Nikos Boulamas HANDWERK
(Daliani 52) An der Herstellung eines traditionellen kretischen Messers sind vier verschiedene Handwerker beteiligt – kein Wunder, dass sie über 1000 € kosten. Nikos Boulamas ist auf die Anfertigung der Klingen für das Luxus-Souvenir spezialisiert. Vorsicht vor Läden, die mit „echten, traditionellen" Messern werben – die meisten verhökern nur billige Importware.

Pelekanakis BÜCHER
(Halidon 98) Dieser Klassiker unter Chanias Bücherläden verkauft Wanderkarten, Reiseführer und andere ansonsten schwer auffindbare Bücher über Kreta in elf Sprachen.

Paraoro HANDWERK
(Theotokopoulou 16) Stamatis Fasoularis fertigt eine faszinierende Auswahl dekorativer Modellschiffe aus Metall an, die alle einen

praktischen Verwendungszweck haben, z. B. ein Dampfer als Ölbrenner. Der Laden verkauft auch einzigartige Keramiken des Künstlers Yiorgos Vavatsis, darunter dessen Markenzeichen, die schrägen Trinkgefäße. Größere Ausstellungsstücke sind im Obergeschoss zu sehen.

Teppichweberei Roka HANDWERK
(Zambeliou 61) Einer der wenigen Orte auf Kreta, wo echte traditionelle (wenn auch nicht antike) Handwebarbeiten zu finden sind. Hier kann man dem charmanten Mihalis Manousakis und seiner Ehefrau zuschauen, wie sie seine wundersamen Teppiche auf einem 400 Jahre alten Webstuhl nach Techniken weben, die sich seit minoischen Zeiten kaum verändert haben.

Praktische Informationen

Notfälle

Touristenpolizei (☎28210 73333; Kydonias 29; ⏱8–14.30 Uhr) Am Rathaus.

Internetzugang

Ein kostenloses WLAN-Netz erstreckt sich mittlerweile über viele öffentliche Bereiche sowie die meisten Hotels, Restaurants, Cafés und Bars.

Triple W (Ecke Valadinon & Halidon; 2 € pro Std.; ⏱24 Std.) Viele PC-Plätze und Hochgeschwindigkeitszugang.

Vranas Internet (Agion Deka 10; 2 € pro Std.; ⏱9.30–1 Uhr) Volle Ausstattung und Klimaanlage.

Medizinische Versorgung

Krankenhaus Chania (☎28210 22000; Mournies) Liegt südlich der Stadt und ist mit dem städtischen Bus oder Taxi (8–10 € erreichbar).

Geld

Die meisten Banken befinden sich im neuen Teil der Stadt um Plateia Markopoulou; in der Altstadt gibt's in der Halidon ein paar Geldautomaten, darunter bei der **Alpha Bank** (Ecke Halidon & Skalidi) und Citibank. Außerhalb der Bankenzeiten haben zahlreiche Geldwechselstuben geöffnet. Die **Griechische Nationalbank** (Ecke Tzanakaki & Giannari) hat einen rund um die Uhr geöffneten Geldautomaten.

Post

Postamt (Peridou 10; ⏱Mo–Fr 7.30–20, Sa 7.30–14 Uhr)

Touristeninformation

Städtische Touristeninformation (☎28210 36155; tourism@chania.gr; Kydonias 29; ⏱8–14.30 Uhr) Am Rathaus; hat hilfreiche Infos und Stadtpläne/Landkarten. Der Infokiosk hinter der Moschee am alten Hafen ist normalerweise von 12–14 Uhr besetzt.

Reisebüros

Diktynna Travel (☎28210 41458; www.diktynna-travel.gr; Arhontaki 6) Organisiert ein breites Spektrum an Kultur- und Ökotourismusaktivitäten, einschließlich Kochkurse.

Tellus Travel (☎28210 91500; Halidon 108; www.tellustravel.gr; ⏱8–23 Uhr) Autovermietung, Geldwechsel, Flug- und Fährtickets, Übernachtungsmöglichkeiten und Ausflüge. Eines der größten Reisebüros in Chania.

Websites

www.chania.gr Die offizielle Website der Stadt Chania hat Infos zur Stadt und zu kulturellen Veranstaltungen.

www.chania-guide.gr Gute Quelle für Infos über die Stadt und den Regierungsbezirk.

An- & Weiterreise

Flüge

Chanias **Flughafen** (☎28210 83800) liegt 14 km östlich der Stadt auf der Halbinsel Akrotiri.

Aegean Airlines (☎28210 63366; www.aegeanair.com) Täglich vier Flüge nach Athen (76–123 €) und einer nach Thessaloniki (125–135 €). Bei Onlinebuchungen über die offizielle Website der Aegean Airlines ist je nach Wochentag und Reisezeit oft eine bessere Preisauswahl geboten.

Olympic Air (☎28210 58005; www.olympicair.com; Tzanakaki 88) Täglich fünf Flüge von/nach Athen (76–106 €) sowie vier von/nach Thessaloniki (130–150 €).

Fähre

Chanias größter Hafen ist in Souda, 7 km südöstlich der Stadt. Hier ist auch der NATO-Standort. Nach Chania fährt regelmäßig ein Bus (1,65 €); ein Taxi kostet 9 €. Die **Hafenpolizei** (☎28210 89240) hat Infos zu den Abfahrtszeiten der Fähren.

ANEK (☎28210 27500; www.anek.gr; Plateia Sofokli Venizelou) Verkehrt einmal täglich um 21 Uhr von Piräus nach Chania (9 Std., 33 €) und um 1 Uhr von Chania nach Piräus. Im Juli und August legt zusätzlich morgens eine Fähre von Piräus ab (33 €). Mit Auto kostet die Überfahrt 78 €.

Bus

Chanias Busbahnhof liegt an der Kydonias, zwei Häuserblocks südwestlich der Plateia 1866.

Die Busse sind zwar angenehmerweise klimatisiert, dafür aber langsam, da sie unterwegs auch abseits der Haltestellen für jeden anhalten. Im Sommer fahren sie unter der Woche vom **Busbahnhof** (☎28210 93052) aus viele Ziele an (s. Tabelle weiter unten).

REISEZIEL	DAUER	PREIS	HÄUFIGKEIT
Elafonisi	2½ Std.	11 €	1-mal tgl.
Falasarna	1½ Std.	7,60 €	3-mal tgl.
Chora Sfakion	1 Std. 40 Min.	7,60 €	3-mal tgl.
Iraklion	2¾ Std.	13,80 €	halbstdl.
Kissamos-Kastelli	1 Std.	4,70 €	13-mal tgl.
Kolymbari	45 Min.	3,30 €	halbstdl.
Lakki	1¾ Std.	2,60 €	2-mal tgl.
Moni Agias Triadas	30 Min.	2,30 €	2-mal tgl.
Omalos (zur Samaria-Schlucht)	1 Std.	6,90 €	3-mal tgl.
Paleochora	1 Std. 50 Min.	7,60 €	4-mal tgl.
Rethymnon	1 Std.	6,20 €	halbstdl.
Sougia	1 Std. 50 Min.	7,10 €	2-mal tgl.
Stavros	30 Min.	2,10 €	3-mal tgl.

Busverbindungen außerhalb der Hauptsaison am besten beim Busbahnhof erfragen.

Unterwegs vor Ort

Vom/Zum Flughafen

Vom Busbahnhof in Chania fahren täglich drei Busse zum Flughafen (2,30 €, 20 Min.), an manchen Wochentagen teilweise öfter (vor Ort nachfragen). Ein Taxi zum Flughafen kostet 20 € (plus 2 € pro Gepäckstück).

Bus

Die **blauen Stadtbusse** (☎28210 27044) halten im Hafen von Souda in der Nähe des Fähranlegers. In Chania fährt der Bus nach Souda (1,65 €) an der Markthalle ab. Busse zu den Stränden im Westen verkehren vom Hauptbusbahnhof an der Platia 1866 bis nach Panormos (2,60 €). Die Stadtbusse versammeln sich auch um den Plateia Markopoulou; mit ihnen lassen sich die weiter entfernten Vororte wie Chalepa innerhalb weniger Minuten gut erreichen (1,10 €). Fahrkarten gibt's beim Münzautomaten an der Haltestelle.

Auto, Motorrad & Fahrrad

Die meisten Auto- und Motorradverleiher konzentrieren sich an der Halidon. Die Vermietungen in Agia Marina sind jedoch preislich interessanter und bringen ihre Fahrzeuge auch nach Chania. Ein Großteil der Altstadt ist Fußgängerzone. Die besten kostenlosen Parkmöglichkeiten bietet die Gegend um Fort Firkas: von der Skalidi am Schild zum großen Supermarktparkplatz rechts in die Pireos abbiegen und der Straße bis zum Wasser folgen. In einigen Straßen der Neustadt ist das Parken gebührenpflichtig, also immer schön die Schilder beachten.

Europrent (☎28210 27810; Halidon 87)

Tellus Travel (☎28210 91500; www.tellustravel.gr; Halidon 108)

Gepäckaufbewahrung

KTEL Bus Station (Kydonias 73–77; pro Gepäckstück und Tag 2 €) Bewahrt gegen eine kleine Gebühr zusätzliche Gepäckstücke auf (interessant vor allem für Wanderer, die weniger Gewicht in die Samaria-Schlucht mitschleppen wollen).

DIE HALBINSEL AKROTIRI
ΧΕΡΣΟΝΗΣΟΣ ΑΚΡΩΤΗΡΙ

Die Halbinsel Akrotiri nordöstlich von Chania ist eine karge, hügelige, von Gestrüpp überwucherte Felsenlandschaft. Außer ein paar Strandorten gibt es hier noch Chanias Flughafen, einen großen Nato-Marinestützpunkt an der Bucht von Souda und zwei interessante Klöster. Busse sind rar, Wegweiser ebenso, was die Erkundung der Halbinsel erschwert. Wer ein Auto hat, kann einen interessanten Tagesausflug hierhin unternehmen: Ein wenig Zeit am Strand, ein Mittagessen und ein Besuch der Klöster lassen sich gut kombinieren. Wer lieber in einer Unterkunft am Meer übernachtet als in Chania-Stadt, findet in Kalathas und Stavros wesentlich ruhigere Alternativen zu den Ferienanlagen westlich der Stadt.

Kalathas, 10 km nördlich von Chania, hat zwei von Pinien gesäumte Sandstrände. Das wissen auch die Chanioten zu schätzen, von denen viele hier Sommer- und Wochenendhäuschen besitzen.

Drei Kilometer nördlich von Kalathas liegt der kleine Strandort **Tersanas**. Er ist an der Hauptstraße von Kalathas nach Stavros ausgeschildert.

Das Dorf **Stavros**, 6 km nördlich von Kalathas, ist eigentlich nur eine lose Ansammlung von Häusern und einigen Restaurants und Hotels. Die Hauptbucht mit ihrem schmalen Sandstrand überragt ein kolossaler Felsbuckel – die spektakuläre Kulisse für die finale Tanzszene in dem Filmklassiker *Alexis Sorbas*. An der Bucht kann es voll werden, aber an windigen Tagen ist es hier am besten, weil sie so geschützt liegt.

Moni Agias Triadas (Eintritt 2 €; ⏲8–19 Uhr), ein beeindruckendes, gastfreundliches Kloster aus dem 17. Jh., ist die wichtigste kulturelle Stätte der Region. Seine Gründer waren Jeremia und Laurentio Giancarolo, venezianische Mönche, die zum orthodoxen Glauben übergetreten waren. Das heute noch aktive Kloster hat eine hervorragende Bibliothek und beherbergte im 19. Jh. eine Ordensschule. Ein Blick in die Kirche mit der venezianisch beeinflussten, kuppelgekrönten Fassade lohnt sich schon des Altarbilds wegen. Zum Komplex gehören ein kleines Museum und ein guter Laden, der Wein, Öl und Raki aus dem Kloster verkauft.

Das im 16. Jh. erbaute **Moni Gouvernetou** (Unsere Liebe Frau der Engel; ⏲Mo, Di & Do 9–12 & 17–19, Sa & So 5–11 & 17–20 Uhr), 4 km nördlich vom Moni Agia Triada, geht vielleicht sogar bis auf das 11. Jh. zurück, als solche landeinwärts gelegenen Zufluchtsstätten auch Schutz vor Küstenpiraten boten. Das Bauwerk selbst ist enttäuschend schlicht, aber die Kirche innerhalb seiner Mauern hat eine aufwändig gestaltete venezianische Fassade. Im Unabhängigkeitskrieg wurde das Kloster angegriffen und niedergebrannt, doch die Mönche waren zuvor gewarnt worden, ließen die Schätze nach Norden zum Berg Athos bringen und konnten sie damit retten (sich selbst aber nicht). Heute wird das Kloster von vier Mönchen vom heiligen Berg geleitet, die ein strenges Regiment führen und keine Reisebusse aufs Gelände lassen. Besucher müssen ihre Fahrzeuge auf dem Parkplatz vor dem Kloster abstellen und ordentlich bekleidet sein, wenn sie das Kloster betreten wollen. Wer kurze Hosen oder zu knappe Röcke trägt, wird hinauskomplimentiert. In der Bucht unterhalb des Klosters heißt es „Baden verboten".

Vom Moni Gouverneto läuft man etwa 2 km (auf dem Rückweg bergauf) bis zu dem Pfad, der hinunter zur Küste und zu den Ruinen des **Moni Ioannou Erimiti** führt, auch als Moni Katholiko bekannt. Das seit vielen Jahren verlassene Kloster war Johannes dem Eremiten geweiht, der in der Höhle hinter den Ruinen hauste, am Fuße einer Felsentreppe. Kurz hinter dem Eingang der Höhle befindet sich ein kleines Becken, dessen Wasser als heilig gilt. Als der hl. Johannes in seiner Höhle starb, sollen seine 98 Jünger mit ihm gestorben sein. Sein Schädel wird im Kloster verwahrt und jeden ersten Sonntag im Monat anlässlich eines speziellen Gottesdienstes ihm zu Ehren hervorgeholt.

Auf der Ostseite der Halbinsel, hinter dem Militärstützpunkt, liegt der bezaubernde Strand **Marathi** mit zwei sandigen Buchten und türkis schimmerndem Wasser beiderseits eines kleines Piers. Direkt neben dem Parkplatz liegen die Ruinen der **antiken Stadt Minoa**. Marathi mit seinen zwei Tavernen ist am Wochenende ein beliebtes Ausflugsziel für Familien aus der Gegend. Etwas weiter südlich an dieser Küste liegt **Loutraki**, ein hübsches Plätzchen zum Baden und Schnorcheln.

Am westlichen Strand von Stavros versteckt sich die **Sun Set Beach Bar** unter einem riesigen Baum und verbreitet unter Kokosschirmen Tropenfeeling auf der schattigen Holzterrasse. Ein Drink ist hier mehr als angenehm, aber auch kretische und internationale Snacks sind im Angebot. Am Strand in Marathi lohnt dagegen das **Patrelantonis** mit einer guten Auswahl an Meeresfrüchten in zuverlässiger Qualität. Die Fischtaverne im Schatten der Tamarisken steht bei Einheimischen wie Touristen hoch im Kurs und ist im Sommer immer gut für ein gemütliches Mittagessen.

ℹ An- & Weiterreise

Dreimal täglich fahren Busse zum Strand von Stavros (2,10 €) mit Zwischenstopp in Kalathas. Montags bis freitags fahren zwei Busse (6.30 und 14.15 Uhr) nach Moni Agias Triadas (2,30 €, 30 Min.). Mit dem Auto von Chania zuerst den Schildern zum Flughafen folgen und von der Hauptstraße in die Strandorte abbiegen.

SFAKIA & LEFKA ORI
ΣΦΑΚΙΑ & ΛΕΥΚΑ ΟΡΙ

Die denkwürdige Fahrt von Chania nach Chora Sfakion ist sozusagen das Ausrufezeichen hinter der berühmtesten Region der Insel. Die Straße führt über zahlreiche Haarnadelkurven mit Meerblick durch die Berge und gehört zu den atemberaubendsten Erlebnissen auf Kreta. Die bergige Provinz Sfakia erstreckt sich von der Omalos-Hochebene hinab bis zur Südküste und bietet einige der spektakulärsten Aussichten der ganzen Insel – z. B. die Samaria-Schlucht, die Lefka Ori (Weiße Berge) und der Berg Gingilos (2080 m) im wilden Hinterland.

Das zerklüftete Landesinnere von Sfakia ist als einzige Region Kretas bekannt, die niemals von den Arabern, Venezianern oder Türken unterworfen wurde. Sie war Brutstätte des Widerstands während der jahrhundertelangen Besatzung der Insel durch wechselnde Fremdmächte. Kein Wunder, denn in den tiefen Schluchten und steilen Bergen fanden die kretischen Rebellen ausgezeichnete Verstecke. Die Bewohner der Sfakia sind für ihren unbeugsamen Kampfgeist berühmt; entsprechend lebhaft (und auch tragisch) ist die Geschichte der Blutrache unter ihren Familienclans – was heute allerdings zum Glück nur noch sehr selten vorkommt. Im Allgemeinen sind Sfakioten bei anderen Griechen eher als ein bisschen streitlustig bekannt – aber insgeheim finden sie deren starke Bindung an heimatliche Wurzeln und Dialekt auch ein klein wenig faszinierend.

Die Website www.sfakia-crete.com bietet nützliche Informationen zu Sfakia. Hervorragende Hintergrundinfos zur Kultur und Geschichte der Region finden sich hingegen im autobiografischen Buch *In der Sfakia: Geschichte und Geschichten – Unsere Zeit im wilden Kreta* des britischen Linguistikprofessors Peter Trudgill, der sich seit 35 Jahren mit der Region beschäftigt.

Von Chania nach Omalos
Χανιά Προς Ομαλός

Die Straße von Chania hinauf zum Beginn der Samaria-Schlucht ist abwechslungsreich und stellenweise richtig spektakulär. Durch Orangenhaine führt der Weg zunächst nach **Fournes**. Hier zweigt links eine kurvenreiche Straße nach **Meskla** ab, die unterwegs immer wieder herrliche Ausblicke auf eine Schlucht bietet. Der untere Teil von Meskla wirkt angesichts seiner brettervernagelten Gebäude weniger attraktiv, doch das Ambiente wird in dem Maße reizvoller, wie sich die Straße bergauf bis zur modernen, farbenfrohen **Panagia-Kirche** windet. Daneben steht eine Kapelle aus dem 14. Jh. auf den Grundmauern einer Basilika aus dem 6. Jh., die ihrerseits vielleicht auf den Resten eines noch früheren Aphrodite-Tempels ruht. Am Ortseingang weist ein Schild den Weg zur **Kapelle der Metamorfosis Sotiros** (Kapelle der Verklärung Christi) mit Fresken aus dem 14. Jh. Besonders eindruckvoll ist das Fresko der Verklärung an der Südwand.

Die Hauptstraße führt derweil weiter zum urwüchsigen Dorf **Lakki**, 24 km von Chania. Von hier ist die Aussicht in alle Richtungen umwerfend. Das Dorf war ein Zentrum des Widerstands unter der Türkenherrschaft wie auch gegen die Deutschen im Zweiten Weltkrieg.

Rooms for Rent Nikolas (☎28210 67232; Lakki; DZ 35 €) hat gemütliche, schlichte Zimmer über einer Taverne mit herrlichem Blick aufs Tal.

Omalos Ομαλός

30 EW.

Für die meisten Touristen ist das 36 km südlich von Chania auf der Hochebene gelegene Omalos nur Zwischenstation auf dem Weg zur 4 km entfernten Samaria-Schlucht, dabei hätte der Ort mehr Aufmerksamkeit verdient. Im Sommer ist es hier im Vergleich zur schwülen Küste erfrischend kühl, und in den Bergen der Umgebung können sich Wanderer an phantastischen Ausblicken erfreuen. Nach der morgendlichen Rushhour zur Samaria ist die Hochebene bis auf Ziegen und Hirten erfreulich leer. Omalos besteht hauptsächlich aus ein paar Hotels rechts und links der Hauptstraße über die Hochebene. Bank, Postamt, OTE oder Reisebüros sind hier Fehlanzeige, und im Winter liegt der Ort praktisch verlassen da.

ℹ An- & Weiterreise

Es fahren täglich drei Busse von Chania nach Omalos (6,90 €, 1 Std.). Wer die Schlucht durchwandern und dann zu seinem Zimmer (und Gepäck) in Omalos zurück will, kann das Nachmittagsschiff (16.45 Uhr) von Agia Roumeli nach Sougia (6,30 €, 45 Min.) nehmen und dann für rund 45 € mit dem Taxi zurückfahren.

Die Samaria-Schlucht
Φαράγγι της Σαμαριάς

Eine Wanderung durch die **Samaria-Schlucht** (☎28210 67179; Eintritt 5 €; ⏲1. Mai–Mitte Okt. 6–15 Uhr) gehört zum Kreta-Pflichtprogramm – ein einmaliges Erlebnis, das erfahrene Trekker ebenso anzieht wie Gelegenheitswanderer. Trotz des Massenansturms – über 170 000 Menschen gehen jährlich durch diese großartige Schlucht, das sind im Schnitt 1000 am Tag – bleibt die Wanderung ein denkwürdiges Erlebnis.

Angeblich ist die Samaria mit ihren 16 km die längste Schlucht Europas. Sie beginnt gleich unterhalb der Omalos-Hochebene und wurde von dem Fluss ausgewaschen, der zwischen den Bergen Avlimaniko (1858 m) und Volakias (2115 m) hindurchfließt. Ihre Breite schwankt zwischen 150 m und 3 m, die Steilwände ragen bis zu 500 m in die Höhe. Ihre unglaubliche Fülle an Wildblumen kommt im April und Mai am besten zur Geltung.

Zudem beherbergt die Samaria viele gefährdete Arten, u. a. die *kri-kri*, eine kretische Wildziege, die in freier Natur nur noch hier und auf der kleinen Insel Kri-Kri vor der Küste bei Agios Nikolaos vorkommt. Die Schlucht wurde 1962 zum Nationalpark erklärt, um die Tiere vor dem Aussterben zu retten. Die scheuen Wildziegen hegen allerdings eine ausgeprägte Abneigung gegen Wanderer und zeigen sich höchst selten.

Ein früher Aufbruch (vor 8 Uhr) hilft, den größten Trubel zu vermeiden, aber im Juli und August ist selbst der erste Bus von Chania zur Schlucht oft rappelvoll. Da Übernachten in der Schlucht verboten ist, muss man sich darauf einstellen, die Wanderung in der verfügbaren Zeit zu absolvieren. Wer an seiner Fitness zweifelt, kann auch die halb so lange, aber ebenfalls sehr malerische Imbros-Schlucht durchwandern.

Der Weg von **Xyloskala** (dem steilen Felspfad mit hölzernem Geländer, der den Einstieg in die Schlucht bildet) bis nach Agia Roumeli an der Küste lässt sich von Powerwanderern in vier, von Spaziergängern in sechs Stunden bewältigen. Zu Beginn der Saison müssen Wanderer mitunter durch Wasserläufe waten. Später, wenn der Wasserstand sinkt, können sie meist auf Trittsteinen überqueren werden.

Die Schlucht ist auf den ersten 6 km breit und offen, bis das verlassene Dorf **Samaria** erreicht ist. Die Einwohner wurden umgesiedelt, als man den Nationalpark einrichtete. Gleich südlich des Dorfs liegt die kleine Kirche **Ossia Maria** (hl. Maria von Ägypten), von der die Schlucht ihren Namen hat. Jedes Jahr am 1. Mai nehmen viele Kreter am *panigyri* (Namenstag) der hl. Maria teil. Nur an diesem Tag ist die Übernachtung

Samaria-Schlucht

im alten Dorf Samaria erlaubt: Zu diesem Zweck werden einige der alten Häuser geöffnet und auch Campen ist erlaubt. Weitere Details gibt's beim EOS in Chania (s. S. 46).

Danach verengt sich die Schlucht immer dramatischer, bis ihre Wände an der 11-km-Marke auf nur noch 3,5 m zusammenrücken – die berühmten **Eisernen Pforten** (*Sidiroportes*). Hier führt ein klappriger Holzsteg rund 20 m übers Wasser auf die andere Seite der Pforten.

Die Schlucht endet an der 12,5-km-Marke gleich nördlich der verlassenen Ortschaft des alten Agia Roumeli. Dann sind es noch ereignislose 2 km Wanderweg bis zum neuen Agia Roumeli, einem freundlichen Touristenort mit schönem Kieselstrand. Hier suchen die meisten Wanderer nach getaner Arbeit Abkühlung im glitzernden Meer oder baden zumindest ihre schmerzenden Füße. Gewarnt werden muss vor herunterfallenden Felsbrocken, von denen schon mehrere Wanderer verletzt wurden; 2006 kam es dadurch sogar zu zwei Todesfällen. An extrem heißen Tagen (d. h., wenn das Quecksilber über 40 °C klettert) wird die Schlucht aus Sicherheitsgründen gesperrt.

Touren zur Samaria-Schlucht werden ab jedem größeren Ort oder Touristenzentrum auf Kreta angeboten, aber es geht auch recht einfach in Eigenregie: mit dem Bus ab Chania (s. S. 54) und am Ende der Schlucht mit der Fähre von Agia Roumeli (s. S. 58) nach Chora Sfakion oder in andere Orte an der Südküste. Die meisten Reisebüros bieten zwei Varianten an: den „langen" und den „einfachen" Weg. Ersterer besteht aus der kompletten Wanderung von der Omalos-Hochebene bis nach Agia Roumeli; der zweite führt von Agia Roumeli bis zu den Eisernen Pforten und wieder zurück.

Askyfou Ασκύφου

450 EW.

Die Straße nach Chora Sfakion führt durch die Ebene von Askyfou, Schauplatz einer der erbittertsten Schlachten des kretischen Aufstands von 1821. Die Sfakioten triumphierten hier über die Türken in einem blutigen Kampf, der noch heute in Liedern der Region besungen wird. Über ein Jahrhundert später war die Askyfou-Ebene wieder in Kampfhandlungen verstrickt, als alliierte Truppen sich auf diesem Weg zum Evakuierungshafen Chora Sfakion zurückzogen. Zentraler Ort der Region ist das Dorf Askyfou, das sich rund um einen Hügel ausbreitet. Das Postamt, ein Minimarkt und mehrere Tavernen, die auch günstige Zimmer vermieten, liegen oben auf der Bergkuppe.

Ab der Ortseinfahrt aus Richtung Chania weisen Schilder den Weg zum **Militärmuseum** (☎28250 95289; Eintritt frei; ☎Mo–Sa 8–19 Uhr). Der einheimische Georgios Chatzidakis zeigt Besuchern mit Freuden seine Waffen- und Militariasammlung mit allerlei Erinnerungsstücken aus Kriegen des 20. Jhs.

Wer einen guten Einblick in das traditionelle sfakiotische Dorfleben erheischen möchte, biegt rechts von der Hauptstraße ab und steuert auf einen kleinen Platz zu, der von vier *kafenia* (Kaffeehäuser) und Statuen lokaler Widerstandshelden flankiert wird. Am oberen Ende des Platzes sieht man gewöhnlich schwarz gekleidete ältere Männer unter dem Maulbeerbaum vor einem alten **Kafenion**.

Hier gibt's neben der regionalen Spezialität *sfakiani pita* (einem flachen Käsefladen mit Honig) meist auch einfache Speisen wie Wurst aus der Gegend. Am Wochenende kommen traditionelle Fleischgerichte wie Wildziege oder Lamm *tsigariasto* (sautiert) oder *vrasto* (gekocht) auf den Tisch. Abgerechnet wird nach Kilopreis und dazu gibt's jede Menge Raki.

Die Imbros-Schlucht
Φαράγγι Ιμπρου

Wie Aschenputtel führt die 57 km südöstlich von Chania gelegene **Imbros-Schlucht** (Eintritt 2 €; ⏲ganzjährig) ein Schattendasein neben ihrer illustren Schwester Samaria – dabei ist sie keineswegs weniger schön. Der üppige Bewuchs aus Zypressen, Steineichen, Feigen- und Mandelbäumen lichtet sich nach und nach, bis tief im Inneren der Schlucht nur noch Zypressen und Strauchbrandkraut bleiben. An der schmalsten Stelle misst die Schlucht nur 2 m, während die Felswände 300 m in die Höhe streben. Mit nur 8 km Länge ist sie auch viel fußfreundlicher als die Samaria. Als Ausgangspunkt bietet sich der Ort **Komitades** am Südende an, aber die meisten Wanderer bevorzugen dafür das Bergdörfchen **Imbros**. Beide haben sich mit Minimärkten und Tavernen auf die Abfütterung der Wanderer eingestellt. Im Ort Imbros gibt es kein Nachtlager.

Der gut beschilderte Eingang zur Schlucht liegt direkt neben der Taverne Porofarango an der Straße nach Chora Sfakion. Der Pfad ist kaum zu verfehlen, da er dem Flussbett folgt; er führt an Felsstürzen und Höhlen vorbei und endet im Ort Komitades. Von dort kann man die 5 km nach Chora Sfakion gehen oder ein Taxi nehmen (22 €).

Am Eingang zur Schlucht liegt die freundliche Familientaverne **Porofarango** (Hauptgerichte 7–9,50 €). Der große Balkon bietet einen tollen Panoramablick auf die Schlucht bei preiswerter kretischer Küche und großzügiger Raki-Zufuhr. Das Fleisch stammt meist aus eigener Schlachtung, oft gibt es Wildziege. Ebenfalls sehr lecker ist das Schweinefleisch *tsigariasto*.

Es fahren täglich drei Busse von Chania nach Chora Sfakion (7,50 €, 1 Std. 40 Min.), die in Imbros halten. Die Busse von Chora Sfakion nach Rethymnon legen einen Zwischenstopp in Komitades ein. Nähere Informationen zu Schluchtwanderungen in der Gegend gibt's beim EOS in Chania (s. S. 46).

DIE SÜDKÜSTE

Dank der riesigen Felsklippen, die hier ins Meer fallen, zeigt Kretas Südküste ein ewig unveränderliches Gesicht. Von hier blicken ein paar beschauliche Badeorte wie Paleochora, Sougia, Frangokastello und Loutro aufs Meer hinaus. Fast nirgends auf der

Insel kann man besser abhängen und ausspannen. Viele Strände sind nicht über die Straße zugänglich, weil die hohen Berge und tiefen Schluchten teilweise bis ans Meer reichen. Die Samaria-Schlucht endet am Strand von Agia Roumeli. Die Region bietet phantastische Wandermöglichkeiten und ist die einzige auf Kreta, in der man per Boot von einem einsamen Strand oder Örtchen zum nächsten pendeln kann. Neben der schroffen Topografie halten im Sommer auch die starken Winde, die übers Libysche Meer in die Schluchten pfeifen, die Gegend angenehm frei von Massentourismus. Andererseits sorgen ebendiese Winde oft für gute Windsurfbedingungen, vor allem in Paleochora.

Agia Roumeli Αγία Ρουμελή

130 EW.

Das Küstendörfchen Agia Roumeli ist objektiv betrachtet kaum spektakulär. Aber für die müden Wanderer, die aus der Samaria-Schlucht heraustaumeln, ist es ganz sicher der Himmel auf Erden. Nach sechsstündigem Abstieg vom Berg ist eine Mittagspause mit Sprung ins Meer genau richtig, bevor das Schiff (der einzige Weg zurück in die Zivilisation) ablegt. Agia Roumeli ist ein angenehmer Zwischenstopp, auch wenn es dort wegen der umliegenden Berge mitunter sehr heiß und drückend wird. Der Kieselstrand heizt sich dann so sehr auf, dass einem kaum etwas anderes übrig bleibt, als Strandschirm und Liege zu mieten (5 €).

Wer keine Eile hat weiterzukommen, findet im Ort auch ein paar Übernachtungsmöglichkeiten und ordentliche Restaurants. Ansonsten gibt es weder touristische Einrichtungen noch Banken und auch nicht viel zu sehen. Eine Ausnahme ist die kurze Wanderung zu den gut erhaltenen Ruinen der **venezianischen Burg** oberhalb des Dorfes (etwa 1 km oder 30 Min. einfach). Sehenswert ist auch die **Panagia-Kirche** im Dorf, in der noch Überreste eines römischen Mosaikfußbodens zu sehen sind. Kleine Kinder würden die gesamte Wanderung durch die Samaria-Schlucht wohl kaum überstehen; ein ein- bis zweitägiger Aufenthalt in Agia Roumeli ist für Familien daher eine gute Möglichkeit, doch mal die Nase ein paar Meter weit in die Schlucht zu stecken.

Am Ostersamstag kredenzen die Tavernen von Agia Roumeli ein **Auferstehungsfestmahl**, bei dem alle willkommen sind, die sich im Dorf aufhalten.

ℹ An- & Weiterreise

Das **Fahrkartenbüro** für die Fähren (☎28250 91251) ist ein kleiner Betonbau in Strandnähe.

SCHLUCHTENBUMMLER

Die Samaria-Schlucht ist vielleicht schön, aber nicht die einzige Schlucht im Westen Kretas, die eine Wanderung lohnt. Neben der Imbros-Schlucht ist die wenig bewanderte **Trypiti-Schlucht** in der Nähe des Bergs Gingilos mit die anstrengendste und längste. Die Wanderung beginnt in Omalos, endet an der Südküste in Sougia und dauert zehn Stunden. Wer unberührte Natur und Abgeschiedenheit sucht, wird im siebten Himmel sein, denn hierher verirren sich wirklich nur sehr wenige. Da es in dieser Schlucht eine Berghütte gibt, bietet es sich auch an, die Wanderung durch eine Übernachtung in eine Zweitagestour zu verwandeln (an zusätzliche Verpflegung denken!).

Die **Klados-Schlucht** liegt mit ihren gnadenlosen, senkrechten Felswänden zwischen der Samaria- und der Trypiti-Schlucht und verläuft parallel zu ihnen. Sie ist das Mekka der Kletterfreaks – wobei man hier auch super abseilen kann. Wem das alles zu hart ist, der kann sich an der hübschen **Agia-Irini-Schlucht** versuchen, die 12 km nördlich von Sougia beginnt und auf 7 km Länge durch die verschiedensten duftenden Pflanzen vorbei an ein paar versteckten Höhlen in den Felswänden führt. Die Wanderung kann man gut auf eigene Faust machen: mit dem Bus von Paleochora nach Omalos oder von Chania nach Sougia fahren und in Agia Irini aussteigen.

Bei allen Schluchtenwanderungen ist es allerdings immer sicherer, in Begleitung zu gehen oder jemandem Bescheid zu sagen. Eine gute Idee ist auch immer, sich zuerst bei der Sektion Chania des EOS (S. 46) nach den örtlichen Bedingungen und Unterkünften zu erkundigen und in einem Buchladen in Chania die entsprechende Wanderkarte von Anavasi mit GPS-Koordinaten, Wanderwegen und anderen wichtigen Details mitzunehmen.

Es fahren zwei Boote täglich (15.45 & 18 Uhr) von Agia Roumeli nach Chora Sfakion (7,50 €, 1 Std.) mit Zwischenstopp in Loutro (5 €, 45 Min.). In Chora Sfakion besteht Anschluss an den Bus zurück nach Chania, der auch zeitlich auf die Morgenfähre aus Paleochora abgestimmt ist. Von Agia Roumeli fährt auch ein Boot Richtung Westen nach Paleochora (16.45 Uhr, 11 €, 1½ Std.) mit Zwischenstopp in Sougia (6,30 €, 45 Min.).

Chora Sfakion
Χώρα Σφακίων

310 EW.

Den Abstand zu Chora Sfakion kann man ziemlich bequem an der Anzahl der Einschusslöcher in den Straßenschildern ablesen: Je mehr, desto näher. Der kleine Hafenort war lange vor allem für seinen Widerstand gegen Besatzer bekannt, ist heute aber allenfalls exzentrisch und seinen fremden Besuchern durchaus freundlich gesinnt. In der Regel handelt es sich dabei um erschöpfte Wanderer, die nach der Durchquerung der Samaria-Schlucht auf dem Rückweg nach Chania hier vom Schiff aus Agia Roumeli taumeln. Die meisten verweilen nur gerade so lange, bis der nächste Bus abfährt, obwohl sich auch hier gut ein paar erholsame Tage verbringen lassen. In der Umgebung gibt es mehrere Strände, die per Boot oder Straße zugänglich sind, darunter der einsame Strand der **Süßwasserbucht** und der **Ilingas-Strand** westlich des Dorfes. Chora Sfakion ist auch ein guter Ausgangspunkt für die Weiterfahrt zu anderen Badeorten weiter westlich oder für die Fähre zur Insel Gavdos.

Unter venezianischer und türkischer Herrschaft war Chora Sfakion ein wichtiger Handelshafen und – zusammen mit der im Hochland gelegenen Regionalhauptstadt Anopoli – Brennpunkt des Freiheitskampfs der Kreter. Die Türken übten im 19. Jh. harte Vergeltung an den rebellischen Bewohnern der Stadt. Es folgte ein wirtschaftlicher Niedergang, der erst mit dem Beginn des Touristenbooms vor wenigen Jahrzehnten endete. Im Zweiten Weltkrieg spielte Chora Sfakion noch einmal eine bedeutende Rolle: Nach der Schlacht um Kreta wurden von hier Tausende alliierter Soldaten per Schiff evakuiert. Heute steht im Osten auf der Steilklippe oberhalb der Stadt ein Denkmal an die letzten Briten, Australier und Neuseeländer, die die Insel verließen.

In Chora Sfakion gibt es diverse kleine Souvenirläden; alle, die mehr über örtliche Traditionen und Geschichte erfahren wollen, finden hier auch Bücher zu allen Themen von Linguistik bis Küche. Auch Peter Trudgills autobiografisches Buch *In der Sfakia - Geschichte und Geschichten – Unsere Zeit im wilden Kreta* (Lycabbetus Press, 2008) ist hier erhältlich, ein gut lesbarer, oft witziger Bericht über Leben, Legenden und Werte der Sfakioten.

Aktivitäten

An der Aradena-Brücke werden **Bungee-Sprünge** angeboten (s. S. 27.

Notos Mare Diving Centre TAUCHEN

(☎28250 91333; www.notosmare.com; Tauchgänge ab 42 €) Hat ein breit gefächertes Angebot für Anfänger und erfahrene Taucher und veranstaltet Schnorchel- und Bootstouren entlang der Südküste.

Essen

Eine besondere Spezialität ist *sfakiani pita* (sfakianische Käsetasche), eine dünne, runde Teigtasche, die mit süßem *myzithra* (Schafmilchkäse) gefüllt und mit Honig beträufelt ist. Wer in Chora Sfakion übernachtet, bekommt sie auch zusammen mit griechischem Joghurt als Frühstück.

Delfini MEERESFRÜCHTE €€

(Fisch 40–55 € pro kg) Unter den identischen Tavernen am Meer ist das Delfini eindeutig die erste Wahl für frischen Fisch.

Thalassa Café CAFÉ €

Wer sowieso auf einen Spaziergang zum Appetitholen aus ist, kann die 1,5 km aus der Stadt leicht verschmerzen, wenn er dafür durch einen tollen Sonnenuntergang mit atemberaubender Aussicht bis nach Loutro belohnt wird. Das Thalassa ist ein wunderbarer Ort für einen entspannenden Drink oder Imbiss.

Lefka Ori GRIECHISCH €

Die Taverne am westlichen Ende des Hafens ist ziemlich gut im Geschäft. Besonders lecker sind Ziegen-*stifadho* und Wildgemüse.

Praktische Informationen

Der Fähranleger befindet sich im östlichen Teil des Hafens. Die Busse fahren vom Dorfplatz ab, der an der Nordostseite hangaufwärts liegt. Es gibt einen Geldautomaten im Ort. Das Postamt steht auf dem Dorfplatz gegenüber der Polizeiwache.

START **CHANIA**
ZIEL **FALASARNA**
LÄNGE **170 KM**
DAUER **EIN TAG**

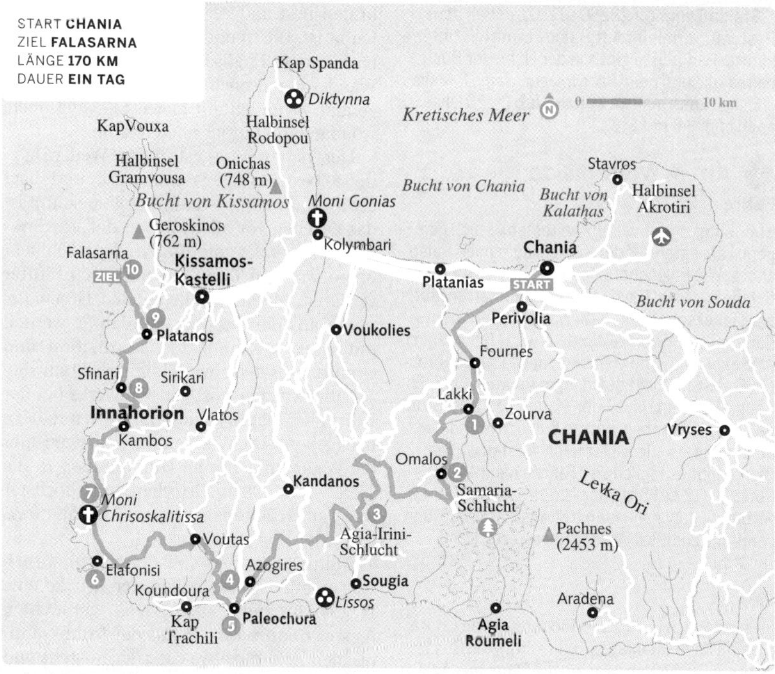

Tour-Tipp
Chania

› Diese Rundfahrt durch den Südwesten startet in Chania und endet am Strand von Falasarna. Die steile, kurvige Straße führt durch die Berge in die wildesten Ecken der Insel – eine Traumreise durch freundliche Dörfer, vorbei an atemberaubenden Schluchten mit abenteuerlich überhängenden Olivenbäumen zu den himmlischsten Stränden Kretas. Unterwegs gibt's Legenden und Mythen, Dorfläden mit Olivenöl und anderen Naturprodukten sowie gelebten orthodoxen Glauben. Früh aufstehen für diese Tagestour!

Von Chania aus nach Süden Richtung Fournes fahren; im Bergdorf 1 **Lakki** wird die Straße dann interessanter. Am Ende der Straße, hinter Omalos, kann man bei Xyloskalo einen Blick in die Ehrfurcht gebietende 2 **Samaria-Schlucht** werfen. Danach geht's ein paar Kilometer zurück und nach Westen über die Omalos-Hochebene bis zur Kreuzung mit der serpentinenreichen Nord-Süd-Straße. Am Beginn der 3 **Agia-Irini-Schlucht** (weniger frequentiert, aber nicht weniger beeindruckend als ihre bekanntere Schwester Samaria) Richtung Süden abbiegen. Die Straße ist ein einziges Zickzackmuster und erfordert volle Konzentration. Unterwegs geht's durch mehrere bäuerliche Dörfer, wo das Leben heute noch ziemlich so ist, wie es immer war.

In Rodovani nach Westen abbiegen und bis zur Kreuzung in Temenia weiterfahren. Weiter geht's nach Westen und Richtung Süden nach 4 **Azogires**, einem seltsamen Dorf, um das sich lauter Legenden ranken. Danach gibt's im entspannten 5 **Paleochora** Mittagessen in der Fischtaverne. Anschließend geht's auf der B-Straße durch Agia Triada, in Voutas links abbiegen und in Sklavopoula wieder links. Die Straße wird nicht besser, aber die Strapaze lohnt sich, denn sie führt zu Kretas schönstem Strand in 6 **Elafonisi**. Nach einer Badepause geht die Fahrt weiter nach Norden zur ätherischen Schönheit von 7 **Moni Chrysoskalitissas**. Die Straße folgt nun der Küste durch die Dörfer von 8 **Innahorion**, die mit traditionellem Baustil und günstigem Essen aus der Region aufwarten. Nach dem schattigen 9 **Platanos** folgt 10 **Falasarna**, ein wunderschöner Sandstrand mit Unterkunft (wer will, kann auch wild campen).

Sfakia Tours (☎28250 91130), neben dem Postamt, vermietet Autos und vermittelt Unterkünfte. Parkplätze gibt's in der Nähe der Bushaltestelle und beim Fähranleger. Seine E-Mails checken kann man im **Kenzo Club** (⏲20 Uhr–open end; 3 € pro Std.).

An- & Weiterreise

Fähre

Chora Sfakion ist der am weitesten östlich gelegene Fährhafen auf der Küstenroute nach Paleochora. Wie Paleochora hat auch Chora Sfakion Schiffe zur Insel Gavdos. Schiffsfahrkarten gibt's am **Ticketschalter** (☎28250 91221) auf dem Parkplatz. Von Juni bis Ende August fährt täglich eine Fähre von Chora Sfakion nach Paleochora (16 €, 3 Std.) über Loutro, Agia Roumeli und Sougia. Sie legt um 13 Uhr ab und hält zwei Stunden in Agia Roumeli, um die Schluchtwanderer aufzunehmen, die weiter nach Westen wollen. Ferner gibt es täglich vier Fähren nach Agia Roumeli (12 €, 1 Std.) über Loutro (5 €, 15 Min.). Ab dem 1. Juni kann man freitags, samstags und sonntags zur Insel Gavdos übersetzen (15 €, 1½ Std.)

Bus

Es gibt täglich vier Busverbindungen von Chora Sfakion nach Chania (7,60 €, 2 Std.); die Busse um 17.30 und 19 Uhr warten die Fähre aus Agia Roumeli ab. Nur im Sommer verkehren täglich drei Busse nach Rethymnon über Vryses (7,30 €, 1 Std.). Zwei Busse täglich fahren nach Frangokastello (2 €, 25 Min.).

Rund um Chora Sfakion

Hinter Chora Sfakion erhebt sich die unwirtliche, steinige Mondlandschaft der **Inneren Sfakia** aus dem Meer. Das von Clankriegen und Auswanderung gebeutelte Gebiet ist heute fast vollständig entvölkert, war aber einst eine mächtige, lebhafte Provinz. Eine landschaftlich sehr schöne und haarsträubend steile Straße schraubt sich von Chora Sfakion Richtung Westen über 12 km hinauf nach **Anopoli**. Auf dem Hauptplatz des ruhigen Dorfes auf einer fruchtbaren Hochebene am Fuß der Levka Ori erinnert ein Denkmal an die sfakiotischen Widerstandskämpfer. Dies war eine der wenigen Gegenden, die weder den Venezianern noch den Türken in die Hände fielen. Anapoli thront über dem Regionalhafen Loutro und war in vergangenen Jahrhunderten Hauptstadt der Sfakia. Heute ist es von Loutro aus nur zu Fuß über einen sehr steilen Pfad erreichbar.

Ein herzhaftes Mittagessen gibt's im **Platanos** am Marktplatz, das für seinen Lammbraten und andere lokale Spezialitäten bekannt ist. Die freundliche Inhaberin Eva Kopasis spricht Englisch und hat auch Tipps zu Wanderungen nach Loutro und den umliegenden Stränden auf Lager. Sie weiß auch, wo man ein Zimmer mieten kann.

Der nahezu ausgestorbene Weiler **Aradena** besteht aus Steinhäusern und liegt etwa 2 km westlich von Anapoli. Bekannt ist das Örtchen vor allem wegen der **Vardinogiannis-Brücke**, die die Aradena-Schlucht überquert und ihren Namen ihrem Stifter verdankt, einem wohlhabenden Geschäftsmann aus der Gegend. Autofahrer werden mit einer Mischung aus Faszination und Grausen zusehen, wie Holz und Stahl dieses abgewetzten, rostigen Bauwerks bei der Fahrt über den Abgrund unter ihren Rädern nachgeben. Am Wochenende springen hier die Wagemutigeren an Gummiseilen in die Tiefe – mit 138 m Griechenlands höchster **Bungee-Brückensprung** (☎6937615191; www.bungy.gr).

Kulturinteressierte bekommen im *kantina* (mobiler Kiosk) neben der Brücke eine Wegbeschreibung zur weiß getünchten **Agios-Ioannis-Kirche** aus der frühbyzantinischen Zeit, die etwas abgelegen steht und daher nicht ganz leicht zu finden ist. Man erreicht sie zwar bereits nach 15 Minuten Fußmarsch (das sind etwa 800 m), allerdings ist sie leider selten geöffnet. Dort teilt sich der Weg zum Meer: In westlicher Richtung geht's über die byzantinische Kirche Agios Pavlos nach Agia Roumeli, Richtung Osten führt der Weg zum **Marmara-Strand**.

Die populärere Wanderroute zu diesen Orten führt durch die Schlucht und ist ein 90-minütiger, leicht anspruchsvoller Spaziergang (3,5 km). Aus Anopoli kommend ist der Anfang des Wanderwegs noch vor der Brücke beschildert. Als Alternative kann man auch von Anopoli hierher laufen (3,5 km). Vom Strand aus kann man zum glitzernden Wasser des nahe gelegenen Hafens **Loutro** wandern, sich dort erholen und dann eine Fähre auf der Route Chora Sfakion–Paleochora zurück in die Zivilisation nehmen.

Frangokastello
Φραγγοκαστέλλο

60 EW.

15 km östlich von Chora Sfakion an einem schönen Strandabschnitt der Südküste liegt Frangokastello (Fränkische Burg), eine faszinierende venezianische Festung aus dem

14. Jh. Kurz nach dem Vierten Kreuzzug (1204) errichteten sie die Venezianer als Bollwerk gegen die kriegerischen Sfakioten. Heute ist sie vor allem ein beliebtes Ausflugsziel, wobei die gleichnamige Strandortschaft, die locker um die Burg verstreut ist, auch ein ruhiger Ort für ein paar entspannte Tage ist. Der breite, weiße, sanft ins flache Wasser abfallende Sandstrand unterhalb der Festung ist für Kinder optimal. Die touristische Erschließung hält sich noch in Grenzen. Die meisten Unterkünfte befinden sich weit genug hinter dem Strand, um die wunderbare Naturkulisse nicht zu verschandeln. Im Sommer gibt's hin und wieder ein Konzert oder eine Volkstanzaufführung.

Frangokastello blickt auf eine ereignisreiche Geschichte zurück. Die mächtige, sandfarbene Festung erbauten die Venezianer zum Schutz gegen Piraten und die rebellischen Sfakioten. Der legendäre Ioannis Daskalojannis führte 1770 einen verhängnisvollen Aufstand gegen die Osmanen an. Er wurde schließlich dazu überlistet, sich in der Festung von Frangokastello zu stellen, worauf die Türken ihm perfiderweise bei lebendigem Leib die Haut abzogen. Am 17. Mai 1828 lieferten hier 385 kretische Rebellen unter Chatzimichali Dalianis den Türken eine der blutigsten Schlachten des kretischen Freiheitskampfs, in der neben sämtlichen Rebellen auch um die 800 Türken umkamen.

Der Legende nach marschieren an jedem Jahrestag der Schlacht die Geister *(drosoulites)* der Kämpfer im Morgengrauen am Strand entlang. Anderen Theorien zufolge sind die „Geister" eine optische Täuschung, hervorgerufen durch besondere atmosphärische Bedingungen, oder aber Spiegelungen von Kamelen oder Soldaten aus der libyschen Wüste. Die Bezeichnung kommt von dem griechischen Wort *drosia* („Feuchtigkeit"), das sich möglicherweise auf den Tau im Morgengrauen bezieht, wenn die Geister angeblich erscheinen.

Frangokastello hat keinen Ortskern als solchen, sondern setzt sich aus einer Handvoll *domatia* (billige Zimmer, üblicherweise in privaten Wohnhäusern), Tavernen und Wohnhäusern auf beiden Seiten der Hauptstraße zwischen Chora Sfakion und der Festung zusammen. Ein paar Minimärkte gibt's auch. Der Bus hält an mehreren Stellen entlang der Hauptstraße.

Genau neben der Burg beginnt der traumhaft lange **Orthi-Ammos-Strand** mit feinem Sand und flachem, warmem Wasser. Er ist himmlisch schön und kinderfreundlich – außer bei Wind (was leider gar nicht so selten vorkommt). Wer nicht sandgestrahlt werden will, zieht sich dann besser ins nächste Café zurück.

Essen

Oasis Taverna KRETISCH €

(Hauptgerichte 6–8 €) Das beste Restaurant vor Ort gehört zu einer hervorragenden, familienbetriebenen Studio- und Apartmentanlage am westlichen Dorfrand. Unter den gut zubereiteten kretischen Spezialitäten sind auch köstliche *kreatopita* (Fleisch- und Käsetaschen). Die geräumigen Unterkünfte haben voll ausgestattete Küchen. Vom bezaubernden Garten sind es nur ein paar Schritte zum ruhigen Sandstrand.

Taverna Babis & Popi GRIECHISCH €

Tagesgerichte 3–6 € Diese Taverne, versteckt unter einem schattigen Rebendach hinter dem Haus der Familie und einem Minimarkt, serviert ordentliche Mahlzeiten mit gutem Preis-Leistungs-Verhältnis.

An- & Weiterreise

Im Sommer halten täglich zwei Busse auf der Strecke Chora Sfakion–Plakias in Frangokastello (2 €, 25 Min.). Aus Chania kommt jeden Nachmittag ein Bus an (8,40 €, 2½ Std.). Von Rethymnon kommend muss man in Vryses umsteigen.

Loutro Λουτρό

90 EW.

Das kleine, aber dicht bebaute Fischerdorf Loutro zwischen Agia Roumeli und Chora Sfakion ist nicht viel mehr als ein Halbkreis weiß-blauer *domatia* rund um einen schmalen Kieselstrand, die an sonnigen Tagen richtig leuchten. Der reizvolle, verschlafene Badeort wird nie von Touristenmassen überschwemmt, auch wenn es im Juli und August in der Bucht manchmal etwas klaustrophobisch wirkt. Der Ort ist eine beliebte Basis für Wanderer.

In vergangenen Jahrhunderten hatte Loutro einen unbestrittenen strategischen Vorteil: Es besaß nämlich den einzigen natürlichen Hafen an Kretas Südküste. Da der Ort bis heute nur zu Fuß oder per Schiff erreichbar ist, stören weder Autos noch Fahrräder, wodurch es hier schon sehr ruhig ist.

Die vorteilhafte Lage wussten schon die Menschen in der Antike zu schätzen, als der Ort als Hafen für Phoenix und Anopoli diente. Der Legende nach war Paulus von hier auf dem Weg nach Phoenix, als ihn ein Sturm vom Kurs ab- und an der Insel Gavdos vorbeitrieb und schließlich auf Malta stranden ließ.

Loutro ist ein guter Ausgangspunkt für Bootsausflüge an der Südküste, entweder mit einem **Kanu** (pro Std./Tag 2/7 €) oder einem der kleinen Boote, z. B. zur nahe gelegenen Süßwasserbucht (3,50 €, 15 Min.).

Essen

Angesichts ihrer Monopolstellung sind die Tavernen am Hafen von Loutro erstaunlich gut. Die meisten haben eine große Auswahl an *mayirefta*; auch an dem überwältigenden Kuchen- und Süßspeisenangebot kommt man kaum vorbei. Besonders empfehlenswert sind die hervorragenden *mezedhes* bei **Notos** (☎28250 91501; Mezedhes 2,50–7 €), die Grillgerichte bei **Pavlos** (6–8 €) und der Fisch bei **Ilios**.

Praktische Informationen

Es gibt weder Bank noch Post im Dorf, aber am Westende des Strands wechseln einige Läden Geld. Die Boote legen vor dem Hotel Sifis an, die Ticketschalter öffnen eine Stunde vor Abfahrt. **Internetzugang** (4 € pro Std.) bietet das Hotel Daskalogiannis.

An- & Weiterreise

Loutro liegt an der Hauptfährenroute zwischen Paleochora und Chora Sfakion. Von April bis Oktober laufen hier täglich vier Fähren aus Chora Sfakion (5 €, 15 Min.) ein, zwei aus Agia Roumeli (5 €, 45 Min.) und eine aus Paleochora (14 €, 2½ Std.). Außerdem fahren Wassertaxis zur Süßwasserbucht und nach Chora Sfakion.

Sougia Σούγια

1000 EW.

Sougia zählt zu den entspannendsten und am wenigsten zugebauten Badeorten an der Südküste. Der Ort besteht aus einem bezaubernden, weit geschwungenen Sand- und Kieselstrand und ein paar Tavernen sowie einfachen Unterkünften an der baumbestandenen Uferstraße. Sougia war einst ein weltabgeschiedenes Mekka für Hippies, und viele inzwischen leicht verwelkte Blumenkinder kehren immer noch Jahr für Jahr aus Nostalgie hierher zurück. Das Dorf bietet alle Voraussetzungen zum Chillen – man kann kaum anders, als hier ein paar Tage zu relaxen und die Batterien wieder aufzuladen. Der Strand ist durchaus schön und sauber, fällt aber sehr schnell ins tiefe Wasser ab, wodurch er sich nicht unbedingt für Familien mit kleinen Kindern eignet. Diese sollten im Süden eher die flachen Strände in Frangokastello, Paleochora and Elafonisi ansteuern.

Sougia hat sich seine friedliche Atmosphäre auch deshalb bewahrt, weil eine archäologische Stätte am östlichen Ortsrand einer weiteren Bebauung im Weg steht. Außerdem liegt das Dorf am Ende einer schmalen, kurvenreichen Straße, die Reisebusse weitgehend fernhält. Neben den kleinen Unterkünften und Tavernen gibt's in Sougia noch zwei Strandbars zum Abhängen, zwei Clubs unter freiem Himmel und eine kleine Gemeinde von Campern und Nudisten, die sich am Ostende des Strands eingenistet hat. Die Umgebung ist ein ausgezeichnetes Trekkingrevier, denn die Schluchten Samaria und Agia Irini liegen in der Nähe.

Die antike Siedlung lag westlich des heutigen Orts. Sie florierte unter den Römern und Byzantinern als Hafen für Elyros, eine bedeutende Stadt weiter landeinwärts, die heute nicht mehr existiert. Am westlichen Ortsrand stand einst eine Basilika aus dem 6. Jh., deren schöner Mosaikboden heute im Archäologischen Museum von Chania zu bewundern ist.

Es führt nur eine einzige Straße nach Sougia. Der Bus setzt seine Fahrgäste an der Uferstraße vor dem Hotel Santa Irene ab, dort steht auch der Fahrkartenschalter. Neben der Taverna Galini gibt's einen Geldautomaten. Weitere Infos über den Ort liefert die Website www.sougia.info.

Roxana's Snacks & Drinks verkauft Tickets für das Boot nach Elafonisi. Bei **Internet Lotos** (☎28230 51191; 3 € pro Std.; ⏲7 Uhr–open end) kann man ins Internet.

Essen

Polyfimos GRIECHISCH €
(Hauptgerichte 5–8 €; ⏲abends; 🖉) Diese Taverne etwas abseits der Straße nach Chania, hinter der Polizeiwache, betreibt Althippie Yianni. Er macht nicht nur Öl, Wein und Raki selbst, sondern zaubert sogar *dolmadakia* mit Reisfüllung aus den Weinblättern, die ein schattiges Dach über dem Hof bilden. In der griechischen Küche wird Gemüse zwar sowieso großgeschrieben, aber Vegetarier werden hier wahrscheinlich am besten fahren.

Kyma GRIECHISCH €

(Fleischgerichte 5,50–7 €) Das Restaurant im Hafenviertel gleich am Ortseingang (mit dem Fischtank davor) hat eine gute Auswahl an *mayirefta*, Fleisch aus eigener Schlachtung und Frischfisch aus den Gewässern der Umgebung, den der Bruder des Besitzers anbringt. Besonders gut ist die Ziege *tsigariasto* (in Weinsoße geschmort) oder das *stifadho* aus Kaninchenfleisch. Wer eher auf Meeresfrüchte aus ist, wird mit den gebratenen *kalamari* oder Hummerspaghetti (70 € pro kg) glücklich.

Taverna Rembetiko KRETISCH €

(Mezedhes 2–5 €) Diese beliebte Taverne an der Straße nach Chania serviert *mezedhes* und ist toll für einen schnellen Snack oder ein günstiges, abwechslungsreiches Mittagessen. Auf der umfangreichen Speisekarte stehen kretische Gerichte wie *bourekia* (türkisch inspirierte Teigtaschen aus einer Art Strudelteig, die zu langen Rollen, dünnen Röhrchen und Windrädern geformt werden) und gefüllte Zucchiniblüten. Außerdem gibt's hier gute griechische Musik.

☆ Unterhaltung

Sougia hat Discos unter freiem Himmel, in denen es für solch einen kleinen Ferienort manchmal überraschend hoch hergeht. Das **Alabama** am östlichen Strandabschnitt ist der Dauerfavorit. Der Club **Fortuna**, linker Hand vorm Ortseingang, wurde eindrucksvoll renoviert und ist jetzt eine super Adresse für einen Drink am späten Abend. In beiden Läden geht's erst nach Mitternacht richtig ab.

ℹ An- & Weiterreise

Zwei Busse fahren täglich von Chania nach Sougia (7,10 €, 1 Std. 50 Min.). Sougia liegt auch an der Schiffsroute Paleochora–Chora Sfakion. Morgens legen die Fähren nach Agia Roumeli (6,30 €, 45 Min.), Loutro (12 €, 1½ Std.) und Chora Sfakion (13 €, 1¾ Stunden) ab. Um 17.15 Uhr gibt's außerdem noch eine Fähre nach Paleochora (8,50 €, 50 Min.).

Lissos Λισσός

Zu den Ruinen des antiken Lissos sind es von Sougia 3,5 km Fußweg über den Küstenpfad nach Paleochora; der Weg beginnt am Ende des kleinen Hafens von Sougia.

Lissos entstand unter den Dorern, blühte unter den Byzantinern auf und wurde im 9. Jh. von den Sarazenen zerstört. Es gehörte zu einem Stadtstaatenbund unter Vorherrschaft des antiken Gortys, der seine eigenen Goldmünzen mit der Aufschrift „Lission" prägte. Hier gab es einst einen Brunnen, ein Theater und Thermalquellen, die bislang noch nicht freigelegt wurden. Die Ruinen, die heute zu sehen sind, stammen hauptsächlich aus dem 1. bis 3. Jh. v. Chr., als Lissos für seine Heilquellen berühmt war. Der im 3. Jh. v. Chr. neben einer Quelle erbaute **Asklepios-Tempel** war dem griechischen Gott der Heilkunde geweiht.

Ausgrabungen förderten hier eine kopflose **Statue des Asklepios** und 20 andere Fragmente von Statuen zutage, die sich jetzt im Archäologischen Museum in Chania befinden. Vor Ort verbleibt der marmorne Altarsockel, auf dem die Statue stand, neben der Vertiefung für die Opfergaben. Der **Mosaikboden** des Tempels zeigt kunstvolle geometrische Muster und Vogeldarstellungen aus vielfarbigen Steinchen. Auf dem Weg zum Meer hinunter kommt man an Resten römischer Ruinen vorbei. Am Westhang des Tals wurden ungewöhnliche Grabstätten mit Tonnengewölben gefunden.

In der Nähe befinden sich die Ruinen zweier frühchristlicher Basiliken unter zwei Kapellen – **Agios Kyriakos** und **Panagia** – aus dem 13. Jh.

Lissos hat einen wunderschönen Strand, wo man nach der Wanderung ein erfrischendes Bad nehmen kann. Wer zufällig am 15. Juli da ist, platzt mitten ins **Agios-Kirkos-Fest**.

Paleochora Παλαιόχωρα

2210 EW.

Paleochora – das ursprünglich von Hippies „entdeckt" wurde – lädt bis heute zu einer Zeitreise ins Jahr 1972 ein: Es ist hübsch, farbenfroh und immer noch ziemlich relaxed. Hier findet man vor allem ältere Touristen auf Pauschalurlaub, im Frühling und Herbst aber auch viele Wanderer – und dazu jede Menge treue Seelen, die jedes Jahr wiederkommen. Der lange, flache Sandstrand und die ruhige Atmosphäre ziehen auch Familien mit Kleinkindern an (allerdings wird's in der Hochsaison um einiges lebhafter). Überhaupt hat dieser Strand eine Sonderstellung, denn er ist auf Kreta der einzige, der im Winter nicht alle Schotten dicht macht.

Das Städtchen mit der seltsamen Form liegt auf einer schmalen Halbinsel. Auf der einen Seite liegt im Schatten der Tamarisken ein lang gezogener Sandstrand (Pachia Ammos), der aber wenig Schutz gegen den Wind bietet. Auf der anderen Seite erstreckt sich der windgeschützte Kieselstrand Chalikia. Am schönsten ist Paleochora im Gewirr der alten Gassen rund um die Burg.

Im Sommer macht sich ein lebhaftes, mediterranes Sommerfeeling breit: Die Hauptstraße und die Straße zum Kieselstrand sind abends für den Verkehr geschlossen und die Tavernen an der Hauptstraße stellen ihre Tische ins Freie. Hin und wieder sorgen noch kulturelle Aufführungen oder kretische und internationale Musik für Atmosphäre.

Sehenswertes

GRATIS Venezianische Burg BURG
Es lohnt sich, die Ruinen der venezianischen Burg aus dem 13. Jh. zu erklimmen, um die phänomenale Aussicht auf Meer und Berge zu genießen. Von dieser hohen Warte aus hatten die Venezianer ein wachsames Auge auf die Südwestküste. Von der Burg selbst ist allerdings nach Zerstörungen durch die Venezianer, die Türken, den Freibeuter Barbarossa im 16. Jh. und schließlich die Deutschen im Zweiten Weltkrieg nicht allzu viel übrig.

GRATIS Museum der Akriten Europas MUSEUM
(☎28230 42265; ⏲Mi–So 10–13 & 18.30–21 Uhr) Dieses etwas obskure Museum neben der schmucken Kirche widmet sich den Grenzverteidigungskämpfern und Helden des mittelalterlichen und byzantinischen Europa. Die schön präsentierte Ausstellung beinhaltet historische Musikinstrumente, Waffen und andere Gegenstände aus der damaligen Zeit. Was das Ganze mit Paleochora zu tun hat, bleibt allerdings ein Rätsel.

Aktivitäten

Ganz in der Nähe sind mehrere großartige Strände und Wanderwege. Von Paleochora aus führt eine sechsstündige Wanderung

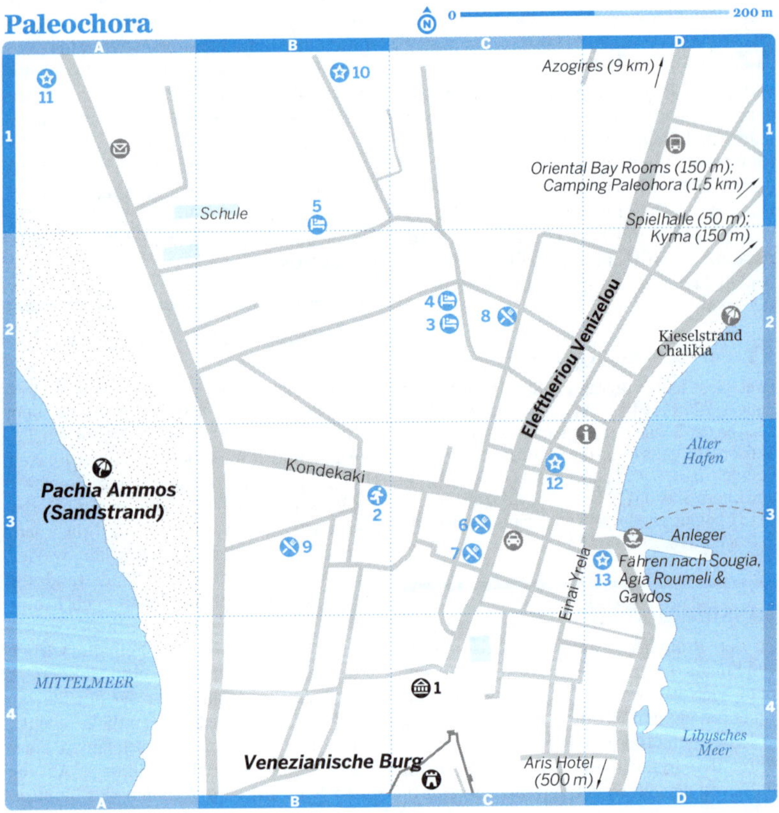

auf einem landschaftlich wunderschönen **Küstenpfad** über die antike Stadt Lissos nach Sougia. Weniger anspruchsvoll ist die Wanderung über Anydri (s. S. 67).

Wenn im Sommer der Wind so richtig schön reinpfeift, ist Pachia Ammos ein hervorragendes **Windsurfrevier**. Der flache Strand hat schönen, weichen Sand – aber Vorsicht vor den tückisch dazwischen gemischten dünnen Felsplatten und -zungen! Wenn es auch ein Kieselstrand sein darf, der dafür weniger Wind hat, weicht man zum Schwimmen und Sonnen besser auf die geschützte Seite aus – wobei „Kiesel" in diesem Fall eine großzügige Bezeichnung für recht große Steine ist.

Aqua Creta Diving & Adventures TAUCHEN
(☎28230 41393; www.aquacreta.gr; Kondekaki 4) Bietet eine Reihe von Tauchkursen an, darunter Anfängertauchgänge (50 €) und sieben- bis zehntägige Fortgeschrittenenkurse (580 €). Außerdem veranstaltet das Team eintägige Beachhopping- und Schnorcheltouren zu abgelegenen Stränden entlang der Südküste bis nach Gavdos (50–60 €).

Paleochora

Highlights
Pachia Ammos (Sandstrand) A3
Venezianische Burg C4

Sehenswertes
1 Museum der Akriten Europas C4

Aktivitäten, Kurse & Touren
2 Aqua Creta Diving & Adventures B3

Schlafen
3 Homestay Anonymous C2
4 Lito Apartments C2
5 Villa Anna B1

Essen
6 Inochoos C3
7 Karakatsanis Zacharoplastelon C3
8 Samaria C2
9 Third Eye B3

Unterhaltung
10 Freiluftkino Attikon B1
11 La Jettee A1
12 Nostos Club C3
13 Skala D3

Geführte Touren

Paleochora ist ein guter Ausgangspunkt für Ausflüge zu den Schluchten Samaria und Agia Irini, entweder im Rahmen einer organisierten Tour oder mit dem regionalen Busunternehmen KTEL. Rückfahrt mit der Fähre.

Im Sommer bietet sich auch ein Tagesausflug mit der Fähre nach Elafonisi an (s. S. 76). Um 17 Uhr legen die Boote zur **Delphinsafari** (3 Std., 18 €) ab, allerdings abhängig vom Wetter und außerhalb der Hochsaison nicht täglich. Nach Aussage der Veranstalter liegt die Wahrscheinlichkeit, ein paar Delphine zu sichten, an windstillen Tagen bei 70 %. Gute Anlaufstellen sind:

Tsiskakis Travel (☎28230 42110; www.notoscar.com; Eleftheriou Venizelou 53)

Selino Travel (☎28230 42272; selino2@otenet.gr)

Essen

Paleochora hat ein paar gute Restaurants im Angebot und auch das Olivenöl der Region gehört zum besten in ganz Griechenland. Im Sommer ist die Atmosphäre besonders schön, wenn die Hauptstraße gesperrt ist und alle Tavernen ihr Geschäft nach draußen verlegen. Wer mit dem Essen fertig ist, bekommt wie auch an manch anderem Ort auf Kreta in fast allen Lokalen sofort einen Raki und Nachtisch auf Kosten des Hauses. In dieser Region wird der *myzithra* (im Gegensatz zu fast überall sonst) ungesüßt serviert.

LP TIPP **Kyma** MEERESFRÜCHTE €€
(Fisch 40–55 € pro kg) Seit 1960 ist das sehr altmodische Lokal mit Terrasse über dem geschützten Kieselstrand bekannt für den vom Inhaber selbst gefangenen Fisch. Gäste dürfen die schuppigen Schönheiten begutachten und wiegen lassen, bevor sie ihre Bestellung abgeben. Das Angebot variiert natürlich täglich, aber Rotbarbe, Red Snapper und Drachenkopf sind fast immer zu haben (und außerdem hervorragend), während Landratten auch mit den Grillgerichten glücklich werden, z. B. den exzellenten *soutsoukakia,* Fleischbällchen in roter Soße.

Inochoos KRETISCH €
(Hauptgerichte 6–10 €) Wer auf der Hauptstraße Richtung Kirche und Museum läuft, kommt irgendwann an dieser beliebten Freilufttaverne vorbei (die letzte auf der rechten Seite). Die gastfreundlichen Gebrü-

der Tsatsaronaki servieren eine wunderbare Auswahl guter kretischer Gerichte, von der Vorspeise über Fleisch bis zum frischen Fisch. Selbst griechische Klassiker wie Tsatsiki sind hier besonders scharf gewürzt. Tipp: Die kretischen *dakos* (Zwieback mit Tomaten und Käse) sind besonders lecker mit einer Auswahl kleiner Fische, die man selbst zusammenstellen kann (pro Portion etwa 10–14 €).

Samaria GRIECHISCH €€
(Hauptgerichte 8–10 €) Das einladende Lokal im dachlosen alten Steinhaus serviert sein ausgezeichnetes kretisches Essen mit einem Lächeln im stimmungsvollen Innenhof, der mit winzigen Kieseln ausgelegt ist. Zu den Spezialitäten des Hauses gehören Lamm *tsigariasto* und Hähnchen *kokkinisto* (in Weinsoße) sowie kretische *myzithropites* (kleine Teigtaschen mit süßem Käse).

Third Eye VEGETARISCH €
(Hauptgerichte 5–8 €;) Das „dritte Auge" liegt gleich hinter dem Sandstrand Pachia Ammos und ist eine richtige Institution – kein Wunder, denn es ist das einzige rein vegetarische Restaurant auf Kreta. Auf der Speisekarte findet sich eine bunte Mischung aus Curry, Salat, Pasta sowie griechischen und asiatischen Gerichten. Im Sommer gibt's eine Livemusikwoche.

Karakatsanis Zaharoplasteion NACHTISCH €
Beim Restaurant Inochoos keinen Nachtisch gefunden? Kein Problem, denn gleich darüber ist der Spezialist: Karakatsanis Zaharoplasteion. Von Kuchen über Schoko-Profiterole bis zur Waffel mit Schlagsahne bleiben keine Wünsche offen. Draußen sitz man sehr schön und die Bedienung ist freundlich und aufmerksam.

Unterhaltung

La Jettee hat einen hübschen Garten direkt am Strand, während das **Skala** eher die klassische Hafenbar ist – mit schöner Terrasse und kostenlosem WLAN. In der Hochsaison steppt hier nachts so richtig der Bär.

Nostos Club (18–2 Uhr) ist ein kleiner Club mit Außenterrasse, der griechische und westliche Musik spielt. **Paleochora Club** (23 Uhr–open end) In der Disco neben dem Campingplatz stiegen früher sehr beliebte Vollmondpartys im Freien, heute gibt's nur noch den weniger ansprechenden (und dafür eher protzigen) Indoorclub. Ein Pendelbus vom Hafen fährt Gäste hin und her.

Ein Erlebnis der anderen Art ist das **Freiluftkino Attikon** (Karte 7 €; Filmbeginn 22 Uhr).

Kinder aufgepasst: Auf dem Weg zum Restaurant Kyma an der Straße, die am Kieselstrand entlangführt, ist eine kleine **Spielhalle**, wo man u. a. Lufthockey und Mini-Basketball spielen kann.

Praktische Informationen

Paleochora hat eine hübsche Uferpromenade, an der am frühen Abend reichlich Betrieb herrscht, genau wie an der Hauptstraße Eleftheriou Venizelou, die als Fußgängerzone eingerichtet ist. Schiffe legen vom alten Hafen am Südende des Kieselstrands ab. Geldautomaten gibt's an der Hauptstraße.

Erato Internet (Eleftheriou Venizelou; 3 € pro Std.)

Städtische Touristeninformation (28230 41507; Mai–Okt. Mi–Mo 10–13 & 18–21 Uhr) In Hafennähe an der Straße zum Strand.

Notos Internet (Eleftheriou Venizelou 53; 2 € pro Std.; 8–22 Uhr)

KÜSTENWANDERUNG VON PALEOCHORA NACH SOUGIA

Vom Ortszentrum Paleochora den Schildern zu den Campingplätzen im Nordosten folgen. An der Kreuzung mit der Straße nach Anydri rechts abbiegen; hier kommt man bald auf den als „European Footpath E4" beschilderten Küstenpfad. Nach einigen Kilometern steigt der Weg steil an, sodass man einen tollen Blick zurück auf Paleochora hat. Dann geht's am **Anydri-Strand** und mehreren einladenden **Badebuchten** vorbei, wo sich so mancher nahtlos bräunt. Am besten hier abkühlen, denn in der Folge verläuft der Pfad landeinwärts über das **Kap Flomes**. Das mit Gestrüpp bewachsene Plateau bietet eine atemberaubende Aussicht auf das Libysche Meer. Bald ist das minoische **Lissos** erreicht, dahinter führt der Weg durch einen Kiefernwald. Die Straße endet am Hafen von Sougia. Auf der gesamten Strecke von 14,5 km (etwa 6 Stunden einkalkulieren) gibt es kaum Schatten, also unbedingt mehrere Liter Wasser und Sonnenschutzmittel mitnehmen. Von Juni bis Ende August empfiehlt es sich, bei Sonnenaufgang zu starten, um Sougia vor der schlimmsten Tageshitze zu erreichen.

NICHT VERSÄUMEN

MILIA

Einer der Wegbereiter für den Ökotourismus auf Kreta ist das einsame Bergdorf **Milia** (☎28220 51569; www.milia.gr; Ferienhäuser inkl. Frühstück 50–70 € P). Inspiriert vom Motto „Zurück zur Natur" wurden hier 16 verlassene Steinbauernhäuser zu Ökoferienhäuschen umgebaut. Da ausschließlich Solarenergie für Grundbedürfnisse zur Verfügung steht, können Laptop und Fön getrost zu Hause bleiben. Die Häuser sind mit antiken Betten und rustikalen Möbeln eingerichtet.

Milia ist eins der urtümlichsten und friedlichsten Urlaubsziele auf der Insel, aber es lohnt einen Abstecher allein schon wegen der erstklassigen Taverne. Auf der saisonal wechselnden Speisekarte steht das, was gerade an biologischen Erzeugnissen vom eigenen Bauernhof zur Verfügung steht, darunter Öl, Wein, Milch und Käse sowie Hühner, Ziegen und Schafe aus Freilandhaltung. Sehr gut sind die *bourekia* (türkisch inspirierte Teigtaschen aus einer Art Strudelteig, die zu langen Rollen, dünnen Röhrchen und Windrädern geformt werden), das gefüllte Kaninchen mit *myzithra* (Schafskäse) oder Joghurt oder das langsam über Nacht gegarte Schweinefleisch mit Zitronenblättern. Wirklich hervorragend ist das typische Wintergericht aus Kartoffeln, Kastanien und Minizwiebeln in Rotweinsauce! Alle Zutaten sind selbstverständlich unbehandelt.

Die Abzweigung nach Milia ist hinter dem Ort Vlatos ausgeschildert. Die schmale Zufahrt geht in eine befahrbare unbefestigte Straße über, die nach 3 km das Dorf erreicht. Milia ist die ideale Basis für alle, die sich in der Innahorion-Region (S. 74) näher umsehen wollen.

Postamt Am nördlichen Ende des Pachia Ammos.

An- & Weiterreise

Fähre

Da sich die Fahrpläne jährlich ändern, lohnt zunächst ein Gang ins Reisebüro. Im Sommer fährt täglich eine Morgenfähre von Paleochora nach Chora Sfakion (16 €, 3 Std.) mit Zwischenstopps in Sougia (8,50 €, 50 Min.), Agia Roumeli (12,50 €, 1½ Std.) und Loutro (14 €, 2½ Std.). Dasselbe Boot fährt im Sommer drei Mal pro Woche weiter nach Gavdos (15,50 €, 2½ Std.).

Ab Mitte April schippert die M/B *Elafonisos* Badegäste zum Westküstenstrand Elafonisi (8 €, 1 Std.) – zunächst dreimal wöchentlich, von Mitte Mai bis Ende September dann täglich. Das Schiff legt um 10 Uhr ab und kehrt um 16 Uhr zurück.

Tickets gibt's bei **Selino Travel** (☎28230 42272; selino2@otenet.gr).

Bus

In Sommer fahren vier bis sechs Busse täglich vom **Busbahnhof** (☎28230 41914) nach Chania (7,60 €, 1 Std. 50 Min.). Ein weiterer Bus fährt jeden Tag um 6.15 Uhr nach Omalos (5,50 €, 2 Std.), wo Anschluss an den Bus zur Samaria-Schlucht besteht; er hält auch am Eingang zur Agia-Irini-Schlucht (4,50 €).

Unterwegs vor Ort

Notos Rentals (☎28230 42110; notosgr@yahoo.gr; Eleftheriou Venizelou) verleiht Autos, Motorräder und Mountainbikes.

Der **Taxistand** befindet sich am Hafen. Einige Fahrpreise als Anhaltspunkt: Kissamos-Kastelli 40 €, Chania 60 €, Flughafen 70 €, Elafonisi 60 €.

Rund um Paleochora

Ein beliebtes Ziel für Wanderer ist das Dörfchen **Anydri**, 5 km nordöstlich von Paleochora nach malerischer Fahrt durch eine Schlucht. Gründerväter des Dorfs waren zwei Brüder, die vor einer mörderischen Vendetta aus Chora Sfakion geflohen waren. Deshalb tragen die meisten Dorfbewohner noch heute den gleichen Familiennamen.

Viele Leute machen eine Rundwanderung von Paleochora durch die Schlucht nach Anydri und an der Küste zurück. Dazu folgt man der Straße am Campingplatz vorbei und nimmt dann die Asphaltstraße, die nach links abzweigt und von steilen Felswänden gesäumt wird. Am Dorfeingang weist ein Schild den Weg zur **Anydri-Schlucht**. Nach einigen Hundert Metern Fußpfad zweigt dann ein überwucherter Pfad nach links ab (den roten Markierungen zur Schlucht folgen). Rast gefällig? Dann bietet sich das hervorragende Dorfcafé **Kafenio To Scholio** an, eine umgebaute Schule in Anydri. Hinter der **Agios-Georgios-Kirche** mit Fresken aus dem 14. Jh. führt eine andere Wanderroute ebenfalls in die Schlucht.

Geht man den Weg am ausgetrockneten Flussbett entlang, tauchen Wegweiser zum breiten **Gialiskari-Strand** am Ende der Schlucht auf. Der schönste Abschnitt ist der grobkörnige Sandstrand am östlichen Ende, linker Hand der *kantina*. Von dort führt ein Weg nach Paleochora zurück: dazu den E4-Trail-Markierungen folgen, die an der Steilküste entlangführen. Der Strand ist auch per Fahrzeug über eine unbefestigte Straße zu erreichen, die ein gutes Stück vor der Schlucht nach rechts abzweigt (beschildert).

Das urwüchsigste Erlebnis in der Umgebung von Paleochora bietet jedoch das Dorf **Azogires**. Die exzentrische Ortschaft liegt etwa 9 km nördlich der Stadt und ist Schauplatz zahlreicher Legenden, die sich um die Nereiden in seinen Wasserfällen sowie die Asketen ranken, die im Mittelalter seine Höhlen bewohnten. Auf einer nützlichen Umgebungskarte sind Wasserfälle, Höhlen und andere Attraktionen eingezeichnet, die man heute natürlich alle besuchen kann. Karten, Informationen sowie gute Bewirtung gibt's im **Alpha Restaurant** (Hauptgerichte 4–7 €) am Hauptplatz. Der gebürtige Amerikaner „Lucky" Lakkis Koukoutsakis führt Touren durch das Dorf und in die **Azogires-Schlucht**. Bei ihm sind auch Infos zur Umgebung zu haben. Zum Restaurant gehört auch das **Alpha Hotel** (☎28230 41620; www.alfahotelazogires.blogspot.com; Zi. ab 25 €; P❄@). Es liegt recht ruhig im Wald oberhalb der Ortsmitte und ist spezialisiert auf Yogagruppen, hat aber auch anständige Zimmer für unabhängige Traveller.

GAVDOS ΓΑΥΔΟΣ

55 EW.

Für viele Leute ist Gavdos gar keine Insel, sondern eher ein Gemütszustand. Es gibt wohl kaum irgendwo einen ruhigeren, abgeschiedeneren Ort, um allen Stress von sich abfallen zu lassen. Gavdos hat eine treue Fangemeinde von Campern, FKKlern und anderen Freigeistern, denen naturbelassene Strände, lange Wanderungen und entspanntes Urlauben über alles gehen. Es ist der perfekte Ort, um alle Viere von sich zu strecken, den Bart wachsen zu lassen, Zigaretten zu drehen und des Nachts verträumt in den Sternenhimmel zu starren.

Gavdos liegt unterhalb von Kreta im Libyschen Meer, 65 km von Paleochora und 45 km von Chora Sfakion entfernt, und ist damit das südlichste Fleckchen Europas. Geografisch gehört die Insel schon eher zu Afrika als zu Europa, und ihr Klima ist überaus mild. Hier ist das Meer schon im Februar warm genug zum Schwimmen. Zugleich ist Gavdos überraschend grün: Fast 65 % der Fläche sind von niedrigen Kiefern, Zedern und anderer Vegetation bedeckt, ansonsten ist die Landschaft zerklüftet. Die Insel hat mehrere phantastische Strände, die teils nur zu Fuß oder mit dem Boot zu erreichen sind. Die meisten liegen an der Nordostküste, während die Südküste nur aus Felsen besteht.

Auf Gavdos gibt es drei „Hauptdörfer", die nahezu verlassen und voller Ruinen sind, und einen Strandort, der im Juli und August vergleichsweise betriebsam wird. Auf dem Höhepunkt der Saison kann die Bevölkerung von den rund 55 permanenten Inselbewohnern auf gut 1000 anwachsen.

Archäologische Ausgrabungen haben ergeben, dass Gavdos schon im Neolithikum bewohnt war. In griechisch-römischer Zeit gehörte die damals Clauda genannte Insel zur Stadt Gortys. An ihrer Nordwestecke gab es eine römische Siedlung. Unter den Byzantinern war Gavdos Bischofssitz, doch nachdem die Araber Kreta im 9. Jh. eroberten, verkam die Insel zum Piratennest.

Bis Ende der 1960er-Jahre gab es auf Gavdos kaum Wasser und weder Strom noch Telefon. Die meisten Bewohner wanderten nach Paleochora, ins übrige Kreta oder nach Athen ab. Inzwischen gibt es zwar reichlich Wasser, doch kann es besonders im Sommer immer noch zu Stromknappheit und -ausfällen kommen, da nur ein Teil der Insel ans Netz angeschlossen ist. Der Rest ist auf Generatoren angewiesen, die oft über Nacht und um die Mittagszeit abgeschaltet werden. Eine Taschenlampe gehört auf Gavdos unbedingt ins Gepäck. Aufgrund der starken Winde sitzen Besucher manchmal tagelang fest, aber man wird kaum jemanden finden, der sich darüber beklagt.

Sehenswertes & Aktivitäten

Der größte Strandort ist **Sarakiniko** im Norden mit einem breiten Sandstrand, mehreren Tavernen und einem **Amphitheater** für gelegentliche Veranstaltungen. Am traumhaften **Agios-Ioannis-Strand** an der Nordspitze hat sich eine lose zusammengewürfelte Kolonie von FKKlern und Campern eingenistet, im Hochsommer kann es hier auch schon mal etwas voller werden. An der Nordküste liegen einige wunderbare Strände wie **Potamos** und **Pirgos**, die man von Kastri zu Fuß erreicht (1 Std.), dazu einfach dem Fußweg Richtung Norden über Ambelos folgen. Am Kap **Tripiti**, der Südspitze Europas, hat das Meer drei gewaltige Felsbögen ausgewaschen, die bekannteste Naturattraktion der Insel. Der Strand liegt etwa 2,6 km von Vatsiana entfernt und ist mit dem Boot oder zu Fuß erreichbar.

Der restaurierte **Leuchtturm** von 1880 am Weg nach Ambelos wurde in ein Museum mit Café umgebaut. Bevor die Deutschen ihn 1941 zerbombten, brannte hier das zweithellste Leuchtfeuer der Welt (nach Tierra del Fuego).

In **Vatsiana** hat der Geistliche der Insel in einem alten Steinhaus ein kleines **Privatmuseum** eingerichtet (☎28230 42167; ⌚Juli–Aug. 10–18 Uhr, außerhalb dieser Zeiten nebenan klopfen). Zu den Ausstellungsstücken, die auf der Insel zusammengetragen wurden, gehören Landwirtschafts- und Haushaltsgeräte, ein Webstuhl und Webarbeiten. Nebenan ist ein kleiner traditioneller Holzofen in Betrieb. Maria, die Frau des Geistlichen, kredenzt in dem urigen *kafenion* ihren Ouzo und Kuchen.

Trotz ihrer spärlichen Besiedlung hat die Insel nicht weniger als 16 kleine Kirchen. Die meisten Bootsbesitzer bieten ganz- oder halbtägige **Bootsausflüge** an, u. a. zum abgelegenen, unbewohnten Inselchen Gavdopoula, das allerdings keine guten Strände hat. Einfach bei den Tavernen nachfragen.

Essen

Was ist auf Gavdos wohl das große kulinarische Highlight? Frischer Fisch. Was sonst.

Taverna Sarakiniko MEERESFRÜCHTE €€
Was dem Fischer Manolis ins Netz geht, wird täglich frisch von ihm und seiner Frau in der Taverne serviert. Besonders gut: der würzige Oktopus vom Grill oder der mit Zitrone und Olivenöl geschmorte Red Snapper.

Theophilos Taverna GRIECHISCH €
Dieser Laden oberhalb des Agios-Ioannis-Strands füttert hungrige Camper nach einem langen Strandtag mit hervorragenden *magirefta*.

Praktische Informationen

Der Inselhafen Karabe liegt an der Ostküste, Hauptort ist Kastri in der Inselmitte. Es gibt keine Bank, aber eine Poststelle in Sarakiniko, Kastri hat zwei einfache Minimärkte und ein Hospital. Das Mobilfunknetz ist lückenhaft, aber es gibt Kartentelefone. Die Saison auf Gavdos ist kurz; die meisten Tavernen und Zimmer machen zum Schulbeginn Anfang September dicht.

Gavdos hat einen neuen Hafen und eine **Polizeistation** (☎28230 41109) in Karabe.

Anreise & Unterwegs vor Ort

Die Bootsverbindungen nach Gavdos sind das ganze Jahr über unterschiedlich. Die Überfahrt kann zwischen 2½ und 5 Std. dauern, je nach Boot und Zwischenstopps, was mitunter für Verwirrung sorgt. Die direkte Route von Chora Sfakion nach Gavdos wird freitags, samstags und sonntags bedient (15 €, 1½ Std.). Ab Paleochora fahren zwei Schiffe pro Woche (von Mitte Juli bis August drei), aber mehrere Stopps an der Südküste einschließlich Chora Sfakion machen daraus eine Tour von 5 Std. Jeden Dienstagmorgen fährt ein Postboot von Paleochora über Sougia nach Gavdos.

Nicht alle dieser Fähren transportieren auch Autos.

Am Hafen oder in Sarakiniko kann man Fahrräder oder Autos mieten, allerdings sollte man vorher das Kleingedruckte im Versicherungsvertrag prüfen.

WESTLICH VON CHANIA

Kretas Westzipfel ist nicht so stark vom Tourismus geprägt wie Chania und die umliegenden Badeorte. Ein Großteil der Nordküste besteht aus den praktisch unbewohnten Halbinseln Gramvousa und Rodopou. Am meisten auf Touristen ausgerichtet ist hier noch Kolymbari an der Zufahrt zur Halbinsel Rodopou – wobei der Ort eher für das in ganz Griechenland verkaufte Olivenöl bekannt ist.

Die Provinz Kissamos ist eine unwirtliche, eher landwirtschaftlich geprägte Region mit versprengten Dörfern und Städtchen. Ihre Hauptstadt, Kissamos-Kastelli, ist Anlaufhafen für Fähren vom Peloponnes. Die Westküste kann mit zwei der schönsten (und erstaunlich unerschlossenen) Strände Kretas aufwarten: Falasarna am Nordende und Elafonisi am Südende. Zur Provinz Selinos gehört die Region Innahorion mit ihren kleinen Bergdörfern.

Die Halbinsel Rodopou

Nur am Fuß der wüsten, felsigen Halbinsel Rodopou drängen sich ein paar kleine Dörfer, der Rest ist unbewohnt. Eine Teerstraße führt bis Afrata und verwandelt sich dann in einen besseren Feldweg, der sich über die Halbinsel schlängelt. Das Diktynna-Heiligtum an der Spitze der Halbinsel ist zu Fuß, per Geländewagen oder Motorrad zu erreichen. Dabei ist aber unbedingt auf gute Planung und ausreichende Ausrüstung zu achten, denn hinter Afrata bekommt man keinen Tropfen Benzin oder Wasser und keinen Bissen Proviant mehr. Von Afrata führt eine kurvige Straße hinunter zum kleinen, kieseligen **Afrata-Strand**. Dort hat während der Saison eine kleine Snackbar geöffnet.

Kolymbari Κολυμπάρι

920 EW.

Kolymbari, 23 km westlich von Chania am unteren Ende der Halbinsel Rodopou, eignet sich optimal für einen ruhigen Erholungsurlaub. Der Ausbau des Fischerdörfchens hat sich daher auch entlang des langen Kieselstrands fortgesetzt. Kolymbari ist ein guter Ausgangspunkt für einen Spaziergang zum Moni Gonias (östlich des Ortes) und ideal, um in einer der beliebten Fischtavernen lokale Fischspezialitäten zu probieren.

Der Bus aus Chania hält an der Schnellstraße außerhalb; von dort sind es 500 m bis in den Ort. Kolymbari hat einen Geldautomaten an der Hauptstraße und eine Post im Zentrum.

Essen

Argentina MEERESFRÜCHTE **€€**
(Fisch 40–55 € pro kg) Dieser Klassiker gilt als eine der besten Fischtavernen der Gegend. Im Angebot sind Seafood-Gerichte wie Tintenfisch mit Oliven, Qualitätsfisch und erlesene Weine. Tische stehen vor der Tür und auf der anderen Straßenseite mit Blick aufs Meer.

Diktina MEERESFRÜCHTE **€€**
(Fisch 40–60 € pro kg) Dieses Lokal erinnert nach aufwändiger Renovierung eher an ein urbanes Restaurant als an eine Fischtaverne. Meerblick und zuverlässig gute Fischgerichte.

Milos tou Tzerani MEERESFRÜCHTE **€€€**
Die Café-Bar in einer restaurierten Mühle am Meer ist ein ausgesprochen nettes Plätzchen für einen Kaffee oder einen abendlichen Drink mit leichten Snacks und *mezedhes*.

An- & Weiterreise

Die Busse von Chania nach Kissamos-Kastelli halten am Ortsrand von Kolymbari (3,30 €, 45 Min., alle 30 Min.).

Moni Gonias Μονή Γονιάς

Das 1618 gegründete **Moni Gonias** (Kolymbari; Eintritt frei, Museum 2 €; Mo–Fr 8–12.30 & 16–20, Sa 16–20, So 7–12 & 16–20 Uhr) wurde 1645 teilweise von den Türken zerstört, aber 1662 wieder aufgebaut und im 19. Jh. erweitert. Das Kloster hütet eine einzigartige Sammlung von Ikonen aus dem 17. und 18. Jh., die teils in der Kirche und teils in den beiden Räumen des Klostermuseums aufbewahrt werden. Die wertvollste davon ist die Ikone des *Agios Nikolaos*, 1637 von Palaiokapas gemalt (linker Hand im Museum). Sie ist ein hervorragendes Beispiel der Kretischen Schule der Ikonenmalerei, die ihre Blütezeit im 17. Jh. erlebte. Das Kloster, zugleich Standort der Theologischen Akademie von Kreta, ist von Kolimbari leicht zu erreichen: vom Ortszentrum einfach der Uferstraße rund 500 m nach Norden folgen.

Diktynna Δίκτυνα

An der Nordostspitze der Halbinsel Rodopou liegen die Überreste eines Tempels der kretischen Göttin Diktynna. In römischer Zeit war dies das wichtigste Heiligtum der ganzen Region. Diktynna war die Göttin der Jagd und wurde in Westkreta glühend verehrt.

Der Legende zufolge rührt ihr Name von dem Wort *diktyon* her, was „Netz" bedeutet. Ein Fischernetz war nämlich ihre Rettung, als sie sich ins Meer stürzte, um den Avancen von König Minos zu entgehen. Der Tempel stammt aus dem 2. Jh. n. Chr., steht aber vermutlich auf den Resten eines früheren Heiligtums.

Nach dem Zusammenbruch des Römischen Reichs wurde der Tempel zerstört, doch seine Grundmauern, ein Opferaltar und einige römische Zisternen sind noch zu besichtigen. Wer sich daran satt gesehen hat, kann sich am hübschen Sandstrand erholen. Diktynna ist nur über eine unbefestigte Straße von Kolimbari zu erreichen, aber Reisebüros in Chania bieten auch Bootstouren hierher an.

Kissamos-Kastelli

Κίσσαμος-Καστέλλι

3970 EW.

Die größte Stadt (und gleichzeitig auch Hauptstadt) der Provinz Kissamos heißt Kissamos-Kastelli, kurz: Kissamos – zumindest offiziell. Unter Einheimischen heißt sie nämlich mal Kissamos, mal Kastelli. Der Hafen an Kretas Nordostküste ist das Ziel der Fähren vom Peleponnes oder aus Kythira und hat hauptsächlich ältere Einwohner. Olivenöl aus den riesigen Hainen der Umgebung ist das wichtigste Lebenselixir dieser Stadt. Kissamos fühlt sich irgendwie noch „griechischer" an als die übrigen Küstenorte des Nordens, vielleicht weil es zu weit weg von Chania ist, um für Pauschaltouristen interessant zu sein. Warum auch immer: Hier scheinen fast nur Kreter und andere Griechen ihren Urlaub zu verbringen. Neben den kleinen, älteren Hotels gibt es aber inzwischen ein paar smarte neue Unterkünfte, die zeigen, dass der Ort allmählich an Beliebtheit gewinnt.

Strandliebhaber kommen in Kissamos-Kastelli voll auf ihre Kosten: Die Stadt selbst hat bereits einen schönen Sandstrand, aber ganz in der Nähe sind noch Falasarna und die Strände rund um Gramvousa (am besten per Schiff erreichbar). Man kann sogar mit dem Auto direkt Richtung Süden nach Elafonisi fahren.

Überhaupt lohnt sich ein Auto für alle, die die Gegend wirklich erkunden wollen, denn die Bucht von Kissamos mit ihren weit auseinanderliegenden Ortschaften und Stränden ist riesig. Selbst die Hotels, die noch direkt zur Stadt gehören (vor allem am Hafen, der ganz im Westen liegt), liegen teilweise weit verstreut. Aber auch ohne fahrbaren Untersatz sind der Hafen (bei Bootsausflügen zu den Stränden um Gramvousa) und der Strand von Falasarna gut mit Bussen versorgt.

Der Bus hält am Hauptplatz von Kissamos-Kastelli. Von hier aus läuft man gerade mal drei Minuten zur Strandpromenade mit ihren Tavernen und Bars. Von diesem zentralen Punkt aus dehnt sich in östlicher Richtung ein Kieselstrand aus; Richtung Westen liegt jedoch nach 600 m jenseits einer winzigen Brücke ein zweiter, der viel schöner ist. Wer bei den Cafés oberhalb des Strands etwas zum Trinken kauft, kann kostenlos einen Sonnenschirm ausleihen.

Geschichte

In der Antike war Kissamos die Hauptstadt der gleichnamigen Provinz. Dann kamen die Venezianer und bauten hier eine Festung, die ihr den Namen Kastelli bescherte. Das blieb so, bis die Obrigkeit 1966 befand, dass zu viele Leute dieses Kastelli mit Kretas anderem Kastelli bei Iraklion verwechselten. Also wurde die Stadt offiziell wieder in Kissamos umgetauft, wird aber noch oft als Kastelli oder Kissamos-Kastelli bezeichnet.

Das antike Kissamos fungierte als Hafen für den bedeutenden Stadtstaat Polyrinia 7 km landeinwärts. Diverse römische Ruinen wurden schon zu Tage gefördert, aber der größere Teil der alten Stadt liegt unter dem heutigen Kissamos und kann daher nicht ausgegraben werden. Im 3. Jh. n. Chr. erlangte Kissamos seine Unabhängigkeit und wurde dann unter den Byzantinern Bischofssitz. Im 9. Jh. wurde es von den Sarazenen besetzt, bevor es unter den Venezianern seine Glanzzeit erlebte. Teile der Burg westlich des Plateia Tzanakaki sind noch erhalten.

Sehenswertes

GRATIS **Archäologisches Museum Kissamos** MUSEUM

(☎28220 83308; Plateia Tzanakaki; ⏲8.30–13 Uhr) Das neue Museum ist in einem imposanten venezianisch-türkischen Gebäude am Hauptplatz untergebracht. Es zeigt auf zwei Stockwerken eine ansprechend präsentierte Sammlung von Artefakten aus archäologischen Ausgrabungen der Umgebung, darunter Statuen, Schmuck, Münzen und ein großer Mosaikfußboden aus einer Villa in Kissamos. Wie die Exponate aus Falasarna und Polyrinia beschäftigt sich ein Großteil der Ausstellung mit der griechisch-römischen Antike, aber es sind auch Stücke von minoischen Ausgrabungen und aus Nopigia zu sehen.

Essen & Ausgehen

Papadakis MEERESFRÜCHTE €€

(Fisch 40–55 € pro kg) Diese klassische Taverne mitten auf der Strandpromenade ist die beste Adresse für frischen Fisch, den der kultige Inhaber selbst an Land zieht. Es sind aber auch jede Menge *mayirefta* und Grillgerichte im Programm. Besonders gut sind die gegrillten Auberginen oder die *keftedhakia* (Fleischbällchen).

Taverna Petra RESTAURANT €

(Souvlaki 2,30 €) Das bescheidene Lokal an einer Ecke des Hauptplatzes (gleich oberhalb der Bushaltestelle) serviert neben diversen anderen Fleischgerichten vom Grill das beste *souvlaki pitta* der ganzen Stadt und verwendet immer das aromatische Olivenöl der Region. Eine nahrhafte und in jedem Fall günstigere Alternative zu den Restaurants vorne am Strand.

Café Bar Babel CAFÉ €

(Strandpromenade; ⌚9–2 Uhr) Diese Café-Bar an der Strandpromenade ist nicht nur für ein schnelles Frühstück gut; auch der Kaffee ist super. Abends ist der Laden ein beliebter Treffpunkt für junge Griechen. Verständlicherweise: Fast nirgends in der Stadt gibt es eine längere Bier- und Cocktail-Karte.

ℹ Praktische Informationen

Der Hafen liegt 3 km westlich der Stadt. Im Sommer verkehrt ein Pendelbus vom Fähranleger; sonst kann man ein Taxi für ca. 5 € nehmen. Der Busbahnhof liegt am Hauptplatz Platia Tzanakaki, von dem die Hauptgeschäftsstraße Skalidi nach Osten führt. Das Postamt steht an der Hauptdurchgangsstraße in der Nähe der Platia Venizelou. An der Hauptstraße und der Skalidi gibt es mehrere Banken mit Geldautomaten. Bis zur Strandpromenade sind es 200 m.

Kissamos unterhält die recht informative Website www.kissamos.net. Eine gute Informationsquelle ist auch das Reisebüro **Horeftakis Tours** (☎28220 23250; www.horeftakistours.com; Skalidi). **Gamers Internet Cafe** (Skalidi 17; 1,70 € pro Std.; ⌚10 Uhr–open end) bietet das ganze Programm.

ℹ An- & Weiterreise

Fähre

Die F/B *Myrtidiotissa* der Gesellschaft ANEN Ferries verkehrt am Wochenende auf der Route von Kissamos über Antikythira (9,40 €, 2 Std.) und Kythira (16,40 €, 4 Std.) nach Gythion (22,10 €, 5 Std.). Sonntags wird auch Piräus angefahren, aber das geht von Chania wesentlich schneller. Tickets gibt's bei **Horeftakis Tours** (☎28220 23250) und im **ANEN-Büro** (☎28220 22009; Skalidi).

Bus

Vom **Busbahnhof** in Kissamos verkehren täglich 14 Busse nach Chania (4,70 €, 1 Std.), wo Anschluss nach Rethymnon und Iraklion besteht. Zwei Busse täglich fahren nach Falasarna (3,50 €, 20 Min.), einer nach Paleochora (7,20 €, 1¼ Std.) und einer nach Elafonisi (7 €, 1¼ Std.).

ℹ Unterwegs vor Ort

Moto Fun (☎28220 23440; www.motofun.info; Plateia Tzanakaki) Verleiht Autos, Fahrräder und Mountainbikes.

Polyrinia Πολυρρηνία

Die Ruinen der antiken Stadt Polyrinia liegen 7 km südlich von Kissamos-Kastelli, oberhalb des Dorfs Ano Paleokastro, das oft auch als Polyrinia bezeichnet wird. Wer den steilen Aufstieg wagt, wird mit einer umwerfenden Aussicht auf Mittelmeer und Berge belohnt – im Frühling überschwemmt ein Meer von Wildblumen die Region. Die im 6. Jh. v. Chr. von den Dorern gegründete Stadt lag im permanenten Krieg mit den Kydoniern von Chania. Münzen aus dieser Zeit zeigen die Kriegsgöttin Athena, die von den kriegerischen Polyriniern offenbar leidenschaftlich verehrt wurde.

Im Gegensatz zur Erzrivalin Kydonia leistete Polyrinia den römischen Invasoren keinen Widerstand und blieb so von der Zerstörung verschont. Sie war die am besten befestigte Stadt auf ganz Kreta und diente von der Römerzeit bis in die byzantinische Epoche als Verwaltungszentrum des Westteils der Insel. Später nutzten die Venezianer sie als Festung. Viele der historischen Überbleibsel datieren aus römischer Zeit, darunter auch ein von Hadrian erbautes **Aquädukt**.

Die imposanteste Ruine ist die von den Byzantinern und Venezianern errichtete **Akropolis**. Außerdem steht hier eine Kirche, die auf die Grundmauern eines **hellenistischen Tempels** aus dem 4. Jh. v. Chr. errichtet wurde. Interessant ist auch eine den Nymphen geweihte **Höhle** in der Nähe des Aquädukts, in der heute noch die Nischen für die Nymphenstatuetten zu sehen sind.

Der zweistündige Fußweg von Kissamos-Kastelli nach Polyrinia ist landschaftlich sehr schön. Um die Straße nach Polyrinia zu erreichen, geht man auf der Hauptstraße von Kissamos-Kastelli ostwärts und biegt gleich hinter dem Gebäude der OTE (Organismos Tilepikoinonion Ellados; größter Telefonprovider Griechenlands) rechts ab. Auf dem Weg zu Fuß durchs Dorf zur Stätte kommt man an der interessanten **Olivenholzwerkstatt** von Giorgos Tsichlakis vorbei.

Mit dem eigenen Fahrzeug biegt man an der Kreuzung mit der **Acropolis Taverna** (Hauptgerichte 4–7 €) auf die Umgehungsstraße ab, die tolle Ausblicke eröffnet. Hinter der

Taverne, 100 m vor der Agios-Pateras-Kirche, zweigt ein Weg nach links zur Akropolis ab. Wegen des Ausblicks lohnt sich auch eine Rundwanderung über den ganzen Berg, aber der Weg ist teilweise überwuchert.

Es fahren keine Busse zur Ruinenstätte.

Die Halbinsel Gramvousa
Χερσόνησος Γραμβούσα

Nordwestlich von Kissamos-Kastelli erstreckt sich die herrlich wilde und abgelegene Halbinsel Gramvousa. Hauptattraktion ist der phantastische, lagunenartige Sandstrand **Balos**, am Kap Tigani (an der Westseite der schmalen Spitze der Halbinsel). Vor dem idyllischen Strand liegen im türkisfarbenen Wasser die beiden Inselchen **Agria** (die Wilde) und **Imeri** (die Zahme). Wer nicht irgendwo auf der Halbinsel übernachtet oder wild campt, kommt am besten mit einem der Ausflugsboote her, die täglich den Hafen von Kissamos-Kastelli verlassen.

Im Sommer teilt man sich Schiff und Strand leider mit sehr vielen anderen. Vermeiden kann das nur, wer sehr früh aufsteht oder sehr spät heimgeht, aber auf jeden Fall auf eigene Faust anreist. Der Strand ist in der Hochsaison zwar etwa von 11 bis 16 Uhr recht überlaufen, aber mit seinen sanften, glasklaren Wellen, winzigen Muscheln und Fischen trotzdem eindeutig wunderschön. Schatten gibt es allerdings gar nicht – und eine Liege mit Sonnenschirm kostet 5 €.

Die gerade noch (am besten mit Geländewagen) befahrbare Piste nach Balos beginnt am Ende der Hauptstraße durch das Dorf **Kalyviani**. Sie schmiegt sich an die Ostflanke des 762 m hohen Bergs Geroskinos und bietet phantastische Ausblicke auf die Küste und die Halbinsel Rodopou.

Die Straße endet an einem Parkplatz mit einer *kantina*. Von dort führt ein 1,2 km langer Weg die versandeten Klippen hinunter zum Strand.

Die Busse von Kissamos-Kastelli Richtung Westen lassen Fahrgäste an der Kreuzung nach Kaliviani aussteigen. Von dort sind es 2 km bis zum Ausgangspunkt des Wegs am Ende der Hauptstraße. Der schattenlose Fußmarsch nach Balos geht über 3 km, also Kopfbedeckung und reichlich Wasser nicht vergessen.

Viel einfacher ist die Anfahrt mit einem der drei täglichen **Ausflugsschiffe** (☎28220 24344; www.gramvousa.com; Erw./erm. 22/12 €). Die Schiffe sind unterschiedlich groß, bieten aber für alle, die wollen, mehr als genug Verpflegung (z. B. *souvlaki*, 5 €) und Getränke. Wer sparen will, kann aber ohne Probleme ein eigenes Mittagessen mitbringen. Um den Andrang etwas zu verteilen, legen alle Schiffe vorher noch an verschiedenen anderen Stellen an – entweder in Balos oder auf der Insel Imeri Gramvousa. Auf letzterer thront eine **venezianische Burg** mit atemberaubendem Ausblick über die Halbinsel; sie ist nach steilem Aufstieg in 20 Minuten erreicht. Darunter liegt ein felsiger und meist unbrauchbarer Strand mit einem modernen und nicht sehr attraktiven Schiffswrack. Wer dem schweißtreibenden Aufstieg einen Sprung ins kühle Nass vorzieht, kann das einfach vom Schiff aus tun – das Wasser ist am Ankerplatz durchaus tief genug.

Die Fahrkarten der drei Schifffahrtsgesellschaften können am gleichen Tag im Hafen von Kissamos-Kastelli gekauft werden, manche Hotels vor Ort bieten sie jedoch auch vergünstigt an. Die Abfahrt ist jeweils um 10.15, 10.30 und 13 Uhr; die Schiffe legen um 17.45 bzw. 20 Uhr wieder in Kissamos-Kastelli an. Bei starkem Wind kann die Fahrt ziemlich ruppig werden – wenn sie nicht sogar komplett gestrichen wird. Am besten am Tag des geplanten Ausflugs nochmal nachfragen!

Geschichte

Die vorgelagerte Insel Imeri Gramvousa war ein wichtiger Stützpunkt der Venezianer, die hier ein Kastell errichteten, um die Schiffe zu schützen, die die Insel auf ihrem Weg von und nach Venedig passierten. Die bis an die Zähne bewaffnete Festung galt als uneinnehmbar. So gelang es auch den Türken 1645 nicht, Imeri Gramvousa zusammen mit dem restlichen Kreta zu erobern. Das Kastell blieb in venezianischer Hand. Schließlich zogen die Venezianer ab und das Kastell verfiel, bis kretische Revolutionäre es 1821 zu ihrer Operationsbasis machten. Später war es ein berüchtigtes Piratennest, bevor die Türken es übernahmen, um während des Unabhängigkeitskriegs von dieser Basis aus die Küste zu blockieren. Man munkelt, die Piraten hätten sagenhafte Schätze angehäuft und in Höhlen rund um die Insel versteckt.

Am westlichen Ende des Strandes rostet ein 1981 zwischen Libyen und Kreta in Seenot geratener libanesischer Frachter, genannt **Kalyviani-Wrack**, vor sich hin.

Essen

Gramvousa GRIECHISCH €

(☎28220 22707; Tagesgerichte aus dem Holzofen 5,5–8,70 €) Die Taverne in der Ortsmitte serviert gute, traditionelle kretische Küche in einem stilvoll dekorierten Steingebäude mit bezauberndem Garten. Am besten sind die Tagesgerichte aus dem Holzofen, z. B. Spanferkel oder Honiglamm.

Falasarna Φαλάσαρνα

25 EW.

Falasarna, 16 km westlich von Kissamos-Kastelli, war im 4. Jh. v. Chr. ein kretischer Stadtstaat, doch von der antiken Stadt ist fast nichts mehr zu sehen. Der lange, breite Sandstrand gilt als einer der schönsten Kretas und lockt Urlauber aller Couleur an. Felszungen unterteilen ihn in mehrere kleine Buchten. Seine Sonnenuntergänge sind spektakulär, ebenso die rosa Farbtöne, die von den feinen Korallen im Sand reflektiert werden.

Falasarna hat nicht nur extrem klares Wasser, sondern auch wunderbar große Wellen, die als ewig lange Wogen aus dem offenen Mittelmeer hereinrollen und für tollen Strandspaß sorgen. Zwischen Mitte Juli und Mitte August ist hier ziemlich viel los; die Badegäste sind hauptsächlich Tagesausflügler aus Chania und Kissamos-Kastelli, denn zum Strand gehört weder eine Ortschaft noch sonstige Einrichtungen. Es gibt lediglich einige weit verstreute Zimmer und ein paar Tavernen. Zwischen den Gewächshäusern, die den Strandzugang etwas erschweren, hat sich auch noch ein Laden eingenistet. Eine „Strandszene“ als solche gibt's nicht, nur eine Bar auf den Klippen in der Strandmitte sowie an verschiedenen Stellen die unvermeidlichen Sonnenschirm- und Liegenvermietungen (2 €). Am großen Strand im Süden ist am meisten los, an der felsigen Bucht in der Mitte treffen sich die FKK-Fans. Wer eher seine Ruhe will, kann noch auf den kleineren Strand im Norden ausweichen. Wildes Campen wird toleriert und ist die schönste Möglichkeit, hier Zivilisationsflucht zu begehen, nachdem die Massen am Abend abgezogen sind.

Geschichte

Die Herkunft des geheimnisvollen Namens „Falasarna“ ist bis heute so unklar wie seine Bedeutung. Möglicherweise ist das Wort sogar älter als die griechische Sprache selbst. Das Gebiet war mindestens seit dem 6. Jh. v. Chr. besiedelt und erreichte im 4. Jh. v. Chr. den Gipfel seiner Macht. Die Ruinen der ursprünglich gleich am Meer erbauten Stadt liegen heute 400 m landeinwärts, weil sich Kretas Westküste im Laufe der Jahrhunderte gehoben hat. Die Stadt verdankte ihren Reichtum der Landwirtschaft in dem fruchtbaren Tal weiter südlich. Sie diente als Westküstenhafen für Polyrinia, wurde aber später Polyrinias größte Rivalin um die Vorherrschaft über Westkreta. Als die Römer Kreta 67 v. Chr. eroberten, war Falasarna schon zum Piratenhafen verkommen. Steinblöcke, die rund um die Einfahrt zum alten Hafen ausgegraben wurden, deuten darauf hin, dass die Römer versuchten, den Hafen zu blockieren, um Piraten fernzuhalten.

Sehenswertes

Hauptsehenswürdigkeit der Gegend sind die **Ruinen** der alten Stadt Falasarna, von denen allerdings nicht mehr viel zu erkennen ist. Der Weg zur Ruinenstätte ist von der Hauptstraße beschildert, das letzte Stück ist nicht asphaltiert.

Zuerst kommt ein großer Steinthron, dessen Funktion ungeklärt ist. Ein Stück weiter stößt man auf die Überreste der Stadtmauer und eines kleinen Hafens. Die Öffnungen in der Hafenmauer dienten dazu, die Schiffe zu vertäuen. Oben auf dem Hügel liegen die Trümmer der Akropolismauer und eines Tempels sowie vier tönerne Badebecken.

Essen

Galasia Thea GRIECHISCH €

(Mayirefta 4,50–6 €) Das Café auf den Küstenfelsen bietet von seiner riesigen Terrasse einen phänomenalen Blick auf den weitläufigen Strand. Hier gibt es eine große Auswahl an Ofengerichten und *mayirefta*, z. B. Lamm *sfakiano* mit Zitrone.

Auch zu empfehlen ist **Sun Set**, eine Taverne mit Fischgerichten und klassisch-kretischer Kost.

An- & Weiterreise

Von Juni bis August fahren täglich zwei Busse von Kissamos-Kastelli (3,50 €) und drei von Chania (6 €) nach Falasarna.

Innahorion Ινναχωριών

Nomen est omen: Der Name Innahorion leitet sich ab von „*enneia choria*“ – neun Dörfer – und bezeichnet ziemlich genau das, was hier entlang der Straße zwischen Moni Chrysoskalitissas und Elafonisi im Süden und Falasarna und Kissamos-Kastelli im Norden liegt. Die einsamen Bergdörfer an der äußersten Westküste Kretas gehören zum landschaftlich Schönsten, was die Insel zu bieten hat, und das üppige Grün der ruhigen Region, die vor allem für ihre Kastanien und Oliven bekannt ist, sagt schon alles: Fast nirgends ist Kreta so fruchtbar wie hier.

Das erste wirklich interessante Dorf ist das idyllische **Voulgaro**, 9 km südöstlich von Kissamos-Kastelli an der Straße nach Elafonisi. Der Name ist eine Anlehnung an das Wort für „bulgarisches Dorf" und weist angeblich darauf hin, dass der byzantinische Kaiser Nikiforos Fokas bulgarische Siedler hierher brachte, als er Kreta 961 von den Arabern zurückeroberte. Zeugnisse der byzantinischen Ära sind auch noch überall zu sehen: Eine Seitenstraße führt in südöstlicher Richtung nach 2 km zur **Basilika der Agia Varvara** im winzigen Örtchen **Latsiana** und nach weiteren 2 km zum Weiler **Mouri** und der **Kirche des Agios Nikolaos**. Dort, wo heute die Basilika steht, erhob sich in der Antike ein griechischer Tempel; Agios Nikolaos hat hingegen ein paar bemerkenswerte Fresken zu bieten. Beide Kirchen punkten mit einem phantastischen Ausblick.

Hinter Voulgaro führt die Hauptstraße weiter in Richtung Elafonisi und erreicht nach 3 km **Topolia**, ein hübsches Dorf, dessen weiß getünchte Häuser mit Pflanzen und Weinranken überwuchert sind. Jenseits davon schlängelt sich die Straße mit dramatischer Aussicht am Rand der 1,5 km langen **Topolia-Schlucht** entlang. Sie endet im winzigen Dorf **Koutsomatados**. Von hier aus führt ein Wanderweg in die Schlucht.

Wanderer erreichen nach einem engen Tunnel die **Höhle der Agia Sofia**, deren Spuren von Siedlungsaktivität bis in die neolithische Zeit zurückreichen. Die Höhle feiert auch heute noch am 13. April ihre Schutzpatronin und wird gerne für Taufen verwendet. 250 in den Fels gehauene Stufen führen hinauf, aber bereits nach einem Drittel des Weges stößt man auf die Taverne **Romantza**, die einen großartigen Ausblick über die Schlucht hat. Das beste Essen der Region (und auch himmlisch ruhige traditionelle Unterkünfte) bietet allerdings ein paar Kilometer weiter südlich jenseits des Dorfes Vlatos die Ökotourismussiedlung **Milia** (S. 67). Milia wird von bewaldeten Bergen eingerahmt und ist damit das ideale Basislager für Ausflüge in der Umgebung. Viele wunderbare Waldwanderungen beginnen sogar im Ort selbst.

Elos liegt schon fast im Süden von Innahorion und ist die größte Ortschaft der Region. Außerdem ist hier der Dreh- und Angelpunkt des Kastanienhandels, daher auch das alljährliche **Kastanienfest** am dritten Sonntag im Oktober. Überhitzte Autofahrer finden unter den Platanen, Kastanien und Eukalyptusbäumen am Hauptplatz von Elos Schatten und Ruhe. Nach einer kleinen Stärkung in der Taverne findet man gleich dahinter die Überreste eines Aquädukts, das einst Wasser zur alten Mühle führte. Weiter südlich führt der Weg über das stimmungsvolle **Perivolia** nach **Kefali**, wo eine Kirche mit Fresken aus dem 14. Jh. steht. Kefali hat ein paar Tavernen, die Lage und Ausblick bestens ausnutzen. Dort bieten sich dann zwei Möglichkeiten: entweder weiter bis zum Strand von Elafonisi oder entlang der Küste zurückfahren. Letztere Variante führt über eine der schönsten Straßen der Insel, deren Kurven den Konturen der Klippen folgen und hinter jeder Ecke ein unglaubliches Panorama bieten.

Die westlichen Ortschaften der Region Innahorion liegen spektakulär an der Küstenstraße zwischen Bergen und Schluchten. Zuerst kommt man durch den Weiler **Pappadiana**, der etwa 2 km westlich von Kefali liegt. Von dort aus steigt die Straße in die Berge auf und bietet schließlich von einer Steilklippe in **Amygdalokefali** einen unübertroffenen Ausblick übers Meer. Das winzige Dörfchen Kambos liegt noch ein Stück weiter die kurvige Straße entlang am Rande der Schlucht und kann mit guten Wanderungen, Zugang zum Strand und anständigen Unterkünften aufwarten.

Die Straße schlängelt sich weiter die Küste entlang und erreicht nach 9 km **Sfinari**, ein entspanntes Bauerndorf mit halbwegs großem Strand. Er besteht aus einer kleinen, kieseligen Bucht, einem einfachen Campingplatz und einer Handvoll guter Fischtavernen direkt am Wasser. Das nördliche Ende ist mit vielen Gewächshäusern zugebaut. Nach Sfinari geht das Küstenpanorama weiter, bevor die Straße steil abfällt bis nach **Platanos**, einer verstreuten Ansammlung weiß getünchter Häuser, die im Schatten der Bäume ein verschlafenes Dasein führen. Wie der Name schon vermuten lässt, ist der Ort vor allem bekannt für seinen baumbestandenen Dorfplatz, wo der gute griechische Kaffee unter den Platanen besonders gut schmeckt.

Moni Chrysoskalitissas
Μονή Χρυσοσκαλίτισσας

Moni Chrysoskalitissas, 5 km nördlich von Elafonisi, ist ein wunderschönes **Kloster** (Eintritt 2 €; ⌚7–19 Uhr) auf einem Fels hoch über dem Meer. Chrysoskalitissas bedeutet „Goldene Treppe". Eine Version der Legende besagt, die oberste der 98 Treppenstufen zum Kloster hinauf sei aus Gold gewesen, was nur wahre Gläubige zu erkennen vermochten. Einer anderen Version zufolge war eine der Stufen von innen hohl und diente als Versteck für den Kirchenschatz. Wie dem auch sei – unter der Türkenherrschaft gingen das Gold und ein Großteil der Ländereien des Klosters für die horrenden Steuern drauf, die die osmanischen Herrscher verlangten.

Die Kirche ist neueren Datums, doch das angeblich 1000 Jahre alte Kloster steht vielleicht auf den Resten eines minoischen Tempels.

Im Kloster wurden zwei kleine **Museen** eingerichtet: ein Volkskundemuseum mit einigen Webarbeiten und dörflichen Alltagsgegenständen sowie ein Kirchenmuseum, das hauptsächlich Ikonen und Manuskripte präsentiert. Die Busse nach Elafonisi halten am Kloster.

In der näheren Umgebung bieten eine Handvoll Tavernen und Unterkünfte eine Alternative zu Elafonisi. Das kleine Hotel **Glykeria** (☎28220 61292; www.glykeria.com; DZ inkl. Frühstück 50 €; ❄≋) ist ein gastfreundlicher Familienbetrieb an der Hauptstraße ein Stück vorm Kloster. Die einfachen, sauberen Zimmer haben Kühlschrank und Balkon mit Meerblick. Zum Komplex gehören auch ein einladender Pool und eine Taverne auf der anderen Straßenseite.

Elafonisi Ελαφονήσι

15 EW.

Es ist nicht schwer zu verstehen, warum so viele Leute von Elafonisi als einem der Traumstrände Kretas schwärmen. Zwischen dem langen, breiten Strand am Südende der Westküste und dem Inselchen Elafonisi liegen nur etwa 50 m knietiefes, türkisfarbenes Wasser. Das klare, flache Wasser und der feine, weiße Sand verbreiten Karibikfeeling. Es gibt ein paar Snackbars am Strand und Stände, die Sonnenschirme und Liegestühle vermieten. Die kleine Insel lockt mit niedrigen Dünen und halb versteckten Buchten auch FKK-Anhänger an. Leider wird die idyllische Szenerie im Sommer manchmal von ganzen Busladungen voller Tagesausflügler getrübt. In der Nähe gibt es einige Quartiere für diejenigen, die den Strand nach Abflauen des Massenbetriebs am späten Nachmittag genießen wollen. Weitere Übernachtungsmöglichkeiten finden sich in der Umgebung von Chrysoskalitissas.

Essen

Innahorion KRETISCH €
(Hauptgerichte 3–6 €) Das beste Restaurant der Gegend liegt 2,5 km von der Küste entfernt, wo es auf der Terrasse ausgezeichnete kretische Küche serviert.

An- & Weiterreise

Von Mitte Mai bis Ende September fährt täglich ein Schiff von Paleochora nach Elafonisi (8 €, 1 Std.): Abfahrtzeit ist 10 Uhr, Rückkehr um 16 Uhr. Außerdem kommt täglich ein Bus von Chania (11 €, 2½ Std.) und Kissamos-Kastelli (7 €, 1¼ Std.), der am Nachmittag zurückfährt.

ÖSTLICH VON CHANIA

Auch die Nordostecke von Chania hat einiges an Attraktionen zu bieten, z. B. den Kournas-See – den einzigen natürlichen Süßwassersee der Insel – und Strandorte wie Kalyves, Almyrida und Georgioupoli, wo es wesentlich dörflicher zugeht als in den Touristenzentren an der Küste westlich von Chania. Einen Besuch wert sind auch das restaurierte Dorf Vamos, die Ruinenstätte Aptera und einige traditionelle Örtchen wie Gavalochori. Der zunehmende Pauschaltourismus verändert die Natur der Apokoronas-Halbinsel ebenso nachhaltig wie der fieberhafte Bau von Ferienhäusern für Ausländer.

Georgioupoli Γεωργιούπολη

490 EW.

Georgioupoli mag einmal ein Geheimtipp gewesen sein, doch inzwischen ist die Küste mit Hotels und Ferienanlagen zugepflastert. Der kleine Touristenort am Meer wird aber immer noch gern von Familien und Naturfreunden besucht und hat sich noch ein wenig von seiner beschaulichen Seebadatmosphäre bewahrt. Am auffälligsten sind die Eukalyptusbäume an den Straßen, die vom Dorfplatz ausgehen, und die malerische kleine Kapelle Agios Nikolaos auf einer schmalen, ins Meer ragenden Felsmole.

Georgioupoli liegt an der Mündung des Flusses Almyros, wo im Sommer die gefährdeten Unechten Karettschildkröten brüten. Die **Feuchtgebiete** am Fluss sind für ihre interessante Vogelwelt bekannt – ab April fallen hier aber nicht nur Reiher und Eisvögel ein, sondern auch gewaltige Mückenschwärme. Neben einem kleineren Strand nördlich des Hafens ergießt der Fluss sein eiskaltes Wasser ins Meer. Dort steht eine weitere kleine Kirche namens Agios Kyriakos am entlegenen Ende der Bucht.

Der lange, schmale Streifen aus festem Sand östlich der Stadt wird von einer weiteren Flussmündung unterbrochen und geht auf der anderen Seite in einen langen Sandstrand über, der sich ungefähr 10 km Richtung Rethymnon hinzieht.

Georgioupoli wurde nach Prinz Georg benannt, der von 1898 bis 1906 Hochkommissar von Kreta war und hier ein Jagdhaus hatte. Im Altertum hieß der Ort Amphimalla und diente als Hafen für das antike Lappa.

Der Ort ist eine günstig gelegene Basis für Ausflüge nach Chania und Rethymnon.

Sehenswertes & Aktivitäten

Wer keinen fahrbaren Untersatz hat, kann den **Touristenzug** (6 €) zum nahen Kournas-See und nach Argyroupoli nehmen.

Yellowboat BOOTSFAHRTEN
(p. P. und Std. 6 €) Vermietet Tretboote und Kanus, mit denen man den Fluss hinauffahren kann.

Adventure Bikes RADFAHREN
(☎28250 61830; www.adventurebikes.org) Vermietet Fahrräder und veranstaltet Radtouren in der Region (35–56 €).

Essen

Poseidon Taverna MEERESFRÜCHTE €€
(Fisch 30–50 € pro kg) Dieses angesehene Lokal einer Fischerfamilie liegt in einer schmalen Gasse, die bei der Ortseinfahrt links abzweigt (beschildert). Die Gäste wählen aus dem Angebot an Fisch und Meeresfrüchten, das auf der Theke aufgefahren wird, und genießen ihr exzellentes Mahl unter den Maulbeerbäumen im lauschigen Hof.

Arolithos GRIECHISCH €
(Hauptgerichte 5–9 €) Das Restaurant in der Nähe von Andy's Rooms hat eine Riesenauswahl an Vorspeisen, traditionelle griechische Gerichte wie *spetsofai* (Paprikaeintopf mit Wurst) und einige kreative Speisen wie Grillhähnchen in Orangensoße.

Unterhaltung

An Kneipen und Nachtleben hat Georgioupoli nicht viel zu bieten. Der neue **Tropicana Club**, eine überdimensionale, zweistöckige „Strandhütte", hofft auf diesem Gebiet Abhilfe zu schaffen. Die am besten besuchte Kneipe auf dem Hauptplatz ist **Titos**.

Die weitläufige Parkanlage **Edem**, ein Stück den Strand hinunter, hat ein großes öffentliches Schwimmbecken. Im Sommer wird hier gelegentlich kretische Livemusik geboten, ebenso in einigen anderen Hotels und Tavernen im Ort.

Praktische Informationen

Die Hauptstraße verläuft von der Schnellstraße ins Ortszentrum, wo es eine Reihe von Reisebüros, Tavernen und Geldautomaten gibt. **Ballos Travel** (☎28250 83088; www.ballos.gr) vermittelt Schiffstickets, Touren und Unterkünfte, vermietet Autos, erledigt Banküberweisungen und verkauft Briefmarken – der örtliche Briefkasten steht vor der Tür. **Planet Internet Cafe** (pro Std. 3 €; 9 Uhr–open end) ist in der Nähe des Dorfplatzes zu finden. Informationen über Unterkünfte und anderes mehr liefert die Website www.georgioupoli.net.

An- & Weiterreise

Die Busse auf der Strecke Chania–Rethymnon halten an der Schnellstraße außerhalb von Georgioupoli.

Der Kournas-See
Λίμνη Κουρνάς

Der Kournas-See, 4 km landeinwärts von Georgioupoli, ist ein hübscher Platz für ein Mittagessen oder einen entspannten Nachmittag. Unterirdische Quellen speisen den einzigen natürlichen See der Insel mit 1,5 km Durchmesser und 45 m Tiefe. Ein schmaler Sandstreifen umgibt den See, den man nur zu zwei Dritteln umrunden kann. Das kristallklare Wasser, das je nach Jahres- und Tageszeit die Farbe wechselt, eignet sich wunderbar zum Schwimmen. Man kann hier **Tretboote** und **Kanus** (4 € pro Std.) leihen und die Schildkröten, Krebse, Fische und Wasserschlangen beobachten, die den See bevölkern. In der Hochsaison kommen allerdings auch jede Menge Touristenbusse.

Rund um den See gibt es mehrere Tavernen, wo man unter Umständen ein älteres Zimmer im Obergeschoss mieten kann. Die schattige Taverne **To Mati tis Limnis** (Hauptgerichte 5,50–7 €) am ruhigeren Abschnitt des Sees hat gute traditionelle Gerichte wie Kaninchen *stifadho* (mit Zwiebeln geschmort) und sättigende *myzithropites* (Käsetaschen).

Einen Versuch wert ist auch **Omorfi Limni**, das auffälligste Lokal am anderen Ende der Restaurantmeile, oder das im seltsamen Indianerthema dekorierte **Empire Cafe** mit atemberaubenden Ausblicken auf den See und das Meer aus luftiger Höhe.

Vom See sind es steile 5 km Anstieg nach **Kournas**, einem traditionellen Dorf mit weiß getünchten Häusern, einer Handvoll Steinbauten und ein paar *kafenia*. Richtig reinhauen kann man in der **Kali Kardia Taverna** (Grillgerichte 5–7 €) an der Hauptstraße: Besitzer Kostas Agapinakis ist bekannt für seine preisgekrönten Würste, ausgezeichnetes *apaki* (geräuchertes Schweinefleisch) und die auf dem Außengrill zubereiteten Fleischspezialitäten. Mit Glück bekommt man die phantastische *galaktoboureko* (Teigtasche mit Vanillecreme), wenn sie noch warm ist.

Im Sommer verkehrt ein Touristenzug von Georgioupoli zum Kournas-See; öffentliche Verkehrsmittel sind ansonsten Fehlanzeige.

Almyrida Αλμυρίδα

120 EW.

Das ehemalige Fischerdorf Almyrida, 4 km östlich von Kalyves, ist bei weitem nicht so touristisch wie sein Nachbar, obwohl die Entwicklung auch hier ihren Lauf nimmt. Aber noch ist es ein gutes Plätzchen, um ein paar Tage abzuhängen, und für Traveller vermutlich eine bessere Wahl als Kalyves. Der lange, den Elementen ausgesetzte Strand von Almyrida lockt viele Windsurfer an. Geschichtsinteressierte finden am westlichen Ende des Dorfes die Überreste einer **frühchristlichen Basilika**.

Die einzige Straße durchs Dorf führt am Strand entlang. Es gibt einen Geldautomaten, und wer seine E-Mails checken will, kann das bei **Internet Services** (11–21 Uhr) tun. An der Hauptstraße vermietet **Flisvos Tours** (/Fax 28250 31100; 8–13.30 & 17–21.30 Uhr) Autos, Motorroller und Mountainbikes. **UCPA Sports** (28250 31443; www.ucpa.com), ein Wassersportzentrum unter französischer Leitung, hat Windsurfen im Angebot (8 € pro Stunde) und verleiht Katamarane und Kajaks. **Dream Adventure Trips** (6944357383) veranstaltet Schwimm- und Schnorcheltouren mit Schnellbooten zu nahe gelegene Höhlen, Buchten und zum Marathi-Strand (15 €).

Essen

Psaros GRIECHISCH €
(Hauptgerichte 6–10 €) Das Restaurant in guter Lage am hinteren Ende des Strands hat das klassische, blauweiß karierte Inseldekor, frischen Fisch und freundliches Personal.

Lagos GRIECHISCH €
(Hauptgerichte 5,50–8 €) Das Lokal am Ortseingang serviert traditionelle Gerichte zu günstigen Preisen auf einer zauberhaften, schattigen Terrasse.

Dimitri's GRIECHISCH €
(Hauptgerichte 4–7 €) Die Familientaverne mit freundlichem Service ist auch wegen der Erzeugnisse vom eigenen Bauernhof besonders empfehlenswert.

Aptera Απτερα

Die Ruinen der antiken Stadt **Aptera** (Di–So 8–15 Uhr), rund 3 km westlich von Kalyves, erstrecken sich über zwei Hügel mit Blick auf die Bucht von Souda. Das im 7. Jh. v. Chr. gegründete Aptera war einer der bedeutendsten Stadtstaaten Westkretas und durchgehend bewohnt, bis es im 7. Jh. n. Chr. durch ein Erdbeben zerstört wurde.

Als die Byzantiner Kreta im 10. Jh. zurückeroberten, erwachte der Ort zu neuem Leben und wurde Bischofssitz. Im 12. Jh. wurde hier das Kloster gegründet, das Johannes dem Evangelisten geweiht ist und heute im wiederaufgebauten Zustand das Zentrum der Ruinenstätte bildet.

Die Ausgrabungsarbeiten laufen noch. Vor Kurzem freigelegt wurden die Überreste eines Festungsturms, ein Stadttor und eine massive Stadtmauer, die rings um den Ort verlief. Gut zu erkennen sind die römischen Zisternen und ein griechischer Tempel aus dem 2. Jh. v. Chr. Am Westende liegt ein türkisches Kastell aus dem Jahr 1872 mit einem phänomenalen Blick auf die Bucht von Souda. Es war Teil eines groß angelegten Festungsbauprogramms der Türken in einer Phase, in der sich die Kreter praktisch permanent im Aufstand befanden. Interessant ist auch die „Inschriftenmauer“, die wohl zu einem wichtigen öffentlichen Gebäude gehörte und 1862 von französischen Archäologen ausgegraben wurde. Das griechische Kulturministerium betreibt die weitere Restaurierung der Ruinenstätte samt Verbesserung der Wege und der Beschilderung.

Nach Aptera fahren keine öffentlichen Verkehrsmittel.

Vamos Βάμος

650 EW.

Das im 12. Jh. gegründete Vamos, 26 km südöstlich von Chania, war von 1867 bis 1913 Hauptstadt der Provinz Sfakia und 1896 Schauplatz einer Revolte gegen die Türkenherrschaft. Heute ist es das Verwaltungszentrum der Provinz Apokoronas. 1995 tat sich eine Gruppe von Dorfbewohnern zusammen, um die traditionelle Lebensweise in Vamos zu erhalten. Sie überzeugten die EU, ein Programm zu finanzieren, um Kunsthandwerk und andere Produkte ihrer Region zu fördern und eine alternative Form des Kretatourismus zu entwickeln. Die alten Steinbauten des Dorfs wurden mit traditionellen Werkstoffen und Techniken restauriert und in Gästehäuser umgewandelt. Die Dorfbewohner eröffneten Läden und Cafés, in denen Besucher Produkte der Region kosten können. Das Projekt wurde ausgeweitet und beherrscht inzwischen das ganze Dorf. Alles in allem ist Vamos ein angenehmer Zwischenstopp und bietet sich als Basis für eine Erkundung der Gegend an. Auch wenn das authentische Flair ein wenig überbewertet sein mag, ist Vamos eins der besseren Beispiele für diese Art von Alternativtourismus.

Ende März oder Anfang April feiert Vamos die **Chochliovradia** („Schneckennacht“) mit einem großen Festschmaus gekochter Schnecken, die mit Wein und Raki heruntergespült werden.

Die **Touristeninformation** (☎/Fax 28250 23251; www.vamossa.gr; ⏲Juni–Okt. 9–21 Uhr) vermietet Autos, bucht Touren und veranstaltet regelmäßig kretische Kochkurse in einer restaurierten Olivenpresse. Die Einrichtung vermittelt auch **traditionelle Gästehäuser** (75–120 €); die schnuckeligen, restaurierten Steinhäuschen haben Küche, offenen Kamin und TV und sind im traditionellen Stil eingerichtet. Die meisten bieten Platz für bis zu vier Personen, aber es gibt auch größere Häuser, einige davon mit Pool.

I Sterna tou Bloumosifi (Hauptgerichte 5–9 €) ist eine Taverne in einem alten Steinhaus mit einem schönen, begrünten Innenhof und weithin bekannt für ihre hervorragende kretische Küche. Als Vorspeise munden mit Weinblättern umwickelte *gavros* (milde Sardellen) oder die Pilze mit Knoblauch und Kräutern; eine gute Fortsetzung wäre z. B. *chilopites* (Tagliatelle) mit Hähnchen.

Ein guter Ort zum Entspannen ist das unaufdringliche **Liakoto**: Die Kombination aus Cafébar und Kunstgalerie hat eine sehr schöne Terrasse mit Blick auf die Berge und das Meer. Nebenan verkauft die **Wein- und Gemischtwarenhandlung Myrovolo** Raki, Kräuter und Bio-Öl aus der Gegend und andere kretische Produkte.

Es fahren täglich sechs Busse von Chania nach Vamos (2,80 €, 15 Min.).

Rund um Vamos

Das Dörfchen **Gavalochori**, 25 km südöstlich von Chania, ist ein gutes Zwischenziel. Hauptattraktion ist das **Volkskundemuseum** (☎28250 23222; Eintritt 2 €; ⏲Mo–Sa 9–20, So 11–18 Uhr). Es befindet sich in einem restaurierten Gebäude, das in venezianischer Zeit erbaut und unter den Türken erweitert wurde. Zu den englisch beschrifteten Ausstellungsstücken gehören Keramik, Webarbeiten, Holzschnitzereien, Steinmetzarbeiten und anderes kretisches Kunsthandwerk, darunter auch aufwändig gearbeitete *kapaneli*-Seidenspitze. Die historische Abteilung dokumentiert die kretischen Freiheitskämpfe.

Schilder weisen den Weg zu den **byzantinischen Brunnen**, **venezianischen Bögen** und **römischen Gräbern** etwa 1,5 km oberhalb des Dorfs.

Die **Frauenkooperative** (⏲April–Okt. 10–22 Uhr) am Dorfplatz verkauft einige der seltenen, von Frauen der Umgebung angefertigten *kapaneli*-Arbeiten. Oft sieht man hier Frauen konzentriert an dieser langwierigen Fleißarbeit sitzen. Die Preise für hochwertige Spitzenarbeiten bewegen sich je nach Größe des Teils zwischen 15 € und 1500 €.

Vryses Βρύσες

850 EW.

Die meisten Reisenden durchfahren Vryses, 30 km südöstlich von Chania, nur auf ihrem Weg zur oder von der Südküste. Der sympathische Ort ist aber auch ein guter Zwischenstopp zum Mittagessen. Mitten durch den Ort fließen die Flüsschen Voutakas und Vrysanos und bewässern die riesigen Platanen an ihren Ufern, wo man sich in einer der schattigen Tavernen ausruhen kann.

Vryses ist Marktzentrum für die landwirtschaftlichen Produkte der Region. Eine lokale Spezialität ist Joghurt mit Honig. Im Ortszentrum steht ein Denkmal für die Unabhängigkeit Kretas.

Verlockende Düfte von Lamm oder anderem Fleisch entströmen dem Grill vor der **Taverna Progoulis** (Grillgerichte 4,50–6 €), wo man an Tischen unter den Bäumen sitzen kann.

In der Nähe der Kreuzung im Zentrum serviert das bescheidene Schnellrestaurant **Vryses Way** ausgezeichnetes *Gyros*, *sfakianes pites* (dünne, flache Käsetaschen) und Joghurt mit Honig.

Busse von Chania nach Chora Sfakion halten in Vryses; mehrere Buslinien auf der Route Chania–Iraklion fahren ebenfalls durch den Ort.

Rethymnon Ρέθυμνο

Inhalt »

Gut essen

» Avli (S. 88)

» En Plo (S. 89)

» O Kipos Tis Arkoudenas (S. 94)

» Panorama (S. 109)

» Taverna Kastro (S. 107)

Schön übernachten

» Enagron (S. 202)

» Plakias Suites (S. 203)

» Kavos Melissa (S. 205)

» Kapsaliana Village (S. 202)

» Hotel Veneto (S. 200)

Auf nach Rethymnon

Rethymnon (Betonung auf der ersten Silbe) ist ein faszinierender Flickenteppich aus quirligen Ferienorten, jahrhundertealten Dörfern und pulsierenden Städten. Nur Minuten vom geschäftigen Treiben in der gleichnamigen Hauptstadt der Region an der Nordküste entfernt lässt sich eine erstaunliche Vielfalt an Landschaften bewundern. Himmlische Stille und wunderbare Natur begleiten die Fahrt durch Olivenhaine und winzige Weiler, deren Bewohner noch heute ihre alten Traditionen pflegen. Besucher können hinab in die gespenstische Finsternis labyrinthischer Höhlen oder hinauf aufs „Dach" der Insel, den hoch aufragenden Psiloritis, steigen. Völlig anders präsentiert sich die Südküste – eine Gegend von wilder Schönheit mit schroffen Schluchten und traumhaften Stränden in paradiesischer Abgeschiedenheit. Ob beim Sonnenbaden am Sandstrand, auf einer Expedition durchs Landesinnere oder beim Cocktailschlürfen in einem Café am Meer - bei einer Reise durch dieses zauberhafte Land wartet hinter jeder Wegbiegung eine Überraschung.

Reisezeit

Im Februar/März findet der Karneval von Rethymnon statt, das größte Fastnachtsspektakel Griechenlands. Besucher können sich bei Tanz, Spielen, Maskenbällen, Karnevalszügen und anderem Mummenschanz unter die ausgelassen feiernden Einheimischen mischen.

Wenn im April die Tage länger werden, drängen die Frühlingsblumen aus der regenfeuchten Erde ans Licht. Dann tauchen Anemonen, Orchideen, Lupinen, Tulpen und viele andere wildwachsende Blumen die Berghänge, Olivenhaine, steinigen Felder und Straßenränder in leuchtende Farben.

September und Oktober sind die besten Monate, um an den Stränden im Süden abzuhängen. Die Massen haben sich verflüchtigt, das Meer ist zahmer als sonst und der Wind nicht ganz so stürmisch wie das restliche Jahr über.

NICHT VERSÄUMEN

Zwischen plätschernden Gebirgsquellen in klarer Luft frisch gefangene, über Holzkohle gegrillte Forellen zu verspeisen, zählt zu den höchsten Genüssen in **Argyroupoli**, einem der verträumtesten Bergdörfer Rethymnons.

Top-Strände

» Preveli-Strand (S. 104) – berühmter Palmenhain am Eingang einer Schlucht

» Triopetra (S. 104) – lang, sandig und abgeschieden

» Agios Pavlos (S. 105) – einsame, von Klippen umgebene Bucht

» Karavostasi, Bali (S. 108) – wunderschöner, für Kinder geeigneter, halbmondförmiger Sandstrand

Historische Stätten

» Moni Arkadiou (S. 95) – ultimatives Symbol des kretischen Widerstands

» Festung von Rethymnon (S. 84) –massive venezianische Festungsanlage

» Moni Preveli (S. 102) – berühmt für seine Schlüsselrolle im Zweiten Weltkrieg

» Melidoni Cave (S. 96) – Schauplatz eines schrecklichen Massakers

» Eleftherna (S. 95) – archäologische Stätte mit dorischer, römischer und hellenistischer Vergangenheit

Infos im Internet

» www.rethymnon.gr

» www.rethymnoatcrete.com

Unterwegs vor Ort

Die Straßen in Rethymnon sind in gutem Zustand. Autobahn E75 verbindet Rethymnon mit Iraklion und Chania; die Küstenorte sind über die parallel verlaufende Alte Nationalstraße erreichen. An der Südküste wartet abseits der Hauptstraße zwischen Rethymnon und Agia Galini ein Gewirr winziger Sträßchen, man kommt nur langsam voran. Dasselbe gilt für andere ländliche Regionen wie Amari-Tal und Psiloritis-Ausläufer. Etwa von April bis Oktober verkehren regelmäßig Busse zwischen Rethymnon und allen größeren Städten und Orten von touristischem Interesse.

DREI PERFEKTE TAGE

1. Tag

Am Vormittag erkundet man **venezianische Festung** und labyrinthische Altstadt von Rethymnon. Nach dem Mittagessen in **Avli** geht's per Auto zu **Marianna's** in Maroulas mit ihren einzigartigen Kräuterprodukten. Anschließend gilt es herauszufinden, warum das **Moni Arkadiou** den Kretern so sehr am Herzen liegt, bevor man die Ruinen von **Eleftherna** erkundet. Die Fahrt führt weiter nach **Margarites**, wo Besucher zwischen handgefertigten Töpferwaren herumstöbern und dann einen Sundowner mit Aussicht genießen können. In der **Agreco Farm** wartet anschließend ein authentisches kretisches Schlemmermahl (nach Vorbestellung).

2. Tag

Ein früher Aufbruch in **Plakias** bewahrt vor dem Massenandrang am **Preveli-Strand**. Sobald es voll wird, geht's bergaufwärts zu einer Lektion in kretischer Geschichte im **Moni Preveli**. Dann stürzt man sich in ein Gewirr kurviger Küstenstraßen, die zu den abgeschiedenen Stränden **Ligres**, **Triopetra** und **Agios Pavlos** führen. Nach einem Bad geht's nach Kanevos, um bei Maria im **Iliomanolis** ein typisches Bauernabendessen zu genießen.

3. Tag

Eine kurze Fahrt führt von Panormos oder Bali zur düsteren **Melidoni-Höhle**, Schauplatz eines Massakers unter osmanischer Herrschaft. Die **Sfendoni-Höhle** von Zoniana dagegen entspricht mehr dem klassischen Bild einer hübschen Tropfsteinhöhle. Nach dem kretischen Bio-Mittagessen bei **Enagron** in Axos warten in **Anogia** schöne Textilien und zwei ausgefallene Museen. Den ganzen Tag lang hat der majestätische **Psiloritis** über die Reisenden gewacht. Bei der Fahrt auf die **Nida-Hochebene** kann man ihn genauer betrachten. Vor der Rückfahrt ans Meer steht noch ein Spaziergang zur **Ida-Höhle** an.

Unterkunft

Übernachtungsoptionen in dieser Region sind im Kapitel „Schlafen" aufgeführt (S. 189).

Highlights

1 Einen Streifzug durch die Gässchen der **Altstadt** (S. 84) von Rethymnon unternehmen

2 Herausfinden, weshalb das **Moni Arkadiou** (S. 95) für Kreter eine so große Bedeutung hat

3 An den Südküstenstränden **Triopetra** (S. 104) und **Agios Pavlos** (S. 105) der Zivilisation den Rücken kehren

4 Beim Forellenessen an den Quellen von **Argyroupoli** (S. 92) chillen

5 Bei einem Bio-Feinschmecker-Dinner auf der **Agreco Farm** (S. 94) nahe Adele an Taillenumfang gewinnen

6 Sich zwischen den kleinen Dörfern im malerischen **Amari-Tal** (S. 103) verfahren

7 Die obligatorische „Pilgerreise" zum palmengesäumten **Preveli-Strand** (S. 104) unternehmen

8 Eine Flasche mit Quellwasser füllen und dann ab auf die Wanderwege um **Spili** (S. 99)

9 Auf der **Partymeile** von Rethymnon (S. 90) ins Nachtleben eintauchen

10 Bei der Fahrt hoch zur **Nida-Hochebene** (S. 98) spüren, wie sich die Stimmung hebt

RETHYMNON ΡΕΘΥΜΝΟ

28 850 EW.

Rethymnon mit seiner wunderbaren Lage zwischen den massiven Mauern einer Festung aus dem 15. Jh. und dem schimmernden, azurblauen Mittelmeer ist eine der malerischsten Städte auf Kreta. Die reizvolle venezianisch-osmanische Altstadt besteht aus einem Gewirr enger, blumenumrankter Gässchen voller charmanter Häuser mit Holzbalkonen und verschnörkelter Monumente. Minarette verleihen dem Ganzen eine orientalische Note. Trotz der architektonischen Ähnlichkeit mit Chania besitzt Rethymnon seinen ganz eigenen Charakter. Diesen verdankt es zum großen Teil den zahlreichen Studenten. Die drittgrößte Stadt der Insel hat ein pulsierendes Nachtleben, ein paar hervorragende Restaurants und sogar einen ganz netten Strand direkt an der Stadt. Die belebteren Strände mit den unvermeidlichen Hotelanlagen liegen aber alle weiter draußen. Sie erstrecken sich fast ohne Unterbrechung bis ins rund 22 km entfernte Panormos.

Geschichte

Archäologische Funde deuten darauf hin, dass das heutige Stadtgebiet seit spätminoischer Zeit besiedelt war. Im 4. Jh. v. Chr. hatte sich „Rithymna" als autonomer Staat etabliert, der bedeutend genug war, um eigene Münzen zu prägen. Zu Zeiten des Römischen und Byzantinischen Reichs ließ seine Bedeutung nach. Doch unter der Herrschaft der Venezianer (1210–1645) florierte Rethymnon und wurde zu einem wichtigen Handels-, Kunst- und Kulturzentrum.

Die Venezianer legten einen Hafen an und begannen im 16. Jh. damit, die Stadt gegen die wachsende Bedrohung durch die Türken zu befestigen. Doch selbst die massive Bergfestung konnte dem Angriff der Türken von 1646 nicht standhalten. Im Osmanischen Reich war Rethymnon ein wichtiger Verwaltungssitz, aber auch ein Zentrum des Widerstands gegen die osmanische Herrschaft, was ihr schwere Repressalien eintrug.

Die Osmanen regierten bis 1897. Dann wurde Kreta den europäischen Großmächten unterstellt, und Russland übernahm die Kontrolle über Rethymnon. 1923 gelangten im Rahmen des erzwungenen Bevölkerungsaustauschs zwischen der Türkei und Griechenland zahlreiche Flüchtlinge aus Konstantinopel hierher. Im Anschluss erwarb sich die Stadt einen Ruf als künstlerisches und intellektuelles Zentrum.

Heute sorgen die Studenten der Universität von Kreta dafür, dass auch außerhalb der Tourismussaison Leben in der Stadt herrscht.

ENTFERNUNGEN (km)

	Agia Galini	Anogia	Plakias	Rethymnon
Anogia	118			
Plakias	50	94		
Rethymnon	62	56	39	
Spili	26	86	24	30

Sehenswertes

Rethymnon ist eine recht kompakte Stadt. Die meisten Sehenswürdigkeiten, Unterkünfte und Tavernen befinden sich in der überwiegend autofreien Altstadt beim alten venezianischen Hafen. Der Strand liegt östlich vom Hafen; einen Straßenblock landeinwärts davon verläuft die Hauptenkaufsstraße Arkadiou.

LP TIPP **Venezianische Festung** FESTUNG
(Erw./Sen./Fam. 4/3/10 €; Juni–Okt. 8–20 Uhr, Nov.–Mai 10–17 Uhr) Rethymnons Festung thront stolz auf einem Felsen über der Altstadt. Sie wurde zwischen 1573 und 1580 als Reaktion auf zahlreiche Piratenüberfälle und die wachsende Bedrohung durch die Osmanen errichtet. Doch trotz ihrer massiven Mauern und Wehrtürme war sie dem türkischen Angriff von 1646 nicht gewachsen und fiel nach 22-tägiger Belagerung.

Die größte Sehenswürdigkeit innerhalb der Befestigungsmauern ist eine fachmännisch restaurierte, rechteckige **Moschee**. Sie war ursprünglich eine venezianische Kathedrale, wurde dann aber von den Türken umgeweiht. Das Gebäude ist ein architektonisches Meisterwerk. Besondere Beachtung verdienen die von acht Säulen getragene Kuppel und die reich verzierte *mihrab* (eine Gebetsnische, die Richtung Mekka zeigt). Die winzige **Kirche** in der Nähe des Osttors ist jüngeren Datums (1899) und wurde im Gedenken an die Vertreibung der Türken erbaut. Auf dem Gelände steht auch das **Erofili-Theater**, ein von Pinien umrahmtes modernes Amphitheater. Vor allem während des Renaissance-Festivals (S. 87) finden hier zahlreiche Aufführungen statt.

Der Zugang zur Festung befindet sich am Osttor.

Archäologisches Museum MUSEUM
(☎28310 54668; Erw./erm. 3/2 €; ⏰ Di–So 8.30–15 Uhr) In dem kleinen Museum im ehemaligen türkischen Gefängnis unweit vom Festungseingang sind archäologische Schätze der Region ausgestellt. Sie reichen von der Römerzeit bis ins Neolithikum zurück und sind gut auf Englisch beschriftet. Gezeigt werden Bronzegegenstände, minoische Keramik, mykenische Figurinen, römische Öllampen und eine Aphroditestatue aus dem 1. Jh. n. Chr. Weitere Highlights sind kunstvolle Glasbläsereiwaren und eine bedeutende Münzsammlung.

Venezianischer Hafen HISTORISCHE STÄTTE
Im alten Hafenbezirk von Rethymnon drängen sich Fischtavernen und Cafés, die auf eine touristische Kundschaft abzielen, auf engstem Raum. Einen besseren Eindruck von diesem Viertel vermittelt ein Spaziergang an der alten Hafenmauer und den Fischerbooten vorbei bis zum weithin sichtbaren **Leuchtturm**, der im 16. Jh. von den Türken errichtet wurde.

Neratzes-Moschee MOSCHEE
(Vernardou) Die schöne Moschee mit drei Kuppeln war ursprünglich eine Franziskanerkirche und wurde 1657 umgebaut. Heute dient sie als Konservatorium und Konzerthalle. Das Minarett, der ehemalige Glockenturm, wurde 1890 hinzugefügt. An seiner Restauration wird seit Langem gearbeitet.

Rimondi-Brunnen BRUNNEN
(Paleologou, Ecke Plateia Petihaki) Auf die vielen venezianischen Überbleibsel sind die Bewohner Rethymnons mächtig stolz, vor allem auf diesen Brunnen mit seinen Wasser speienden Löwenköpfen und korinthischen Kapitellen. Er wurde 1626 vom Statthalter Alvise Rimondi erbaut. Aus drei Löwenmäulern fließt Wasser in drei von korinthischen Säulen umgebene Becken. Über dem mittleren ist das Familienwappen der Rimondis eingelassen.

Loggia HISTORISCHES GEBÄUDE
(Paleologou, Ecke Souliou; ⏰ Mo–Fr 7.30–14.45 Uhr) Der gut erhaltene Hingucker aus dem 16. Jh. diente ursprünglich als Versammlungshaus des venezianischen Adels, in dem politische und geschäftliche Belange besprochen wurden. Die türkischen Herrscher machten daraus eine Moschee samt Minarett, und heute ist hier ein Souvenirladen mit Repliken klassischer Skulpturen untergebracht.

Museum für zeitgenössische Kunst KUNSTGALERIE
(☎28310 52530; www.cca.gr; Himaras 5; Fr–So & Di–Mi Erw./erm. 3/1,50 €, Do frei; ⏰Di–So 9–13 & 19–21, Sa & So 10–16 Uhr) In dieser Gemäldegalerie unweit der Festung finden Wanderausstellungen einheimischer und internationaler Künstler statt. Die feste Ausstellung zeigt Ölgemälde, Zeichnungen und Aquarelle des lokalen Malers Lefteris Kanakakis sowie Werke moderner griechischer Künstler ab 1950.

Porta Guora HISTORISCHE STÄTTE
(Stadttor; Ethnikis Antistaseos, Ecke Dimakopoulou) Der steinerne Torbogen am Südende der Altstadt ist das einzige Überbleibsel der im 16. Jh. erbauten Festungsmauer. Das Wahrzeichen Venedigs, der Markuslöwe, der ihn vor vielen Jahren krönte, wurde ins Archäologische Museum entführt.

Geschichts- & Volkskundemuseum MUSEUM
(☎28310 23398; Vernardou 26–28; Erw./Stud. 4/2 €; ⏰Mo–Sa 9.30–14.30 Uhr) Die Ausstellung in einem reizenden Gebäude aus dem 17. Jh. umfasst fünf Säle und bietet einen faszinierenden Eindruck vom ländlichen Leben der vergangenen Jahrhunderte. Zu besichtigen ist eine Sammlung alter Kleidungsstücke, Körbe, Webarbeiten und landwirtschaftlicher Geräte. Die Gegenstände sind auch auf Englisch beschildert.

Paläontologisches Museum MUSEUM
(☎28310 23083; www.gnhm.gr; Mastaba-Tempel; Erw./Stud./Kind 4/2 €/frei; ⏰Di, Do & Sa 9–15 Uhr) Die Aussicht, kretische Zwergelefanten und Zwergflusspferde zu sehen, löst wahrscheinlich nicht gleich einen Run auf die Eintrittskarten aus. Ein Abstecher zu diesem neuen Museum lohnt sich aber schon allein wegen seiner tollen Kulisse, denn es ist im frisch renovierten Mastaba-Tempel (der Veli-Pasha Moschee) aus dem 17. Jh. untergebracht. Über dem Bauwerk mit neun Kuppeln thront das älteste Minarett der Stadt. Das zugehörige Gelände wird nach und nach in einen Park verwandelt. Die Anlage, eine Zweigstelle des Goulandris-Naturkundemuseums in Athen, befindet sich südlich vom Stadtpark.

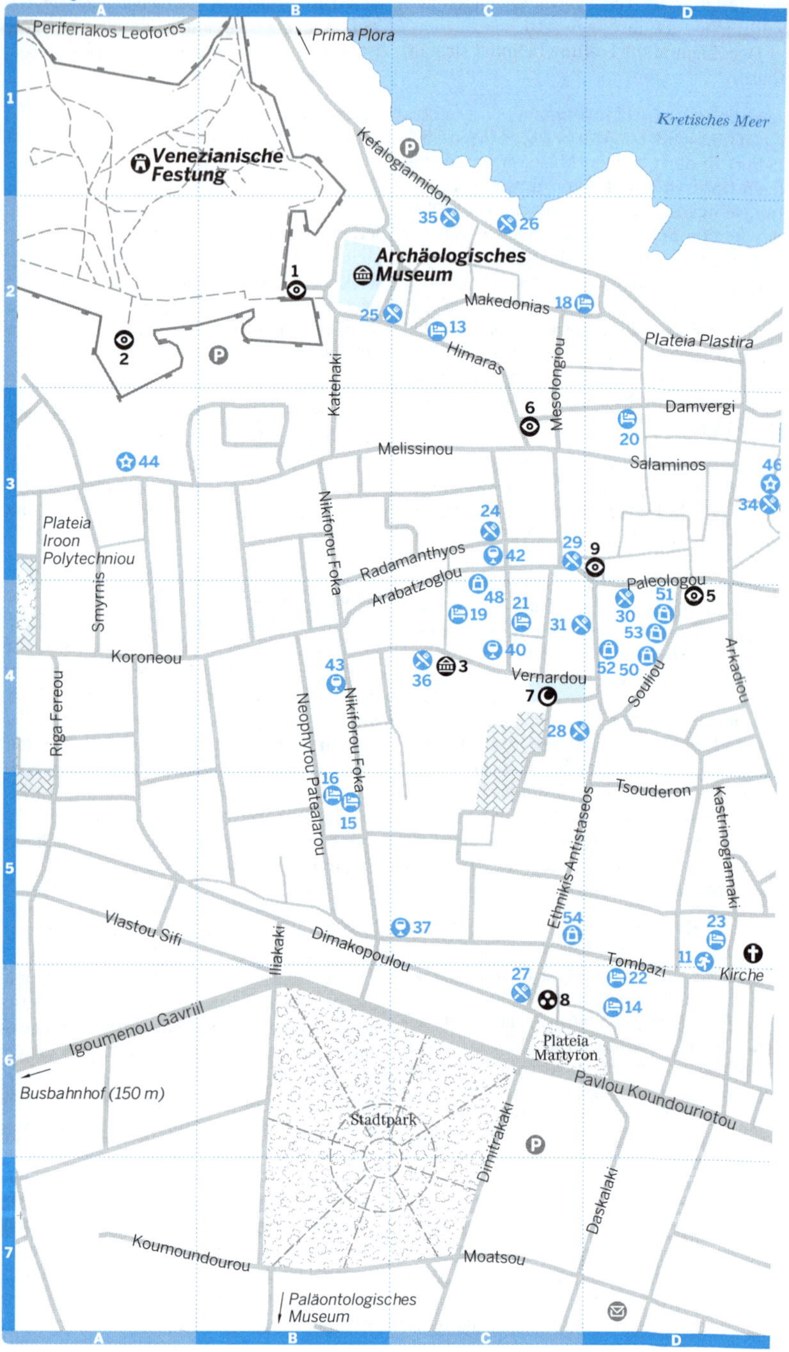
A
B
C
D
1
2
3
4
5
6
7
Periferiakos Leoforos
Prima Plora
Kretisches Meer
Kefalogiannidon
Venezianische Festung
Archäologisches Museum
Makedonias
Himaras
Plateia Plastira
Katehaki
Mesolongiou
Damvergi
Melissinou
Salaminos
Plateia Iroon Polytechniou
Smyrnis
Nikiforou Foka
Radamanthyos
Arabatzoglou
Paleologou
Koroneou
Vernardou
Arkadiou
Souliou
Riga Fereou
Neophytou Patealarou
Tsouderon
Kastrinogiannaki
Ethnikis Antistaseos
Vlastou Sifi
Iliakaki
Dimakopoulou
Tombazi
Kirche
Igoumenou Gavriil
Busbahnhof (150 m)
Plateia Martyron
Pavlou Koundouriotou
Stadtpark
Dimitrakaki
Daskalaki
Koumoundourou
Moatsou
Paläontologisches Museum
1
2
3
5
6
7
8
9
11
13
14
15
16
18
19
20
21
22
23
24
25
26
27
28
29
30
31
34
35
36
37
40
42
43
44
46
48
50
51
52
53
54

Stadtpark PARK
(Igoumenou Gavriil) Der schöne Park zwischen Iliakaki und Dimitrakaki lädt zur Erholung von der Hitze und den Massen ein. Im Schatten der Bäume beim *kafenion* (Kaffeehaus) dösen oder schwatzen Rentner, während sich auf dem Spielplatz daneben Kinder austoben.

Aktivitäten

Paradise Dive Centre TAUCHEN
(☎28310 26317; www.diving-center.gr; Tauchgänge ab 37 €, PADI Open-water-Zertifikat 350 €) Veranstaltet Tauchausflüge und PADI-Kurse aller Schwierigkeitsgrade. Ausgangspunkt ist die Zentrale in Petres, mit dem Auto rund 15 Min. westlich von Rethymnon gelegen.

Happy Walker WANDERN
(☎28310 52920; www.happywalker.com; Tombazi 56; Wanderungen ab 30 €; ⊙ tgl. 5–20.30 Uhr, Juli & Aug. Sa & So geschl.) Organisiert Wanderungen durch Schluchten, auf uralten Schäferpfaden und zu traditionellen Dörfern im üppig grünen Landesinneren.

Mountain Club of Rethymno WANDERN
(EOS; ☎28310 57766; www.eos.rethymnon.com; Dimokratias 12; ⊙8.30–22.30 Uhr) Die Mitarbeiter der hiesigen Filiale der Greek Association of Mountaineers arrangieren begleitete Wanderungen für Mitglieder und Nichtmitglieder und beraten auch Leute, die auf eigene Faust losziehen wollen.

Nature & Adventure WANDERN, RADFAHREN
(☎28310 54135; www.nat-adv.gr; Eleftheriou Venizelou 4a) Der Anbieter vermietet Fahrräder und führt begleitete Ausflüge in die Natur durch, darunter Wanderungen in der Umgebung und Radtouren um ein Wasserreservoir herum.

Geführte Touren

Dolphin Cruises BOOTSAUSFLÜGE
(☎28310 57666; www.dolphin-cruises.com; venezianischer Hafen) Dolphin veranstaltet Bootsfahrten zu Piratenhöhlen, Tagesausflüge nach Bali und Angeltrips.

Festivals & Events

Renaissance Festival MUSIK
(www.rfr.gr) Im Juli feiert Rethymnon zwei Wochen lang das Erbe der kretischen Renaissance und veranstaltet erstklassige Konzerte mit namhaften internationalen Künstlern. Veranstaltungsorte sind das Erofili-Freilufttheater in der Festung und die Neratzes-Moschee.

Rethymnon

Highlights	
Archäologisches Museum	B2
Venezianische Festung	A1
Sehenswertes	
1 Zugang zur Festung	B2
2 Erofili-Theater	A2
3 Geschichts- & Volkskundemuseum	C4
4 Leuchtturm	F3
5 Loggia	D4
6 Museum für zeitgenössische Kunst	C3
7 Neratzes-Moschee	C4
8 Porta Guora	C6
9 Rimondi-Brunnen	D3
Aktivitäten, Kurse & Touren	
10 Dolphin Cruises	E3
11 Happy Walker	D5
12 Mountain Club of Rethymno	E7
Schlafen	
13 Atelier	C2
Avli Lounge Apartments	(s. 24)
14 Byzantine Hotel	D6
15 Casa dei Delfini	B5
16 Casa Vitae	B5
17 Hotel Civitas	F6
18 Hotel Ideon	C2
19 Hotel Veneto	C4
20 Palazzino di Corina	D3
21 Palazzo Rimondi	C4
22 Rethymno Youth Hostel	D6
23 Vetera Suites	D5
Essen	
24 Avli	C3
25 Castelvecchio	C2
26 En Plo	C2
27 Kanakakis	C6
28 Lemonokipos	C4
29 Meli	C3
30 Mona Liza	D4
31 Othonas	C4
32 Salad Bar	E4
33 Samaria	E5
34 Taverna Knossos	D3
35 Thalassografia	C2
Veneto	(s. 19)
36 Yiorgos Hatziparaskos	C4
Ausgehen	
37 Ali Vafi's Garden	C5
38 BaRoom	E4
39 Escobar	E5
40 Figaro	C4
Fusion Enoteca	(s. 24)
41 Living Room	F6
42 Raki Baraki	C3
43 Tholos	B4
Unterhaltung	
44 Asteria Cinema	A3
45 Fortezza	E3
46 Metropolis	D3
47 Rock Cafe	E4
Shoppen	
48 Avli Raw Materials	C4
49 En Hordais	E6
Frossa Bora	(s. 13)
50 Ilias Spondidakis	D4
51 Lederwerkstatt Kanakakis	D4
52 Mediterraneo	D4
53 Omodamos	D4
54 Xenos Typos	C5
55 Zominthos	E5

Karneval KARNEVAL
In den vier Wochen vor Beginn der Fastenzeit wird kräftigst gefeiert, mit Tanz, Maskeraden, Spielen, Schatzsuchen und einem prächtigen Straßenumzug. Die Feierlichkeiten fallen meistens auf den Monat Februar.

Essen

Ihre Lage ist märchenhaft, doch mit wenigen Ausnahmen sind die Tavernen rund um den venezianischen Hafen, die sich auf touristische Kundschaft eingestellt haben, bestenfalls mittelmäßig. Bessere Esslokale, ebenfalls mit Blick aufs Wasser, gibt's in der Kefalogiannidon unterhalb der Festung. Auch an der Uferpromenade Eleftheriou Venizelou findet sich das eine oder andere ordentliche Lokal, aber die besten verstecken sich in den Gässchen der Altstadt. Die meisten Gäste bestellen ein Tagesgericht (Zwei- oder Drei-Gänge-Menü plus Wein, Wasser, Raki und Kaffee).

LP TIPP **Avli** KRETISCH €€€
(☎28310 58250; www.avli.com; Xanthoudidou 22, Ecke Radamanthyos; Hauptgerichte 13,50–30 €) Die einstige venezianische Villa mit Garten ist genau das Richtige für einen romantischen Abend. Was hier auf den Tisch kommt, gehört zum Besten, was die kre-

tische Küche hergibt. Den Speiseplan bestimmen Produkte frisch vom Bauernhof, beispielsweise Lamm mit wild wachsendem Blattgemüse in Zitronensauce, oder Ziegenfleisch in Honig und Thymian. Alles ist auf den Punkt zubereitet und kommt zudem als echte Augenweide daher.

En Plo GRIECHISCH €€
(Kefalogiannidon 28; Mezedhes 5,50–9 €) Im En Plo, unserer Lieblingshafentaverne, wird griechische und kretische Wohlfühlkost der absoluten Spitzenklasse geboten. Das Wildgemüse bekommt durch das Tamarindendressing einen Hauch von Haute-cuisine verpasst, der Kabeljau wird mit einer sämigen Knoblauchsauce serviert und zum *feta saganaki* (gebackener Käse) in fluffigem Filoteig gibt's karamellisierte Feigen. Gegessen wird je nach Laune drinnen im mit Kunstwerken geschmückten Lokal oder draußen an einem Tisch unweit der Brandung.

Veneto KRETISCH €€
(☎28310 56634; www.restaurantveneto.gr; Epimenidou 4; Hauptgerichte 9–18 €; ⏲Mai–Okt.) Das Veneto, das zusammen mit einem Boutiquehotel (S. 200) eine Villa aus dem 14. Jh. bezogen hat, atmet aus allen Ecken und Winkeln historisches Flair. Der Besitzer ist Weinkenner und berät seine Gäste mit Freude, wenn es darum geht, den passenden Tropfen zum Essen auszusuchen. In der Küche kommen alte kretische und griechische Rezepte zum Einsatz, oft mit kulinarischen Grenzüberschreitungen, die aber meistens zu einem köstlichen Ergebnis führen.

Lemonokipos KRETISCH €€
(www.lemontreegarden.com; Ethnikis Antistaseos 100; Hauptgerichte 6–21 €) Dieses Restaurant sorgt mit Kerzen, Wein und einem Tisch für zwei in einem lauschigen Patio dafür, dass einem gelungenen romantischen Abend nichts mehr im Wege steht. Selbst wenn die Begleitung nicht ganz so umwerfend ist, dürften die einfallsreich zubereiteten kretischen Küchenklassiker, die unter den Zitronenbäumen aufgetragen werden, in bester Erinnerung bleiben.

Taverna Knossos GRIECHISCH €€
(www.knosos-rethymno.com; Nearhou 40, am alten venezianischen Hafen; Hauptgerichte 6–12 €, Tagesgerichte 2,30 €) Die meisten der Kundenfänger-Tavernen am venezianischen Hafen verlassen sich mehr auf ihre Location als auf die Qualität der Speisen. Eine rühmliche Ausnahme bildet das Knossos, das seit einem halben Jahrhundert im Besitz der Familie Stavroulaki ist. Die Fischgerichte sind Spitzenklasse und der Service ist schnell und zuvorkommend.

Othonas KRETISCH €€
(☎28310 55500; Plateia Petihaki 27; Hauptgerichte 7–10 €) Mit seinem Kundenfänger auf dem Bürgersteig und der mehrsprachigen Speisekarte sieht das Othonas verdächtig nach einer Touristenfalle aus. In Wirklichkeit ist es jedoch Mitglied von Concred (s. S. 264) und genießt einen hervorragenden Ruf für seine Regionalküche. Zu den kulinarischen Hochgenüssen zählen das Lamm mit Artischocken und das göttliche „Zeus Chicken" (mit Raki, Feta, Senf und Zwiebeln).

Thalassografia GRIECHISCH €€
(☎28310 52569; Kefalogiannidon 33; Hauptgerichte 6,50–13,50 €) Das ungezwungene Freiluftcafé genießt eine atemberaubende Lage auf einem Felsvorsprung mit beneidenswerter Aussicht auf die Festung und das Meer. Die gegrillten Sardinen sind genauso lecker wie die gefüllten Pilze, und dazu empfiehlt sich ein auf Kreta gebrautes Brink's Biobier.

Prima Plora GRIECHISCH €€
(☎28310 56990; Akrotiriou 2, Koumbes; Hauptgerichte 6–16 €) Die Angestellten des stilvollen Restaurants am Strand westlich der Festung verwöhnen die Gäste mit erstklassigen Meeresfrüchten und gegrilltem Fleisch. Das unaufdringlich maritim gehaltene Lokal liegt in der Nähe einer alten venezianischen Wasserpumpe.

Castelvecchio GRIECHISCH €€
(☎28310 55163; Himaras 29; Hauptgerichte 9–19 €; ⏲ Juli & Aug. nur Abendessen, Sept. –Juni Mittag- & Abendessen) Der freundliche Wirt Valantis sorgt dafür, dass sich seine Gäste auf der Gartenterrasse dieser Familientaverne am Rand der Fortezza wie zu Hause fühlen. Tipp: *kleftiko* (langsam im Ofen gebackenes Lamm).

Samaria GRIECHISCH €
(☎28310 24681; Eleftheriou Venizelou 39–40; Gerichte 4–8,50 €; ⏲24 Std.) Eines der wenigen Restaurants auf der pulsierenden Café und Restaurantmeile, die auch von einheimischen Familien nicht verschmäht werden. Auf dem Speisezettel steht klassisches griechisches Gute-Laune-Essen, darunter zahlreiche *mayirefta* (Ofen und Schmortopfgerichte) und hervorragende Suppen und Grillgerichte. Die Taverne ist auch eine begehrte Anlaufstelle von Nachtschwärmern

SÜSSE VERLOCKUNGEN

Als einer der letzten traditionellen Filobäcker von Griechenland knetet **Yiorgos Hatziparaskos** (Vernardou 30) diesen superdünnen Teig in seiner Backstube immer noch von Hand. Der ganz große Moment ist der, wenn Yiorgos den Teig zu einer Riesenblase wirft, bevor er ihn auf einem großen Tisch auswalzt. Seine Frau Katerina lädt die Passanten dazu ein, sich das Schauspiel anzusehen und die unvergleichlich leckeren *baklava* und *kataïfi* („Engelshaar"-Gebäck) zu probieren.

Mona Liza (Paleologou 36), ganz in der Nähe der Loggia, ist das Reich von Nikos Skartsilakis, der für seine „crema" (Eiscreme aus Schafsmilch) ebenso berühmt ist wie für seine phantastischen Süßspeisen. Unbedingt probieren: *galaktoboureko* (Teigtaschen mit Vanillepuddingfüllung), die Walnusstorte, oder *vrachaki,* Mandelschokolade.

Ein Meister der Herstellung von *loukoumades*, krapfenähnlichen Kreationen mit Honig und Zimt, ist **Kanakakis** (Plateia Martyron), vor der Porta Guora. Die Einheimischen schwören auch auf die Eiscreme von **Meli**, der eine Filiale neben dem Rimondi-Brunnen hat.

aus den nahe gelegenen Bars, die etwas Herzhaftes im Magen brauchen, um den drohenden Kater abzuwenden.

Salad Bar INTERNATIONAL €
(☎28310 23294; Eleftheriou Venizelou 69; Salate 4,50–8 €; ⏲8.30–1.30 Uhr) Egal ob Gemüse- oder Fleischliebhaber – unter den frisch zubereiteten, liebevoll zusammengestellten Salaten in dem schlichten Esslokal müsste für jeden etwas dabei sein. Superlecker ist die Hühnchen-Avocado-Combo mit Couscous und Apfelsinenscheiben.

Ausgehen

Die wichtigste Kneipen- und Cafémeile ist die bei Studenten und Touristen gleichermaßen beliebte Eleftheriou Venizelou. Eine ordentliche Kneipendichte findet sich auch rund um den Rimondi-Brunnen und auf der Plateia Petihaki. Wer ein Lokal mit weniger hohem Geräuschpegel sucht, wird in den Seitenstraßen fündig. Die meisten öffnen gegen 9 oder 10 Uhr und fungieren als Cafés, bevor sie sich abends in Bars verwandeln.

LP TIPP **Ali Vafi's Garden** CAFÉ, BAR
(Tzane Bouniali 65a) Das bezaubernde Plätzchen ist auch unter dem Namen Pottery Cafe bekannt, denn seine Besitzer Natasha und Giorgos sind Töpfer. Einige ihrer Lieblingsstücke zieren Nischen in den Steinwänden des gewölbeartigen Eingangsraums. Im Sommer findet sich kaum ein charmanteres Fleckchen als der Garten hinter der Töpferei.

BaRoom LOUNGE/BAR
(Eleftheriou Venizelou 63) Die drei Gipsbeeren an der Fassade haben der relaxten Kneipe den Beinamen „Erdbeer Bar" eingebracht. Die Stimmung ist alternativ: kunterbunt zusammengewürfelte Sofas und eine ganze Wand voller Graffiti. Manchmal gibt's Livemusik.

Tholos CAFÉ, BAR
(Nikiforou Foka 86) Das stimmungsvolle Lokal in einer stillen Ecke der Altstadt eignet sich prima zum Chillen unter den steinernen Bögen und der Kuppel eines ehemaligen venezianisch-osmanischen Badehauses.

Fusion Enoteca WEINSTUBE
(Xanthoudidou 22, Ecke Radamanthyos) Das hübsche Weingeschäft mit Weinstube gehört den Besitzern vom Restaurant Avli (S. 88) und hat über 450 handverlesene edle Tropfen im Angebot. Wer auf Hochprozentigeres steht, geht einfach über die Straße in die zugehörige Bar **RakiBaraki**, wo oft Livemusik zu hören ist.

Living Room LOUNGE/BAR, CAFÉ
(www.living.com.gr; Eleftheriou Venizelou 5) Die edelste und coolste Location am Wasser mit erlesenem Dekor (riesige Spiegel, samtbezogene Stühle, stylische Lampen) ist immer brechend voll mit den Jungen und Wilden von Rethymnon.

Figaro CAFÉ, BAR
(Vernardou 21) Das Figaro ist in einem geschmackvoll restaurierten Altbau untergebracht und beliebter Treff nicht mehr ganz blutjunger, überwiegend einheimischer Gäste. Das ungezwungene Ambiente eignet sich prima, um Leute kennenzulernen.

Escobar PUB
(Eleftheriou Venizelou 36) Diese Bierkneipe hat Ende 2010 aufgemacht und war sofort ein Renner unter den Hotspots am Wasser. Es gibt McFarland, Krusovice und Chimay vom

Fass sowie mehr als 50 Flaschenbiere aus aller Herren Länder. Die Preise sind für hiesige Verhältnisse allerdings gesalzen.

Unterhaltung

Die Clubs konzentrieren sich um den venezianischen Hafen. Sie öffnen ihre Tore so gegen 23 Uhr, aber die meisten der gut gelaunten Partygänger treffen erst um Mitternacht oder sogar erst um 1 Uhr ein. Manche Clubs ziehen im Sommer von der Stadt an den Strand um.

Fortezza CLUB
(Nearhou 20; ⏲23 Uhr–Sonnenaufgang) Die Nächte sind kurz in der ältesten Disko von Rethymnon, einer großen, schicken Anlage mit drei Bars, Lasershow und internationalem Publikum, das sich in Lady-Gaga-Imitationen zu übertrumpfen versucht.

Metropolis CLUB
(www.metropolis-crete.com; Nearhou 12; ⏲23 Uhr–Sonnenaufgang) Der Partypalast brummt und ist unter Hipstern extrem angesagt. Im Sommer legen DJs für die Touristen Hits aus den internationalen Charts auf. In der Nebensaison dominiert griechische Popmusik.

Rock Cafe BAR, CLUB
(www.rockcafe-rethymno.com; Petihaki 6; ⏲21 Uhr–Sonnenaufgang) Einer der Klassiker zum Abhängen in Rethymnon. Der Laden hat zwei Bars und eine Tanzfläche, auf der sich jede Nacht Touristen und Studenten drängen.

Asteria Cinema KINO
(☎28310 22830; Melissinou 21; Tickets 7 €; ⏲Sommer 21 Uhr) Das kleine Freiluftkino nahe der Festung hat überwiegend Neuerscheinungen im Programm.

Shoppen

Rethymnons Haupteinkaufsmeile ist die Arkadiou. Das Angebot in der Souliou, Arabatzoglou und anderen Nebenstraßen der Altstadt ist eher auf Touristen ausgerichtet.

Avli Raw Materials LEBENSMITTEL & GETRÄNKE
(www.avli.gr; Arabatzoglou 38–40) Feinschmecker werden dieses Delikatessengeschäft lieben. Es hat eine Riesenauswahl an Köstlichkeiten aus ganz Griechenland, darunter hervorragende Weine.

Frosso Bora KERAMIKWAREN
(www.frosso-bora.com; Himaras 27) Dieser einheimische Künstler stellt wunderbare Töpfe, Vasen, Kerzenständer, Schüsseln und andere Behältnisse aus kretischer Tonerde her. Die auf der Töpferscheibe oder Töpferplatte gefertigten Stücke sind wirklich günstig.

Lederwerkstatt Kanakakis ACCESSOIRES
(www.sitemaker.gr/manko; 23 Souliou) In dem kleinen Laden plus Werkstatt können Passanten dem Besitzer bei der Herstellung handgefertigter Ledergürtel in allen möglichen Farben und Mustern zuschauen. Dazu gibt's eine gute Auswahl an Handtaschen, Portemonnaies und Schuhen aus Leder.

Omodamos KERAMIKWAREN
(5 Souliou) Die Töpferwaren in diesem Geschäft sind Originalentwürfe von führenden Keramikern aus ganz Griechenland.

Zominthos SCHMUCK
(Arkadiou 129) Erlesenes Sortiment an Schmuck von zeitgenössischen griechischen Designern sowie einige Keramiken und Skulpturen.

En Hordais MUSIK
(Varda Kallergi 38) Der winzige Laden ist vollgestopft mit handgemachten Musikinstrumenten. Die richtige Adresse für den Kauf einer kretischen *lyra* (ein dreisaitiges geigenähnliches Instrument) oder einer *bouzouki*.

Wer Bücher, Reiseführer, Zeitungen, Zeitschriften und Landkarten auf Deutsch sucht, kann es in diesen Geschäften probieren:

Ilias Spondidakis (Souliou 43)

Mediterraneo (Mavrokordatou 2)

Xenos Typos (Ethnikis Antistaseos 21)

Praktische Informationen

In der Altstadt gibt es mehrere kostenlose öffentliche WLAN-Hotspots: im Rathaus, auf der Plateia Iroon Polytechniou, am venezianischen Hafen und im Stadtpark.

Cybernet (Kallergi 44–46; 2,50 € pro Std.; ⏲9.30–15 Uhr) Internetzugang.

Krankenhaus (☎28210 27491; Triandalydou 17; ⏲24 Std.)

Internetcafé (Eleftheriou Venizelou 40, 2 € pro Std., WLAN gratis; ⏲24 Std.)

National Bank (Dimokratias, Ecke Gerakari) Neben dem Rathaus. Die Nationalbank bietet normalerweise bessere Kurse und verlangt niedrigere Gebühren als die meisten anderen Banken.

Postamt (Moatsou 21; ⏲ Mo–Fr 7–19 Uhr)

Regionale Touristeninformation (☎28310 25571, www.rethymnon.gr; Dimokratias 1; ⏲ Mo–Fr 8–14.30 Uhr)

Touristenpolizei (☎28310 28156/54340)

REISEZIEL	DAUER	PREIS	HÄUFIGKEIT
Agia Galini	1½ Std.	6,50 €	bis zu 5-mal tgl.
Anogia	1¼ Std.	5,50 €	2-mal tgl. (nur Mo–Fr)
Chania	1 Std.	6,20 €	stdl.
Chora Sfakion	2 Std.	7,30 €	1-mal tgl.
Iraklion	1½ Std.	7,60€	stdl.
Margarites	30 Min.	3,50 €	2-mal tgl. (nur Mo, Mi & Fr)
Moni Arkadiou	40 Min.	2,80 €	bis zu 3-mal tgl.
Omalos (Samaria-Schlucht)	1¾ Std.	15 €	3-mal tgl.
Plakias	1 Std.	4,50 €	bis zu 5-mal tgl.
Preveli	1¼ Std.	4,50 €	2-mal tgl.

An- & Weiterreise

Ellotia Tours (☎28310 24533; www.rethymnoatcrete.com; Arkadiou 155; ⏲März–Nov. 9–21 Uhr) Die Mitarbeiter des hilfreichen Büros verkaufen Schiffs- und Flugtickets, wechseln Geld, vermieten Autos und Motorräder und vermitteln Touren.

Busse fahren am Busbahnhof in der Igoumenou Gavriil ab. Am Wochenende und außerhalb der Saison sind die Verbindungen eingeschränkt.

Unterwegs vor Ort

Auto Motor Sports (☎28310 24858; www.automotosport.com.gr; Sofoklis Venizelou 48) Vermietet Autos und Motorräder.

WESTLICH VON RETHYMNON

Die Dörfer südwestlich von Rethymnon, am Fuß der Lefka Ori (die Weißen Berge), eignen sich perfekt für einen Nachmittagsausflug mit dem eigenen Fahrzeug. Beliebtestes Ziel ist das Gebirgsdorf Argyroupoli. Es wurde auf den Trümmern einer antiken Siedlung erbaut und ist für seine Quellen und Wasserfälle berühmt. Die Straße führt auch durch **Episkopi**, ein hübsches Dorf um einen Marktplatz mit verschlungenen Gässchen und Häusern im traditionellen Baustil.

Argyroupoli Αργυρούπολη

400 EW.

Wenn die Sommerhitze am Strand zu heftig wird, findet man in Argyroupoli, 25 km südwestlich von Rethymnon, eine Art natürliche Klimaanlage im Freien. Am unteren Ende des Dorfs liegt eine Oase, gebildet aus Bergquellen, die die Temperatur deutlich niedriger halten als an der Küste. Das Quellwasser strömt durch Aquädukte, fließt an Wänden herab, sickert aus Steinen, rinnt aus Wasserhähnen und versorgt die gesamte Stadt Rethymnon.

Argyroupoli steht auf den Ruinen der antiken Stadt Lappa, einer der wichtigsten römischen Städte in Westkreta, von der aber kaum noch Überreste erhalten sind. Dank ihrer Lage an den Ausläufern der Lefka Ori lassen sich von Argyroupoli aus ein paar tolle Spazier- und Wanderwege erreichen.

Sehenswertes

Argyroupoli teilt sich in ein Ober- und ein Unterdorf. Die meisten Sehenswürdigkeiten von historischer Bedeutung befinden sich in der Nähe des Hauptplatzes im oberen Teil, die Quellen und Tavernen dagegen liegen im unteren. Wer auf der Straße von Rethymnon her kommt, kann rechts, bevor die Straße ins Oberdorf hinauf führt, die Zufahrt zum Unterdorf nehmen.

Oberdorf ORTSTEIL

Eine prima erste Anlaufstelle ist der **Lappa Avocado Shop** (☎28310 81070; www.lappa-avocado.gr; ⏲ März–Nov. 10–19 Uhr, Dez.–Feb. 11–15 Uhr) unter einem Steinbogen neben dem Stadtplatz. Er hat nicht nur hervorragende Kosmetikartikel auf Avocadobasis im Angebot, sondern dient auch als inoffizielles Fremdenverkehrsbüro. Im Geschäft gibt's auf Anfrage einen kostenlosen Stadtplan, auf dem ein kurzer Rundgang durch die Altstadt eingezeichnet ist. Der Spaziergang beginnt gleich hinter dem Laden.

Eines der Highlights ist das **Römertor** linker Hand, mit der Inschrift *Omnia Mundi Fumuset Umbra* (frei übersetzt: Alles auf dieser Welt ist Schall und Rauch). Ein Stückchen weiter rechts steht die **Kirche des hl. Paraskevi**. Dort dient die Platte eines Kindergrabs heute als Eingangsstufe zum Hof. Die wichtigste Gasse im Dorf schlängelt sich auch an einem aus 7000 Teilen zusammengesetzten **römischen Bodenmosaik** aus dem 1. Jh. v. Chr. vorbei. Von hier geht es nach ein paar Wegbiegungen zurück zum

KRÄUTERKRAFT

Wer auf Kräuter, Aromatherapie, Biokräutertees und Kosmetika aus Naturprodukten steht, macht einen kleinen Abstecher hoch nach **Maroulas**, einem entzückenden, bunt zusammengewürfelten Dorf mit weitem Ausblick aufs Meer. Architektonisch ist das denkmalgeschützte Städtchen 10 km südöstlich von Rethymnon ein Mix aus hübsch restaurierten spätvenezianischen und türkischen Bauten, darunter zehn Olivenpressen und ein 44 m hoher Turm, der zwischen den übrigen Dorfgebäuden emporragt.

Direkt an der Hauptstraße liegt **Marianna's Workshop** (☎28310 72432; www.mariannasworkshop.gr; ⌚im Sommer 10–14 & 16.30–20 Uhr, Winteröffnungszeiten telefonisch erfragen). Marianna Founti-Vassi sammelt aromatische medizinische Pflanzen in den Bergen. Daraus produziert sie in diesem winzigen Laden ihr einzigartiges Sortiment an Teesorten und Ölen, die sie aus natürlichen Extrakten unter Verwendung traditioneller Methoden gewinnt. Hier gibt's Mittelchen zur Linderung jeder Art von Beschwerden, darunter auch einen Tee aus 40 Kräutern, den die Hebammen früher aufkochten.

Mariannas Interesse an alternativen Heilverfahren wurde zur Vollzeitbeschäftigung, nachdem sie Mitte der 1990er-Jahre nach Maroulas gezogen war und von den Einheimischen die genauen Eigenschaften der zahlreichen einheimischen Heilkräuter gelernt hatte. „Dieses Wissen darf nicht verloren gehen", sagt sie. „Die Menschen sollten alle Pflanzen kennen und wissen, wozu sie gut sind." Marianna berichtet weiter, dass sie sich bei der Unterscheidung von Kräutern und Blumen auch an Tieren orientiert, weil sie giftige Pflanzen nicht anrühren. Und in der Tat wurden *kri-kri*-Ziegen dabei beobachtet, wie sie das endemische Kraut *diktamo* zur Wundheilung fraßen.

Nach dem Heilkräutereinkauf geht's zum Mittagessen bei **Katerina** (☎28310 71627; ⌚Mai–Okt.). Zu dem einladenden Freiluftrestaurant mit sensationellem Meerblick gehört auch ein Tiergehege. Das **Mylopetra** auf dem winzig kleinen Hauptplatz hat Kaffee und Snacks.

Hauptplatz im Schatten der stattlichen venezianischen **Kirche des Agios Ioannis** aus dem 17. Jh.

Südlich der Kirche, an der Hauptstraße durch den Ort, wartet das kuriose **Dorfmuseum** (Eintritt frei; ⌚10–19 Uhr) auf Besucher. Es beherbergt eine einzigartige Sammlung an Familienerbstücken und historischen Gegenständen, die von der Familie Zografakis zusammengetragen wurde. Falls das Museum geschlossen ist, findet sich in der Taverne oder im Laden wahrscheinlich jemand, der eine Privatführung veranstaltet.

Unterdorf ORTSTEIL

Vom Hauptplatz den Hügel hinunter und über die erste große Abzweigung links gelangt man zu den Tavernen bei den Quellen im Unterdorf. Hohe Kastanienbäume und Platanen inmitten üppiger Vegetation erschaffen ein schattiges, erholsames Plätzchen zum Mittagessen zwischen den Wasserfallen und Springbrunnen, die in die Anlagen sämtlicher Tavernen integriert wurden. Besonders reizvoll ist es hier an Sommerabenden. Abgesehen von den Tavernen gibt es eine wassergetriebene **Walkmaschine** aus dem 17. Jh., mit der Stoff angefeuchtet, geknetet und dadurch verfestigt wurde. Außerdem finden sich dort die überwucherten Reste eines **römischen Bades** und die **Marienkirche**, die auf einem ehemals Poseidon gewidmeten Tempel steht.

Nekropole ANTIKE STÄTTE

Der Friedhof des antiken Lappa liegt nördlich der Stadt. Er ist vom Hauptplatz aus auf einem ausgeschilderten, 1,5 km langen Fußweg zu erreichen. Hunderte Gräber wurden in den Felsen gehauen, die meisten im Umkreis der Kapelle der Fünf Jungfrauen. Von der Nekropole führt der Weg weiter zu einer **Platane**, die 2000 Jahre alt sein soll. Eine genaue Wegbeschreibung gibt's im Lappa Avocado Shop.

Essen

Die Tavernen an den Quellen sind etwas touristisch, aber am Essen ist nichts auszusetzen und die schattige Lage im Tal ist wirklich spektakulär. Qualitätsmäßig unterscheiden sich die Tavernen kaum; also einfach das Lokal wählen, das einem am meisten zusagt. Alle haben Tische im Freien zwischen phantasievollen (und oft auch sehr geräuschvollen) Wasserspielen. Außer an warmen Sommerabenden werden in den meisten Tavernen gegen 19 Uhr die Stühle hochgestellt.

Lokale Spezialitäten sind Zuchtforelle und Stör. Mancherorts sieht man sie in Wasserbecken herumschwimmen. Eine leckere Alternative zum Fisch ist das am Spieß über Olivenholz gebratene Lamm- und Schweinefleisch.

Es gibt auch ein paar hervorragende Esslokale außerhalb von Argyroupoli an der Straße nach Episkopi.

LP TIPP O Kipos Tis Arkoudenas KRETISCH €€
(☎28310 61607; Hauptgerichte 5–12 €) Der „Garten von Arkoudenas" ist eine der besten Tavernen weit und breit. Hier entstehen aus erstklassigen Bioprodukten ausgezeichnete Gerichte, von denen viele im Holzofen zubereitet werden.

Petrini Gonia GRIECHISCH €
(☎28310 61617; Gerichte 4–8 €) Das in einem modernen Steingebäude untergebrachte Petrini Gonia ist berühmt für seine Grillplatten. Das Essen kann im Restaurant verzehrt oder mitgenommen werden. Das **Café** gegenüber verfügt über eine phantastische Auswahl an Kuchen, Gebäckstücken und Schokoladen, die regelrechte Kunstwerke sind.

Traditionelle Bäckerei BÄCKEREI €
(⏲8–22 Uhr) Die reizende Bäckerei am Straßenrand bei der Ausfahrt nach Kato Paros hat superleckere Spinattaschen und Zimtkekse im Angebot.

An- & Weiterreise

Montags bis freitags fahren drei Busse täglich von Rethymnon nach Argyroupoli, aber nur zwei kehren nach Rethymnon zurück (3,30 €, 40 Min.).

HINTERLAND & PSILORITIS

Das gebirgige Landesinnere Rethymnons wartet mit einer großen Vielfalt an Routen und interessanten Abstechern auf. Schon ein Tag genügt, um das historische Kloster Arkadi zu besuchen, sich im Töpferdorf Margarites umzuschauen und die Ruinen der antiken Stadt Eleftherna zu besichtigen. Weiter östlich, an den Ausläufern des Psiloritis, warten zwei faszinierende Höhlen und traditionsreiche Kleinstädte wie Axos und Anogia. Letztere ist auch Ausgangspunkt für die steile Fahrt zur Nida-Hochebene.

EIN VORBILDLICHER BAUERNHOF

Inmitten der sanften Hügellandschaft in der Nähe des Dorfs Adele, 13 km südöstlich von Rethymnon, liegt die **Agreco Farm** (☎28310 72129, 6947275814; www.agreco.gr; Führung & Mittag- oder Abendessen 30 €; ⏲Mai–Okt. 11–22 Uhr). Diese Rekonstruktion eines Gehöfts aus dem 17. Jh. ist ein Musterbeispiel für jahrhundertealte biologisch-umweltfreundliche traditionelle Methoden der Landwirtschaft. Seine Entstehung verdankt es der Familie Daskalantonakis, der auch die Hotelkette Grecotel gehört. Auf dem Hof kommen überwiegend traditionelle Gerätschaften zum Einsatz, darunter eine per Eselkraft betriebene Olivenpresse, eine Wassermühle und eine Weinpresse.

Der Bauernhof hat normalerweise von Mai bis Oktober geöffnet, kann aber jederzeit für Privatveranstaltungen wie Hochzeits- oder Taufgesellschaften reserviert sein. Normalerweise bestehen jedoch mehrere Möglichkeiten, diesen idyllischen Ort zu erkunden. **Hofführungen** beginnen um 18 Uhr und finden ihren krönenden Abschluss in einem kretischen 30-Gänge-Schlemmerfest in der Taverne, die 2009 von *Vanity Fair* die Auszeichnung als „Best Organic Restaurant" erhielt. Die meisten Speisen sind mit Obst und Gemüse, Milchprodukten und Fleisch aus eigener Erzeugung zubereitet. Wer gern selber Hand anlegt, kommt am Sonntag um 11 Uhr her. Dann sind Gäste dazu eingeladen, bei **traditionellen Landwirtschaftsarbeiten** zu helfen. Je nach Jahreszeit dürfen sie womöglich ein Schaf scheren, eine Ziege melken, bei der Käseherstellung oder beim Traubenstampfen mitmachen (Programm siehe Website). Anschließend gibt's ein Mittagsbuffet, das sogenannte **Erntedankmittagessen**. Führung sowie Teilnahme an den Sonntagsaktivitäten nur nach Reservierung.

Besucher, die einfach so mal tagsüber vorbeischauen, können im **Kafenion** eine Kleinigkeit essen oder etwas trinken und im Laden hofeigene Produkte kaufen. Allerdings ist es ratsam, vorher anzurufen und zu fragen, ob auch wirklich geöffnet ist.

Moni Arkadiou
ΜονήΑρκαδίου

Das **Arkadi-Kloster** (☎28310 83136; www.arkadimonastery.gr; Eintritt 2,50 €; ⌚ Juni–Sept. 9–20 Uhr, April, Mai & Okt. bis 19 Uhr, Nov. bis 17 Uhr, Dez.–März bis 16 Uhr) liegt in einer Hügellandschaft 23 km südöstlich von Rethymnon. Für die Kreter ist das Kloster ein kraftvolles Widerstandssymbol und gilt als ein Ausgangspunkt des Befreiungskampfes gegen die osmanische Besatzung.

Im November 1866 schickten die Türken eine gewaltige Armee, um die Aufstände niederzuschlagen, die überall auf der Insel aufflammten. Hunderte von Männern, Frauen und Kindern flohen aus ihren Dörfern in das Kloster, um dort Schutz zu suchen. Es erwies sich jedoch keineswegs als sicherer Hafen und wurde schon bald von 2000 türkischen Soldaten angegriffen. Doch die Kreter ergaben sich nicht, sondern versammelten sich in einem Pulvermagazin und setzten es in Brand. Bei der Explosion kamen alle Beteiligten um, einschließlich vieler Türken. Nur ein kleines Mädchen überlebte. Sie wurde in einem Nachbardorf aufgenommen und erreichte ein hohes Alter. Vor dem Kloster stehen eine Büste jener Frau und eine des Abts, der das Schießpulver entzündete. In der alten Kloster-Windmühle (neben der Cafeteria, wo das Essen nicht zu empfehlen ist) sind im makabren **Beinhaus** fein säuberlich in einer Glasvitrine die Totenschädel und Gebeine einiger der Opfer von 1866 aufgereiht.

Das Highlight von Arkadi ist die venezianische **Kirche** (1587). Sie besitzt eine üppig verzierte Renaissancefassade mit acht schlanken korinthischen Säulen und wird von einem verschnörkelten Glockenturm mit drei Glocken gekrönt. Zur Linken der Kirche steht der Stamm einer Zypresse, die bei der Explosion damals Feuer fing und in deren Rinde immer noch eine Kugel steckt. Dahinter, im ehemaligen Refektorium (Speisesaal), ist ein kleines **Museum** untergebracht. Hier sind liturgische Gegenstände, Ikonen und Waffen zu sehen, die 1866 zum Einsatz kamen. Am Ende des linken Flügels befindet sich der alte Weinkeller, wo das Schießpulver aufbewahrt wurde.

Täglich fahren drei Busse (am Wochenende zwei) von Rethymnon zum Kloster (2,80 €, 40 Min.).

Eleftherna Ελεύθερνα

Östlich des Moni Arkadiou liegt an der Straße das archäologische Ausgrabungsgelände der **antiken Stadt Eleftherna**. Der von den Dorern erbaute Ort gehörte im 8. und 7. Jh. v. Chr. zu den bedeutendsten griechischen Niederlassungen und stand auch in hellenistischer und römischer Zeit in voller Blüte. Seit den 1985 begonnenen Ausgrabungen machen die Archäologen ständig neue, Aufsehen erregende Entdeckungen. 2010 zum Beispiel sorgte der Fund der sterblichen Überreste einer Frau mit Goldschmuck in einem 2700 Jahre alten Doppelgrab weltweit für Schlagzeilen. Und die Entdeckung des Grabs einer Hohepriesterin und dreier Gehilfen im Jahr davor veranlasste das Archaeological Institute of America sogar dazu, Eleftherna in die Liste seiner „Top 10 Discoveries of 2009" aufzunehmen.

Leider ist die Stätte größtenteils eingezäunt und daher nicht gerade besucherfreundlich. Es soll aber ein Museum gebaut werden. Der am leichtesten zugängliche Abschnitt ist die **Akropolis** auf einem langen, schmalen Felsvorsprung hinter der Akropolis-Taverne und den Überresten eines Turms. Ein Weg führt von hier hinunter zu riesigen **römischen Zisternen**, die in die Felswände gehauen wurden. Ein Stück weiter am Weg befindet sich eine **hellenistische Brücke**.

In den Niederungen an der Westseite des Hügels haben neuere Ausgrabungen die weitläufige, 2800 Jahre alte **Nekropole von Orthi Petra** zutage gefördert und Hinweise auf Menschenopfer gefunden. Wer sich die Stätte näher anschauen möchte, nimmt den steilen Schotterweg von Eleftherna am Hang nach unten.

Am Osthang werden zurzeit die Überreste von Wohn- und öffentlichen Gebäuden aus der Römischen und Byzantinischen Zeit ausgegraben. Um einen Blick durch den Zaun zu werfen, nimmt man die Hauptstraße nach Osten Richtung Margarites, biegt am Wegweiser zur Sotiros-Kirche ab und folgt dem Feldweg, der direkt an dieser bezaubernden byzantinischen Kapelle vorbeiführt.

Margarites Μαργαρίτες

330 EW.

Weil das winzige Margarites für seine schönen Keramikarbeiten bekannt ist, wird es vormittags von Touristenbussen geradezu überschwemmt. Nachmittags herrscht dann wieder Ruhe – der richtige Zeitpunkt, um im Schatten gigantischer Eukalyptusbäume von den Terrassen der Tavernen am Dorfplatz aus den herrlichen Blick ins Tal zu genießen.

Margarites besitzt nur eine einzige Straße und weder Bank noch Postamt, dafür aber mehr als 20 Töpferläden und -ateliers. Qualität und Kitschpegel der Keramik variieren. Die meisten Geschäfte entlang der Hauptstraße haben ziemlich geschmackloses Zeug. Eine erfreuliche Ausnahme ist das **Keramion**, wo der Inhaber Giorgos Dalamvelas nicht müde wird, über seine Herstellungstechniken und die Dorfgeschichte zu referieren. Viele seiner Stücke stellt er nach minoischen Vorlagen her.

Ebenso wie andere traditionelle Töpfer arbeitet Dalamvelas dabei mit schwarzer Tonerde aus der Gegend, die durchs Brennen rot wird. Der Ton ist von so hervorragender Qualität, dass er nur gebrannt und nicht glasiert werden muss. Die Außenseite wird einfach mit einem flachen Kieselstein geglättet.

Nähere Betrachtung verdient auch das Angebot im **Ceramic Art**, in einer Gasse unweit vom Dorfplatz, wo Konstantinos Gallios sehr schöne Stücke produziert. Der unangefochtene Meister jedoch ist immer noch der über 80-jährige **Manolis Syragopoulos**. Er ist der einzige Töpfer im Ort, der nach wie vor ohne Elektrizität arbeitet. Wie schon sein Urgroßvater stellt er Keramik mit handbetriebenen Töpferscheiben und holzbefeuertem Ofen her. Seine Werkstatt liegt 1 km außerhalb vom Dorf auf der linken Straßenseite.

In der renommierten Taverne **Mandolos** am schattigen Hauptplatz können die Gäste großzügige Portionen lokaler Standardgerichte verspeisen und sich dabei gleichzeitig am Wein und an der herrlichen Aussicht berauschen.

Montags, mittwochs und freitags fahren zwei Busse täglich von Rethymnon nach Margarites (3,50 €, 30 Min.).

Von Perama nach Anogia
Πέραμα ΠροςΑνώγεια

Die Straßen vom kleinen Handelsstädtchen Perama nach Anogia führen durch einige der spektakulärsten Landschaften Nordkretas. Unterwegs laden faszinierende Höhlen zu einer Erkundungstour ein, und die zahlreichen Dörfer an den Ausläufern des Psiloritis eignen sich für einen Zwischenstopp und ein gemütliches Mittagessen.

MELIDONI ΜΕΛΙΔΟΝΙ

Rund 2 km außerhalb des Dorfs Melidoni liegt die auch als Gerontospilios bezeichnete **Melidoni-Höhle** (☎28340 22650; Eintritt 3 €; ⏲ März–April tgl. 9–18 Uhr, Juni–Mitte Okt. 9–19 Uhr, Mitte–Ende Okt. bis 17 Uhr). Ihre Berühmtheit verdankt sie weniger ihrer Naturschönheit als vielmehr ihrer historischen Bedeutung. Der seit der Jungsteinzeit als Höhlenheiligtum genutzte Ort war 1824, während der türkischen Besatzung, Schauplatz eines schrecklichen Massakers. Im Oktober 1823 hatten über 400 Dorfbewohner in der Tropfsteinhöhle Schutz vor der osmanischen Armee gesucht. Als sie sich auch nach dreimonatiger Belagerung weigerten herauszukommen, befahl der türkische Kommandant seinen Soldaten, brennendes Holz in die Höhle zu werfen. Alle Flüchtlinge erstickten.

Die sterblichen Überreste der Märtyrer befinden sich in dem weißen Sarkophag in der kuppelförmigen, 65 m langen Hauptkammer, der sogenannten „Heldenhalle“. In den benachbarten Kammern lässt sich diese zauberhafte Unterwelt mit auffallend geformten Stalaktiten und Stalagmiten erkunden. Aber Vorsicht: Die Höhle ist schlecht beleuchtet und der Boden uneben und stellenweise rutschig.

EPISKOPI ΕΠΙΣΚΟΠΗ

Das reizende kleine Dorf war unter den Venezianern Bischofssitz. Es besteht aus einem Labyrinth verwinkelter Gassen voller gut erhaltener Steinhäuser. In den Ruinen der **Kirche von Episkopi** aus dem 15. Jh. sind noch einige verblichene Fresken zu sehen. Neben der Brücke am Ortsende steht ein venezianischer **Brunnen**.

ZONIANA ΖΩΝΙΑΝΑ

In der Nähe des modernen und nicht besonders attraktiven Dorfes Zoniana befindet sich die zweite große und berühmte Grotte der Region, die **Sfendoni-Höhle** (☎28340 61734; www.zoniana.gr; Erw./Kind inkl. Führung 4/2 €; ⏲ April–Okt. 10–17 Uhr, Nov.–März Sa & So 10–15 Uhr). Die Führungen umfassen sieben Kammern mit phantasievollen Namen wie „Feenheiligtum“ und „Palast des Zeus“. In allen wimmelt es von angestrahlten Stalagmiten und Stalaktiten in Form von Orgelpfeifen, Kuppeln, Vorhängen, Wellen und anderen seltsamen Gebilden. Unter den tierischen Höhlenbewohnern befinden sich unter anderem Fledermäuse, Vögel und Tausendfüßler. Führungen finden ungefähr alle

40 Minuten statt und dauern ebenso lang. Dank eines neuen, 270 m langen Stegs können auch gehbehinderte Besucher an einer Führung teilnehmen.

Montags bis freitags fahren täglich zwei Busse von Rethymnon nach Zoniana (5,50 €).

AXOS ΑΞΟΣ

Das Dorf Axos ist wegen seiner beschaulichen kretischen Atmosphäre ein beliebter Zwischenstopp für Touristenbusse. Tagsüber herrscht Ruhe im Dorf, doch abends veranstalten die Tavernenbesitzer auf ihren Terrassen „kretische Folkloreabende“ für Touristen.

In Axos befindet sich die bezaubernde Farmunterkunft Villa Enagron (S. 202), eines der schönsten Hotels in diesem Teil der Insel. Außerdem steht hier das neue **Holzskulpturen-Museum** (☎6937691387; www.woodenmuseum.gr; Erw./Stud. 5/3 €; ⏲9–20 Uhr). Eine mächtige Skulptur vor dem Eingang zeigt Herkules, wie er den Löwen tötet. Das private Museum dient in erster Linie als Schaufenster für die Arbeiten des Self-made-Künstlers Georgios Koutantos. Der redselige Georgios führt Besucher mit Begeisterung durch seine Werkstatt und erläutert die Geschichten, die hinter jeder seiner Skulpturen stecken. Am eindrucksvollsten sind die großflächigen Arbeiten, darunter ein Adler mit 6 m Flügelspannweite. Andere Kunstwerke stellen Familienmitglieder dar – oft auf sehr eigenwillige Art. Die Stücke sind alle unverkäuflich.

Anogia Ανώγεια

2130 EW.

Anogia ist die Hochburg des sogenannten „Teufelsdreiecks“ aus Harte-Männer-Bergdörfern, in denen es zur Begeisterung der Athener Boulevardpresse hin und wieder zu bewaffneten Auseinandersetzung mit der Polizei kommt. Auslöser ist meistens illegaler Cannabisanbau, manchmal fühlt sich aber auch ein Dorfmacho in seiner Ehre gekränkt und muss deshalb zur Waffe greifen. Anogia ist das Herzstück einer blühenden Schafzuchtindustrie, außerdem ein beliebter Zwischenstopp von Tagesausflüglern und Touristen auf dem Weg zur Nida-Hochebene. Das Dorf hat auch einige der besten Musiker Kretas hervorgebracht (s. Kasten S. 98).

Im Zweiten Weltkrieg war Anogia ein Zentrum des Widerstands und musste teuer dafür bezahlen. Die Nazis legten den Ort in Schutt und Asche und ermordeten alle Männer, weil die Bewohner alliierte Soldaten versteckt und bei der Entführung des deutschen Generals Heinrich Kreipe geholfen hatten.

Deshalb sind die meisten Gebäude noch relativ neu. Trotzdem steht Anogia im Ruf, intensiv an überlieferten Traditionen festzuhalten. Schnurrbärtige Männer in schwarzen Hemden, die traditionellen Pumphosen in schwarze Stiefel gesteckt, erfreuen sich am Nichtstun in den *kafenia*. In den Läden hingegen regieren ältere Damen mit Krückstock, die zornig den Staub von ihren gewebten Decken und bestickten Textilien klopfen.

Sehenswertes

Anogia erstreckt sich über einen Berghang. Die Textilgeschäfte sind in der unteren Ortshälfte und die meisten Unterkünfte und sonstigen Geschäftsbetriebe in der oberen Hälfte zu finden.

Grilios-Museum MUSEUM

(☎28340 31593; Spende erwünscht; ⏲unregelmäßig) Am Hang, ein kurzes Stück Fußweg hinter dem Unterdorfplatz, steht dieses bescheidene Museum. Es zeigt die rührenden Gemälde und Skulpturen des in Anogia gebürtigen naiven Malers Alkiviadis Skoulas (1900–1997), alias Grylios. Es wird jetzt von seinem Sohn Giorgos geleitet, der gern mal spontan zur Lyra greift. Falls Giorgos einen nicht zuerst erspäht, einfach nebenan klopfen oder am Platz nachfragen, ob das Museum geöffnet ist.

GRATIS **Nikos-Xylouris-Haus** MUSEUM

In diesem kleinen Haus am Unterdorfplatz, heute ein von seiner Schwester betriebenes *kafenion*, wurde Nikos Xylouris geboren. Der winzige Raum ist vom Boden bis zur Decke mit Postern, Briefen und anderen Erinnerungsstücken an den Sänger/Musiker zugekleistert – ein Beweis dafür, welche Verehrung er hier auch mehr als 30 Jahre nach seinem Tod noch genießt.

Essen

Ta Skalomata KRETISCH€

(☎28340 31316; Hauptgerichte 4–9 €) Im Skalomata im Oberdorf werden seit rund 40 Jahren Einheimische und Reisende „abgespeist“, damit ist es das älteste Restaurant am Ort. Es ist rustikal gehalten, hat eine offene Küche und große Panoramafenster. Hier gibt's ausgezeichnetes Grillfleisch (be-

ANOGIA: MUSIKALISCHE TALENTSCHMIEDE

Anogia ist für seine mitreißende Musik bekannt und hat überproportional viele der berühmtesten Musiker Kretas hervorgebracht. Wichtigstes Musikinstrument ist die Lyra, ein birnenförmiges Instrument mit drei Saiten, das im Sitzen bespielt und oft von Lauten und Gitarren begleitet wird. Einer, der es mit diesem Musikinstrument zu Weltruhm gebracht hat, war Nikos Xylouris (1936–80), der auch über 30 Jahre nach seinem Tod noch als bester Sänger und Lyraspieler von Kreta gilt. Nikos' Bruder Psarantonis ist mittlerweile in Nikos' Fußstapfen getreten und in ganz Griechenland ungeheuer populär. Ein anderer Bruder, Giannis Xylouris (Psaroyiannis), ist Griechenlands begnadetster Lautenspieler. Als Nikos' musikalischer Erbe darf Psarantonis' charismatischer Sohn Giorgos Xylouris (Psarayiorgis) gelten. Seitdem er nach einem kurzen Aufenthalt in Australien wieder nach Kreta zurückkehrte, ist seine Musikkarriere steil nach oben gegangen. Giorgos' Schwester Niki ist die beste der nicht besonders zahlreichen Sängerinnen Kretas. Wie nicht weiter verwunderlich, hat sich Lambis, der Bruder von Giorgos und Niki, ebenfalls für die Musikbranche entschieden.

Weitere namhafte Musiker aus Anogia sind z. B. die Lyraspieler Manolis Manouras, Nikiforos Aerakis, Vasilis Skoulas (Sohn des „naiven“ Malers Alkiviadis Skoulas) und Giorgos Kalomiris.

Der talentierte, aber extravagante Georgos Tramoundanis, alias Loudovikos ton Anogion (Ludwig aus Anogia), erreicht mit seinen balladenähnlichen kretischen Kompositionen Musikfreunde in ganz Griechenland. Er ist auch die treibende Kraft hinter dem jährlichen **Yakinthia Festival** (www.yakinthia.com). Im Rahmen dieses Festivals finden in der ersten Juliwoche Open-air-Konzerte an den Hängen des Psiloritis statt.

sonders köstlich ist das Lamm), Wein und Brot aus eigener Herstellung, aber auch leckere fleischlose Gerichte, z. B. Zucchini mit Käse und Aubergine.

Arodamos KRETISCH€

(☎28340 31100; www.arodamos.gr; Grillgerichte 5–8,50 €) Das große Restaurant in einem neuen Steinhaus im Oberdorf genießt wegen seiner pfiffigen kretischen Küche und liebenswürdigen Bedienung bei Einwohnern und Durchreisenden gleichermaßen einen guten Ruf. Alles mit Lamm ist spitzenmäßig, das Gleiche gilt aber auch für das *saganaki* aus regionalem *katsohiri*. Krönender Abschluss einer jeden Mahlzeit ist ein Stück Kuchen mit Eiscreme – auf Kosten des Hauses.

Aetos KRETISCH€

(☎28340 31262; Grillgerichte 5–8,50 €) Die traditionell eingerichtete Taverne im Oberdorf hat vor dem Haus einen gigantischen Holzkohlegrill und nach hinten raus eine phantastische Aussicht auf die Berge. Eine regionale Spezialität, die hier angeboten wird, ist *ofto* (auf offener Flamme geröstetes Lamm- oder Ziegenfleisch). Im Aetos steht auch noch ein anderes lokales Standardgericht auf dem Speisezettel: in Brühe gekochte Spaghetti mit Käse.

ℹ Praktische Informationen

Im Oberdorf gibt es einen Geldautomaten und ein Postamt. Yakinthos, gegenüber vom Hotel Aristea (S. 203), hat Internet.

ℹ An- & Weiterreise

Täglich halten bis zu drei Busse aus Iraklion (3,80 €, 1 Std.) und montags bis freitags zwei aus Rethymnon (5,50 €, 1¼ Std.) in Anogia.

Psiloritis Ορος Ψηλορείτης

Der imposante Psiloritis, auch Ida genannt, ist mit 2456 m der höchste Berg Kretas. An seiner Ostseite liegt die **Nida-Hochebene** (1400 m). Das ausgedehnte, fruchtbare Hochplateau ist von Anogia her auf einer 21 km langen Asphaltstraße zu erreichen, die an mehreren *mitata* (runde, steingemauerte Schäferhütten) vorbeiführt. Sie endet an einem riesigen Parkplatz bei einer schlichten Taverne, wo Getränke und spartanische Gästezimmer (25 €) zu haben sind. Weil es hier oben auch im Sommer empfindlich kühl wird, empfiehlt es sich, einen Pullover oder eine leichte Jacke mitzunehmen.

Rund 1 km vor dem Ende der Straße zweigt ein rund 3 km langer, geteerter Weg nach links zum **Skinakas-Observatorium** (www.skinakas.org.gr) ab, der bedeutendsten

Sternwarte Griechenlands. Von Mai bis September ist das Observatorium einmal im Monat für Besucher geöffnet, und zwar bei Vollmond zwischen 17 und 23 Uhr; im Juli und August sind englischsprachige Guides zugegen. Nähere Informationen auf der Website.

Das größte historische Highlight des Psiloritis ist die **Idäische Grotte**, kurz Ideon genannt. Hier wurde der Sage nach der Gott Zeus aufgezogen (die Diktäische Grotte am Rand der Lassithi-Hochebene, S. 175, beansprucht diese Ehre jedoch ebenfalls für sich). Seit dem späten 4. Jahrtausend v. Chr. wurde in der Ideon den Göttern gehuldigt; man hat hier zahlreiche Gegenstände, darunter Goldschmuck und einen Bronzeschild, ausgegraben. Die Höhle selbst ist eigentlich nur eine riesige Grotte ohne besondere Merkmale, rund 1 km vom Parkplatz entfernt.

Von der Hochebene lässt sich vor der Bergkulisse eine mächtige Landschaftsskulptur namens **Andartis – Partisan des Friedens** ausmachen. Sie wurde 1991 von der deutschen Künstlerin Karina Raeck in Würdigung des kretischen Widerstands im Zweiten Weltkrieg geschaffen. Das Kunstwerk besteht aus einer Anhäufung von großen Steinen aus der Umgebung. Die Steinbrocken wurden so arrangiert, dass sie von oben betrachtet die Form eines Engels bilden. Die Mitarbeiter der Taverne zeigen Besuchern die richtige Stelle, falls sie die Skulptur nicht selbst ausfindig machen können. Ein müheloser, 1,25 km langer Spaziergang auf flachem Gelände führt zum „Partisan des Friedens" hinaus.

DEN PSILORITIS ERSTÜRMEN

Die übliche Wanderstrecke zum Gipfel des Psiloritis führt von der Nida-Hochebene über den E4-Trail und dauert insgesamt ungefähr sieben Stunden. Hochgebirgskondition ist nicht erforderlich, aber der Weg ist lang und strapaziös. Außerdem kann es sein, dass die Aussicht vom Gipfel durch Dunstschleier oder Wolken getrübt ist. Unterwegs bieten einige *mitata* (runde, steingemauerte Schäferhütten) Schutz vor Schlechtwettereinbrüchen. Oben auf dem Gipfel steht eine kleine Kapelle mit zwei Kuppeln. Die beste Landkarte ist die Karte Psiloritis (Berg Ida; s. S. 98) von Anavasi im Verhältnis 1:25.000.

VON KÜSTE ZU KÜSTE

Die schnellste und kürzeste Verbindung von Rethymnon zur Südküste führt über Armeni und Spili. Gemütlicher ist die Fahrt durch das schon fast kitschig idyllische Amari-Tal, einen Teil Kretas, in dem die Zeit scheinbar stehen geblieben ist.

Armeni Αρμένοι

Südlich von Rethymnon, 2 km vor dem heutigen Ort Armeni, zweigt eine Straße nach rechts zum spätminoischen **Friedhof von Armeni** (Eintritt frei; Di–So 8–15 Uhr) ab. Hier wurden zwischen 1300 und 1150 v. Chr. rund 200 Gräber in den Fels im Herzen eines Eichenwalds gehauen. Das Merkwürdige an dieser Begräbnisstätte ist, dass bislang keine größere Siedlung in der Nähe gefunden wurde, die eine solche Ansammlung an Gräbern erklären könnte. Keramiken, Waffen und Schmuckgegenstände, die in den Gräbern entdeckt wurden, sind heute im Archäologischen Museum in Rethymnon zu besichtigen.

An der Hauptstraße ins Städtchen liegt eine gute Bäckerei mit Café und kostenlosem WLAN. Ein Stückchen weiter gibt's im **Alekos Kafenion** eine kleine, aber vorzügliche Auswahl traditioneller Tagesgerichte. Die **Taverna Pirgos** (Hauptgerichte 4–9 €;), 2 km südlich von Armeni in einem wunderschönen Steingebäude mit Blick auf ein malerisches Tal, hat köstliche Salate und Grillfleisch.

Spili Σπήλι

700 EW.

Ungefähr auf halbem Weg zwischen Rethymnon und Agia Galini liegt Spili, ein entzückendes Bergdorf mit Kopfsteinpflaster, Balkonen voller Blumenkästen, weinblattumrankten rustikalen Häusern und Platanen. Tagsüber halten hier Touristenbusse, aber abends gehört Spili ganz den Einheimischen. Es ist ein nettes Plätzchen zum Mittagessen und eine hervorragende Anlaufstätte für Wanderer. Ein Stückchen südlich von Spili beginnt die wilde Kourtaliotiko-Schlucht, die bis zum palmenbestandenen Strand von Preveli reicht.

Sehenswertes

Venezianischer Brunnen BRUNNEN

Hauptattraktion von Spili ist der restaurierte venezianische Brunnen, dessen Wasser aus 19 Löwenköpfen in einen langen Trog sprudelt. Wer eine Wasserflasche dabeihat, kann sie hier mit Trinkwasser füllen, das zum besten der Insel gehört. Vom Brunnen führt ein Fußweg hoch zu den stillen, pittoresken Seitengässchen des Dorfs.

Kloster KLOSTER

Spili ist Bischofssitz; Seine Exzellenz residiert in dem mächtigen, modernen Kloster am Westrand des Ortes. Besucher dürfen auf der Anlage herumspazieren und die Eingangstore mit ihren Bögen, den mit Marmor gepflasterten Hof und die verschwenderisch ausgeschmückte Kirche besichtigen sowie den bezaubernden Ausblick ins Tal genießen.

Essen

LP TIPP **Panorama** KRETISCH €€

(☎28320 22555; Hauptgerichte 6–12 €; ⊙Mittagessen tgl., Abendessen nur So) Pantelis Vasilakis und seine Frau Calliope leiten diese ausgezeichnete traditionelle Taverne am Ortsrand von Spili. Die Aussicht von der Terrasse ist ebenso unvergesslich wie das selbst gebackene Brot, die köstlichen *mezedhes* und die verlockenden Hauptspeisen, z. B. junge Ziege mit *chorta* (Wildgemüse). Die Taverne ist offizielles Mitglied von Concred (s. S. 264).

Stratidakis KRETISCH €

(Spezialitäten 3–6 €) Mutter und Sohn bilden das Team, dem die älteste Taverne der Stadt gehört. Draußen im Freien gibt's gegrilltes Fleisch am Spieß und in den Kochtöpfen, die man drinnen in der Tavernenküche inspizieren darf, brutzeln kretische Tagesgerichte nach Hausfrauenart. Auf der hübschen Terrasse eröffnet sich eine atemberaubende Aussicht auf die Berge.

Kambos KRETISCH €

(Hauptgerichte 6–9 €) Dieser schlichte Familienbetrieb ist fast nur Einheimischen bekannt. Auf der Karte stehen einfache traditionelle Mahlzeiten mit Fleisch und Gemüse vom eigenen Bauernhof. Das Lokal versteckt sich an einem einsamen Fleckchen 6 km östlich von Spili an der Straße nach Gerakari.

Yianni's GRIECHISCH €

(Hauptgerichte 4–10 €) Hinter dem venezianischen Brunnen liegt dieses nette Restaurant mit geräumiger Straßenterrasse, durchweg guten traditionellen Gerichten und einem ordentlichen Roten aus eigener Herstellung. Eine gute Wahl sind das köstliche Kaninchen in Weinsauce und die Bergschnecken.

Praktische Informationen

In der Hauptstraße gibt es zwei Geldautomaten und ein Postamt. Einige der Cafés in der Nähe vom Brunnen haben WLAN.

An- & Weiterreise

In Spili halten täglich bis zu fünf Busse der Route Rethymnon–Agia Galini.

SÜDKÜSTE

Rethymnons Südküste wird von den Badeorten Plakias im Westen und Agia Galini im Osten eingerahmt. Zwischen beiden erstreckt sich eine Kette herrlich abgeschiedener Strände, darunter der berühmte Palmenstrand von Preveli. Im Sommer wehen hier stürmische Winde, was die Gegend vor den touristischen Exzessen bewahrt hat, welche die Nordküste kennzeichnen.

Auf dem Weg von Norden her wird die Landschaft immer beeindruckender und bietet herrliche Ausblicke aufs Libysche Meer. Die faszinierende Strecke Rethymnon–Agia Galini führt durch die wilde **Kotsifou-Schlucht** nach Plakias. Die Straße nach Preveli passiert die sogar noch spektakulärere Kourtaliotiko-Schlucht.

Plakias Πλακιάς

190 EW.

Manche Dinge auf Kreta ändern sich nie, und dazu gehört Plakias. Der unaufgeregte Ferienort an einem langen Südküstenstrand liegt zwischen zwei mächtigen Windschleusen, der Selia- und der Kourtaliotiko-Schlucht. In Plakias tummeln sich mitteleuropäische Pauschaltouristen und Legionen von Besuchern aus aller Welt, die sich in der beliebten Jugendherberge einquartieren.

Plakias hat jede Menge gute Restaurants und Unterkünfte. Es gibt Spazierwege durch Olivenhaine und an Meeresklippen entlang, von denen einige zu versteckt gelegenen Stränden mit glitzerndem Wasser führen. Der Ort eignet sich auch gut als Ausgangspunkt zur Erkundung der Region.

Aktivitäten

Tauchen

Diverse Unternehmen veranstalten alle möglichen Kurse sowie Tauchgänge vor der Küste und von Booten aus, die nahe gelegene Felsbuchten, Höhlen und Meeresschluchten anlaufen. Ein Bootstrip mit zwei Tauchgängen inkl. Mittagessen und Ausrüstung kostet ungefähr 125 €.

Dive 2gether TAUCHEN
(☎28320 32313, 6974031441; www.dive2gether.com; ⏲ April–Okt. 8.30–20 Uhr) Der erstklassige Anbieter unter niederländischer Leitung mit Sitz im Ort hält seine Ausrüstung auf dem neuesten Stand der Technik und befolgt extrem hohe Sicherheitsstandards. Er hat auch einen „Try-Out Dive"-Schnuppertauchgang in Einzelbetreuung (81 €) und einen „Blubbertauchgang" für Kinder schon ab acht Jahren im Angebot.

Kalypso Rocks' Palace Diving Centre TAUCHEN
(☎28310 56861; www.kalypsodivingcenter.com) Der älteste Tauchveranstalter von Plakias befindet sich im Kalypso Holidays Village am Dorfrand.

Wandern

Wanderwege, auf denen ganz schön viel Betrieb herrscht, führen zum wunderbar gelegenen Dorf Sellia, zum Moni Finika und nach Lefkogia. Außerdem bietet sich eine traumhafte Wanderung durch die Kourtaliotiko-Schlucht zum Moni Preveli an. Kurz vor der Jugendherberge beginnt ein leicht begehbarer, 30-minütiger Fußweg hoch nach Myrthios. Begleitete Wanderungen – darunter eine zum Preveli-Strand inkl. Rückfahrt per Boot (30 €) – organisiert **Anso Travel** (☎28320 31712; www.ansotravel.com; Erw./Kind 34/17 €).

Geführte Touren

Baradakis Lefteris BOOTSFAHRTEN
(☎6936806635; smernabar@gmail.com) Im Sommer veranstaltet Baradakis Lefteris, der Besitzer der Smerna Bar, Bootsfahrten nach Preveli, Loutro und zur Insel Gavdos.

Essen

Taverna Christos KRETISCH €€
(Spezialitäten 5–13 €) Diese altbewährte Taverne am Hafen hat eine romantische Terrasse mit schattigen Tamarisken direkt an der rauschenden Brandung und viele interessante, ausgefallene Gerichte, z. B. hausgeräucherten Wolfsbarsch, schwarze Spaghetti mit Calamari und Lamm *avgolemono* (in einer Brühe aus Ei und Zitronen gekochtes Fleisch oder Gemüse) mit frischer Pasta.

Tasomanolis MEERESFRÜCHTE €€
(Hauptgerichte 7–14 €; 📶) Die traditionelle Fischtaverne am Westende des Strands wird von einem begeisterten Fischer betrieben. Seinen Fang serviert er gegrillt mit Wildgemüse und Wein auf einer maritim dekorierten Terrasse mit Strandblick.

Lisseos GRIECHISCH €€
(Gerichte 6–14,50 €; ⏲Abendessen) Das äußerlich schlichte Esslokal unweit der Brücke hat ausgezeichnete Hausmannskost und sündhaft leckere Schokoladentorte.

Nikos Souvlaki GRIECHISCH €
(Hauptgerichte 5–8 €; ⏲Abendessen) Ein schmuckloses, bei den Gästen der Jugendherberge beliebtes Restaurant mit billigen *souvlaki* und Hähnchen vom Grill.

To Xehoristo GRIECHISCH €
(Hauptgerichte 5,50–10 €) Die bebilderte Speisekarte kann getrost ignoriert werden: Einheimische schwören auf *souvlaki* und Gegrilltes.

Ausgehen

Das westliche Strandende säumen zahlreiche Cafés und Bars.

Ostraco Bar CAFÉ, LOUNGE/BAR
(⏲9 Uhr–spät; 📶) In dieser alteingesessenen kleinen Bar im Obergeschoss treffen sich die Leute in geselliger Runde zum trinken und tanzen. Die Lounge am Wasser ist tagsüber perfekt zum Chillen.

Joe's Bar BAR
(⏲9 Uhr–spät) Früher oder später landet wahrscheinlich jeder bei Joe's. Die schummrige Kneipe hat etwas von einer Lagerhalle, heißt eigentlich Nufaro und steht direkt am mittleren Strandabschnitt. Hier wird eine gute Auswahl an Rock und Pop gespielt und die Bedienung ist freundlich.

Praktische Informationen

Am mittleren Strandabschnitt gibt es zwei Geldautomaten. Das Postamt ist in der ersten Seitenstraße, wenn man von Osten her kommt. Das moderne Café **Frame** (3 € pro Std.; ⏲10–spät) oberhalb vom Einkaufszentrum Forum hat Internetzugang. In mehreren Bars am Meer gibt's bei Verzehr kostenloses WLAN.

ABSTECHER

KRETISCHES BIER

Nachdem der aus Dortmund stammende Mathematiker Dr. Bernd Brink mit seiner frischgebackenen kretischen Ehefrau auf die Insel zog, tat er das, was jeder Deutsche, der etwas auf sich hält, tun würde: Er eröffnete eine Brauerei. Seit 2001 produziert die hochmoderne **Brink's Brewery** (☎28310 41243; www.brinksbeer.gr) vollmundige helle und dunkle Biobiere, die in ganz Griechenland verkauft werden. Das ungefilterte und nicht pasteurisierte Bier wird nach dem deutschen Reinheitsgebot aus dem 16. Jh. hergestellt, das nur die Verwendung von Wasser, Hopfen, Hefe und Malz zulässt. Erfahrene Kretareisende kennen das Unternehmen vielleicht noch unter dem Namen Rethymnian Brewery. Aufgrund eines obskuren griechischen Gesetzes, das geografische Begriffe im Namen von Biermarken verbietet, musste sich die Brauerei 2010 einen neuen Namen zulegen. Brink's Brewery liegt 12 km südlich von Rethymnon bei Armeni. Zur Brauerei gehört ein kleiner Verkostungsraum, der aber keine festen Öffnungszeiten hat. Wer nicht vorher anrufen möchte, kann auch aufs Geratewohl vorbeikommen und sein Glück versuchen.

Plakias **Leihbücherei** (⏲ So, Mo & Mi 9.30–12.30, Di, Do & Sa 17–19.30 Uhr), 250 m hinter der Jugendherberge, hat ein gutes Sortiment in mehreren Sprachen.

An- & Weiterreise

Bis zu fünf Busse fahren täglich nach Rethymnon (4,50 €, 1 Std.) und einer nach Preveli (2,30 €, 30 Min.).

Unterwegs vor Ort

Cars Alianthos (☎28320 31851; www.alianthos.com) ist eine zuverlässige Autovermietung.

Easy Ride (☎28320 20052; www.easyride.gr) neben der Post verleiht Mountainbikes, Motorroller und Motorräder.

Umgebung von Plakias

STRÄNDE BEI PLAKIAS

Zwischen den Stränden von Plakias und Preveli liegen mehrere abgeschiedene Buchten, die bei Wildcampern und FKKlern beliebt sind. Trotz der alles beherrschenden Hapimag-Touristenanlage ist der **Damnoni-Strand** außerhalb der Hochsaison ein angenehmes Plätzchen.

Westlich von Plakias schließt sich **Souda** an, ein ruhiger Strand, wo es zwei Tavernen mit Gästezimmern gibt. Noch weiter westlich befinden sich die unaufdringlichen Badeorte **Polyrizos-Koraka** (auch Rodakino genannt). Sie bestehen aus einer Handvoll Tavernen und kleiner Hotels, die sich über einen einladenden Strandabschnitt verstreuen. Ein ideales Fleckchen, um in Ruhe und Abgeschiedenheit ein paar Tage auszuspannen.

MONI PREVELI ΜΟΝΗ ΠΡΕΒΕΛΗ

Das altehrwürdige **Moni Preveli** (☎28320 31246; www.preveli.org; Eintritt 2,50 €; ⏲Mitte März–Mai 8–19 Uhr, Juni–Okt. 9–13.30 & 15.30–19.30 Uhr) liegt in grandioser Einsamkeit hoch über dem Libyschen Meer. Wie die meisten kretischen Klöster war es ein Zentrum des Widerstands gegen die osmanische Besatzungsmacht und wurde beim Angriff von 1866 in Brand gesteckt.

Nach der Schlacht um Kreta im Zweiten Weltkrieg fanden hier viele Soldaten der Alliierten Schutz, bis sie nach Ägypten evakuiert werden konnten. Direkt vor dem Kloster an der Steilküste steht ein bronzenes Kriegerdenkmal, das einen bewaffneten Priester und Commonwealth-Soldaten zeigt. Im kleinen **Klostermuseum** ist neben wertvollen liturgischen Gegenständen auch ein Leuchter ausgestellt, den dankbare britische Soldaten dem Kloster nach dem Krieg schenkten. In der Kirche sind wunderbare Ikonen zu sehen, einige davon aus dem 17. Jh.

Im Sommer fahren täglich zwei Busse von Rethymnon (4,50 €, 1¼ Std.) und einer von Plakias (2,30 €, 30 Min.) zum Moni Preveli.

Strände zwischen Plakias & Agia Galini

Die wildromantische Schönheit der unberührten Sandstrände im Süden von Rethymnon lässt sich mit Worten kaum beschreiben. Am palmengesäumten Strand von Preveli herrscht im Sommer Hochbetrieb.

START RETHYMNON
ZIEL RETHYMNON
LÄNGE 130 KM
DAUER EIN TAG

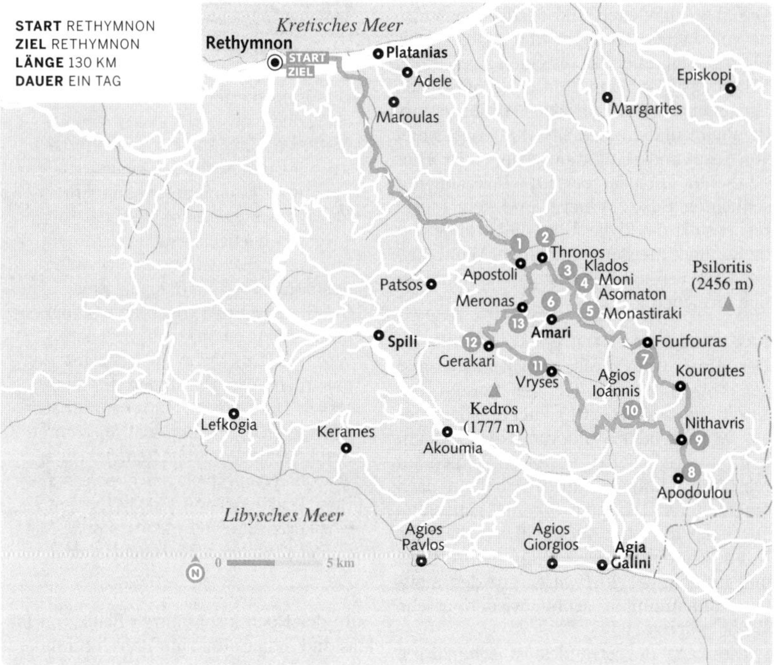

Tour-Tipp

Amari-Tal

Das Amari-Tal ist ein Flickenteppich aus von Olivenhainen und Obstplantagen eingerahmten Dörfern mit byzantinischen Kirchen. Majestätisch thront der Psiloritis über dieser bukolischen Landschaft ohne Verkehrslärm, Reklametafeln und Megaresorts. Für die Fahrt ist eine gute Karte erforderlich (s. S. 274).

Rund 3 km östlich von Rethymnon liegt die Autobahnausfahrt ins Amari-Tal. Die Landstraße gabelt sich bei 1 **Apostoli** hinter einem Wasserreservoir. Links geht's auf die landschaftlich reizvollere Ostroute am Psiloritis vorbei. Das westliche Tal hingegen erstreckt sich am Fuß des Kedros. Die beiden Straßen führen in Apodoulou wieder zusammen.

Das erste Dorf am Weg nach Osten ist 2 **Thronos**, dessen Panagia-Kirche Fresken aus dem 14. Jh. aufweist (Schlüssel im Café nebenan). Weiter südlich liegt eine Kreuzung von fünf Straßen, an der unübersehbar die entzückende Bauerntaverne 3 **Klados** steht. Das im 13. Jh. erbaute 4 **Moni Asomaton** in der Nähe wurde 1930 in eine Landwirtschaftsschule umgewandelt und ist heute ein Forschungszentrum zur Schafszucht.

Weiter geht's über 5 **Monastiraki** mit seiner minoischen Stätte nach 6 **Amari**, einem Städtchen mit venezianischen Gebäuden, byzantinischen Kirchen und einem Glockenturm aus dem 19. Jh.

Dann gelangt man ins Dorf 7 **Fourfouras**, wo Wanderwege auf den Psiloritis führen, und nach 8 **Apodoulou** mit der halb verfallenen Villa Kalitsa Psaraki. Das Herrenhaus wurde nach einem Mädchen benannt, das von den Türken entführt und von einem englischen Reisenden gerettet (und geheiratet) wurde.

Von hier schlangelt sich die Straße durch mehrere Dörfer, darunter 9 **Nithavris**, 10 **Agios Ioannis** und 11 **Vryses**, das im Zweiten Weltkrieg unter der deutschen Besatzungsmacht zu leiden hatte. Dann kommt 12 **Gerakari**, ein Marktflecken, der für seine Kirschen, Frühlingsorchideen, Tulpen und die Agios-Ioannis-Kirche aus dem 13. Jh. mit ihren schönen Freskenmalereien berühmt ist.

Den Abschluss bildet das Dörfchen 13 **Meronas**, dessen freskenverzierte Panagia-Kirche aus dem 14. Jh. einen Abstecher lohnt, besonders das venezianische Südportal.

Die abgeschiedenen und friedlichen Strände von Ligres, Triopetra und Agios Pavlos hingegen sind perfekt für einen stressfreien Erholungsurlaub inmitten einer herrlichen Umgebung, die ein perfektes Postkartenmotiv abgibt und ein beliebtes Rückzugsgebiet von Yoga- und Meditationsgruppen ist. Hier gibt's nur ein paar einsame Tavernen mit schlichten Gästezimmern, und kein Megaresort stört die Idylle. Über die Strände fegt im Sommer meistens ein heftiger Wind. Keiner lässt sich mit öffentlichen Verkehrsmitteln erreichen.

PREVELI-STRAND ΠΑΡΑΛΙΑ ΠΡΕΒΕΛΗ

Der Strand von Preveli, auch Palmenstrand genannt, gehört zu den beliebtesten von Kreta. Im August 2010 suchte allerdings ein verheerender Waldbrand die Schlucht heim und reduzierte die stolzen Palmen auf schwarze Stümpfe – allem Anschein nach ein weiterer Dämpfer für die gebeutelte Tourismusindustrie auf der Insel. Doch die Natur zeigte eindrucksvoll ihre ganze Kraft und im Sommer 2011 waren aus den meisten Palmstümpfen schon wieder frische Triebe gesprossen.

Die Lage des Strandes ist schlichtweg umwerfend. Er liegt am Eingang der Kourtaliotiko-Schlucht, durch die der Megalopotamos fließt, bevor er sich ins Libysche Meer ergießt. Am palmengesäumten Flussufer befinden sich einige Süßwasserbecken für einen Sprung ins kühle Nass. Rechts und links des Sandstreifens ragen zackige Felsen empor. Am Strand gibt's ein bisschen natürlichen Schatten, aber in der Saison haben hier auch zwei Imbissbuden geöffnet, wo Sonnenschirme und Liegen vermietet werden.

Ein steiler Weg (10 Min.) führt von einem Parkplatz 1 km vor dem Moni Preveli zum Strand hinunter. Wer unbedingt mit dem Auto bis ans Wasser fahren möchte, nimmt die 5 km lange, beschilderte Schotterstraße, die bei einer Steinbrücke und der **Taverna Gefyra** von der Hauptstraße zum Moni Preveli abzweigt. Die Taverne ist übrigens ein reizendes Plätzchen zum Mittagessen. Die Straße endet am **Amoudi-Strand**, wo zwei Tavernen einfache Gästezimmer für rund 25 € bieten. Zum Palmenstrand ist es noch 1 km zu Fuß über die Landzunge.

Zum Amoudi führt auch eine Schotterpiste von Osten her, aber die Fahrt ist nur etwas für geübte Autofahrer in Fahrzeugen mit hohem Radstand und ausgezeichneter Federung.

> **NICHT VERSÄUMEN**
>
> **MYRTHIOS** ΜΥΡΘΙΟΣ
>
> Dieses postkartenreife Dorf an einem Hang oberhalb von Plakias ist eine friedlichere und malerischere Alternative zur Übernachtung in einem Hotel am Strand. Und noch etwas spricht für Myrthios: zwei ausgezeichnete Tavernen, die beide eine Terrasse mit Meerblick besitzen. Im ziemlich edlen Restaurant **Plateia** (Hauptgerichte 6–9 €) bekommen griechische Standardgerichte einen kreativen Touch verpasst. Das Ergebnis dürfte selbst den anspruchsvollsten Gaumen zufrieden stellen. Die **Taverna Panorama** (Hauptgerichte 4–11 €; ⌚9 Uhr–spät; 📶) kommt rustikaler daher und ist freitags rappelvoll, denn dann spielt eine griechische Band traditionelle Musik. Myrthios ist eine kurze Autofahrt (4 km) oder 30 Min. zu Fuß (2 km) von Plakias entfernt.

In der Hochsaison fahren Boote von Plakias und Agia Galini zum Preveli-Strand.

LIGRES ΛΙΓΡΕΣ

Ligres ist ein netter langer Strandstreifen mit hellgrauem Sand und ein paar guten Stellen zum Schwimmen. Die beiden Tavernen vor Ort besitzen Gästezimmer. Eine davon ist die bezaubernde **Villa Maria** (S. 204; Hauptgerichte 5–10 €) an einem Fluss, der direkt vor dem Haus in einen Wasserfall übergeht. Nach einem Bad im kalten Becken des Wasserfalls kann man gleich in die Meereswellen eintauchen. Die von den Besitzern eigenhändig gefangenen Fische schmecken am besten draußen auf der Terrasse.

Nach Ligres führt ein schmales, kurviges Sträßchen: Bei Akoumia von der Autobahn abbiegen und dann immer den Schildern nach.

TRIOPETRA ΤΡΙΟΠΕΤΡΑ

Triopetra verdankt seinen Namen den drei riesigen aus dem Meer ragenden Felsblöcken. Eine Landzunge teilt den Strand in „Klein-Triopetra" im Osten und „Groß-Triopetra" im Westen. An Oststrand steht die **Taverna Pavlos** (Hauptgerichte 5–12 €; ⌚April–Okt.). Die Spezialität des Hauses ist frischer, vom Besitzer selbst gefangener Fisch. Die leckeren Salate und Beilagen werden mit Biozutaten aus eigenem Anbau zubereitet. In den einfachen, aber gemütlichen Zimmern

(S. 204) logieren oft Gäste, die an einem einmonatigen Yogaworkshop teilnehmen. Abgesehen von (kostenlosen) Sonnenliegen und -schirmen sowie einem kleinen Hafen mit Bootsvermietung gibt's hier so gut wie nichts. Wegen der Sandbänke im Wasser eignet sich dieser Strandabschnitt auch nicht wirklich zum Schwimmen. Wer ins Wasser möchte, spaziert einfach zum viel längeren Weststrand. In der Gegend gibt es noch zwei weitere Tavernen mit Zimmervermietung.

Triopetra erreicht man von Agios Pavlos aus (300 m der Strecke sind unbefestigt, aber befahrbar) oder über eine kurvenreiche, 12 km lange Asphaltstraße vom Dorf Akoumia, das an der Straße von Rethymnon nach Agia Galini liegt. Am Westende des Strands von Groß-Triopetra beginnt die neue Straße nach Ligres; die ersten rund 200 m sind ungeteert.

AGIOS PAVLOS ΑΓΙΟΣ ΠΑΥΛΟΣ

Agios Pavlos besteht im Grunde nur aus zwei kleinen Hotels und Tavernen rund um eine kleine Bilderbuchbucht mit Sandstrand zwischen schroffen Felsen. In der Ferne lässt sich die unverwechselbare Silhouette der Insel Paximadia ausmachen. Das Dorf nimmt für sich in Anspruch, der Ort zu sein, von dem aus Ikarus und Dädalus ihren legendären Flug antraten (das nahe gelegene Agia Galini macht ihm diese Ehre aber streitig).

Trotz aller Abgeschiedenheit ist an der Hauptbucht im Juli und August eine Menge los. Zuflucht vor den Massen bieten die Strände hinter der Landzunge nach Westen hin, die erst nach einer Rutschpartie auf einer steilen Sanddüne erreichbar sind. Die am weitesten entfernte Bucht ist die ruhigste und ein beliebter Ort für Nudisten. Dank der landschaftlichen Schönheit und traumhaften Stille von Agios Pavlos veranstaltet das in Großbritannien beheimatete Unternehmen Yoga Plus (www.yogaplus.co.uk) hier gern seine Yoga-Seminare.

Das Agios Pavlos Hotel (S. 205) vermietet Gästezimmer unten im Dorf und traumhafte Apartments oben am Hang. Außerdem verfügt es über eine gemütliche Taverne und eine Bar.

Autofahrer auf dem Weg nach Agios Pavlos achten an der Straße von Rethymnon Richtung Agia Galini auf den Wegweiser Richtung Kato Saktouria und folgen der kurvenreichen, abschüssigen Straße zum Meer.

NICHT VERSÄUMEN

TAVERNA ILIOMANOLIS

In Plakias gibt's mehrere recht gute Esslokale. Aber wer sich etwas ganz Besonderes gönnen möchte, fährt durch die zauberhafte Kotsifou-Schlucht zu dieser **Gebirgstaverne** (☎28320 51053; Hauptgerichte 5–9 €; ⌚Di–So, Nov. geschl.) in Kanevos. Die herzhafte kretische Hausmannskost von Besitzerin und Küchenchefin Maria ist schlichtweg umwerfend. Maria führt ihre Gäste gern in die Küche und lässt sie an den verführerischen Eintöpfen, Schmorgerichten, Suppen und lokalen Spezialitäten schnuppern, die dort jeden Tag zubereitet werden. Fleisch, Wein, Olivenöl, Käse und Raki stammen allesamt vom eigenen Bauernhof.

Agia Galini Αγια Γαλήνη

860 EW.

Agia Galini ist ein ehemaliges Fischerdorf, das durch Pauschaltourismus und rücksichtslose Bauprojekte viel von seinem ursprünglichen Charme verloren hat. Die Siedlung mit ihren vielen in die Jahre gekommenen Hotels und einem mit Wohnblocks übersäten Steilhang ist zwischen hohen Felsen, kleinen Stränden und einem belebten Hafen eingezwängt. Dadurch kann der Ort fast erdrückend wirken, besonders in der Hochsaison.

Im Vergleich zur Nordinsel geht es hier jedoch ruhig zu. Agia Galini ist ein eher gesetzter Ferienort für Leute mittleren Alters, Familien und ausländische Langzeitgäste. In der Vor- und Nachsaison bildet das Städtchen eine gute Ausgangsbasis für Abstecher nach Festos, Agia Triada und zu den entlegeneren Stränden Agios Pavlos und Triopetra. Aber im Winter werden in Agia Galini praktisch die Bürgersteige hochgeklappt.

Aktivitäten

Agia Galini zieht sich an einer abschüssigen Hauptstraße entlang, die unten am kleinen Hafen des Ortes in einen riesigen Parkplatz übergeht. Von dort aus winden sich zwei autofreie Gassen den Berg hoch. Die erste Gasse links (vom Hafen aus gesehen) ist voller Souvenirläden und Reisebüros – und trägt deshalb den Spitznamen „Shopping Street".

Parallel dazu verläuft die „Food Street", in der es – logisch – von Tavernen wimmelt.

Acrogiali WASSERSPORT
(☎69469 05781) Der Besitzer der Taverne Acrogiali am Hauptstrand vermietet Kanus und Tretboote und arrangiert auch Wasserskifahrten.

Geführte Touren

Argonaftis BOOTSAUSFLÜGE
(☎28320 91346) Von Ende Mai bis September veranstaltet der Eigentümer der Taverne Faros (s. u.) nebenberuflich jeden Tagen Bootsausflüge zum Preveli-Strand (25 €) und zur unbewohnten, vorgelagerten Insel Paximadia (30 €, inkl. kleinem Lunchpaket). Die Abfahrtszeiten hängen vom Wetter ab. Wer mitfahren möchte, geht am Abend vorher bei der Taverne vorbei oder findet sich gegen 10 Uhr am Hafen ein.

Essen

Faros MEERESFRÜCHTE€€
(Shopping Street; Hauptgerichte 7–15 €) Diese schnörkellose Fischtaverne in Familienbesitz ist aus gutem Grund meistens bis auf den letzten Platz besetzt: Der Eigentümer wirft nämlich höchstpersönlich im Mittelmeer seine Netze aus. Was abends auf den Tisch kommt, hat also morgens noch im Meer geschwommen. Spezialitäten des Hauses sind Hummerspaghetti, Fischsuppe und in der eigenen Tinte gekochter Tintenfisch.

Taverna Stohos GRIECHISCH €€
(www.stohos.gr; Hauptstrand; Hauptgerichte 7–10 €; ⌚Ende April–Okt.) Die Einheimischen schwören auf diese Taverne mit Ferienwohnungen (S. 205) am Wasser. Der sympathische Fanourios schwingt das Zepter in der Küche, wo ausgezeichnetes *kleftiko* und andere Gerichte aus dem Lehmofen gezaubert werden.

Onar GRIECHISCH €€
(Food Street; Hauptgerichte 6–12 €) Auch nach vielen Geschäftsjahren ist das Onar immer noch ein Renner und kann auf zahlreiche Stammgäste zählen. Natürlich gibt es noch genügend andere Tavernen mit idyllischem Hafenblick, aber wegen der köstlichen *mezedhes* und dem megaleckeren Grillfleisch steht das Onar ganz oben auf der Restaurant-Hitliste.

Taverna at Camping No Problem GRIECHISCH €€
(Pizzas & Pasta 4–8 €, Hauptgerichte 7–13 €; ⌚ April–Okt. 9–24 Uhr; 📶) Der mit schattenspendenden Bäumen und Blumen versehene Patio von Giorgos und Yiannis bildet eine wunderbar entspannte Kulisse für traditionelle, aber auch innovative Regionalküche wie am Spieß gebratenes Lammfleisch oder Schweinefilet mit Honig und Walnüssen. Im Sommer wird freitags kretische Livemusik geboten.

Von der Stadt bis zum Campingplatz No Problem (S. 205) sind es rund 750 m. Wer Badezeug mitbringt, kann zur Abkühlung in den großen Pool hüpfen.

La Strada ITALIENISCH €
(Gerichte 5–8 €) Hat rund 40 verschiedene Arten Pizza, Pasta und Risotto.

Platia CAFÉ€
(Frühstücksgerichte 3,50–8 €; ⌚8–14 & 18–1 Uhr; 📶) Ausgezeichnetes Frühstück plus Salate, Snacks und himmlische selbst gebackene Walnusstorte.

Ausgehen

LP TIPP **Blue Bar** BAR
(Shopping Street) Insider versichern, dass in dieser Bar, die seit Menschengedenken ihre Pforten geöffnet hat, die beste Musik von Agia Galini geboten wird. Kneipenwirt Heinz ist Sänger-Songwriter mit erstklassigem Musikgeschmack. Folglich dreht sich alles Mögliche auf dem Plattenteller, von Rock und Pop bis Soul und R&B.

Zanzibar CAFÉ, BAR
(☎28320 91142; www.kapi-crete.com; @📶) Kay und Pieter haben nicht lange gebraucht, um aus ihrem neuesten Unternehmen eine Institution zu machen, die aus dem Ort nicht mehr wegzudenken ist. Einheimische, Auswanderer und Touristen treffen sich hier auf einen Kaffee oder ein paar Drinks zum Plaudern, oft bis in die frühen Morgenstunden. Das Zanzibar steht an der Hauptstraße neben der Bushaltestelle. Einmal im Monat gibt's Livemusik. Im Winter ist nur mittwochs für die Auswanderer-Community geöffnet.

So Far So Good BAR
In diesem fast immer geöffneten Strandparadies, das ein etwas jüngeres Publikum anzieht, können die Gäste ihre Zehen im Sand vergraben, während sie einen Toast auf Kreta ausbringen. Tagsüber ist Bräunen und Chillen angesagt, nachts dann Party. Tolle Cocktails und kostenlose Sonnenliegen mit Schließfächern.

Miles Tone
BAR

(Food Street) Coole Typen aller Altersklassen frequentieren diese gemütliche Bar, wo jeden Abend Jazz und Blues gespielt wird.

Praktische Informationen

Die Busse halten vor dem Lokal Zanzibar unweit vom Hafen, mitten im Geschäftsbezirk von Agia Galini. Das Zanzibar bietet auch Internetzugang für 1 € pro Std. und WLAN den ganzen Tag für 1 €. Das Postamt liegt gleich hinter der Bushaltestelle und in der Nähe befinden sich mehrere Geldautomaten. Informationen im Internet gibt's unter www.agia-galini.com.

An- & Weiterreise

In der Hochsaison fahren täglich bis zu sechs Busse nach Iraklion (8 €, 2 Std.), bis zu fünf nach Rethymnon (6,20 €, 1½ Std.) und Festos (2,10 €, 30 Min.) sowie zwei nach Matala (3,30 €, 45 Min.).

Unterwegs vor Ort

Mano's Bike (☎28320 91551) gegenüber vom Postamt vermietet Mopeds und Motorräder. **Monza Travel** (☎28320 91278) hat Mietwagen und organisiert Ausflüge mit dem Bus. Taxiruf ☎6936906217 oder 6942989520.

DIE NORDOSTKÜSTE

Jenseits der Ferienanlagen östlich von Rethymnon präsentiert sich die Küste zerklüftet. Sie ist von vielen Wasserhöhlen und abgeschiedenen Buchten durchzogen, die sich nur per Boot erreichen lassen. Die Hauptstrandorte an der Nordküste sind Bali und Panormos. Beide eignen sich prima als Sprungbrett für Abstecher zu den Dörfern an den Ausläufern des Psiloritis, z. B. nach Axos und Anogia.

Panormos Πάνορμο

880 EW.

Panormos, 22 km östlich von Rethymnon, ist einer der wenigen noch relativ unverdorbenen Standorte der Nordküste. Trotz der beiden großen Hotelanlagen hat sich Panormos seinen gemächlichen, authentischen Dorfcharakter bewahrt. Der Ort bietet sich als ruhigere Alternative zum Massenrummel unmittelbar östlich von Rethymnon und im nahen Bali an. Im Sommer finden in einer zum Kulturzentrum umfunktionierten Johannisbrotfabrik Konzerte und andere Events statt.

Sehenswertes & Aktivitäten

Einen guten Ruf genießen die kretischen **Kochkurse** unter Leitung von Rodialos; Näheres s. S. 265.

Agia-Sophia-Basilika
ANTIKE STÄTTE

In Panormos gefundene Münzen deuten darauf hin, dass sich hier zwischen dem 1. und 9. Jh. n. Chr. ein blühendes Dorf befand. Das Einzige, was vor Ort noch von jener Zeit erzählt, sind die Überreste dieser Kirche aus dem 6. Jh. Sie wurde am Hang oberhalb vom Dorf erbaut; Schilder weisen den Weg zu den Ruinen der Basilika.

Touristenbahn
BAHN

Im Sommer zuckelt ein niedliches kleines Bähnchen durch Panormos (4 €), hinaus zum Töpferdorf Margarites (S. 95) und zur Melidoni-Höhle (S. 96; Erw./6–12 J. 15/7,50 €).

Atlantis Diving Center
TAUCHEN

(☎28310 71640; www.atlantis-creta.com; 2 Pers. inkl. Ausrüstung 102 €, Zubehör 15 € pro Tag) Das renommierte PADI-Unternehmen im Grecotel Club Marine Palace veranstaltet Tauchgänge vor der Küste oder vom Boot aus sowie Tauchkurse aller Schwierigkeitsgrade, vom Anfänger- bis zum Ausbilder-Niveau.

Agios-Giorgos-Kirche
KIRCHE

Wer etwas für Kirchen übrig hat, sollte einen Blick in die Pfarrkirche von Panormos werfen, die beeindruckende moderne Fresken aufweist.

Essen

In den touristischen Hafentavernen serviert man griechische Standardgerichte, internationale Küche und Fisch. Die traditionelleren Lokale liegen ein, zwei Querstraßen weiter landeinwärts.

LP TIPP Taverna Kastro
KRETISCH €€

(Hauptgerichte 5–10 €; Mai–Okt;) Die blumengeschmückte Terrasse mit Meerblick ist ein wunderschönes Plätzchen zum Chillen, aber noch umwerfender ist das, was die Küche hergibt. Klassische kretische Rezepte bekommen hier einen modernen Look verpasst. Das Resultat sind Gaumenfreuden wie Linsen mit *apaki* (geräuchertes Schweinefleisch), Hecht mit Kartoffeln oder Kaninchen in Oregano.

To Stekitou Sifaka
GRIECHISCH €

(Hauptgerichte 6–8 €) Wer Appetit auf sättigende kretische Hausmannskost hat, ist in dieser schlichten Taverne, einen Häuserblock vom Wasser entfernt, an der richtigen Adresse. An einer Tafel draußen sind die Tagesgerichte angeschrieben.

Angira MEERESFRÜCHTE €€
(Hauptgerichte 6–20 €) Ein riesiger Anker am Ostende des Hafens weist den Weg zu dieser Fischtaverne, wo außer Früchten des Meeres auch die üblichen Grillgerichte und kretischen Spezialitäten zu haben sind.

Stavroula GRIECHISCH€
(Tagesgerichte 2–6 €; ⌚ab 18 Uhr) Das kleine Lokal gegenüber vom Postamt produziert die besten *souvlaki* von Panormos.

Praktische Informationen

Die Bushaltestelle liegt an der Hauptstraße am Stadtrand. Das Postamt und ein Geldautomat befinden sich mitten im Ort, neben dem *souvlaki*-Lokal Stavroula. Weitere Informationen unter www.panormo.gr.

An- & Weiterreise

In der Hochsaison fährt stündlich ein Bus von Rethymnon nach Panormos (2,20 €, 25 Min.). Die Busse halten an der Hauptstraße direkt am Ortsrand.

Bali Μπαλί

330 EW.

Bali, 38 km östlich von Rethymnon und 51 km westlich von Iraklion, liegt so atemberaubend schön wie nur wenige Orte an der Nordküste. Mehrere kleine Buchten verstecken sich entlang der zerklüfteten Küste, die von Hügeln, Felsvorsprüngen und schmalen Sandstränden geprägt ist. Doch die unkontrollierte Erschließung dieses Küstenstreifens hat die ursprüngliche Schönheit des früheren Fischerdorfs arg beeinträchtigt. Im Sommer drängen sich die Sonnenanbeter an den Stränden wie Sardinen in der Büchse. Außerhalb der Saison dagegen ist Bali ein geniales Reiseziel in spektakulärer Landschaft mit supergünstigen Hotelzimmern.

Strände

Bali besitzt vier Strände mit grauem Sand, die auch recht gut für Kinder geeignet sind. Der größte und breiteste ist der **Livadi**, wo allgemeine Partystimmung herrscht. Er wird auf ganzer Länge von Bars, Tavernen und Cafés gesäumt und wimmelt nur so von Liegestühlen und Sonnenschirmen. An den Livadi schließt der **Varkotopo** an, ein winziger, schmaler Sandstreifen zwischen jungen Palmen. Hier gibt es zwei ziemlich schicke Bars – nette Läden für einen Sundowner. Weiter nördlich, am Hafen, liegt der **Limani**. Dieser Strand ist ebenfalls ein ziemlich schmaler Halbmond, bietet aber mühelosen Zugang zu Wassersportmöglichkeiten. Der **Karavostasi**, der letzte der vier Strände, ist der kleinste und ruhigste. Nur zwei Tavernen ducken sich dort unter die Küstenfelsen. Die Karavostasi-Bucht lässt sich vom Hafen aus zu Fuß über einen Küstenpfad oder mit dem Bali Express erreichen.

> **GEWUSST?**
>
> Der Name Bali hat nichts mit der tropischen Namensschwester in Indonesien zu tun. Er bedeutet auf Türkisch „Honig", denn in alten Zeiten wurde hier ausgezeichneter Honig gesammelt und verarbeitet. In der Antike hieß der Ort Astali, doch davon sind keine Spuren mehr erhalten.

Aktivitäten

Bali ist eine weit auseinander gezogene Siedlung. Der lange, hügelige Weg von einem Ende zum anderen dauert zu Fuß mindestens 25 Min. Ein ausgezeichnetes Fortbewegungsmittel ist der **Bali Express** (2 € pro Fahrt; ⌚9–23 Uhr), eine Touristenbahn mit elf Haltestellen im Ort und an den Stränden.

Wassersport

Lefteris (☎28340 94102, 6937200333; cat_cruises@yahoo.gr) am Hafen verleiht Kanus (8 € pro Std.), Motorboote (35 € pro Std.) und Jetski (50 € für 20 Min.). Eine Runde Wasserskifahren kostet 35 €, ein Bootsausflug nach Rethymnon 24 €.

Tauchen

Hippocampos Dive Centre (☎28340 94193; www.hippocampos.com; Tauchgang inkl. Ausrüstung 49 €, Schnorchel und Flossen 15 € pro Tag; ⌚9–13 & 17–21 Uhr, April–Juni, Sept. & Okt. Mo geschl., Juli & Aug. So geschl.) Der professionell geführte Veranstalter ganz in der Nähe von Lefteris hat diverse Tauch- und Schnorcheltrips sowie alle gängigen Kurse im Programm, darunter einwöchige Open-Water-Diver-Zertifizierungskurse (390 €). In der Hochsaison ist es ratsam, zwei oder drei Tage im Voraus zu reservieren.

Essen

LP TIPP **Taverna Nest** KRETISCH €

(Hauptgerichte 4–14 €; ⏲Mai–Okt.) Auf dieser von Weinranken überwucherten Terrasse kommen ausschließlich grundsolide Zutaten frisch vom Bauernhof auf den Tisch. Die hausgemachten Gerichte werden in großzügigen Portionen und mit einem breiten Lächeln serviert. Die Stammgäste stürzen sich mit Begeisterung auf das Fleisch oder den Fisch vom Grill und die ausgezeichneten Beilagen: hausgemachte *dolmadhes* und handgeschnitzte Bratkartoffeln. Das Lokal liegt ein paar Schritte landeinwärts vom Hafen und hat auch ordentliches Frühstück.

Panorama KRETISCH €€

(Hauptgerichte 5–16 €) Bei ausgezeichnetem Fisch und griechischer Hausmannskost kann man hoch oben auf der Terrasse eines ehemaligen Johannisbrot-Lagerhauses den Booten unten im Hafen beim Schaukeln zuschauen. Das 1968 eröffnete Esslokal gehört zu den ältesten und angesehensten von Bali.

Taverna Karavostasi GRIECHISCH €€

(Spezialitäten 5,50–16 €) Diese Taverne – eines der beiden Esslokale am winzigen Karavostasi-Strand – ist ein herrliches Plätzchen, um die Seele baumeln zu lassen. Spezialität des Hauses sind gefüllte Auberginen. Die kretische Pizza (mit Fetakäse) stellt eine gelungene Abwandlung des italienischen Originals dar.

Praktische Informationen

Neben dem Restaurant Mythos gibt's einen Geldautomaten und links, kurz hinter dem Ortseingang, ein **Internetcafé** (2 € pro Std.; ⏲9–23 Uhr).

An- & Weiterreise

Die Busse der Strecke Rethymnon–Iraklion (7,60 €) halten an der Hauptstraße. Von dort sind es 2 km Fußweg zum Hafen von Bali.

Iraklion Ηράκλειο

Inhalt »

Gut essen

» Elia & Diosmos (S. 142)
» Prassein Aloga (S. 121)
» Brillant/Herb's Garden (S. 121)
» Kritamon (S. 140)
» Roussos Taverna (S. 142)

Schön übernachten

» Lato Hotel (S. 206)
» Balsamico Suites (S. 210)
» Eleonas (S. 208)
» Capsis Astoria (S. 206)
» Villa Kerasia (S. 208)

Auf nach Iraklion

Iraklion ist die dynamischste Region Kretas. Sie beherbergt fast die Hälfte der Inselbevölkerung und die allergrößte Touristenattraktion der Insel, den minoischen Palast von Knossos. Unbezahlbare Kostbarkeiten, die hier und in den zahlreichen anderen minoischen Stätten in ganz Kreta ausgegraben wurden, haben das archäologische Museum der Hauptstadt Iraklion auf Weltniveau katapultiert.

Der Küstenstreifen östlich von Iraklion ist zwar eine einzige große Ansammlung von Hotels und Badeorten, aber nur ein Stückchen landeinwärts bieten wunderbar verträumte Dörfer ein erfreuliches Kontrastprogramm. Besucher können den neuerdings bei Sommeliers von Jahrgang zu Jahrgang höher geschätzten Rebensaft verkosten, der in der Weinregion Iraklions gekeltert wird, auf den Spuren von El Greco und Nikos Kazantzakis wandeln und sich an der urwüchsigen Erhabenheit entlegener Bergdörfer wie Zaros laben.

An der ruhigeren Südküste ist der ehemalige Hippie-Treffpunkt Matala der einzige kommerziell voll erschlossene Urlaubsort. In den bezaubernden Dörfern dagegen geht das Leben noch beinahe den gleichen beschaulichen Gang wie schon seit Menschengedenken.

Reisezeit

Im April und Mai kommen Kulturbegeisterte voll auf ihre Kosten. Dann sind Knossos und andere archäologische Superhighlights noch erfreulich wenig überlaufen und das Risiko eines Sonnenstichs ist minimal. Kleiner Bonus obendrein: Teppiche aus blühenden Wildblumen im Landesinneren.

Den ganzen Sommer über findet im Zuge des Sommer-Kunstfestivals von Iraklion auf bezaubernden Freilichtbühnen eine wahre Orgie hochrangiger Kulturveranstaltungen statt: Von Tanz und Musik über Theater bis zu Filmkunst ist alles vertreten.

Nach einem langen, heißen Sommer sind die Trauben Kretas prall und erntereif. Den Auftakt der Saison bildet im August das fünftägige Weinfest von Archanes.

NICHT VERSÄUMEN

Das Bergdorf **Zaros** (S. 144) ist Ausgangspunkt wunderschöner Wanderungen, insbesondere zur atemberaubenden Rouvas-Schlucht mit ihrem uralten Eichenwald und der Klosterkirche Moni Agios Nikolaos.

Antike Stätten: Top-Tipps

» Knossos (S. 134) – die Urmutter aller minoischen Stätten

» Malia (S. 157) – wie Knossos, aber ohne Rekonstruktionen

» Gortys (S. 146) – ein Relikt aus der römischen Zeit Kretas

» Festos (S. 148) – der am schönsten gelegene unter den minoischen Palästen

Ländliche Refugien: Top-Tipps

» Archanes (S. 139) – Herzstück der Weinregion

» Fodele (S. 137) – hübsches Dorf, das sich für den Geburtsort El Grecos hält

» Kamilari (S. 153) – bezauberndes, an einen Hang geschmiegtes Dörfchen mit einem minoischen Grab

» Zaros (S. 144) – Bergdorf mit berühmtem Felsquellwasser

Infos im Internet

» www.heraklion-city.gr

» http://history.heraklion.gr

» www.historical-museum.gr

Unterwegs vor Ort

Von allen Regierungsbezirken Kretas besitzt Iraklion die beste Verkehrsinfrastruktur. Entlang der Nordküste führt die Autobahn E75, und weiter landeinwärts gelegene Orte können über die parallel dazu verlaufende Alte Nationalstraße erreicht werden. Eine Schnellstraße verbindet Iraklion mit der Messara-Ebene und den Strandorten in der Umgebung von Matala; eine weitere führt durch Knossos und das Weingebiet von Iraklion sogar bis nach Arkalochori. Auch die kleineren Straßen sind überwiegend in gutem Zustand. Vor allem im Sommer verkehren zahlreiche Busse und alle größeren Ortschaften werden regelmäßig angesteuert.

DREI PERFEKTE TAGE

1. Tag

Wer früh aufsteht und sich in die Warteschlange vor dem Eingang von **Knossos** einreiht, kann die größten Sehenswürdigkeiten einigermaßen ungestört betrachten. Anschließend gibt's ein kretisches Gourmet-Mittagessen bei **Elia & Diosmos** in Skalani, am Rand der Weinregion Iraklions, gefolgt von einer Weinprobe auf dem benachbarten Weingut **Boutari** und einem Abstecher nach **Myrtia**, um Nikos Kazantzakis, Kretas renommiertestem Schriftsteller des 20. Jhs., seine Aufwartung zu machen. Den Rest des Tages verbringt man mit Stippvisiten bei weiteren Winzereien und der Besichtigung der minoischen Stätten von **Archanes**. Anschließend geht's zurück nach Iraklion zu einem Dachterrassendinner im **Herb's Garden**.

2. Tag

Der Vormittag gehört den faszinierenden Meereslebewesen im hochmodernen **Cretaquarium** in Gournes. Danach wird die Taschenlampe eingesteckt und der Indiana-Jones-Hut aufgesetzt – und hinunter geht's in die Eingeweide der **Skotino-Höhle**, einer gruseligen Unterwelt mit bizarren Tropfsteinformationen, zwischen denen eine Fledermauskolonie und andere lichtscheue Kreaturen hausen. Für den Rest des Tages ist hitzefrei: **Water City**, der größte Wasserspielplatz Kretas, lädt zum Chillen und zu Rutschpartien auf den Wasserrutschen ein.

3. Tag

Heute steht eine Besichtigung des **Palastes von Festos** auf dem Programm, anschließend ein Mittagessen in der **Taverna Agios Ioannis**. Darf's noch mehr minoische Kultur sein? Dann empfiehlt sich ein Rundgang durch die Anlage von **Agia Triada**. Andernfalls geht's direkt zur **Agiofarango-Schlucht**, wo ein Spaziergang zu einem schönen abgeschiedenen Strand führt. Zum Abendessen geht's in eine der Tavernen am Hauptplatz von Sivas.

Schlafen

Übernachtungsoptionen in dieser Region sind im Kapitel „Schlafen" aufgeführt (S. 189).

IRAKLION ΗΡΑΚΛΕΙΟ

137 400 EW.

Iraklion (auch bekannt als Heraklion), Geburtsort von El Greco und Nikos Kazantzakis, ist vielleicht das am meisten unterschätzte Reiseziel Kretas. Stimmt schon – wer voller Vorfreude auf einen geruhsamen Griechenlandurlaub in der geschäftigen, fünftgrößten Stadt Griechenlands ankommt, empfindet sie im ersten Moment wahrscheinlich als Zumutung in jeder Hinsicht. Doch obwohl Iraklion nach herkömmlichen Maßstäben nicht schön ist, gewinnt die Stadt an Reiz, wenn man sich die Zeit nimmt, durch ihre Seitenstraßen zu schlendern und ihre verschiedenen Aspekte zu erkunden.

Iraklion durchlief in jüngerer Zeit eine Phase intensiver Stadterneuerung und strotzt vor Energie, auch wenn die Stadtkasse leer ist. Ein komplett saniertes Hafenviertel lädt nun zu Spaziergängen ein und der alte Stadtkern wurde inzwischen in eine Fußgängerzone verwandelt. Die geschäftigen Plätze der Altstadt säumen Gebäude, die noch aus der Zeit stammen, als Kolumbus die Segel setzte.

Iraklion besitzt durchaus urbanes Flair: eine florierende Café- und Restaurantszene, die besten Einkaufsmöglichkeiten der Insel und ein pulsierendes Nachtleben. Natürlich sollte man darüber nicht die Top-Sehenswürdigkeiten vergessen, wie das eindrucksvolle archäologische Museum und den Palast von Knossos, die faszinierende Einblicke in die minoische Kultur gewähren.

Geschichte

Iraklion ist seit der Jungsteinzeit besiedelt und wurde im Jahr 824 n. Chr. von den Sarazenen erobert. Danach entwickelte es sich offenbar zur Hauptdrehscheibe des Sklavenhandels im östlichen Mittelmeerraum und zum Stützpunkt der berüchtigten Piraten der Region. Nach einer langen Belagerung im Jahr 961 vertrieben byzantinische Truppen die Araber und die Stadt wurde nun unter dem Namen Handakas bekannt. Als Kreta im Jahr 1204 an Venedig verkauft wurde, änderte sich der Name in Candia.

Unter venezianischer Herrschaft entwickelte sich die Stadt zu einem Zentrum der schönen Künste und brachte berühmte Maler wie Damaskinos und El Greco hervor. Die prächtige Festung sowie viele der eleganten öffentlichen Gebäude und stolzen Kirchen stammen aus dieser Zeit. DiDe Einwohner Candias kämpften verbissen, um sich die Osmanen vom Leib zu halten, und erweiterten sogar die Festungsmauern. Aber 1645 überrannten die Türken Kreta und begannen im Jahr 1648 mit der Belagerung Candias.

Unter den Türken wurde die Stadt als Megalo Kastro (Großes Schloss) bekannt. Die künstlerischen Aktivitäten gingen zurück und viele Kreter flohen oder wurden getötet. Im August 1898 massakrierte ein türkischer Mob Hunderte Kreter, 17 britische Soldaten und den britischen Konsul. Wenige Wochen später legte eine Schwadron britischer Schiffe im Hafen an und setzte der türkischen Herrschaft über die Stadt ein Ende.

Seinen heutigen Namen erhielt Iraklion im Jahr 1922. Damals war noch Chania die Hauptstadt des unabhängigen Kreta, aber aufgrund seiner zentralen Lage wurde Iraklion bald zum Handelszentrum der Insel. Im Zweiten Weltkrieg litt die Stadt schwer unter den Bombardierungen, die einen großen Teil der unter Venezianern und Türken erbauten Stadtteile dem Erdboden gleichmachten. Im Jahr 1971 wurde Iraklion erneut zur Hauptstadt Kretas ernannt.

Sehenswertes

Iraklions Hauptsehenswürdigkeiten befinden sich innerhalb des historischen Stadtkerns zwischen dem Hafenviertel und den alten Stadtmauern. Viele der eindrucksvollsten Gebäude liegen an der Hauptverkehrsstraße 25 Avgoustou, die am hübschen innerstädtischen Hauptplatz Plateia Venizelou vorbeiführt. Wegen der Verzierungen am Morosini-Brunnen, dem Wahrzeichen des Platzes, wird er auch „Löwenplatz" genannt. Die östlich vom Platz verlaufende Fußgängerzone Korai bildet den Mittelpunkt der Cafészene von Iraklion. Sie führt zur weitläufigen Plateia Eleftherias, in deren Nähe das archäologische Museum steht.

ENTFERNUNGEN (km)

	Iraklion	Malia	Matala	Peza
Malia	37			
Matala	69	106		
Peza	17	44	70	
Festos	57	90	10	61

Highlights

1 Eine Audienz bei König Minos im **Palast von Knossos** (S. 126)

2 Köstliche kretische Tropfen kosten in der **Weinregion Iraklions** (S. 141)

3 Die umwerfende Aussicht in **Festos** (S. 148) genießen

4 In **Gortys** (S. 146) hinter die Kulissen der römischen Vergangenheit Kretas schauen

5 In den Pools und auf den Rutschen eines **Wasserparks** (S. 156) in Chersonisos Abkühlung finden

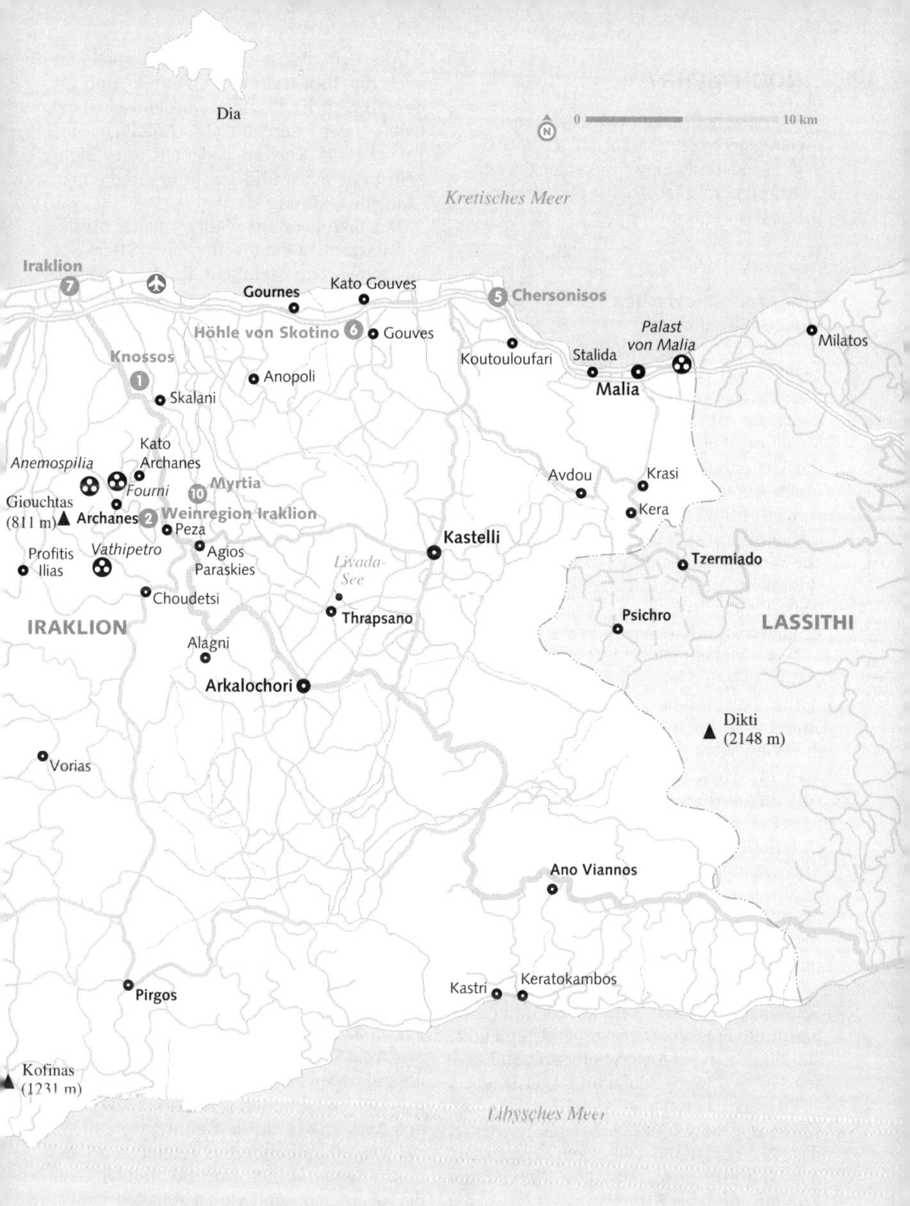

6 Tief ins Innere der Erde vordringen, um die mysteriöse **Skotino Höhle** (S. 157) zu erkunden

7 Die minoischen Kunstwerke im **Archäologischen Museum von Iraklion** (S. 116) bewundern

8 Auf der Fahrt nach **Zaros** (S. 144) den Einfallsreichtum der Natur bestaunen

9 Schwimmen und Sonne tanken in der Nachbarschaft minoischer Ruinen bei **Kommos** (S. 152)

10 In **Myrtia** (S. 142) einen Eindruck vom Genie des auf Kreta geborenen Schriftstellers Nikos Kazantzakis bekommen

NOCH MEHR?

Auf **Lonely Planet** (www.lonelyplanet.com/greece/crete/iraklio) gibt's Vorschläge zur Reiseplanung, Empfehlungen der Autoren, Travellerberichte und Insidertipps.

LP TIPP Archäologisches Museum Iraklion — MUSEUM

(☎2810 279 000; http://odysseus.culture.gr; Xanthoudidou 2; Erw./erm. 4/2 €; ⌚Nov.–März 8.30–15 Uhr, April–Okt. verlängerte Öffnungszeiten, telefonisch erfragen) Dieses hervorragende Museum ist eines der größten und wichtigsten Griechenlands. Die Ausstellungsstücke umfassen einen Zeitraum von 5500 Jahren, vom Neolithikum bis zum Römischen Reich. Am berühmtesten ist jedoch die umfangreiche Sammlung aus minoischer Zeit. Wer die Geschichte und Kultur Kretas wirklich verstehen und wertschätzen möchte, darf einen Besuch hier auf keinen Fall versäumen.

Das Museumshauptgebäude ist seit 2006 wegen Renovierungsarbeiten geschlossen, und bei Drucklegung des Buches gab es noch keinen festen Termin für die Wiedereröffnung. In der Übergangszeit sind die Highlights der Sammlung liebevoll angeordnet in einem Nebengebäude zu sehen (der Eingang befindet sich in der Hatzidaki). Die provisorische Ausstellung umfasst zwar nur 400 der 15 000 Exponate, die normalerweise zu besichtigen sind, erfüllt aber internationalen Museumsstandard und beinhaltet die wichtigsten Meisterwerke.

Die Schatzkammer umfasst Töpferwaren, Schmuck, Figurinen, Sarkophage und einige berühmte Fresken. Die spannendsten Funde stammen aus den Ausgrabungsstätten Knossos, Festos, Zakros, Malia und Agia Triada.

Zu den herausragenden Fresken aus Knossos gehören das **Prozessionsfresko**, das **Greifenfresko** (aus dem Thronsaal), das **Delphinfresko** (aus dem Zimmer der Königin) und das **Stierspringerfresko**, auf dem ein Akrobat abgebildet ist, der einen Salto über den Rücken eines angreifenden Stiers vollführt.

Unter den anderen Fresken befinden sich der wunderschön restaurierte **Lilienprinz** sowie zwei Werke aus der Neue Palastzeit: die von Archäologen als **La Parisienne** bezeichnete Priesterin und der **Safransammler**.

Aus dem Palast von Knossos stammen auch die **Tontafeln mit Linear-A- und Linear-B-Schrift** (letztere wurden als Haushalts- oder Geschäftsabrechnungen des Palastes von Knossos gedeutet), die Elfenbeinstatue eines **Stierspringers** und einige exquisite **Goldsiegel**.

Das faszinierendste Stück aus der Mittlere Palastzeit ist ein 20 cm großer **Stierkopf** aus schwarzem Stein, ein Trankopfergefäß. Fein ziselierte Stirnlocken umspielen seine goldenen Hörner, und die Augen aus Bergkristall wirken beinahe lebendig. Zu den eindrucksvollsten Ausstellungsstücken gehören auch die Figurinen einer barbusigen **Schlangengöttin**, die in einem Schrein in Knossos gefunden wurden.

Ein Beispiel für wertvollen **minoischen Schmuck** ist der wunderschöne goldene Anhänger aus Malia in Form von zwei Bienen, die Honig in eine Wabe tröpfeln.

Das Glanzstück aus Festos ist der faszinierende **Diskos von Festos**, eine runde, 16 cm breite Tonscheibe mit eingeritzten Piktogrammen, deren Bedeutung bis heute nicht entschlüsselt wurde.

Die auf meisterhafte Weise mit weißen Blumen verzierte Vase aus Festos ist ein schönes Beispiel für die berühmten, fein gearbeiteten Keramikvasen im **Kamares-Stil**. Sie sind nach der heiligen Kamares-Höhle benannt, wo die ersten derartigen Exemplare gefunden wurden.

Unter den Funden aus Zakros befinden sich das phantastische **Kristall-Rhyton**, eine Vase, deren über 300 Scherben in sorgfältiger Kleinarbeit wieder zusammengesetzt wurden, sowie Gefäße, die mit Blumen- und Meeresmotiven verziert sind.

Der berühmteste minoische Sarkophag und eine der größten Leistungen der minoischen Kunst überhaupt ist der **Sarkophag aus Agia Triada**. Auf ihm sind Blumen- und abstrakte Muster sowie rituelle Szenen abgebildet. Ein weiterer bedeutender Fund aus Agia Triada ist die **Schnittervase**, auf der junge Landarbeiter abgebildet sind, die vom Olivenpflücken zurückkommen. Nur der obere Teil der Vase ist erhalten geblieben. Die **Boxervase** zeigt Minoer bei ihren beiden Lieblingsbeschäftigungen: Ringen und Stierspringen. Eine etwas kryptischere Szene ist auf dem **Prinzenbecher** zu sehen: ein Herrscher mit einem Zepter in der Hand und drei Männer, die Tierfelle tragen.

Zu den Funden aus minoischen Nekropolen zählen zwei kleine Tonplastiken mehrerer Personen, die in einem *tholos*-

Grab gefunden wurden. Eine davon zeigt vier männliche Tänzer, die sich gegenseitig die Arme um die Schultern legen und einen Kreis bilden. Vermutlich vollführen sie ein Begräbnisritual. Weitere Einblicke ins Leben der Minoer bietet das sorgfältig ausgearbeitete **Spielbrett**, das mit Elfenbein, Kristallen, Glas, Gold und Silber verziert ist. Es stammt aus der Neuen Palastzeit und wurde in Knossos gefunden.

Ein Kombiticket mit dem Palast in Knossos kostet 10 € (erm. 5 €).

Historisches Museum von Kreta MUSEUM
(☎2810 283 219; www.historical-museum.gr; Sofokli Venizelou; Erw./erm. 5/3 €; ⊙Mo–Sa 9–17 Uhr) Wer wissen möchte, was in Kreta in den letzten 1700 Jahren so alles passiert ist, darf keinesfalls einen Besuch in diesem hochinteressanten Museum versäumen. Die Bandbreite der Exponate reicht von der byzantinischen über die venezianische bis zur türkischen Ära und endet mit dem Zweiten Weltkrieg. Im ganzen Museum gibt's ausgezeichnete englischsprachige Beschilderung, Multimedia- und Hörstationen.

Die unumstrittenen Highlights im ersten Stock sind die beiden einzigen **Gemälde von El Greco**, die sich auf Kreta befinden – *Blick auf den Berg Sinai und das St.-Katharinen-Kloster* (1570) sowie das winzige *Die Taufe Christi* (1567). In anderen Ausstellungsräumen werden Fresken aus dem 13. und 14. Jh. gezeigt, ergänzt durch auserlesenen venezianischen Goldschmuck und Brokatgewänder. Eine weitere historische Ausstellung zeichnet den Weg Kretas in die Unabhängigkeit von den Türken im 20. Jh. nach.

Die interessantesten Räumlichkeiten befinden sich im 2. Stock. Fans von **Nikos Kazantzakis** können das nachgebildete Arbeitszimmer des berühmten kretischen Schriftstellers besichtigen und sich Szenen aus *Alexis Sorbas* und anderen Verfilmungen seiner Bücher anschauen.

Der historische Schwerpunkt liegt auf dem Zweiten Weltkrieg, vor allem auf der **Schlacht um Kreta**. Eine Hi-Tech-Ausstellung erzählt auf bewegende Weise vom kretischen Widerstand, erläutert die Rolle des alliierten Geheimdienstes und schildert die Zerstörung Iraklions, die Entführung des deutschen Generals Kreipe und andere Ereignisse des Krieges. Ein Highlight ist das Originalbüro von Emmanouil Tsouderos, dem auf Kreta geborenen Premierminister Griechenlands von 1941 bis 1944. Seine Familie hat es dem Museum gestiftet.

Im obersten (3.) Stockwerk findet man eine hervorragende Sammlung zu **Volkskunde und Kunsthandwerk**.

Kastell Koules FESTUNG
(am Hafen; Erw./erm. 2/1 €; ⊙Mai–Okt. Do–So 8.30–19 Uhr, Nov.–April bis 15 Uhr) Die wuchtige Festung aus dem 16. Jh. am Ende eines alten Landungsstegs wurde von den Venezianern als Rocca al Mare bezeichnet und ist das sichtbarste Wahrzeichen Iraklions. 21 Jahre trotzte sie dem Ansturm der Osmanen, bevor die Eroberer sie zum Gefängnis für kretische Rebellen umfunktionierten. An stürmischen Tagen umgibt sie eine besonders dramatische Atmosphäre, denn dann zerschellen heftige Wellen an den Festungsmauern und die Gischt spritzt bis über den Kai. An drei der Mauern sind noch Marmorreliefs mit dem Symbol Venedigs, dem geflügelten Löwen des Heiligen Markus, zu sehen. Im Inneren befinden sich 26 restaurierte Räume, die früher als Lagerräume und als Soldatenunterkünfte genutzt wurden. Heute finden hier manchmal Kunstausstellungen und andere Events statt. Von den Zinnen aus sind die gewölbten Säulengänge der **Venezianischen Arsenale** gegenüber der Festung zu sehen. Sie dienten dem Schutz und zur Wartung der venezianischen Flotte.

Naturkundemuseum von Kreta MUSEUM
(☎2810 282 740; www.nhmc.uoc.gr; Sofokli Venizelou; Erw./erm. 6/4 €; ⊙Juni–Sept. Mo–Fr 9–16, Sa & So 10–16 Uhr, Okt.–Mai Mo–Fr 8.30–14, Sa & So 10–16 Uhr) Das Museum ist ein clever umgebautes Elektrizitätswerk, das auf riesigen Dioramen und in einem Gebäudeflügel voller Terrarien die Flora und Fauna des östlichen Mittelmeerraums vorstellt, insbesondere diejenige Kretas. Star der Ausstellung ist aber die lebensgroße Nachbildung des elefantenartigen *Deinotherium giganteum*, des größten landlebenden Säugetiers aller Zeiten. Das Erscheinungsbild des 5 m hohen und 7 m langen Tieres wurde anhand von Fossilien rekonstruiert, die man in der Nähe von Sitia gefunden hat. Ein weiterer Publikumsmagnet ist der 3-D-Erdbebensimulator. Außerdem gibt es ein interaktives Discovery Centre, wo Nachwuchsforscher nach Fossilien graben, in Höhlen klettern und im Inneren eines Baumes einen Film anschauen können. In den nächsten Jahren sollen weitere Ausstellungsstücke hinzukommen.

Zum Museum sind es rund zehn Minuten Fußweg auf der 25 Avgoustou am Meer entlang nach Westen.

A
B
C
D
1
2
3
4
5
6
7
Alter Hafen
Sofokli Venizelou
Plateia
18 Anglon
Plateia
Istorikou
Mouseiou
Mitsotaki
Historisches
Museum
von Kreta
Naturkunde-
museum (250 m);
Big Fish (400 m);
Envy (600 m);
Talos Plaza (600 m)
Theotokopoulou
Lahana
Vyronos
Epimenidou
25 Avgoustou
Paleologou
Kalimeraki
Almyrou
Koroncou
Grevenon
Akroleondos
Koroneou
Handakos
Hortatson
1878
El-Greco-
Park
Plateia
Agiou
Titou
Agiou Titou
Agiostefaniton
Psarmilingon
Mirabelou
Idaiou Antrou
Plateia
Venizelou
Perdikari
Korai
Busbahnhof B
(650 m)
Kalokerinou
Dedalou
Dikeosynis
Monis Odigitrias
Evans
Katehaki
1821
1866 (Markt)
Koziri
Zogratou
Agiou Mina
Grab von
Nikos Kazantzakis
Bembo-
Brunnen (100 m)
Nikos-Kazantzakis-
Freilufttheater
1
2
5
6
7
8
9
10
11
14
15
17
19
20
21
22
23
24
25
26
27
28
29
30
31
32
33
34
35
36
37
38
39
40
41
42
44
45
46
47
48
49
50

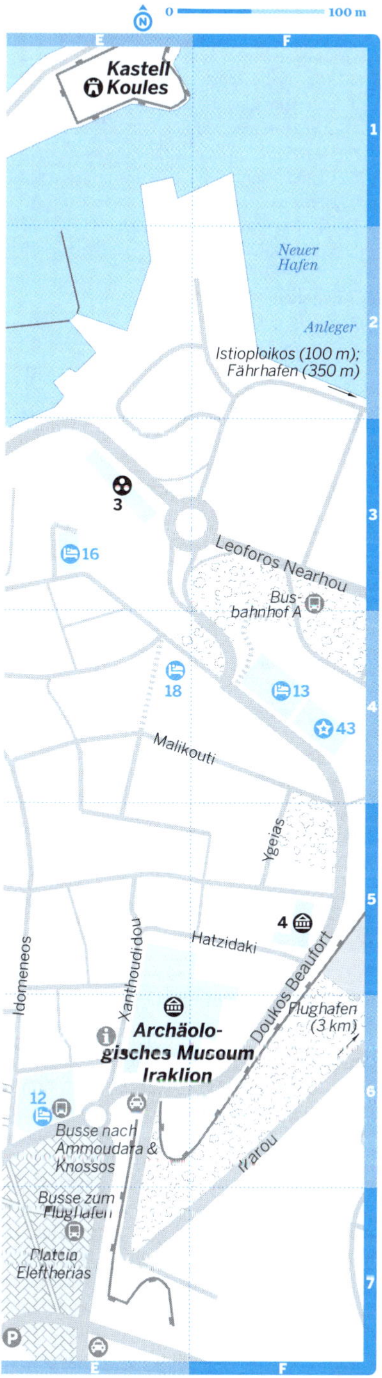

Morosini-Brunnen BRUNNEN

(Plateia Venizelou) Der auch als Löwenbrunnen bekannte Springbrunnen auf der Platei Venizelou ist das populärste unter den venezianischen Überbleibseln der Stadt. Vier Steinlöwen speien ihre Fontänen in acht kreisförmig angeordnete, U-förmige Marmorbecken. Die Marmorstatue Poseidons, die einst in der Mitte des Brunnens stand, wurde unter osmanischer Herrschaft zerstört.

GRATIS **Städtische Kunstgalerie** KUNSTGALERIE

(☎2810 399 228; 25 Avgoustou; ⏲Mo–Fr 9–13.30 & 18–21, Sa 9–13 Uhr) Die dreischiffige, im 13. Jh. erbaute **Agios-Markos-Basilika** wurde mehrmals umgebaut und unter den Türken in eine Moschee umgewandelt. Heute bietet sie eine wunderbare Kulisse für Werke von Maria Fiorakis, Lefteris Kanakakis, Thomas Fanorakis und anderen kretischen Künstlern.

Agios-Titos-Kirche KIRCHE

Die majestätische Agios-Titos-Kirche überragt den gleichnamigen Platz. Sie wurde 961 von den Byzantinern erbaut, später von den Venezianern in eine katholische Kirche umgewandelt und schließlich unter den Osmanen als Moschee genutzt und nach dem verheerenden Erdbeben von 1856 auch wieder aufgebaut. 1925 verwandelte sie sich in eine orthodoxe Kirche. Seit 1966 ruht hier auch wieder die hoch verehrte Schädelreliquie des Heiligen Titus. Sie war nach Venedig gebracht worden, um sie vor den türkischen Besatzern zu schützen.

Stadtmauer HISTORISCHE STÄTTE

Iraklion ist schon vor langer Zeit aus den Nähten, sprich Stadtmauern, geplatzt. Die alten venezianischen Befestigungsanlagen mit ihren sieben Bastionen und vier Toren sind aber immer noch deutlich auszumachen und stellen die Betonklotze aus dem 20. Jh. locker in den Schatten. Erbaut wurde die Verteidigungsanlage zwischen 1462 und 1562 unter den Venezianern. Wer mag, kann an der Mauer entlang um die Innenstadt herumgehen, aber ein besonders malerischer Spazlergang ist das nicht.

Bembo-Brunnen BRUNNEN

Dieser entzückende Springbrunnen auf der Plateia Kornarou, am Südende der Odos 1866, wurde Mitte des 16. Jhs. errichtet. Als Baumaterial diente antiker „Bau-

Iraklion

Highlights
- Historisches Museum von Kreta ... A3
- Archäologisches Museum Iraklion ... E6
- Kastell Koules ... E1

Sehenswertes
- 1 Agios-Dimitrios-Kirche ... C3
- Agios-Markos-Basilika ... (s. 8)
- 2 Agios-Minas-Kathedrale ... A7
- 3 Venezianische Arsenale ... E3
- 4 Museum der Schlacht von Kreta ... F5
- 5 Agios-Titos-Kirche ... D5
- 6 Loggia ... C5
- 7 Morosini-Brunnen ... B5
- 8 Städtische Kunstgalerie ... C5
- 9 Museum für religiöse Kunst ... A6

Aktivitäten, Kurse & Touren
- 10 Cretan Adventures ... C7
- 11 Mountaineering Club of Iraklio ... D6

Schlafen
- 12 Capsis Astoria ... E6
- 13 GDM Megaron ... F4
- 14 Kastro Hotel ... B4
- 15 Kronos Hotel ... B2
- 16 Lato Hotel ... E3
- 17 Lena Hotel ... B3
- 18 Marin Dream Hotel ... E4
- 19 Mirabello Hotel ... B4
- 20 Rea Hotel ... A4

Essen
- 21 Bitzarakis Bakery ... B6
- Brillant/Herb's Garden ... (s. 16)
- 22 Fyllo...Sofies ... B6
- 23 Giakoumis ... C7
- 24 Ippokambos ... C2
- 25 Kouzina tis Popis ... C7
- 26 Loukoumades ... B6
- 27 O Vrakas ... C2
- 28 Ouzeri tou Terzakis ... C3
- 29 Pagopoieion ... D4
- 30 Parasies ... A3
- 31 Peri Orexeos ... D6
- 32 Prassein Aloga ... B5

Ausgehen
- 33 Bar Blow Up ... A5
- 34 Central Park ... C5
- Draft ... (s. 40)
- 35 Fashion Cafe ... C6
- 36 Fix ... C6
- Jailhouse Bar ... (s. 39)
- 37 Mare ... A3
- 38 Mayo Lounge & Harem Oriental Club ... D5
- 39 Rolling Stone ... A5
- 40 Take Five ... C4
- 41 Utopia ... A5
- 42 Veneto ... D3

Unterhaltung
- Kino Astoria ... (s. 12)
- 43 Privilege ... F4

Shoppen
- 44 Aerakis Music ... D6
- 45 Fanourakis ... B6
- 46 Folli Follie ... D6
- 47 Hondos Center ... C4
- 48 Mountain Club ... C7
- 49 Planet International ... A4
- 50 Road Editions ... B5

schutt“, darunter auch die Statue eines römischen Beamten, die man in der Nähe von Ierapetra gefunden hatte. Der Brunnen war der erste der Stadt und versorgte Iraklion über ein Aquädukt mit Wasser aus einer 13 km weiter südlich gelegenen Quelle auf dem Berg Giouchtas. Das sechseckige Brunnenhäuschen nebendran steuerten die Türken bei. Heute beherbergt es ein Café.

Loggia
HISTORISCHES GEBÄUDE

Das Rathaus von Iraklion ist in der liebevoll restaurierten Loggia aus dem 17. Jh. untergebracht. In dieser venezianischen Version eines Herrenclubs traf sich damals der männliche Adel auf einen Schluck und ein Schwätzchen.

Grab von Nikos Kazantzakis
HISTORISCHE STÄTTE

Das Grab des renommiertesten kretischen Schriftstellers des 20. Jhs., Nikos Kazantzakis (1883–1957, s. S. 255), liegt südlich der Innenstadt in der gut erhaltenen Martinengo-Bastion. Die Grabinschrift wurde einem seiner Werke entnommen und lautet „Ich erhoffe nichts, ich fürchte nichts, ich bin frei“. Am Südende der Odos 1821 die Mossourou nehmen und bis an deren Ende gehen, dort rechts in die Plastira einbiegen. Linker Hand erhebt sich drohend die Bastion.

GRATIS **Museum der Schlacht um Kreta** MUSEUM
(☎2810 346 554; Doukos Beaufort, Ecke Hatzidaki; ⏱9–13 Uhr) Dieses Museum dokumentiert die epische Schlacht im Zweiten Weltkrieg anhand von Fotos, Briefen, Uniformen, Waffen und anderem Kriegsmaterial.

Museum religiöser Kunst MUSEUM
(☎2810 288 825; Moni Odigitrias) Die ehemalige Agia-Ekaterini-Kirche auf dem Platz neben der **Agios-Minas-Kathedrale** beherbergt eine vorzügliche Sammlung kretischer Ikonen, darunter sechs Meisterstücke von Michael Damaskinos, einem der wichtigsten Repräsentanten der Kretischen Schule, die ihre Blütezeit unter den Venezianern im 16. und 17. Jh. erlebte. Bei unserem Besuch war das Museum zwecks Renovierung geschlossen; es soll 2012 wiedereröffnet werden.

Aktivitäten

Ammoudara, rund 4 km westlich von Iraklion, und **Amnisos**, 2 km östlich der Stadt, sind die am nächsten gelegenen **Strände**. Letzterer befindet sich allerdings gleich hinter dem Flughafen und bekommt einiges an Lärm ab. Angenehmer sind die Strände bei Agia Pelagia, etwa 20 km westlich der Stadt.

Cretan Adventures OUTDOOR-AKTIVITÄTEN
(☎2810 332 772; www.cretanadventures.gr; Evans 10, im Obergeschoss) Dieses angesehene lokale Unternehmen organisiert Wanderungen, Mountainbiketouren sowie diverse Spezial- und Extremaktivitäten.

Bergsteigerclub Iraklion WANDERN
(☎2810 227 609; Dikeosynis 53) Der lokale Ortsverband organisiert fast jedes Wochenende Wandertouren auf der ganzen Insel für jedermann.

Festivals & Events

Sommer-Kunstfestival KUNST
Iraklion feiert den Sommer von Juli bis Mitte September mit erstklassigen Tanz-, Musik-, Theater- und Filmvorführungen. Hauptveranstaltungsorte sind die Freiluftbühnen Nikos Kazantzakis und Manos Hatzidakis.

Essen

Iraklion bietet Restaurants für jeden Geschmack und Geldbeutel, von der ausgezeichneten Fischtaverne über internationale Küche bis zum Gourmetrestaurant. Rund um den Morosini-Brunnen gibt's durchgehend geöffnete *souvlaki*-Buden; einige stimmungsvolle Tavernen finden sich am Markt und im Hafenviertel. Achtung: Viele Restaurants haben sonntags geschlossen. Am Nordrand vom El-Greco-Park steht ein Supermarkt.

LP TIPP **Brillant/Herb's Garden** KRETISCH €€€
(☎2810 228 103; www.brillantrestaurant.gr; Epimenidou 15; Hauptgerichte 10–23 €; 📶) Im Brillant, dem hippen Foody-Anhängsel des Boutiquehotels Lato (S. 211), könnte das Avantgarde-Dekor fast von der einfallsreichen, gut gewürzten kretischen Küche ablenken. Ein typischer Gaumenschmeichler ist z. B. das in Orangen marinierte und mit Weinblättern, Walnüssen und Tomaten gekochte Hühnchen. Von Mai bis Oktober tauft sich das Restaurant in „Herb's Garden" um, zieht aufs Hoteldach und bietet dort Open-Air-Schmausen mit Hafenblick.

Prassein Aloga MEDITERRAN €€
(☎2810 283 429; Kydonias 21, Ecke Handakos; Hauptgerichte 7–23 €) Dieses rustikale Restaurant wird von den Anwohnern heiß geliebt und bietet eine ständig wechselnde Karte mit scharfen, innovativen mediterranen Speisen. Riesige Salate, Pasta mit Bergen von Schrimps und Muscheln sowie Gerichte nach alten griechischen Rezepten sind die Publikumsrenner. 2012 will das Restaurant in größere Räumlichkeiten umziehen.

Kouzina tis Popis INTERNATIONAL €€
(Smyrnis 19; Hauptgerichte 7–11 €) Mit seinen großen Holztischen, dem Kamin und den Fotos wirkt das Lokal so schnucklig und einladend wie die Küche eines guten Freundes. Der Speisezettel vereinigt Einflüsse der griechischen, arabischen und mediterranen Küche. Superlecker sind z. B. das geräucherte Makrelenfilet, das Senfhühnchen und die mit Zucchini gefüllten Teigtaschen.

Parasies GRIECHISCH €€€
(Plateia Istorikou Mouseiou; Hauptgerichte 6–24 €) Das Parasies, eine gemütliche, mit viel Holz ausgestaltete „Eckkneipe", ist eine von vier Tavernen auf dem kleinen Platz neben dem Historischen Museum. Sie ist meistens rappelvoll mit Einheimischen, die auf das knackfrische Fleisch und Seafood scharf sind, das fröhlich auf einem Holzgrill in der offenen Küche vor sich hin brutzelt.

SÜSSE VERFÜHRUNG

Erste Hilfe bei plötzlichem Heißhunger auf Süßigkeiten bietet jede dieser bewährten Einrichtungen:

Bitzarakis Bakery (7 Odos 1821) Verkauft ausgezeichnete frisch gebackene *kalitsounia* (gefüllte, kurz frittierte Teigtaschen) und viele andere traditionelle süße Teilchen, die in einer Frauenkooperative hergestellt werden.

Fyllo...Sofies (Plateia Venizelou 33; Bougatsa 2,50 €; ⏲5 Uhr–spät) Das Lokal, dessen Tische fast bis zum Morosini-Brunnen reichen, ist der perfekte Ort, um *bougatsa* (mit Zimtzucker bestreuter Grießpudding in Blätterteig) zu frühstücken. Die weniger süße Variante ist mit *myzithra* (Schafskäse) gefüllt.

Loukoumades (9 Odos 1821; 6 Stück 2,50 €; ⏲Mo–Sa 5–22 Uhr) Die richtige Adresse für köstliche, lockere *loukoumadhes*, fettgebackene Krapfen, die mit Honig beträufelt und in Sesam und Zimt gewälzt werden.

Istioploikos MEERESFRÜCHTE €€
(☎2810 228 118; am Hafen; Hauptgerichte 6–14 €) Das Restaurant am Hafen gehört zum hiesigen Yachtclub und bietet als besonderes Schmankerl die Möglichkeit, an lauen Abenden die schaukelnden Boote im Wasser zu betrachten. Der frische Fang wird fachmännisch über einem prasselnden Holzfeuer zubereitet und endet noch am gleichen Tag auf dem Teller. Eine sehr empfehlenswerte Beilage sind die vegetarischen *lachanodolmades* (gefüllte Kohlblätter).

Ippokambos MEERESFRÜCHTE €€
(Sofokli Venizelou; Mezedhes 4,50–11 €) Die unprätentiöse *ouzeri* erhält von den Einheimischen durchweg Bestnoten – von uns ebenfalls. Hier dreht sich alles um Fisch; frisch gefangen, ohne viel Chichi, aber fachmännisch zubereitet und zu fairen Preisen. Im Sommer sitzt es sich wunderbar auf der überdachten Terrasse mit Meerblick.

Pagopoieion INTERNATIONAL €€
(www.pagopoieion.gr; Plateia Agiou Titou; Hauptgerichte 7–18 €; ⏲10 Uhr–spät) Diese künstlerisch angehauchte Café-Bar in einer ehemaligen Eisfabrik mit der extravaganten Deko (man beachte die Toiletten und die aus der deutschen Besatzungszeit stammende Nazi-Graffiti) ist eine der angesagtesten Locations der Stadt. Stammgäste schwören auf das phantasievoll zubereitete Essen, aber man kann auch einfach auf einen Kaffee und Gebäck vorbeischauen. Die dazugehörige Bar läuft zu vorgerückter Stunde auf vollen Touren. Im Veranstaltungsraum eine Treppe höher finden manchmal Konzerte, Kunstausstellungen oder Lesungen statt.

O Vrakas MEERESFRÜCHTE €
(Marineli 1; Mezedhes 5–12 €) In dieser kleinen *ouzeri* (Lokal für Ouzo und Snacks) wird frischer Fisch im Freien vor den Augen der Kundschaft gegrillt. Vom Ambiente her sehr schlicht, aber das sollte von einem Besuch nicht abhalten.

Ouzeri tou Terzaki GRIECHISCH €€
(Marineli 17; Mezedhes 6–12 €) Dieses Lokal neben der winzigen Agios-Dimitrios-Kirche sieht trendig aus, wird aber von einem breiten Publikum frequentiert. Es hat ein vielfältiges Angebot an traditioneller griechischer und internationaler Küche.

Giakoumis GRIECHISCH €€
(Theodosaki 5–8; Hauptgerichte 6–13 €) Das Giakoumis ist die älteste unter den vielen Tavernen, die sich in einer ruhigen Seitenstraße der Odos 1866 gegenseitig Konkurrenz machen. Sie hat jede Menge *mayirefta* (vorgekochte Gerichte) im Angebot, außerdem gegrilltes Fleisch, das vor der Zubereitung begutachtet werden kann. Ein nettes Plätzchen für eine Pause zwischen zwei Einkaufstouren.

Peri Orexeos GRIECHISCH €€
(Korai 10; Hauptgerichte 7–13 €) Kaum hat man sich gesetzt, werden auf Kosten des Hauses Brot, Olivenpaste und Zucchinipastete gereicht. Da gerät so mancher in Versuchung, sich schon gleich an den Vorspeisen satt zu essen. Die Küche bietet moderne griechische Gerichte mit kreativem Touch, z. B. *kataifi* (Teigtaschen aus superdünnen „Engelshaar"-Spaghetti, gefüllt mit Hühnerfrikassee). Auch das Riesenangebot an Salaten kann sich sehen lassen.

Ausgehen

Als Universitätsstadt kann Iraklion mit einem der besten Nachtleben der Insel punkten. Die In-Szene hängt auf überdimensionierten Sofas in den Clubs an der Korai, Perdikari und Milatou (auch bekannt als das Korai-Viertel) und rund um den El-Greco-Park ab. Westlich von hier, in der Handakos, Agiostefaniton und Psaromiligkon, gibt's eher alternativ angehauchte Locations. Die meisten Lokalitäten öffnen am Vormittag oder um die Mittagszeit und schließen in den frühen Morgenstunden. Das Ambiente und die Zusammensetzung des Publikums hängen von der jeweiligen Tageszeit ab und verändern sich laufend.

LP TIPP Bar Blow Up BAR, CLUB

(http://barblowup.blogspot.com; Psarmilingon 1; 13.30 Uhr–open end;) In diesem Partyschuppen mit hohem Energielevel herrscht eine funkige Underground-Stimmung, die mehr an Berlin als Iraklion erinnert. Die gute Musik und das kühle Bier zieht ein legeres Publikum gemischten Alters an. Nach 23 Uhr legen der Eigentümer Vaggelis oder einer seiner DJ-Freunde aus aller Welt einen Mix aus Elektro, Gothic, Funk und New Wave auf. Manchmal gibt's auch Livekonzerte griechischer Indie-Bands wie Abbie Gale und The Callas.

Fix CAFÉ, BAR

(Perdikari 4) Wer nicht unbedingt auf die trendigen Cafés in dieser Fußgängerzone steht, kann sich in dieses bodenständige Café setzen. Das ältere Publikum ist immer zu einem kleinen Plausch aufgelegt.

Mayo Lounge & Harem Oriental Club CAFÉ, LOUNGE-BAR

(Milatou) Dieser ausgefallene Hotspot mit seiner spektakulären Einrichtung ist toll zum Chillen. Gäste können sich in eins der bequemen Korbsofas auf den Podesten sinken lassen, deren Holzdach von riesigen, trichterförmigen Lampen getragen wird. Oder man folgt dem Ruf der Kasbah ins Obergeschoss und lässt sich in einem der exotisch ausgestatteten „Beduinenzelte" wohlig auf einem weichen Kissen nieder. Die Lounge liegt in der Nähe der Idaiou Androu.

Rolling Stone BAR, LIVEMUSIK

(Agiostefaniton 19) Wer auf Rock'n'Roll steht, kommt in dieser funkigen Bar voll auf seine Kosten. Unter den regelmäßig stattfindenden Themenabenden ist auch einer für griechische Rockmusik reserviert. Außerdem präsentieren sich einheimische Gruppen bei einer besonderen Veranstaltung namens Local Tribute Bands Festival.

Jailhouse Bar BAR

(Agiostefaniton 19a) Diese Bar in den Gewölben eines Gebäudes aus venezianischer Zeit direkt neben dem Rolling Stone hat sich ebenfalls der Rockmusik verschrieben. Für die Ohren gibt's Rock von Johnny Cash bis Johnny Rotten und für die Augen trashig-edles Dekor. Happy Hour ist von 19 bis 23 Uhr.

Fashion Cafe CAFÉ, LOUNGE-BAR

(Korai, Ecke Perdikari) Diese Location ist das coolste und begehrteste unter den Cafés im Korai-Viertel. Die Musik ist laut, und die Einrichtung sowie das Publikum in den Zwanzigern, das sich in den chicken Lounge-Sesseln räkelt, sind ein wahrer Augenschmaus.

Veneto CAFÉ, LOUNGE-BAR

(Epimenidou 9) Wer sich abends mal was Besonders gönnen möchte, steuert auf einen Kaffee, einen Cocktail oder eine leichte Mahlzeit dieses stilvolle Gemäuer über dem venezianischen Hafen an. Unter der hohen Decke mit den freiliegenden Dachsparren gibt's gemütliche, von einem langen Bartresen gesäumte Ledersessel, Panoramafenster und ein naives Wandgemälde von Venedig. Sehr freundliche Bedienung.

Utopia CAFÉ

(Handakos 51) Dieses kultivierte Café im alten Kaffeehausstil hat die beste heiße Schokolade in der Stadt (sowie ein sündhaft verlockendes Schokoladen-Fondue), allerdings zu exorbitanten Preisen. Verführerisch sind auch die ausgezeichnete Eiscreme und die hausgemachten Kekse.

Mare CAFÉ, BAR

(www.mare-cafe.gr; Sofokli Venizelou) In dem Café in beneidenswerter Lage an der aufgehübschten Strandpromenade gegenüber dem Historischen Museum können geschichtsmüde Museumsbesucher wieder ganz ins Hier und Jetzt eintauchen und sich einen Gourmetkaffee aus Javabohnen oder einen Sundowner genehmigen. Das Essen schmeckt anderswo aber besser.

Central Park CAFÉ, LOUNGE-BAR

(Akroleondos) Toll, um an einem Tisch im Freien ein kaltes Getränk zu zischen und dem bunten Treiben vor dem gut besuchten Café zuzuschauen.

Draft CAFÉ, BAR

(Akroleondos) Dieses Lokal brummt immer und hat mehr als 40 Biersorten aus aller Welt vom Fass und in der Flasche im Angebot. Ein prima Plätzchen zum Leute gucken.

Take Five CAFÉ, BAR
(Akroleondos) Dieser alteingesessene Favorit im El-Greco-Park zieht vor allem ein älteres Publikum an.

☆ Unterhaltung

Kinos

Hollywood-Blockbuster in der Originalsprache zeigen zwei Multiplex-Kinos: das **Astoria** (☎2810 226 191; Plateia Eleftherias) im Herzen der Stadt und das **Odeon** (☎801 116 0000; www.odeon.gr) im Einkaufzentrum in der Talos Plaza am Meer westlich des Zentrums. Im Sommer werden auch im **Freilufttheater Nikos Kazantzakis** (☎2810 242 977; Jesus Bastion) Filme gezeigt. Es liegt hinter der Jesus-Bastion. Wegbeschreibung: Auf der Evans rund 700 m Richtung Süden gehen, dann rechts in die Papandreou einbiegen und erneut nach rechts in die Georgiadou. Zur Rechten befindet sich das Theater.

Clubs

Clubs säumen die Epimenidou und die Beaufort in Hafennähe sowie die westliche Uferpromenade nahe der Talos Plaza. Der Eintritt kostet ab 5 € und doppelt so viel, wenn ein international bekannter DJ auflegt. Die eigentliche Action beginnt normalerweise erst ab 1 Uhr.

Big Fish CLUB
(Sofokli Venizelou, Ecke Makariou 17; ⏲ab 22.30 Uhr) In dieser ausgelassenen Party-Location in einem liebevoll restaurierten alten Steingebäude im Hafenviertel beschallen lokale und internationale Plattenaufleger das junge, zum Flirten aufgelegte Publikum mit high-energy Dance-Musik.

Privilege CLUB
(Doukos Beaufort 7; ⏲ab 22 Uhr) Mit seinem lautstarken Mix aus Dance, Rock, Elektro und griechischen Klängen lockt dieser riesige Mainstream-Club jede Nacht bis zu 1000 Partygänger an.

Envy CLUB
(Sofokli Venizelou, Ecke Makariou 17; ⏲ab 22 Uhr) In dem beliebten Club mit dem Beinamen „NV" können sich Tanzwütige unter freiem Himmel auf der Terrasse über dem Wasser mal so richtig austoben. Er liegt gegenüber der Talos Plaza.

Shoppen

Iraklion bietet die meisten und besten Einkaufsmöglichkeiten auf Kreta. In den Fußgängerzonen der Straßen Dedalou und Handakos konzentrieren sich überwiegend konventionelle Geschäfte.

> NICHT VERSÄUMEN
>
> **DER MARKT VON IRAKLION**
>
> Der enge Markt entlang der Odos 1866 (Straße 1866), auf dem es vor Menschen nur so wimmelt, ist aus Iraklion nicht wegzudenken und einer der besten Märkte Kretas. Hier gibt's alle erforderlichen Zutaten für ein köstliches Picknick: knackfrisches Obst und Gemüse, cremigen Käse, Honig, saftige Oliven, frisch gebackenes Brot und tausend andere leckere Sachen. Außerdem locken jede Menge Stände mit duftenden Kräutern, Lederwaren, Hüten, Schmuck und Souvenirs. Ist der Kaufrausch vorbei, lockt ein Mittagessen bei Giakoumis (S. 122) oder einer der anderen Tavernen in der Nachbarschaft (die auf dem Marktgelände sind nicht zu empfehlen).

Aerakis Music MUSIK
(www.aerakis.net; Dedalou 37; ⏲9–21 Uhr) Dieser kleine Laden, seit 1974 eine Institution, hat die beste Auswahl an kretischer Musik. Das Angebot reicht von seltenen alten bis zu gerade erst auf den Markt gekommenen Aufnahmen. Viele Sachen sind bei Aerakis' eigenem Label Seistron Music erschienen.

Talos Plaza EINKAUFSZENTRUM
(Sofokli Venizelou; ⏲9–21 Uhr) Wer noch was einkaufen will, nachdem alle anderen Geschäfte schon geschlossen haben, geht in dieses Einkaufszentrum zwischen der Minoos und der Yakinthou. Es beherbergt ein Multiplex-Kino, ein Dutzend Läden, eine Sportbar und internationale Cafés, darunter Starbucks und Häagen Dazs. Die Mall steht im Baugebiet am Meer westlich der Innenstadt.

Hondos Center KAUFHAUS
(www.hondoscenter.gr; 25 Avgoustou) Dieses moderne, mehrstöckige Einkaufszentrum ist der Traum aller Shoppingqueens und -kings. Echt umwerfend ist die Riesenauswahl an Kosmetika und Schönheitsprodukten, darunter viele griechische Marken, die sich außerhalb des Landes kaum auftreiben lassen.

Planet International BÜCHER
(☎2810 289 605; Handakos 73) Hat eine ausgezeichnete Auswahl an Belletristik, Geschichtsbüchern und Reiseführern.

Best of Kreta

Zeugen der Geschichte »
Strandfreuden »
Ab in die Wildnis! »

Kleine Kirche auf einer Landzunge bei Loutro

Zeugen der Geschichte

Kreta liegt am Schnittpunkt dreier Kontinente – mit turbulenten Folgen für seine Geschichte. Minoische Paläste, Reste einer Römerstadt, architektonische Schmuckstücke aus Venedig und Klöster mit Verteidigungsanlagen erzählen noch heute davon, wer hier alles die Finger im Spiel hatte.

Magisches Malia

1 Der Palast von Malia, überschaubarer als Knossos und ohne Wiederaufbauelemente und Schnörkel, ist Kretas zugänglichste minoische Stätte. Der hohe Entwicklungsstand dieser Zivilisation zeigt sich in der ausgeklügelten Anlage und Infrastruktur. (S. 157).

Grandioses Gortys

2 Die stimmungsvollen Ruinen der kretischen Römerhauptstadt laden zu ziellosen Spaziergängen mit Zwischenstopp in der Ruine einer frühchristlichen Kirche ein und zum Staunen über 2600 Jahre alte Steintafeln mit erstaunlich modernen Gesetzestexten (S. 146).

Befestigtes Kloster

3 Trotz seiner Befestigungsanlagen wurde das im 15. Jh. erbaute Kloster Moni Toplou von Piraten überrannt, von den Rittern des Malteserordens geplündert und 1821 von den Türken besetzt. Die Kirche beherbergt eine wertvolle Ikone von Ioannis Kornaros (S. 179).

Mächtige Festungen

4 Die eindrucksvollsten Zeugen der venezianischen Herrschaft sind die Festungen, Bollwerke gegen Piraten und Türken. Einen Besuch wert sind die in Rethymnon (S. 84), Iraklion (S. 117) und Frangokastello (S. 60).

Symbol des Widerstands

5 Das Kloster Moni Arkadiou ist wie ein Fenster in die Seele Kretas. Während des Aufstands von 1866 zündete eine Gruppe umzingelter Kreter lieber ihr Pulvermagazin an, als sich den Türken zu ergeben. Fast niemand überlebte, Türken eingeschlossen (S. 95).

Rechts
1. Keramik aus Malia 2. Amphitheater, Gortys
3. Moni Toplou 4. Festung Frangokastello

NEIL SETCHFIELD/LONELY PLANET IMAGES ©

1

4

NEIL SETCHFIELD/LONELY PLANET IMAGES ©

2

NEIL SETCHFIELD/LONELY PLANET IMAGES ©

3

Strandfreuden

Kreta ist mit vielen unvergleichlichen Schönheiten gesegnet, darunter bezaubernde Strände mit kristallklarem Wasser in allen Blautönen. Ob es ein lebhafter Strand mit Beachbar, ein romantisches Palmenufer oder eine unberührte, einsame Bucht sein soll – hier geht jeder Wunsch in Erfüllung.

Verborgene Schönheit

1 Wer den Massen entfliehen will, muss nach Agios Pavlos (S. 105) oder Triopetra (S. 104), beides betörend schöne, ruhige Strände zwischen Rethymnons Klippen. Am nahe gelegenen Strand von Preveli (S. 104) lässt es sich angenehm unter Palmen chillen.

Kretas Karibik

2 Alle, die am liebsten weißen Sand zwischen den Zehen haben und in türkisfarbenem Wasser planschen, sollten direkt zum wunderbaren Strand von Balos (S. 73) auf der wilden Halbinsel Gramvousa fahren.

Dauerwellen

3 Wie auf einer Perlenkette reihen sich in Falasarna die kleinen, durch Felsen getrennte Buchten aneinander (S. 74). Im roséfarbenen Sand wird jede Bräune perfekt und die Abkühlung in den großen, langen Wellen ist himmlisch.

Drei Traumstrände

4 Jeder der südlichen Strände in Iraklion hat seinen ganz eigenen Charme. Matala (S. 151) ist schön, aber voll, Kommos (S. 152) lockt mit einem langen Sandstrand ohne Touristenrummel und Agiofarango (S. 153) ist so weit ab vom Schuss, dass er nur im Boot oder zu Fuß erreichbar ist.

Tropisches Paradies

5 Elafonisi (S. 76), ein endloser Bogen aus feinem weißen Sand, ist mit Sicherheit einer der schönsten Strände Kretas. Nur eine flache Lagune mit unglaublich klarem türkisen Wasser trennt ihn von einem Inselchen aus Dünen und versteckten Buchten.

Rechts

1. Der Strand von Preveli 2. Die Halbinsel Gramvousa 3. Der Strand von Falasarna 4. Der Strand von Matala

MARKA/ALAMY ©

1

4

CHRIS CHRISTO/LONELY PLANET IMAGES ©

2

KATJA KREDER/IMAGEBROKER ©

3

Auf in die Wildnis!

Kretas Landschaft ist wie ein guter Wein und will mit Verstand genossen, nicht einfach konsumiert werden. Also nichts wie raus aus dem Auto und in Ruhe die von Zeit und Elementen geformten Schluchten, den Geburtsberg des Zeus und ein von minoischen Geistern heimgesuchtes Tal bewandern!

Samarias kleine Schwester

1 Samaria bekommt immer die ganze Aufmerksamkeit, aber die Imbros-Schlucht ist nicht weniger schön. Vor allem ist sie kürzer, ruhiger und weniger anspruchsvoll – ideal für Familien mit Kindern. Unterwegs beschatten Zypressen, Eichen, Feigen- und Mandelbäume den Pfad (S. 56).

Liebliches Loutro

2 Der abgeschiedene natürliche Hafen von Loutro (S. 61) ist das Tor zu den zahlreichen Wanderwegen in die spektakuläre und herrlich ruhige Aradena-Schlucht. Viele Wege führen auch zu den wenig besuchten Stränden, die sonst nur per Boot erreichbar sind.

Epische Wanderung

3 Bei aller Bewunderung für jene, die den über 10 000 km langen europäischen Fernwanderweg E4 gelaufen sind, ist auch schon das kurze Stück, das am kieseligen Ufer von Kato Zakros (S. 22) endet, ein Erlebnis.

Geisterschlucht

4 Eine Wanderung durch das dramatische Tal der Toten (auch: Zakros-Schlucht) führt vorbei an hohen Felswänden mit Höhlen, die die Minoer als Grabstätten nutzten, und endet im Strandörtchen Kato Zakros (S. 181).

Das Dach von Kreta

5 Wie ein freundlicher Riese breitet der Berg Psiloritis (S. 98) ein grünes Kleid aus Tälern und Dörfern vor sich aus. Auf Kretas höchsten Berg zu steigen ist nicht gerade ein Spaziergang – erfordert aber auch keine besonderen Fähigkeiten.

Rechts
1. Die Imbros-Schlucht **2.** Wandern oberhalb von Loutro

Road Editions BÜCHER
(☎2810 344 610; Handakos 29) Reisebuchhandlung mit einem großen Sortiment an Landkarten, Stadtplänen und Reiseführern.

Mountain Club OUTDOOR-AUSRÜSTUNG
(Evans 15) Hier findet sich Outdoor-Bekleidung, robustes Schuhwerk sowie Camping-, Kletter- und Fahrradzubehör.

Fanourakis SCHMUCK
(Plateia Nikiforou Foka) Dieses entzückende Geschäft hat Designerklunker, modernen Schmuck und wunderschöne Repliken minoischer Schmuckstücke.

Folli Follie ACCESSOIRES
(Dedalou 23) Filiale des international erfolgreichen griechischen Handtaschen- und Schmuckherstellers.

Praktische Informationen

Die beiden Krankenhäuser von Iraklion liegen weit vom Zentrum entfernt und haben ab wechselnd geöffnet – also vorher anrufen, um zu erfahren, wo es hingehen soll. Banken mit Geldautomat gibt's reichlich, besonders auf der 25 Avgoustou. Infos im Internet finden sich auf www.heraklion-city.gr.

Ansonsten lohnt auch ein Besuch bei **Lonely Planet** (www.lonelyplanet.com/greece/crete/iraklio); hier gibt's Hinweise für die Reiseplanung, Empfehlungen der Autoren, Berichte von Reisenden und Insidertipps.

Netc@fe (4 Odos 1878; 1,50 € pro Std.; ⏲10–2 Uhr) Bietet das gesamte Programm.

Postamt (Plateia Daskalogianni; ⏲ Mo–Fr 7.30–20, Sa 7.30–14 Uhr)

Touristeninformation (☎2810 246 299; Xanthoulidou 1; ⏲April–Okt. 8.30–20.30 Uhr, Nov.–März 8.30–15 Uhr) Das Büro ist mit Praktikanten besetzt, die eher weniger motiviert sind. Die Auswahl an Broschüren und Karten ist mager.

Touristenpolizei (☎2810 397 111; Halikarnassos; ⏲7–22 Uhr) Im Vorort Halikarnassos in Flughafennähe.

Universitätsklinik (☎2810 392 111) Die am besten ausgestattete medizinische Einrichtung

BUSVERBINDUNGEN VON IRAKLION

Von Bus Station A

REISEZIEL	DAUER	PREIS	HÄUFIGKEIT
Agia Pelagia	45 Min.	2,50 €	2-mal tgl.
Agios Nikolaos	1½ Std.	7,10 €	stündl.
Archanes	30 Min.	1,70 €	stündl.
Chania	3 Std.	10,50 €	bis zu 17-mal tgl.
Chersonisos	40 Min.	3 €	mind. halbstündl.
Ierapetra	2½ Std.	11 €	bis zu 6-mal tgl.
Kastelli	1 Std.	€3.70 €	bis zu 5-mal tgl.
Knossos	20 Min.	1,50 €	3-mal stündl.
Lassithi-Ebene	2 Std.	6.50 €	1-mal tgl.
Malia	1 Std.	3,80 €	mind. halbstündl.
Milatos	40 Min.	5 €	2-mal tgl.
Rethymnon	1½ Std.	7,60 €	bis zu 17-mal tgl.
Sitia	3¼ Std.	14,70 €	4-mal tgl.

Von Bus Station B

REISEZIEL	DAUER	PREIS	HÄUFIGKEIT
Agia Galini	2 Std.	8 €	bis zu 6-mal tgl.
Anogia	1 Std.	3,80 €	bis zu 3-mal tgl.
Mires	1¼ Std.	5,50 €	bis zu 11-mal tgl.
Matala	2 Std.	7,80 €	bis zu 5-mal tgl.
Festos	1½ Std.	6,30 €	bis zu 8-mal tgl.

Der Palast von Knossos

DIE HIGHLIGHTS IN 2 STUNDEN

Der Palast von Knossos ist die größte Touristenattraktion Kretas und das aus gutem Grund. Ein Rundgang durch den teilweise rekonstruierten Komplex vermittelt einen aufschlussreichen Einblick in die ausgesprochen hoch entwickelte Gesellschaftsstruktur der Minoer, die vor rund 4000 Jahren die führende Zivilisation Südeuropas waren.

Besucher nehmen vom Ticketschalter den beschilderten Weg zum 1 **Nordeingang**, wo das Stierfresko einen Vorgeschmack auf die minoische Kunst vermittelt. Weiter geht's zum Zentralhof und der Warteschlange vor dem mystischen 2 **Thronsaal**, um einen Blick in den Saal zu werfen, wo wahrscheinlich religiöse Rituale abgehalten wurden. Nach Verlassen des Thronsaals wendet man sich nach rechts und steigt die Treppe zum sogenannten Piano Nobile hoch. Dort befindet sich der 3 **Freskensaal**, in dem (sehr besucherfreundlich!) Repliken der berühmtesten Kunstwerke des Palastes ausgestellt sind. Nun geht es am Piano Nobile entlang – nicht versäumen, unterwegs einen Blick auf die tönernen Vorratskrüge in den Westlichen Magazinen zu werfen! – bis zur Treppe hinab zum 4 **Südportal**. Dieses ziert das wunderschöne Vasenträgerfresko. Jetzt führt der Rundgang wieder zurück zum Zentralhof und von dort zum Ostflügel des Palastes. Dort gilt es, die Bauweise der 5 **Großen Treppe** zu bewundern, über die man einst in die Privatgemächer der königlichen Familie gelangte. Wer einige Räume näher inspizieren möchte, spaziert zum Südende des Hofs, betrachtet unterwegs das 6 **Lilienprinzfresko** und steigt dann ins Erdgeschoss hinab. Eins der Highlights dort ist das 7 **Megaron** (Schlafzimmer) der Königin, das mit einem Fresko spielender Delphine verziert ist. Hier unten stehen auch die 8 **Riesen-Pithoi**. Diese mächtigen Tonkrüge, die zur Aufbewahrung von Lebensmitteln dienten, sind der letzte Punkt auf dem Programm.

Südportal
Prächtige Fresken, darunter das berühmte Vasenträgerfresko, schmücken diesen Palasteingang an einer massiven offenen Freitreppe, die zum Piano Nobile führt. Die nachgebildeten Kulthörner in der Nähe krönten einst die gesamte Südfassade.

Freskensaal
Vom Obergeschoss des Westflügels, dem Piano Nobile, genießt man zuerst den weiten Ausblick über das Palastgelände und betrachtet anschließend im Freskensaal die Kopien der berühmtesten Palast-Kunstwerke.

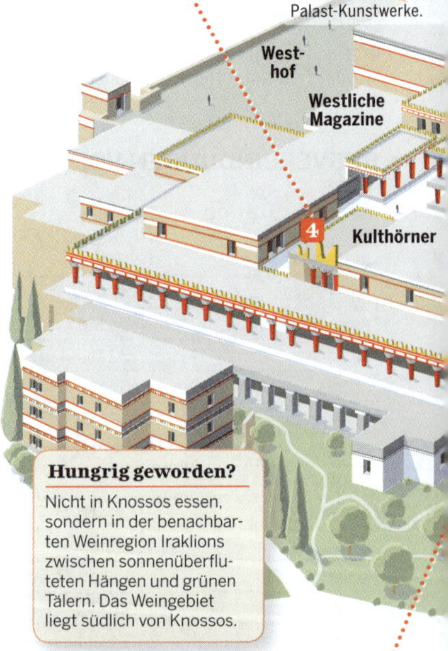

Hungrig geworden?
Nicht in Knossos essen, sondern in der benachbarten Weinregion Iraklions zwischen sonnenüberfluteten Hängen und grünen Tälern. Das Weingebiet liegt südlich von Knossos.

Lilienprinzfresko
Eine der am meisten bewunderten Wandmalereien von Knossos wurde ohne Rücksicht auf Originaltreue aus verschiedenen Fragmenten zusammengesetzt und zeigt einen mit Lilien und Pfauenfedern geschmückten jungen Mann.

Planung

Es lohnt sich, vor 10 Uhr einzutreffen, um dem Massenansturm und der Hitze zu entgehen. Für eine ausführliche Besichtigung sind mehrere Stunden zu veranschlagen.

Thronsaal

Evans stellte sich vor, wie der mythische König Minos höchstpersönlich von diesem Alabasterthron in diesem schön geschnittenen Saal aus Hof hielt. Das Lustralbad und die Greifenfresken legen aber eine sakrale Verwendung nahe, möglicherweise unter Aufsicht einer Priesterin.

Nordeingang

Stiere spielten in der minoischen Zivilisation eine bedeutende Rolle. Davon zeugt das berühmte Fresko eines angreifenden Stiers an der säulenbewehrten Westfront des Nordpalasts, wo sich Werkstätten und Vorratsräume befanden.

Große Treppe

Über diese monumentale Freitreppe mit vier von Säulen gestützten Treppenfluchten aus Gips ließen sich die königlichen Gemächer im Ostflügel erreichen. Die beiden unteren Treppenabschnitte sind im Originalzustand erhalten. Die Treppe darf nicht betreten werden.

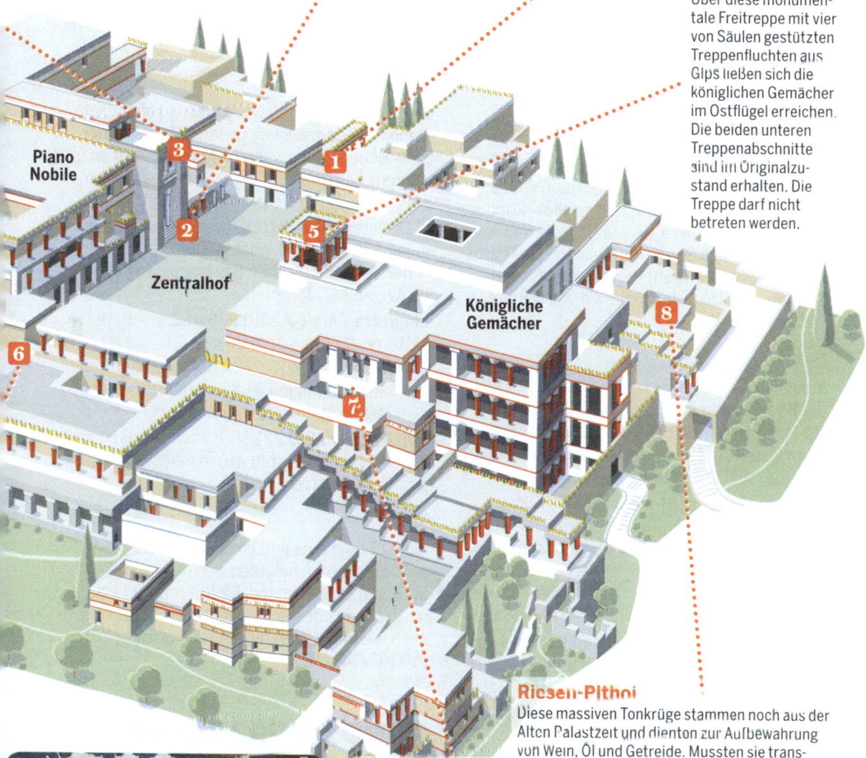

Riesen-Pithoi

Diese massiven Tonkrüge stammen noch aus der Alten Palastzeit und dienten zur Aufbewahrung von Wein, Öl und Getreide. Mussten sie transportiert werden, zog man sie an Seilen, die zuvor durch die Henkel geschlungen wurden.

Megaron der Königin

Dank des verspielten Delphinfreskos gehört das Schlafzimmer der Königin zu den schönsten Gemächern im Ostflügel. Das Badezimmer und die Toilette zeugen von einem ausgeklügelten Kanalisationssystem.

der Stadt liegt in Voutes, 5 km südlich von Iraklion.

Venizelio-Krankenhaus (☎2810 368 000) An der Straße nach Knossos, 4 km südlich von Iraklion.

An- & Weiterreise

Skoutelis Travel (☎2810 280 808; www.skoutelistravel.gr; 25 Avgoustou 24) Erledigt alles: Buchung von Flug- und Fährtickets, Busreisen kreuz und quer durch Kreta sowie Ausflüge nach Santorini. Eine Autovermietung gibt's auch, und die Mitarbeiter helfen bei der Unterkunftssuche.

Flugzeug

Nikos Kazantzakis International Airport (www.heraklion-airport.info) Am Flughafen, etwa 5 km östlich des Stadtzentrums, gibt's eine Bank, einen Geldautomaten, einen Duty-Free-Shop und eine Café-Bar.

Schiff/Fähre

Der Fährhafen liegt 500 m östlich der Koules-Festung und des alten Hafens. Minoan, Anek und Blue Star bieten täglich Überfahrten von Iraklion nach Piräus an. Anek fährt außerdem einmal die Woche nach Karpathos, Kassos, Milos, Rhodos und Santorini. Eine Fähre von Hellenic Seaways legt täglich nach Santorini, Mykonos und Paros ab. Nach Santorini geht es am schnellsten mit Sea Jets. Kontaktinformationen und weitere Details s. S. 279.

Bus

Iraklion hat zwei große Fernbusbahnhöfe. Von der **Bus Station A**, in Kainähe östlich der Koules-Festung, fahren Busse zu Zielen im Osten und Westen der Insel (inklusive Knossos). Auch Stadtbusse halten hier.

Die meisten Busse fahren über die Küstenautobahn, aber jeden Tag nehmen wenigstens einer oder zwei die landschaftlich reizvolle, aber langsamere Alte Nationalstraße. Fahrgäste sollten sich also vor dem Einsteigen vergewissern, dass der Bus auch die gewünschte Route fährt.

Bus Station B, gleich hinter dem Chania-Tor westlich des Stadtzentrums, bietet Verbindungen nach Anogia, Festos, Agia Galini und Matala. Am Wochenende sind die Busverbindungen stark eingeschränkt. Näheres auf www.bus-service-crete-ktel.com.

Überlandtaxis

Bei **Crete Taxi Services** (☎6970021970; www.crete-taxi.gr) und **Heraklion Taxi** (www.heraklion-taxi.com) können Taxis für Fahrten auf der Insel bestellt werden. Am Flughafen, an der Plateia Eleftherias (vor dem Astoria Capsis Hotel) und an der Bus Station A warten zudem Überlandtaxis. Der Fahrpreis für bis zu vier Passagiere beträgt:

REISEZIEL	PREIS
Agios Nikolaos	69 €
Elounda	79 €
Malia	45 €
Matala	75 €
Rethymnon	80 €

Unterwegs vor Ort

Vom/Zum Flughafen

Der Flughafen liegt gleich an der Autobahn E75. Bus Nr. 1 pendelt von 6.15 Uhr bis 10.45 Uhr alle 10 Min. zwischen Airport und Innenstadt. Ein Fahrschein kostet 1,10 €. Die Haltestelle befindet sich gleich hinter dem Parkplatz vor dem Flughafengebäude. Endstation in der Stadt ist die Platia Eleftherias in der Nähe des Astoria Capsis Hotel. Ein Taxi in die Stadt kostet um die 10 €.

Auto & Motorrad

Die Straßen in Iraklion sind eng und chaotisch. Daher ist es am besten, unverzüglich eins der zahlreichen Parkhäuser in der Innenstadt anzusteuern. Die Gebühr hängt von der Lage ab, man sollte aber mit 3–5 € pro Tag rechnen.

Alle internationalen Mietwagenfirmen haben einen Ableger am Flughafen. Büros einheimischer Verleiher säumen das Nordende der 25 Avgoustou, darunter:

Loggetta Cars (☎2810 289 462; www.loggetta.gr; 25 Avgoustou 20)

Motor Club (☎2810 222 408; www.motorclub.gr; Plateia 18 Anglon) Hat neben Autos auch eine Menge Motorräder im Angebot.

Sun Rise (☎2810 221 609; www.sunrise-cars-bikes.gr; 25 Avgoustou 46) In einer Seitengasse der 25 Avgoustou.

Taxi

Kleine Taxistände gibt es überall in der Stadt, aber die größten befinden sich bei der Bus Station A, an der Plateia Eleftherias und am nördlichen Ende der 25 Avgoustou. Taxis können auch telefonisch bestellt werden unter ☎2810 210 102/146/168.

RUND UM IRAKLION

Knossos Κνωσσός

Die allergrößte historische Sehenswürdigkeit Kretas ist der **Palast von Knossos** (☎2810 231 940; Erw./erm. 6/3 €; ⏲April–Okt. 8–19.30 Uhr, Nov.–März 8–15 Uhr). Knossos (Betonung auf der letzten Silbe) war in minoischen Zeiten die Hauptstadt Kretas und liegt nur 5 km südlich von Iraklion. Um den Menschenmassen und der Mittagshitze zu entgehen, empfiehlt es sich, schon vor 10 Uhr dort zu sein. Eine ausführliche Besichtigung von Knossos dauert mehrere Stunden. Da kaum etwas beschildert ist, fällt es den meisten Normalsterblichen schwer, das Gesehene wirklich zu würdigen – es sei denn, man engagiert einen Führer oder schließt sich einer Reisegruppe an. Führungen (10 €) dauern etwa 90 Minuten und beginnen am kleinen Kiosk in der Nähe des Kartenverkaufs. Die meisten Führungen sind auf Englisch, aber es werden auch welche in anderen Sprachen angeboten. Eine virtuelle Vorschau gibt's auf www.bsa.ac.uk/knossos/vrtour.

Das Café auf dem Gelände und die Touristentavernen auf der gegenüberliegenden Straßenseite sind bestenfalls mittelmäßig. Deshalb ist es ratsam, ein eigenes Picknickpaket mitzubringen – oder man hebt sich den Appetit für eine Mahlzeit im nahe gelegenen Weinbaugebiet Iraklions auf, z. B. für einen Besuch im ausgezeichneten Restaurant Elia & Diosmos (S. 142).

Ein Kombiticket mit dem Archäologischen Museum in Iraklion kostet 10 € (erm. 5 €).

Geschichte

Der erste Palast von Knossos wurde ca. 1900 v. Chr. erbaut, um 1700 v. Chr. durch ein Erdbeben zerstört und anschließend in größerer und prächtigerer Gestalt neu errichtet. Zwischen 1500 und 1450 v. Chr. wurde der Palast erneut teilweise zerstört. Der intakte Trakt blieb aber noch bewohnt, bis 50 Jahre später ein Feuer alles verschlang.

Der neue Palast wurde sorgfältig in Hinblick auf die Anforderungen einer komplexen Gesellschaft konzipiert. Er beherbergte Gemächer für den König und die Königin, Residenzen für Beamte und Priester, Behausungen für das gemeine Volk und Begräbnisstätten. Empfangssäle, Andachtsstätten, Werkstätten, Schatzkammern und Vorratsräume gruppierten sich um einen gepflasterten Innenhof. Ihre Anordnung war so unübersichtlich, dass viele darin den Ursprung für die Sage vom Labyrinth des Minotaurus vermuten, s. S. 139.

Die Ruinen von Knossos wurden 1900 von dem britischen Archäologen Sir Arthur Evans (1851–1941) freigelegt. Evans war von seiner Entdeckung so begeistert, dass er 35 Jahre seines Lebens und 250 000 Pfund seines Privatvermögens darauf verwendete, die Ausgrabungen voranzutreiben und Teile des Palastes – auf nicht unumstrittene Weise – zu rekonstruieren. Näheres zu Evans und diesem Meisterwerk moderner Archäologie s. S. 138.

NOCH MEHR?

Auf **Lonely Planet** (www.lonelyplanet.com/greece/crete/knossos) gibt's Vorschläge zur Reiseplanung, Empfehlungen der Autoren, Travellerberichte und Insidertipps.

Rundgang

Evans Rekonstruktionsarbeiten haben die wichtigsten Teile des Palastes wieder zum Leben erweckt, beispielsweise die nachgebauten minoischen Säulen in dunklem Braunrot mit goldgerändertem schwarzem Kapitell, die sich nach unten hin verjüngen. Farbenfroh nachgebildete Fresken verleihen den Ruinen des Palastes zusätzlich etwas Lebensechtes. Details wie die ausgeklügelten Kanalisationsanlagen und die geschickte Anordnung der Räume, die durch Durchgänge, Lichtschächte, Schutzdächer und Verandas im Sommer kühl und im Winter warm gehalten wurden, zeigen, wie hochentwickelt die minoische Gesellschaft war.

Als ersten Teil des Palastes passieren Besucher den **Westhof**. Er könnte ein Marktplatz oder Ort öffentlicher Zusammenkünfte gewesen sein. Links davon befinden sich drei runde Schächte, sogenannte **Kouloures,** die zur Getreidelagerung dienten.

Richtung Norden, entlang der westlichen Palastmauer, gelangt man zum **Theaterareal**, einer Ansammlung flacher Stufen, deren Funktion bis heute unbekannt ist. Es könnte sich um ein Theater gehandelt haben, wo Tänzer und Akrobaten ihre Künste zeigten. Vielleicht haben sich dort auch die Menschen versammelt, um hohen Besuch zu begrüßen, der von Westen her auf der **Königlichen Straße** entlangkam. Diese erste Straße Europas säumten damals Werkstätten und die Wohnhäuser der einfachen Bevölkerung. Hier, auf der rechten Seite, befindet sich auch ein **Lustralbad**, von dem Evans annahm, dass die Minoer dort rituelle Waschungen als Vorbereitung auf eine religiöse Zeremonie durchführten.

Besucher betreten den Palast durch den Nordeingang. Hier ist das **Stierfresko** zu bewundern, bevor es weiter ins Herzstück des Palastes geht, zum gewaltigen **Zentralhof**, der in minoischer Zeit von hohen Mauern umgeben war. In minoischen Palästen war es üblich, dass die der westlichen Seite

Palast von Knossos

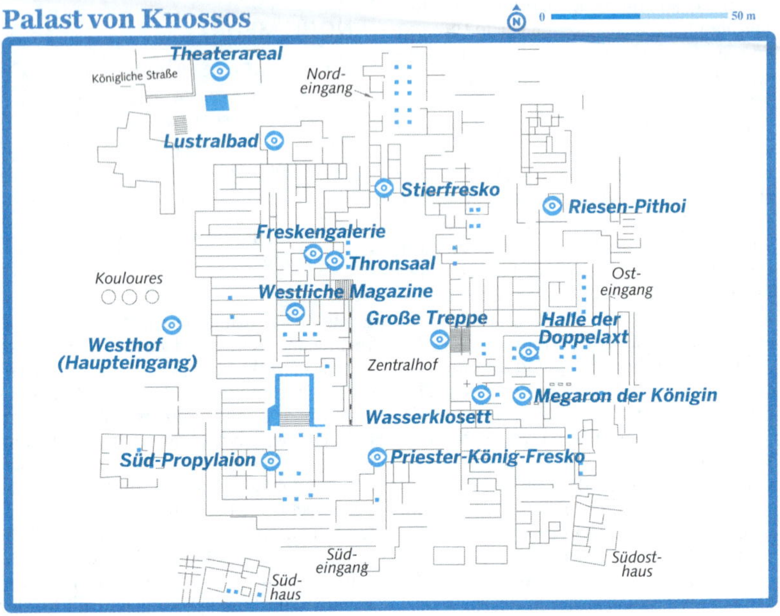

des Innenhofes zugewandten Räume offiziellen und religiösen Zwecken dienten. Die Wohnräume dagegen lagen auf der gegenüberliegenden Seite.

Über den zentralen Hof gelangt man zu den wichtigsten Räumen des Palastes, darunter zum **Thronsaal**. Hinter der Sicherheitsglasscheibe lassen sich ein schlichter, harmonisch proportionierter Alabasterthron sowie Wandfresken mit Darstellungen von Greifen und anderen mythischen Wesen erkennen, die bei den Minoern als heilig galten. Der Raum besitzt eine mystische, Ehrfurcht gebietende Aura und war vermutlich eine Art Kultstätte. Die Minoer verehrten ihre Götter nicht in großen Tempeln, sondern in kleinen Schreinen, von denen jeder Palast mehrere hatte.

In einem abgetrennten Raum links neben dem Thronsaal befindet sich ein **Lustralbad**. Man kann es sich gleich genauer anschauen, und zwar von oben. Denn jetzt geht es hinter dem Thronsaal die Treppe hoch in den ersten Stock. Evans fühlte sich an die Palazzi der italienischen Renaissance erinnert und nannte den Trakt **Piano Nobile**. Er nahm an, dass in diesem Palastteil die Empfangs- und Prunksäle lagen. Von hier bietet sich auch ein hervorragender Blick auf die **westlichen Magazine** – Vorratsräume, wo in riesigen *pithoi* (Tontöpfen) einst Öl, Wein und andere Lebensmittel aufbewahrt wurden.

Der restaurierte Raum am nördlichen Ende des Piano Nobile schaut auf das erwähnte Lustralbecken und die Nachbildungen der berühmtesten Fresken hinab, die in Knossos gefunden wurden. Dazu zählen unter anderem der **Stierspringer**, die **Damen in Blau** und der **Blaue Vogel**. Die Originale befinden sich im Archäologischen Museum von Iraklion. Am südlichen Ende des Piano Nobile führt eine Treppe hinunter zum **Südlichen Propylaion**, wo das Vasenträgerfresko zu bewundern ist.

Zurück über den Zentralhof geht es zu einem imposanten Treppenhaus, das zu den königlichen Gemächern eine Etage tiefer führt. Bevor man am **Lilienprinzfresko** an der Südseite des Zentralhofs vorbei hinabsteigt, verschafft man sich von oben noch einen Überblick über den Grundriss der Königsgemächer. Die meisten sind abgesperrt, aber die **Halle der Doppelaxt** erlaubt einen Blick in die Räumlichkeiten des Königs (Megaron). Die „Halle" besteht aus zwei geräumigen, zusammenhängenden Zimmern, in denen der Herrscher sowohl schlief als auch seinen Regierungsgeschäften nachging. Ein Lichtschacht an einem und ein Balkon am anderen Ende sorgten für Belüftung. Der Name der Halle rührt von den Spuren einer

Doppelaxt auf dem Lichtschacht her. Die Doppelaxt *(labrys)* war bei den Minoern ein geheiligtes Symbol; daraus leitet sich das Wort „Labyrinth“ her.

Von der Halle der Doppelaxt aus führt ein Durchgang zum **Megaron der Königin**. Über der Tür befindet sich eine Kopie des **Delphinfreskos**, eines der erlesensten minoischen Kunstwerke überhaupt. Das Portal ist mit einem blauen Blumenmuster verziert. Nebenan liegt das Badezimmer der Königin mit einer Terrakotta-Badewanne und einer **Toilette mit Wasserspülung** – wahrscheinlich das erste Spülklosett der Welt. Das Wasser wurde übrigens per Hand hineingeschüttet.

An- & Weiterreise

In Iraklion fährt Bus Nr. 2 alle 20 Minuten von der Bus Station A aus nach Knossos (1,50 €). Von der Küstenstraße ist der Weg nach Knossos ausgeschildert. Gegenüber den Souvenirläden gibt's kostenlose Parkplätze, die allerdings schnell besetzt sind.

WESTLICH VON IRAKLION

Westlich von Iraklion verläuft die Autobahn E75 durch eine besonders malerische Landschaft mit Bergen, an deren Fuß zwei kleine Badeorte liegen.

Agia Pelagia Αγία Πελαγία

Obwohl ziemlich zugebaut, bietet dieser Badeort 20 km westlich von Iraklion einen wunderschönen Sandstrand mit sauberem Wasser und ausgezeichneten Bedingungen zum Schwimmen. Die Strandtavernen setzen zwar nicht gerade kulinarische Maßstäbe, eignen sich aber prima zum Leute beobachten. Wer einen Blick in die Unterwasserwelt werfen möchte, wendet sich an den **Diver's Club** (2810 811 755, 6944565462; www.diversclub-crete.gr), der die gesamte Palette an PADI-Kursen, Höhlen- und Rifftauchen und Tauchgänge zu einem Flugzeugwrack aus dem Zweiten Weltkrieg im Programm hat.

Fodele Φόδελε

530 EW.

Das hübsche Dorf Fodele (Betonung auf der ersten Silbe), 25 km westlich von Iraklion, ist als Geburtsort des berühmten El Greco bekannt (S. 252). Dass sich die Gelehrten darüber streiten, ob das stimmt, hinderte die Stadtverwaltung nicht daran, dem Maler das kleine **El-Greco-Museum** (2810 521 500; www.el-greco-museum-birthplace-fodele.gr; Eintritt 2 €; Mai–Okt. und am Osterwochenende 9–19 Uhr) zu widmen. Es ist in einem Steingebäude untergebracht, in dem er seine Kindheit verbracht haben soll. Hier sind Reproduktionen von El Grecos berühmtesten Gemälden ausgestellt. Außerdem ist ein 15-minütiger Dokumentarfilm über sein Leben und seine Arbeit zu sehen. Gegenüber vom Museum steht die kuppelgekrönte byzantinische **Kirche von Panayia** (Juni–Okt.), die auf den Ruinen einer Basilika aus dem 8. Jh. errichtet wurde. Sie weist einige stimmungsvoll verblichene Fresken auf. Der Weg zum Museum und zur Kirche führt über den Dorfbach, dahinter nach rechts und dann sind es noch rund 1 km. Unterwegs passiert man einen Hain mit Zitrusbäumen.

Fodele schmiegt sich in ein fruchtbares Tal des kleinen Pantomantris-Flusses mit mehreren byzantinischen Kapellen. Die schmale Hauptstraße säumen Souvenirläden und ein paar Tavernen, darunter das empfehlenswerte Lokal **Domenico**, das vom sympathischen George und seiner Mutter betrieben wird. Das rustikale und gemütliche **Stousgioustous** (Mo geschl.) an der Straße zum El-Greco-Museum ist ebenfalls eine gute Wahl für Liebhaber herzhafter Kretaküche.

Arolithos Αρόλιθος

Arolithos (Betonung auf der zweiten Silbe), 11 km südwestlich von Iraklion, ist die Mitte der 1980er-Jahre entstandene, einigermaßen authentisch anmutende Nachbildung eines traditionellen kretischen Dorfs. Hier gibt es Werkstätten, ein *kafenion* und Geschäfte, die lokale Erzeugnisse anbieten. Die meisten Besuchter sind Reisebusgruppen, die kurz durchs Dorf schlendern und einen Blick ins **Museum für Landwirtschaft und Folklore** (2810 821 050; www.arolithosvillage.gr; Erw./Kind 3/1,50 €; Mai–Sept. Mo–Fr 9–21, Sa & So 9–17 Uhr, Okt.–April Mo–Fr 9–17, Sa 10–18 Uhr) werfen. Dort illustrieren Haushalts- und Landwirtschaftsgeräte verschiedene Aspekte des Landlebens. Im „Dorf“ warten auch ein paar Hotelzimmer (ab 60 €) auf Gäste.

Aus Richtung Iraklion führt die Straße an der **Koumbedes-Taverne** vorbei, einem restaurierten osmanischen Gebäude mit zwei Kuppeldächern. Es war möglicherweise eine

SIR ARTHUR EVANS – DER ENTDECKER VON KNOSSOS

Der britische Archäologe Sir Arthur Evans, ein begeisterter Freizeitjournalist und Abenteurer, war von 1884 bis 1908 Kurator des Ashmolean Museum in Oxford. Sein spezielles Interesse an antiken Münzen und die Schriftzüge in kretischen Prägesiegeln führten ihn 1894 erstmals auf die Insel. Er hegte den Verdacht, dass die mykenische Kultur auf dem Festland ursprünglich aus Kreta stammen könnte. Mit Unterstützung der neu gegründeten Archäologischen Gesellschaft Kretas nahm er Verhandlungen über den Kauf des für ihn interessanten Grundstücks auf, die schließlich im Jahr 1900 nach einer Gesetzesänderung in Griechenland von Erfolg gekrönt wurden. Schon bald nach Beginn der Ausgrabungen kam der Palast zum Vorschein.

Der erste Schatz, der unter dem oben abgeflachten Hügel namens Kefala zum Vorschein kam, war ein Fresko, das einen Minoer zeigte. Die nächste Entdeckung war der Thronsaal. Die Archäologen aus aller Welt staunten nicht schlecht. Keiner hatte eine so hoch entwickelte Zivilisation in Europa vermutet, die parallel zu den großen Pharaonen Ägyptens existiert hatte.

Im Laufe von 35 Ausgrabungsjahren legte Evans unter dem minoischen Palast aus der Bronzezeit auch Überreste einer Zivilisation aus der Jungsteinzeit frei. Außerdem fand er etwa 3000 Tontafeln mit Linear-A- und Linear-B-Schrift. Evans beschrieb seine Arbeit in Knossos in dem vierbändigen Werk *The Palace of Minos*. Er erhielt diverse Auszeichnungen für seine Arbeit und wurde 1911 zum Ritter geschlagen.

Evans Rekonstruktionsmethoden werden bis heute kontrovers diskutiert. Viele Archäologen vertreten die Meinung, dass seine überbordende Phantasie mit ihm durchgegangen sei und dies die wissenschaftliche Genauigkeit beeinträchtigt habe. Doch dank dieser Rekonstruktionen können sich die Besucher immerhin lebhaft vorstellen, wie der Palast auf dem Höhepunkt seiner Blüte in etwa ausgesehen haben mag.

Moschee, ein *hamam* (Türkisches Bad) oder vielleicht auch einfach ein Gasthaus. Dort gibt's gutes Essen und einen schönen Ausblick aufs Tal.

Tylisos Τύλισος

Tylisos (Betonung auf der ersten Silbe), 13 km südwestlich von Iraklion, war einst eine bedeutsame minoische Siedlung. Heute ist es ein verschlafenes Dorf, in dem die spärlichen Überreste von drei großen **Herrenhäusern** (☎2810 831 498; Eintritt 2 €; ⏲Di–So 8.30–15 Uhr) zu besichtigen sind. Sie stammen aus der Neue Palastzeit (1600–1450 v. Chr.). Auf der Stätte, die jetzt von neuzeitlichen Häusern eingeschlossen ist, fanden Archäologen große Bronzekessel, *pithoi*, Steinsiegel, Tonvasen und Fresken. Wenn das Tor geschlossen ist, können sich Besucher ein kostenloses Flugblatt im angrenzenden Souvenirladen holen und einen Blick über den Zaun werfen. Allerdings ist es nicht ganz einfach, sich den charmanten, aber unmissverständlichen Verkaufsbemühungen der Ladenbesitzerin zu entziehen. Die Busse von Iraklion nach Anogia fahren über Tylisos. Sie kommen auch an einer weiteren minoischen Siedlung bei **Sklavokambos** vorbei, die 8 km näher an Anogia liegt. Die dortigen Ruinen stammen von einer Villa, die wahrscheinlich von einem Gebietsverwalter bewohnt und 1500 v. Chr. erbaut wurde.

BEZIRK IRAKLION – MITTE

Im Süden von Iraklion, hinter Knossos, geht die städtische Bebauung in eine geruhsame Landschaft mit sanft geschwungenen Hügeln, Olivenhainen und Weinbergen über – alles überschattet von der stolzen Silhouette des **Giouchtas** (811 m). Auf und am Berg liegen mehrere minoische Stätten, darunter ein Friedhof, eine Villa und eine Kultstätte. Diese gehörten einst zum alten Archanes, der größten Siedlung in der Region. Sie bildet das Tor zum Weinbaugebiet Iraklions, wo die Erzeugnisse verschiedener Weingüter auf Verkoster warten. Ebenfalls besuchenswert sind das Nikos-Kazantzakis-Museum in Myrtia und das Keramikstädtchen Thrapsano.

Wein wächst auch in der Nähe von **Dafnes** und **Venerato** südwestlich von Iraklion entlang der Hauptstraße nach Malata in Richtung Südküste. Eine wunderschöne Strecke führt zu den südlichen Ausläufern des Psiloritis. Dort steht das bezaubernde Gebirgsdorf Zaros, das für sein Quellwasser und seine Forellen bekannt ist.

Um diese Region ausgiebig zu erkunden, ist ein eigenes Fahrzeug notwendig.

Archanes & Umgebung

Αρχάνες

3830 EW.

Archanes, 14 km südlich von Iraklion, ist eine landwirtschaftlich geprägte Kleinstadt mit einer langen Geschichte, wichtigen archäologischen Ausgrabungsstätten, interessanten Museen sowie hervorragenden Cafés und Tavernen. Es macht Spaß, durch das Gewirr enger, blumenverzierter Gassen zu bummeln, vorbei an sorgfältig restaurierten Häusern, die auf schattige Plätze blicken. Seit minoischer Zeit wurde in Archanes Wein angebaut; heute hält die lokale Kooperative diese Tradition aufrecht. Im August begeht die Stadt ihr Bacchuserbe mit einem fünftägigen Weinfest.

Die heutige Stadt steht auf einem **minoischen Palast**, von dem nur ein kleiner Teil freigelegt wurde. Im Zweiten Weltkrieg war Archanes die Kommandozentrale des deutschen Militärs unter General Heinrich Kreipe. An der Straße von Iraklion her steht an der Ausfahrt nach Kato Archanes ein modernes **Denkmal** des örtlichen Künstlers Manolis Tsompanakis. Es erinnert an die aufsehenerregende Entführung Kreipes im Jahr 1944.

Sehenswertes

Archanes ist zweigeteilt, wobei der obere Abschnitt (Ano Archanes) der interessantere ist. Mit seinen Einbahnstraßen und schmalen Gässchen hat der Ort etwas von einem Labyrinth. Sich in den Einbahnstraßen und engen Gassen fortzubewegen, kann recht verwirrend sein. Daher ist es ratsam, die Stadt zu Fuß zu erkunden. Liebhaber minoischer Ruinen können nach einer kurzen Autofahrt unweit von Archanes auf diversen Stätten nach Herzenslust ihrem Hobby frönen.

GRATIS **Archäologisches Museum von Archanes** MUSEUM

(☎2810 752 712; ⌚Mi–Mo 8.30–14.30 Uhr) Das kleine Museum stellt viele bedeutende Funde regionaler Ausgrabungen aus, vor allem Gegenstände aus minoischer Zeit. Zu den interessantesten Stücken zählen tönerne *larnakes* (Särge), Musikinstrumente aus Fourni und die Nachbildung eines Dolchs aus dem Anemospilia-Tempel (S. 140), der vermutlich bei Menschenopfern zum Einsatz kam. Das Museum steht in einer Seitenstraße direkt nördlich vom Hauptplatz.

Volkskundemuseum von Archanes MUSEUM

(☎2810 752 891; Eintritt 1 €; ⌚Mo & Mi–Fr 9–13 Uhr) Dieses restaurierte Steingebäude ist wie ein traditionelles Wohnhaus hergerichtet und beherbergt eine wertvolle Sammlung von Möbeln, Stickereien und Kunsthandwerk sowie Gegenstände des ländlichen Alltagslebens, Pumphosen und Kinderspielzeug. Der Weg zum Volkskundemuseum ist beim Archäologischen Museum beschildert.

DAS LABYRINTH

Die Legende berichtet, dass König Minos sich weigerte, Poseidon einen stattlichen weißen Stier zu opfern. Aus Rache brachte Poseidon Minos' Gattin Pasiphae dazu, sich in den Bullen zu verlieben. Um den Stier anzulocken, zimmerte ihr der Hauptbaumeister von Knossos, der geniale Tüftler Dädalus, eine hohle Kuh aus Holz, in die sie hineinschlüpfen konnte. So fand der Stier Pasiphae offensichtlich unwiderstehlich, und aus der bizarren Vereinigung entsprang der Minotaurus: ein hässliches Ungeheuer mit dem Körper eines Mannes und dem Kopf eines Stieres.

König Minos befahl Dädalus, ein Labyrinth zu bauen, in das der Minotaurus verbannt wurde. Minos brachte die Athener gegen sich auf, indem er Athen befahl, jährlich sieben Jünglinge und sieben Jungfrauen zu liefern, um die Frischfleischgelüste des Minotaurus zu stillen, als Sühne für die Ermordung von Minos' Sohn Androgeus durch die Athener. Der athenische Held Theseus schwor, den Minotaurus umzubringen, und bestieg als einer der sieben Jünglinge getarnt das Segelboot nach Kreta. Dort verliebte er sich in Minos' Tochter Ariadne. Sie versprach ihm zu helfen, wenn er anschließend mit ihr durchbrennen würde. Sie gab ihm das Garnknäuel, das er im Labyrinth abwickelte, um den Ausgang wiederzufinden, nachdem er das Ungeheuer erledigt hatte. Am Ende floh das junge Paar aus Kreta.

Geschichts- und Folkloremuseum von Kreta MUSEUM

(☎2810 751 853; Eintritt 3 €; ⏲Mi–Mo 9.30–15 Uhr) Dieses Museum steht in Kato Archanes, kurz hinter der Ausfahrt nach Archanes auf der Straße von Iraklion her. Es zeigt eine interessante Privatsammlung von Gegenständen aus verschiedenen Perioden der Geschichte Kretas, darunter auch Sachen, die General Kreipe gehörten.

Anemospilia ANTIKE STÄTTE

Anemospilia (Höhlen des Windes) ist eine kleine, aber äußerst bedeutende Stätte. Ausgabungen in den drei Räumen dieses Tempels aus der Mittleren Palastzeit bewiesen, dass Menschenopfer in der minoischen Gesellschaft zumindest eine gewisse Rolle spielten. Die Ausgrabungsstätte ist der Öffentlichkeit nicht zugänglich. Besucher können aber einen Blick durch den Zaun werfen und den weiten Ausblick auf Archanes und seine Umgebung genießen. Anemospilia liegt rund 1,5 km nordwestlich von Archanes, ist aber nicht ausgeschildert –in der Stadt nach dem Weg fragen.

GRATIS **Fourni** ANTIKE STÄTTE

(⏲Di–So 8.30–14.30 Uhr) Auf einem Hügel im Westen der Stadt und über einen steilen Fußpfad erreichbar liegt Fourni, die größte minoische Nekropole der Insel. Über einen Zeitraum von 1000 Jahren fanden hier Begräbnisse statt, von denen die ältesten auf die Zeit um 2500 v. Chr. datieren. In einem der Gräber ruhen die Gebeine einer minoischen Adligen, deren Schmuck im Archäologischen Museum von Iraklion zu sehen ist.

Giouchtas-Gipfelheiligtum ANTIKE STÄTTE

Auf der Fahrt von Archanes Richtung Süden kommt nach kurzer Zeit ein Wegweiser zum Gipfel des Giouchtas. Für die 4 km lange Holperfahrt auf unbefestigter Straße entschädigt am Ende der herrliche Ausblick auf den Psiloritis und Iraklion. Auf der Nordseite des Hügels, in der Nähe einer Radarstation, liegen die umzäunten Ruinen eines minoischen Gipfelschreins aus der Zeit um 2100 v. Chr. Vermutlich diente er den Einwohnern von Knossos als Kultstätte. Freigelegt wurden u. a. ein Altar und mehrere Räume.

GRATIS **Vathypetro** ANTIKE STÄTTE

(⏲Di–So 8.30–15 Uhr) Rund 5 km südlich von Archanes liegt das gut ausgeschilderte Vathypetro, ein um 1600 v. Chr. errichtetes Gebäude, vermutlich die Villa eines reichen minoischen Adligen. Archäologen fanden Lagerräume mit Wein- und Ölpressen, einem Webstuhl und einem Keramik-Brennofen. Die Weinpresse ist vor Ort ausgestellt.

MORD IM TEMPEL

Menschenopfer werden im Allgemeinen nicht mit den Minoern in Verbindung gebracht, doch Funde aus Anemospilia scheinen diese Ansicht ins Wanken zu bringen. Im Westsaal entdeckten Wissenschaftler drei Skelette. Am aufsehenerregendsten war das eines gefesselten Mannes; er lag auf einem Altar und hatte einen Bronzedolch auf der Brust. Fachleute nehmen an, dass die beiden anderen Skelette von einem Priester und dessen Helfer stammen. Das würde die Theorie stützen, dass der Tod des Mannes Teil eines Opferrituals war. Das Opfer wurde möglicherweise in dem Moment dargebracht, als das Erdbeben von 1700 n. Chr. begann – in einem verzweifelten Versuch, die Götter zu besänftigen.

Essen & Trinken

So gut wie alle Tavernen der Stadt haben einen guten Ruf. Etwa ein Dutzend säumen den Hauptplatz, wo sich auch eine Handvoll trendiger Lounge-Bars befinden, z. B. das Nobu gegenüber vom eher alternativen Diahroniko.

LP TIPP **Kritamon** KRETISCH €€

(☎2810 753 092; www.kritamon.gr; Hauptgerichte 9–14 €; ⏲Abendessen tgl., Mittagessen Sa & So) Dieses Esslokal in einer schmalen Gasse hinter der Pancretan Co-operative Bank jenseits vom Hauptplatz ist etwas für Leute, die ihren Geschmacksknospen etwas besonders Gutes gönnen wollen. Was hier nach traditionellen kretischen Rezepten gezaubert wird, sind göttliche Salate, bodenständige Hauptspeisen und Desserts zum Niederknien. Die Zutaten stammen entweder aus dem Garten der Familie oder von Anbietern der Region.

Fabrika Eleni GRIECHISCH €€

(☎2810 751 331) Dieses reizende Bar-Restaurant befindet sich in einer restaurierten Olivenölmühle, die um 1870 auf den Ruinen einer minoischen Wand erbaut wurde. Neben der Original-Ölpresse beherbergt das

Restaurant auch ein Mini-Museum mit raffinierten Konstruktionen, die der Vater des Eigentümers erfunden hat. Außerdem gibt's Fassbier und zur Unterhaltung gelegentlich *lyra*-Konzerte. Die „Fabrik" liegt in der Nähe der Ruinen des minoischen Palastes; einfach den Wegweisern durchs Gewirr der Seitenstraßen folgen.

Ampelos GRIECHISCH €
(☎2810 751 039; www.iampelos.gr; Hauptgerichte 4–9 €) Mit seinen großen Steinbögen, Deckenbalken und den freiliegenden Belüftungsschächten verströmt dieser große Speisesaal eine geschäftige, rustikale Atmosphäre. Die Speisekarte bietet wenig Überraschungen, aber mit Klassikern wie gebratenen Hasenkoteletts und Hühnchen in Orangen-Sahne-Soße kann man eigentlich nichts falsch machen.

To Spitiko GRIECHISCH €€
(☎2810 751 591; Hauptgerichte 6–12 €) Weiß getünchte Wände, burgunderrote Tischtücher und große Panoramafenster verleihen dieser Ein-Raum-Taverne am Hauptplatz modernes Flair. Bei gutem Wetter empfiehlt sich einer der Tische im Freien.

Praktische Informationen

Am Hauptplatz gibt's zwei Geldautomaten. Eine nützliche Internetseite ist www.archanes.gr.

An- & Weiterreise

Autofahrer, die aus Iraklion anreisen, sollten die landschaftlich reizvolle Straße über Knossos nehmen. Mehrere Straßen zweigen in den Ort ab, die zweite Ausfahrt führt in die Nähe des Hauptplatzes. An Wochentagen fahren stündlich Busse von Iraklion nach Archanes (1,70 €, 30 Min.); am Wochenende sind die Verbindungen sehr eingeschränkt. Die Busse halten am Kopfende des Städtchens sowie in der Nähe vom Hauptplatz.

Die Weinregion Iraklions

Etwa 70 % des Weines, der in Kreta hergestellt wird, kommt aus der Weinregion Iraklions, die unmittelbar südlich von Knossos beginnt. Fast zwei Dutzend Weingüter liegen eingebettet in eine harmonische Landschaft aus sanft gewellten Hügeln, sonnengebleichten Hängen und saftig grünen Tälern. Die Winzer bauen hier viele einheimische Rebsorten an, z. B. Kotsifali, Mandilari und Malvasia.

Die Weingüter konzentrierten sich im Wesentlichen in zwei Ecken: in der Gegend um Peza und Archanes südlich von Iraklion an der Straße, die auch Knossos berührt, sowie weiter westlich um Dafnes entlang der Hauptstraße nach Festos und Matala.

Fast alle Winzer sind Mitglieder des **Netzwerks der Weinbereiter von Heraklion** (www.winesofcrete.gr). Der 2006 gegründete Verband zur Förderung kretischer Weine sorgt für Internetpräsenz, organisiert Weinverkostungen und Weinfeste und gibt Infomaterial heraus. Die vom Verband erstellte, ausgezeichnete Karte namens *Wine Roads of Heraklion (Weinstraßen von Heraklion)* ist bei der Touristeninformation in Iraklion und bei den Weingütern selbst erhältlich.

Sehenswertes und Aktivitäten

Nachfolgend eine Auswahl von Winzereien, die Weinproben anbieten, manchmal gegen eine kleine Gebühr. Neben Probierräumen haben einige Weingüter auch kleine Museen mit alten Werkzeugen und Maschinen und zeigen Videos zum Weinherstellungsprozess. Bei allen ist der Wein billiger zu haben als im Einzelhandel. Manche Weinkeller stehen auf dem Ausflugsprogramm von Kreuzfahrtschiffen; wer keinen Massenandrang mag, kommt also besser erst nach 11 Uhr.

Boutari WEINGUT
(☎2810 731 617; www.boutari.gr; Skalani; 1 Std. Führung & Weinprobe 5 €, nur Verkostung 4 €; ⌚ganzjährig Mo–Fr 9–17 Uhr, im Sommer auch Sa & So 10–18 Uhr). Boutari, in der Nähe von Skalani, rund 8 km von Iraklion entfernt, ist ein sehr gepflegtes, modernes Anwesen. Besucher können an einer Führung teilnehmen, um mehr über die lokalen Rebsorten und die Weinherstellung zu erfahren, oder gleich im großen, modernen Verkostungsraum mit Blick auf den Weingarten bleiben und probieren, was hier so gekeltert wird.

Minos-Miliarakis WEINGUT
(☎2810 741 213; www.minoswines.gr; Peza; Verkostung gratis, Video & Führung 2 €; ⌚Mo–Fr 9–16, Sa 10–15 Uhr) Direkt an der Hauptstraße von Peza befindet sich diese riesige Kellerei, die 1952 als erste in Kreta Wein in Flaschen abfüllte. Sie produziert sehr ordentliche Weine. Besonders gut sind die mit dem Label Miliarakis, z. B. der vollmundige, reinsortige Bio-Rotwein und der aromatische Blanc Noir. Verkostungen finden auch im **Weingartenhaus** (⌚11–18 Uhr Mo–Sa) der Winzerei statt, gleich neben den Rebstöcken in Sambas, ca. 10 km östlich von Peza in Richtung Kastelli.

IRAKLION DIE WEINREGION IRAKLIONS

Peza Union WEINGUT
(☎2810 741 945; www.pezaunion.gr; Peza; ⌚Mo–Sa 9–17 Uhr) Seit 1933 erzeugt diese große Genossenschaft einen beliebten, preiswerten Tafelwein, der im „Sack-im-Karton" verpackt in Supermärkten auf der ganzen Insel verkauft wird. Wer aber direkt hier vorbeischaut, kann ihre etwas anspruchsvolleren Tropfen probieren.

Arhanes Coop WEINGUT
(☎2810 753 208; synar@otelnet.gr; Archanes; ⌚Mo–Fr 9–17 Uhr) In Archanes wird seit minoischer Zeit Wein angebaut und die Stadt ist auch heute noch einer der wichtigsten Produzenten in Kreta. Auf den Weinbergterrassen gedeihen im Schutz des Giouchtas einige hervorragende Rebsorten, darunter die Rozakitrauben für den renommierten Archanes Rozaki.

Domaine Gavalas WEINGUT
(☎28940 51060; www.domainegavalas.gr; Vorias; ⌚Mo–Fr 9–15 Uhr) Die größte Bio-Winzerei Kretas wurde 2004 gegründet. Unbedingt probierenswert sind der preisgekrönte Efivos Rot- und Weißwein. Die Kellerei liegt in Vorias, etwa 20 km südlich von Peza.

Tamiolakis WEINGUT
(☎2810 742 083; tamwines@otenet.gr; Choudetsi; ⌚nach Absprache) Diese Bio-Winzerei liegt in atemberaubender Umgebung auf einem Hügel über dem Dorf Choudetsi, 4 km südlich von Peza. Mit den in Bordeaux ausgebildeten Winzern, der modernen Ausstattung und ihrer besucherfreundlichen Anlage gehört sie zu den Vorreitern einer neuen Generation hervorragender kretischer Weinbauern.

Lyrarakis WEINGUT
(☎2810 284 614; www.lyrarakis.gr; Alagni; ⌚10–13 Uhr) Diese fortschrittliche Winzerei rund 6 km südlich von Peza hat in den letzten Jahren mehrere Auszeichnungen eingeheimst. Besondere Bekanntheit erlangte sie dafür, zwei fast ausgestorbene weiße Rebsorten namens Dafni und Plyto wieder anzubauen. Die Öffnungszeiten sollte man sich vorsichtshalber telefonisch bestätigen lassen.

Essen

Weitere Restaurantempfehlungen für die Weinregion s. S. 140.

LP TIPP **Elia & Diosmos** KRETISCH €€
(☎2810 731 283; www.olive-mint.com; Skalani; Hauptgerichte 8–17 €) In diesem Schlaraffenland am Rand des Weinbaugebiets verwandelt Argiro Barda knackfrische Zutaten in raffinierte kretische Gerichte, die ein wahres Geschmacksfeuerwerk entfalten. Die Speisekarte richtet sich nach der Saison, aber zu den Klassikern zählen saftige Lammkoteletts mit Honig, die luftig-leichte Fenchelpastete und herzhaftes Schweinefleisch mit Feigen, Pflaumen und Pistazien. Das Restaurant liegt nur eine kurze Autofahrt von Iraklion entfernt ein paar Minuten südlich von Knossos.

Roussos Taverna KRETISCH €€
(☎2810 742 189; Choudetsi; Hauptgerichte 5–10 €; ⌚Juni–Okt. Mittag- & Abendessen, Nov.–Mai Di–So nur Abendessen) Eingefleischte Gourmets kommen von weit her nach Choudetsi, um Roussos schmackhafte, original kretische Küche zu genießen, beispielsweise die phantastischen Lammkoteletts und regionales *chorta* (wild wachsendes Blattgemüse). Die Taverne steht am Hauptplatz gegenüber von Ross Dalys *Labyrinth* (s. Kasten S. 144), dessen Musiker hier manchmal ein Konzert geben.

Taverna Onisimos GRIECHISCH €€
(☎2810 741 754; Peza; Hauptgerichte 8–10 €; ⌚Abendessen tgl., Mittagessen Di–So) Diese hübsch eingerichtete Taverne liegt in der Hauptstraße von Peza, unweit der Winzerei Milatos. Sie eignet sich prima, um nach einer allzu ausgiebigen Weinverkostung wieder einen klaren Kopf zu bekommen. Im Angebot sind u. a. leckere gebratene Kürbisbällchen, verschiedene Fleischsorten vom Grill und Spezialitäten wie Lamm in Zitronensauce.

Myrtia Μυρτιά

Myrtia, rund 15 km südöstlich von Iraklion, ist der Geburtsort von Kretas berühmtestem Schriftsteller (s. S. 255). An ihn erinnert das ausgezeichnete **Nikos-Kazantzakis-Museum** (☎2810 741 689; www.kazantzakis-museum.gr; Erw./Kind 3/1 €; ⌚März–Okt. 9–17 Uhr, Nov.–Feb. So 10–15 Uhr). Die wirkungsvoll in Szene gesetzte Ausstellung ist in einem modernen Gebäude an dem von *kafenia* gesäumten Zentralplatz untergebracht. Sie erzählt vom Werdegang, der Geisteshaltung und von den Verdiensten Kazantzakis'. Am besten schaut man sich zuerst den kurzen Dokumentarfilm an und begutachtet dann die persönlichen Besitzstücke, Filmplakate, Briefe, Fotos und andere Memorabilien. Die oberen Räume bieten einen Überblick über Kazantzakis berühmteste Werke, darunter natürlich auch *Alexis Sorbas*.

START **IRAKLION**
ZIEL **IRAKLION**
LÄNGE **45 KM**
DAUER **EIN TAG**

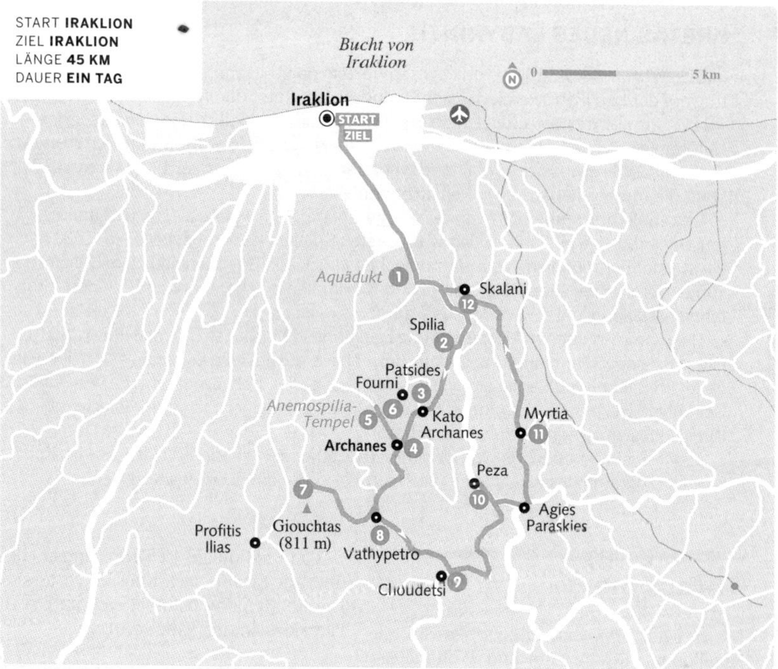

Tour-Tipp:

Die Weinregion Iraklions

Die Vororte von Iraklion gehen langsam in üppig grünes Weinland über, durchsetzt mit schmucken Dörfern, die unter Blumen fast verschwinden, und sonnengetränkten Reben, die sich an sanfte Hänge schmiegen, während in der Ferne der Giouchtas (811 m) aufragt. Die schönste Zeit für einen Besuch ist während der Frühlingsblüte oder der Erntezeit im Spätsommer. Adressen von Weingütern s. Abschnitt „Die Weinregion von Iraklion" (S. 141).

Von Iraklion geht die Fahrt nach Süden Richtung Knossos. 2 km hinter den Palastruinen überquert die Straße ein doppelbögiges 1 **Aquädukt** von Anfang des 19. Jhs., das Iraklion einst mit Wasser aus Archanes versorgte. Weiter geht's durch Spilia nach Patsides, wo ein martialisches 2 **Denkmal** an der Ausfahrt nach Kato Archanes die Stelle markiert, wo General Heinrich Kreipe 1944 verschleppt wurde. Im 3 **Geschichts- & Folkloremuseum** in der Nähe sind einige seiner persönlichen Habseligkeiten ausgestellt. 4 **Archanes** selbst ist ein Zentrum des Weinhandels mit minoischen Wurzeln, von denen man sich beim Besuch des 5 **Anemospilia-Tempels** und der Nekropolis von 6 **Fourni** überzeugen kann. Mit einem entsprechenden Fahrzeug kann man einen Abstecher zum Gipfel des Giouchtas einlegen, die Aussicht auf die Weinberge genießen und einen 7 **minoischen Gipfelschrein** bewundern.

Wieder zurück in Archanes geht es südwärts Richtung Choudetsi mit einem Zwischenstopp in 8 **Vathypetro** mit einer minoischen Weinpresse. Die Hauptattraktion des malerisch gelegenen Weilers Choudetsi ist das ausgezeichnete 9 **Museum für traditionelle Musikinstrumente**. Von hier aus ist es nur eine kurze Fahrt nordwärts bis 10 **Peza**, dem Zentrum der kretischen Weinherstellung, wo mehrere Weingüter Verkostungen und Führungen anbieten. Anschließend folgt man den Wegweisern nach 11 **Myrtia**, um dort im hervorragenden Museum direkt am Stadtplatz Nikos Kazantzakis, dem aus Kreta stammenden Autor von *Alexis Sorbas*, die Ehre zu erweisen. Krönender Abschluss des Tages ist ein kretisches Gourmetdinner in Begleitung erstklassiger lokaler Weine im einladenden 11 **Elia & Diosmos** in Skalani.

KRETAS NEUES LABYRINTH

In **Choudetsi**, 4 km südlich von Peza, stehen ein paar byzantinische Kirchen. Einen Eintrag auf der Landkarte verdiente sich Choudetsi aber erst durch das **Labyrinth** (☎2810 741 027; www.labyrinthmusic.gr; Eintritt 3 €; ⏲März–Okt. 10–16 Uhr). Der wunderschöne, aus Naturstein erbaute Gutshof dient als **Museum für traditionelle Musikinstrumente** und den ganzen Sommer über finden hier international renommierte **Musikworkshops** statt, die Topmusiker aus aller Welt anziehen.

Das Labyrinth wurde 1982 von dem angesehenen Musiker Ross Daly ins Leben gerufen. Der gebürtige Ire zählt zu den virtuosesten Spielern der kretischen Lyra. Er ist auch ein Meister der modalen, nichtharmonischen Musik aus Griechenland, dem Balkan, der Türkei, dem Nahen Osten, Nordafrika und Nordindien und hat mehr als 25 Alben veröffentlich. Näheres unter www.rossdaly.gr.

Daly sammelt auch mit Begeisterung traditionelle Musikinstrumente. Rund 250 Stücke aus seiner Sammlung sind in dem Herrenhaus ausgestellt. Es handelt sich überwiegend um Saiten- und Perkussionsinstrumente aus aller Welt, darunter viele von hohem Seltenheitswert. Dank einer interaktiven Audioanlage können sich Interessierte den Klang jedes einzelnen Instruments anhören.

Jeden Sommer bildet der wunderschöne Gutshof eine zauberhafte Kulisse für Konzerte. Das Programm lässt sich telefonisch erfragen oder auf der Website einsehen.

Thrapsano Θραψανό

1400 EW.

Die riesigen *pithoi* im minoischen Stil, die Hotellobbys, Restaurants und Wohnhäuser auf der ganzen Insel zieren, stammen überwiegend aus Thrapsano, 32 km südöstlich von Iraklion. Es gibt zahlreiche Keramikwerkstätten im Ort, die normalerweise Besucher willkommen heißen. In der traditionsreichen **Keramikwerkstatt Nikos Doxastakis** (☎2891 041 160) an der Straße Richtung Rathaus kann man zuschauen, wie riesige Tontöpfe produziert werden. Die **Töpferei Vasilakis** (☎2891 041 666), unmittelbar hinter der Abzweigung zum See, hat auch kleinere Objekte zum Mitnehmen. Das Gleiche gilt für **Koutrakis Art** (☎2891 041 000; www.cretan-pottery.gr) an der Straße ins Dorf. Jedes Jahr findet Mitte Juli ein **Keramikfest** statt.

Wer sich an den Geschäften satt gesehen hat, kann in der zweischiffigen **Timios-Stavros-Kirche** aus dem 15. Jh. die gut erhaltenen Fresken bewundern.

Vor den Toren Thrapsanos, an der Straße nach Norden Richtung Apostoli, liegt der **Livada-See**. Das geschützte Feuchtgebiet hat einen Aussichtspunkt zur Vogelbeobachtung und eine Picknickstelle. Das Schutzgebiet ist die Heimat von Vogelarten wie Seidenreiher, Bruchwasserläufer, Rötelschwalbe und Weißbart-Seeschwalbe. Die Größe des Sees hat sich im Laufe der Jahre verdoppelt, weil die Keramikbetriebe Lehm aus dem See baggern.

Von Iraklion aus ist Thrapsano am besten über die Straße nach Knossos zu erreichen. Die Abzweigung befindet sich im Ort Agies Paraskies, in der Nähe von Peza.

Zaros Ζαρός

3370 EW.

Das traditionelle Bergdorf Zaros ist berühmt für sein natürliches Quellwasser, das hier in Flaschen abgefüllt und auf ganz Kreta verkauft wird. Es liegt traumhaft schön am Fuß des Psiloritis, und schon die Anfahrt über die landschaftlich reizvolle Straße von Agia Varvara her (auf der Schnellstraße zwischen Iraklion und Mires) ist toll. Zaros bietet einige schöne byzantinische Klöster, ausgezeichnete Wandermöglichkeiten in der atemberaubenden Rouvas-Schlucht und Tavernen, in denen köstliche Forellen serviert werden. Ausgrabungen in der Nähe deuten darauf hin, dass die ständige Versorgung mit frischem Wasser die Minoer und später auch die Römer dazu verlockte, sich hier niederzulassen. Wer ganz genau hinschaut, kann noch Überreste der Wasserkanäle entdecken, die einst dafür sorgten, dass in der 12 km südlich gelegenen großen römischen Siedlung Gortys die Brunnen gefüllt waren.

Sehenswertes & Aktivitäten

Votomos-See SEE

Dieses smaragdgrüne, von Bäumen umgebene kleine Staubecken gleich nordöstlich von

Zaros wurde 1987 angelegt, um das Quellwasser der Stadt zu speichern. Der See zieht Scharen von Vögeln an und ist ein herrliches Plätzchen zum Chillen im schattigen Park oder für einen Imbiss in der ausgezeichneten Café-Taverne. Ein Pfad führt von hier aus sowohl zum Moni Agios Nikolaos (1 km) als auch zur Rouvas-Schlucht (2,5 km).

Moni Agios Nikolaos KLOSTER
An der Straße von Zaros nach Westen weisen Schilder den Weg zu diesem Kloster am Eingang der Rouvas-Schlucht, etwa 2 km über dem Tal. Die Kirche birgt einige schöne Fresken aus dem 14. Jh.

Moni Vrondisi KLOSTER
Dieses Kloster liegt ein paar Kilometer hinter Moni Agios Nikolaos. Es ist für seinen venezianischen Springbrunnen aus dem 15. Jh. bekannt, auf dem ein Relief von Adam und Eva abgebildet ist. Außerdem beherbergt das Kloster berühmte Fresken der kretischen Schule aus dem frühen 14. Jh., darunter eine Darstellung des Letzten Abendmahls.

Domaine Zacharioudakis WEINGUT
(☎2892 024 733; www.zacharioudakis.com; Plouti; ⌚Di–So 10–18 Uhr) Seine ausgefallene Architektur und die steilen Weinberge an den Hängen des Orthi Petra kennzeichnen diese mit neuester Technik ausgestattete Boutique-Winzerei in Plouti, rund 7 km südlich von Zaros. Der Verkostungsraum mit Blick aufs Meer ist ein angenehmer Ort, um die Qualitätsweine des Hauses zu probieren, darunter der preisgekrönte weiße Vidiano und der rote Orthi Petra Syrah-Kotsifali. Es werden auch Führungen angeboten.

LP TIPP **Rouvas-Schlucht** WANDERN
Als Teil des Europäischen Fernwanderweges E4 führt diese Schlucht zum geschützten Rouvas-Wald, wo einige der ältesten Eichen Kretas stehen. Reizvoll ist eine Wanderung im Frühling, wenn Orchideen, Mohnblumen, Schwertlilien und andere Blumen blühen und der Landschaft die Lebendigkeit eines impressionistischen Gemäldes verleihen.

Essen

I Limni KRETISCH €€
(Forelle 22 € pro kg; ⌚9 Uhr–spät) Diese Taverne am See ist eine Oase der Ruhe, wo frisch gegrillte Forelle und kretische Spezialitäten serviert werden. Eine willkommene kleine Aufmerksamkeit sind die Appetithäppchen, die mit Brot auf den Tisch kommen.

Votomos MEERESFRÜCHTE, GRIECHISCH €€
(Forelle 27 € pro kg) Obwohl man hier im Gebirge ist, besteht kein Zweifel daran, dass der Fisch in dieser familienbetriebenen Taverne wirklich frisch ist. Die Gäste können die Forellen und Lachse nämlich in großen Zuchtwasserbecken umher schwimmen sehen, bevor sie auf dem Teller landen. Das Restaurant liegt unmittelbar außerhalb des Orts hinter dem Hotel Idi.

Vengera GRIECHISCH €
(Hauptgerichte 4–6 €) Diese ausgezeichnete Taverne an der Hauptstraße wird von der lebhaften Vivi und ihrer Mutter Irini betrieben. Die beiden kochen jeden Tag fünf oder sechs traditionelle Gerichte. Sie bieten auch zum Preis von 25 € ein Pauschalpaket aus Verpflegung und Unterkunft in Ferienapartments ganz in der Nähe an.

Praktische Informationen

Das Geschäftsviertel von Zaros liegt am südlichen Ortsrand. Das Postamt und ein Supermarkt befinden sich gegenüber dem Polizeirevier. An der Hauptstraße gibt's einen Geldautomaten.

An- & Weiterreise

Wer über die Hauptstraße von Iraklion her kommt, biegt bei Agia Varvara nach Westen ab. Von Süden her führt eine kleinere Straße von Gortys Richtung Norden nach Zaros. Täglich fahren zwei Busse (sonntags einer) von Iraklion nach Zaros (4,30 €, 1 Std.).

BEZIRK IRAKLION – SÜDEN

Der Süden Mittelkretas ist mit drei archäologischen Schatztruhen gesegnet: Festos, Agia Triada und Gortys. Außerdem kann er mit einer Reihe kleinerer Fundorte aufwarten, die zusammen die bewegte kretische Geschichte von den Minoern bis zu den Römern widerspiegeln. Die Erkundung dieser Orte führt über die Messara-Ebene, eine der fruchtbarsten Gegenden Kretas. Sie wird im Norden vom Psiloritis, im Osten vom Dikti-Gebirge und im Süden von den Asterousia-Bergen begrenzt. Eine vielbefahrene Fernstraße verbindet die betriebsamen Wirtschaftszentren Tymbaki, Mires, Agii Deka and Pyrgos, die Besuchern aber nicht viel zu bieten haben. Anders verhält es sich mit den Küstenorten um Matala und Lentas. Sie locken mit langen Sandstränden und sind perfekte Ausgangspunkte, um die vielen Reize der Region zu entdecken. Es wäre geradezu verwerflich, das schier unbegrenzte Angebot an Freizeitaktivitäten nicht auszunutzen. Man kann durch Schluchten wandern, uralte Klöster besuchen, in blumengeschmückten Dörfern herumbummeln, gemütlich zwischen den Einheimischen auf dem Dorfplatz sitzen oder einfach ziellos auf den kurvenreichen Landstraßen herumkutschieren.

Gortys Γόρτυνα

Die Ausgrabungsstätte in Gortys, 46 km südwestlich von Iraklion, ist die größte ihrer Art in ganz Kreta und eine der faszinierendsten. Gortys, auch Gortyn oder Gortyna (Betonung auf der ersten Silbe) genannt, kann nicht viel aus der minoischen Periode vorweisen, da es zu der Zeit nur eine kleine Trabantenstadt des florierenden Festos war. Erst unter den Dorern gelangte Gortys zu Reichtum, der hauptsächlich aus der Piraterie stammte. Im 5. Jh. v. Chr. war die Stadt jedenfalls bereits so bedeutend wie Knossos. Als die Insel von den Römern bedroht wurde, handelten die Einwohner von Gortys geschickt einen Vertrag mit ihnen aus und so wurde Gortyna nach der Eroberung durch Rom im Jahr 67 v. Chr. zur Hauptstadt der Insel erkoren. Unter der römischen Verwaltung florierte die Stadt und wurde großzügig mit prächtigen öffentlichen Gebäuden ausgestattet, darunter ein Prätorium, ein Amphitheater, Bäder, eine Musikschule und mehrere Tempel. Auf ihrem Höhepunkt hatte die Stadt vermutlich um die 100 000 Einwohner. Abgesehen von dem Apollon-Tempel aus dem 7. Jh. v. Chr. und der byzantinischen Titus-Basilika stammen die meisten Ruinen in Gortys aus römischer Zeit. Der Glanz der Stadt erlosch erst im Jahr 824, als die Sarazenen die Insel überfielen und Gortys zerstörten.

Die Stadt erstreckt sich auf 1 km² Gelände aus Flachland, Gebirgsausläufern und Hochebenen, Hügeln und Feldern. Über ein Aquädukt wurde Quellwasser vom 15 km entfernten Zaros nach Gortys geleitet, um die Brunnen und öffentlichen Bäder der Stadt zu versorgen. Es gab sicherlich auch Straßen und einen Marktplatz, aber bisher wurde nichts dergleichen freigelegt.

Gortys besteht aus zwei Abschnitten, die durch die Hauptstraße voneinander getrennt sind. Die meisten Leute bleiben nur lange genug, um das **umzäunte Gebiet** (☎2892 031 144; Erw./erm./unter 18 J. & EU-Stud. 4/2 €/frei; ⏰Nov.–April 8.30–15 Uhr; Mai, Juni, Sept. & Okt. bis 17 Uhr; Juli & Aug. bis 20 Uhr) nördlich der Straße hinter dem Parkplatz und dem Eingangstor zu erforschen. Dabei befinden sich die wichtigsten römischen Tempel, Bäder und sonstigen Gebäude auf der anderen Seite der Straße. Allerdings liegen sie über ein weites, offenes Gelände verstreut und lassen sich daher nicht so einfach besichtigen. Dort ist immer geöffnet und der Zutritt kostenlos. Ein Kombiticket mit der Agia Triada (S. 149) kostet 6 € (erm. 3 €).

Das abgesperrte Gebiet

Das erste auffällige große Bauwerk innerhalb des Sperrgebiets ist die byzantinische **Titus-Basilika** aus dem 6. Jh., die großartigste frühchristliche Kirche auf Kreta. Sie wurde möglicherweise auf den Fundamenten einer noch älteren Kirche erbaut. Von der Basilika

PLATANE MIT SCHAMGEFÜHL

In Gortys gibt es in der Nähe vom Odeon einen kurzen Steg, der zu einer uralten, immergrünen Platane führt. Der Sage nach diente sie Zeus und Europa als Liebesnest. Die Legende berichtet, wie Zeus Europa, die Tochter des Phönizierkönigs, beim Spielen an einem Strand in Sidon (im heutigen Libanon) erspähte und sich Hals über Kopf in sie verliebte. Er nahm die Gestalt eines Stiers an, entführte sie, schwamm mit ihr ans Ufer bei Matala und brachte sie von dort nach Gortys, wo er ihr seine wahre Identität enthüllte. Eins führte zum anderen und bald darauf gebar Europa Drillinge, die mythischen Könige Minos, Rhadamanthys und Sarpedon. Die Platane jedoch, die als stumme Zeugin des Liebesaktes hatte herhalten müssen, fühlte sich offenbar in ihrem Schamgefühl verletzt und weigerte sich von da an, ihre Blätter fallen zu lassen. Zweifellos eine nette Geschichte, aber leider ohne jeglichen mysteriösen Hintergrund. Es gibt nämlich tatsächlich eine (wenn auch seltene) Platanenunterart, die ihre Blätter nicht abwirft. Auf Kreta wurden rund 50 Exemplare dieser Spezies gezählt. Doch Mythen sind langlebig – noch heute kann man Leute sehen, die in der Hoffnung auf reichlich (männlichen) Kindersegen Blätter von der Platane zupfen.

Gortys

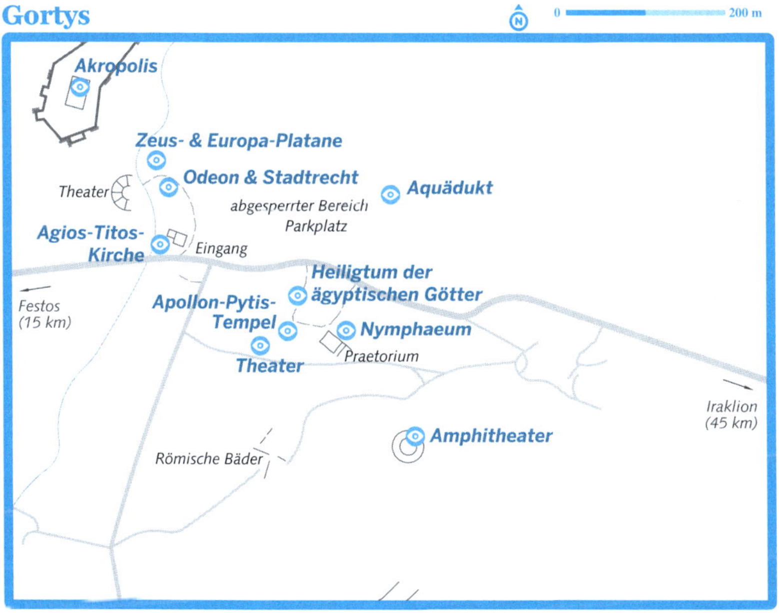

ist nur noch der hoch aufragende Altarraum mit zwei Seitenschiffen erhalten; ins linke kommen immer noch Gläubige zum Beten.

Ein paar Schritte weiter steht das **Odeon**, ein römisches Theater aus dem 1. Jh. v. Chr., das bei einem Erdbeben zerstört und unter Trajan im 2. Jh. wieder aufgebaut wurde. Das Gewölbe an der Rückseite des Theaters beherbergt die Hauptattraktion von Gortys: die Steintafeln mit den im 6. Jh. v. Chr. eingemeißelten Gesetzestafeln, auf denen das **Stadtrecht von Gortys** festgeschrieben steht. Die 600 Zeilen, die in einem dorischen Dialekt in die Steinplatten eingemeißelt sind, bilden den ältesten bekannten Gesetzestext der griechischen Kultur. Interessanterweise plagten sich die alten Kreter mit den gleichen Angelegenheiten herum, die uns auch heute noch vor den Kadi treiben: Heirat, Scheidung, Eigentumsrecht, Erbschaft, Adoption und Straftaten. Die kretische Gesellschaft war streng hierarchisch gegliedert und unterteilte sich in Sklaven sowie mehrere Kategorien freier Bürger, die jeweils genau definierte Rechte und Pflichten hatten.

Südlich der Schnellstraße

Die Bauwerke auf dieser Seite der Straße sind sehr viel größer, erstrecken sich aber über ein weitläufiges Gebiet und sind daher nicht so leicht zu lokalisieren. Es macht durchaus Spaß, einfach ziellos umherzustreifen und zufällig über die Ruinen zu stolpern. Wer aber die Stätte etwas systematischer erkunden möchte, sollte das Schild an der Hauptstraße suchen, das den Weg zum Apollon-Tempel weist, und dem Steinweg folgen. Zunächst geht es an den Überresten des **Tempels der ägyptischen Götter** vorbei, der Isis, Serapis und Anubis geweiht war. Dahinter steht der **Apollon-Tempel**, das bedeutendste Heiligtum des vorrömischen Gortys. Im 7. Jh. v. Chr. erbaut, wurde der Tempel im 3. Jh. v. Chr. erweitert und im 2. Jh. n. Chr. in eine christliche Basilika verwandelt. Vor Ort sind noch der rechteckige Grundriss und große Teile des Altars zu sehen. Dahinter erhebt sich das gut erhaltene **Theater**.

Wer sich vor dem Apollon-Tempel nach links wendet, gelangt zum gewaltigen **Prätorium**. Es war der Palast des römischen Statthalters auf Kreta und diente als Verwaltungsgebäude, Kirche und Privatresidenz. Der größte Teil der Ruinen stammt aus dem 2. Jh. Ein Teil des Prätoriums wurde im 4. Jh. wiederaufgebaut. Nördlich davon befindet sich das im 2. Jh. erbaute **Nymphaeum**, ein öffentliches Badehaus, das über ein Aquädukt mit Wasser aus Zaros versorgt wurde. Ursprünglich war es mit Nymphen-Statuen verziert. Südlich des Nymphaeums liegt das **Amphitheater** aus dem späten 2. Jh.

Akropolis

Der Anstieg zur Akropolis auf einer Hügelkuppe dauert 20 bis 30 Minuten, wird aber mit einem unschlagbaren Rundumblick auf Gortys belohnt. Hier oben stehen zudem eindrucksvolle Überreste des vorrömischen Befestigungswalls. Der Weg dorthin folgt dem Wasserlauf in der Nähe des Odeons bis zu einem Tor, wo der Pfad zum Gipfel abgeht. Es ist auch möglich, mit dem Auto ein gutes Stück bis in die Nähe der Akropolis zu fahren. Wo es langgeht, lässt sich am Ticketschalter erfragen.

An- & Weiterreise

Die Busse von Iraklion nach Festos halten auch in Gortys.

Festos Φαιστός

Die Fundstätte **Festos** (☏2892 042 315; Erw./erm./ unter 18 J. & EU-Stud. 4/2 €/frei; ⌚Juni–Okt. 8–20 Uhr, Nov.–April 8–17 Uhr), 63 km von Iraklion entfernt, war nach Knossos die zweitwichtigste minoische Palaststadt. Sie liegt ebenfalls in einer atemberaubenden Umgebung und bietet eine herrliche, unverstellte Aussicht auf die Messara-Ebene und den Psiloritis. Der Grundriss des Palastes mit Räumen, die sich um einen zentralen Innenhof gruppieren, gleicht dem in Knossos. Wie Knossos wurde auch der größte Teil von Festos (Betonung auf der zweiten Silbe) auf den Trümmern eines älteren Palastes errichtet, der in der Mittlere Palastzeit zerstört worden war. Doch der Ort besitzt durchaus seinen eigenen, unnachahmlichen Reiz. Ein Hauch des Rätselhaften schwebt über den verlassenen, nicht wiederaufgebauten Ruinen - davon kann in Knossos keine Rede sein. Im Gegensatz zu Knossos fand man in Festos auch nur wenige Fresken; die Palastwände waren anscheinend mit weißem Gips verkleidet.

Ein Kombiticket mit Agia Triada kostet 6 € (erm. 3 €).

Geschichte

Der erste Palast wurde um 2000 v. Chr. erbaut und durch jenes Erdbeben zerstört, das auch andere minoische Paläste dem Erdboden gleichmachte. Die Ruinen bildeten das Fundament für einen neuen Palast, mit dessen Bau um 1700 v. Chr. begonnen wurde. Dieser wiederum fiel der Katastrophe von 1450 v. Chr. zum Opfer. In den dazwischen liegenden Jahrhunderten war Festos das politisch-religiöse und administrative Zentrum der Messara-Ebene. Alte Schriften bezeugen die Bedeutung des Palastes und vermerken, dass er sogar seine eigenen Münzen prägte. Obwohl mit dem Aufstieg Gortys' die Bedeutung von Festos abnahm, blieb die Stadt weiterhin bewohnt. Unter den Dorern stand Festos einem Militärbündnis mehrerer Städte vor, darunter Matala und Polyrrinia in Westkreta, musste sich aber im 2. Jh. v. Chr. Gortys geschlagen geben.

Rundgang

Hinter dem Kartenhäuschen beginnt der **Obere Hof**, der im Alten wie auch im Neuen Palast genutzt wurde. Hier finden sich Gebäudereste aus der hellenischen Epoche. Eine Treppe führt nach unten zum **Westhof** mit dem sogenannten **Theatertrakt**, der wahrscheinlich als Bühne für Veranstaltungen diente. Die Sitze befinden sich am nördlichen Ende. Das Südende ist gleichzeitig die **Westfassade des Alten Palastes**. Die 15 m breite **Schautreppe** führt zum **Propylon**, einem großen, überdachten Portal. Unter dem Propylon befinden sich die **Lagerräume**, in denen immer noch *pithoi* (Vorratskrüge) stehen. Die benachbarte Halle wurde vermutlich als **Amtszimmer** genutzt; 1955 kamen dort unter dem Fußboden Steintafeln mit Linear-A-Schrift zum Vorschein. Südlich der Magazine führt ein **Durchgang** zur Westflanke des **Zentralhofs**. Im Süden des Korridors liegen ein **Lustralbad**, **Räume mit Sitzbänken** und eine **Pfeilerkrypta**.

Der Zentralhof, der einst von Säulengängen umrahmt war, ist das Herzstück des Palastes. Er ist gut erhalten und vermittelt einen Eindruck von der einstigen Ausdehnung und Pracht der Palastanlage. In der Südwestecke des Zentralhofs lohnt ein Blick auf die **Hütte aus der Jungsteinzeit**. Nördlich des Hofes liegen die am besten erhaltenen Abschnitte des Palastes: die Empfangsräume und Privatgemächer. An einem mit Säulen flankierten **zweiflügeligen Portal** vorbei führt ein Durchgang zum Nordhof. An dessen Westflanke befindet sich das **Peristyle**, zu dem früher eine gepflasterte Terrasse gehörte. Die königlichen Gemächer (**Megaron der Königin** und **Megaron des Königs**) schließen sich im Nordosten an das Peristyl an. In einem Gebäude im Nordteil der Anlage wurde der berühmte Diskos von Festos gefunden, der heute im Archäologischen Museum von Iraklion zu bewundern ist.

Zur Ausgrabungsstätte gehört zwar ein passables Café, aber besseres Essen gibt's ein paar Kilometer weiter südlich in Agios Ioan-

Festos

nis: Hier steht nämlich die **Taverna Agios Ioannis** (Hauptgerichte 4–8 €; ⏲12 Uhr–Mitternacht), von deren saftigem Lammbraten und gegrilltem Kaninchenfleisch viele schwärmen. Die nahe gelegene kleine **Agios-Pavlos-Kirche** aus dem 10. Jh. weist einige melancholisch verblichene Fresken auf.

ℹ An- & Weiterreise

Täglich fahren acht Busse von Iraklion über Gortys nach Festos (6,30 €, 1½ Std.). Außerdem bestehen Busverbindungen ab Agia Galini (Mo–Sa 2-mal tgl., 3,30 €, 45 Min.) und Matala (Mo–Sa 4-mal tgl., 1,70 €, 30 Min.).

Agia Triada Αγία Τριάδα

Agia Triada (☎2892 091 564; Erw./erm./unter 18 J. & EU-Stud. 3/1,50 €/frei; ⏲Sommer 10–16.30 Uhr, Winter 8.30–15 Uhr), 3 km westlich von Festos, war höchstwahrscheinlich ein kleinerer Palast oder eine Sommerresidenz des Herrschers von Festos. Die Stätte erfreut sich einer bezaubernden Lage an einem baumbestandenen Hang mit Blick auf den Golf von Messara. Agia Triada (Betonung jeweils auf der zweiten Silbe) fiel um 1400 v. Chr. einer Feuersbrunst zum Opfer, wurde aber nie geplündert. Dieser Tatsache ist es zu verdanken, dass hier außergewöhnlich viele Meisterwerke minoischer Kunst geborgen werden konnten – darunter ein berühmtes Vasentrio (die Schnittervase, die Boxervase und der Fürstenkelch), das im Archäologischen Museum von Iraklion steht.

NICHT VERSÄUMEN

ETHNOLOGISCHES MUSEUM VON KRETA

Das hervorragende **Museum** (☎2892 091 112/0; Eintritt 3 €; ⏲ April–Okt. 10–18 Uhr, im Winter nach Absprache) im Dorf **Vori**, 4 km östlich von Tymbaki, erlaubt faszinierende Einblicke in die kretische Kultur. Die auf Englisch beschriftetens Exponate behandeln Themen wie Landleben, Krieg, Sitten und Bräuche, Architektur, Musik und Lebensmittelanbau. Bei den meisten Ausstellungsstücken handelt es sich um ganz normale Alltagsgegenstände (Spitzhacken, Olivenpressen, Korbwaren, Textilien, Instrumente usw.). Sie werden jedoch sehr liebe- und effektvoll in abgedunkelten Räumen präsentiert, von einzelnen Spotlights angestrahlt. Es ist das beste Museum dieser Art auf der ganzen Insel und unbedingt einen Abstecher wert. Der Weg zum Museum ist von der Hauptstraße aus gut beschildert.

Agia Triada

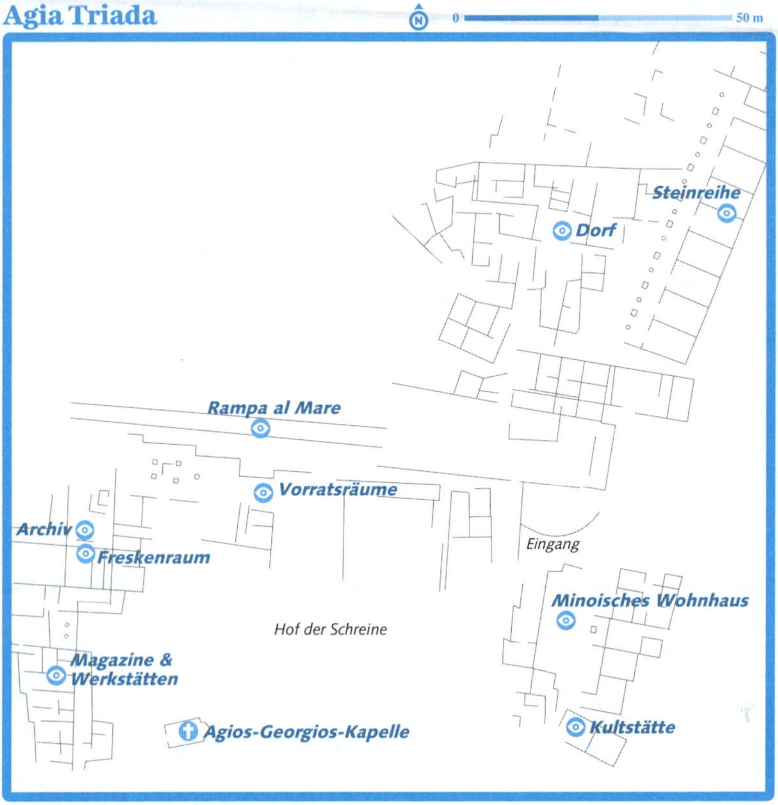

Ein Kombiticket mit Festos (S. 148) kostet 6 € (erm. 3€).

Rundgang

Leider ist die Stätte nicht besonders besucherfreundlich. Es gibt kein Leitsystem und zur Eintrittskarte noch nicht einmal einen ganz groben Übersichtsplan. Andererseits hat der Ort historisches Ambiente im Überfluss und lässt sich mangels Besucherhorden in aller Ruhe erkunden.

Nach Passieren des Ticketschalters sollte man einen Moment innehalten, um sich zu orientieren. Vor einem liegen die Ruinen des Palastes, dessen Zentralhof an zwei Seiten von Bauten gesäumt ist. Die byzantinische **Agios-Georgios-Kapelle** zur Linken beherbergt einige schöne Fresken (am Kartenschalter um den Schlüssel bitten). Rechts vom Palast erstreckt sich das Gelände der ehemaligen Siedlung. Hinter dem Zaun liegt ihr (Besuchern unzugänglicher) Friedhof.

Wer links die Treppen hinuntersteigt, gelangt durch die Ruinen eines **minoischen Wohnhauses** zu einer **Kultstätte** aus dem frühen 14. Jh. v. Chr. Sie besaß einst einen Fußboden mit üppigen Fresken, die Delphin- und Tintenfischmotive zeigten und ins Archäologische Museum von Iraklion gewandert sind. Dahinter liegt der gepflasterte **Zentralhof** mit dem Wohntrakt auf der rechten Seite (unter einem Schutzdach). Der Westflügel am anderen Ende des Hofes beherbergt ein Geflecht aus **Magazinen und Werkstätten**. In einem dieser Räume wurde der „Prinzenbecher" gefunden. Eine der schönsten Räumlichkeiten in der nordwestlichen Ecke ist der sogenannte **Freskensaal**, der mit einer modernen Zementdecke versehen wurde. Er weist eingebaute Bänke, Alabasterverkleidungen an den Wänden und einen Gipsboden auf.

Entlang der Nordseite des Palastes verläuft eine Trasse, die einstmals vermutlich bis zum Meer führte, da der Meeresspiegel damals noch sehr viel höher war. Daher rührt auch der Name, den die Archäologen dem Bauwerk gaben – **Rampa al Mare**. Sie führt hoch zum **Dorfgelände**, wo sich der Marktplatz und einfache Wohnhäuser befanden. Besonders interessant ist die Reihe von **Geschäften**, vor denen einst ein Säulengang stand.

Auf der anderen Seite des Zauns, hinter den Läden, liegt die um 2000 v. Chr. angelegte **Nekropole** mit zwei *tholoi*-Kuppelgräbern. Hier wurde der berühmte, mit Begräbnisszenen verzierte Sarkophag gefunden, der wie so vieles von hier in Iraklion ausgestellt ist.

An- & Weiterreise

Die Ausgrabungsstätte lässt sich mit öffentlichen Verkehrsmitteln nicht erreichen und liegt etwa 5 km von jeder größeren Siedlung entfernt. Autofahrer nehmen die Abfahrt nach Agia Triada, etwa 500 m hinter Festos an der Straße nach Matala.

Matala Μάταλα

110 EW.

Matala (Betonung auf der ersten Silbe), 11 km südwestlich von Festos an der Küste gelegen, ging als der Ort in die Geschichtsbücher ein, wo Zeus in Form eines Stieres mit Europa auf dem Rücken an Land ging, bevor er sie nach Gortys verschleppte. Die Minoer nutzten Matala als Hafen für Festos, und unter römischer Herrschaft diente der Küstenort als Hafen von Gortys. Am Grund des Meeres lassen sich noch Ruinen dieser alten Siedlungen ausmachen.

Trotz dieses historischen Erbes denken die meisten Leute beim Namen Matala nur an eins: Hippies. In den 1960er- und 1970er-Jahren, lange bevor Mykonos hip und Ios angesagt war, beheimatete das Städtchen eine Blumenkinderkommune, darunter Prominente wie Joni Mitchell und Cat Stevens. Teil der Anziehungskraft war das mietfreie Wohnen in den Höhlen, die in neolithischer Zeit aus den Felswänden gemeißelt worden waren. Der tolle Strand, die billigen Tavernen, die freie Liebe und reichlich *pot* waren aber auch nicht zu verachten. Joni Mitchell setzte dieser Zeit mit ihrem Lied „Carey" ein bleibendes Denkmal.

Ein *Matala Hippie Reunion Festival* zog 2011 zwar Scharen von Menschen an, aber unterm Strich ist hier wenig vom Geiste des „peace and love" hängen geblieben. Schon gar nicht im Sommer, wenn Massen von Tagesausflüglern das Dorf überschwemmen, die Strandtavernen bevölkern und sich an den unzähligen Souvenirständen drängen.

Außerhalb der Saison jedoch ist immer noch ein wenig von der Magie Matalas zu verspüren. Die Lage des Städtchens an einer halbmondförmigen Bucht zwischen zwei Landzungen könnte traumhafter nicht sein. Das Wasser ist kristallklar und die Sonnenuntergänge über der vorgelagerten Insel Paximadia sind oft dermaßen schön, dass es schon fast weh tut.

In Matala und Umgebung brüten zahlreiche Unechte Karettschildkröten. Die griechische Gesellschaft zum Schutz der Meeresschildkröten hat einen Stand in der Nähe des Parkplatzes

Sehenswertes & Aktivitäten

Matala-Höhlen HISTORISCHE STÄTTE

(Eintritt 2 €; April–Sept. 10–19 Uhr) Es sind eindeutig die Höhlen, die Matala so einzigartig machen, und zwar nicht nur wegen der Hippie-Connection. Die Höhlen wurden in prähistorischer Zeit in den porösen Sandstein der Klippen gehauen. Später nutzten die Römer, unter deren Herrschaft Matala der Handelshafen für Gortys war, sie als Grabstätten. Tagsüber kann jeder in den Höhlen herumstöbern, aber nachts ist der Zutritt verboten.

Kokkini Ammos STRAND

Der Hauptstrand von Matala liegt am Fuß der Höhlen. Er bildet ein malerisches Halbrund, ist aber oft gerappelt voll. Wer den Massen entkommen will, folgt den Wegweisern zum „Roten Strand", den man nach einer halbstündigen Kraxelei über die Klippen erreicht. Er ist zwar alles andere als ein Geheimtipp, zieht aber weniger Sonnenanbeter an, darunter auch textilfreie. Proviant (Wasser und etwas zu essen) mitbringen.

Panagia-Matalon-Kirche KIRCHE

Die kleine Kapelle wurde vermutlich in venezianischer Zeit in die Klippen gehauen. Sie ist so winzig, dass sie leicht übersehen werden kann. Im Inneren befinden sich zwei Marmoraltäre, Kapitelle aus frühbyzantinischer Zeit und wertvolle Ikonen. Die Kirche liegt nur ein paar Schritte vom zentralen Marktplatz entfernt – einfach den Schildern folgen.

Essen & Trinken

Wer in Matala essen geht, sollte nicht mit gehobener Küche rechnen, und die Touristenlokale in der Bucht unterscheiden sich nur unwesentlich voneinander. Selbstversorger finden alles Notwendige in dem großen **Supermarkt** (⌚7.30–22 Uhr) neben dem geräumigen Parkplatz. Die meisten Bars liegen am südlichen Strandende und haben bis Sonnenaufgang geöffnet.

Gianni's GRIECHISCH **€€**
(Hauptgerichte 7–13,50 €) Dieses alteingesessene, familienfreundliche Lokal gleich hinter dem Hauptplatz stellt eine erfrischende Alternative zu den Nullachtfünfzehn-Ufertavernen dar. Hier gibt's solide griechische Küche, darunter eine ausgezeichnete gemischte Grillplatte mit Salat und Kartoffeln.

Scala Fish Tavern MEERESFRÜCHTE, GRIECHISCH **€€**
(Hauptgerichte 7–14 €, Fisch 35 € pro kg; ⌚8 Uhr–spät) Ganz am Ostende vom Strand, noch hinter den Bars, steht dieses moderne Lokal. Es ist das beste Restaurant von Matala und bekommt Top-Noten für frischen Fisch und hervorragenden Service. Die Aussicht auf die Höhlen ist zur Blauen Stunde besonders faszinierend.

Mystical View GRIECHISCH **€€**
(Hauptgerichte 6–13 €) Der Weg zu dieser Taverne mit dem unbezahlbaren Blick auf den Sonnenuntergang über dem Kommos-Strand führt 1,2 km aus der Stadt hinaus Richtung Pitsidia und dann am Kreisverkehr nach links. Sowohl die Fleisch- als auch die Fischgerichte sind zu empfehlen.

Lions GRIECHISCH **€**
(Hauptgerichte 6–9 €) Das Lions mit Blick aufs Meer ist seit vielen Jahren ein Dauerbrenner und das Essen überdurchschnittlich gut. Abends herrscht hier jede Menge Rummel – ein prima Plätzchen für einen Absacker am Ende des Tages.

Praktische Informationen

An der Hauptstraße gibt's zwei Geldautomaten.
Zafiria Internet (4 € pro Std.; ⌚8 Uhr–Mitternacht)

An- & Weiterreise

Von Montag bis Freitag fahren täglich vier, am Samstag fünf und sonntags ein Bus nach Iraklion (7,80 €, 2 Std.), Festos (1,70 €, 30 Min.) und Mires (2,80 €, 45 Min.). Das Parken an der Zufahrtsstraße in den Ort ist kostenlos; am Strand gibt's einen gebührenpflichtigen Parkplatz (2 € pro Nutzung).

Rund um Matala

Wer Matala zu stressig findet, kann in verschiedene ruhigere und authentischere Orte in der Nachbarschaft ausweichen, die sich als Basis für die Erkundung dieser südlichen Ecke Iraklions anbieten. Schöne Strände locken in Kommos und Kalamaki, und Dörfer im Inland wie Pitsidia, Sivas und Kamilari mit ihren unglaublich engen Straßen haben sich bis heute ihren beschaulichen, traditionellen Charme bewahrt. Archäologiefans kommen in Kommos und Kamilari auf ihre Kosten.

KOMMOS ΚΟΜΜΟΣ

Die **minoische Ausgrabungsstätte** Kommos, 3 km nördlich von Matala an einem phantastischen weiten **Sandstrand** gelegen, war vermutlich der Hafen von Festos. Sie ist zwar abgesperrt, aber die Anlage der früheren Stadt mit ihren Straßen, Höfen, Werkstätten, Wohnhäusern und Tempeln lässt sich trotzdem erkennen. Auf der mit Kalkstein gepflasterten Straße Richtung Festos sind bei genauem Hinschauen die Fahrspuren von minoischen Karren und an der Nordseite ein Abflusskanal zu erkennen.

Die Ausfahrt von der Hauptstraße nach Kommos ist oben auf der Anhöhe kurz vor Pitsidia: Ausschau nach dem winzigen Schild mit der Aufschrift „Kommos Beach" halten.

PITSIDIA ΠΙΤΣΙΔΙΑ

Das friedliche, unverfälschte Pitsidia liegt nur 5 km nordöstlich von Matala. Es sieht aber völlig anders aus und fühlt sich ganz anders an. Mit seiner gelassenen Atmosphäre, den schön restaurierten Steingebäuden und dem Geflecht enger Gassen, die mit Blumenkästen geschmückt sind, verströmt der Ort Charme und künstlerisches Flair. Abends sitzen die Dorfbewohner und Besucher einträchtig zum Klönen und Schmausen in einer der schlichten Tavernen oder *kafenia* um den Dorfplatz. Die Busse nach Matala halten an der Hauptstraße.

Die **Melanouri Horse Farm** (☎2892 045 040; www.melanouri.com; Ausritte ab 20 €) bietet Ausritte am Strand oder durch die Berge sowie für 80 € einen Tagesausflug in die Agiofarango-Schlucht (S. 153) an.

Hervorragende Holzofenpizzas gibt's bei **Bodikos** (Pizzas & Hauptgerichte 5–11 €) an

ABSTECHER

MONI ODIGITRIAS & AGIOFARANGO-SCHLUCHT

Dieser Ausflug hält drei Highlights bereit: eine Klosterbesichtigung, einen gemütlichen Spaziergang durch die malerische Schlucht und eine romantische Badebucht.

Moni Odigitrias (Eintritt frei; ⏲9–20 Uhr), 6 km südlich von Sivas, ist ein altes Kloster mit einem Turm, von dem aus die Mönche Türken, Deutsche und nicht zuletzt den einen oder anderen Piraten in die Flucht schlugen. Wer den Weg über die wacklige Leiter nicht scheut, kann von oben die traumhafte Aussicht genießen. Anschließend bietet sich ein kurzer Rundgang durch das kleine Museum mit seinen Wein- und Olivenpressen an, gefolgt von der Besichtigung der Fresken und Ikonen aus dem 15. Jh. in der Kirche oben am Hang.

Vom Parkplatz gegenüber dem Kloster sind es ungefähr 3 km durch die **Agiofarango-Schlucht** bis zum Strand. Der erste Abschnitt ist landschaftlich nicht besonders spannend, deshalb fahren die meisten Leute auf einer unbefestigten Straße weiter bis zu einem anderen Parkplatz, rund 1 km vom Meer entfernt. Die mit Oleanderbüschen bewachsene Schlucht ist ein beliebtes Übungsgelände für Felskletterer. Höhlen, roh behauene Kapellen und Einsiedlerklausen durchlöchern die Felswände, und ungefähr auf halber Höhe steht eine byzantinische Kirche. Die Schlucht endet an einem bezaubernden Kieselsteinstrand mit kristallklarem Wasser. Trotz aller Abgeschiedenheit wird es an diesem Strand aber sonntags und im Sommer fast täglich ziemlich voll, denn dann gehen hier die Touristenschiffe aus Matala vor Anker.

Auf der Rückfahrt winkt ein Glas selbst gemachte Limonade im künstlerisch angehauchten **Kafenion Ksasou** (www.listarossa.gr; Mezedhes 3,50–8,50 €; ⏲Di–Sa 16–23, So 10–23 Uhr, Nov.–Ostern nur Fr–So) in der Nähe des Dorfs Listaros. Die Besitzer sind engagierte Umweltschützer und legen viel Wert auf eine ökologisch nachhaltige Lebensweise. Sylla ist eine begnadete Köchin. Eine ihrer Eigenkreationen ist die superleckere Ksasou-Pastete mit reichlich Fetakäse und einer pikanten Wurst namens *soutzouki*. Wer über Nacht bleiben möchte, kann sich erkundigen, ob in einem ihrer beiden traditionellen Gästehäuser ein Zimmer frei ist (100–120 €).

der Hauptstraße. Man kann sie entweder drinnen zwischen allerlei Krimskrams oder draußen auf der mit Weinranken bewachsenen Terrasse verputzen. Es wird aber auch Grillfleisch und Fisch serviert und die Besitzer vermieten Zimmer ab 35 €.

Die schlicht gehaltene Taverne **Mike's** (Hauptgerichte 5–8 €) unweit vom Dorfplatz ist ein herrliches Plätzchen, um abends abzuhängen und die Ereignisse des Tages bei einem Glas Wein und einfachen, aber köstlichen lokalen Leckerbissen Revue passieren zu lassen.

SIVAS ΣΙΒΑΣ

Nördlich von Pitsidia, 2 km von der Hauptstraße landeinwärts, liegt das hübsche, heimelige Dorf Sivas mit vielen Steingebäuden unter Denkmalschutz und einem schmucken, von Tavernen gesäumten Hauptplatz. Die beste davon ist die **Taverna Sactouris** (www.sactouris-sivas.com; Hauptgerichte 5,50–10 €). Sie tischt hervorragende Salate und Gemüsegerichte auf, für die gewöhnlich Wildkräuter verwendet werden, die Eigentümer und Küchenchef Giannis höchstpersönlich in Wald und Wiese gezupft hat. Nach Voranmeldung bereitet er auch eine verführerische Fischsuppe zu.

Ein paar Schritte weiter steht das **Sigelakis** (Hauptgerichte 6–9 €; ⏲ab 17 Uhr) mit etwas traditionellerem Essen, z. B. köstlichem Ziegenfleisch in Tomatensauce. Besitzer Giorgos vermietet auch acht attraktive Apartments ganz in der Nähe (S. 209)

KAMILARI ΚΑΜΗΛΑΡΙ

Kamilari, 8 km von Matala, ist auf drei Hügeln erbaut und besitzt eine kreisrunde, außergewöhnlich gut erhaltene **minoische Grabstätte** mit 2 m hohen Steinmauern. Nebenräume wurden zu rituellen Zwecken verwendet. Die Grabstätte steht inmitten von Feldern außerhalb des Dorfes. Im Ort sowie am Ortseingang von Kamilari ist die Straße zum Grab ausgeschildert. Das Auto kann am Straßenrand geparkt werden; zum Grabmal ist es eine gute halbe Stunde Fußweg. Wer sich unsicher ist, kann im **Kentriko** (www.kafenio-kentriko.gr; Hauptgerichte 5–7 €; 📶) nach dem Weg fragen, einem freundlichen, aus

Stein gebauten *kafenion* an der schmalen Hauptstraße. Es ist mit alten Fotos von Familien aus dem Dorf geschmückt und eignet sich gut für ein Frühstück, einen Schlummertrunk oder irgendwas dazwischen.

Umfangreiche Mahlzeiten gibt es in der **Taverna Mylonas** (www.milonaskamilari.gr; Hauptgerichte 6,50–12 €). Sie bietet leckere traditionelle kretische *mezedhes* und eine täglich wechselnde Auswahl an *mayirefta*, deren Zutaten vom nahe gelegenen Bauernhof der Familie stammen. Wer einen Platz auf der Terrasse ergattert, kann die herrliche Aussicht genießen.

KALAMAKI ΚΑΛΑΜΑΚΙ

Mit seinen langen Sandstränden und der ansprechenden Lage erfüllt Kalamaki eigentlich sämtliche Bedingungen eines begehrten Urlaubsresorts. Doch leider verunzieren – zumindest derzeit –Dutzende halbfertige Bauskelette den ganzen Ort. Kalamaki hat aber auch seine Vorzüge: Hier wird's selten richtig voll, es gibt viele preiswerte Unterkünfte und die mit Tavernen und Lounge-Bars gespickte Strandpromenade ist toll zum Spazierengehen. Wer gut zu Fuß ist, kann am Wasser entlang bis zum Kommos-Strand wandern.

Delfinia (Fisch 40–50 € pro kg), eine der zahlreichen Tavernen am Strand, wird weit und breit für ihren frischen Fisch gelobt. Mehr Lokalkolorit gibt's einen Block weiter landeinwärts im **Yiannis** (Mezedhes 2,50–4,50 €; ⏲8–23 Uhr). Das spartanisch eingerichtete Restaurant genießt dank seiner leckeren *mezedhes* und des liebenswert-exzentrischen Eigentümers bei Einheimischen und Stammgästen Kultstatus.

Lentas Λέντας

80 EW.

Lentas besticht durch Abgeschiedenheit und relaxtes Urlaubsfeeling. Der Weg in das kleine Küstendorf, das wie ein Adlerhorst in den Felsen nistet, führt über ein kurvenreiches Sträßchen, das auf den letzten paar Kilometern hinunter zum Strand einige schwindelerregende Ausblicke bietet. Der Ort zieht vor allem Individualreisende an, darunter viele, die schon seit 20 Jahren herkommen. Abgesehen von ein paar Strandbars gibt es nicht viel, was vom puren Naturgenuss ablenkt.

Sehenswertes & Aktivitäten

Unter den Römern war **Lebena** ein wegen seiner heilsamen Quellen geschätzter Kurort. Die antike Siedlung lag direkt oberhalb des Strands, aber ihre einzigen Überreste sind zwei Granitsäulen eines Tempels aus dem 4. Jh. v. Chr. Neben dem Tempel befand sich ein Schatzamt, dessen Mosaikboden noch sichtbar ist. Ansonsten lässt sich kaum etwas erkennen und die Quellen wurden in den 1960er-Jahren geschlossen.

Der **Dorfstrand** ist schmal, steinig und nicht besonders reizvoll. Aber rund 1 km westlich, hinter der Landzunge, liegt ein schöner, langer Strand mit Namen **Diskos** (oder Dytikos). Er wird allerdings überwiegend von Nudisten genutzt und im Sommer von Campern bewohnt. An der Küstenschotterstraße Richtung Osten liegen mehrere kleine Strände, einige mit Tavernen. Nach etwa 5 km kommt der **Loutro-Strand**, wo auch der wunderschöne, 6 km lange Wanderweg durch die **Trakhoula-Schlucht** nach Kronos beginnt.

ABSTECHER

KAPETANIANA
ΚΑΠΕΤΑΝΙΑΝΑ

Inmitten der Asteroussia-Berge, die sich über die gesamte Südküste Iraklions erstrecken, liegt Kapetaniana. Das weltabgeschiedene, autofreie Bergdörfchen ist ein Paradies für Bergsteiger und Wanderer. Es teilt sich in eine obere und eine untere Hälfte und klammert sich an die Flanke des höchsten Berges in den Asteroussias, des Kofinas (1231 m). Kapetaniana liegt nur 60 km südlich von Iraklion, aber die Fahrt hierher ist langwierig und anstrengend, denn sie geht streckenweise über schmale Sträßchen, die sich in Spitzkehren ins Gebirge hoch quälen. Wer das für unzumutbar hält, sollte wissen, dass das Dorf noch bis 2005 nur auf einer unbefestigten Straße zu erreichen war.

Die beste Unterkunft ist die einladende Pension Kofinas (S. 210) im Oberdorf. Eigentümer Gunnar ist ein Gourmetkoch und zaubert göttliche **Abendessen** (12–15 € inkl. Wein). Serviert wird es auf der Terrasse mit unschlagbarer Aussicht bis aufs Meer hinaus.

Essen

LP TIPP **El Greco** GRIECHISCH €€

(www.lentas-elgreco.com; Spezialitäten 5–11 €) In der freundlichen Taverne von Familie Delakis werden im Garten mit Meerblick eine ausgezeichnete Auswahl an *mayirefta* und traditionellen griechischen Gerichten aufgetischt. Für ca. 40 € gibt's Gästezimmer und Studios zu mieten.

Akti GRIECHISCH €€
(Hauptgerichte 6–10 €) Auch diese Taverne neben dem El Greco ist wegen ihrer Küche und Weinkarte einen Besuch wert.

Praktische Informationen

Am Ortseingang gabelt sich die Hauptstraße. Links geht's zum Parkplatz, rechts zum Hauptplatz. Die Busse halten vor dem Parkplatz. Lentas hat zwei Minimärkte, aber keine Tankstelle.

An- & Weiterreise

Von Montag bis Freitag fährt täglich ein Bus von Iraklion nach Lentas (8,20 €, 2½ Std.).

DIE NORDOSTKÜSTE

Seitdem 1972 die Nationalstraße entlang der Nordküste ihren Betrieb aufnahm, ist der Küstenabschnitt zwischen Iraklion und Malia Schauplatz schwindelerregender, ungebremster Bautätigkeit, insbesondere in den Küstenorten Chersonisos und Malia. Die Hotels sind fast ausschließlich das Refugium von Pauschaltouristen, die ihre Hotelzimmer bereits Monate im Voraus buchen. Für Individualreisende ist das Dorf **Koutouloufari** oberhalb von Chersonisos der verlockendste Ort in dieser Gegend.

Während es in Chersonisos einige familienfreundliche Unterhaltungsangebote gibt, darunter Erlebnisbäder, ist Malia in erster Linie eine Partydomäne. Paradoxerweise befindet sich hier aber auch die einzige bedeutsame historische Stätte der Gegend, der wundervolle minoische Palast bei Malia.

Busse verbinden sämtliche Küstenorte entlang der Alten Nationalstraße im Abstand von höchstens 30 Minuten. Wer die Gegend ganz und gar meiden möchte, rauscht einfach auf der Autobahn E75 an ihr vorbei.

Rund um Gournes

Gournes, etwa 15 km östlich von Iraklion, war lange Zeit durch einen riesigen Stützpunkt der US-Luftwaffe geprägt, bis dieser 1994 geschlossen wurde.

LP TIPP **Cretaquarium** (☎2810 337 788; www.cretaquarium.gr; Erw./Sen./Kind 5–17 J. 8/6/6 €; ⌚Mai–Sept. 9.30–21 Uhr, Okt.–April bis 17 Uhr; 📶), ein weitläufiges High-Tech-Meeresaquarium, ist auf dem ehemaligen Militärgelände untergebracht. Mit rund 2500 mediterranen und tropischen Meereslebewesen dürfte dieses riesige Aquarium ein Lächeln auf die Gesichter auch der Playstation-fixiertesten Sprösslinge zaubern. Es ist eine märchenhafte Welt, in der man Quallen tanzen, Haie herumflitzen, Rochen vorbeifliegen und Korallen sich im Wasser wiegen sieht. Interaktive Multimediatechnik, mehrsprachige Displays und eine coole ferngesteuerte Unterwasserkamera sorgen für Informationen. Aber um wirklich fundiertes Wissen mitzunehmen, lohnt es sich, 3 € in einen Audio-Guide zu investieren oder an einer Führung *behind the scenes* teilzunehmen (nur im Sommer). Das Aquarium arbeitet mit dem Hellenischen Zentrum für Meeresforschung zusammen, das gleich nebenan liegt.

Nicht nur Kids werden an einem heißen Sommertag in Kretas größtem Wasserpark **Water City** (☎2810 781 316; www.watercity.gr; Erw./Kind unter 140 cm/Kind unter 90 cm 22/16 €/frei; ⌚Mai–Sept. 10–18.30 Uhr) in Anopoli, 3 km landeinwärts, ihren Spaß haben. Besucher können eine abgefahrene High-Speed-Rutsche runterdüsen, im Wellenbad schwimmen oder einfach im Pool relaxen. Für einige der 34 Attraktionen bestehen Einschränkungen hinsichtlich Körpergröße und/oder -gewicht.

Chersonisos Χερσόνησος

Chersonisos, etwa 25 km östlich von Iraklion, hat sich vom kleinen Fischerdorf zu einem der größten und meistbesuchten Touristenorte Kretas gemausert und wird im Sommer regelrecht überrannt. Am Strand reihen sich Hotelkolosse und Ferienapartmenthochhäuser aneinander, und die parallel dazu verlaufende Hauptverkehrsstraße Odos Elefteriou Venizelou besteht aus einer ununterbrochenen, extrem geräuschvollen Abfolge von Bars, Cafés, Souvenirläden, Diskos, Fastfood-Restaurants, Reisebüros und Quadbikeverleihern.

Still und friedlich geht's hier also nicht gerade zu. Aber wer mit Kindern unterwegs ist, findet eine Menge familienfreundlicher Freizeiteinrichtungen, darunter einige Wasserparks, wo der Nachwuchs sein Mütchen kühlen kann. Am kleinen Hafen fahren Ausflugsboote ab und auch an den Stränden besteht ein breites Angebot an Wassersportmöglichkeiten.

Ein unkomplizierter, rettender Ausweg aus dem Trubel führt den Berg hoch zum Dorf **Koutouloufari**. Auch dieses Dorf ist touristisch erschlossen, hat sich aber noch einen Hauch von Charme bewahrt. An der Hauptstraße gibt's ein paar gute Tavernen.

Sehenswertes & Aktivitäten

LP TIPP Lychnostatis Museum MUSEUM
(☎2897 023 660; www.lychnostatis.gr; Erw./Stud./Kind 4–12 J. 5/3/2 €; ⏲So–Fr 9–14 Uhr) Dieses familienbetriebene Freilicht-Volkskunstmuseum in traumhafter Meereslage am Ostrand von Chersonisos ist die bemerkenswert authentisch wirkende Nachbildung eines traditionellen kretischen Dorfs. Unter den diversen Dorfgebäuden befinden sich Windmühle und eine Bauernkate. In anderen Bauernhäusern finden Vorführungen im Weben, Töpfern und Pflanzentrocknen statt. Außerdem gibt's Obst- und Kräutergärten sowie eine Bühne, auf der Musik und Tanz geboten werden. Besucher können sich einer Führung anschließen oder einen Audio-Guide (1 €) erwerben und im *kafenion* eine Erfrischung zu sich nehmen.

Acqua Plus WASSERPARK
(☎2897 024 950; www.acquaplus.gr; Erw./Kind 5–13 J./unter 5 J. 22/14 €/frei; ⏲Mai–Sept. 10–18 Uhr) Feuchtfröhlich geht's auf Griechenlands ältestem Wasserspielplatz zu. Er befindet sich in herrlicher Hanglage 5 km landeinwärts an der Straße nach Kastelli. Hier gibt's für Adrenalin-Junkies konzipierte Wasserrutschen, z. B. eine „Kamikaze" und zwei „Schwarze Löcher". Weniger Nervenstarke lassen sich wahrscheinlich lieber gemächlich auf dem 270 m langen „Lazy River" treiben oder gleich in den Whirlpool fallen.

Star Beach WASSERPARK
(www.starbeach.gr; Eintritt frei; ⏲ April–Mai 10–18 Uhr, Juni–Sept. bis 19 Uhr) Dieser Wasserpark unweit vom Lychnostatis Museum gehört zur gleichnamigen Hotelanlage. Er ist kleiner und technisch nicht ganz so ausgefuchst wie die Konkurrenz und daher vielleicht für kleinere Kinder besser geeignet. Der Eintritt ist frei, aber die meisten Aktivitäten – von Jetski bis Parasailing – kosten was.

Aqua World AQUARIUM
(☎2897 029 125; Erw./Kind 6/4 €; ⏲April–Okt. 10–18 Uhr, letzter Einlass 17.15 Uhr) Mitten in der Stadt, hinter dem großen Spar-Supermarkt, steht dieses kleine, private Aquarium, das von einem freundlichen Briten betrieben wird. Es beherbergt vor allem einheimische Fische, darunter Publikumslieblinge wie den giftigen Skorpionfisch und den goldfarbenen Pfauenlippfisch, außerdem Schildkröten, Geckos, einen Python und andere Reptilien. Alle Tiere stammen aus Rettungsaktionen.

Finika Stables REITEN
(☎6945924112; www.hersonissos-horseriding.com) Die Betreiber des Reiterhofs an der Hauptstraße in der Nähe des Star-Beach-Wasserparks organisieren Ausritte ins Gebirge für 60 €, Hoteltransfer und Mittagessen inklusive.

Crete Golf Club GOLF
(☎2897 026 000; www.crete-golf.gr; 9/18 Löcher 50/80 €) Neben dem Acqua Plus liegt Kretas einziger 18-Loch-Golfplatz. Das wüstenähnliche, recht schwierige Gelände in den Hügeln ist definitiv nichts für Amateure. S. auch S. 27.

Essen

Wer ein authentischeres Geschmackserlebnis sucht, lässt die praktisch identischen Touri-Tavernen links liegen und schaut nach, was weiter oben am Hang in Koutouloufari auf dem Küchenzettel steht.

Mythos GRIECHISCH €€
(Giampoudaki 10; Hauptgerichte 5–10 €) Bodenständiges griechisches Essen ist mitten in Chersonisos eine Seltenheit. Deshalb stellt die Taverne von Gianna und Manos einen echten Glücksgriff dar. Das Lokal liegt versteckt in einer Seitenstraße vom Touristenstrip.

Emmanuel Taverna GRIECHISCH €€
(Koutouloufari; Hauptgerichte 6–12 €) Die gemütliche Taverne wird von einer griechisch-australischen Familie betrieben. Spezialitäten sind Fleisch vom Spieß und Gerichte aus dem Holzofen vor dem Haus. Empfehlenswert ist das Lamm in Roséwein mit Lorbeerblättern.

Nikos the Fisherman MEERESFRÜCHTE, GRIECHISCH €€€
(Koutouloufari; Gerichte 10–20 €) Jeden Abend bereitet Eigentümerin und Küchenchefin Kleopatra in ihrer winzigen Küche den Fisch zu, den Göttergatte Nikos tagsüber gefangen hat. Das Essen ist durchweg ausgezeichnet.

ABSTECHER

SKOTINO-HÖHLE ΣΠΗΛΑΙΟ ΣΚΟΤΕΙΝΟ

Die Skotino-Höhle, wegen der über ihr errichteten Kapelle auch Agia-Paraskevi-Höhle genannt, ist eine der größten Höhlen Kretas und obendrein schön schaurig. Ein gähnender Schlund öffnet sich zu einer dunklen Kammer, die hoch wie eine gotische Kathedrale und mit Stalaktiten, Stalagmiten und massiven Kalksteinformationen übersät ist. Wer seiner Phantasie freien Lauf lässt, erkennt im Dämmerlicht alle möglichen Figuren (einen Bären, einen Drachen, einen Kopf). Besucher ohne Taschenlampe und Erfahrung als Höhlenforscher sollten besser nicht mehr weiter vorstoßen, denn die Grotte reicht noch 15 m tiefer ins Innere, wo es stockfinster wird.

Die Skotino-Höhle wurde erstmals 1933 von Arthur Evans erforscht. Spätere Ausgrabungen förderten Vasen, Nähnadeln aus Knochen und Figurinen zutage. Das Alter der Gegenstände reicht bis in die Zeit der Minoer zurück und legt die Vermutung nahe, dass die Höhle eine Kultstätte war. Bis zum heutigen Tag hinterlassen Pilger hier Votiv- und Opfergaben.

Der Eintritt ist frei, es gibt keinen Wächter und nur wenige Besucher. Wer aber den Weg hierher findet, muss unbedingt festes Schuhwerk tragen und sehr vorsichtig einen Fuß vor den anderen setzen.

Die Grotte liegt in der Nähe des Dorfs Skotino, 8 km landeinwärts von Kato Gouves. Ungefähr 1 km hinter Skotino steht an der Ausfahrt Richtung Höhle ein Schild mit der Aufschrift „Cave of Agia Paraskevi". Bis zum Eingang sind es dann noch 2,3 km.

In Ermangelung einer Speisekarte ist es jedoch ratsam, vor der Bestellung nach dem Preis zu fragen.

An- & Weiterreise

Von Iraklion fahren mindestens halbstündlich Busse nach Chersonisos (3 €, 40 Min.).

Malia Μάλια

Die Partyszene von Malia, 10 km weiter östlich, findet man gut auch ohne diesen Reiseführer – sie drängt sich einem nämlich von allen Seiten auf. Auf der Touristenmeile Dimokratias wimmelt es von lärmigen Bars, Kneipen und brodelnden Clubs voller aufgekratzter, hormongesteuerter Twens im Begriff, etwas Peinliches anzustellen, an das sie sich am nächsten Morgen nicht mehr erinnern können.

Die Strände sind ebenfalls überfüllt, auch wenn sich die Massen zum östlichen Ende hin, in Hafennähe, ein wenig lichten. Der schönste Sandstreifen liegt noch weiter östlich, in der Nähe des minoischen Palastes. Diese Anlage bildet ein kulturelles Gegengewicht zum hirnlosen Treiben und ist ein absolutes Muss.

Ein weiteres Schmuckstück ist die winzige **Altstadt von Malia**, ein typisches Labyrinth aus engen Gassen mit einer Handvoll etwas besserer Tavernen.

Sehenswertes

LP TIPP **Palast von Malia** ANTIKE STÄTTE

(☎2897 031 597; Erw./Sen. & EU-Stud./unter 18 J. 4/2 €/frei; ⏲Di–So 8.30–15 Uhr) Dieser vornehme Palast, 3 km östlich der Ortschaft Malia, entstand ungefähr zur gleichen Zeit wie die zwei anderen großen minoischen Paläste in Festos und Knossos. Der ältere Palast stammt aus der Zeit um 1900 v. Chr. Er wurde nach dem Erdbeben von 1700 v. Chr. wiederaufgebaut, nur um von einem weiteren Beben um 1450 v. Chr. erneut dem Erdboden gleichgemacht zu werden. Was heute zu sehen ist, sind größtenteils Überreste des neueren Palastes. Darin wurden viele erlesene minoische Gegenstände entdeckt, nicht zuletzt der berühmte goldene Bienenanhänger. Die meisten Fundstücke befinden sich inzwischen im den archäologischen Museen von Iraklion und Agios Nikolaos.

Es ist relativ leicht, sich in der Palastanlage zurechtzufinden, vor allem wenn man schon in Knossos war, wo der Grundriss vergleichbar ist. Besucher erhalten einen kostenlosen Übersichtsplan und die gesamte Stätte ist mit Infotafeln versehen. Außerdem gibt es eine Ausstellungshalle gleich hinter dem Eingang. Die dort ausgestellten Fotos und maßstabsgetreue Modelle des zerstörten und wiederaufgebauten Komplexes helfen, sich eine Vorstellung vom Hauptpalast und der übrigen Anlage zu machen.

Palast von Malia

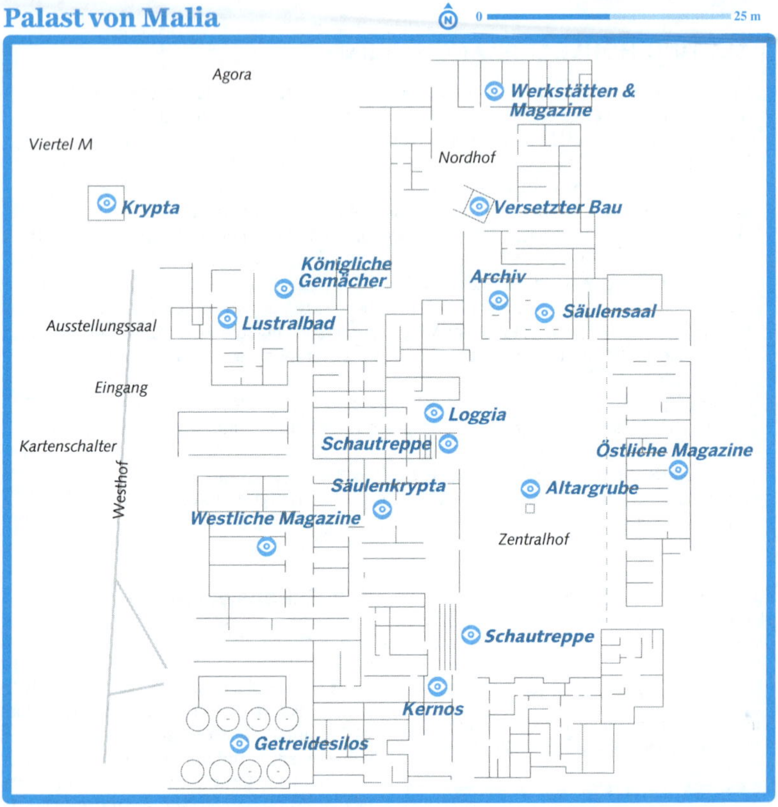

Der Zugang zu den Ruinen befindet sich am **Westhof**. Der Rundgang führt jedoch nicht in den Hof, sondern nach rechts, Richtung Süden, an den **westlichen Magazinen** vorbei zu acht runden Schächten, die vermutlich **Getreidesilos** waren. Östlich der Schächte befindet sich der Südeingang des Palastes. Hier geht's nach links zum Südende des **Zentralhofs**. Linker Hand steht der **Kernos**, ein runder Kalkstein mit 24 Vertiefungen am Rand. Seine Bedeutung wurde bis heute nicht entschlüsselt, doch Archäologen nehmen an, dass er sakralen Zwecken diente. Gleich daneben befinden sich die vier noch vorhandenen Stufen einer großen Schautreppe, die vermutlich zu einem **Theaterareal** gehörte.

Die Besichtigung führt weiter zur Hofmitte, wo sich eine **Altargrube** mit den beachtlichen Dimensionen von 48 m Länge und 22 m Breite befindet. Unter einem Schutzdach zur Rechten stehen die **östlichen Magazine**, wo in riesigen *pithoi* Flüssigkeiten aufbewahrt wurden. Gegenüber, im westlichen Flügel des Gebäudes, lagen die wichtigsten Räume des Palastes. Dazu gehörten beispielsweise die **Pfeilerkrypta** hinter einer steingepflasterten Vorhalle, die elf erhaltenen Stufen der **Großen Treppe**, die möglicherweise zu einem Schrein führte, und die erhöhte **Loggia**, die vermutlich zeremoniellen Zwecken diente. Vom Nordende des Hofs aus sind die Stümpfe der Säulen zu sehen, auf denen einst das Portal des **Pfeilersaals** ruhte. Die eingebauten Bänke lassen vermuten, dass es sich um eine Art Ratssaal handelte. Hier befindet sich auch das **Archiv**, wo Tafeln mit Linear-A-Schrift gefunden wurden.

Der gepflasterte Durchgang westlich vom Pfeilsaal führt zum **Nordhof**, den früher Werkstätten und Vorratsräume säumten. Der windschiefe Raum am Weg dorthin stammt aus der Nachpalastzeit. Westlich des Nordhofes lassen sich die königlichen Gemächer erspähen. Sie gruppieren sich um die abgesperrte **Empfangshalle** („Polymyron"), einen rechteckigen, auf einem Podest erbauten Raum. Dahinter befindet sich das **Lustralbad**.

Den Palast von Malia umgab eine ganze Stadt, deren Ausgrabung bis heute andauert. Das mit einem Vordach versehene Gebäude gleich westlich der Palastanlage war vermutlich eine **Krypta.** Nördlich von hier befindet sich die **Agora**, in erster Linie ein großes Gebäude mit Innenhof. Der faszinierendste Teil der Stadt ist das **Viertel M**, ein Wohngebiet etwas weiter westlich. Es ist zwar eingezäunt, aber seine Ausdehnung und dichte Bebauung sind unübersehbar. Diese Randgebäude stammen aus der Zeit des älteren Palastes.

Busse aus Iraklion halten vor dem Palast.

Essen

Die Touristenmeile kann man getrost vergessen – höhere Qualität und authentischeres Ambiente gibt's in der Altstadt von Malia.

San Giorgio GRIECHISCH€€

(www.sangiorgiotaverna.gr; Hauptgerichte 6–20 €) Die Speisekarte im San Giorgio hat zwar nichts wirklich Ausgefallenes zu bieten, aber die gemütliche Einrichtung, die freundliche Bedienung und die liebevoll zubereitete Hausmannskost garantieren auf jeden Fall ein nachhaltiges kulinarisches Erlebnis. Zur Auswahl stehen Tische im Garten oder oben im holzverkleideten Restaurant.

Stablos & Elisabeth GRIECHISCH€€

(www.crete-web.gr/restaurants/elisabeth; Hauptgerichte 6–15 €) Die beste der Tavernen am Hauptplatz in der Altstadt von Malia hat sich mit viel Nippes und Spitzenvorhängen einem Look verschrieben, der irgendwo zwischen Kreta und englischem B&B angesiedelt ist. Das leckere griechische und internationale Essen schmeckt am besten im Dachgarten.

Drossia INTERNATIONAL€€

(Dimokratias, Ecke Grammatikaki; Hauptgerichte 8,50–17 €) Das ganz in weiß gehaltene Freiluftrestaurant ist eine Oase von Stil und relativer Stille an der turbulenten Dimokratias. Die Küche zaubert leichte, einfallsreiche und frische Speisen, darunter originelle Salate sowie Fleisch und Fisch vorzüglicher Qualität.

An- & Weiterreise

Mindestens halbstündlich fährt ein Bus von Iraklion nach Malia (3,80 €, 1 Std.).

Richtung Lassithi-Hochebene

Von Malia geht's auf der steilen Straße schnell hoch zur Lassithi-Hochebene, vorbei am entzückenden Dorf **Krasí** und dem Kloster von **Kerá**. Krasí verdankt seine Berühmtheit in erster Linie einer 2000 Jahre alten **Platane** mit dem sagenhaften Umfang von 16 m. Gleich daneben sprudelt aus einem Steinbecken eine Quelle und versorgt den Baum mit Wasser. Der wiederum spendet den Tavernentischen, die unter seinem riesigen Blätterdach aufgestellt sind, Schatten.

Nächste Etappe ist Kerá, Heimat eines der namhaftesten Klöster Kretas: **Panagia Kardiotissa** (Eintritt 2 €; ⏲7–19.30 Uhr). Die winzige Klosterkapelle ziert ein Fresko aus dem 14. Jh., das Szenen aus dem Leben Christi und der Heiligen Maria wiedergibt. Die Verehrung der Einheimischen gilt jedoch in erster Linie einer Ikone der Jungfrau mit Kind aus dem 18. Jh. Der Legende zufolge verschleppten die Türken sie dreimal nach Konstantinopel. Aber obwohl sie an eine Marmorsäule angekettet war, kehrte sie auf wundersame Weise jedesmal wieder zurück. Die Ikone befindet sich links neben der *iconostatis* (der Wand, die das Kirchenschiff vom Sanktuarium trennt); die besagte Marmorsäule steht draußen im Freien. Zum Kloster gehört auch ein kleines Museum mit Sakralobjekten.

Lassithi Λασίθι

Inhalt »

Gut essen

» Oceanis (S. 171)
» Migomis (S. 166)
» Ta Kochilia (S. 176)
» Balcony (S. 177)
» Napoleon (S. 185)

Schön übernachten

» Stella's Traditional Apartments (S. 214)
» Argoulias (S. 212)
» Villa Olga (S. 211)
» Aspros Potamos (S. 214)
» Lato Hotel (S. 211)

Auf nach Lassithi

Nach Iraklion und den Hotelburgen in Malia und Chersonisos beginnt Richtung Osten ein entspannteres Kreta, das immer wieder Überraschungen im Ärmel hat.

Wie wär's mit einem entzückenden Strandort mit cooler Abendstimmung? Dann ist Lassithis Touristenmagnet Agios Nikolaos sicher ein Volltreffer. Antike Städte und Kultur gefällig? In Lassithi gibt's jede Menge minoische und mykenische Ausgrabungsstätten, und seine Museen sind nur so vollgestopft mit spannenden Artefakten. Outdoorabenteuer und spektakuläre Landschaft sind weiter im Landesinneren auf der Lassithi-Hochebene zu haben. Eine andere Möglichkeit ist eine Wanderung durch eine der zugänglicheren Schluchten der Region – z. B. das dramatische „Tal der Toten" in Kato Zakros.

Einmalige Attraktionen wie das historische Kloster Toplou und der berühmte, palmenbeschattete Strand in Vai verleihen dem Ganzen noch eine besondere Note, während das kretische Herz vieler Städte und Dörfer eindeutig noch schlägt und auch ihre Geschichte noch sehr lebendig ist. Abgerundet wird das schöne Bild durch eine gute Auswahl an Unterkünften sowie einige der besten Tavernen und Restaurants der Insel.

Reisezeit

Im Frühling zeigen Lassithis Berge ein Feuerwerk an Wildblumen. Wer Ruhe sucht, kommt auch besser jetzt, bevor im Sommer die Touristenhorden einfallen.

Zwischen Juni und August sind die Strände am schönsten. Der Hochsommer ist auch die Zeit für herrliche Tage, warme Nächte und eine gute Portion kretischer Kultur auf dem Lato-Kulturfestival in Agios Nikolaos.

September und Oktober haben etwas kühleres Wetter im Gepäck – ideal für Gipfelstürmer und Schluchtenbummler.

Unterwegs vor Ort

In ganz Lassithi sind die Straßen zwischen den wichtigsten Städten und größeren Touristenorten gut ausgebaut. Die kleineren Teerstraßen sind in Ordnung – aber immer auf die Schlaglöcher achten! Wer keinen Geländewagen mit Vollkasko hat, sollte die unbefestigten Straßen links liegen lassen.

Die meisten größeren Dörfer und Touristenorte lassen sich gut von Agios Nikolaos, Sitia und Ierapetra aus mit dem Bus erreichen. Aktuelle Informationen am besten im jeweiligen Busbahnhof erfragen. In vielen Orten fährt nur während des Schuljahres frühmorgens und mittags ein Bus. Beliebte Touristenziele haben nur im Sommer eine Busverbindung.

In den größeren Städten und den meisten Touristenorten gibt es Auto-, Motorrad- und Rollervermietungen.

DREI PERFEKTE TAGE

1. Tag

Von Agios Nikolaos aus ist nach kurzer Fahrt auf der Straße nach Kritsa die **Panagia-Kera-Kirche** erreicht, deren Fresken aus dem 13. Jh. ein wahrer Augenschmaus sind. Danach führt die Zeitreise weitere 2000 Jahre zurück zur hellenistisch-dorischen Stadt **Lato**. Zurück in **Kritsa** muss man erst mal die Stickereiverkäufer geschickt umlaufen, um danach einen Spaziergang durch die Altstadt zu genießen. In einem der **urkretischen Restaurants** in Agios Niolaos kann man diesen äußerst geschichts- und kulturträchtigen Tag noch einmal wunderbar Revue passieren lassen.

2. Tag

Der romantische Roman *To Nisi* (*Insel der Vergessenen*; s. Kasten S. 171) ist die ideale Vorbereitung für einen Besuch auf der faszinierenden Insel und ehemaligen Leprakolonie **Spinalonga**, auf der Buch und Fernsehfilm spielen. Schiffe zur Insel legen in Agios Nikolaos, Elounda und Plaka ab. Vor der Abfahrt vermittelt ein Besuch im entzückenden **Volkskundemuseum** von Agios Nikolaos ein Gefühl für das Leben zu der Zeit, in der das Buch spielt. Der Tag endet mit guter kretischer Küche im Restaurant **Oceanis** in Elounda.

3. Tag

Von Sitia aus führt heute die Fahrt nach zum Kloster **Moni Toplou**. Anschließend geht's nach Palekastro, um sich dann in den Überresten eines antiken Palastes in **Kato Zakros** ganz der minoischen Magie hinzugeben. Nach einem Spaziergang im unglaublichen **Tal der Toten** geht die Fahrt zurück nach Sitia ins farbenfrohe **Balcony** zu einem leckeren Gourmetessen.

Schlafen

Übernachtungsoptionen in dieser Region sind im Kapitel „Schlafen" aufgeführt (S. 211).

NICHT VERSÄUMEN

Lassithi kann mit einigen antiken Stätten aufwarten, darunter die unheimlichen minoischen Siedlungen Gournia (S. 175) und Kato Zakros (S. 181) sowie die kleineren Ruinenstätten Pyrgos (S. 188) und Itanos (S. 180). Genauso faszinierend ist auch die dorische Siedlung Lato (S. 170).

Schönste Strände

» Almyros (S. 165)
» Vai (S. 180)
» Xerokambos (S. 183)
» Itanos (S. 180)
» Chiona (S. 181)

Beste kleine Strandorte

» Mochlos (S. 176)
» Myrtos (S. 187)
» Kato Zakros (S. 181)
» Koutsouras (S. 187)
» Palekastro (S. 180)

Infos im Internet

» www.lassithitourism.com
» www.agiosnikolaos.gr
» www.sitia.gr
» www.ierapetra.gr

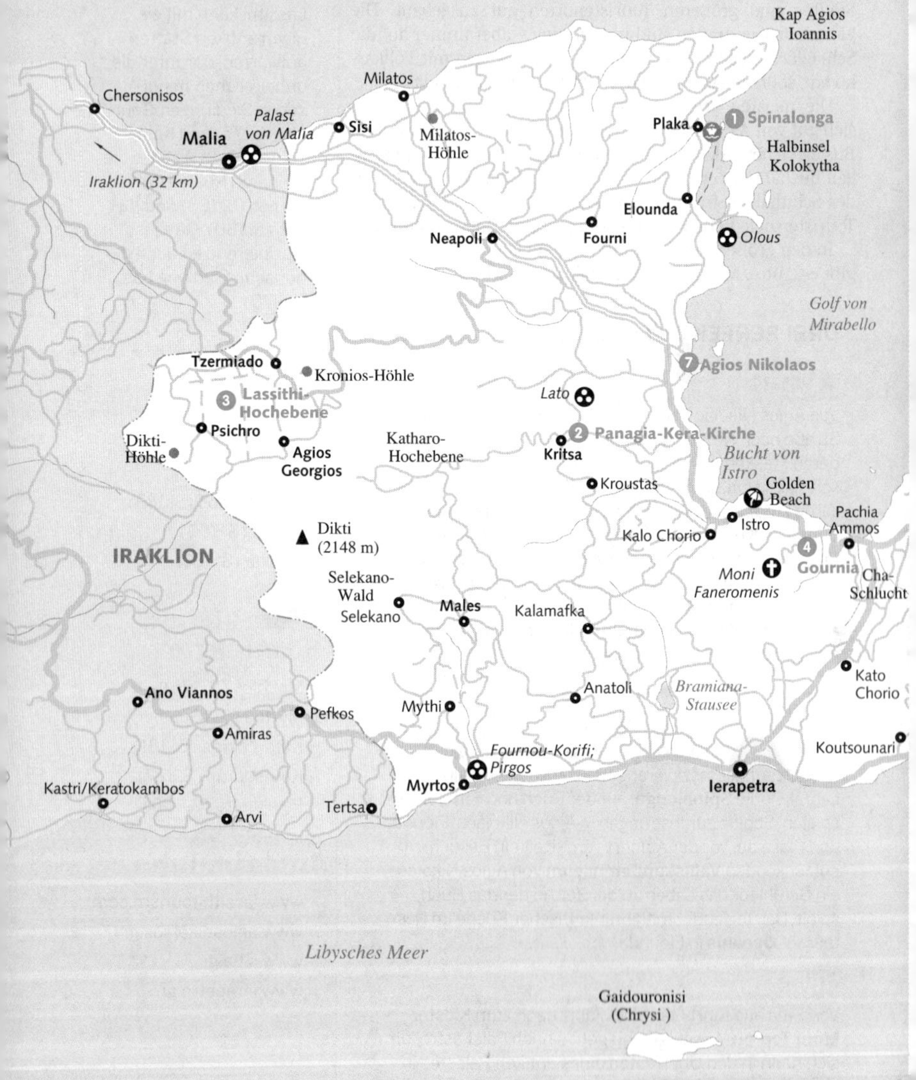

Highlights

1 Auf der **Insel Spinalonga** (S. 173) faszinierende Ruinen bestaunen

2 In der **Panagia-Kera-Kirche** die schönsten Fresken Kretas bewundern (S. 170)

3 Auf der **Lassithi-Hochebene** (S. 173) wandern oder radfahren

4 Die minoischen Ruinen in **Gournia** erkunden (S. 175)

5 Die wechselhafte Geschichte des Klosters **Moni Toplou** entdecken (S. 179)

6 In **Kato Zakros** das Tal des Todes erkunden (S. 181)

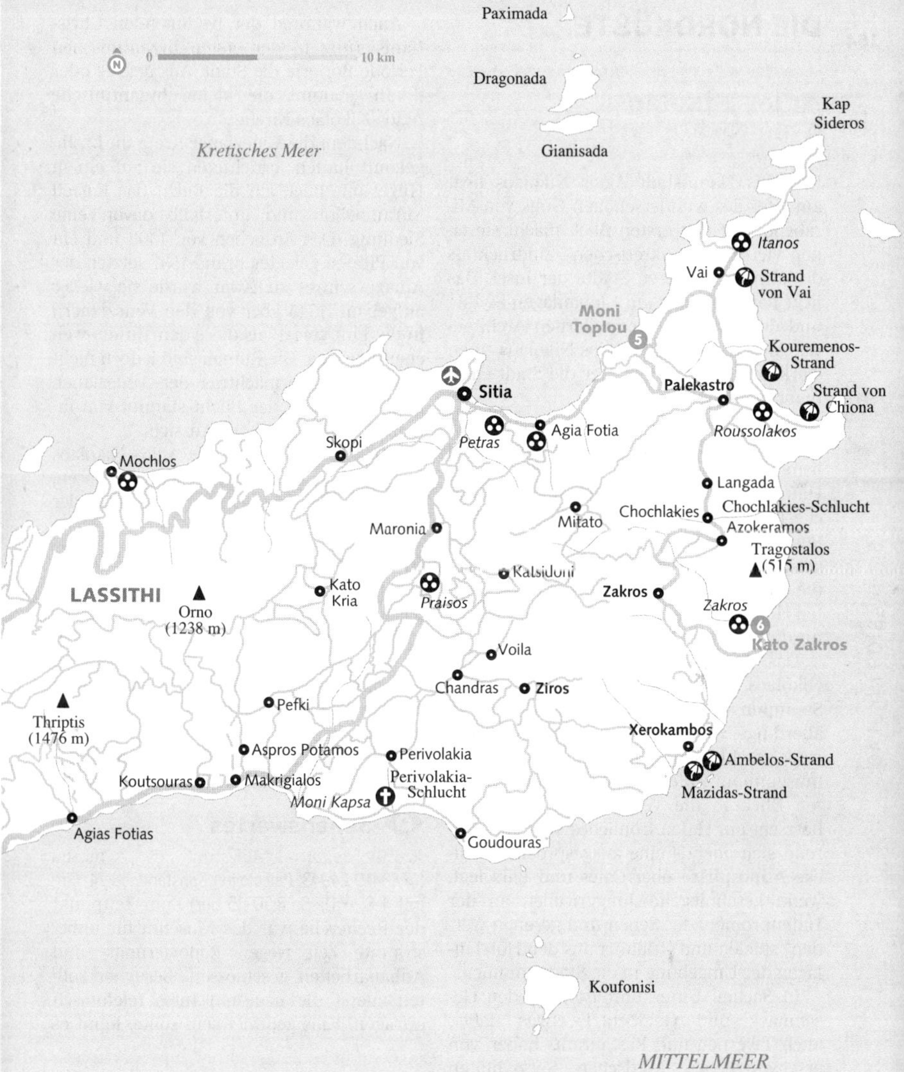

7 In einem der empfohlenen Restaurants in **Agios Nikolaos** die kretische Küche genießen (S. 164)

Agios Nikolaos
Αγιος Νικόλαος

11 286 EW.

Lassithis Hauptstadt Agios Nikolaos liegt am Ufer des wunderschönen Golfs von Mirabello. Auf den ersten Blick macht sie einen viel weniger „kretischen" Eindruck als die übrigen größeren Städte der Insel. Das liegt hauptsächlich am Clubanlagen-Styling und der generell eher modernen Architektur. Aber darunter hat Agios Nikolaos einen starken Eigencharakter, der die Stadt charmant und freundlich macht.

Der städtische Hafen ist durch einen schmalen Kanal mit dem kreisrunden Voulismeni-See verbunden. Die Straße, die am Hafen entlang verläuft, führt auf einer Brücke über den Kanal zum verkehrsberuhigten Seeufer, das von Cafés und Restaurants gesäumt ist. Seit ein paar Jahren dehnt sich die autofreie Zone auch auf die benachbarten Hauptstraßen aus – definitiv ein Gewinn für die relaxte Atmosphäre.

Das Archäologische Museum in Agios Nikolaos hat eine faszinierende minoische Sammlung (zum Zeitpunkt der Recherche allerdings vorübergehend wegen Renovierung geschlossen). Das kleine Volkskundemuseum am Hafen erlaubt einen charmanten Blick in die Vergangenheit. Tagsüber herrscht am Hafen fröhliches Treiben, während sich abends eine ausgesprochen schicke Atmosphäre über Cafés und Bars legt, wenn geschniegelte Junggriechen an der Hafenpromenade „Sehen und gesehen werden" spielen und Urlauber aus den Hotelanlagen der Umgebung in die Stadt kommen.

In Sachen Unterkunft ist für jeden Geschmack und Geldbeutel etwas dabei; auch Tavernen und Restaurants haben von erschwinglichen kretischen Spezialitäten bis zur breiter gefächerten mediterran inspirierten Küche alles im Angebot. Am und um den Hafen gibt's außerdem kostenlosen WLAN-Zugang.

Geschichte

Agios Nikolaos war der Hafen des Stadtstaates Lato und hieß damals, in der frühen griechischen Epoche, Lato bei Kamara. Der Hafen erlangte vor allem in der griechisch-römischen Epoche Bedeutung, nachdem die Römer mit den Piraten aufgeräumt hatten, die lange Zeit die Nordküste terrorisierten.

Auch während der beginnenden Christianisierung in der ersten byzantinischen Periode florierte die Stadt. Aus dem 8. oder 9. Jh. stammt die kleine byzantinische Agios-Nikolaos-Kirche.

Nachdem die Venezianer Kreta im 13. Jh. gekauft hatten, errichteten sie auf einem Hügel mit Blick auf die Bucht das Kastell Mirambellou und unterhalb davon eine Siedlung. Das Erdbeben von 1303 und ein von Piraten gelegter Brand 1537 setzten der Anlage schwer zu. Zwar wurde sie wieder aufgebaut, 1645 aber von den Venezianern in die Luft gejagt, als diese den Türken weichen mussten. Die Ruinen sind jedoch nicht das einzige Vermächtnis der Venezianer. Auch der Name der Bucht stammt von ihnen: Mirabello („Schöne Aussicht").

Mitte des 19. Jhs. wurde Agios Nikolaos von Rebellen, die aus Sfakia geflohen waren, neu besiedelt und später zur Hauptstadt der Region Lassithi ernannt.

Orientierung

Der Busbahnhof liegt knapp einen Kilometer nordwestlich des Voulismeni-Sees. Die meisten Banken, Reisebüros und Läden befinden sich in der Odos Koundourou und der parallel verlaufenden Fußgängerzone 28 Oktovriou. Die Hauptstraßen sind Einbahnstraßen; wer also selbst fährt, sollte der Beschilderung zum Hafen oder zu einem der Parkplätze in Hafennähe folgen.

Sehenswertes

Archäologisches Museum MUSEUM
(☎28410 24943; Paleologou Konstantinou 74; Eintritt 4 €; ⌚Di–So 8.30–15 Uhr) Zum Zeitpunkt der Recherche war das Museum für unbestimmte Zeit wegen Renovierungs- und Anbauarbeiten geschlossen. Besucher sollten zuerst die neuesten Infos telefonisch erfragen. Falls geöffnet sein sollte, lohnt es

ENTFERNUNGEN (km)

	Ierapetra	Agios Nikolaos	Elounda	Sitia
Agios Nikolaos	36			
Elounda	45	10		
Sitia	62	73	70	
Kato Zakros	98	106	116	36

sich, denn die umfangreiche, gut präsentierte minoische Sammlung ist wahrscheinlich die zweitwichtigste ihrer Art auf der ganzen Welt. Zu sehen sind tönerne Särge, Musikinstrumente und Gold von der Insel Mochlos; ein zentrales Ausstellungsstück gibt es allerdings nicht. Die Exponate sind chronologisch angeordnet, beginnend mit neolithischen Fundstücken vom nördlich von Kato Zakros gelegenen Berg Traóstalos. Danach kommen minoische Funde aus Agia Fotia, Malia und Mochlos. Alle Ausstellungsstücke haben auch eine kurze Beschreibung in englischer Sprache. Das Highlight ist die seltsame „Göttin von Myrtos", ein Tonkrug aus der Zeit um 2500 v. Chr.

Volkskundemuseum MUSEUM
(☎28410 25093; Paleologou Konstantinou 4; Eintritt 3 €; ⏲Di–So 10–14 Uhr) Das Museum neben der Touristeninformation hat eine kleine, gut kuratierte Sammlung traditioneller Handwerksarbeiten und Kleidung.

Aktivitäten

Strände

Die Stadtstrände **Ammos** und **Kytroplatia** sind klein und daher schnell überfüllt. Kytroplatia ist dem Zentrum am nächsten gelegen und umgeben von Cafés und Restaurants. Ammos ist klein und voll, hat aber eine angenehme, lebhafte Atmosphäre. Schöner (und meist auch ruhiger) als diese beiden ist der Sandstrand von **Almyros**, der etwa 1 km südlich der Stadt liegt. Er ist zu Fuß über einen Küstenweg erreichbar und beginnt am Ende der ersten Straße Richtung Meer, die nach dem städtischen Stadion nach links abbiegt. Schatten ist Mangelware, aber dafür kann man Sonnenschirme ausleihen.

Weiter im Osten Richtung Sitia liegen die hübschen Buchten mit langem Sandstrand und türkisem Wasser, die zum beschilderten Strand von **Voulisma** („Golden Beach") und der **Istron-Bucht** gehören.

Der Stadtstrand auf der Südseite von Agios Nikolaos hat einen **Kinderspielplatz**, einen **Swimmingpool** und eine **Minigolfanlage**.

Sonstige Aktivitäten

M/S Manolis BOOTSFAHRTEN
(☎6974143150) Das hölzerne Segelschiff M/S *Manolis* bietet Angeltouren mit Grillen und Schwimmen auf der Insel Kolokytha bei Elounda an. Man kann es aber auch privat mieten. Abfahrt ist an der Südseite des Hafens.

Zaharias BOOTSFAHRTEN
(☎6937374954 24200; www.sailcrete.com) Bietet Segeltörns und private Chartertouren rund um den Golf von Mirabello.

Creta Underwater Center TAUCHEN
(☎28410 22406; www.cretaunderwatercenter.com; Mirabello Hotel, Agios Nikolaos) Hat Tauchausflüge und PADI-Kurse im Angebot.

Creta Semi-Submarine BOOTSFAHRTEN
(☎28410 24822) Die *Nautilus* hat eine Aussichtskabine unter der Wasseroberfläche, die Jung und Alt staunen lässt.

Pelagos TAUCHEN
(☎28410 24376; www.divecrete.com) Im Minos Beach Art Hotel. Bietet Tauchgänge und PADI-Kurse.

Nostos Tours BOOTSFAHRTEN
(☎28410 22819; 30 Rousou Koundourou) Organisiert Bootsausflüge nach Spinalonga (15 €) mit Schwimmpause in Kolokytha oder mit Grillen (25 €). Im Angebot sind außerdem Angeltrips mit Essen, einschließlich des eigenen Fangs (30 €).

Geführte Touren

Diverse Reisebüros bieten Bustouren zu Kretas Top-Attraktionen; die Boote am Hafen machen auch Werbung für verschiedene Ausflüge.

Little Train Tours TOURISTENBAHNFAHRTEN
(☎28140 25420; Akti Themistokleous) Bei diesen Bahnfahrten steht einiges zur Auswahl, von der halbständigen Stadtrundfahrt (Erw./Kind 8/5 €) bis zum 3½-stündigen Ausflug, der den Besuch einer Olivenfarm und des Dörfchens Kritsa einschließt (Erw./Kind 20/10 €). Die Tour beginnt jeweils am östlichen Ende der Hafenpromenade und ist für Kinder immer ein Knüller.

Minotours Hellas BUSTOUREN
(☎28410 23222; www.minotours.gr; 28 Oktovriou 6) Organisiert Bustouren nach Festos, Gortyna und Matala (35 €), zur Samaria-Schlucht (50 €), auf die Lassithi-Hochebene (40 €), nach Knossos (40 €) und zu anderen Zielen.

Festivals & Events

Lato-Kulturfestival KULTURFESTIVAL
Im Juli und August findet in Agios Nikolaos das Lato-Kulturfestival statt. Es treten lo-

Agios Nikolaos

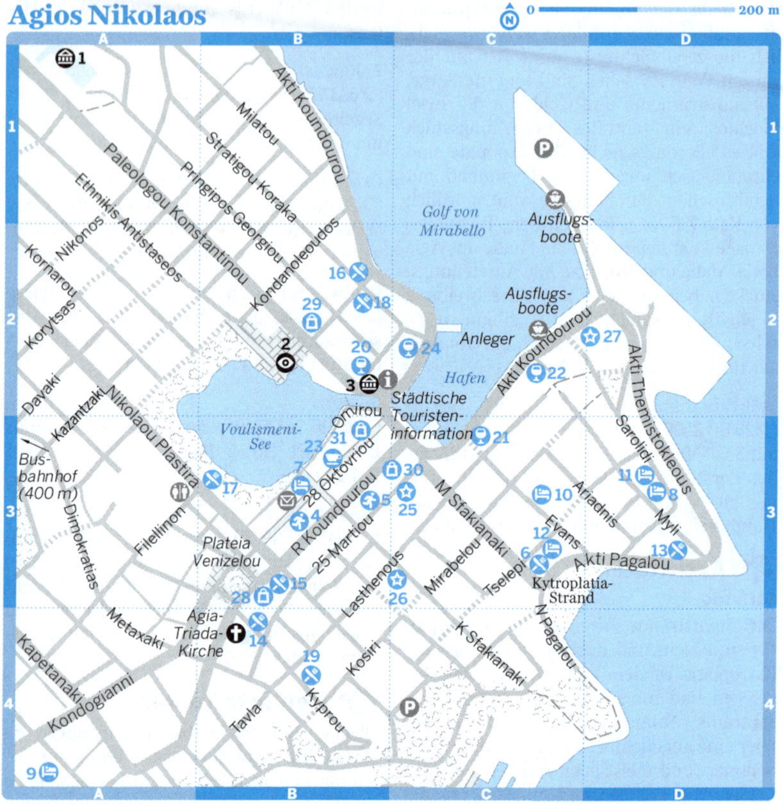

kale und internationale Künstler auf, dazu gibt's Folkloretänze, Theateraufführungen, Kunstausstellungen und *mantinadhes*-Wettbewerbe, bei denen sich die Teilnehmer im Verseschmieden messen.

Nähere Auskünfte erteilt die Touristeninformation.

Woche des Meeres WASSERSPORT
Dieses Fest wird in der letzten Juniwoche der „geraden" Jahre gefeiert; auf dem Programm stehen Bootsrennen und Wettbewerbe im Schwimmen und Windsurfen.

Essen

Wie alle Urlaubsorte hat auch Agios Nikolaos ein gerüttelt Maß an Tavernen und Restaurants, bei denen phantasieloses, teilweise überteuertes „griechisches" Essen auf der Karte steht. In den kleineren Gassen der Stadt sieht's da viel besser aus. Selbstversorger finden einige kleine Supermärkte auf halber Höhe der Paleologou Konstantinou und am Ende der Koundourou.

Migomis INTERNATIONAL €€€
(☎28410 24353; www.migomis.com; Nikolaou Plastira 20; Hauptgerichte 25–35 €) Migomis einfallsreiche Küche lässt sich von internationalen Themen und Zutaten inspirieren und hält schon seit vielen Jahren ein hohes Niveau. Damit aber nicht genug: Das Lokal hat nämlich auch einen unnachahmlichen Ausblick über den Voulismeni-See und träufelt im Sommer auch noch Klaviermusik auf die Seele seiner Gäste. Reservierung ist ratsam.

Chrysofillis MEZEDHES €
(☎28410 22705; Akti Pagalou; Mezedhes 4–8 €) Die fairen Preise weisen diesen *mezedhopoleio* bereits als das typische Lokal der kleinen Häppchen aus. Zu den Tagesgerichten gehören Leckereien wie Käsetaschen, frische Miesmuscheln und Hühnchen mit Safran. Abgerundet wird das Ganze durch

Agios Nikolaos

Sehenswertes

1	Archäologisches Museum	A1
2	Kinderspielplatz	B2
3	Volkskundemuseum	B2

Aktivitäten, Kurse & Touren

4	Minotours Hellas	B3
5	Nostos Tours	B3

Schlafen

6	Delta	C3
7	Du Lac Hotel	B3
8	Hotel Creta	D3
9	Hotel Doxa	A4
10	Pension Mary	C3
11	Pergola Hotel	D3

Essen

12	Barko	C3
13	Chrysofillis	D3
14	Itanos	B4
15	Jane's Fish Market	B3
16	Mare & Monte	B2
17	Migomis	B3
18	Pelagos	B2
19	Sarri's	B4

Ausgehen

20	Alexandros Roof Garden	B2
21	Caramello	C3
22	Dioliko	C2
23	Peripou Café	B3
24	Sorrento	C2

Unterhaltung

	Cube Bar	(s. 25)
25	Ellinadiko	C3
	Lotus	(s. 25)
	Passion	(s. 25)
26	Rex Cinema	C3
27	Rock Music Bar	D2

Shoppen

28	Aroma Coffee Shop	B3
29	Ceramica	B2
30	Kerazoza	C3
31	Marieli	B3

mehrere Ouzo-Sorten und ein paar griechische Weine. Reservierung ist auch hier angeraten.

Itanos GRIECHISCH €

(Kyprou 1; Hauptgerichte 5–10 €) Dieses freundliche Restaurant konzentriert sich ganz auf hervorragende kretische Hausmannskost. Dabei stehen reihenweise frische *mayirefta* (Eintöpfe und Ofengegartes) wie Ziege mit Artischocken zur Auswahl. Den Teig für die leckeren Lauchpasteten macht der Inhaber Yiannis selbst, und auch Vegetarier finden genügend Auswahl auf der Speisekarte.

Mare & Monte MEDITERRAN €€

(Akti Koundourou; www.maremonte-restaurant.com; Hauptgerichte 9–22 €) Über der kretischen Küche in diesem stilvollen Restaurant am Meer liegt ein subtiler Hauch „Bella Italia". Verschiedene griechische, italienische und fischige Vorspeisen sind die Ouvertüre für Hauptgerichte wie Grillhühnchen mit Feta, Oliven und Fenchel oder Wolfsbarschfilet mit Zitronen-Thymian-Soße.

Pelagos MEERESFRÜCHTE €€€

(☎28410 25737; Stratigou Koraka 11; Hauptgerichte 9–28 €) Das Pelagos ist in einem restaurierten neoklassizistischen Gebäude mit Gartenterrasse untergebracht und gehört schon lange zur ersten Garde. Besonders gelobt werden hier Fisch und Meeresfrüchte (in der entsprechenden Saison z. B. der Seeigelsalat oder die Meeräsche mit Kräutersoße), auf der Karte stehen aber auch leckere Fleisch- und Pastagerichte mit kretischem Flair. Um Reservierung wird gebeten.

Barko MEDITERRAN €€

(Kytroplatia-Strand; Hauptgerichte 5,50–12,40 €) In diesem Restaurant gegenüber dem Stadtstrand ergänzen sich schickes Dekor und gutes Essen. Auch die Weinkarte ist recht anständig und enthält ein paar gute kretische Jahrgänge.

Sarri's GRIECHISCH €

(Kyprou 15; Hauptgerichte 6–8 €) Im bodenständigen Sarri's stehen leckere *mezedhes*, griechische Standardgerichte und selbst gebackenes Brot auf der Karte. Die schattige Terrasse auf der anderen Straßenseite ist zu jeder Tageszeit ideal: Frühstück, Mittag, Abendessen, alles wunderbar. Verschiedene Tagesgerichte stehen auch immer zur Auswahl.

Jane's Fishmarket MARKT

(Platela Venizelou; ⏲Mo–Sa 7.30–14.30 Uhr) Hat eine Auswahl regional gefangener Fischsorten im Programm.

DIE KRETISCHE HELDIN KRITSOTOPOULA

Die mitreißende Geschichte der schönen und mutigen Kreterin Kritsotopoula (wörtlich: Kind von Kritsa) ist vielleicht mit den Jahren und den vielen Wiederholungen immer weiter ausgeschmückt worden, sie ist aber trotzdem der Stoff, aus dem Romane und Filmdramen gemacht sind. Kritsotopoula hieß eigentlich Rhodanthe und lebte Anfang des 19. Jhs. während der osmanischen Besatzung auf Kreta. Der Erzählung nach hatte sie eine wunderschöne Singstimme, die ihr allerdings eines Tages zum Verhängnis wurde, als ein betrunkener türkischer Offizier sie hörte und versuchte, in ihr Haus einzudringen. Rhodanthes Mutter wehrte sich dagegen und wurde von ihm erstochen. Anschließend entführte er Rhodanthe, die ihm jedoch noch in derselben Nacht mit eben diesem Messer im Schlaf die Kehle durchschnitt. Darauf stutzte sie ihr langes Haar und floh als Mann verkleidet in die Berge, wo sie sich den kretischen Freiheitskämpfern anschloss, die sie für einen jungen Mann aus Kritsa hielten. 1823 tat sie sich dann bei der antiken Stadt Lato in einem erbitterten Kampf gegen die Türken hervor, kassierte dann allerdings leider einen Treffer in die Brust und wurde in einer Kirche in Sicherheit gebracht, wo sie starb. Beim Versuch, die Blutung zu stillen, kam ihr eigentliches Geschlecht ans Tageslicht; fortan wurde sie als Kritsotopoula verehrt und zum klassischen Symbol des kretischen Widerstands. Neben einer Büste an der Plateia Melinas Merkouri in Kritsa wurde der Kämpferin auch vom britischen Bildhauer Nigel Ratcliffe-Springall in Form eines Basreliefs auf regionalem Stein ein Denkmal gesetzt, das in einer eigenen Anlage auf dem Weg nach Lato steht. Es zeigt die sterbende Kritsotopoula in den Armen ihres Vaters, der hier in der Gegend Priester war.

Ausgehen

Die Café-Bars mit Hafenblick an der Akti Koundourou erwachen um etwa 10 Uhr zum Leben und entwickeln sich mit fortschreitender Stunde zu lebendigen Bars. Es gibt aber auch in der ganzen Stadt genügend Alternativen.

An der Akti Koundourou sind noch ein paar Knaller, die bei der kretischen Jugend besonders beliebt sind: **Dioliko** und (größer und lebhafter) **Caramello**. Für den späteren Abend gibt's noch die alt eingesessene **Rock Music Bar**, die um 22 Uhr öffnet und Klassiker aus Rock, Blues, Punk und Heavy Metal auflegt.

Gediegener geht's am anderen Ende des Hafens in der ebenfalls beliebten Bar **Sorrento** zu und gleich ums Eck im **Alexandros Roof Garden**, mit klassischen Klängen, Hängepflanzen, Büschen und unkonventionellem Dekor.

An der 25 Martiou konzentrieren sich hingegen die aufgemotzten Tanzclubs wie **Ellinadiko**, **Lotus**, **Passion** und **Cube Bar**.

Gute Unterhaltung ist auch im **Peripou Café** (28 Oktovriou 13) zu haben, das charmantes altes Ambiente mit dem zusätzlichen Pluspunkt eines Buchladens mit Tauschbörse kombiniert. Der schmale Balkon mit Seeblick ist das ultimative i-Tüpfelchen. Im **Rex Cinema** (Lasthenous; Eintritt 7 €) laufen neben den neusten Hollywoodstreifen auch Kunstfilme.

Shoppen

Aroma Coffee Shop ESSEN & TRINKEN
(Plateia Venizelou 24) Nur ein paar Schritte weiter als Jane's Fishmarket breitet sich eine unwiderstehliche Duftwolke aus, denn hier gibt's verschiedene Kaffeesorten, Kekse, Süßigkeiten, Nüsse, Wein und Spirituosen, aber auch wunderschöne *briki* (Kaffeekannen aus Kupfer).

Marieli KUNST & HANDWERK
(28 Octovriou 33) Ein kurioses Souvenirlädchen mit verschiedenen griechischen Handarbeiten und Schmuck.

Ceramica KERAMIK
(Paleologou Konstantinou) Handgemachte Kopien der Keramikartefakte aus dem Museum. Ein Versand der Ware per Post ist auch möglich.

Kerazoza KUNST & HANDWERK
(Koundourou 42) Handgemachte Masken, Marionetten und Figuren, die dem antiken griechischen Theater nachempfunden sind. Daneben gibt's noch qualitativ hochwertige Skulpturen, Keramik und Schmuck von regionalen Kunsthandwerkern.

Praktische Informationen

Anna Karteri Bookshop (Koundourou 5 & Oktovriou) Gute Auswahl an Landkarten, Reiseführern und Büchern in Englisch und anderen Sprachen. Der Laden ist von beiden Straßen aus zugänglich.

E-Net (Kapetan Kozyri 10; pro Std. 2 €; ⏲9–18 Uhr) Onlinespiele und Internetzugang.

Krankenhaus (Knossou 3) Am oberen Ende der steilen Paleologou Konstantinou im Westen der Stadt.

Städtische Touristeninformation (www.agiosnikolaos.gr; ⏲April–Nov. 8–21.30 Uhr) Gegenüber dem nördlichen Brückenende: Informationen, Landkarten, Geldwechsel und Vermittlung von Unterkünften.

Griechische Nationalbank (Nikolaou Plastira) Hat einen rund um die Uhr geöffneten Geldautomaten.

Peripou Café (28 Oktovriou 13; pro Std. 4 €; ⏲9–2 Uhr; 📶) Hat Computer und WLAN.

Postamt (28 Oktovriou 9; ⏲Mo-Fr 7.30-14 Uhr)

Touristenpolizei (Erythrou Stavrou 47; ⏲Mo-Fr 7.30–14.30 Uhr)

An- & Weiterreise

Busse fahren vom **Busbahnhof** (☎28410 22234; www.crete-buses.gr) in Agios Nikolaos nach Elounda (16-mal tgl., 1,70 €, 20 Min.), Ierapetra (7-mal tgl., 3,80 €, 1 Std.), Iraklion (18-mal tgl., 7,10 €, 1½ Std.), Kritsa (10-mal tgl., 1,60 €, 15 Min.), zur Lassithi-Hochebene (Dikti-Höhle; 2-mal tgl., 5,80 €, 3 Std.) und nach Sitia (7-mal tgl., 7,60 €, 1½ Std.). Der Bus nach Elounda hält auch gegenüber der Touristeninformation, wo außerdem alle 30 Minuten ein Regionalbus zum Busbahnhof abfährt.

Unterwegs vor Ort

Taxis (☎28410 24100) haben Standardpreise für Elounda (13 €), Plaka (13 €), Kritsa (13 €) und Lato (16 €).

In der 28 Oktovriou und im nördlichen Abschnitt des Hafenviertels gibt es mehrere Auto- und Motorradvermietungen. **Club Cars** (☎28410 25868; www.clubcars.net; 28 Oktovriou 30) verleiht Autos ab 30 € pro Tag.

Manolis Bikes (☎28410 24940; 25 Martiou 12) hat eine Riesenauswahl an Rollern, Motorrädern und Quads. Einen Roller gibt's schon ab 20 € pro Tag, ein Mountainbike ab 12 €.

Kritsa Κριτσά

2705 EW.

Die feinen Stickereitraditionen des alten Bergdorfs Kritsa (11 km von Agios Nikolaos) werden inzwischen etwas verwässert durch den oft recht penetranten Verkauf billiger Ramschware. Diese Ware ist oft importiert und hat meist nur wenig mit den zeitaufwendigen Techniken der Näherinnen im Dorf gemein. Umso mehr vom Geist der Vergangenheit ist im oberen Dorf zu spüren, das romantisch unterhalb der wilden Felsen vor sich hin bröselt. Viele der alten Häuser sind jedoch inzwischen als Ferienhäuser aufgemöbelt worden, und vom späten Vormittag bis zum späten Nachmittag reißt der Strom der Touristenbusse niemals ab.

Der Dorfplatz (Plateia Melinas Merkouri) ist nach der Respekt gebietenden griechischen Politikerin, Schauspielerin und Sängerin Melina Merkouri benannt, die hier in den 1950er-Jahren in Jules Dassins *Der Mann, der sterben muss* die Hauptrolle spielte. Herzstück des Platzes ist eine schöne Büste der noch kämpferischeren Dorfschönheit „Kritsotopoula", die in den 1820er-Jahren als Heldin verehrt wurde. Am Anfang der gepflasterten Kritsotopoula, die gleich oberhalb des Dorfplatzes nach rechts abbiegt, ist der freundliche kleine Laden **Olive Wood**, der lauter echte, handgemachte Olivenholzartikel und andere Artefakte verkauft. Gleich nebenan ist der altehrwürdige Schuster **Detorakis**, bei dem man sich ein paar kretische Stiefel anfertigen und per Post nach Hause schicken lassen kann.

Parkplätze gibt's am oberen und unteren Ende des Dorfs. Von der Plateia Melinas Merkouri aus ist die Ortsein- und -ausfahrt durch ein Einbahnstraßensystem geregelt. Das Postamt ist in der Nähe des unteren Parkplatzes. Vom Dorfplatz aus betrachtet auf halber Höhe des Bergs ist ein Geldautomat. Verteilt über die ganze Stadt stehen nützliche Schilder mit Stadtplan; das erste ist an der Plateia Melinas Merkouri.

Essen

Platanos GRIECHISCH €

(Kritsotopoula; Hauptgerichte 4,50–7 €) In der Mitte der Kritsotopoula genießt die Taverne/*kafenion* Platanos, umgeben von den Ranken eines Weinstocks, einen angenehm schattigen Platz unter einer riesigen Platane. Auf der Speisekarte steht eine leckere Auswahl an Grillgerichten und *mayirefta* (fertige Gerichte, die frisch vom heißen Blech ausgewählt werden).

Saridakis Kafenion CAFÉ €

(Kritsotopoula) Das einst altmodische *kafenion* Saridakis ist zwar inzwischen modernisiert worden, serviert aber immer noch guten griechischen Kaffee und andere Köstlichkeiten.

Café Ambrosia CAFÉ €
(Kritsotopoula) Die angenehme Café-Bar gleich oberhalb des Dorfplatzes hat Internetzugang (30 Min. 1 €) und WLAN.

An- & Weiterreise

Im Stundentakt fahren Busse von Agios Nikolaos nach Kritsa (10-mal tgl., 1,60 €, 15 Min.). Ein Taxi von Agios Nikolaos kostet 13 €.

Rund um Kritsa

Die Straße von Agios Nikolaos nach Kritsa erreicht 1 km vor dem Ortseingang die zierliche, dreischiffige **Panagia-Kera-Kirche** (Eintritt 3 €; Mo–Fr 8.30–15, Sa 8.30–14 Uhr). Die dortigen byzantinischen Freskenmalereien zählen zu den schönsten Kretas. Das Mittelschiff aus dem 13. Jh. ist der älteste Teil des Gebäudes, die meisten Fresken entstanden Anfang bis Mitte des 14. Jhs. Vier Bibelszenen zieren Kuppel und Wände: die Verkündigung, die Taufe, die Auferweckung des Lazarus und der Einzug nach Jerusalem. An der westlichen Mauer prangen eine Darstellung der Kreuzigung und eine sehr realistische Illustration der Höllenstrafen. In der Apsis des Südschiffes wird das Leben der Jungfrau Maria geschildert, im Nordschiff geht's um das Jüngste Gericht. Nicht weit davon ist eine verlockende Darstellung des Paradieses zu finden, daneben die Jungfrau Maria und die Urväter Abraham, Isaak und Jakob. Am Westende kündigt der Erzengel Michael mit seiner Trompete die Wiederkunft Jesu an, eine weitere Freske zeigt das Jüngste Gericht.

Von Kritsa aus führt auf 16 km ein landschaftlich schöner Wanderweg hinauf zur spektakulären **Katharo-Hochebene**, die von den Bewohnern Kritsas bewirtschaftet wird. Teilweise leben sie im Sommer auf der Hochebene – dann sind hier auch eine Handvoll Tavernen geöffnet.

Gleich südlich von Kritsa liegt die Ortschaft **Kroustas**, die von einheimischen Kennern für ihre traditionelle lokale Küche geschätzt wird. Im beliebten **O Kroustas** gibt's (na was wohl) kretische Küche, z. B. die ausgezeichneten *lazania* (handgemachte, gedrehte Nudeln, manchmal auch *stroufikta* genannt), die mit dem trockenen, weißen *anthotiro*-Käse in Brühe gekocht werden, oder der Zwieback aus dem Holzofen.

Die antike Stadt Lato Λατώ

Die antike Stadt **Lato** (Eintritt 2 €; Di–So 8.30–15 Uhr), 4 km nördlich von Kritsa, ist einer der wenigen Orte Kretas, die nicht auf die Minoer zurückgehen. Lato wurde im 7. Jh. v. Chr. von den Dorern gegründet und war zu seiner Blütezeit eine der mächtigsten Städte der Insel. 200 v. Chr. wurde sie jedoch zugunsten des günstiger gelegenen Hafens verlassen, auf deren Grundmauern heute Agios Nikolaos steht. Inmitten der einsamen Bergwelt ragen zwei von Ruinen bestandene Akropolen auf, die einen herrlichen Blick auf den Mirambellou-Golf freigeben.

Der Name der Stadt kommt von der Göttin Leto, die Zeus zwei Kinder (Artemis und Apollo) gebar. Beide wurden hier verehrt.

Durch das **Stadttor** betritt man die Anlage auf einer langen, stufigen Straße. Vorbei an einer Mauer zur Linken mit zwei Türmen, die als Wohnraum dienten, erreicht man die **Agora** aus dem 4. Jh. v. Chr., die eine Zisterne und einen kleinen, rechteckigen Altarraum beherbergte. Als der Tempel ausgegraben wurde, kamen auch mehrere Statuen aus dem 6. Jh. v. Chr. zum Vorschein. Kreisförmig angeordnete Steine hinter der Zisterne dienten als Dreschplatz. An der Westseite der Agora steht eine **Stoa** mit Steinbänken, ganz in der Nähe sind die Reste eines Kieselmosaiks zu bewundern. Auf der Terrasse über der Südostecke der Agora stehen die Ruinen eines **rechteckigen Tempels**, der wahrscheinlich Ende des 4./Anfang des 3. Jhs. v. Chr. erbaut wurde. Zwischen den beiden Türmen am Nordende der Agora führen Stufen zum **Prytaneion**, dem Verwaltungssitz des Stadtstaates. Im Zentrum des Gebäudes stand ein Herd, der Tag und Nacht befeuert wurde. Östlich des Prytaneions befindet sich ein Säulenhof, unterhalb liegt das halbmondförmige **Theater** mit rund 350 Sitzplätzen und der **Exedra** (Bühne), in deren umlaufende Wand Bänke eingelassen sind.

Lato wird nicht von Bussen angefahren. Die Straße zur Ausgrabungsstätte zweigt kurz vor Kritsa rechts ab. Zu Fuß spaziert man ab hier angenehm im Schatten des Waldes etwa eine halbe Stunde entlang der Straße.

DIE SPINALONGA-STORY

Die winzige Insel Spinalonga vor Plaka war auch so schon spannend genug, bevor sie durch Victoria Hislops romantischen Roman *Insel der Vergessenen* (griechisch: To Nisi) zum absoluten „Muss" auf der Liste der Reiseziele vorrückte.

Die eindrucksvolle Festung errichteten 1579 die Venezianer zum Schutz der Bucht von Elounda und des Golfs von Mirabello. Spinalonga ergab sich schließlich 1715 den Osmanen. Nachdem diese Kreta verlassen hatten, war die Insel 1903–1955 eine Quarantänekolonie für Griechen mit Lepra (Morbus Hansen). Anfangs war die Kolonie angeblich verdreckt und armselig. Das änderte sich 1953 mit der Ankunft des charismatischen leprakranken Jurastudenten Epaminondas Remoundakis, der für bessere Lebensbedingungen und eine versöhnlichere Einstellung auf der Insel sorgte. Die Kolonie wurde 1973 schließlich geschlossen. Diese dramatische, rührende Geschichte ist die Grundlage für Hislops Roman.

Der Roman diente der Griechin Mirella Papaeconomou als Vorlage für die Fernsehverfilmung *To Nisi*, die aufgrund ihres hohen Anspruchs international gelobt wurde. Auch wenn man den Roman und den überaus erfolgreichen Fernsehfilm als viel zu romantisch empfinden kann: Die *Insel* ist ein echtes Phänomen, das einen äußerst gruseligen Abschnitt der griechischen Geschichte beleuchtet. Neben Victoria Hislop selbst hatten viele Einheimische Kurzauftritte in der Verfilmung. Bereits 1968 spielte die Insel übrigens in Werner Herzogs Kurzfilm *Letzte Worte* eine Rolle.

Elounda Ελούντα

2085 EW.

Die 11 km lange Straße von Agios Nikolaos Richtung Norden nach Elounda bietet einen schönen Ausblick auf Berge und Meer, aber die Buchten entlang der Küste sind leider teilweise durch Luxushotelanlagen blockiert und die Strände dadurch schlecht erreichbar. Das erste Oberschichthotel wuchs hier bereits Mitte der 1960er-Jahre in den Himmel, wodurch sich die Umgebung von Elounda schnell als Spielplatz der griechischen Haute-Volée etablierte. Heutzutage beschränkt sich das nicht mehr auf Griechenlands Sternchen – auch Leonardo di Caprio, U2 und Lady Gaga wurden hier schon gesichtet. In jüngster Zeit hat die Verfilmung von Victoria Hislops romantischem Roman Die Insel (s. Kasten oben) das Interesse an der Region wieder aufleben lassen. Das Buch beschreibt das Leben auf der Insel Spinalonga während ihrer grauenvollen Zeit als Leprakolonie. Spätestens seit der überaus erfolgreichen griechischen Fernsehserie *To Nisi* ist die Gegend wieder so richtig hip.

Elounda selbst hat einen hübschen Hafen, in dem auch heute noch das rege Treiben der Fischerboote herrscht. Die Kulisse dahinter ist leider ein 08/15-Touristennest, aber die Atmosphäre des Orts ist erfrischend „normal". Das zeigt sich auch darin, wie freundlich die Bewohner ihre Gäste bewirten, ganz gleichgültig, ob sie schon auf einer Leinwand zu sehen waren oder nicht. Der angenehme, wenn auch unspektakuläre Stadtstrand nördlich des Hafens ist an manchen Tagen ziemlich überlaufen. Südlich von Elounda führt ein künstlicher Damm zur Halbinsel Kolokytha.

Aktivitäten

In Elounda legt regelmäßig eine Fähre zur Insel Spinalonga ab, und zahlreiche andere Schiffe bieten Ausflüge in der ganzen Umgebung an. Alle werden von einer Genossenschaft am Hafenkai betrieben.

Blue Dolphin Diving Centre TAUCHEN
(28410 41802; www.dive-bluedolphin.com; Tauchgang 44 €) Das Meer um Elounda ist ein hervorragendes Tauchrevier. Eine gute Adresse ist die PADI-Basis im **Grecotel Elounda Village**.

Essen

LP TIPP **Oceanis** KRETISCH €€
(28410 42246; Hauptgerichte 6,50–16 €) Dieses Restaurant versteckt sich unweit von Eloundas Hauptplatz an der Straße nach Plaka und liegt ziemlich genau zwischen den beiden kleinen Stränden der Stadt. Adonis Bebelakis, Koch aus Leidenschaft, führt seinen Laden mit Lust und Liebe, duldet keine Überfüllung an seinen Tischen und

wählt seine regionalen Zutaten mit Bedacht. Geboten werden langsam gegarte kretische Klassiker wie im Ofen geschmortes Lamm mit Knoblauch und süßem Wein sowie Favoriten der Bebelakis-Familie wie *melidzanes tis mamas* (gebackene Auberginenscheiben mit Tomaten, Hartkäse und grüner Minze).

Kalidon KRETISCH €€
(Akti Olountis; Hauptgerichte 5–15 €) Kalidon serviert auf einem schwimmenden Steg am Hafen und hat eine anständige Auswahl an Fisch und Fleisch auf der Karte. Die gemischte Fischplatte kostet 19 €, zu zweit 37 €.

Megaro GRIECHISCH €
(Fisch bis zu 45 € pro kg, Hauptgerichte 5,50–8 €) Das beliebte Lokal am Eck des Hauptplatzes bezieht seinen frischen Fisch direkt aus den Netzen des Inhabers.

Paradosiako GRIECHISCH €
(☎28410 42444; Hauptgerichte 5,50–8,50 €) Dieser belebte Laden nördlich des Zentrums bedient mit anständigen Fleischgerichten vom Grill und aus dem Ofen eher den konventionelleren Gaumen.

Ausgehen

Elounda hat mehrere fröhliche Bars und Nachtclubs, das Angebot ist aber immer noch recht überschaubar.

Katafygio BAR
Diese Bar in einer ehemaligen Johannisbrotverarbeitungsfabrik am südlichen Ende der Hafenpromenade ist bekannt für ihre kretische und griechische Livemusik. Hin und wieder gibt's hier auch Bauchtanz.

Alyggos Bar BAR
Die beliebte Touristenbar gegenüber dem Hafenparkplatz an der Hauptstraße hat eine beeindruckende Sammlung von Fußballtrikots an den Wänden und zeigt auf seiner Großleinwand die wichtigsten Spiele.

Babel BAR
(Akti Vritomartidos) Ansprechendes Dekor und lebhafte Atmosphäre machen aus dem Babel einen richtig coolen Ort für einen Drink. Die Bar ist gleich neben dem auffälligen Uhrenturm am Hafen.

Praktische Informationen

Eloundas Hauptplatz ist eher so etwas wie ein riesiger Parkplatz (Parken 1 Std. 1 €, 6 Std. 3,50 €), blickt aber auf einen hübschen, auch heute noch aktiven Fischerhafen. Hier gibt's eine Bushaltestelle, ein Postamt und ein paar Geldautomaten.

Babel Internet Café (Akti Vritomartidos, pro Std. 2 €) Ein Ableger der Babel Bar.

Städtische Touristeninformation (☎28410 42464; ⌚Juni–Okt. 8–23 Uhr) Bietet Infos, hilft bei der Unterkunftssuche und wechselt Devisen.

Olous Travel (☎28410 41324) Bucht Flug- und Fährentickets sowie Unterkünfte.

Trilogy (A Papandreou 9) Ein attraktiver Kunsthandwerk- und Souvenirladen, der neben Büchern, Papeterie und Artefakten auch einen Fotokopierer hat.

Anreise & Unterwegs vor Ort

Alle 30 Minuten fährt ein Schiff nach Spinalonga (Erw./Kind hin & zurück 12/6 €).

Täglich verkehrt 13-mal der Bus von Agios Nikolaos nach Elounda (1,70 €, 20 Min.).

Am Hauptplatz ist ein **Taxistand** (☎28410 41151). Die Fahrt nach Agios Nikolaos kostet 13 €, nach Plaka 7 €.

Elounda Travel (☎28410 41800; www.eloundatravel.gr) vermietet Autos, Motorräder und Roller in mehreren Niederlassungen in der Stadt, u. a. am Hauptplatz). In der Hochsaison kostet ein Auto pro Tag zwischen 47 € und 105 €.

Die Halbinsel Kolokytha
Χερσόνησος Κολοκύθα

Gegenüber von Elounda liegt die Halbinsel Kolokytha, die einst durch einen schmalen Isthmus mit dem Festland verbunden war. Dieser ist jedoch im Zuge der wiederholten Erdbeben auf Kreta gesunken und wurde durch einen niedrigen Damm ersetzt, der Kolokytha nun sichtbar als Halbinsel ausweist. Auf dem Isthmus und um ihn herum stand einst die **antike Stadt Olous**, die zum Hafen von Lato gehörte. Die minoische Siedlung Olous war ein bedeutendes Handelszentrum, das seine Blütezeit von 3000 bis 900 v. Chr. erlebte und im 9. Jh. offenbar von den Sarazenen zerstört wurde.

Die Ruinen liegen größtenteils unter Wasser zu beiden Seiten des Damms, wo sie für regen Schnorchelbetrieb sorgen. Viele Vögel kommen zum Nisten hierher oder ziehen im Frühjahr und Herbst durch die Region. Die Überreste eines frühchristlichen Delphinmosaiks sind in einem abgetrennten Bereich in der Nähe des Damms zu sehen.

Wer aus südlicher Richtung kommt, erreicht Damm und Halbinsel gleich nach der

Ortseinfahrt von Elounda. Hinter den auffällig gelben Schildern der Autovermietung Elounda Rent a Car gegenüber der Snackbar Mam's House geht es rechts von der Hauptstraße ab. Vorsicht: Die Kurve ist ziemlich eng.

Auf der Ostseite der Halbinsel Kolokytha liegt 1 km nach Ende des Damms ein Sandstrand, zu dem eine schmale, unbefestigte Straße führt.

Plaka Πλάκα

50 EW.

Das kleine Dörfchen Plaka liegt 5 km nördlich von Elounda und lebte einst von der Versorgung der Leprakolonie auf der Insel Spinalonga. Heute steht es durch den Erfolg des Buchs und der Fernsehserie *To Nisi* (s. Kasten S. 171) international im Rampenlicht.

Plaka hat es trotzdem geschafft, einen Teil seines Charmes zu bewahren. Es gibt einen halbwegs langen Kieselstrand, der übers Wasser hinweg den perfekten Rahmen für den schicksalsträchtigen Anblick von *To Nisi* (der Insel) selbst bietet. An Land sind Plakas wichtigste Anlaufstellen eine Handvoll Tavernen. Das Ambiente ist hübsch in den Steinhäusern an der gepflasterten Promenade mit Blick auf das Meer und Spinalonga. Leider sind die Lokale meist recht voll und die Preise gesalzen.

Im Dorf oder einer der Tavernen bekommt man Auskunft zu den Schiffen nach Spinalonga (hin & zurück etwa 10 €).

Die beliebte **Taverna Giorgos** (Hauptgerichte 7–16 €) am Meer hat ganz anständige Fischgerichte für um die 70 € pro kg sowie diverse kretische Spezialitäten.

Die Insel Spinalonga
Νήσος Σπιναλόγκα

Die Insel Spinalonga (s. Kasten S. 171) und deren **Festung** (Eintritt 3 €; ⌚10–18 Uhr) liegen malerisch vor der nördlichen Spitze der Halbinsel Kolokytha und gegenüber dem Dorf Plaka auf dem Festland. Der Erfolg des Romans *Insel der Vergessenen* und seiner Verfilmung haben das Interesse an Spinalonga kometenhaft ansteigen lassen. Seitdem ist es hier alles andere als einsam, aber trotz des Geschreis der Touristenführer kann man durchaus einen netten Spaziergang um die Insel machen. Zu sehen sind ein nachgebauter Straßenabschnitt aus der Zeit des Romans, stimmungsvolle Kirchenruinen, Türme und andere Gebäude. Ein Café und diverse Souvenirläden gibt's natürlich auch.

Von Agios Nikolaos fahren regelmäßig Ausflugsdampfer nach Spinalonga (ab 15 €). Außerdem gibt's Fähren von Elounda (12 €) und Plaka (10 €).

Milatos Μίλατος

400 EW.

Das beschauliche Milatos nimmt den westlichsten Strand der Nordküste ein und bildet einen starken Kontrast zu den Touristenhochburgen, die die Küste von hier bis Iraklion prägen. Das Dorf selbst liegt 2 km landeinwärts vom gleichnamigen Kieselstrand mit seinen verstreuten Tavernen und Unterkünften.

An den äußersten Enden des Strands steht jeweils eine gute Fischtaverne: **Panorama** und **To Meltemi**.

Die faszinierende **Milatos-Höhle** liegt etwa 3 km östlich des Dorfs und ist gut ausgeschildert. In dieser Höhle versteckten sich 1832 während Kretas berühmter Kampagne für die Vereinigung mit Griechenland geschätzte 2500 Menschen, als türkische Truppen die Gegend verwüsteten. Die Höhle befindet sich hoch oben auf einer Steilklippe über einer einsamen Schlucht, wo die Flüchtlinge zwar sicher waren, dafür aber eingeschlossen. Als sie nach zwei Wochen zu entkommen versuchten, wurden sie niedergemetzelt oder als Sklaven verkauft. Am Eingang zur Höhle steht eine winzige Kirche. Besucher erreichen die Höhle über einen entzückenden Weg oberhalb der Schlucht, der aber manchmal recht rutschig sein kann. Taschenlampe mitnehmen!

DIE LASSITHI-HOCHEBENE
ΟΡΟΠΕΔΙΟ ΛΑΣΙΘΙΟΥ

Rund 820 m über dem Meeresspiegel liegt die Lassithi-Hochebene, eine riesige Fläche aus grünen Feldern und Apfel- oder Birnenplantagen sowie einzelnen Mandelbäumen. Mitten in einer riesigen Vertiefung zwischen den felsigen Dikti-Bergen gelegen, könnte man sie eigentlich eher eine Gebirgsfußebene betrachten. Im 17. Jh. drehte sich hier ein Meer aus weißen Segeln auf etwa

20 000 venezianischen Windmühlen. Damals muss Lassithi ein wirklich atemberaubender Anblick gewesen sein. Weniger als 5000 der Mühlen stehen heute noch; die meisten wurden mit der Zeit durch weniger schöne, aber praktischere mechanische Pumpen ersetzt. Im Winter stehen die Windmühlen wie kahle Bäume in der Landschaft, manche tragen aber auch heute noch im Sommer die blütenweißen Segel. Das tun sie zwar hauptsächlich dem Tourismus zuliebe, aber das zunehmende Interesse am Energiesparen hat neuerdings auch dazu geführt, dass Windenergie von den Stadtverwaltungen gefördert wird.

Schon die Minoer hatten erkannt, dass sich der fruchtbare Boden der Lassithi-Hochebene bestens zum Plantagenanbau eignet. Nach einem Aufstand gegen die Besatzungsmacht im 13. Jh. wurden jedoch die Einwohner von Lassithi von den Venezianern vertrieben und ihre Obstgärten zerstört. Danach lag die Hochebene 200 Jahre brach, bis eine Nahrungsmittelknappheit die Venezianer zwang, die Region neu zu besiedeln und zu bewirtschaften. Nun wurden auch die heute noch genutzten Bewässerungsgräben und Brunnen gegraben.

Die Hochebene ist wirtschaftlich stark vom Tourismus abhängig und wird im Sommer von Bussen voller Reisegruppen überrollt. Aber im Grunde ist sie eher eine landwirtschaftlich geprägte Region, und in vielen Dörfern findet man auch noch jede Menge bodenständige Maschinen und die ganz normalen Abfallprodukte des bäuerlichen Daseins.

Von Iraklion aus führt der beste Weg zur Hochebene Richtung Osten über die Küstenstraße und dann kurz vor Chersonisos nach Süden. Von Agios Nikolaos fährt man am besten über Neapoli. Verschiedene Wege führen kreuz und quer über die zentrale Hochebene, die sich daher zur beliebten **Fahrradroute** gemausert hat. Findige Tourenanbieter werben überall in Iraklion und Agios Nikolaos für Fahrradtouren und bringen Bikes und Fahrer auch hinauf; man kann aber auch vor Ort ein Rad mieten.

Von Iraklion fahren täglich Busse nach Tzermiado (6,50 €, 2 Std.), Agios Georgios (6,90 €, 2 Std.) und Psychro (6,50 €, 2¼ Std.). Von Agios Nikolaos aus fahren auch Busse in die Dörfer (S. 169).

Tzermiado Τζερμιάδο

762 EW.

Tzermiado ist eine sympathische, bodenständige Bauernortschaft – die größte und bedeutendste auf der Lassithi-Hochebene. Daher kommen auch recht viele Reisegruppen auf dem Weg zur Dikti-Höhle durch den Ort. Die größten Hotels und Restaurants sind erstaunlich gut und auch gut geführt. Zahlreiche Läden verkaufen Teppiche und Stickerei.

Den Ort durchquert eine einzige Hauptstraße, trotzdem ist es nicht ganz leicht, sich zu orientieren, aber Einheimische geben bereitwillig Auskunft. Auf dem Dorfplatz sind ein paar Geldautomaten und ein Postamt.

Auf der südlichen Zufahrtsstraße nach Tzermiado steht rechts ein Schild zur **Kronios-Höhle** – „Trapeza" ist allerdings der eigentliche Name. Man vermutet, dass die Höhle von der frühesten menschlichen Besiedlungszeit an als eine Art Schrein und zur Zeit der Minoer als Grabstätte genutzt wurde.

Von der Hauptstraße aus führt ein unbefestigter Weg einen halben Kilometer bergan zum Fuß des Felsens, wo die Höhle dann über mehrere Hundert Stufen erreichbar ist. Wer es bis hierher geschafft hat, sollte aber auch eine starke Taschenlampe dabei haben und auf dem unebenen und teilweise schlammigen Untergrund der Höhle trittsicher sein.

Am Ortseingang von Tzermiado befindet sich das **Kourites** (www.kourites.eu; Hauptgerichte 6–12 €), eine große, gut geführte Taverne mit angenehmem Garten. Das Angebot umfasst kretische Gerichte wie Lamm und Spanferkel aus dem Holzofen sowie einige vegetarische Optionen. Über der Taverne sowie in einem nahe gelegenen Hotel sind auch saubere, schlichte Zimmer zu haben (DZ 40 €, Frühstück 5 €). Auf Anfrage können kostenlos Fahrräder ausgeliehen werden.

Zu den **Argoulias Apartments** (☎28440 22754) gehört noch ein wunderbares Restaurant mit traditioneller regionaler Küche. Auch wer sich nicht in den zugehörigen Apartments einmietet, darf hier essen. Einfach den Schildern mit der Aufschrift „Argoulias" am östlichen Ortseingang von Tzermiado folgen.

Agios Georgios
Αγιος Γεώργιος

541 EW.

Agios Georgios ist ein sehr einladendes kleines Dorf am Südrand der Lassithi-Hochebene, das sich für Radfahrer als Standort für Touren anbietet.

Im Ort selbst gibt es ein **Volkskundemuseum** (☎28440 31462; Eintritt 3 €; ⏲April–Okt. 10–16 Uhr), das in dem originellen Haus der Familie Katsapakis untergebracht ist. Die Exponate, darunter auch einige faszinierende persönliche Fotos des Schriftstellers Nikos Kazantzakis, verteilen sich auf fünf Räume.

Taverna Rea (Hauptgerichte 5–7 €) ist ein fröhlicher Laden voller regionaler Artefakte an der Hauptstraße. Auf der Speisekarte stehen Frühstück sowie gelungene kretische Klassiker und vegetarische Gerichte. Die Zimmer über der Taverne werden vermietet (30 €).

Psychro Ψυχρό

302 EW.

Kein anderes Dorf ist näher an der Dikti-Höhle als Psychro. Der Ort hat eine einzige Hauptstraße, ein martialisches Denkmal, ein paar Tavernen und jede Menge Souvenirläden mit „echten“ Teppichen, die größtenteils nicht mal aus Kreta stammen. Die Busse nach Psychro halten am nördlichen Ortsende; von hier aus läuft man etwa einen Kilometer bergauf zur Höhle. Wenn viele Fahrgäste zur Höhle wollen, fährt der Bus auch manchmal zum Parkplatz an der Höhle – darauf verlassen sollte man sich allerdings nicht.

Das alteingesessene **Stavros** (Grillgerichte 5–9 €) serviert traditionell kretische Hausmannskost wie Lammbraten und außerdem eine leckere Bohnensuppe. Die **Petros Taverna** (Hauptgerichte 6–8,50 €) gegenüber dem Eingang zur Dikti-Höhle gibt Auskunft über Wanderungen in der Umgebung (z. B. die lange Wanderung zum Gipfel des gleichnamigen Bergs).

Die Dikti-Höhle
Δικταίον Αντρον

Lassithis Hauptattraktion ist die **Dikti-Höhle** (Erw./Kind 4/2 €; ⏲Juni–Okt. 8–18 Uhr, Nov–Mai 8–14.30 Uhr) in der Nähe von Psychro. Hier brachte Rhea angeblich den neugeborenen Zeus vor Kronos in Sicherheit, bevor dieser ihn – wie seine Geschwister vorher – verspeisen konnte.

Die 2200 m² große Höhle, auch Psychro-Höhle genannt, ist reich an Stalagmiten und Stalaktiten. Sie wurde 1900 von dem britischen Archäologen David Hogarth freigelegt. Dabei fand er eine ganze Reihe von Votivgaben, die heute im Archäologischen Museum von Iraklion ausgestellt sind (s. S. 116). Sie bezeugen, dass es sich hier um eine Kultstätte handelt.

Von der Mittleren Palastzeit bis ins 1. Jh. n. Chr. wurde die Höhle für religiöse Rituale genutzt. Zu den Funden aus der Höhle gehören neben Steintafeln mit Linear-A-Schrift auch religiöse Bronze- und Tonfiguren.

Von der oberen Höhle führt eine steile Treppe in den unteren, interessanteren Höhlenabschnitt. Links hinten befindet sich eine kleinere Nische, in der Zeus geboren sein soll. Rechts in der geräumigeren Halle stehen auf einer Seite kleine Steinbecken, aus denen sich schon Zeus laben konnte. Auf der anderen ist ein Riesenstalagmit, der so genannte „Umhang des Zeus“, zu bewundern. Die Höhle ist zwar beleuchtet, aber es gibt trotzdem schummrige Stellen mit Stolperfallen.

Die Höhle erreicht man nach einer Viertelstunde Kraxelei (800 m) steil bergauf. Es gibt einen sehr unebenen, aber schattigen Weg zur Rechten (mit Ausblick auf die Hochebene) und einen weniger spannenden, schattenlosen Asphaltweg zur Linken des Parkplatzes. Für 10 € bzw. 15 € (einfach/hin & zurück) kann man die Mühen des Aufstiegs auch einem Esel überlassen.

DIE NORDOSTKÜSTE

Gournia Γουρνιά

Die faszinierende spätminoische Ausgrabungsstätte **Gournia** (☎28410 24943; Eintritt 3 €; ⏲Di–So 8.30–15 Uhr), liegt ein kleines Stück abseits der Küstenstraße, 19 km südöstlich von Agios Nikolaos. Die Ruinen stammen von einer Stadt, die zwischen 1550 und 1450 v. Chr. erbaut wurde. Etwas oberhalb davon stand ein Palast, der aber lange nicht so prächtig war wie die in Knossos und Festos. Er gehörte nämlich nicht einem König, sondern nur einem Verwalter. Die Siedlung ist ein munteres Gewirr von Straßen und Treppen, die von bis zu 2 m hohen Hausmauern gesäumt werden. Funde von Haushaltsgegenständen, Ackergeräten und Handelsgütern zeigen, dass Gournia einst ein betriebsamer Ort war.

Südlich des Palastes liegt ein großer, rechteckiger **Hof**, den ein Netz von gepflasterten Straßen umschließt. Der große **Steinblock** in der Nähe wurde für Stieropfer benutzt. Ein Raum westlich davon enthält einen steinernen **Kernos** (Kultbecken), der von 32 Vertiefungen umrandet ist und wahrscheinlich rituellen Zwecken diente. Nördlich des Palasts stand der **Schrein der minoischen Schlangengöttin**, in dem viele Objekte aus der Nachpalastzeit gefunden wurden. Im Norden und Osten der Ausgrabungsstätte befinden sich Vorratsräume und Werkstätten, die meist im Erdgeschoss der zweistöckigen Häuser untergebracht waren; darüber lagen die Wohnräume.

Busse von Agios Nikolaos nach Sitia und Ierapetra halten auf Wunsch an der Stätte.

Mochlos Μόχλος

87 EW.

Das Fischerdorf Mochlos liegt am Ende einer 5 km langen Serpentinenstraße, die von der Schnellstraße zwischen Sitia und Agios Nikolaos abzweigt. Der Ausblick bei der Anfahrt ist jedoch leider alles andere als schön, seitdem diverse größere Steinbrüche den Berg oberhalb des Dorfs durch weiße Krater und Geröll verschandelt haben. Mit etwas Phantasie und halb geschlossenen Augen kann man sich vielleicht davon überzeugen, dass die rohe Symmetrie der Steinbrüche schon fast etwas Minoisches hat. Das hübsche Mochlos am Ende der Straße macht dann jede Hässlichkeit wieder wett. In der Antike war es mit der kleinen Insel verbunden, die heute 200 m vor der Küste liegt; von 3000 bis 2000 v. Chr. befand sich hier eine blühende frühminoische Stadt. Die Ausgrabungen dauern sowohl auf der Insel als auch im Ort Mochlos an – allerdings finden sie nur recht sporadisch statt.

Mochlos hat einen kleinen Strand mit Kieseln und grauem Sand, einfachen Unterkünften und Tavernen, bekannt für frischen Fisch und Meeresfrüchte aus heimischen Gewässern. Der gute Ruf bestätigt sich am Wochenende, wenn sie mit zahlreichen Einheimischen bevölkert sind. Der Ort verfügt außerdem über einen Minimarkt und Souvenirläden, und im Zentrum steht ein WLAN zur Verfügung. Der Weg zum Strand ist gut beschildert: erst links, dann rechts Richtung Meer und schließlich wieder links zum Parkplatz.

Schwimmer, die sich weiter hinauswagen, sollten sich vor der starken Strömung im Kanal zwischen Insel und Festland in Acht nehmen.

Essen

Ta Kochilia GRIECHISCH €€

(☎28430 94432; Hauptgerichte 4,50–16 €) Diese tolle Taverne am Meer ist vor allem für seinen Seeigelsalat (nur im Hochsommer!) bekannt. Fischgerichte wie der hervorragende Güster zum fairen Preis von 16 € pro Portion sind ebenfalls nicht zu verachten. Fleischliebhaber werden vom Lamm mit Artischocke in Zitronensoße begeistert sein, und selbst Vegetarier kommen voll auf ihre Kosten bei ofengebackenem Feta mit Tomaten, Paprika, Oregano und Olivenöl.

To Bogazi GRIECHISCH €€

(☎28430 94200; Mezedhes 2–7 €, Hauptgerichte 4,70–10,50 €) Noch eine feine Taverne mit großer Auswahl an *mezedhes* und Hauptgerichten wie Kaninchen in Weinsoße oder Miesmuscheln mit Tomatensoße und Feta.

An- & Weiterreise

Öffentliche Verkehrsmittel ins Dorf gibt es nicht, aber die Busse von Sitia nach Agios Nikolaos lassen Fahrgäste bei der Abzweigung nach Mochlos aussteigen. Von dort aus sind es per Anhalter oder zu Fuß fünf steile Kilometer bergab ins Dorf.

Sitia Σητεία

9257 EW.

Im hübschen Sitia liegt der große, offene Hafen malerisch vor einer breiten Promenade mit Tavernen und Cafés. Es ist ein freundlicher Ort mit wenig Tourismus, der sich hauptsächlich von Landwirtschaft und Handel ernährt.

Östlich der Stadt befindet sich eine weitere große Bucht mit Sandstrand. Sitias Urlauber kommen meist aus Frankreich und Griechenland, die entspannte Atmosphäre hält sich zum Glück auch in der Hauptsaison.

Oberhalb der Stadt thront die **Kazarma** (Festung; Eintritt frei; ⌚8.30–15 Uhr), in der während der venezianischen Ära eine Garnison stationiert war. Die einzigen Überreste sind die Befestigungsanlagen, die einst dem

Schutz der Stadt dienten. Der Ort wird heute als Open-Air-Bühne genutzt.

Sitia ist ein guter Zwischenstopp für alle, die per Fähre zu den Dodekanes-Inseln weiterreisen wollen.

Geschichte

Von Ausgrabungen weiß man, dass es um Sitia bereits in der Jungsteinzeit Siedlungen gab. Ein wichtiger minoischer Ort war das nahe gelegene Petras. Die damalige Siedlung wurde 1700 v. Chr. durch ein Erdbeben zerstört und aufgegeben.

Während der griechisch-römischen Periode gab es eine Stadt namens Iteia. Sie muss in etwa dort gelegen haben, wo sich das heutige Sitia erhebt, aber der exakte Standort wurde bis jetzt nicht festgestellt. In der byzantinischen Ära wurde Sitia zum Bistum, das durch die Sarazenen im 9. Jh. wieder aufgelöst wurde. Unter den Venezianern entwickelte sich Sitia zum wichtigsten Hafen Ostkretas; angeblich stammt der heutige Name der Region Lassithi ebenfalls vom venezianischen Namen des Hafens: La Sitia. 1508 wurde die Stadt durch ein schweres Erdbeben in Schutt und Asche gelegt und hat sich davon nie mehr erholt. Der Todesstoß kam dann 1648 durch die Blockade der Osmanen. Die letzten Einwohner flohen, und die noch verbleibenden Gebäude wurden dem Erdboden gleichgemacht. Im ausgehenden 19. Jh. beschlossen die Osmanen, das ehemalige Sitia in ein Verwaltungszentrum zu verwandeln, sodass die Stadt wieder zu neuem Leben erwachte. Kretas berühmtester Dichter, Vitzentzos Kornaros, Verfasser des epischen Gedichts *Erotokritos*, wurde 1614 in Sitia geboren.

Sehenswertes

Archäologisches Museum MUSEUM

(☎28430 23917; Piskokefalou; Eintritt 2 €; ⌚Di–So 8.30–15 Uhr) Das Museum zeigt eine gut aufbereitete und bedeutende Sammlung lokaler Funde aus der Jungsteinzeit bis zur römischen Ära. Der Schwerpunkt liegt auf der minoischen Zivilisation, Beschriftungen sind in griechischer und englischer Sprache. Eine der Attraktionen ist der *Kouros von Palekastro*, eine aus Fragmenten zusammengefügte Statue aus Elfenbein und Gold. Des Weiteren gibt es Fundstücke aus dem Palast von Zakros, darunter eine Traubenpresse, eine Bronzesäge, Krüge, religiöse Objekte und Schüsseln, die alle Spuren der Feuersbrunst tragen, die den Palast verschlang. Zu den wertvollsten Objekten der Sammlung gehören Tafeln mit Linear-A-Schrift, die den Palast als Verwaltungssitz ausweisen.

Volkskundemuseum MUSEUM

(☎28430 28300; Kapetan Sifinos 28; Eintritt 2 €; ⌚Mo–Fr 10–13 Uhr) Dieses Museum zeigt eine Sammlung regionaler Webarbeiten und anderer völkerkundlicher Exponate.

Petras ANTIKE STÄTTE

Etwa 2 km südöstlich der Stadt liegen auf einem kleinen Hügel oberhalb des Meeres die Überreste eines minoischen Palasts und anderer Gebäude aus späteren Perioden. Die Stätte ist immer zugänglich, hat aber nur begrenzte Parkmöglichkeiten.

Festivals & Events

Kornaria Festival DARSTELLENDE KÜNSTE

Das Festival läuft von Mitte Juli bis Ende August, mit Konzerten, Volkstänzen und Theateraufführungen in der Kazarma und an anderen Orten. Plakate in der Stadt kündigen die oft kostenlosen Veranstaltungen an.

Essen & Ausgehen

LP TIPP **Balcony** INTERNATIONAL €€€

(☎28430 25084; www.balcony-restaurant.com; Foundalidou 19; Hauptgerichte 11,90–18,90 €) Sitias schickstes Restaurant befindet sich im 1. Stock eines neoklassizistischen Gebäudes, wo der Inhaber Tonya Karandinou höchst-

SITIAS FRANZÖSISCHE WURZELN

Oft spiegelt sich die Geschichte einer Stadt in den Fassaden ihrer Gebäude. In den ruhigen Gassen der Altstadt von Sitia, wo die kieselgepflasterten Treppen vom Meer sanft bergauf steigen, sticht hier und da ein venezianischer Bau zwischen seinen griechischen Nachbarn hervor. An der Ecke der Straßen G Arkadiou und Metaxaki steht z. B. ein venezianisches Haus mit schönem Holzbalkon. Oberhalb des wunderbaren Türstocks heißt es auf Französisch: „8. Regiment ... Salle de Rapports“. Hier war nämlich das Verwaltungszentrum einer französischen Garnison – Teil des *Corps d'occupation de Crete* –, die im späten 19. Jh. während der Ablösung der Osmanen in Sitia stationiert war.

Sitia

selbst theatralisch den Kochlöffel schwingt. Das Angebot orientiert sich an der kretischen Küche, mit mexikanischen und asiatischen Einschlägen, und reicht von gegrilltem Tintenfisch bis zu zarter gegarter Ziege. Erstklassige griechische Weine sind die perfekte Ergänzung.

Oinodeion MEZEDHES €

(El Venizelou 157; Hauptgerichte 5–8 €) Dieses sehr regional gefärbte Lokal mit altmodischen Ornamenten an den Wänden ist ein eher bescheidener Nachbar der protzigeren Cafés an der Uferpromenade. Serviert werden eine gute Auswahl an *mezedhes* sowie Fleisch- und Fischklassiker.

Sergiani GRIECHISCH €€

(Karamanli 38; Hauptgerichte 6,50–8,50 €) Dieser traditionelle Laden am ruhigen südlichen Ende der Uferpromenade steckt nur regionale Zutaten in seinen Holzofen. Auch der regional gefangene Fisch ist sehr gut.

Nouvelle Boutique CAFÉ

(El Venizelou 161) In dieser beliebten Café-Bar am Meer spielt den ganzen Tag und bis weit in die Nacht hinein Mainstream-Musik.

Sitia

Sehenswertes
1 Archäologisches Museum B5
2 Volkskundemuseum B3
3 Kazarma (Festung) C1
4 Universal Diver C2

Schlafen
5 Apostolis B2
6 Hotel Arhontiko C2
7 Hotel Flisvos C4
8 Hotel Krystal B3
9 Itanos Hotel C3

Essen
10 Balcony B3
11 Oinodeion C3
12 Sergiani D5

Ausgehen
13 Nouvelle Boutique C2

Praktische Informationen

Der Hauptplatz des Ortes ist die Plateia Iroon Polytechniou, erkennbar an den Palmen und dem Denkmal des sterbenden Soldaten. Hier gibt's jede Menge Geldautomaten und Wechselstuben. Der Busbahnhof liegt weiter landeinwärts in der Nähe des Museums. Der Fähranleger ist etwa 600 m nördlich der Iroon Polytechniou.

Akasti Travel (28430 29444; www.akasti.gr; Kornarou 93) Sehr hilfsbereit in Sachen Information, Unterkunft, Autovermietung und Fährfahrkarten.

Java Internet Café (28430 22263; Kornarou 113; 9 Uhr–open end) Internetzugang (2 € pro Std.)

Griechische Nationalbank (A Papanastasiou & Katapoti) Hat einen rund um die Uhr geöffneten Geldautomaten.

Postamt (Dimokritou; 7.30–15 Uhr)

Touristeninformation (28430 28300; Karamanli 38; Mo–Fr 9.30–14.30 & 17–20.30, Sa 9.30–14.30 Uhr) An der Uferpromenade. Im Winter sind die Öffnungszeiten etwas unsicher.

Touristenpolizei (28430 24200; Therisou 31) In der Hauptdienststelle der Polizei.

An- & Weiterreise

Flugzeug

Sitias **Flughafen** (28430 24666) hat inzwischen eine größere Runway für internationale Flüge gebaut, zum Zeitpunkt der Recherche sind hier jedoch nach wie vor nur griechische Flieger gelandet.

Aegean Airlines (www.aegeanair.com) bietet pro Woche fünf Flüge nach Athen (71 €, 1 Std.). **Olympic Air** (www.olympicair.com) hat täglich außer freitags eine Flugverbindung nach Kassos (48 €, 20 Min.) und weiter nach Karpathos (54 €, 1 Std.) sowie nach Rhodos (54 €, 2 Std.).

Fähre

Pro Woche fahren zwei Fähren der **Aegeon Pelagos Sea Lines** (EP; 28210 24000, Chania) von Sitia nach Iraklion (16 €, 3 Std.), Milos (25 €, 11½ Std.), Piräus (37 €, 17 Std.), Santorini (25 €, 7½ Std.) und Rhodos (29 €, 9 Std. 20 Min.). Vier bis fünf Fähren fahren wöchentlich nach Kassos (11 €, 2½ Std.) und Karpathos (19 €, 4 Std.). Mehrere dieser Schiffe legen schon in den frühen Morgenstunden ab.

Bus

Vom **Busbahnhof** (28430 22272) in Sitia fahren Busse nach Ierapetra (6-mal tgl., 6,30 €, 1½ Std.). Außerdem bestehen Verbindungen nach Iraklion (7-mal tgl., 14,70 €, 3 Std.) über Agios Nikolaos (7,60 €, 1½ Std.), nach Vai (4-mal tgl., 3,60 €, 30 Min.) und nach Kato Zakros (2-mal tgl., 5,20 €, 1 Std. 20 Min.) über Palekastro (2,80 €, 45 Min.) und Zakros (4,80 €, 1 Std.). Die Busse nach Vai und Kato Zakros verkehren nur von Mai bis Oktober.

Unterwegs vor Ort

Vom/Zum Flughafen

Der Flughafen liegt 1,5 km außerhalb der Stadt (ausgeschildert), ein Taxi kostet ca. 8 €.

Auto & Motorrad

Die meisten Mietwagenagenturen haben ihre Büros in der Papandreou und der Itanou, z. B. **Club Cars** (28430 25104; Papandreou 4).

Moni Toplou Μονή Τοπλού

Das imposante **Moni Toplou** (28430 61226; Eintritt 3 €; April–Okt. 10–17 Uhr, Nov–März nur Fr) östlich von Sitia sieht aus wie eine Festung – nicht umsonst, denn als es gebaut wurde, musste es einigen Gefahren trotzen. Toplou ist eines der historisch bedeutendsten und fortschrittlichsten Klöster der Insel. Mitte des 15. Jhs. hielten Banditen, Piraten und Rebellen die Gegend in Atem, und gegen die mussten sich die Mönche verteidigen. Das taten sie mit allen zur Verfügung stehenden Mitteln: gepanzerte Tore, Kanonen (der Klostername Toplou kommt aus dem Türkischen und bedeutet „mit einer Kanone"), Maueraussparungen, um die Angreifer mit einem Guss heißen Öls zu empfangen. Trotzdem wurde das Kloster 1498 von Piraten eingenommen, 1530 von den Malteserrittern geplündert, 1646 von den Osmanen ausgeraubt und 1821 von den Türken eingenommen.

Das Kloster Toplou hat sich immer aktiv für die Unabhängigkeit Kretas eingesetzt. Unter der türkischen Besatzung unterhielt das Kloster eine geheime Schule. Da die Mönche im Ruf standen, Rebellen Unterschlupf zu gewähren, waren sie ständig Repressalien ausgesetzt. Im Zweiten Weltkrieg wurde Abt Silingakis hingerichtet, weil er Widerstandskämpfern erlaubt hatte, einen Radiosender im Untergrund zu betreiben.

Hauptattraktion des Klosters ist zweifellos die Ikone mit dem Titel *Groß bist Du, unser Herr* von dem gefeierten kretischen Künstler Ioannis Kornaros. Jede einzelne der 61 dargestellten Szenen ist liebevoll ausgearbeitet und bezieht sich auf eine Zeile des orthodoxen Gebets, das mit den Worten „Groß bist Du, unser Herr" beginnt. Im **Museum** wird die Geschichte des Klosters nacherzählt. Außerdem ist eine bedeutende Sammlung von Ikonen, Stichen und Büchern, Waffen und Militaria aus den Zeiten des Widerstands zu besichtigen. In dem gut sortierten Laden gibt's die preisgekrönten biologischen Olivenöle und Weine des Klosters.

Toplou ist über die Straße Sitia–Palekastro zu erreichen, wo der Bus auf Wunsch an der Abzweigung hält. Von dort sind's noch 3 km zu Fuß. Ein Taxi von Sitia kostet etwa 22 €, wobei der Preis auch von der Dauer des Aufenthalts im Kloster abhängt.

DIE OSTKÜSTE

Vai Βάι

Der Strand von Vai liegt 24 km von Sitia entfernt an der Ostküste und ist vor allem wegen seiner zahlreichen Palmen *(phoenix theophrastii)* bekannt. Im örtlichen Dialekt bedeutet *vai* sogar „Palmwedel". Einer Theorie zufolge sind die vielen Palmen hier aus den Steinen gesprossen, die ägyptische Soldaten, römische Legionäre oder Piraten beim Fressgelage ausspuckten.

Im Juli und August muss man schon sehr früh kommen, um sowohl Palmen als auch Strand genießen zu können, denn dann ist hier alles überlaufen und der ganze Strand mit Sonnenliegen und -schirmen bedeckt (6 €). Vor dem Strand kreuzen unaufhörlich die Jetskis.

Am Südende des Strands führt eine Steintreppe zu einem Pavillon mit Aussichtspunkt. Wer danach immer der Nase nach geht, erreicht nach etwa einem Kilometer einen steinigen Pfad, der schließlich zu einem weniger überfüllten Strand führt. Am nördlichen Ende des Strands von Vai geht es über einen Hügel außerdem zu diversen FKK-Buchten.

Die **Restaurant-Caféteria Vai** (Hauptgerichte 5–7,50 €) ist halbwegs günstig, aber natürlich recht voll.

Von Sitia fährt von Mai bis Oktober eine Buslinie nach Vai (5-mal tgl., 3,70 €, 1 Std.). Die Busse halten auf einem Parkplatz; ein paar Hundert Meter dahinter liegt der eigentliche Strandparkplatz (3 €).

Itanos Ιτανος

Etwa 3 km nördlich von Vai liegt die antike minoische Stadt Itanos. Was heute sehr verloren aussieht, war einst ein sehr wichtiger Ort: Eine Siedlung gab es hier wohl schon seit 1500 v. Chr.; im 7. Jh. v. Chr. war sie als bedeutendes Handelszentrum für Exporte in den Vorderen Orient bereits recht wohlhabend geworden. Sie lag im ständigen Streit mit lokalen Konkurrenten wie Praisos oder später auch Ierapetra (damals Ieraptyna). Aufmerksame Besucher können die Überreste zweier christlicher Basiliken und einer hellenistischen Mauer entdecken. Eine Basilikaruine auf einem Hügel mit Ausrichtung zum Meer ist mit umgestürzten Säulen übersät. Besonders interessant ist ein Steinsockel, der mit kreisförmigen Motiven verziert ist. In den nahe gelegenen Buchten lässt es sich gut schwimmen.

Palekastro Παλαίκαστρο

1380 EW.

Palekastro ist ein unprätentiöses Bauerndorf, das zwischen vereinzelten Feldern in einer steinigen Landschaft liegt und sein Einkommen mit unaufdringlichem Tourismus aufbessert. Gut erreichbar sind von hier aus ein Strand in Kouremenos sowie die Strände von Moni Toplou und Vai. Was man so alles für einen Aufenthalt braucht, ist größtenteils im Ort vorhanden. Wer die Umgebung entdecken will, kommt aber nicht wirklich um einen fahrbaren Untersatz herum.

Etwa 1 km östlich des Orts liegt auf dem Weg zum Strand Chiona die Ausgrabungsstätte der antiken Stadt Roussolakkos, wo Archäologen einen versunkenen minoischen Palast vermuten. Hier wurde auch der *Palekastro Kouros* (heute im Archäologischen Museum in Sitia) gefunden.

Recht versteckt in einer kleinen Straße, aber auf der Hauptstraße beschildert, steht ein traditionelles Herrschaftshaus, in dem das gut präsentierte **Volkskundemuseum von Palekastro** (Eintritt 2 €; ⏲Juni–Mitte Okt. Mo–Sa 10–13 & 17–20 Uhr) untergebracht ist. Teile der Ausstellung sind im ehemaligen Stall und der Bäckerei.

Essen

To Finistrini MEZEDHES €

(Mezedhes 2,50–6 €) Etwa 200 m die Straße nach Vai hinunter steht dieses kleine *mezedhopoleio* (*mezedhes*-Lokal), das leckere *mezedhes* samt Raki oder Ouzo serviert, gerne auch in großzügigen Mengen.

Mythos GRIECHISCH €

(Hauptgerichte 5,50–8 €) Diese angenehme, beliebte Taverne hat eine gute Auswahl vegetarischer *mezedhes*, traditioneller *mayirefta* sowie Fisch- und Grillgerichte.

Praktische Informationen

Im Dorfzentrum teilt sich die Hauptstraße neben einer großen, von Palmen beschatteten Kirche. Die **Touristeninformation** (☎28430 61546; ⏲Mai–Okt. Mo–Fr 9–15 Uhr) bietet Informationen zu Unterkünften und öffentlichem Verkehr. Gleich nebenan ist ein Geldautomat, noch etwas weiter eine Poststelle, eine Bank mit Geldautomat und der äußerst nützliche Argo Bookshop, der nicht nur einen Internetzugang (30 Min. 1 €), sondern auch einen Fotokopierer hat. Der Laden verkauft außerdem Schreibwaren, hochwertige Souvenirs und neue Bücher. Eine Büchertauschbörse gibt's auch. Die Bushaltestelle ist im Ortszentrum.

An- & Weiterreise

Die Busse von Sitia nach Vai (5 mal tgl.) halten in Palekastro. Außerdem fahren täglich zwei Busse von Sitia nach Palekastro (2,80 €, 45 Min.) und weiter nach Kato Zakros (5,20 €, 1 Std.).

Rund um Palekastro

Der Kieselstrand **Kouremenos** liegt nördlich von Palekastro und ist recht flach. Er eignet sich gut zum Schwimmen und hervorragend zum Windsurfen. Surfer bekommen eine Leihausrüstung in der **Freak Surf Station** (☎6979253861; www.freak-surf.com; Surfbrett pro Woche 240 €, 2 Std. mit Lehrer 60 €) am Strand.

Chiona ist ein weiterer ruhiger Strand im Osten mit ein paar tollen Fischtavernen.

Zakros & Kato Zakros
Ζάκρος & Κάτω Ζάκρος

912 & 22 EW.

Das 45 km südöstlich von Sitia gelegene Dorf Zakros scheint auf den ersten Blick nur eine Ouvertüre für das fesselnde Kato Zakros, das 7 km weiter unten an der Küste liegt. Das lebhafte Dorf hat aber durchaus eine eigene Bedeutung, und zwar als landwirtschaftliche Drehscheibe und in den *kafenia* und *ouzerien* ist auch immer was los. Zakros ist der Ausgangspunkt für den Wanderweg durch die Zakros-Schlucht, auch bekannt unter dem Namen **Tal der Toten** (nach den zahlreichen Höhlen mit uralten Grabstätten entlang der Felswände).

Die Lage von **Kato Zakros** ist ganz einfach unglaublich. Von der Ortschaft Zakros aus schlängelt sich eine lange Straße bergab durch unwirtliches Terrain. Auf halber Höhe zeigt sich in einer weiten Linkskurve die großartige Kulisse der Berge: Die beiden höchsten, Traóstalos (515 m) und Lakómata (378 m), beherrschen das Panorama, während die Felsen im Vordergrund vom roten Schlund der **Zakros-Schlucht** durchbrochen werden. Auf dem niederen Gelände hinter dem Kieselstrand und seiner Handvoll Tavernen zeichnet sich deutlich die Ruine des minoischen **Palasts von Zakros** ab. Wenn man noch den erzwungenen Mangel an touristischer Erschließung und die allgemeine Ruhe der Umgebung dazu addiert, ist hier der ideale Ort für Zivilisationsflüchtlinge.

Ein aufregendes Nachtleben darf man hier natürlich nicht erwarten – aber wen stört das schon?

Essen

Eine Handvoll Strandtavernen konkurrieren mit viel Elan um die Kundschaft.

Akrogiali Taverna GRIECHISCH €€

(Hauptgerichte 5,50–10 €) Fisch und ein ordentlicher Hauswein schmecken doch mit Strandambiente immer wieder am besten. Ein paar kretische Klassiker stehen auch auf der Karte.

Kato Zakros Bay GRIECHISCH €€
(Hauptgerichte 4,50–9 €) Die Basis der griechischen Gerichte in diesem beliebten Restaurant sind Gemüse und andere Zutaten aus der Region, z. B. Kaninchen-*stifadho*, ein Auflauf mit Tomaten und Rotwein. Sehr gut sind auch Fisch und vegetarische Gerichte.

An- & Weiterreise

Von Sitia und Palekastro aus fahren Busse nach Zakros (2-mal tgl., 4,80 €, 1 Std.). Von Mai bis Oktober fahren einige auch weiter bis Kato Zakros (5,20 €, 1 Std. 20 Min.).

Der Palast von Zakros

Der **Palast von Zakros** (Kato Zakros; Eintritt 3 €; ⏲ Juli–Okt. 8–19.30 Uhr, Nov–Juni 8.30–15 Uhr) wurde zwar erst 1962 als vorerst letzte von Kretas minoischen Anlagen entdeckt, aber die Ausgrabungen waren äußerst ergiebig.

Die exquisite Bergkristallvase und der aus Stein gehauene Stierschädel sind nur zwei Beispiele aus dem Schatz minoischer Antiquitäten, die hier ans Tageslicht kamen. Beide sind heute im Archäologischen Museum Iraklion zu bewundern. Alt-Zakros ist die kleinste der vier kretischen Palastanlagen, war aber unter den Minoern ein wichtiger Hafen mit Handelsbeziehungen zu Ägypten, Syrien, Anatolien und Zypern. Teile des Palastkomplexes liegen heute unter der Wasseroberfläche.

Wer das Gelände an der Südseite betritt, kommt zuerst zu den **Werkstätten** des Palastes. Das **Megaron des Königs** und das der **Königin** liegen rechts hinter dem Eingang. An das Megaron des Königs schließt sich die **Zisternenhalle** an, in deren Mitte einst eine Zisterne lag, die von einer Säulenbalustrade umringt war. Sieben Stufen führten zum Zisternengrund hinunter – vielleicht war das der königliche Pool, oder

Palast von Zakros

aber ein Riesenaquarium oder sogar das Becken für ein heiliges Boot? Auf der anderen Seite der Megara erstreckt sich der **Zentralhof**, das Herz des Palastes. In seiner Nordwestecke steht ein Altarsockel; acht Stufen führen hinunter zu einem **Brunnen** in der Südostecke.

Als die Anlage ausgegraben wurde, enthielt der Brunnen konservierte Reste von Oliven, die vielleicht den Göttern geopfert worden waren.

Links neben dem Zentralhof liegt die **Zeremonienhalle**, in der zwei *rhyta* (zeremonielle Trinkgefäße) gefunden wurden. Südlich davon gelangt man in den **Bankettsaal**, der seinen Namen den vielen Weinbehältern verdankt, die hier ans Tageslicht kamen. Nördlich des Zentralhofs befindet sich die **Küche**. Die Säulensockel dort stützten einst vielleicht einen darüber liegenden Speisesaal. An der Nordwestseite des Zentralhofs befindet sich ein **Lichthof**, links des Bankettsaals ist ein **Lustralbad**, das eine wunderschöne Marmoramphore enthielt. Im Lustralbad konnte man sich reinigen, bevor man die daneben liegende **Hauptkultstätte** betrat. Dort sind noch gut ein Sims und eine Nische zu erkennen, wo Kultfiguren standen.

Unterhalb des Lustralbads liegt die **Schatzkammer**, die die Archäologen mit fast 100 Krügen und *rhyta* beglückte. Daneben befindet sich ein **Archiv**, in dem Registraturtafeln mit Linear-A-Schrift gefunden wurden. In der Nähe der nordwestlichen Ecke des Nordosthofes liegt das **Bad** mit einer Latrine.

Xerokambos Ξερόκαμπος

28 EW.

Xerokambos ist ein ruhiger Badeort und Bauerndorf im äußersten Südosten der Insel. Aufgrund der isolierten Lage gibt es wenig Tourismus, am meisten im Juli und August. Hauptattraktion für die Besucher sind die beiden wunderbaren Strände. Ansonsten hat der Ort ein paar verstreute Tavernen und Studiounterkünfte zu bieten.

Es gibt keine Busverbindungen nach Xerokambos. Von Zakros aus führt eine beschilderte Abzweigung über 8 km Serpentinen, die aber immerhin geteert sind. Auf der Weiterfahrt in Richtung Ziros werden sowohl Umgebung als auch Kurven noch etwas wilder.

Ierapetra Ιεράπετρα

15 323 EW.

Das fröhliche, bodenständige Strandstädtchen Ierapetra ist das Handelszentrum der gewächshausbasierten Agrarindustrie im Südosten Kretas. Die Zufahrt zur Stadt führt durch ziemlich unansehnliche Landschaft voller Gewächshäuser, zu denen sich einzelne Lagerhäuser und andere Gebäude gesellen. Aber wer sich davon nicht abschrecken lässt, gewinnt, denn Ierapetra hat jede Menge zu bieten und dazu noch eine beeindruckende Geschichte.

Bereits für die Dorer spielte die Stadt eine wichtige Rolle. Als einer der letzten Außenposten ergab sie sich den römischen Legionen, die den Hafen im Eroberungsfeldzug gegen Ägypten als wichtigen Zwischenstopp nutzten. Unter den Venezianern führte die Stadt eher ein Schattendasein, bekam aber immerhin eine Festung am westlichen Ende des Hafens. Selbst Napoleon machte hier angeblich Halt auf dem Weg nach Ägypten.

Was für Napoleon gut genug war, hat auch heute noch seinen Reiz: Tavernen, Restaurants und schicke Cafés am Meer; außerdem eine archäologische Sammlung, eine venezianische Festung am Hafen und verstreute Überreste eines türkischen Viertels. Der Stadtstrand und die umliegenden Strände sind in Ordnung, das Nachtleben lebhaft und das Ambiente insgesamt wunderbar kretisch.

Von Ierapetra aus lässt sich auch gut ein Besuch auf der flachen Sandinsel Gaidouronisi (auch: Chrysi) unternehmen.

Samstags gibt's von 7 bis 14 Uhr auf der Psilinaki einen **Straßenmarkt**.

Sehenswertes

Archäologische Sammlung MUSEUM

(☎28420 28721; Adrianou 2; Eintritt 2 €; ⌚Di–So 8.30–15 Uhr) Ierapetras archäologische Sammlung in einem alten osmanischen Schulgebäude ist klein – aber durchaus oho! Als Highlight steht zwischen einer Ansammlung kopfloser klassischer Statuen eine intakte Statue der Göttin Persephone aus dem 2. Jh. n. Chr. Wunderschön ist auch ein großer Larnax (Tonsarg) aus der Zeit um 1300 v. Chr. Den Sarkophag zieren zwölf Gemäldetafeln, auf denen Jagdszenen, ein Oktopus und eine Wagenprozession dargestellt sind.

Ierapetra

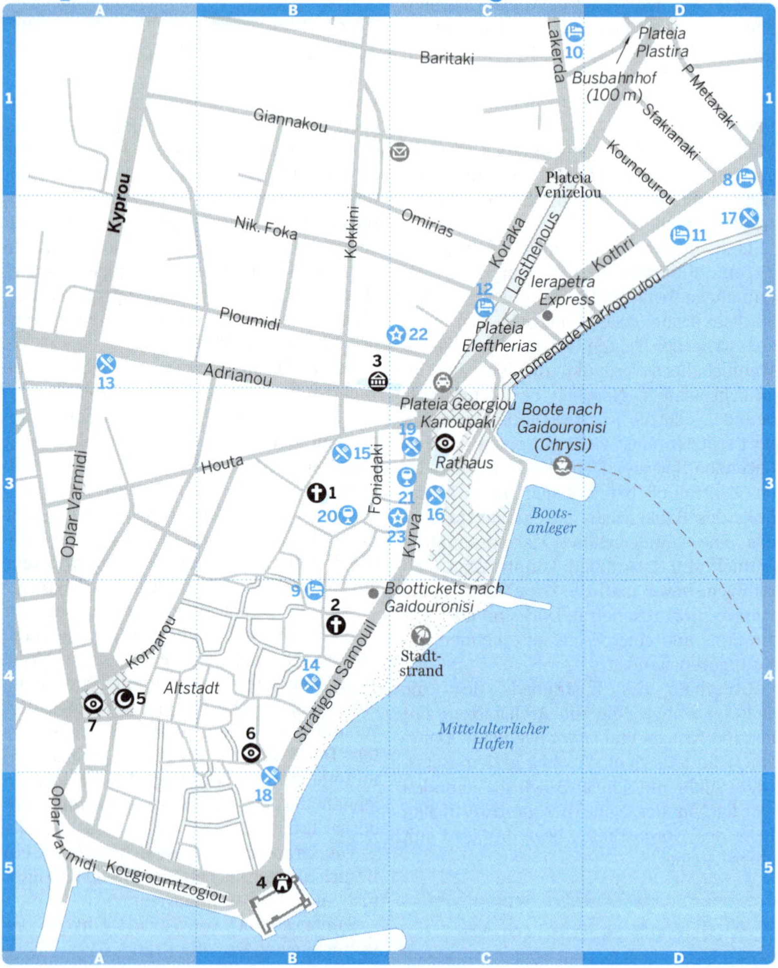

Mittelalterliche Festung FESTUNG
(Eintritt frei; ⌚Di–So 8.30–15 Uhr) Richtung Süden erhebt sich am Ufer die mittelalterliche Festung, die zu Beginn der venezianischen Herrschaft erbaut und von Francesco Morosini 1626 weiter befestigt wurde. Von den oberen Festungsmauern (Vorsicht beim Hochklettern!) ist der Blick in die östlichen Berge grandios!

Altstadt STADTVIERTEL
Landeinwärts schmiegt sich das Labyrinth der Altstadt direkt an die Mauern der Festung. Zu besichtigen sind ein **türkischer Brunnen**, eine restaurierte **Moschee** mit Minarett und die alten Kirchen **Agios Ioannis** und **Agios Georgios**.

Napoleon-Haus DENKWÜRDIGES GEBÄUDE
Hier soll der berühmte Franzose angeblich inkognito bei einer einheimischen Familie übernachtet haben, als er auf seinem Weg nach Ägypten 1798 einen Tag lang in Kreta vor Anker ging. Es heißt, er habe eine Notiz hinterlassen, die seine wahre Identität preisgab. Wer in seine Fußstapfen steigen will, biegt in die Gasse rechts neben Babis Taverna ab, wo ein unverputztes, zweistöcki-

Ierapetra

Sehenswertes

1	Agios-Georgios-Kirche	B3
2	Agios-Ioannis-Kirche	B4
3	Archäologische Sammlung	B2
4	Mittelalterliche Festung	B5
5	Moschee	A4
6	Napoleon-Haus	B4
7	Türkischer Brunnen	A4

Schlafen

8	Astron Hotel	D1
9	Coral Hotel	B4
10	Cretan Villa Hotel	C1
11	El Greco	D2
12	Ersi Hotel	C2

Essen

13	I Kalitexnes	A2
14	Napoleon	B4
15	Ntoukiani	B3
16	Pavlis	C3
	Porfyra Restaurant	(s. 11)
17	Ristorante Pizzeria	D2
18	Taverna Babis	B5
19	To Kafeneio	C3

Ausgehen

20	Portego	B3
21	Prive	C3

Unterhaltung

22	Parados	C2
23	Privilege	C3

ges Steinhaus mit hölzernen Fensterläden und der Hausnummer 9 steht. Hineingehen kann man allerdings nicht.

Stadtstrände STRAND

Der größte Strand liegt in Hafennähe, ein zweiter östlich des unteren Endes der Odos Patriarhou Metaxaki. Beide haben grobkörnigen, grauen Sand; schattiger ist es am Hafen.

Festivals & Events

Kyrvia-Festival KULTURFESTIVAL

Im Juli und August findet in Ierapetra das alljährliche Kyrvia-Festival statt. Geboten werden verschiedene kulturelle Veranstaltungen wie Gesangs- und Tanzaufführungen mit regionalen Volksgruppen und populären Kombos, Konzerte berühmter Künstler, Film- und Theatervorführungen sowie Gesang und Tanz an allen Ecken der Altstadt.

Essen

Ierapetra hat eine ausgezeichnete Tradition von *rakadika*, das sind entspannte Abendlokale, in denen man bei einer Karaffe Raki oder Wein ein halbes Dutzend oder mehr leckere *mezedhes* verdrücken kann – ein ausgedehntes und dabei noch günstiges Abendessen. Empfehlenswert sind **To Kafenio** (gegenüber vom Rathaus), das beliebte **Ntoukiani** (Ethnikis Antistaseos 19) und das moderne **Pavlis** in der Nähe des Hafens, wo eine Karaffe für 3 € von sechs bis sieben Tellern voller *mezedhes* begleitet wird.

Napoleon GRIECHISCH €€

(Stratigou Samouil 26; Hauptgerichte 4,50–8 €) Das Napoleon liegt am südlichen Ende der Uferpromenade und gehört zu den ältesten und beliebtesten Lokalen der Stadt. Mit der gemischten Fischplatte kann man nichts falsch machen, ebenso wie mit den Sepien in Weinsoße. Auch Vegetarier müssen hier nicht hungrig heimgehen.

Porfyra Restaurant ITALIENISCH €€

(Promenade Markopoulou 8; Hauptgerichte 5–12 €) Im schicken Restaurant des El Greco Hotel dinieren die Gäste in sehr coolem Ambiente. Pasta und Risotto sind durch die Bank empfehlenswert, der Fisch auch. Im Café gibt's tagsüber Bruschetta und Pizza.

Taverna Babis GRIECHISCH €€

(Stratigou Samouil 68; Hauptgerichte 6–14 €) Lustiges Dekor – alte Artefakte, Fotos und ein Bambusdach – verleihen diesem fröhlichen Restaurant besonderen Pepp. Die *mezedhes*-Karte ist ganz beachtlich (z. B. Zucchinikroketten oder vegetarische Pastete) und die Fischsuppe ist bereits eine ganze Mahlzeit.

I Kalitexnes ORIENTALISCH €

(☎28420 28547; Kyprou 26; Hauptgerichte 4–7 €) Das schrullige Kalitexnes versteckt sich in einer Seitenstraße zwischen ganz normalen Läden und hat sich auf kulinarische Klassiker aus Biozutaten spezialisiert. Der ägyptische Inhaber hat aber auch pikantere Gerichte wie Falafel und Kebab in die Speisekarte eingeschmuggelt. Sonntags geschlossen.

START/ZIEL **AGIOS NIKOLAOS**
LÄNGE **105 KM**
DAUER **EIN TAG**

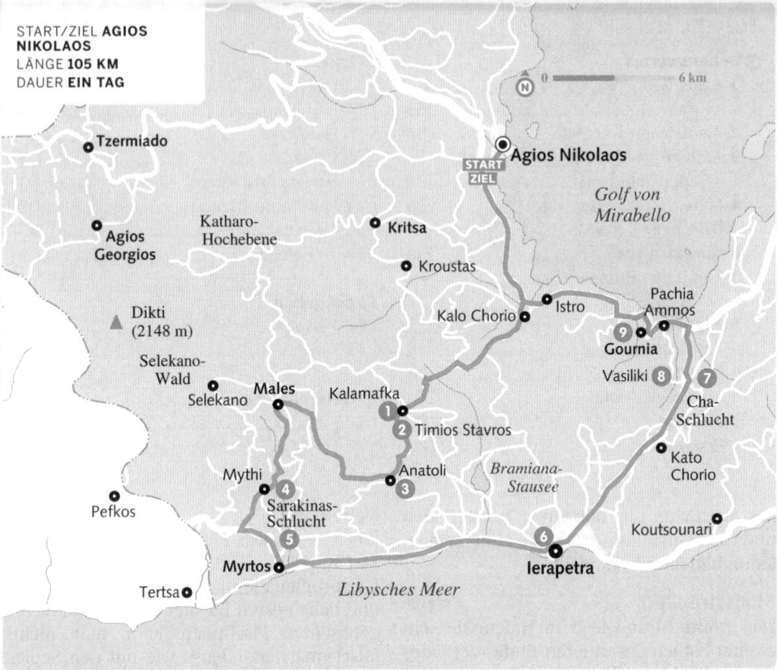

Rundfahrt:
Durch die Berge mäandern

› Die Landschaft am südöstlichen Rand des Dikti-Gebirges ist geprägt von kargen Felsen oder Steilhängen mit dichten Wäldern und Gestrüpp. Die winzigen Ortschaften in diesem Gebiet sind durch ein Netzwerk von Serpentinen verbunden.

Von Agios Nikolaos aus führt die Route Richtung Süden auf der E75 nach Sitia. Nach 7 km in Istron nach rechts abbiegen und durch Kalo Chorio fahren, wo die Straße ihren unaufhaltsamen Anstieg in die Berge beginnt. Hier der Beschilderung zur Ortschaft 1 **Kalamafka** folgen, wo mehr als 220 Stufen zur Höhlenkapelle 2 **Timios Stavros** auf dem felsigen Gipfel Kastelos hinaufführen. Die Aussicht ist spektakulär!

Südlich von Kalamafka lässt sich ein schöner Spaziergang durch das Dorf 3 **Anatoli** unternehmen, wo der langsame Verfall inzwischen aufgehalten wurde: Die Originalfassaden der Läden werden wiederhergestellt und alte Häuser als Zweitwohnsitz hergerichtet. Nordwestlich von Anatoli führt die Rundfahrt durch wildes, felsiges Terrain bis zum Beginn des großen Sarakinas-Tals.

Die Straße durchquert das Tal bis nach Mythi, wo Schilder den Weg zur 4 **Sarakinas-Schlucht** weisen; wer sich die Beine vertreten will, wird selbst bei einem kurzen Spaziergang nicht enttäuscht. Noch weiter südlich erreicht man in Myrtos die Küste. Unmittelbar östlich des Ortes führt ein Fußweg auf einen Hügel hinauf zur minoischen Villenruine 5 **Pyrgos**.

Der Küstenstraße führt nun durch nicht sehr berauschende Plastikgewächshäuser weiter nach Osten bis nach 6 **Ierapetra**. Nach einer kurzen Erkundungstour der schönen Uferpromenade und des Stadtzentrums geht die Reise am Steilhang des Thripti-Gebirges weiter nach Norden, wo die letzten Kilometer in den dramatischen Einschnitt der 7 **Cha-Schlucht** Einblick geben. Nach etwa 10 km links abbiegen zur kleinen minoischen Ruine von 8 **Vasiliki**. In Pachia Ammos stößt die Straße wieder auf die E75, wo es nach links an der prächtigen minoischen Ausgrabungsstätte 9 **Gournia** vorbei zurück nach Agios Nikolaos geht.

Ristorante Pizzeria PIZZA €€
(Promenade Markopoulou 1; Hauptgerichte 5–15 €) Hat eine gute Auswahl der typischen griechischen Vorspeisen sowie Holzofenpizza, Fleisch vom Grill, Crêpe und kretischen Wein.

Ausgehen

Ierapetras Nachtleben spielt sich hauptsächlich in der Kyrva ab. Dort spielen Clubs wie das **Privilege** nonstop griechische Tanzmusik für das einheimische Partyvolk. Noch mehr Clubs gibt's gleich um die Ecke in der Foniadak. **Portego** ist ein stilvoller Ort für einen Drink, im **Parados** hinter dem Museum kommen Jazzfreunde auf ihre Kosten. Das **Prive** ist eine sehr entspannte Café-Bar mit noch entspannterem Easy-Listening-Sound.

Praktische Informationen

Der Busbahnhof liegt landeinwärts auf der Ostseite der Stadt. Geldautomaten sind rund um den Hauptplatz zu finden.

Ierapetra Express (☎28420 28673; express@ier.forthnet.gr; Kothri 2) Zentrale Touristeninformation mit freundlichem Service und guten Infos.

Postamt (Giannakou 1; ⏲7.30–14 Uhr)

Street Café (Markopoulou 73) Dieses beliebte und trendige Bar-Café hat WLAN-Zugang für seine Kunden.

An- & Weiterreise

Von Ierapetras **Busbahnhof** (☎28420 28237; Lasthenous) fahren neunmal täglich Busse über Gournia (1,90 €, 40 Min.) und Agios Nikolaos (3,80 €, 1 Std.) nach Iraklion (11 €, 2½ Std.). Sieben Busse fahren täglich über Koutsounari (dort gibt's Campingplätze; 1,60 €) nach Sitia (6,30 €, 1½ Std.). Außerdem bestehen Verbindungen nach Mirtos (7-mal tgl., 2,20 €, 20 Min.).

Taxis (☎28420 26600) fahren zum Festpreis überall hin. Die Fahrpreise sind am Halteplatz vor dem Rathaus angeschlagen, z. B. nach Iraklion (120 €), Agios Nikolaos (48 €), Sitia (70 €) und Myrtos (24 €). Ein weiterer Taxistand befindet sich an der Platia Venizelou.

Auto Tours (☎28420 22571; Plateia Plastira) ist eine zuverlässige Adresse für Mietwagen.

Gaidouronisi (Insel Chrysi) Γαιδαρουνήσι (Χρυσή)

Unmittelbar vor Ierapetra liegt eine Insel der Ruhe: Gaidouronisi (oder, wie sie in Ierapetra heißt, Chrysi oder Chryssi: die Goldene Insel!). Was sie zu bieten hat? Schöne Sandstrände, eine Taverne und Europas einzige Libanonzedern.

Im Sommer legen jeden Morgen die **Ausflugsschiffe** vom Hafenkai in Ierapetra ab und kommen nachmittags zurück. Dann wird's auf der Insel teilweise sehr voll, aber meist findet sich trotzdem ein ruhiges Plätzchen. Die meisten Reisebüros um den Kai verkaufen Fahrkarten für etwa 20 €.

Östlich von Ierapetra

Die guten Strände östlich von Ierapetra sind in der Hochsaison meist überfüllt – wer jetzt kein Auto hat, ist arm dran. Etwa 13 km weiter im Osten liegt der wunderschöne Strand von **Agias Fotias**.

Zwar sind große Teile der Küste in Plastikgewächshäusern und chaotischem Tourismus erstickt, aber es gibt auch immer noch attraktive Ecken. Um **Koutsouras** führt eine neue Umgehungsstraße – in einer Seitenstraße ist **Robinsona's** (☎28430 51026; Mezedhes 5–7,50 €; ⏲15 Uhr–open end) in einem schön renovierten Gebäude im venezianischen Stil. Zum schicken, aber trotzdem einladenden Dekor gehören witzige Details wie eine Ansammlung hängender Glühbirnen. Auf der hervorragenden Speisekarte stehen z. B. pikant gefüllte Teigtaschen aus dem Holzofen.

24 km von Ierapetra, am östlichen Ende von **Makrygialos**, liegt einer der schönsten Strände der Südostküste. Der weiße Sandstrand ist im Sommer sehr voll, aber dafür gibt's eine fröhliche Strandpromenade mit vielen Cafés und Restaurants.

Myrtos Μύρτος

622 EW.

Myrtos (14 km westlich von Ierapetra) hat treue Stammgäste, die alle auf die gelassene Einstellung und kreative Atmosphäre der Gegend schwören. Große Hotelanlagen sind hier Fehlanzeige, dafür gibt's einen netten Strand. Die Kulisse hinter dem Dorf bilden wenig bewanderte Berge, und die Küste Richtung Westen schreit nur so nach Entdeckung.

Postamt und Bank sucht man hier umsonst. Aber Internetzugang gibt's – und zwar bei **Prima Travel** (☎28420 51035; www.sunbudget.net; pro Std. 3,50 €), wo man außerdem Auskunft über verschiedene Dienste und Aktivitäten in der Umgebung bekommt.

Das kleine **Museum** (☎28420 51065; Eintritt frei) zeigt die Privatsammlung eines ehemaligen Lehrers, der die archäologischen Grabungen in der Gegend in Gang brachte, nachdem er auf Exkursionen mit Schulklassen minoische Artefakte gefunden hatte. Dazu gehören Vassiliki-Keramikobjekte aus den nahe gelegenen minoischen Stätten **Fournou-Korifi** und **Pyrgos** und ein beeindruckendes Modell der Stätte Fournou-Korifi in exakt dem Zustand, in dem sie vorgefunden wurde, einschließlich aller Töpfe und Haushaltsgegenstände.

An der Strandpromenade sind zahlreiche Tavernen und Cafés. Die **Taverna Myrtos** (Hauptgerichte 4–7 €) gehört zum Hotel Myrtos und ist bei Einheimischen wie Touristen beliebt für ihre große Auswahl an *mezedhes* und *mayirefta* (die oft auch vegetarisch sind). Das **Beach** (Hauptgerichte 5–9 €) ist direkt am Meer und hat gute *mezedhes* und Fischgerichte. Das **Platanos** (Hauptgerichte 4,50–8 €) versteckt sich hingegen unter einer riesigen Platane und ist Mittelpunkt des sozialen Lebens im Dorf. An Sommerabenden gibt's hier oft Livemusik und auf der Speisekarte stehen kretische Klassiker in zuverlässiger Qualität. Wer auf einen Kaffee oder Drink aus ist, ist in der fröhlichen Café-Bar Korina am östlichen Ende der Strandpromenade gut aufgehoben.

Die **Gallery Thea** (www.gallerythea.com) gegenüber vom Platanos hat wunderbare Gemälde und Glasmalarbeiten.

Es gibt eine Busverbindung von Ierapetra nach Myrtos (7-mal tgl., 2,20 €, 20 Min.).

Unterkunft

Inhalt »

Die besten Unterkünfte

» Enagron (S. 202)
» Lato Hotel (S. 206)
» Hotel Doma (S. 192)
» Villa Olga (S. 211)

Feine Boutiquehotels

» Hotel Veneto (S. 200)
» Porto de Colombo (S. 193)
» Minos Beach Art Hotel (S. 211)
» El Greco (S. 215)

Abseits der Küste

» Kapsaliana Village (S. 202)
» Eleonas (S. 208)
» Lefkoritis Resort (S. 195)
» Argoullas (S. 212)

Wo übernachten?

Das Angebot an Unterkünften auf Kreta ist vielfältig – von Hostels und Familienhotels über Apartments und Campingplätze, Landvillen (Agrotourismus) bis zu Luxusferienanlagen ist alles dabei. Günstige Quartiere gibt es zuhauf, vor allem im Süden und in den Dörfern im Landesinnern.

Eine der wichtigsten Entscheidungen bei der Planung ist, in welche der Regionen mit jeweils ganz eigenem Charakter und Vorzügen es gehen soll. Solllen es perfekte Sandstrände sein, ist die Nordküste die erste Wahl; wer ruhige Landidylle sucht, sollte sich auf die Berge oder die abgelegenen Dörfer an der Südküste konzentrieren. Die Region Iraklion hat die Ferienhochburgen Malia und Chersonisos mit einer 24-Stunden-Partyszene. Ruhigere Winkel und Kretas längsten Sandstrand bietet Rethymnon, ein guter Ausgangspunkt, um in die Kultur der Insel einzutauchen. In Chania im Westen gibt es ebenfalls einige rasch wachsende Badeorte, dazu Sportmöglichkeiten von Tauchen bis zu Klettern – ideal für Aktivurlauber. Lassithi im Osten ist der ruhigste Teil Kretas und besitzt mit Elounda und Agios Nikolaos die beiden Bastionen des High-End-Tourismus auf der Insel.

Preise

Die Preisangaben in diesem Buch beziehen sich auf ein Doppelzimmer mit Bad und, sofern nicht anders ausgewiesen, ohne Frühstück in der Hochsaison. Die Kategorie Budget umfasst allgemein Hostels, Campingplätze und einfache domatia (Pensionen). Standard hat mehr Komfort wie Satelliten-TV, WLAN und Küchen in kleinen Hotels oder Selbstversorger Apartments. Gehobene Unterkünfte sind meist Villen und Ferienanlagen mit Komplettservice.

KATEGORIE	PREIS
€ Budget	<50 €
€€ Standard	50–100 €
€€€ Gehoben	>100 €

TOP 5: SELBSTVERSORGER-APARTMENTS

» Eliathos (S. 207)
» Plakias Suites (S. 203)
» Stella's Traditional Apartments (S. 214)
» Terra Minoika (S. 214)
» Vranas Studios (S. 194)

Hotels

Kreta hat einige der besten Resorthotels in ganz Griechenland. Darunter sind auch einige Wellnesshotels der absoluten Luxusklasse, doch ansonsten unterscheiden sich die einzelnen Standards enorm. Während die meisten Spitzenhotels zur Weltklasse gehören und sämtliche Ansprüche erfüllen, sind manche Mittelklassehotels nichts weiter als bessere *domatia* (Zimmer, meist in Privathäusern). Hier und da gibt es auch Boutiquehotels, die in herrlich restaurierten venezianischen Villen oder historischen Gebäuden untergebracht sind, vor allem in Chania and Rethymnon.

Die Auswahl in diesem Buch möchte all jene schön gelegenen, unabhängigen Hotels vorstellen, die sich neben einem guten Preis-Leistungs-Verhältnis, Gastfreundschaft und Sauberkeit auch durch ein Mindestmaß an Charme und Charakter auszeichnen und ihrer Umgebung spürbar verbunden sind.

Alle Hotels in Griechenland sind nach einem obligatorischen Klassifizierungssystem eingeteilt, das von einem bis zu fünf Sternen reicht. Die Bewertungskriterien orientieren sich primär an Zimmergröße, Ausstattung, angebotenen Dienstleistungen sowie Anzahl der Zimmer und weniger an Sauberkeit, Bettenqualität und Freundlichkeit der Mitarbeiter – alles Punkte, die für Gäste von größerer Wichtigkeit sein können. Wir haben aus diesem Grund in diesem Buch auf die Angabe der Sterneklassifizierung verzichtet.

Wenn nicht anders angegeben, enthalten die genannten Preise kein Frühstück; das gibt es in der Regel für zusätzliche 5–8 €.

All-inclusive-Hotels

Fast 80 % der Kreta-Urlauber kommen als Pauschaltouristen auf die Insel. Viele Hotels haben sich dieser Tatsache angepasst und setzen vermehrt auf All-inclusive-Angebote, die nur über Reiseveranstalter gebucht werden können, für Individualreisende aber eher uninteressant sind. All-inclusive-Hotels sind vor allem an der Nordküste östlich von Iraklion verbreitet. Immerhin gibt es häufig Last-Minute-Angebote, die diese Art des Urlaubs insgesamt billiger machen als eine separate Buchung von Flug und Unterkunft.

Studios & Apartments

Vor allem für preisbewusste Traveller, Selbstversorger, Familien und kleine Gruppen, die entspannen und einen Ort besser kennenlernen möchten, kann es ideal sein, ein Studio oder Apartment für eine oder zwei Wochen zu mieten. Studios umfassen in der Regel ein Zimmer, in dem zwei Personen Platz finden, Apartments bestehen aus getrennten Wohn- und Schlafräumen für drei und mehr Personen. Zur Ausstattung gehören eine Kochnische oder eine voll ausgestattete Küche, Kabel- oder Satellitenfernsehen sowie eine Heizung, gelegentlich auch eine Waschmaschine. In der Hochsaison kostet ein Studio 35 bis 60 €, ein Apartment für vier Personen 50 bis 80 €. Zur Hauptreisezeit verlangen die Besitzer meist eine Mindestmietdauer von einer Woche, zu anderen Zeiten ist es oftmals möglich, auch nur eine oder zwei Nächte zu bleiben, eventuell gegen einen geringen Aufschlag.

Domatia (Pensionen)

Domatia (wörtl. „Zimmer") sind das griechische Pendant zum britischen B&B, nur ohne Frühstück. Am einfachsten hält man Ausschau nach Schildern mit der Aufschrift „Rent Rooms". Die meisten sind nur zwischen April und Oktober geöffnet.

Früher waren *domatia* oft nur irgendwelche ungenutzten Räume in einem privaten Zuhause, die an Reisende vermietetet wurden. Inzwischen werden die meisten extra zu diesem Zweck ausgebaut. Viele sind zu „Studios" modernisiert worden und haben eine Küchenzeile, Fernseher, Balkon und Klimaanlage.

Domatia sind bei Travellern mit kleinem Budget nach wie vor beliebt und oft anspre-

ONLINE BUCHEN

Weitere Unterkunftsempfehlungen von Lonely Planet Autoren gibt's unter hotels.lonelyplanet.com/crete. Neben unabhängigen Beschreibungen sind dort auch Tipps für die besten Unterkünfte aufgeführt. Und das Beste daran: Man kann sie online buchen.

chender (und manchmal auch besser ausgestattet) als gewöhnliche Mittelklassehotels. Doppelzimmer kosten zwischen 20 und 60 €, je nach Ausstattung (eigenes Bad oder Gemeinschaftsbad), Saison und Aufenthaltsdauer. Häufig gibt es auch Familienzimmer für drei bis vier Personen. In der Hauptsaison nehmen einige Vermieter ungern Gäste für nur eine Nacht auf.

Einige *domatia* nutzen solarerhitztes Wasser, das heißt, dass nicht zu jeder Zeit Warmwasser garantiert zur Verfügung steht.

Agrotourismus

Agrotourismus boomt auf Kreta – ein ermutigendes Signal, dass sich Landleben und Tourismus nicht gegenseitig ausschließen müssen. Traditionelle Gästehäuser, Villen und Apartments entstehen überall auf der Insel, meist abseits des Küstenrummels in ruhigen Dörfern, in denen alte Bräuche und kretische Gastfreundschaft hochgehalten werden.

Diese Unterkünfte sind entweder Neubauten, speziell zu diesem Zweck mit heimischen Materialien errichtet, oder modernisierte alte Steinhäuser, die für das 21. Jh. fit gemacht wurden, deren traditionelle Elemente wie Deckenbalken und Kamine aber erhalten blieben. Viele sind an Öko-Bauernhöfe angeschlossen, was es Gästen ermöglicht, diverse jahreszeitlich bedingte Abläufe zu erleben oder auch aktiv daran teilzunehmen – etwa eine Schafschur, das Brennen von Raki, die Olivenernte, das Traubenpressen oder die Käseherstellung. Rustikale Möbel und ländliche Einrichtung in den Zimmern sorgen für das passende Flair. Oft gibt es auch einen Balkon oder eine Terrasse dazu.

Die Tavernen vor Ort servieren Gerichte aus eigenen, biologisch angebauten Zutaten und nach alten, über Generationen weitergegebenen kretischen Rezepten. Einige Betreiber bieten auch Kochkurse an. Ein traditionelles Haus kostet zwischen 70 und 100 € pro Nacht.

Camping

Auf Kreta gibt es rund ein Dutzend Campingplätze. Sie werden privat geleitet und reichen von staubigen Flecken sonnenverbrannter Erde bis zu baumbeschatteten, resortartigen Anlagen mit Pools, Läden, Tavernen und WLAN. Einige vermieten Wohnwagen, Zelte und Bungalows zum Übernachten. Die **Panhellenic Camping Association** (www.panhellenic-camping-union.gr) informiert auf ihrer Website über die Anlagen ihrer Mitglieder, deren Ausstattung und Öffnungszeiten. Die Kernsaison geht von Mai bis Oktober, einige wenige Plätze haben ganzjährig geöffnet.

TOP 5: BUDGETUNTERKÜNFTE

» Arsinoi Studios (S. 209)
» Blue House (S. 196)
» Kronos Hotel (S. 206)
» Plakias Youth Hostel (S. 204)
» Hotel Arhontiko (S. 213)

Der Campingpreis setzt sich aus verschiedenen Gebühren zusammen. Als grobe Orientierung ist mit folgenden Gebühren zu rechnen:

Erwachsene	4–6 €
Kinder unter 12 J.	2–3 €
Zelt	3–6 €
Auto	3–5 €
Wohnwagen	ab 8 €

Von Mai bis Mitte September ist es meist warm genug, um ohne Zelt unter freiem Himmel zu übernachten. Einen leichten Schlafsack sollte man dennoch haben, denn in den frühen Morgenstunden wird es recht frisch. Empfehlenswert sind außerdem eine Isomatte und eine wasserdichte Schlafsackhülle.

Wildes Zelten ist illegal, und die Polizei geht inzwischen verstärkt gegen Verstöße vor. Toleranter geht es an einigen entlegenen Stränden entlang der Süd- und Westküste zu (z. B. bei Lentas, Sougia und auf der Insel Gavdos). Bevor man das Zelt aufschlägt, erkundigt man sich am besten nach den örtlichen Gepflogenheiten. Selbstverständlich sollte sein, den eigenen Müll wieder mitzunehmen. Ansonsten gibt es noch die Möglichkeit, auf privatem Grund zu zelten, etwa auf dem Gelände eines Bauernhofs, vorher sollte jedoch die Erlaubnis des Besitzers eingeholt werden.

Hostels und Jugendherbergen

Auf Kreta gibt es keine dem internationalen Jugendherbergsverband Hostelling International angeschlossenen Hostels, dafür aber unabhängige Jugendherbergen in Rethymnon, Plakias und Iraklion sowie eine Handvoll Hotels, die als inoffizielle Hostels

PREISE UND ZEITEN

Die Unterkunftspreise auf Kreta schwanken – oftmals erheblich – je nach Jahreszeit. Am günstigsten ist es in der Regel im Winter (November bis März). In der Zwischensaison (April bis Juni und September und Oktober) ziehen die Preise etwas an und sind am höchsten im Sommer (Juli und August). Die Preisangaben in diesem Buch beziehen sich auf die Hochsaison. Außerhalb der Städte und insbesondere entlang der Küsten schließen die meisten Unterkünfte von November bis März oder April. In den meisten Fällen ist eine Reservierung nur für die Sommermonate erforderlich, ansonsten ist vor Ort auch unangemeldet ein Quartier zu finden.

betrieben werden. Die Jugendherbergen in Rethymnon und Plakias sind gut geführte, gesellige Unterkünfte mit Schlafsaalbetten, schlichter Einrichtung und günstigem Essen, während das Haus in Iraklion sehr heruntergekommen und nicht zu empfehlen ist.

Ein Schlafsaalbett kostet 10 oder 11 €, bei längeren Aufenthalten gibt's meist einen Preisnachlass.

Berghütten

Kreta hat sieben Berghütten, die von den regionalen Bergsteigerclubs unterhalten werden: vier im Gebirge Levka Ori, zwei am Berg Psiloritis und eine auf dem Berg Dikti. Eine Übernachtung im Etagenbett kostet für Nichtmitglieder um die 13 €. Die Ausstattung der Hütten ist unterschiedlich, zum Teil haben sie einfache Kochmöglichkeiten, Holzöfen und Wasser aus einer Quelle oder einem Regenwasserspeicher. Wer sich zu einer Berghütte aufmacht, sollte vorab den jeweiligen Bergsteigerclub kontaktieren; Adressen auf S. 25. Eine Übersicht der Berghütten gibt's unter www.crete.tournet.gr/en/crete-activities/936-mountain-shelters.

CHANIA XANIA

Chania Χανιά

In Chanias venezianischem Viertel wimmelt es von schicken Boutiquehotels und stimmungsvollen, familiengeführten Pensionen in restaurierten venezianischen Gebäuden. Hostels gibt es keine und die besten Unterkünfte sind definitiv nichts für Sparfüchse (in Stadtnähe gibt es aber einen Campingplatz). Die meisten Hotels sind ganzjährig geöffnet. Viele Boutiquehotels und ältere Häuser haben keinen Aufzug. Gute Unterkünfte findet man am westlichen Ende des Hafens und entlang der Odos Zambeliou. Allerdings kann es hier abends ziemlich voll und laut sein, vor allem direkt am Hafen – die Aussicht hat eben ihren Preis. Günstigere Zimmer gibt's im Splantzia-Viertel, doch um den Massen wirklich zu entfliehen, empfiehlt sich das Viertel Chalepa über dem Wasser (ein Fußweg von fünf bis zehn Minuten). Hotelanlagen mit Pool stehen in Nea Chora und am Strand, der sich westlich der Stadt bis über Platanias hinaus erstreckt.

LP TIPP Hotel Doma BOUTIQUEHOTEL €€
(außerhalb der Karte S. 44–45; ☎28210 51772; www.hotel-doma.gr; Venizelos 124; EZ/DZ/3BZ/Suite inkl. Frühstücksbuffet 65/90/120/150 €; ⏲1. Apr.–31. Okt.; ❄📶👪) Durchaus vorstellbar, dass hier plötzlich Hercule Poirot auftaucht und an der geschwungenen Treppe des Hotels herunterlugt, eines ruhigen, 100 Jahre alten Gebäudes mit Meerblick im Viertel Chalepa. Das frühere österreichisch-ungarische und britische Konsulat ist mit Stilmöbeln und vereinzelten Antiquitäten eingerichtet, sogar eine exotische Sammlung asiatischer Kopfbedeckungen gibt's zu sehen. Vor allem Paare, Schriftsteller und solche, die Einsamkeit suchen, schätzen das Doma. Die eleganten Zimmer sind gut gepflegt, zur Suite unterm Dach gehört ein riesiger Balkon mit umwerfender Aussicht. Natürliche Zutaten bestimmen das leckere Frühstück, Entspannung bietet der Blumengarten hinter dem Haus. Vor allem aber ist es der überaus freundliche Service, der dieses Hotel auszeichnet.

LP TIPP Casa Delfino BOUTIQUEHOTEL €€€
(Karte S. 44–45; ☎28210 87400; www.casadelfino.com; Theofanous 7; Suite & Apt. inkl. Frühstücksbuffet 180–340 €; ❄📶) Die prachtvolle, elegante Stadtvilla aus dem 17. Jh. ist das luxuriöseste Hotel in Chanias venezianischem Viertel. Zur Auswahl stehen 24 individuell und gut

eingerichtete Suiten, darunter ein palastartiges Apartment für vier Personen auf zwei Etagen mit Whirlpool. Alle Zimmer haben Marmorbäder, die Standardzimmer jedoch keinen Balkon. Wer den Wohlfühlfaktor noch steigern möchte, kann sich im osmanisch inspirierten Wellnessbereich mit einer Massage verwöhnen lassen. Das Frühstück wird im herrlichen Innenhof mit Steinmosaikboden serviert. Zum Sonnenuntergang garantiert die Dachterrasse einen tollen Blick.

Ifigenia Rooms & Studios APARTMENTS €€
(Karte S. 44–45; ☎28210 94357; www.ifigeniastudios.gr; Gamba 23, Ecke Parodos Agelou; Studio 45–100 €; ❄@) Auf mehrere restaurierte Häuser am venezianischen Hafen verteilen sich diese Unterkünfte, deren Spektrum vom einfachen Zimmer bis zur schicken Suite mit Küchenzeile, Whirlpool und Aussicht reicht. Nette Details wie kunstvolle schmiedeeiserne Bettgestelle und schmucke gemauerte Bögen sorgen für ein angenehmes Ambiente. Manche Bäder sind zwar sehr schlicht, dafür sind die Terrassen mit Blick aufs Wasser unschlagbar (Achtung: Wer ein Standardzimmer mit Meerblick möchte, muss mit rund 30 € mehr rechnen).

Porto de Colombo BOUTIQUEHOTEL €€
(Karte S. 44–45; ☎28210 70945; www.portodelcolombo.gr; Theofanous & Moshon; DZ/Suite inkl. Frühstück 85/110 €; ❄) Das 600 Jahre alte venezianische Stadthaus, ehemals französische Botschaft und Amtssitz von Eleftherios Venizelos, ist heute ein reizendes Boutiquehotel mit zehn bezaubernden, hübsch eingerichteten Zimmern. Die Suiten im Obergeschoss haben herrlichen Hafenblick. Die Standardzimmer bieten bis zu drei Personen Platz (dann aber etwas beengt), die drei Apartments für Selbstversorger sind besser geeignet, wenn man mit Kindern unterwegs ist.

Splanzia Hotel BOUTIQUEHOTEL €€€
(Karte S. 44–45; ☎28210 45313; www.splanzia.com; Daskalogianni 20; DZ inkl. Frühstücksbuffet 100 €; ❄@) Das schicke neue Designerhotel in einem osmanischen Gebäude im netten Splantzia-Viertel hat acht stilvolle Zimmer, einige mit stoffverkleideten Himmelbetten aus Holz. Die Zimmer nach hinten blicken auf einen reizenden Hof mit duftenden Bougainvilleen und einem der wenigen noch erhaltenen türkischen Brunnen Chanias. Der Service ist freundlich-pragmatisch.

Amphora Hotel BOUTIQUEHOTEL €€€
(Karte S. 44–45; ☎28210 93224; www.amphora.gr; EZ 95 €, DZ mit Ausblick 130 €, Suite 150 €; ❄) Dieses historische Hotel mit viel Atmosphäre befindet sich in einer beispielhaft restaurierten und gepflegten venezianischen Villa mit Zimmern um einen Innenhof und in einem Nebenflügel. Alle Zimmer sind elegant eingerichtet, die im Obergeschoss haben Blick auf den Hafen. Die nach vorn gelegenen Zimmer sind im Sommer nicht unbedingt die ruhigsten, und es gibt billigere ohne Ausblick. Allerdings – und selbst ohne das Frühstück (10 € extra) – scheint das Ganze etwas überteuert.

Hania Camping CAMPINGPLATZ €
(außerhalb der Karte S. 44–45; ☎28210 31138; www.camping-chania.gr; Agii Apostoli; Wohnwagen/Zelt 7/4 €; ⏲1 Apr.–31 Okt.; ≋) Chanias nächstgelegener Campingplatz, 3 km westlich der Stadt am Strand, bietet Vorzüge wie einen großen Pool mit separatem Kinderbereich, schattige Stellplätze, ein Restaurant, eine Bar und einen Minimarkt. Zelte kann man mieten (10 €), und auch einen Waschsalon und Benzin gibt es hier. Anfahrt aus der Stadt mit einem Bus Richtung Westen (alle 15 Min.) von der Südostecke der Platia 1866 und den Fahrer bitten, am Campingplatz zu halten.

Pension Lena PENSION €
(Karte S. 44–45; ☎28210 86860; www.lenachania.gr; Ritsou 5; EZ/DZ 35/55 €; ❄) Die sympathische Namensgeberin bietet in ihrer Pension nahe dem Strand von Nea Chora geschmackvoll eingerichtete Zimmer mit nostalgischem Touch und ein paar eingestreuten Antiquitäten. Am schönsten sind die Zimmer nach vorne. Neu im Angebot sind drei Häuser, die vermietet werden, darunter das kürzlich renovierte **Margot's House** im entspannten Splantzia-Viertel für bis zu sechs Personen und das hübsche **Old Stone House**, das im Sommer im Voraus gebucht werden sollte, außerhalb der Hochsaison aber für mehrere Wochen zu einem enorm günstigen Preis gemietet werden kann.

Casa Leone BOUTIQUEHOTEL €€€
(Karte S. 44–45; ☎28210 76762; www.casa-leone.com; Parodos Theotokopoulou 18; Suite inkl. Frühstück 120–150 €; ♣♥) Diese venezianische Residenz wurde zu einem luxuriösen und romantischen Boutiquehotel umgebaut. Die großzügigen, nobel ausgestatteten Zimmer haben Balkons mit Blick auf den Hafen. Auch Hochzeitssuiten gibt es – mit den klassi-

schen, stoffdrapierten Baldachinbetten und wallenden Vorhängen. Ab einem Aufenthalt von einer Woche gibt's einen Preisnachlass.

Pension Theresa PENSION €
(Karte S. 44–45; ☎/fax 28210 92798; www.pensiontheresa.gr; Angelou 2; Zi. 40–50 €; ❄) Das in die Jahre gekommene Haus, ursprünglich Teil der venezianischen Befestigungsanlage von Chania, mit seinen knarrenden Böden, der steilen (und schmalen!) Wendeltreppe und antiken Möbeln strotzt nur so vor Atmosphäre. Nur einige der Zimmer haben Aussicht, aber von der Dachterrasse, wo sich auch die Gemeinschaftsküche befindet, kann jeder den phantastischen Blick genießen. Die Zimmer sind sauber, wenn auch etwas klein, und für den Preis eine gute Wahl.

Vranas Studios STUDIOS €€
(Karte S. 44–45; ☎28210 58618; www.vranas.gr; Agion Deka 10; Studio 40–70 €; ❄) Das Haus im Herzen der Altstadt liegt an einer belebten Fußgängerzone und bietet großzügige, makellos gepflegte Studios mit Kochnische. Alle Zimmer haben abgezogene Holzfußböden, Balkon, TV und Telefon. Praktisch, dass es hier auch ein Internetcafé gibt.

Madonna Studios & Apartments APARTMENTS €€
(Karte S. 44–45; ☎28210 94747; madonnastudios@yahoo.co.uk; Gamba 33; Studio 70–110 €; ❄📶) Das charmante kleine Hotel nahe dem Marinemuseum am Hafen und dem öffentlichen Parkplatz hat fünf reizende, gut ausgestattete Studios um einen bezaubernden Innenhof voller Blumen. Die Einrichtung ist traditionell, das Zimmer im oberen Stockwerk nach vorne hat einen tollen Balkon, zum Hofzimmer gehört der alte steinerne Waschtrog. Das Haus ist zuvorkommend und gastfreundlich geführt, allerdings kann hier wie in den anderen Altstadtunterkünften der nächtliche Straßenlärm mitunter nerven.

Nostos Hotel BOUTIQUEHOTEL €€
(Karte S. 44–45; ☎28210 94743; www.nostos-hotel.com; Zambeliou 42–46; EZ/DZ/3BZ inkl. Frühstück 65/103/133 €; ❄) Das 600 Jahre alte Gebäude bietet in einer Mischung aus venezianischem Stil und modernen Annehmlichkeiten zwölf luftige, schicke Zimmer auf zwei Ebenen mit Küche, Kühlschrank, Telefon und TV. Die Einrichtung ist kretisch-traditionell, und auch einen Dachgarten gibt es. Am schönsten sind die Balkonzimmer mit Hafenblick.

Belmondo BOUTIQUEHOTEL €€
(Karte S. 44–45; ☎28210 36216; www.belmondohotel.com; Zambeliou 10; EZ/DZ/3BZ inkl. Frühstück 65/85/103 €; ❄) Etwas förmlich ist die Atmosphäre in diesem exklusiven Hotel mit Hafenblick. Neben schmiedeeisernen Betten und traditioneller Einrichtung gibt es türkische und venezianische Elemente, in einem Zimmer z. B. Teile eines alten *hamams* (türkisches Bad). Kinder bis zwölf Jahre übernachten umsonst. Die schöneren Zimmer haben Balkon (und kosten ca. 20 € mehr).

Ionas Hotel BOUTIQUE HOTEL €€
(Karte S. 44–45; ☎28210 55090; www.ionashotel.com; Ecke Sarpaki & Sorvolou; DZ 60–90 €, Suite inkl. Frühstück 120 €; ❄) Eins der neuen Boutiquehotels im ruhigen Stadtviertel Splantzia: Das historische Gebäude mit eleganter Holz- und Steinfassade ist modern eingerichtet und ausgestattet, die neun Zimmer bieten sämtlichen Komfort (ein Zimmer hat sogar einen kleinen Whirlpool) und auf dem Dach gibt's eine Terrasse. Original erhalten sind u. a. ein venezianischer Torbogen im Eingangsbereich und Wände aus der Mitte des 16. Jhs.

Akrotiri-Halbinsel
Χερσόνησος Ακρωτήρι

Esplanade Apartments APARTMENTS €€
(☎28210 64253; www.esplanade-hotel.gr; Kalathas; Studio & Apt. 50–90 €; P❄📶🏊👪) Nur 7 km von Chania entfernt liegt dieses zweistöckige Hotel mit familiengeeigneten Apartments um einen Pool. Die geräumigen, hellen und luftigen Studios haben Telefon, TV und eine gut bestückte Küchenzeile für Selbstversorger.

Giorgi's Blue Apartments APARTMENTS €€€
(☎28210 64080; www.blueapts.gr; Kalathas; Apt. inkl. kleines Frühstück 85–130 €; P❄@📶🏊) Der geschmackvolle, recht exklusive Komplex umfasst gut eingerichtete Studios und Apartments mit Telefon, Satelliten-TV, Kühlschrank und Kochnische. In Poolnähe gibt's einen netten Gemeinschaftsbereich zum Abhängen, und wer schwimmen will, steuert die kleine Privatbucht vor den Felsen an. Der Besitzer kann Tipps zu Outdoor-Aktivitäten geben und bei der Anmietung eines Autos behilflich sein.

Paradisio Apartments APARTMENTS €€
(☎28210 39737; www.paradisiohotel.com; Stavros; Apt. 85 €; ❄🏊👪) Eine gastfreundliche

Familie vermietet diese Apartments für bis zu fünf Personen oben in den Olivenhainen von Stavros. Es gibt einen Pool mit einem getrennten Bereich für Kinder, und die Gastgeber versorgen ihre Gäste mit Obst, Olivenöl und Honig aus biologischem Anbau. Bunte Blumen schmücken den Hof, von dem man Aussicht auf die Hügel hat.

Blue Beach VILLAS €
(☎28210 39404; in Chania 28210 45077; www.bluebeach.eu; Stavros; DZ 50 €; ❄🏊) In dieser unaufdringlichen Ferienanlage in hübscher Lage am Strand von Stavros sind Individualreisende willkommen. Die komfortablen Zimmer sind mit Kühlschrank, Kochnische und TV ausgestattet, außerdem gibt es einen Pool und eine Bar. Der sympathische Besitzer Manolis organisiert in der guten Hoteltaverne jede Woche Livemusik. Es gibt auch ein Buchungsbüro in Chania.

Die Sfakia & die Levka Ori
Σφακιά & Λευκά Ορι

OMALOS ΟΜΑΛΟΣ

Die Hotels in Omalos haben in der Regel parallel zur Saison in der Samaria-Schlucht geöffnet, doch der Wintertourismus ist im Kommen. Fast alle Hotels haben Restaurants, die vor allem mit dem Frühstücksangebot für Wanderer gut Geld verdienen und ansonsten zu den üblichen Essenszeiten geöffnet sind. Die meisten bieten auch den Transport zur Schlucht an. Klimaanlagen sind hier wie in anderen Bergdomizilen verzichtbar.

Hotel Neos Omalos HOTEL €
(☎28210 67590; www.neos-omalos.gr; EZ/DZ 20/30 €; P📶) 26 komfortable, moderne, ansprechend eingerichtete Zimmer mit Telefon, Badewanne und Satelliten-TV. Alle Zimmer haben einen Balkon mit hübscher Aussicht auf die Levka Ori. Im Empfangsbereich gibt es eine gemütliche Lounge. Das Essen ist frisch und kommt aus der Region. Die Besitzer können gute Tipps und Infos über Wanderungen in der Umgebung und andere Outdoor-Aktivitäten geben, gerne fahren sie Wanderer auch zum Anfang der Samaria-Schlucht nach Xyloskalo (10 Min. entfernt).

Hotel Exari HOTEL €
(☎28210 67180; www.exari.gr; EZ/DZ 25/35 €; P) Das große, in traditionellem Stil aus Stein erbaute Hotel bietet 24 gut ausgestattete Zimmer mit TV, Badewanne und Balkon. Besitzer Giorgos fährt für Gruppen auf Wunsch das Gepäck bis nach Sougia. Zum ganzjährig geöffneten Hotel gehört auch ein Restaurant mit Kamin (vor allem im Winter schön).

Kallergi-Hütte BERGHÜTTE €
(☎28210 33199; B ohne Bad für Mitglieder/Nichtmitglieder 10/15 €) Die günstigste Option ist diese denkbar spartanische Hütte mit sechs verfügbaren Zimmern in den Bergen zwischen Omalos und der Samaria-Schlucht. Sie wird vom Bergsteigerclub EOS Chania betrieben und ist eine gute Basis für die Erkundung des Gingilos und umliegender Gipfel, erfordert aber einen 2 km langen Fußmarsch.

ASKIFOU ΑΣΚΥΦΟΥ

LP TIPP **Lefkoritis Resort** FERIENANLAGE €€
(☎28250 95455; www.lefkoritis.com; Apt. Mai–Sept. 70–145 €; P🏊👪) Die stattliche, ganzjährig geöffnete Ferienanlage mit exklusivem Touch bietet in ihren Steinhäusern mit weitem Blick auf die Berge geschmackvoll eingerichtete Zimmer und Apartments für bis zu sechs Personen. Zur Anlage gehören eine Taverne und ein Pool. In den vergangenen Jahren zog das Resort vor allem Jäger an, inzwischen zielt es mehr auf unbewaffnete Gäste ab. Dazu passt das Angebot an kinderfreundlichen Aktivitäten, etwa Pony- und Pferdereiten oder Mountainbiking.

Die Südküste

AGIA ROUMELI ΑΓΙΑ ΡΟΥΜΕΛΗ

Artemis Studios STUDIOS €
(☎28250 91225; www.agiaroumeli.com; EZ/DZ/3BZ 45/55/70 €; ❄) In herrlicher Lage nahe dem Zugang zur Samaria-Schlucht und 50 m vom Kieselstrand entfernt liegen diese zwölf Selbstversorger-Studios für bis zu fünf Personen. Die familienbetriebene Unterkunft ist etwas teurer als andere im Ort, aber eine gute Wahl, wenn man nahe dem Wasser und fern der Massen sein möchte. Die Besitzer können Tipps für Wanderungen in die Umgebung geben.

Oasis PENSION €
(☎28250 91327; EZ/DZ/3BZ 25/30/35 €; ❄) Die freundliche Familie, die diese Unterkunft betreibt, wohnt im Erdgeschoss, was für eine heimelige Atmosphäre sorgt. Die schlicht eingerichteten Zimmer haben ältere, aber voll funktionstüchtige Bäder, Kühlschrank und Balkon.

Gigilos Taverna & Rooms PENSION €
(☎28250 91383; gigilos@mycosmos.gr; EZ/DZ/3BZ 25/35/40 €; ❄) Direkt am Strand am westlichen Ortsrand. Die besten Zimmer liegen zur Strandstraße hin und sind sauber, hübsch eingerichtet, mit ordentlichen, neuen Bädern und Gemeinschaftskühlschrank auf dem Flur. Die Taverne serviert gutes hausgemachtes kretisches Essen und hat eine angenehm schattige, riesige Terrasse über dem Strand.

CHORA SFAKION ΧΩΡΑ ΣΦΑΚΙΩΝ

Lefka Ori HOTEL €
(☎28250 91209; info@chora-sfakion.com; EZ/DZ 25/35 €; ❄) Das freundliche, alteingesessene kleine Hotel am westlichen Ende des Hafens vermietet zehn Gästezimmer und zwei Apartments – alle sauber und gut gepflegt, wenn auch recht schlicht. Im Erdgeschoss gibt es eine exzellente Taverne.

Xenia HOTEL €
(☎28250 91490; www.sfakia-xenia-hotel.gr; DZ 33–38 €; ❄📶) Das renovierte Hotel am westlichen Ortsrand mit Meerblick hat nicht nur das beste Preis-Leistungs-Verhältnis, sondern auch die schönste Lage. 21 Zimmer gibt es, alle modern eingerichtet mit Klimaanlage, Satelliten-TV und Kühlschrank.

Rooms Stavris PENSION €
(☎28250 91220; www.hotel-stavris-chora-sfakion.com; EZ/DZ/3BZ 29/34/39 €; ❄) Über die Treppe am Westende des Hafens gelangt man zu dieser alteingesessenen Pension der Familie Perrakis mit einfachen, sauberen Zimmern, einige davon mit Kochnische und Kühlschrank.

FRANGOKASTELLO ΦΡΑΓΓΟΚΑΣΤΕΛΛΟ

Die hiesigen Unterkünfte bieten ein vernünftiges Preis-Leistungs-Verhältnis, insbesondere etwas weiter weg vom Strand auf der anderen Seite der Ost-West-Straße. Die meisten sind für längere Aufenthalte gedacht.

Stavris Studios APARTMENTS €
(☎28250 92250; www.studios-stavris-frangokastello.com; Studio 35–50 €; P❄👪) Von Chora Sfakion kommend auf der rechten Seite liegen diese 24 Studios und Apartments, die sich schon allein wegen ihrer Lage auf der Strandseite lohnen. Die Zimmer haben Kochnische, Balkon und Meerblick, für Familien gibt es Zimmer mit Verbindungstüren. Zur Anlage gehört außerdem ein üppig grüner Garten und eine große Freifläche, auf der die Kinder herumtollen können. Die Betreiber sind hilfreiche Tippgeber für Unternehmungen in der Gegend.

Mylos APARTMENTS €
(☎28250 92162; www.milos-sfakia.com; Studio & Apt. 40–60 €; P❄) Eine renovierte, 100 Jahre alte steinerne Windmühle (*mylos* auf Griechisch), die in ein Apartment in schönster Strandlage umgewandelt wurde, ist die faszinierendste der diversen Unterkünfte hier. Die Alternativen sind vier Steinhäuschen unter Tamarisken und moderne, gut ausgestattete Studios in der Nähe. Wer in der Mühle nächtigen möchte, muss in der Hochsaison vorbuchen. Die Taverne vor Ort serviert leckeres Essen.

Fata Morgana & Paradisos APARTMENTS €
(☎28250 92077; www.fatamorgana-kreta.com; Studio 40–60 €; P❄👪) Die zauberhafte Anlage in einem Olivenhain oberhalb vom Orthi-Ammos-Strand hat voll ausgestattete, wenn auch etwas altmodische Studios, größere Apartments für Familien und zwei gemütliche, burgähnliche Turmhäuser (65 €). Damit auch die Kids ihren Spaß haben, gibt es einen Spielplatz und ein Hühner-/Vogelgehege.

LOUTRO ΛΟΥΤΡΟ

Loutro hat gute preiswerte Unterkünfte, die meisten mit Hafenblick. Der Nachteil ist hier, dass keine Kreditkarten akzeptiert werden.

Blue House PENSION €
(☎28250 91035; www.bluehouse.loutro.gr; DZ 40–50 €; ❄) Eingebettet in die strahlend weißen Gebäude um den Hafen gibt es hier geräumige, gut ausgestattete Zimmer mit großer Veranda und Blick auf den Hafen. Die hübscheren Zimmer befinden sich in der renovierten obersten Etage. Die Taverne im Erdgeschoss serviert ausgezeichnete *mayirefta* (vorbereitete Aufläufe und Eintöpfe für 5 bis 7 €), z. B. köstlichen Spinat mit reichlich Knoblauch und super *boureki* (gefüllter Filoteig) mit Zucchini, Kartoffeln und Ziegenkäse.

Hotel Porto Loutro I & II HOTEL €€
(☎28250 91433; www.hotelportoloutro.com; EZ/DZ/3BZ inkl. Frühstück 50/60/65 €; ❄) Wenn's nicht unbedingt direkt am Wasser sein soll, lohnt der Preis für das beste Haus am Platze, das sich auf zwei Gebäude verteilt. Die Zimmer und Studios sind schlicht in zurückhaltendem Inselstil eingerichtet, von

den Balkonen blickt man auf den Strand. Wer einen Kühlschrank im Zimmer haben möchte, zahlt allerdings extra (außer in den Studios). Kinder unter sieben Jahren sind nicht willkommen.

Apartments Niki APARTMENTS €
(☎/fax 28250 91259; www.loutro-accommodation.com; Studio & Villa 50–125 €; ❄) Die wunderschön eingerichteten Studios mit Holzbalkendecken und Steinfußböden bieten Platz für zwei bis vier Personen, die Villa ist für bis zu sechs Personen ausgelegt. Eine Kochnische für Selbstversorger gehört jeweils dazu. Die Lage gleich oberhalb des Dorfs garantiert traumhafte Aussicht von den Balkonen aufs Meer.

Rooms Sofia PENSION €
(☎28250 91354; www.sofiarooms-loutro.gr; DZ/3BZ 25/35 €; ❄) Die Zimmer über dem Minimarkt Sofia, eine Straße hinter dem Strand, sind wahrscheinlich die billigsten im Ort. Sie sind schlicht und etwas beengt, aber sauber, und die meisten haben einen Kühlschrank und Klimaanlage.

SOUGIA ΣΟΥΓΙΑ

Aretousa PENSION €
(☎28230 51178; EZ/DZ 35/40 €, Studio 42 €; ❄👪) Diese charmante Pension an der Straße nach Chania, 200 m vom Meer entfernt, hat renovierte helle, komfortable Zimmer und Studios, die meisten mit Kochnische. Hinter dem Haus gibt es einen hübschen Garten zum Entspannen und einen Spielplatz für Kinder.

Rooms Ririka PENSION €
(☎28230 51167; DZ 45 €; ❄) Gemütliche Unterkunft am östlichen Strandabschnitt mit acht Doppelzimmern und einem grünen Garten.

Santa Irene Hotel HOTEL €€
(☎28230 51342; www.santa-irene.gr; DZ/Apt. 55/70 €; ❄@) Dieses schicke Hotel am Strand bietet neben luftigen Zimmern mit Marmorfußboden, TV und Kochnische auch zwei Familienzimmer mit Kinderbetten. In der Nachsaison fallen die Preise erheblich.

Captain George PENSION €
(☎28230 51133; g-gentek@otenet.gr; EZ/DZ 37/41 €, Studio 48 €; P❄) Captain George, der in seiner Freizeit einen Wassertaxi-Service zu nahen Stränden anbietet, ist der Besitzer dieser Unterkunft mit schmucken, preiswerten Zimmern und Studios mit Kühlschrank. Auch ein reizender Garten gehört zur Pension. In der Hochsaison wird nur ab einem Mindestaufenthalt von sechs Nächten vermietet.

PALEOCHORA ΠΑΛΑΙΟΧΩΡΑ

Homestay Anonymous PENSION €
(Karte S. 64; ☎28230 42098; www.anonymoushomestay.com; EZ/DZ/3BZ 23/28/32 €) Diese schlichte Pension mit gutem Preis-Leistungs-Verhältnis hat Zimmer mit Bad und eine Gemeinschaftsküche im Hofgarten. Der sympathische, weit gereiste Besitzer Manolis ist sehr gastfreundlich und eine schier unerschöpfliche Informationsquelle für Traveller, die in dieser Gegend etwas unternehmen wollen. Die Zimmer sind sauber und geschmackvoll eingerichtet, aber ein bisschen beengt. Für Familien lassen sich mehrere Zimmer miteinander verbinden. Zum Sandstrand Pachia Ammos sind es 2 Min. zu Fuß.

Oriental Bay Rooms PENSION €
(außerhalb der Karte S. 64; ☎28230 41076; www.orientalbay.gr; EZ/DZ/3BZ 30/35/40 €; ❄📶) Die makellosen Zimmer in dem großen, modernen Gebäude am nördlichen Ende des Kiesstrands verfügen über Balkon mit Blick aufs Meer oder die Berge. Zur Ausstattung gehören Wasserkocher und Kühlschrank.

Camping Paleohora CAMPINGPLATZ €
(außerhalb der Karte S. 64; ☎28230 41120; Person/Zelt 5/3 €) Der große Campingplatz liegt 1,5 km nordöstlich des Orts, 50 m vom Kiesstrand entfernt. Es gibt eine Taverne, aber keinen Minimarkt, und die Einrichtungen sind trotz Modernisierungsplänen nach wie vor recht heruntergekommen. Zelte können gemietet werden (klein/groß 6/10 €).

Villa Anna PENSION €€
(Karte S. 64; ☎2810 346428; anna@her.forthnet.gr; Apt. 42–80 €; ❄👪) Inmitten eines bezaubernden, schattigen Gartens, umsäumt von hohen Pappeln, befinden sich diese gut ausgestatteten, familienfreundlichen Apartments für bis zu fünf Personen. Kinderbetten stehen zur Verfügung, und auf dem gesicherten Gelände gibt es im Garten Schaukeln und einen Sandkasten.

Lito Apartments PENSION €€
(Karte S. 64; ☎28230 64931; www.lito-paleochora.gr; DZ/Apt. 45/60 €; ❄📶) Gegenüber Homestay Anonymous an der Ecke der Straße Richtung Pachia Ammos. Um einen hübsch begrünten Hof gruppieren sich ordentliche, wenn auch etwas düstere Zimmer für Selbstversorger. Alle haben TV mit DVD und einen

Safe, im oberen Geschoss zusätzlich einen Balkon. Das kostenlose WLAN funktioniert nur in der näheren Umgebung des Büros.

Aris Hotel HOTEL €
(außerhalb der Karte S. 64; ☎28230 41502; www.aris-hotel.gr; EZ/DZ inkl. Frühstück €40/50 €) Das freundliche Hotel am Ende der Straße, die um die Landspitze herumführt, bietet guten Gegenwert fürs Geld und ist auf Individualreisende eingestellt. Helle Zimmer mit Blick aufs Meer oder den Garten, auch einige Familienzimmer mit Balkon. In der Nachsaison gibt's kräftig Rabatt.

Gavdos Γαύδος

Wildes Zelten ist hier eine beliebte Alternative zu den Zimmern.

Akrogiali Taverna & Rooms PENSION €
(☎28230 42384; DZ/3BZ 35/50 €) Direkt am Korfos-Strand liegen diese einfachen Zimmer mit Kühlschrank, Ventilator und Blick auf den Strand. Die dazugehörige Taverne wird für ihr leckeres einheimisches Essen gerühmt.

Sarakiniko Studios STUDIOS €
(☎28230 42182; www.gavdostudios.gr; DZ/3BZ Studio inkl. Frühstück 50/70 €) Komfortable Studios und neue Häuschen für bis zu fünf Personen (80–100 €) oberhalb des Sarakiniko-Strands. Vom Hafen sind's 1,2 km bzw. 20 Min. zu Fuß nach Norden, aber auch Abholung ist möglich.

Chanias Westen

KOLIMBARI ΚΟΛΥΜΠΑΡΙ

Rooms Lefka PENSION €
(☎28240 22211; EZ/DZ/3BZ 30/35/45 €; ❄) Auf dem Weg von der Bushaltestelle in den Ort liegt auf der rechten Straßenseite diese ordentliche Billigunterkunft, die auch gut auf Familien eingestellt ist. Die schon älteren, aber gemütlichen Zimmer haben Kühlschrank und eine recht merkwürdige Duschvorrichtung. Die Taverne im Erdgeschoss serviert gute, einfache kretische Kost und herzhaftes Frühstück (6 €).

Aeolos Apartments APARTMENTS €
(☎28240 22203; Studio 45 €, Apt. 60 €; ❄) Dieser betagte, aber gut gepflegte Komplex auf einem Hügel ist links der Hauptstraße ausgeschildert. Die Zimmer haben große Balkone mit Meerblick und Bettwäsche mit Blumenmustern. Die luftigen, geräumigen Studios und 2-Zimmer-Apartments sind bequem und mit geschnitzten Holzbetten, TV und Küchentresen mit Barhockern eingerichtet.

KISSAMOS-KASTELLI
ΚΙΣΣΑΜΟΣ-ΚΑΣΤΕΛΛΙ

LP TIPP **Stavroula Palace** HOTEL €€
(☎28220 23260; www.varouchakis.gr/stavroulapalace; EZ/DZ/3BZ inkl. Frühstück 50/65/80 €; P❄📶≋) Sehr viel fürs Geld und eine tolle Lage bietet diese heitere neue Unterkunft am Wasser. Die luftigen, modernen Zimmer haben Balkon (teilweise mit Meerblick), und es gibt einen Pool mit Bar sowie für Kinder einen Spielbereich. Die Lage ist ideal: zwischen dem Zentrum von Kisamos und dem schönsten Strand des Orts sowie den Restaurants und Bars am Wasser (alle gerade einmal 3–5 Min. zu Fuß entfernt). Zum Restaurant Papadakis sind es nur 30 m nach Westen.

Camping Mithymna CAMPINGPLATZ €
(☎28220 31444; www.campingmithimna.com; Paralia Drapania; Person/Zelt 6/4 €; P) Rund 6 km östlich der Stadt in ausgezeichneter, schattiger Lage unweit vom schönsten Strandabschnitt und mit Restaurant, Bar und Laden. Kinder werden mit diversen Spiel- und Sportmöglichkeiten bei Laune gehalten, und auch Haustiere sind willkommen. Anfahrt mit dem Bus nach Drapanias, von dort sind es angenehme 15 Min. (ca. 800 m) zu Fuß durch Olivenhaine bis zum Campingplatz (oder 4 km am Strand entlangwandern).

Bikakis Family PENSION €
(☎28220 22105; www.familybikakis.gr; Odos Polemiston 1941; EZ/DZ 20/25 €, Studio 30 €; ❄@) Die gute Budgetunterkunft liegt 250 m landeinwärts vom Strand, nahe dem Zentrum. Die Zimmer und Studios sind sauber und haben größtenteils Blick auf Garten und Meer, außerdem Küchenzeilen. Die Atmosphäre ist familiär, und Betreiber Giannis sorgt dafür, dass sich die Gäste wie zu Hause fühlen. Größere Studios und zusammenhängende Zimmer für Familien gibt's auch, ebenso Frühstück (3 € pro Person).

Thalassa STUDIOS €
(☎28220 31231; www.thalassa-apts.gr; Paralia Drapanias; Studio 35–55 €; ❄@📶👪) Thalassa ist ideal für einen entspannenden Strandurlaub, aber nur mit eigenem Fahrzeug zu erreichen. Neben luftigen und gut ausgestatteten Studios gibt es einen Grillplatz auf

dem Rasen und einen Spielplatz. Direkt gegenüber dem Strand gelegen, 100 m östlich von Camping Mithymna.

Christina Beach Hotel STUDIOS €€
(☎28220 83333; Studio 60–80 €; P❄@) Der schicke Studiokomplex im Westen von Kissamos-Kastelli ist das Beste, was die örtliche Hotellerie aufzubieten hat. Die modernen Studios direkt am Ufer sind geräumig und luftig, und der schönste Sandstrand liegt nur einen Steinwurf entfernt.

DIE HALBINSEL GRAMVOUSA
ΧΕΡΣΟΝΗΣΟΣ ΓΡΑΜΒΟΥΣΑ

Eine gute Basis für die Erkundung dieser Region ist das Dorf Kaliviani, 7 km westlich von Kissamos-Kastelli.

Kaliviani GÄSTEHAUS €
(☎/fax 28220 23204; www.kaliviani.com; DZ & 3BZ 40–55 €; P❄) In dem hübschen Steingebäude gibt es gemütliche, geschmackvoll eingerichtete Zimmer mit Kühlschrank und Balkon. Das dazugehörige Restaurant serviert exzellent zubereitete Gerichte zu moderaten Preisen.

Olive Tree Apartments APARTMENTS €€
(☎28220 24336; www.olivetree.gr; Apt. 40–70 €; P❄≋) Dieser schöne Komplex in einem Olivenhain an der Dorfeinfahrt hat geräumige, komfortable und ansprechend eingerichtete Apartments, die sich gut für Familien und einen längeren Aufenthalt eignen. Ein einladender Pool gehört auch dazu.

FALASARNA ΦΑΛΑΣΑΡΝΑ

Das Angebot ist überwiegend auf Individualreisende zugeschnitten. Leider sind die Unterkünfte am Strand die unattraktivsten. Es gibt zahlreiche Flecken zum Wildcampen, auch wenn dies – wie überall auf Kreta – offiziell ungern gesehen wird.

Falassarna Beach Hotel HOTEL €
(☎28220 41257; www.falassarnabeach.gr; Zi. 25–50 €; ❄) Das preiswerte, gut gepflegte, moderne Hotel (direkt an der Haltestelle für den Bus aus Kissamos Kastelli) ist eine gute Wahl für jene, die nach der Bequemlichkeit eines Hotels verlangen und es nicht weit zum Strand haben wollen (zu Fuß 2 Min. den Hügel hinunter). Von den meisten der meerseitig gelegenen Zimmer sowie von der Terrasse der Taverne hat man einen schönen Blick.

Rooms Anastasia-Stathis PENSION €
(☎28220 41480; DZ/Apt. 40/50 €; ❄) Die luftigen, hübsch eingerichteten Zimmer mit Kühlschrank und großem Balkon sind ideale Stresskiller, wie die freundliche Besitzerin Anastasia versichert. Ihr Riesenfrühstück (6 €) können auch Tagesgäste genießen, doch nur wer hier übernachtet, darf sich außerdem Gemüse aus dem Garten pflücken.

Doma APARTMENTS €
(☎28220 41726; www.domaapts.gr; Studio 45 €, Apt. 50–70 €) Der attraktive Komplex mit Garten hat geschmackvoll eingerichtete Studios und 1- oder 2-Zimmer-Apartments, die sich für längere Aufenthalte anbieten. Pluspunkte sind die großen Balkone und Extras wie TV und Fön, zum Teil gehört zur Einrichtung auch eine komplett ausgestattete Küche.

Rooms for Rent Panorama PENSION €
(☎28220 41336; www.falasarna.gr; DZ/3BZ 40/50 €; ❄) Eine der ersten Unterkünfte, an denen man vorbeikommt – dem Wegweiser nach links über eine Schotterstrecke folgen. Die renovierten Studios mit Kühlschrank oder Kochnische sind blitzsauber und komfortabel. Das gut geführte, freundliche Restaurant mit tollem Strandblick serviert leckere kretische Küche.

INNAHORION ΙΝΝΑΧΩΡΙΟΝ

Kokolakis Rooms PENSION €
(☎28220 61258; Elos; DZ 30 €; P) Die einzige Unterkunft in Elos befindet sich über der Taverne Kastanofolia, gleich an der Hauptstraße und am kleinen Fluss, der durchs Dorf fließt. Die spartanischen Zimmer sind allerdings überteuert dafür, dass die Bäder gemeinschaftlich genutzt werden.

To Metohi Tou Monahogiou BAUERNHOF €€
(☎28220 51655; Vlatos; DZ inkl. Frühstück 90 €; P) In Vlatos kann man diesen Bio-Olivenbauernhof besichtigen und das Endprodukt auch probieren. Übernachtungsgäste werden in einem hübschen, restaurierten Steinbauernhaus in zauberhafter Lage im Wald untergebracht.

Sunset Rooms PENSION €
(☎28220 41128; Kambos; EZ/DZ 20/25 €; P) Die Aussicht übers Tal von dieser Pension in Kambos ist traumhaft. Die Zimmer sind schlicht, aber durchaus annehmbar. Die dazugehörige Taverne serviert günstige Grillgerichte und Salate.

Hartzoulakis Rent Rooms PENSION €
(☎28220 41445; manolis_hartzoulakis@yahoo.gr; Kambos; EZ/DZ 20/30 €; P) Die Zimmer sind klein und bescheiden, aber blitzsauber und

haben große Veranden. Für Wanderer sind sie ein guter Stützpunkt. Die Taverne auf der Terrasse verwöhnt mit guter kretischer Kost und exzellentem Raki.

Clara's PENSION €
(☎28220 61537; Amigdalokefali; www.cafeclara.com; DZ 25–50€; P) An einem zauberhaften Ort mit grandioser Aussicht gleich unterhalb der Küstenstraße liegt dieses Schmuckstück: ein Steinhäuschen mit Bad und zwei rustikale Zimmer, die sich ein Außenbad teilen, zu dem auch eine Dusche in einer ehemaligen Traubenpresse gehört. Eine Wegbeschreibung ist an der *kantina* an der Hauptstraße zu bekommen, oder man ruft direkt bei der Besitzerin Clara an.

ELAFONISI ΕΛΑΦΟΝΗΣΙ

Rooms Panorama PENSION €
(☎28220 61548; EZ/DZ Studio 25/30 €; P) Zur Unterkunft gehört eine Taverne mit eindrucksvollem Meerblick von hoher Warte auf einem Felsvorsprung. Von den Zimmern mit Kochnische und Kühlschrank sind jedoch viele monatsweise an Saisonarbeiter vermietet.

Rooms Elafonisi PENSION €
(☎28250 61274, EZ/DZ 30/40 €; P❄) Die 21 geräumigen Zimmer sind mit Kühlschrank ausgestattet, zwischen den Olivenhainen weiter hinten gibt es noch größere Zimmer und Apartments mit Küche. Die Anlage hat eine Terrasse mit Panoramablick und ein angeschlossenes Restaurant.

Chanias Osten

GEORGIOUPOLI ΓΕΩΡΓΙΟΥΠΟΛΗ
Die meisten großen Hotels am Strand sind auf Pauschaltouristen ausgerichtet.

Andy's Rooms PENSION €
(☎28250 61394; DZ 30 €, Studio 25–65 €; P❄) Diese Unterkunft rechts von der Hauptstraße gegenüber der Kirche hat geräumige Zimmer mit Marmorfußboden, Mückengitter, Kochnische, TV, Deckenventilator und großem Balkon. Das Preis-Leistungs-Verhältnis ist tadellos. Es gibt auch größere Apartments für Familien. Zum Strand sind es rund 100 m.

Porto Kalivaki PENSION €
(☎/fax 28250 61316; DZ 30–40 €; P❄≋) Hinter einer Taverne am abgelegeneren Nordstrand bietet Kalivaki recht schlichte, auf zwei Gebäude verteilte Studios zwischen einer skurrilen Ansammlung nachgebauter Baudenkmäler wie der Akropolis.

Egeon PENSION €
(☎28250 61161; Studio 40 €; ❄) Die netten Zimmer nahe der Brücke werden von der sympathischen US-Griechin Polly und ihrem Mann vermietet, der seine Fischernetze auch schon mal im Foyer ausbreitet. Die Einrichtung wurde erneuert und Fliegengitter an den Fenstern der Zimmer angebracht, von denen jetzt einige mit Kochnische, Duschvorhang und TV ausgestattet sind.

RETHYMNON ΡΕΘΥΜΝΟ

Rethymnon Ρέθυμνο

In der Altstadt gibt's jede Menge wunderschön restaurierte Villen, Boutiquehotels und gastfreundliche Pensionen für jeden Geldbeutel. Viele Hotels sind ganzjährig geöffnet. Am Strand östlich der Stadt ist alles mit Hotels und Ferienanlagen zugepflastert.

LP TIPP **Hotel Veneto** BOUTIQUEHOTEL €€€
(Karte S. 86–87; ☎28310 56634; www.veneto.gr; Epimenidou 4; Studio 125 €, Suite 145 €; ❄📶) Das charmante Haus vereint unter seinem Dach alles, was Rethymnon zu bieten hat: Geschichte, Eleganz, Kunst und tolles Essen. Die Atmosphäre setzt sich in den zehn Zimmern fort, die traditionelle Elemente wie abgezogene Holzfußböden und freie Deckenbalken mit modernen Annehmlichkeiten wie Satelliten-TV und Kochnischen mischt. Ein Hingucker ist das Kieselmosaik im Foyer. Frühstück kostet 8 € extra.

LP TIPP **Vetera Suites** BOUTIQUEHOTEL €€€
(Karte S. 86–87; ☎28310 23844, 6972051691; www.vetera.gr; Kastrinogiannaki 39; Zi. 130–150 €; ❄📶) Ein wahres Juwel ist dieses Hotel mit seinen vier Suiten, die mit viel Charakter und Liebe zum Detail eingerichtet sind, von den Spitzenvorhängen bis zu den hochwertigen Produkten im Bad. Antike Möbel und ebenso kunstvoll wie reizend integrierte Kochnischen sorgen für Flair. Die Badezimmerkacheln zieren Motive von Degas, dem Lieblingsmaler des Besitzers, aber auch moderner Komfort in Form von DVD-Player und WLAN fehlt nicht. Frühstück kostet 10 € extra.

Avli Lounge Apartments BOUTIQUEHOTEL €€€
(Karte S. 86–87; ☎28310 58250; www.avli.gr; Xanthoudidou 22, Ecke Radamanthyos; Zi. inkl. Frühstück

189–263 €; ❄📶) Luxus wird großgeschrieben in diesem eleganten Hotel. Die Studios sind in warmen Farben gestaltet; Steinwände, Balkendecken und Whirlpool-Badewannen sorgen für maximales Wohlgefühl. Und nach einem erstklassigen Abendessen in Avlis romantischen Hofgartenrestaurant (s. S. 88) wartet auf einen schon das feudale Bett.

Atelier PENSION €
(Karte S. 86–87; ☎28310 24440; http://frossobora.com; Himaras 25; DZ 45–55 €; ❄📶) Die vier sauberen und hübschen Zimmer über einer Keramikwerkstatt nahe der Festung sind im Preis unschlagbar. Werkstatt und Pension werden von der einheimischen Keramikkünstlerin Frosso Bora geleitet. Die Zimmer mit blanken Steinwänden und vielen venezianischen Details haben kleine Flachbildfernseher, neue Bäder und Küchenzeilen.

Palazzo Rimondi BOUTIQUEHOTEL €€€
(Karte S. 86–87; ☎28310 51289; www.palazzorimondi.com; Xanthoudidou 21; Suite inkl. Frühstück 145–290 €; ❄📶🏊) Diese phantastische venezianische Villa im Herzen der Altstadt brummt nur so vor historischem Flair. Viele der 20 Studios (mit Kochnische) schmücken sich mit architektonischen Spielereien wie Kuppeln und Steinbögen. Im Innenhof gibt es einen kleinen Pool zum Planschen, am Morgen wird dort auch das reichhaltige Frühstücksbuffet aufgefahren.

Casa dei Delfini PENSION €€
(Karte S. 86–87; ☎28310 55120, 6937254857; www.rethymnoholidays.gr; Nikiforou Foka 66–68; Studio 60–65 €, Maisonette 95–110 €; ❄📶) Um einen kleinen Hof mit einem Delfinmosaik gruppieren sich die vier Zimmer dieser eleganten Unterkunft. Türkische und venezianische Elemente sind noch erhalten: So hat Zimmer 3 etwa ein Hamam im Bad, während sich das Bett in Zimmer 2 in einen hoch gewölbten Alkoven schmiegt. Alle Zimmer haben eine Küchenzeile. Wer mehr Platz braucht, bucht die zweigeschossige Maisonette mit einer großen privaten Terrasse.

Palazzino di Corina BOUTIQUEHOTEL €€€
(Karte S. 86–87; ☎28310 21205; www.corina.gr; Damvergi 9; DZ 120 €, Suite inkl. Frühstück 160–220 €; ❄📶) Diese venezianische Villa in Hafennähe hat edle Zimmer mit antiken Möbeln, unverputzten Steinwänden und schweren Balkendecken. Die stilvolle nostalgische Einrichtung wird ergänzt von modernen Annehmlichkeiten wie Satelliten-TV und Whirlpool-Badewannen.

Casa Vitae BOUTIQUEHOTEL €€
(Karte S. 86–87; ☎28310 35058; www.casa-vitae.gr; Neophytou Patealarou; Zi. 80–135 €; ❄📶) Ein hinreißendes Gebäude aus venezianischer Zeit mit acht zurückhaltend eleganten Zimmern in einem Stein-Holz-Mix um einen Hof, in dem unter der weinberankten Pergola das Frühstück serviert wird. Romantik regiert in den größeren Suiten mit Himmelbett, Whirlpool und eigener Terrasse.

Hotel Civitas BOUTIQUEHOTEL €€€
(Karte S. 86–87; ☎28310 58854; www.hotelcivitas.com; Eleftheriou Venizelou 20; Zi. inkl. Frühstück 245–315 €; ❄📶) Das Civitas ist eines jener Hotels, die durch Klasse und nicht durch bloßen Schein glänzen: ein diskretes Luxusdomizil, ideal für todschick Gestylte, die genug von anonymen Großstadthotels haben. Alles verströmt nostalgischen Charme und Eleganz, vom extradick gepolsterten Sessel über die schweren Vorhänge bis zum Marmorbad, ergänzt durch Vorzüge des 21. Jhs. wie eine moderne Küche, drei Flachbildfernseher und ein großer Whirlpool.

Rethymno Youth Hostel JUGENDHERBERGE €
(Karte S. 86–87; ☎28310 22848; www.yhrethymno.com; Tombazi 41; B ohne Bad 11 €; 📶) Die freundliche, gut geführte Jugendherberge hat eine gesellige Terrasse und einen schattigen Balkon zum Abhängen. Die heißen Duschen sind kostenlos. Frühstück und Snacks sind erhältlich, abends gibt es eine Bar. Die Rezeption ist zwischen 8 und 12 Uhr sowie von 17 bis 21 Uhr besetzt. Wer nach 21 Uhr eintrifft, sucht sich einfach ein freies Bett und zahlt am Morgen.

Byzantine Hotel HOTEL €€
(Karte S. 86–87; ☎28310 55609; www.byzantinehotel.gr; Vosporou 26; DZ inkl. Frühstück 60 €; ❄) Dieses Hotel mit neun Zimmern in historischem Gemäuer nahe der Porta Guora hat sich ein traditionelles Ambiente bewahrt. Die schlicht mit schweren Holzmöbeln eingerichteten Zimmer sind nicht unbedingt die hellsten, dafür haben einige ein großes Bad mit Wanne. Von den Zimmern nach hinten raus blickt man auf eine alte Moschee und deren Minarett.

Hotel Ideon HOTEL €€
(Karte S. 86–87; ☎28310 28667; www.hotelideon.gr; Plastira 10; EZ 55 €, DZ 75–107 €, inkl. Frühstück; ❄📶🏊) Seit Langem schon ist dieses beliebte Hotel im Geschäft. Seine 100 Zimmer verteilen sich über einen modernen Flügel und zwei renovierte ältere Gebäude mit venezia-

nischen Elementen. Die modernen Zimmer sind hübsch eingerichtet, gut ausgestattet und haben Balkon mit Meerblick. Für einen perfekten Start in den Tag sorgt das reichhaltige Frühstück, zu dem auch wechselnde warme Gerichte gehören.

Camping Elizabeth CAMPINGPLATZ €
(☎28310 28694; www.camping-elizabeth.net; Person/Zelt/Auto 7,50/5,40/4 €; ganzjährig; @) Der Stadt am nächsten liegt dieser Campingplatz, rund 3 km östlich und in Nachbarschaft zum herrlichen Mysiria-Strand. Bambus, Palmen und Olivenbäume spenden hier reichlich Schatten. Es gibt eine Taverne, eine Snackbar und einen Minimarkt, dazu einen gemeinschaftlich genutzten Kühlschrank, kostenlose Strandsonnenschirme und Liegestühle. Einmal pro Woche wird am Strand gegrillt. Es werden auch einfache Bungalow und Wohnwagen ab 38 € vermietet. Der Bus nach Iraklion hält hier auf Wunsch.

Axos Hotel HOTEL €
(☎28310 54472; www.axos-hotel.gr; Maxis Kritis 167, Platanias; Studio 44 €, Apt. 53 €;) Von der verkehrsreichen Durchgangsstraße darf man sich hier nicht abschrecken lassen: Das mittelgroße Hotel in Platanias, rund 5 km östlich von Rethymnon, ist ein nettes Refugium mit modernen und gut geschnittenen Wohneinheiten um einen Pool. Auf der anderen Straßenseite gibt es einen Supermarkt, ein hübscher Strand ist 200 m entfernt. Frühstück kostet 3,50 € extra.

Westlich von Rethymnon

ARGYROUPOLIS ΑΡΓΥΡΟΥΠΟΛΗ

Maria's Villas APARTMENTS €€€
(☎28310 81070, 6939194767; maramanon@hotmail.com; Apt. 150–200 €;) Auf einem Bergkamm, umgeben von Olivenhainen und Rebgärten, stehen diese Villen mit spektakulärem Blick über Argyroupolis. Vermieterin Maria, der auch der Lappa-Avocadoladen im Ort gehört, hat sie mit viel Liebe und einem Blick für schönes Design eingerichtet. Ledersofas gehören ebenso dazu wie exklusive Küchen, Steinwände und Terrassen.

Lappa Apartments APARTMENTS €
(☎28310 81144, 6947163362; http://lappa-apartments.com; DZ 30–35 €;) Die Apartments mitten im Dorf liegen um einen Innenhof mit hübschem Garten und bieten einen herrlichen Blick auf die Berge. Sie sind komplett ausgestattet – mit großem Kühlschrank und brauchbarem Bad. Grilleinrichtungen gibt's auch.

Zografakis PENSION €
(☎28310 81269; DZ 25–30 €) Die Familie Zografakis vermietet anständige, saubere und billige Zimmer über ihrer Taverne an der Hauptstraße.

Das Hinterland & der Berg Psiloritis

MONI ARKADI ΜΟΝΗ ΑΡΚΑΔΙΟΥ

LP TIPP **Kapsaliana Village** HOTEL €€€
(☎28310 83400; www.kapsalianavillage.gr; EZ 120 €, DZ ohne Terrasse 170 €, mit Terrasse 210 €, inkl. Frühstück;) Ein ganzes Dorf, dessen Oliven früher das nahe Kloster Arkadi versorgten, hat sich als uneingeschränkt hübsches und schickes Hotel neu erfunden. Es besteht aus zwölf individuellen Häusern, jedes davon mit sehr viel Charakter und höchst komfortabel eingerichtet, u. a. mit ultrabequemen Betten, Satelliten-TV und CD/DVD-Spieler. Die generell gedämpfte, friedliche Atmosphäre herrscht auch am großen Pool und im Restaurant, das meisterhaft zubereitete Gerichte aus Bio-Zutaten serviert.

MARGARITES ΜΑΡΓΑΡΙΤΕΣ

LP TIPP **Kouriton House** BOUTIQUEHOTEL €€
(☎28340 55828; www.kouritonhouse.gr; Tzanakiana; Zi. inkl. Frühstück 60–108 €) Das herrlich restaurierte Anwesen gleich außerhalb von Margarites in Tzanakiana hat sieben Zimmer, jedes mit Kühlschrank, TV, (winzigem) Bad und jeder Menge dekorativen Details. Schon als erster Willkommensgruß empfangen den Gast getrocknete Beeren- und Blumensträuße, die von der Balkendecke herabbaumeln. Besitzerin Anastasia Friganaki zeigt ihren Gästen gerne die Natur und die historischen Sehenswürdigkeiten der Gegend. Außerdem kann man ihr bei diversen traditionellen Fertigkeiten zusehen, etwa bei der Herstellung von Honig, dem Ernten von Kräutern und Gemüse und der Zubereitung kretischer und minoischer Speisen.

VON PERAMA NACH ANOGIA
ΠΕΡΑΜΑ ΠΡΟΣ ΑΝΩΓΕΙΑ

AXOS ΑΞΟΣ

LP TIPP **Enagron** FERIENANLAGE €€
(☎28340 61611; www.enagron.gr; Studio & Apt. 78–130 €; @) Enagron ist beispielhaft für die neue Art der stilvollen Unterkünfte Kretas auf dem Land. Bescheidenheit war

einmal: Es gibt einen Pool mit Blick auf die Berge, komfortable Studios in Steingebäuden mit Kamin, eine nette Taverne mit Essen aus eigenen Bio-Produkten und einen Gemeinschaftsbereich, der mit Antiquitäten bestückt ist und Landsitz-Atmosphäre aufkommen lässt. Wer nicht nur faul sein möchte, kann an Kochseminaren teilnehmen oder sich in der Landwirtschaft betätigen, je nach Jahreszeit etwa beim Brennen von Raki und der Käseherstellung, oder einen Ausflug mit dem hiesigen Schäfer zum Sammeln wild wachsender Gemüsepflanzen unternehmen. Auch geführte Spaziergänge und Ausritte auf einem Pferd oder Esel werden angeboten. Die Unterkünfte sind im Sommer 20 % billiger. Nach Anmeldung ist auch nur ein Besuch des Bauernhofs und Essen im Restaurant möglich.

AGELIANA ΑΓΕΛΙΑΝΑ

LP TIPP **Dalabelos Estate** FERIENANLAGE **€€**

(☎28340 22155; www.dalabelos.gr; DZ 72 €; ❄📶) Umgeben von Weinreben, Olivenbäumen und Kräutern sind diese zehn Häuser in traditionellem Stil eine entspannende Oase. Zu den Aktivitäten für Gäste zählen z. B. die Olivenernte, das Brennen von Raki und Kurse in kretischer Küche. Die modernen Zimmer in frischen Rottönen haben Kamine, Balkons und Bäder mit handgefertigten Waschbecken. Die Anlage befindet sich gleich westlich von Perama, rund 10 Min. landeinwärts von Panormos.

ANOGIA ΑΝΩΓΕΙΑ

Delina Mountain Resort HOTEL **€€**

(☎28340 31701; www.delina.gr; DZ inkl. Frühstück 80–147 €; ❄📶🏊) Die mit allen Schikanen ausgestattete Anlage 1 km außerhalb von Anogia an der Strecke zur Nida-Hochebene ist ein bequemer Ausgangspunkt für Ausflüge zum Berg Psiloritis. Zur Entspannung nach einer Wanderung gibt es eine Sauna, einen Hallenpool und einen Wellnessbereich mit Massagen, oder man steigt einfach gleich in den zimmereigenen Whirlpool. Besitzer der Anlage ist der bekannte kretische Lyra-Spieler Vasilis Skoulas, der gelegentlich auch ein Konzert gibt.

Hotel Aristea HOTEL **€**

(☎28340 31459; DZ inkl. Frühstück 40 €, Apt. 50–90 €) Das freundliche Hotel im oberen Dorfabschnitt hat einfache, aber gut ausgestattete Zimmer mit TV, Bad und Balkon samt phantastischer Aussicht und frischer Brise. Wenn es etwas moderner und komfortabler sein soll, gibt es für etwas mehr Geld noch Apartments nebenan, von denen einige bis zu sechs Personen Platz bieten.

Rooms Aris PENSION **€**

(☎28340 31817; www.aris.anogia.info; DZ 35 €) Eine gute Billigunterkunft mit sauberen, gemütlichen Zimmern und traumhaftem Talblick. Frühstück kostet 6 € extra.

Von Küste zu Küste

SPILI ΣΠΗΛΙ

Heracles PENSION **€**

(☎28320 22111, 6973667495; heraclespapadakis@hotmail.com; EZ/DZ 30/40 €; ❄📶) Die fünf Zimmer mit Balkon sind ruhig, blitzsauber und praktisch eingerichtet, doch eigentlich ist es der Besitzer Heracles, der die Unterkunft so besonders macht. Der ausgebildete Geologe kennt praktisch jeden Stein in der Gegend und verrät gern den perfekten Wanderweg, den besten Ort zur Vogelbeobachtung oder den noch unentdeckten Strand. Er betreibt außerdem den Naturproduktеladen Creta Natura an der nahen Hauptstraße. Das hausgemachte Frühstück gibt's ab 3,85 € extra.

Green Hotel HOTEL **€**

(☎28320 22225; www.maravelspili.gr; EZ/DZ/3BZ 25/30/35 €; ⏲März–Okt.; 📶) Die zwölf Zimmer sind vielleicht nicht sonderlich inspirierend, doch immerhin hat jedes einen Balkon, und in der Sauna des Hotels lässt sich nach einem langen Tag unterwegs herrlich entspannen.

Dem gleichen Besitzer gehört der Maravel Shop, in dem es Naturkosmetik gibt, deren Inhaltsstoffe im riesigen nahen Garten wachsen. Frühstück kostet 5 € extra.

Die Südküste

PLAKIAS ΠΛΑΚΙΑΣ

LP TIPP **Plakias Suites** APARTMENTS **€€**

(☎28320 31680, 6975811559; www.plakiassuites.com; Studio 100 €; ⏲April–Okt.; ❄📶) Die Besitzer Eleni und Giorgos haben ihr Herzblut und Geld in den Bau dieser schicken Unterkunft gesteckt, die Modernität und warme Ästhetik verbindet. Große Flachbildfernseher und Mini-Stereoanlagen gehören ebenso zur Einrichtung wie Regenduschen und eine schicke Küche. Der schönste Abschnitt des hiesigen Strands liegt nur einen Steinwurf entfernt.

Youth Hostel Plakias JUGENDHERBERGE €
(☎28320 32118; www.yhplakias.com; B 10 €; ⏲April–Okt.; @📶) Die Jugendherberge für entschlossene Faulenzer liegt von Rasen umgeben inmitten eines Olivenhains, rund 500 m vom Meer entfernt. Chris Bilson leitet sie seit 15 Jahren und pflegt eine gesellig-fröhliche Atmosphäre, die Gäste jeden Alters und Nationalität schätzen. Es gibt 8-Bett-Schlafräume mit Ventilator und ein gepflegtes Gemeinschaftsbadehaus, außerdem günstiges Frühstück, Wasser, Wein, Bier und Softdrinks. Eine Reservierung ist empfehlenswert.

Gio-Ma APARTMENTS €
(☎28320 32003; www.gioma.gr; Apt. 45 €; ❄📶) Schlicht und einfach von Komfort und Ausstattung, sind diese Studios und Apartments. Die Pluspunkte aber sind die zentrale Lage und der phantastische Meerblick, vor allem von den Unterkünften oben. Die Familie betreibt auch die Taverne am Ufer auf der anderen Straßenseite.

Morpheas APARTMENTS €
(☎28320 31583, 6974654958; www.morpheas-apartments-plakias-crete-greece.com; Zi. 45–60 €, Apt. 67–82 €; ❄📶) Die modern eingerichteten, großzügigen Zimmer sind mit allem ausgestattet, was man braucht (inkl. Waschmaschine), und haben Berg- oder Meerblick. Sie liegen über einem Supermarkt und gegenüber dem Strand.

Alianthos Garden Hotel HOTEL €€
(☎28320 31280; www.alianthos.gr; DZ inkl. Frühstück 60–90 €; ❄📶🏊👪) Nachdem sich vor Kurzem ein Farbeimer hierhin verirrte, leuchten die Zimmer dieses modernen Hotels nun in frischem Türkis. Sie haben außerdem Luxusmatratzen und einen blumengeschmückten Balkon mit Meerblick. Der Kinderpool, Spiele und ein Spielplatz macht das Hotel vor allem für Familien interessant.

Camping Apollonia CAMPINGPLATZ €
(☎28320 31318; Person/Zelt/Auto/Wohnwagen 8/4/4/6 €; ⏲Mai–Okt.; 📶🏊) Auf dem Campingplatz an der Hauptstraße in den Ort gibt es zwar ein paar von Bäumen beschattete Plätze, insgesamt aber wirkt die Anlage recht beengt und die Einrichtungen könnten etwas mehr Aufmerksamkeit vertragen.

RUND UM PLAKIAS

STRÄNDE RUND UM PLAKIAS

Panorama PENSION €
(☎28320 32179; Rodakino; DZ 30–40 €; ❄) Am westlichen Ende von Polyrizos-Koraka (Rodakino-Strand) liegen hinter der strohgedeckten Taverne über dem Strand diese preiswerten Zimmer mit Aussicht. Wer mehr Platz braucht, mietet eins der Studios für Selbstversorger.

MYRTHIOS ΜΥΡΘΙΟΣ

Anna Apartments APARTMENTS €
(☎6973324775; www.annaview.com; DZ Apt. 48–65 €; ❄) Die hübschen, geräumigen Apartments bieten mehr Komfort und Gemütlichkeit als der Durchschnitt und sind ideal für einen längeren Aufenthalt. Auf den ruhigen Balkonen lässt es sich prima entspannen, vor allem zum Sonnenuntergang bei einem kühlen Bier. Komplett ausgestattete Küchen gehören zur Standardeinrichtung.

Stefanos Village Hotel APARTMENTS €
(☎28320 32252; www.stefanosvillage.com; Apt. 33–50 €; ❄🏊) Ein gutes Preis-Leistungs-Verhältnis und einen verführerischen Infinity-Pool mit Panoramablick hat dieses Hotel am Dorfrand. Der Familienbetrieb bietet auf drei Etagen Apartments für Selbstversorger mit großen Balkons und Meerblick. Die meisten haben auch eine kleine Küche.

STRÄNDE ZWISCHEN PLAKIAS & AGIA GALINI

LIGRES ΛΙΓΡΕΣ

Villa Maria PENSION €
(☎28320 22675, 6973232793; Zi. 45 €, Studio 70 €; ⏲April–Okt.; ❄) Für Unterhaltung sorgen in dieser freundlichen Pension nur die Wellen und ein rauschender Bach. Die abgeschiedene Lage an einem umwerfenden Strand schreit förmlich nach absoluter Entspannung. Die Zimmer sind zurückhaltend komfortabel und haben Balkon sowie eine Kochnische. Die exzellente Taverne ist auf Fleischgerichte vom Grill spezialisiert (Hauptgerichte 5–10 €).

TRIOPETRA ΤΡΙΟΠΕΤΡΑ

Pension Pavlos PENSION €
(☎28310 25189; www.triopetra.com.gr; DZ/3BZ/4BZ 36/40/45 €; ⏲April–Okt.; ❄) Die Lage dieser einzigen Unterkunft am kleineren Strand von Triopetra ist einfach nicht von dieser Welt. Die Zimmer fallen nüchterner aus (kein TV), jedes hat aber eine Kochnische und Balkon mit Meeresbrise. Die dazugehörige Taverne (s. S. 104) serviert Gerichte aus überwiegend regionalen Produkten.

Pension Yirogiali PENSION €
(☎6974559119; DZ/3BZ 35/40 €; ⏲April–Okt.; ❄) Zwei Brüder, deren Mutter in der Küche am

Herd steht, betreiben diese Unterkunft am langen Strand von Triopetra. Die Zimmer haben Marmorfußboden, hübsche Holzmöbel, Kühlschrank, TV und Balkon.

AGIOS PAVLOS ΑΓΙΟΣ ΠΑΥΛΟΣ

Agios Pavlos Hotel HOTEL €
(☎28320 71104; www.agiospavloshotel.gr; DZ 28–40 €; ⏲April–Okt.; ❄) Die meisten Zimmer dieses Familienbetriebs haben Blick auf die Bucht, viele auch Balkon. Die billigeren liegen über der Taverne, die gutes kretisches Essen auf den Tisch bringt; Frühstück und Drinks gibt's in der Cafébar nebenan. Derselben Familie gehört auch das exzellente **Kavos Melissa** (Zi. 45–60 €) mit Apartments in einem hübschen, modernen Komplex hoch über der Bucht.

AGIA GALINI ΑΓΙΑ ΓΑΛΗΝΗ

An Übernachtungsmöglichkeiten herrscht in Agia Galini eigentlich kein Mangel, doch ein Großteil der Unterkünfte ist in der Hochsaison von Reiseveranstaltern belegt.

Palazzo Greco BOUTIQUEHOTEL €€
(☎28320 91187; www.palazzogreco.com; DZ mit/ohne Meerblick 80/60 €; P❄📶🏊) Die Leidenschaft fürs Design spiegelt sich in den zahlreichen schmückenden Details dieses Juwels mit Meerblick wider. Für die individuelle Farbpräferenz gibt's die schicken Zimmer mit grünem, blauem oder rotem Wandanstrich. Alle haben Flachbildfernseher, Kühlschrank und runde Marmorwaschbecken im Bad. Die 2-Zimmer-Suite (160 €) in der oberen Etage bietet Platz für bis zu sieben Personen und hat zwei Bäder (eins mit Whirlpool) und einen Kamin.

Irini Mare FERIENANLAGE €€€
(☎28320 91488; www.irini-mare.com; DZ/FZ mit Meerblick inkl. Frühstück 110/148 €; ⏲Mai–Okt.; ❄@📶🏊👪) Ideal für Familien ist diese sehr schön gestaltete, unaufdringliche Ferienanlage einen kurzen Fußweg vom Strand entfernt. Die meisten der 98 Zimmer haben Meerblick und Terrasse. Für Abwechslung sorgen Fitnessraum, Sauna, Tennisplatz und Tischtennis, für Kinder gibt es einen separaten Pool und einen Spielplatz. Halbpension kostet 15 € extra.

Stohos Rooms APARTMENTS €
(☎28320 91433; DZ inkl. Frühstück 40–45 €; ⏲Ende April–Okt.; ❄) Direkt am Hauptstrand liegen diese Apartments für Selbstversorger mit großem Balkon. Die großen Studios im Erdgeschoss sind ideal für Familien oder Gruppen. Auch eine ausgezeichnete Taverne (S. 106) gibt es.

Adonis HOTEL €€
(☎28320 91333; www.agia-galini.com; Zi. 60 €, Studio 60 €, Apt. 80–120 €; ❄📶🏊) Es bedarf schon eines recht gesunden Egos, um die Rezeption mit einem großen, brusthaarstrotzenden Foto von sich aus den 70er-Jahren zu schmücken. Der Gast ahnt spätestens hier, dass der Besitzer ein etwas spezieller Zeitgenosse ist. Adonis waltet bis heute über den ausgedehnten 75-Zimmer-Komplex, dessen schönste sich im neueren Gebäude neben dem Pool befinden. Die meisten haben Balkon mit Meerblick.

Camping No Problem CAMPINGPLATZ €
(☎28320 91386; Person/Zelt/Auto/Wohnwagen 6/3/3/4 €; ⏲ganzjährig; P📶🏊) Der Name ist Programm auf dem sympathischen, gut gepflegten Campingplatz rund 100 m vom Strand und 10 Min. Fußweg vom Ortszentrum entfernt. Es gibt jede Menge schattige Zeltplätze, dazu einen großen Pool, eine exzellente Taverne (S. 106) und einen kleinen Supermarkt.

Die Nordostküste

PANORMOS ΠΑΝΟΡΜΟ

Idili APARTMENTS €€
(☎28340 20240, 6972405863; www.idili.gr; Apt. 60–75 €; ❄📶) Wer das Besondere sucht, wird diese drei traditionell eingerichteten Apartments in einem denkmalgeschützten Steinhaus lieben. Früher diente es schon als Gerichtsgebäude, Tischlerwerkstatt und Wohnhaus. Bögen, Holzdecken und z. T. separate, offene Schlafetagen verleihen jedem Apartment individuellen Charme, und vor dem Kamin oder auf der Veranda lässt es sich wunderbar entspannen.

Villa Kynthia BOUTIQUEHOTEL €€€
(☎28340 51102; www.kynthia.gr; Zi. 129–176 €; ⏲April–Okt.; ❄📶🏊) Ein geschäftstüchtiges Geschwisterpaar hat dieses Kaufmannshaus aus dem 19. Jh. im Dorfzentrum in ein intimes Hotel mit vier Suiten und einem Apartment für Familien verwandelt. Alle sind mit schmiedeeisernen Betten und Antiquitäten eingerichtet, dezente Malereien schmücken die Wände. Der Pool und der Frühstücksbereich befinden sich in einem bezaubernden umfassten Garten. Die Rezeption ist zwischen 14 und 19.30 Uhr geschlossen. Frühstück kostet 10 € extra.

Christina APARTMENTS €€
(☎28340 51277; www.apartments-christina.gr; Studio 50 €, Apt. 60–110 €; ◷April–Okt.; ❄📶) Tipptopp sauber und gut geführt ist diese Unterkunft. Die temperamentvolle Gastgeberin Markella bietet sechs Apartments unterschiedlicher Größe, alle mit Balkon oder Terrasse mit Meerblick. Für Kurzaufenthalte eignet sich eins der behaglichen Studios am besten. Unerwartetes Plus: die Hydromassage-Duschen.

Captain's House APARTMENTS €
(☎2810 380 833; www.captainshouse.gr; Apt. 40–60 €; ◷April–Okt.; ❄📶) Modernisierte Apartments in einem historischen Gebäude in zentraler Lage über dem Hafen.

Kastro APARTMENTS €€
(☎28340 51362, 6937097757; www.kastro.panormo.org; Apt. 80–93 €; ❄📶) Gut ausgestattete Apartments, manche mit Himmelbett, über der gleichnamigen Taverne (S. 107).

Lucy's Pension PENSION €
(☎28340 51212, 6976241414; www.lucy.gr; DZ 45 €, Studio 85 €; ❄📶) Moderne Zimmer mit Kochnische und Balkon, in der obersten Etage mit Meerblick.

BALI ΠΑΛΙ

Petrino Horio FERIENANLAGE €
(☎28340 94125; DZ inkl. Frühstück 42–65 €; ◷ganzjährig; ❄@📶≋) Das „Steindorf" in den ruhigen Hügeln über Bali schafft mit viel Naturstein und unbearbeitetem Holz tatsächlich das Ambiente eines traditionellen kretischen Dorfs. Der Architekt und Besitzer Dimitris hat sich hier seinen Traum verwirklicht und eine Anlage geschaffen, die umgeben von blühenden Bäumen und Kübelpflanzen 37 sorgfältig gestaltete Apartments mit Terrasse oder Balkon, Küche und Kamin umfasst. Drei Pools, ein Streichelzoo, eine Sauna und saisonal angebotene Aktivitäten wie das Keltern von Trauben und die Herstellung von Käse lassen keine Langeweile aufkommen. Der Strand liegt 600 m entfernt, zur Haltestelle des Touristenzugs ist es ebenfalls nicht weit. Freundlicher Service. Auch ein gutes Restaurant gibt es.

Sunrise Apartments APARTMENTS €
(☎28340 94267; DZ/Apt. 40/50 €; ❄) Die geräumigen Studios am Karavostasi-Strand bieten viel fürs Geld und sind ideal, wenn man dem Rummel in Bali entfliehen und trotzdem am Strand wohnen will.

Bali Blue Bay HOTEL €€
(☎28340 20111; www.balibluebay.gr; DZ inkl. Frühstück 60 €; ❄📶≋) Schickes, modernes Hotel mit toller Aussicht auf Bali von den Zimmern und dem Pool auf dem Dach. Die geräumigen Zimmer sind in geschmackvoll zeitgemäßem Design eingerichtet und haben TV, Kühlschrank und Fön.

IRAKLION ΗΡΑΚΛΕΙΟ

Iraklion Ηράκλειο

LP TIPP **Lato Hotel** BOUTIQUEHOTEL €€
(Karte S. 118–119; ☎2810 228 103; www.lato.gr; Epimenidou 15; DZ inkl. Frühstück 90–120 €; ❄@📶) Iraklion trifft Hollywood – mit Pomp, aber ohne Protz – in diesem modernen Boutiquehotel mit Blick auf den alten Hafen. Anstatt sich aber auf ihrem Erfolg auszuruhen, haben die Besitzer 2011 auf der Straßenseite gegenüber ein noch schickeres Domizil hinzugefügt. Die Zimmer dort sind in warmen Rottönen mit viel Holz, individuell gefertigten Möbeln und modernsten Matratzen eingerichtet. Ein Kocher zur Zubereitung von Kaffee oder Tee gehört auch dazu. Die Zimmer nach hinten raus blicken auf eine moderne Metallskulptur.

Kronos Hotel HOTEL €
(Karte S. 118–119; ☎2810 282 240; www.kronoshotel.gr; Sofokli Venizelou 2; EZ/DZ 44/50 €; ❄@📶) Nach gründlicher Renovierung hat sich dieses Hotel an der Uferfront an die Spitze der Budgethotels katapultiert. Neben Doppelglasfenstern, die für Ruhe sorgen, haben die Zimmer Balkon, Telefon, TV und Kühlschrank. Bei einigen Doppelzimmern gibt's Meerblick (58 €). Frühstück kostet 6 € extra.

Capsis Astoria HOTEL €€€
(Karte S. 118–119; ☎2810 343 080; www.capsishotel.gr; Platia Eleftherias; EZ/DZ inkl. Frühstück 108/140 €; P❄@📶≋) Hinter dem drögen klotzigen Äußeren macht sich Klasse breit, die bis zum Pool auf dem Dach mit herrlichem Panoramablick auf Iraklion reicht. Die zwischendurch aufgepeppten Zimmer kommen nun in angenehm neutralen Farbtönen daher, mit ultrabequemen Matratzen und schicken historischen Schwarz-Weiß-Fotos. Das Frühstücksbuffet ist phantastisch.

Mirabello Hotel HOTEL €€
(Karte S. 118–119; ☎2810 285 052; www.mirabello-hotel.gr; Theotokopoulou 20; DZ mit/ohne Bad

60/48 €; ⏲April–Nov.; ❄@📶) Das freundliche, entspannte Hotel in einer ruhigen Straße ist zwar nicht mehr das jüngste, doch das Preis-Leistungs-Verhältnis stimmt immer noch. Die Zimmer sind picobello, wenn auch etwas beengt, und haben TV, Telefon und Balkon, z. T. auch Kühlschrank.

Lena Hotel HOTEL €€
(Karte S. 118–119; ☎2810 223 280; www.lena-hotel.gr; Lahana 10; DZ mit/ohne Bad 60/45 €; ❄📶) Alles ist hier schon ein wenig in die Jahre gekommen, aber das schlichte Hotel ist nach wie vor eine gute Budgetwahl. Die Ausstattung der 16 Zimmer variiert, nicht alle haben ein Bad, aber auch die Gemeinschaftseinrichtungen sind einwandfrei gepflegt.

Rea Hotel HOTEL €
(Karte S. 118–119; ☎2810 223 638; www.hotelrea.gr; Ecke Kalimeraki & Handakos; DZ mit/ohne Bad 45/35 €; ❄📶) Dieses familiengeführte Hotel ist wegen seiner relaxten, freundlichen Atmosphäre bei Rucksackreisenden beliebt. Alle Zimmer haben TV und Balkon, einige teilen sich ein Bad. Auch Familienzimmer werden angeboten. Es gibt eine Bücherbörse und einen Gemeinschaftskühlschrank.

Kastro Hotel HOTEL €€€
(Karte S. 118–119; ☎2810 284 185; www.kastro-hotel.gr; Theotokopoulou 22; EZ/DZ/3BZ inkl. Frühstück ab 110/135/165 €; ❄@📶) Trotz Generalüberholung laufen die Zimmer mit Blumentapete, Marmorschreibtisch und lederverkleideten Wänden nicht Gefahr, in *Schöner Wohnen* aufzutauchen. Zumindest groß sind sie und haben Flachbildfernseher, kleinen Kühlschrank und Balkon.

Marin Dream Hotel HOTEL €€
(Karte S. 118–119; ☎2810 300 018; www.marinhotel.gr; Epimenidou 46; Zi. inkl. Frühstück 95–120 €; ❄@📶) In erster Linie ist das Marin Dream ein Businesshotel, doch punktet es auch bei Urlaubern dank der tollen Lage mit Blick auf den Hafen und die Festung (unbedingt ein Zimmer nach vorne raus mit Balkon nehmen). Die schokobraunen und kirschroten Farbtöne verleihen den Zimmern eine gepflegte, seriöse Erscheinung.

GDM Megaron HOTEL €€€
(Karte S. 118–119; ☎2810 305 300; www.gdmmegaron.gr; Doukos Beaufort 9; EZ/DZ inkl. Frühstück ab 140/168 €; ❄@📶🏊) Vom klobigen Äußeren dieses Hotels am Hafen sollte sich niemand abschrecken lassen, denn drinnen ist es top durchgestylt. Zur Ausstattung gehören bequeme Betten, Jacuzzis in den VIP-Suiten, Flachbildfernseher und Fax in allen Zimmern. Abhängen im Pool oder bei einem Drink mit weitem Blick vom Restaurant und der Bar auf dem Dach sind zusätzliche Verlockungen, die über das Herkömmliche hinausgehen.

Westlich von Iraklion

AGIA PELAGIA ΑΓΙΑ ΠΕΛΑΓΙΑ

Mourtzanakis Residence APARTMENTS €€
(☎2810 812 096, 6932467002; www.ecotourismgreece.com; Achlada; Apt. 80–95 €; ❄📶🏊) 10 Min. mit dem Auto von Agia Pelagia, aber scheinbar Welten entfernt, steht dieses Ensemble von vier modernen, loftartigen Apartments mit viel Platz und sinnvoll ausgestatteten Küchen. Ein kleiner Pool gehört auch dazu. Der Blick vom Balkon aufs Meer ist großartig, ein kurzer Spaziergang führt ins historische Dorf Achlada.

SARCHOS ΣΑΡΧΟΣ

Viglatoras APARTMENTS €€
(☎2810 711 332; www.viglatoras.gr; Apt. 60–70 €; ❄📶) Auf einem Bauernhof im hübschen Bergdorf Sarchos liegen rund 20 km südwestlich von Iraklion diese fünf gemütlichen Häuschen mit Platz für zwei bis vier Personen. Vor dem knisternden Kamin lässt es sich herrlich entspannen, bevor es ab ins Bett auf der Empore geht. Im kunterbunt eingerichteten Café kommen Traveller schnell ins Gespräch, die Taverne serviert leckeres kretisches Essen.

Bezirk Iraklion – Mitte

ARCHANES ΑΡΧΑΝΕΣ

Eliathos APARTMENTS €€€
(☎2810 751 818, 6951804929; www.eliathos.gr; Studio 91 €, Villa 130–182 €, Frühstück 12 €; ❄🏊) Der Komplex aus sechs Häusern an einem Hang, etwa 500 m südlich von Archanes und mit tollem Blick auf den Berg Giouchtas, ist eine Oase des Friedens und der Ruhe. Wer tiefer in die lokale Kultur eintauchen möchte, kann an einem Kochkurs, Exkursionen oder an Seminaren zur Herstellung von Olivenöl, Raki und Wein teilnehmen.

Arhontiko APARTMENTS €€
(☎2810 881 550; www.arhontikoarhanes.gr; Apt. 75–95 €; ❄📶) Eine elegante Leichtigkeit verströmt diese Villa, die früher als Militärkaserne und Grundschule gedient hat. Spuren davon finden sich jedoch in keinem der vier

Apartments, die sich über zwei Etagen erstrecken und mit Antiquitäten, alten bestickten Stoffen, komplett eingerichteter Küche, einem Kamin und der ganzen Skala moderner Annehmlichkeiten ausgestattet sind.

Kalimera Archanes VILLAS €€€
(☎2810 300 330; www.lux-hotels.com/gr/kalimera-archanes; 1-/3-Zi.-Villa 176/280 €; ❄) Nahe dem Archäologischen Museum liegen diese drei sorgfältig restaurierten traditionellen Häuser aus dem frühen 19. Jh. Neben antikem Mobiliar und nostalgischem Zierschmuck haben sie einen Kamin, einen großzügigen Balkon und eine Küche, die groß genug ist, um üppige Mahlzeiten zuzubereiten. Drumherum gibt's einen Garten. Als Mindestmietdauer wird eine Woche gewünscht.

Neraidospilios APARTMENTS €€
(☎2810 752 965; www.neraidospilios.gr; Studio & Apt. 40–70 €; ❄≋) Die vorzüglich ausgestatteten, geräumigen Studios und Apartments am Ortsrand mit Blick auf den Berg Giouchtas werden von den Brüdern des Cafés Diachroniko am Hauptplatz vermietet. Dort sind sie auch meistens anzutreffen und führen Gäste zur Unterkunft. Der Pool ist ein zusätzlicher Pluspunkt.

DAS WEINLAND VON IRAKLION

Villa Kerasia PENSION €€
(☎2810 791 021; www.villa-kerasia.gr; Vlachiana; Zi. inkl. Frühstück 75–100 €; ❄📶≋) Das umgebaute ehemalige Bauernhaus mit fünf Zimmern und zwei Suiten liegt in grandioser Umgebung im winzigen Ort Vlachiana am westlichen Rand der Weinregion. Natursteinmauern, Balkendecken und Holzfußböden sorgen für eine idyllische, heimelige Atmosphäre. Der Tag beginnt mit einem opulenten Frühstück aus rein einheimischen Produkten – so sättigend, dass das Mittagessen locker ausfallen kann. Das Abendessen, sofern angeboten, sollte man sich nicht entgehen lassen: Besitzer Babis ist ein Spitzenkoch und zaubert kretische Küche vom Feinsten auf den Tisch.

Petronikolis APARTMENTS €€
(☎2810 743 203; www.petronikolis.gr; Choudetsi; Apt. 60–70 €; ❄📶≋) Ein kleines Juwel ist diese Unterkunft in Choudetsi, die vier geräumige, traditionell eingerichtete Studios mit kleiner Küche umfasst. Handgewebte Textilien und landwirtschaftliche Gerätschaften sorgen für stilechtes Ambiente. Die hübsche Taverne mit Kamin ist ideal, um nach einem anstrengenden Tag auf Touristenpfaden wieder zu Kräften zu kommen.

ZAROS ΖΑΡΟΣ

LP TIPP **Eleonas** FERIENANLAGE €€
(☎2894 031 238, 6976670002; www.eleonas.gr; Zi. inkl. Frühstück 60–120 €; ❄@📶≋) Die hübsche Anlage zwischen Olivenhainen an einem terrassierten Hang hat pfiffig eingerichtete Zimmer mit allem modernen Komfort und Kamin. Wer nicht nur faul am Pool herumhängen möchte, kann hier ein Mountainbike mieten, wandern gehen oder an einem Kochkurs teilnehmen. Beifall gibt's für das üppige Frühstücksbuffet.

Studios Keramos PENSION €
(☎2894 031 352; www.studiokeramos-zaros.gr; EZ/DZ/3BZ inkl. Frühstück 30/45/55 €; ❄) Die kleine Pension nahe dem Dorfzentrum wird von der freundlichen Katerina geleitet und ist mit kretischem Kunsthandwerk, Webereien und Familienerbstücken eingerichtet. In vielen Zimmern und Studios stehen antike Möbel, aber auch an modernem Komfort in Form von TV und Kochgelegenheit fehlt es nicht. Katerina steht früh auf, um den Gästen ein phantastisches, reichhaltiges traditionelles Frühstück zuzubereiten.

Bezirk Iraklion – Süden

MATALA ΜΑΤΑΛΑ

Matala Valley Village FERIENANLAGE €€
(☎2892 045 776; www.valleyvillage.gr; DZ 48 €, Bungalow 76 €; ⏲Mai–Okt.; ❄📶≋👪) Vor allem Familien schätzen diese ausgedehnte Anlage im Grünen nahe der Ortszufahrt. Von den verschiedenen Unterkunftstypen sind die 2008 hinzugekommenen weiß verputzten Bungalows die schönsten. Jeder davon hat zwei Schlafzimmer, einen Kühlschrank und ein großes Bad mit Jacuzzi-Badewanne und separater Dusche. Kinder können sich auf einer Rasenfläche, einem Spielplatz und in einem großen Pool austoben.

Hotel Nikos HOTEL €
(☎2892 045 375; www.matala-nikos.com; Zi. inkl. Frühstück 40–45 €; ❄📶) Die beste Unterkunft an der Hotelmeile hat 17 Zimmer auf zwei Etagen um einen Hof voller Blumen. Die Besitzer Nikos und Panagiota wurden in Matala geboren und geben ihre Insidertipps für die Gegend gerne an Gäste weiter.

Antonio PENSION €
(☎2892 045 123; EZ/DZ/3BZ 25/35/40 €; ⏲März–Sept.; ❄) Der liebenswürdige Antonio und sein Sohn Manolis leiten diese komfortable Pension mit zehn einfachen, aber

nett eingerichteten Zimmern (alle mit Kühlschrank) um einen bezaubernden Innenhof.

Matala Camping CAMPINGPLATZ €
(☎2892 045 720; Person/Zelt 4,30/3 €; ⌚Juni–Okt.) Tolle Lage in Strandnähe, doch leider nur eine öde Brachfläche ohne Schatten. Demnächst, so heißt es immerhin, soll hier einiges besser werden.

RUND UM MATALA

KOMMOS ΚΟΜΜΟΣ

Komos Camping CAMPINGPLATZ €
(☎2892 045 596; Person/Zelt 4,30/3 €; ⌚Mai–Okt.;) Der saubere, gut gepflegte Campingplatz an der Abzweigung zum Strand von Kommos ist perfekt für Leute mit Zelt und nur selten überlaufen. Es gibt einen Spielplatz, eine Taverne und einen Pool. Der grandiose Strand (z. T. FKK) und minoische Ruinen liegen 10 Min. zu Fuß entfernt. Busse halten an der Kreuzung.

PITSIDIA ΠΙΤΣΙΔΙΑ

Aretoussa PENSION €
(☎2892 045 555; www.pensionaretoussa.com; EZ/DZ/3BZ inkl. Frühstück 28/36/45 €;) Dieses alte Steinhaus mit vielen Bäumen und Blumen heißt seine Gäste in frisch herausgeputzten Zimmern mit Mückennetzen über den Betten willkommen. Einige haben Zugang zu einem Garten – ideal für Familien. Wer lärmempfindlich ist, sollte die Zimmer zur Hauptstraße raus meiden. Frühstück wird auf der gemütlichen Veranda serviert.

Patelo PENSION €
(☎2892 045 006; http://patelo.messara.de; EZ/DZ 25/35 €, Studio 45 €;) Wie eine kleine weiße Burg krönt dieses weiß verputzte Gästehaus den höchsten Punkt von Pitsidia. Die Aussicht ist entsprechend grandios, vor allem vom großen Studio im oberen Geschoss mit einer Küche und großer Terrasse. Es gibt ansonsten auch eine Gemeinschaftsküche. Gastgeberin ist die humorvolle, überschwängliche Maria.

SIVAS ΣΙΒΑΣ

Sigelakis APARTMENTS €
(☎2892 042 748; www.sigelakis-studios.gr; Zi. 45–50 €;) Maria und George Sigelakis, die auch die gleichnamige Taverne im Ort betreiben (s. S. 153), bieten hier acht elegant eingerichtete, blitzblanke Apartments, jedes mit separatem Bad und kleiner Küche. Natursteinwände, Marmorfußböden, Balkendecken und Kamine schaffen eine behagliche Atmosphäre.

KAMILARI ΚΑΜΗΛΑΡΙ

Ambeliotissa APARTMENTS €
(☎2892 042 690; www.ambeliotissa.com; Apt. 30–55 €;) Ein ungezwungenes Miteinander herrscht in dieser reizenden Unterkunft mit Studios und Apartments in leuchtenden Farben und Balkon mit Blick auf den Garten. Kinder werden sich hier besonders wohlfühlen: Für sie gibt es einen Spielplatz, Spielsachen und einen Pool. Der Grillplatz im Freien ist prima, um andere Gäste kennenzulernen.

Asterousia APARTMENTS €
(☎2892 042 832; www.asterousia.com; Studio 35–50 €;) Stress ade, so könnte das Motto dieser zauberhaften Unterkunft lauten. Geführt wird sie von Monica und Giorgos, die ihre Liebe für die Natur und die einfachen Dinge im Leben an die Gäste weitergeben möchten. Passend dazu bieten sie verschiedene Aktivitäten an, darunter Wanderungen, Yoga und Kochkurse.

Plaka APARTMENTS €
(☎2892 042 697; www.plakakreta.com; Apt. 35 €; ⌚April–Okt.;) Diese vier gut ausgestatteten Apartments auf einem Hügel gleich außerhalb des Dorfs haben Balkon mit Meerblick und sind in kühlem Blau und Weiß gehalten. Ein Garten mit Liegestühlen lädt zum Faulenzen ein. Weitere Auskünfte in der Taverne Mylonas (S. 154).

KALAMAKI ΚΑΛΑΜΑΚΙ

LP TIPP **Arsinoi Studios** APARTMENTS €
(☎2892 045 475, 6986858923; www.arsinoi-studios.gr; Studio 30–35 €;) Es wäre eigentlich nur ein weiteres Apartmentgebäude in Strandnähe, gäbe es da nicht die überaus freundliche Gastgeberfamilie Papadospiridaki. Sofort stellt sich ein heimeliges Gefühl ein, wenn einen die großherzige Noi in eins der blitzsauberen, geräumigen Gästezimmer führt, in denen als weiterer Willkommensgruß eine Schale mit Obst vom Familienbauernhof steht. Sie ist außerdem eine Top-Köchin und überrascht ihre Gäste am Abend gerne schon mal mit hausgemachten *mezedhes* und Raki auf der Gemeinschaftsterrasse. Wenn möglich, ein Zimmer mit Meerblick nehmen.

Alexandros Beach HOTEL €
(☎2892 045 195; www.alexandros-kalamaki.com; DZ inkl. Frühstück 39–55 €;) Direkt am Strand, am ruhige Ende der Uferpromenade, steht dieses pfirsichfarbene Hotel mit 28 Zimmern – eine gute Basis für einen Tag am

Strand oder zur Erkundung der näheren Umgebung. Die Zimmer mit Meerblick sind die größten; die nach hinten raus gelegenen sind billiger, aber auch düster und beengt. Alle haben jedoch Balkon. Wenn es mehr Platz sein soll, gibt es noch Villen (55–70 €) auf einem Hügel zwischen Kalamaki und Kamilari.

KAPETANIANA ΚΑΠΕΤΑΝΙΑΝΑ

Pension Kofinas PENSION €

(☎2893 041 440; www.korifi.de; EZ/DZ 20/25 €) In abgeschiedener Idylle leiten die österreichischen Ex-Hippies Gunnar und Louisa dieses Haus mit vier Zimmern, eins davon mit Stockbetten und Platz für vier Personen. Alle teilen sich die Gemeinschaftseinrichtungen. Eine Reservierung ist unerlässlich.

LENTAS ΛΕΝΤΑΣ

Casa Doria HOTEL €

(☎2892 095 376; www.casadoria.net; Zi. inkl. Frühstück 40 €; ❄) Es gibt abgeschieden und es gibt die Casa Doria: Das selbsternannte „Slow Life"-Hotel bietet Zimmer in zenartiger Schlichtheit und ein Restaurant, das italienische Geschmackserlebnisse mit griechischen und kretischen Gerichten kombiniert. Halbpension kostet 14 € extra. Die Nähe zur Drafula-Schlucht (ca. 2,5 km von Lentas entfernt) macht das Hotel zur idealen Basis für Wanderer, Kletterer und Mountainbiker – nach der Abzweigung Richtung Loutra-Trahulas Ausschau halten.

Studios Gaitani APARTMENTS €

(☎2892 095 341; www.studios-gaitani.gr; Studio 30–50 €; ❄) Näher am Strand als hier geht nicht. Von den modernen Studios und Apartments mit Kochnische, TV und Kühlschrank sind es nur ein paar Schritte bis zum Wasser. Die größeren Einheiten bieten bis zu vier Personen Platz.

Villa Tsapakis STUDIOS €

(☎2892 095 378, 6947571900; www.villa-tsapakis.gr; Studio 35 €; ❄) Hinter der Landzunge liegt am herrlichen (überwiegend FKK-) Sandstrand von Diskos (oder Dytikos) diese blumenerfüllte Oase mit gut ausgestatteten, preiswerten Studios um einen Innenhof, alle mit Küche und Balkon.

Die Nordostküste

Die meisten Hotels der Gegend sind fest im Griff der Reiseveranstalter, sodass die Chancen, ohne Reservierung im Juli oder August eine Strandunterkunft zu finden, praktisch gleich null sind. Aussicht auf Erfolg besteht noch am ehesten in einer der älteren und kleineren Unterkünfte abseits der Küste, oder man erkundigt sich vor Ort in einem Reisebüro.

CHERSONISOS ΧΕΡΣΟΝΗΣΟΣ

Wer den Rummel meiden möchte, sollte eine Unterkunft hügelaufwärts im Dorf Koutouloufari oder im alten Teil von Chersonisos wählen.

Villa Iokasti APARTMENTS €€

(☎2897 022 607; www.iokasti.gr; Koutouloufari; 1-/2-Zi.-Apt. 65/110 €; ❄@≋) Die modernen, hellen 1- und 2-Zimmer-Apartments mit fröhlichen Farbakzenten liegen in hübscher Gartenumgebung abseits der Hauptstraße am Dorfende. Taverne und Café zählen zu den besten im Ort und bieten einen schönen Meerblick.

Balsamico Suites STUDIOS €€

(☎2897 023 323; www.balsamico-suites.gr; Alt-Chersonisos; Studio 85 €; ❄wifi) Eine familiengeführte Unterkunft mit freundlichen Gastgebern ist selten in diesem Teil der Insel, die erfreuliche Ausnahme sind Maria und Michalis. Ihr Komplex aus Steinhäusern verbindet traditionellen Charme mit modernen Annehmlichkeiten wie Flachbildfernseher und DVD-Player, Küche und Haartrockner. Die gut geschnittenen Studios sind mit massiven, dunklen Holzmöbeln eingerichtet und haben einen Balkon.

Camping Crete CAMPINGPLATZ €

(☎2897 041 400; www.campingcrete.de.ki; Gouves, Zelt/Person €5,50/4) Rund 7 km westlich von Chersonisos an einem Sand- und Kieselstrand im kleinen Ort Gouves. Es gibt nette schattige Stellplätze für Zelte und Wohnwagen, außerdem einen kleinen Supermarkt und eine Taverne am Wasser.

MALIA ΜΑΛΙΑ

Matheo Hotel HOTEL €€

(☎2897 032 980; www.hotel-matheo.com; Theodoros 1; EZ 84–110 €, DZ 108–129 €; ❄wifi≋) Die erste Wahl, wenn man ruhig wohnen, aber nahe genug am Getümmel sein will. Das Hotel mit 70 Zimmern in strahlend weißen Villen inmitten von Oliven- und Zitronenbäumen ist klein genug, um noch persönliche Atmosphäre aufkommen zu lassen. Alle Zimmer sind in frischen, fröhlichen Farben eingerichtet, die Standardzimmer könnten allerdings wirklich größer sein. Zum Strand sind es rund 200 m, in den Ort 500 m.

Villa Sonia
PENSION €€

(☎2897 032 221, 6932066776; www.villa-sonia-kreta.info; Zi. 75 €;) Abseits der belebten Strandstraße zwischen Malia und Stalis liegt diese Unterkunft unter deutscher Leitung. Auf zwei Gebäude zwischen Palmen verteilen sich 18 saubere und funktionale Zimmer. Gäste können kostenlos die Pools der benachbarten Hotels nutzen und der Strand liegt ebenso wie die Bushaltestelle nur einen kurzen Fußweg entfernt.

LASSITHI ΛΑΣΙΘΙ

Die Nordküste

AGIOS NIKOLAOS ΑΓΙΟΣ ΝΙΚΟΛΑΟΣ

Villa Olga
APARTMENTS €€

(☎28410 25913; www.villa-olga.gr; Apt. 80–95 €;) Auf halber Strecke zwischen Agios Nikolaos und Elounda liegt diese bezaubernde Unterkunft für Selbstversorger inmitten eines üppigen Gartens. Die Apartments für zwei bis sechs Personen sind gut ausgestattet und mit traditionellen Möbeln eingerichtet, dazu gibt es einen kleinen Pool. Die reizende Besitzerin Olga ist sehr zuvorkommend. Anfahrt vom Zentrum von Agios Nikolaos über die Uferstraße Akti Koundourou nach Nordosten bis zu einer Kreuzung über dem Amoudi-Strand, dort rechts Richtung Elounda abbiegen und nach ca. 500 m nach dem Schild auf der linken Straßenseite Ausschau halten.

Minos Beach Art Hotel
BOUTIQUEHOTEL €€€

(☎28410 22345; www.bluegr.com; Zi. inkl. Frühstück ab 200 €;) Dieses noble Resorthotel in vorzüglicher Lage direkt vor den Toren der Stadt ist eine veritable Kunstgalerie. Skulpturen führender griechischer und ausländischer Künstler schmücken das Gelände bis runter zum Strand. Die Niedrigbauweise und der unprätentiöse Stil unterstreichen den Status als eines der besten Hotels der Insel. Auf dem Schild steht noch Minos Beach Hotel. Vom Stadtzentrum befährt man die Uferstraße Akti Koundourou ca. 1 km nach Nordosten. Auf der Meerseite der Straße ist das Hotel ausgeschildert.

Lato Hotel
HOTEL €€

(☎28410 24581; www.lato-hotel.com.gr; Amoudi; EZ/DZ inkl. Frühstück 51/68 €;) Für Leute mit eigenem Fahrzeug ist das gastfreundliche Hotel eine gute Wahl. Es gibt einen kleinen Pool, zum Strand sind es 300 m. Anfahrt vom Zentrum Agios Nikolaos über die Uferstraße Akti Koundourou etwas über 1 km nach Nordosten; das Hotel liegt auf der linken Straßenseite. Unter derselben Leitung befinden sich die bezaubernden **Karavostassi (The Stone House) Apartments** (☎28410 24581; www.karavostassi.gr; Apt. 88–116 €) in einem ehemaligen Johannisbrot-Lagerhaus an einer einsamen Bucht 8 km östlich.

Hotel Creta
APARTMENTS €

(Karte S. 166; ☎28410 28893; www.agiosnikaloas-hotels.gr; Sarolidi 22; EZ/DZ 45/50 €;) Ein exzellentes Preis-Leistungs-Verhältnis bieten diese gut gepflegten, komfortablen Apartments für Selbstversorger mit tollem Blick von den oberen Balkonen. Die Parkmöglichkeiten in den umliegenden Straßen sind begrenzt, aber die Lage ist ideal für alle, die zentral und doch ruhig wohnen möchten. Es gibt einen Aufzug.

Hotel Doxa
HOTEL €

(Karte S. 166; ☎28410 24214; www.doxahotel.gr; Idomeneos 7; EZ/DZ/3BZ inkl. Frühstück 45/50/65 €;) Die sehr bequemen, gut ausgestatteten Zimmer und das gute Frühstück dieses bestens geführten Hotels machen die eher glanzlose Lage in einer Seitenstraße wieder wett. Es gibt einen Aufzug. Nicht weit vom Ammos-Strand und Parkmöglichkeiten entfernt.

Du Lac Hotel
HOTEL €€

(Karte S. 166; ☎28410 22711; www.dulachotel.gr; 28 Oktovriou 17; EZ/DZ 40/60 €, Studio 80 €;) Dieses Hotel im Stadtzentrum bietet anständige Zimmer und geräumige, komplett ausgestattete Studios mit schöner Aussicht auf den Voulismeni-See. Beide Zimmertypen sind in modernem Schick eingerichtet und haben hübsche Bäder.

Pension Mary
PENSION €

(Karte S. 166; ☎28410 23760; Evans 13; EZ/DZ/3BZ 20/35/45 €;) Altmodischer Stil wird in dieser freundlichen Pension in einer schmalen Straße etwas bergauf vom Kytroplatia-Strand gepflegt. Die Zimmer sind schlicht und sauber, die meisten haben ein Bad. Es gibt eine Gemeinschaftsküche. Frühstück kostet 5 €.

Pergola Hotel
HOTEL €

(Karte S. 166; ☎/Fax 28410 28152; Sarolidi 20; DZ mit Aussicht 40–60 €;) Aus einer Renovierung vor ein paar Jahren sind die angenehmen Zimmer dieses Hotels hervorgegangen. Alle haben Kühlschrank und Tee-/Kaffeemaschine. Auf der Terrasse unter einer Pergola lässt es sich gut entspannen oder frühstücken. Die Zimmer nach vorne haben Balkon und Meerblick. Es gibt einen Aufzug.

Delta HOTEL €
(Karte S. 166; ☎28410 28893; www.agiosnikolaos-hotels.gr; Tselepi 22; EZ/DZ 45/50 €; ❄) Unter derselben Leitung wie das Hotel Creta gibt es hinter einer Taverne nahe dem Kytroplatia-Strand helle, saubere Zimmer.

KRITSA ΚΡΙΤΣΑ

Rooms Argyro PENSION €
(☎28410 51174; www.argyrorentrooms.gr; EZ/DZ/3BZ 25/40/50 €; ❄) Tipptopp gepflegte, schlichte Zimmer mit Balkon in einer gastfreundlichen Unterkunft in günstiger Lage am Ortseingang nahe dem Parkplatz. Im Erdgeschoss gibt's einen schattigen Bereich fürs Frühstück und kleine Mahlzeiten.

Olive Press B&B €€
(☎28410 51296; www.olivepress.centerall.com; DZ 50–60 €, Apt. 70 €) Dieses B&B unter belgischer Leitung befindet sich in den Steingebäuden einer liebevoll restaurierten Olivenpresse im oberen Teil des Dorfs, nahe der Agios-Georgios-Kirche. Viel massives Holz und Mauerwerk schaffen Atmosphäre, und in einem Apartment steht noch die original Olivenpresse.

ELOUNDA ΕΛΟΥΝΤΑ

Viele Hotels in und um Elounda sind von Reiseveranstaltern vorgebucht. Die folgenden könnten jedoch einen Versuch lohnen.

Delfinia Studios & Apartments APARTMENTS €
(☎28410 41641; www.pediaditis.gr; EZ/DZ/Apt. 35/40/55 €; ❄📶🏊) Die hübschen Zimmer haben Balkon mit Meerblick, auch Gruppen und Familien könnten untergebracht werden. Dieselbe Familie leitet die nahen **Milos Apartments** (gleiche Preise), wo es einen Pool gibt. Mehr Infos im Zeitungsladen am zentralen Platz.

Hotel Aristea HOTEL €
(☎28410 41300; www.aristeahotel.com; EZ/DZ inkl. Frühstück 30/40 €; ❄) Die Billigunterkunft am Hauptplatz verspricht keine abgeschiedene Idylle, hat aber anständige, saubere Zimmer. Die nach vorne raus haben Blick aufs Meer und den Hafen. Doppelglasfenster halten den Lärm von der darunterliegenden Taverne fern.

Corali Studios APARTMENTS €€
(☎/fax 28410 41712; www.coralistudios.com; Studio 75 €; ❄) Die praktischen Studios für Selbstversorger mit schattiger Terrasse umgeben von saftigem Grün liegen nördlich des Orts. Dieselbe Familie betreibt die benachbarten **Portobello Apartments** (2–4-Bett-Apt. 45–75 €; ❄).

Elounda Island Villas APARTMENTS €€
(☎28410 41274; www.eloundaisland.gr; DZ 80 €, 4-Pers.-Apt. 110 €; P❄) Abgeschiedene Unterkunft auf der Kolokytha-Halbinsel, die über eine kleine Brücke zu erreichen ist. Die zweistöckigen, traditionell eingerichteten Apartments mit gut ausgestatteter Küche liegen in einer hübschen Gartenanlage. Zu Fuß ist es knapp 1 km in den Ort.

PLAKA ΠΛΑΚΑ

Stella Mare Studios APARTMENTS €€
(☎28410 41814; Studio 65–75 €; ❄) In einem reizenden Garten mit Bäumen und Büschen befindet sich dieser Komplex mit sehr ansprechenden Studios und Apartments für Selbstversorger. Die Studios liegen abseits der Hauptstraße. Die Einrichtung ist ein sympathischer Mix aus modernem Komfort und traditionellen kretischen Möbeln.

Die Lassithi-Hochebene
Οροπέδιο Λασιθίου

TZERMIADO ΤΖΕΡΜΙΑΔΟ

LP TIPP **Argoulias** APARTMENTS €€
(☎28440 22754; www.argoulias.gr; DZ inkl. Frühstück 70–80 €; P❄) Das fast schon alpine Flair macht das Besondere dieser Unterkunft mit viel Naturstein aus – Sommer wie Winter. Sie liegt am Hang hoch über dem Hauptdorf und bietet einen weiten Blick über die Lassithi-Hochebene auf die Berge. Traditionell, aber edel ist die Einrichtung der Apartments, im Winter sorgen Kaminfeuer für wohlige Gemütlichkeit. Zwar sind die Apartments für Selbstversorger ausgelegt, Frühstück gibt's aber trotzdem jeden Morgen. Dieselben Besitzer betreiben auch das exzellente Restaurant auf der anderen Straßenseite. Für Gäste gibt's Leihfahrräder. Am östlichen Ortseingang Tzermiado weisen Schilder den Weg.

Kourites PENSION, HOTEL €
(☎28440 22054; www.kourites.eu; EZ/DZ 35/40 €) Über der gleichnamigen Taverne am Ortsrand sowie in einem nahen Hotel werden

saubere, einfache Zimmer vermietet. Frühstück kostet € 5.

AGIOS GEORGIOS ΑΓΙΟΣ ΓΕΩΡΓΙΟΣ

Hotel Maria HOTEL €

(☎28440 31774; DZ/3BZ/4BZ inkl. Frühstück 59/78/98 €) Angenehm verschrobene Zimmer in einem ebenso verschrobenen Gebäude mit grünem Vorgarten im nördlichen Teil des Dorfs. Die traditionellen Betten sind recht schmal und ruhen auf einem steinernen Unterbau. Lokaltypisches Mobiliar und gewebte Wandbehänge unterstützen die freundliche Atmosphäre.

Die Nordostküste

MOCHLOS ΜΟΧΛΟΣ

Mochlos Mare APARTMENTS €€

(☎28430 94005; www.mochlos-mare.com; Apt. 50–80 €; ❄) Diese geräumigen Apartments für Selbstversorger gleich außerhalb des Dorfs verwöhnen mit tollem Meerblick von den großen Balkons im oberen Geschoss. Draußen gibt es eine Gemeinschaftsküche und einen Grillplatz, und im großen, rosenumrahmten Garten gedeihen Weinreben und Gemüse.

Hotel Sofia HOTEL €

(☎28430 94554; sofia-mochlos@hotmail.com; Zi. 35–45 €; ❄) Einige der anständigen Zimmer über der Taverne Sofia sind etwas beengt, aber die Zimmer nach vorne raus haben Balkon mit Meerblick. Die Besitzer vermieten außerdem geräumige Apartments (40–55 €) 200 m östlich vom Hafen, vorzugsweise für längere Aufenthalte.

Kyma Apartments STUDIOS €

(☎28430 94177; soik@in.gr; Studio 35 €; ❄) Zu einem vernünftigen Preis gibt's diese gut gepflegten Studios für Selbstversorger in der westlichen Ortshälfte von Mochlos zu mieten – im Supermarkt im Dorf nach dem Weg fragen.

SITIA ΣΗΤΕΙΑ

Hotel Arhontiko GÄSTEHAUS €

(Karte S. 178; ☎28430 28172; Kondylaki 16; EZ/DZ 27/32 €, Studio 34 €) In ruhiger Lage am Hang über dem Hafen befindet sich diese Unterkunft in einem klassisch inspirierten Gebäude. Klassisch elegant ist es auch drinnen, und von der Eingangshalle bis zu den Gemeinschaftsbädern blitzt alles vor Sauberkeit. Im kleinen Vorgarten spenden Jasmin- und Orangenbäume Schatten.

Sitia Bay Hotel APARTMENTS €€€

(außerhalb der Karte S. 178; ☎28430 24800; www.sitiabay.com; Paraliaki Leoforos 8; Apt. & Suite ab 115 €; P❄) Modernes Hotel mit persönlichem und freundlichem Service allererster Güte. Die meisten der komfortabel und geschmackvoll eingerichteten 1- und 2-Zimmer-Apartments haben Meerblick. Weitere Vorzüge: Pool, Hydromassagen, Mini-Fitnessraum und Sauna. Frühstück kostet 6 €.

Apostolis PENSION €

(Karte S. 178; ☎28430 22993/28172; Kazantzaki 27; EZ/DZ/3BZ 30/35/40 €) Reizende Besitzer vermieten diese hübschen Zimmer mit Deckenventilator und Dusche in einer ruhigen Straße. Es gibt einen Balkon und eine kleine Küche mit Kühlschrank und Tee-/Kaffeekocher zur gemeinschaftlichen Nutzung.

Hotel Flisvos HOTEL €€

(Karte S. 178; ☎28430 27135; www.flisvos-sitia.com; Karamanli 4; EZ/DZ inkl. Frühstück 60/70 €; P❄) Das ansprechend moderne Hotel im südlichen Hafenviertel liegt nur einen Steinwurf vom Zentrum entfernt. Die hübschen, komfortablen Zimmer haben WLAN, das auch gut funktioniert. In einem rückwärtigen Flügel gibt es größere Zimmer und einen Aufzug.

Itanos Hotel HOTEL €

(Karte S. 178; ☎28430 22900; www.itanoshotel.com; Platia Iroon Polytehniou; EZ/DZ mit Meerblick & inkl. Frühstück 47/68 €; ❄@) Das Hotel am Hauptplatz der Stadt hat umfassend ausgestattete Zimmer im Business-Look und ein Restaurant auf der Dachterrasse.

Hotel Krystal HOTEL €

(Karte S. 178; ☎28430 22284; www.ekaterinidis-hotels.com; Kapetan Sifinos 17; EZ/DZ/3BZ inkl. Frühstück 35/50/60 €; ❄) Das praktische Hotel im Herzen der Stadt ist ganzjährig geöffnet.

Die Ostküste

PALEKASTRO ΠΑΛΑΙΚΑΣΤΡΟ

Hiona Holiday Hotel HOTEL €€

(☎28430 29623; EZ/DZ inkl. Frühstück 56/72 €; P❄) Hinter der recht schlichten, fast urbanen Fassade dieses Hotels verbergen sich gemütliche Zimmer und ordentliche Einrichtungen. Dazu zählen eine gut bestückte Bar und einladende Gemeinschaftsbereiche.

Hotel Hellas HOTEL €
(☎28430 61240; hellas_h@otenet.gr; DZ 45 €; ❄) Die hübschen, wenn auch schlichten Zimmer wurden in den vergangenen Jahren renoviert. Günstige Lage zum Ortszentrum. Im Erdgeschoss gibt's eine Taverne.

RUND UM PALEKASTRO

Esperides APARTMENTS €€
(☎28430 61433, 6945255243; isabel-t@otenet.gr; Apt. 85–105 €; P❄≋) Diese hübschen Gebäude aus Naturstein in schöner Lage etwas landeinwärts von der Bucht von Kouremenos sind traditionell eingerichtet, bieten Selbstversorgern aber allen modernen Komfort.

Grandes Apartments APARTMENTS €€
(☎28430 61496; www.grandes.gr; 4BZ Studio 87 €; P❄) Die stilvoll und gut ausgestattete Anlage für Selbstversorger liegt umgeben von einem Blumengarten und Bäumen am Kouremenos-Strand. Die Besitzer betreiben auch eine nahe Strandtaverne.

ZAKROS & KATO ZAKROS
ΖΑΚΡΟΣ & ΚΑΤΩ ΖΑΚΡΟΣ

Die Zimmer in Kato Zakros sind in der Hochsaison schnell ausgebucht, deshalb am besten reservieren.

LP TIPP **Stella's Traditional Apartments** APARTMENTS €€
(☎/fax 28430 23739; www.stelapts.com; Studio 60–80 €; P❄) Bezaubernde Studios in hübscher Gartenumgebung nahe der Zakros-Schlucht. Die individuellen Holzmöbel und andere Einrichtungsgegenstände hat Mitbesitzer Elias Pagianidis selbst gefertigt. Es gibt Hängematten unter den Bäumen, Grillplätze und eine Open-Air-Küche mit Lebensmitteln, deren Verbrauch auf Vertrauensbasis abgerechnet wird. Elias ist ein erfahrener und kenntnisreicher Wanderer und kann auch Tipps zu anderen Aktivitäten in der Umgebung geben. Die Besitzer betreiben auch die Villas Terra Minoika am Hang darüber.

Terra Minoika VILLAS €€€
(☎28430 23739, 6976719461; www.stelapts.com; Apt. 120 €) Als sei er ganz natürlich aus dem felsigen Grund herausgewachsen, ragt dieser Komplex aus Steinvillen an den Hängen hoch über Kato Zakros auf. Das Bauherrenpaar Stella Ailamaki und Elias Pagianidis, die auch Stella's Traditional Apartments im Tal darunter betreiben, hat für die 2011 fertiggestellten Häuser das natürliche Material der Umgebung verwendet. In perfekter Harmonie verbinden sich hier moderner Komfort und Luxus im Innern mit einem Gespür für die äußere Umgebung. Die Ausblicke sind natürlich atemberaubend. Elias Pagianidis fertigt mit großem handwerklichen Geschick Objekte an, die die Gebäude innen wie außen bereichern. Überdachte Höfe und Balkone verleihen zusätzlich Charakter. Auch einen voll ausgestatteten Fitnessraum gibt es – die Besitzer waren früher aktive Athleten. Beide sind Experten in Sachen Outdoor-Aktivitäten, Elias vor allem für Wanderungen in der Umgebung. Stella ist ausgebildete Tänzerin und gibt auf Wunsch Unterricht in traditionellem griechischem Tanz. Terra Minoika hat ganzjährig geöffnet.

Kato Zakros Palace APARTMENTS €€
(☎28430 29550; www.katozakros-apts.gr; EZ/DZ 50/60 €; P❄) In Hügellage hoch über dem Strand von Kato Zakros neben der Zufahrtsstraße befinden sich diese angenehmen Zimmer und Studios mit Kochgelegenheit und toller Aussicht. Auch eine Waschmaschine für Gäste gibt es. Die Besitzer sind sehr freundlich.

Athena & Coral Rooms PENSION €
(☎2843026893;www.katozakros.cretefamilyhotels.com; DZ 40–50 €; ❄) Über dem Strand und hinter der Taverne Akrogiali (S. 181).

Katerina Apartments APARTMENTS €
(☎2843026893;www.katozakros.cretefamilyhotels.com; Apt. 70 €) Unter derselben Leitung wie die Athena & Coral Rooms gibt es gegenüber von Stella's vier ausgezeichnete Studios und Maisonettes in Steinhäusern. Die Lage ist super und Platz ist für bis zu vier Personen.

Die Südküste

ASPROS POTAMOS ΑΣΠΡΟΣ ΠΟΤΑΜΟΣ

Aspros Potamos GÄSTEHAUS €€
(☎28430 51694; www.asprospotamos.com; DZ/3BZ/4BZ 50/65/75 €) Besitzerin Aleka Halkia hat diese 300 Jahre alten Steinhäuschen liebevoll restauriert und zu Unterkünften ausgebaut. Petroleumlampen und Kerzen, Steinfußböden, traditionelle Möbel und Kamine für den Winter schaffen eine einzigartige Atmosphäre. Potamos liegt direkt über Makrigialos an der Straße nach Pefki.

IERAPETRA ΙΕΡΑΠΕΤΡΑ

Cretan Villa Hotel HOTEL €
(Karte S. 184; ☎28420 28522; www.cretan-villa.com; Lakerda 16; EZ 40 €, DZ 44–50 €; ❄📶) Das gepflegte Haus aus dem 18. Jh. verströmt

eine charmante, fast ländliche Atmosphäre und liegt doch im Herzen der Stadt. Die traditionell eingerichteten Zimmer sind um einen idyllischen Hof gruppiert. Zur Bushaltestelle sind's 5 Min. zu Fuß.

LP TIPP **El Greco** BOUTIQUEHOTEL €€
(Karte S. 184; ☎28420 28471; www.elgreco-ierapetra.gr; Kothri 42; EZ inkl. Frühstück 65–80 €, DZ 85–100 €; ❄📶) Eine Generalsanierung hat dieses Haus an der Uferpromenade in ein schickes Boutiquehotel mit eleganten, komfortablen Zimmern verwandelt. Von den Zimmern zur Promenade hat man einen schönen Blick. Im Erdgeschoss gibt's eine Cafébar und ein Restaurant.

Astron Hotel BUSINESSHOTEL €€
(Karte S. 184; ☎28420 25114; www.hotelastron.com; Kothri 56; EZ/DZ/3BZ inkl. Frühstück 70/80/95 €; ❄📶) Schlichte Eleganz und klare Formen sind das Markenzeichen dieses Hotels in guter Lage am östlichen Ende der Promenade. Das Meer ist nur ein paar Schritte entfernt. Unten gibt's eine Cafébar

Ersi Hotel HOTEL €
(Karte S. 184; ☎28420 23208; Platia Eleftherias 19; EZ/DZ 30/40 €; ❄) Faire Preise für Zimmer im Zentrum, einige jedoch eine Spur zu kompakt.

Coral Hotel HOTEL €
(Karte S. 184; ☎28420 27755; Katzonovatsi 12; EZ/DZ 30/40 €) Anständige und preiswerte Unterkunft in einer ruhigen Ecke der Altstadt.

Koutsounari Camping CAMPINGPLATZ €
(☎28420 61213; www.camping-koutsounari.epimlas.gr; Person/Kind/Zelt 6,50/3,50/4,50 €; P🏊) Der Campingplatz mit Pool, Restaurant, Snackbar und Minimarkt liegt rund 7 km östlich in Koutsounari an der Busstrecke nach Sitia.

MIRTOS ΜΥΡΤΟΣ

Villa Mertiza APARTMENTS €€
(☎28420 51208, 6932735224; www.mertiza.com; EZ/DZ 44/55 €, Apt. 57–70 €; ❄📶) Am Ortsrand von Mirtos finden Selbstversorger eine ausgezeichnete Auswahl an gepflegten Zimmern, Studios und Apartments. Jedes Zimmer ist individuell und in fröhlichen Farben eingerichtet. Die freundlichen holländisch-griechischen Besitzer vermieten auch be zaubernde Villen (110 €) etwas außerhalb und bieten weitere Unterkunftsmöglichkeiten an.

Big Blue APARTMENTS €
(☎28420 51094; www.big-blue.gr; DZ 40 €, Studio 45–75 €, Apt. 85 €; ❄) Über dem westlichen Ortsrand steht diese angenehme Unterkunft in praktischer Nähe zum Strand. Es gibt geräumige, luftige Studios mit Meerblick und preiswertere Zimmer im Erdgeschoss. Kochgelegenheit haben sie alle. Frühstück kostet 5–8,50 €.

› Kreta verstehen

Einwohner pro km²

Kreta aktuell

» Bevölkerung:
630 000

» Fläche:
8336 km²

» BIP:
9167 Mrd. €

» BIP pro Kopf:
23 500 €

» Besucherzahl:
2,8 Mio.

» Anzahl Olivenbäume:
30 Mio.

Kreta & die Finanzkrise

Wie jeder andere Ort im Lande war auch Kreta alles andere als immun gegen die Schuldenkrise. Im April 2010 schnürten die Euro-Länder ein 100 Mrd. € schweres Darlehenspaket, um zu verhindern, dass das Land an der Rückzahlung seines Altschuldenbergs von 327 Mrd. € (150 % des Bruttoinlandsprodukts) scheitert. Das Rettungspaket war allerdings an gewisse Auflagen gebunden: die Einführung drastischer Sparmaßnahmen (Senkung der Staatsausgaben, Rentenreform und globale Steuererhöhungen) und die Einnahme von 50 Mrd. € aus der Privatisierung staatlicher Betriebe. Im Frühjahr 2011 wurde jedoch klar, dass selbst diese drakonischen Maßnahmen nicht ausreichen würden, um das Land vor dem Bankrott zu bewahren. So verabschiedeten die führenden Euro-Nationen weitere Hilfspakete mit zusätzlichen Milliarden Euro, um die griechische Wirtschaft vor dem Zusammenbruch zu retten.

Tourismus im Aufwind

Die Sparpolitik der griechischen Regierung ließ Kreta zwar nicht gerade jubeln, löste aber nicht wie in Athen eine Streik- und Protestwelle aus. Im Gegenteil: Es regt sich leiser Optimismus. Nach ein paar mageren Jahren waren die Besucherzahlen auf Kreta 2011 wieder um 15 % angestiegen. Mit 40 % der Wirtschaftsleistung stellt der Tourismus eine der wichtigsten Antriebsfedern der kretischen Wirtschaft dar: Einer von fünf Kretern ist in dieser Branche tätig. Die weitere Entwicklung bleibt abzuwarten.

Inzwischen steigt Kreta auch zunehmend in den Markt für nachhaltigen Ökotourismus ein. Mithilfe von EU-Fördergeldern für grünen Tourismus und die Erhaltung des kulturellen Erbes wurden historische Bauwerke restauriert und es sprossen (vor allem in ländlichen Gegenden) traditionelle Gästehäuser, Villen und Apartments wie Pilze aus dem Boden.

Etikette

» Beim Besuch einer Kirche oder eines Klosters wenig Haut zeigen. Vor allem Arme und Beine sollten bedeckt sein.

» „Oben ohne" und FKK sieht man zwar häufig auf der Insel, sollte aber nicht als Selbstverständlichkeit betrachtet werden.

» Während des *mesimeri* (Siesta, 15–17 Uhr) nach dem Mittagessen niemanden zuhause besuchen!

» Kreter nehmen die Gastfreundschaft sehr ernst. Wer zu einem Essen eingeladen wird, sollte das annehmen.

Top-Filme

Alexis Sorbas (1964) Der dreifache Oscar-Sieger ist immer noch der Klassiker unter den auf Kreta gedrehten Filmen.

Ill Met By Moonlight (1957) Kriegsschinken um die Entführung des Nazigenerals Kreipe 1944 durch britische Offiziere.

Religionszugehörigkeit
(% der Bevölkerung)

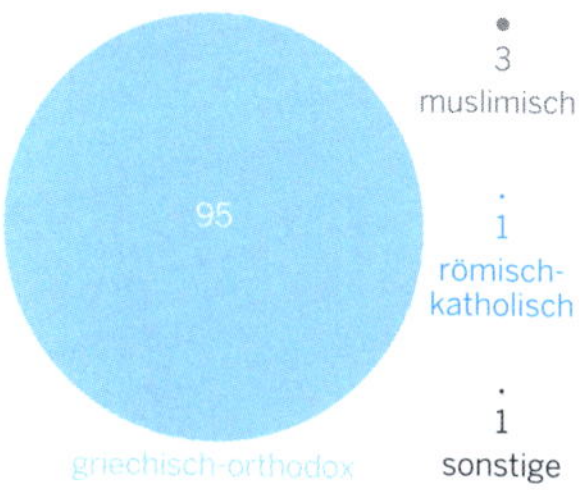

Hätte Kreta nur 100 Einwohner, lebten …

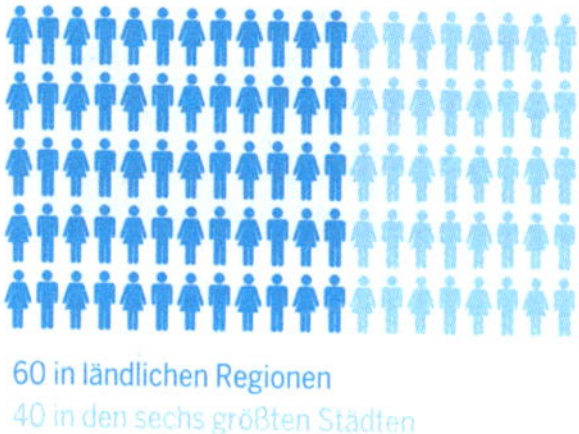

Umweltbewusstsein

Immer mehr Inselbewohner werden auf die langfristigen Gefahren durch Umweltschäden aufmerksam. Am wenigsten Planung und Regulierung gibt es in den Touristengebieten an der am stärksten erschlossenen Nordküste – die Folgen sieht man deutlich. Als Reaktion haben sich kretische Umweltschützer, Studenten und Expats zusammengeschlossen, um (mit Erfolg!) mehrere große Bauvorhaben zu stoppen.

In Lassithi verhinderten Aktivisten den von der British Minoan Group geplanten Bau eines luxuriösen Golf-Resorts mit 7000 Betten auf dem weit abgelegenen Cavo Sideros. Und in Timbaki an der zentralen Südküste brachte lokaler Widerstand die Pläne der chinesischen Riesenreederei Cosco für den Bau eines kolossalen Containerhafens zum Kentern.

Unklar ist allerdings, ob diese Projekte nicht aufgrund der Finanzkrise und des erhöhten Geldbedarfs doch noch grünes Licht bekommen.

Kreta: das „griechische Kolumbien"?

Kreter sind stolze Kämpfernaturen und lieben ihre Knarren. Aber die Waffenmanie ist nicht nur ein kulturelles oder historisches Relikt: In den abgelegenen Bergdörfern Anogia, Zoniana und Livadia in der Region Rethymnon sind Fehden an der Tagesordnung. Nicht umsonst trägt die Region den Beinamen „Dreieck des Teufels": Seit einigen Jahren ist sie berüchtigt als Umschlagplatz für Waffen und Drogen, und die tiefen Schluchten eignen sich gut für versteckte Cannabisfelder. Im November 2007 gab es Szenen wie aus einem Mafiafilm, als die Polizei einen Ring haschzüchtender Schafhirten ausheben wollte und in einen Hinterhalt geriet, bei dem mehrere Polizisten schwer verletzt wurden. Um die 40 Dorfbewohner landeten 2009 in Athen vor Gericht – 28 von ihnen verschwanden zwischen sechs Jahre und lebenslänglich hinter Gittern.

GAVDOS

Die Insel Gavdos in der Region Chania markiert den südlichsten Punkt Europas.

Top-Bücher

El Greco (2007) Die griechische Filmbiografie erzählt das Leben des auf Kreta geborenen Renaissancemalers.

Freiheit oder Tod (Nikos Kazantzakis, 1950) Eindrückliche Schilderung des Aufstands gegen die Türken im Jahr 1889.

The Cretan Runner (Georgios Psychoundakis, 1955) Erzählt von einem Hirten, der im 2. Weltkrieg zum Botenjungen wurde.

Das dunkle Labyrinth (Laurence Durrell, 1958) Philosophische Geschichte einer englischen Reisegruppe, die fest entschlossen ist, ein gefährliches Labyrinth zu finden und zu erkunden.

Geschichte

Kretas bewegte Geschichte reicht 5000 Jahre zurück und hat überall auf der Insel ihre Spuren hinterlassen – von uralten minoischen Palästen und römischen Städten bis zu spektakulären byzantinischen Kirchen, venezianischen Festungen und osmanischen Bauten. Kretas prominente Rolle in der Weltgeschichte reicht bis zur Zeit der illustren Minoer zurück, die luxuriöse Paläste bewohnten, als andere Europäer noch in primitiven Hütten saßen. Seit dieser Zeit stand Kreta durch seine strategische Lage mitten im Mittelmeer immer wieder im Brennpunkt weltbewegender Ereignisse. Außerdem war die Insel stets der Zankapfel für seine Nachbarn (z. B. die Araber im Mittelalter) oder für Länder mit größeren Ambitionen (wie Deutschland im Zweiten Weltkrieg).

Auch in der Phantasie der Massen hat Kretas (echte und fiktive) Vergangenheit unauslöschliche Spuren hinterlassen. In der antiken griechischen Mythologie spielt die Insel eine bedeutende Rolle: Hier gebar Rhea ihren Sohn Zeus und versteckte ihn vor seinem Kinder verschlingenden Vater; hier war es auch, dass Zeus' Sohn Minos seine legendäre Herrschaft antrat. Von der Insel starteten Ikarus und Dädalus zu ihrem verhängnisvollen Flug und Theseus reiste von Athen nach Kreta, um im berühmten Labyrinth den Minotaurus zu erlegen.

Während die mythischen Aspekte dieser Geschichten mit Sicherheit fragwürdig sind, können sie gleichzeitig nur für einen Ort erdacht worden sein, dessen historische und kulturelle Errungenschaften großartig genug waren. Kurz: Der schiere Prunk der antiken Legenden Kretas weist darauf hin, dass die Insel für ihre Zeit äußerst wohlhabend, mächtig und hoch entwickelt war.

Bestimmend für die lange physische und kulturelle Geschichte der Insel war vor allem das Aufblühen des orthodoxen Glaubens byzantinischer Ausprägung, der dank der Zähigkeit und Unabhängigkeit der Kreter sämtliche Eroberungen durch Araber, Venezianer und Osmanen überstanden hat. Kretas abweisende Geografie diente als Bollwerk zum

ZEITACHSE

6500 v. Chr.

Kretas erste Bewohner sind Jäger und Sammler. Die Menschen leben in Höhlen oder Holzhäusern, verehren Fruchtbarkeitsgöttinnen, betreiben Ackerbau und Viehzucht und fertigen primitive Töpferwaren.

3000 v. Chr.

Mit nordafrikanischen oder levantinischen Einwanderern kommt die Bronzeverarbeitung nach Kreta; das Bronzezeitalter beginnt und mit ihm der Handel. Töpferei und Schmuckherstellung entwickeln sich.

2000 v. Chr.

Die minoische Kultur erreicht ihren Höhepunkt. Architektonische Fortschritte ermöglichen den Bau der Paläste in Knossos, Festos, Malia und Zakros, das erste Schriftdokument entsteht.

KRETAS ERSTE SEEFAHRER

Als Ausgrabungen bei Plakias und Preveli in den Jahren 2008 und 2009 gemeißelte Steinwerkzeuge zutage förderten, stellten Archäologen erstaunt fest, dass diese mindestens 130 000 Jahre alt waren – der erste Hinweis überhaupt, dass die Menschheit bereits zu dieser Zeit zur See fuhr. Bis dahin ging die älteste bekannte Seereise lediglich 60 000 Jahre zurück.

Die Vorstellung, dass die ersten Kreter bereits viel früher als gedacht übers Meer auf die Insel kamen, hat die ganze konventionelle Anthropologie auf den Kopf gestellt. Diese hatte bis dahin angenommen, dass die ersten Menschen ausschließlich über Land nach Europa eingewandert waren. Da Wissenschaftler vermuten, dass die kretischen Werkzeuge in Wirklichkeit bis zu 700 000 Jahre alt sein könnten, ist schon jetzt klar, dass weitere Überraschungen bevorstehen. Die Ausgrabungen dauern noch an.

Schutz vieler Dinge – von der Ikone über die Mundarten bis hin zum Brauchtum – und erklärt zumindest teilweise den Erhalt der kretischen Traditionen selbst in den chaotischsten Zeiten.

Die faszinierende Mischung der unterschiedlichen Zivilisationen, die Kreta in den letzten 800 Jahren bewohnt haben, hat eine vielseitige Geschichte hinterlassen, wie sich an der einmaligen Synthese aus traditioneller Musik und Kunst, Legenden und Glaube gut ablesen lässt. Die Kreter waren schon immer ein stolzes Inselvolk; nach Abzug der Osmanen wurde sogar diskutiert, ob sich Kreta Griechenland anschließen oder zum autonomen Staat erklären sollte. Allein das spricht Bände über den Charakter der Kreter.

Mythos & Minoer

Kretas Frühgeschichte liegt größtenteils im Nebel der Geschichte verborgen, was sie um so faszinierender macht. Legenden und physische Hinterlassenschaften sprechen jedoch eine deutliche Sprache: Hier war Europas erste moderne Zivilisation zuhause – die Minoer.

Die geheimnisvolle Kultur entwickelte sich während der Bronzezeit, noch bevor die große mykenische Kultur auf dem griechischen Festland entstand. Beeinflusst wurden die Minoer von zwei großen Kulturen im orientalischen Raum, den Mesopotamiern und den Ägyptern, mit denen sie auch in Verbindung standen. Um 3000 v. Chr. brachten Einwanderer aus Anatolien die Kunst der Bronzeherstellung mit. Dieser technologische Quantensprung ermöglichte es der aufstrebenden minoischen Zivilisation, sich mehr als anderthalb Jahrtausende fast ungestört zu entwickeln.

Die frühe minoische Periode hat in vielen Aspekten noch Ähnlichkeit mit der weniger gut dokumentierten Jungsteinzeit. Doch die Verarbeitung von Bronze versetzte die Minoer in die Lage, bessere Schiffe zu bau-

1700 v. Chr.

Die minoischen Paläste werden zerstört, wahrscheinlich durch ein Erdbeben. Sie werden aber durch größere Paläste mit mehreren Stockwerken und einem hoch entwickelten Abwassersystem ersetzt.

1450 v. Chr.

Die minoische Kultur kommt auf abrupte und mysteriöse Weise zum Stillstand. Alle Paläste außer Knossos werden zerstört; als verantwortlich gilt ein gewaltiger Tsunami nach einem Vulkanausbruch auf Santorin.

1400 v. Chr.

Die Mykener kolonisieren Kreta und bauen neue Städte wie Lappa (Argyroupoli), Kydonia (Chania) und Polyrinia. Die Waffenproduktion floriert. In der Religion ersetzen griechische Götter die Verehrung der Muttergöttin.

NEIL SETCHFIELD/LONELY PLANET IMAGES ©

» Minoische Ruinen in Malia

en und dadurch ihre Handelsbeziehungen im Vorderen Orient auszubauen. Davon profitierten auch Töpferei und Goldschmiedekunst, die sich später zu herausragenden minoischen Kunstformen entwickeln sollten.

Die Chronologie des minoischen Zeitalters ist ein umstrittenes Thema. Die meisten Archäologen unterteilen die minoische Periode in drei Phasen: Vorpalastzeit (3400–2100 v. Chr.), Neue Palastzeit (2100–1450 v. Chr.) und Nachpalastzeit (1450–1200 v. Chr.). Diese Zeitabschnitte entsprechen ungefähr der älteren Unterteilung in Frühminoikum (abschnittsweise auch schon als Vorpalastzeit bezeichnet), Mittelminoikum und Spätminoikum, wobei sie sich teilweise auch überlappen. Die Begriffe werden in diesem Führer synonym verwendet.

Ihren Höhepunkt erreichte die Kultur während der Vorpalastzeit (auch Altpalastzeit oder Mittelminoikum) um 2000 v. Chr. mit dem Bau der großen Paläste von Knossos, Festos, Malia und Zakros. Jene Zeit markiert einen deutlichen Bruch mit dem dörflichen Leben der Jungsteinzeit. Während dieser Zeit wurde Kreta wahrscheinlich von lokalen Herrschern regiert, wobei sich Macht und Reichtum in Knossos konzentrierten. Die Gesellschaft war hierarchisch strukturiert (mit einem großen Anteil an Sklaven), und es kam zu herausragenden Fortschritten in der Architektur. Nun entstand auch die erste kretische Schrift. Zunächst extrem bildhaft, entwickelte sie sich schrittweise von Darstellungen natürlicher Objekte zu abstrakteren Zeichen ähnlich den ägyptischen Hieroglyphen.

1700 v. Chr. wurden die Paläste urplötzlich zerstört, nach Meinung der meisten Archäologen durch ein Erdbeben. Bald darauf folgte jedoch das so genannte „Goldene Zeitalter" der Minoer, und die Paläste in Knossos, Festos, Malia und Zakros wurden mit einer wesentlich komplexeren, erstaunlich modernen Architektur wieder aufgebaut. Die Prachtbauten hatten mehrere Stockwerke, verschwenderisch gestaltete königliche Quartiere, prunkvolle Empfangshallen, Lagerräume, Werkstätten, Wohnräume für das Personal und ein komplexes Abwassersystem. Aus dieser Art der Architektur entwickelte sich später der Mythos des kretischen Labyrinths und des Minotaurus.

Während der Neuen Palastzeit stieg der minoische Staat zu einer großen *Thalassokratie* (maritim-kommerziell ausgerichteter Staat) auf, die König Minos allem Anschein nach von seiner Hauptstadt Knossos aus regierte. Der Handel mit dem östlichen Mittelmeerraum, Kleinasien und Ägypten florierte, unterstützt von mehreren minoischen Kolonien in der Ägäis. Minoische Keramik, Textilien, Vieh, Olivenöl und landwirtschaftliche Erzeugnisse waren im gesamten ägäischen Raum sowie in Ägypten, Syrien und möglicherweise auch Sizilien sehr gefragt.

Um 1450 v. Chr. kam die minoische Kultur auf abrupte und geheimnisvolle Weise zum völligen Stillstand. Alle Paläste (außer Knossos) und zahlreiche kleinere Siedlungen lagen plötzlich in Trümmern. Neue

Highlights: Minoische Stätten

- » Knossos
- » Festos
- » Zakros
- » Malia

1100 v. Chr.

Die Dorer überrennen die mykenischen Städte und werden die neuen Herrscher auf Kreta. Sie reformieren das politische System. Eine rudimentäre Demokratie ersetzt die Monarchie.

431–386 v. Chr.

Während Griechenland in den Peloponnesischen Krieg verstrickt ist, werden auf Kreta interne Kämpfe ausgetragen: Knossos gegen Lyttos, Festos gegen Gortys, Kydonia gegen Apollonia, Itanos gegen Ierapitna.

67 v. Chr.

Die Römer erobern Kreta, nachdem sie zwei Jahre zuvor in Kydonia eingefallen waren. Gortys wird neue Hauptstadt und mächtigstes Zentrum der Insel. Mit der *Pax Romana* enden die internen Konflikte.

27 v. Chr.

Kreta wird mit Ostlibyen zur römischen Provinz Creta et Cyrenaica zusammengefasst; Ballungsräume werden umstrukturiert, eine neue Ära des Wohlstands bricht an.

wissenschaftliche Erkenntnisse lassen auf die Ursache schließen: eine gewaltige Flutwelle und eine riesige Aschewolke als Folge eines verheerenden Vulkanausbruchs auf der nahe gelegenen Inselgruppe Santorin. Zeitpunkt und Grund für den endgültigen Niedergang der Minoer werden unter den Archäologen äußerst kontrovers diskutiert. Einige behaupten, dass ein zweites mächtiges Erdbeben nur ein Jahrhundert später der Auslöser war, andere machen die Invasion der Mykener dafür verantwortlich. Ob die Mykener die Katastrophe nun tatsächlich verursachten oder nur von ihr profitierten – klar ist, dass ihre Präsenz auf der Insel zeitlich in engem Zusammenhang mit der Zerstörung der Paläste und der minoischen Kultur steht.

Killerwellen

Die minoische Zivilisation wurde wahrscheinlich durch einen Tsunami zerstört. Das schließt man aus minoischen Artefaktenfunden, die zusammen mit Kieselsteinen, Muscheln und Meerestieren mehr als 7 m über dem Meeresspiegel lagen. Sie wurden auf die Zeit um 1450 v. Chr. datiert, als der Vulkan von Santorin ausbrach und an Kretas Nordkuste eine Flutwelle von 23 m Höhe auslöste, die 15 km ins Landesinnere vordrang.

Aufstieg und Niedergang der Mykener

Die mykenische Zivilisation war die erste Hochkultur auf dem griechischen Festland. Ihren Höhepunkt erreichte sie zwischen 1500 und 1200 v. Chr. Sie hat ihren Namen von der Stadt Mykene, man nennt sie aber auch die achäische Kultur (nach dem indoeuropäischen Einwandererstamm, der sich auf dem griechischen Festland niederließ).

Bei den Minoern deutet das Fehlen von Stadtmauern auf ein relativ friedliches Zusammenleben unter irgendeiner Art von Zentralautorität hin. Die mykenische Kultur bestand dagegen aus unabhängigen Stadtstaaten wie dem übermächtigen Mykene, deren Könige in ihren Palästen hinter mächtigen Mauern auf strategisch günstigen Anhöhen residierten.

Die Mykener verwendeten Linear-B-Schrift. Lehmtafeln mit Inschriften aus dem Palast von Knossos zeugen von der mykenischen Besetzung Kretas. Ihre Kolonialherrschaft dauerte von 1400 bis 1100 v. Chr. Knossos blieb vermutlich Hauptstadt von Kreta, doch die Inselherrscher waren fortan den Festlandmykenern untertan. Die minoischen Kreter verließen die Insel oder zogen sich ins Inselinnere zurück, während die Mykener neue Städte wie Lappa (Argyroupolis), Kydonia (Chania) und Polyrinia gründeten.

Die Wirtschaft der Insel blieb davon relativ unberührt. Der Export der lokalen Produkte lief weiter, aber die Kunst verfiel. Nur die Waffenherstellung florierte – passend zum neuen militaristischen Geist, den die Mykener nach Kreta brachten. Anstelle der Muttergöttin führten die Mykener neue griechische Götter wie Zeus, Hera und Athena ein.

Die Macht der Mykener reichte weit, wurde aber durch interne Fehden untergraben. So waren sie den kriegerischen Dorern nicht gewachsen.

Das klassische Kreta

Gegen heftigen Widerstand eroberten die Dorer um 1100 v. Chr. auch Kreta, worauf viele der Inselbewohner nach Kleinasien flohen. Andere, die so genannten Eteokreter oder „echten" Kreter, verschanzten sich in den Bergen und bewahrten so ihre Kultur.

63 n. Chr.

Paulus führt bei seinem Besuch auf Kreta das Christentum ein und überlässt seinem Schüler Titus die Konvertierung der Insel. Der hl. Titus wird der erste Bischof Kretas.

250

Rom beginnt, die Christen auf Kreta in großem Stil zu verfolgen. Die ersten christlichen Märtyrer, die sogenannten *Agii Deka* („heilige Zehn"), werden im gleichnamigen Dorf ermordet.

395

Das Römische Reich spaltet sich: Kreta fällt unter byzantinische Herrschaft und wird selbstverwaltete Provinz. Religiöses und Verwaltungszentrum ist Gortys. Der Handel floriert, viele Kirchen entstehen.

415

Das zweite Erdbeben in 50 Jahren zerstört viele Städte, Kreta als friedliche Hinterwäldlerprovinz floriert trotzdem weiterhin.

Durch die Dorer kam es zu einem traumatischen Bruch mit der Vergangenheit. Die nächsten 400 Jahre werden oft als Kretas „finsteres Mittelalter" bezeichnet, obwohl es unfair wäre, die Dorer völlig abzuwerten: Sie brachten das Eisen mit und entwickelten einen neuen Keramikstil mit auffallenden geometrischen Mustern. Sie verehrten männliche Götter statt der früheren Fruchtbarkeitsgöttinnen und übernahmen die mykenischen Götter Poseidon, Zeus und Apollo, womit sie den Weg für die spätere griechische Götterwelt ebneten.

Recht & Ordnung bei den Dorern

Das *Stadtrecht von Gortys* aus dem 6. Jh. v. Chr., das Ende des 19. Jhs. bei Ausgrabungen in Gortys entdeckt wurde, vermittelt Einblicke in die Gesellschaftsordnung des dorischen Kreta. Die zwölf Steintafeln behandeln zivil- und strafrechtliche Fragen, wobei zwischen freien Bürgern sowie sonstigen Bürgern und Sklaven klar unterschieden wird.

Die Dorer reorganisierten Kretas politisches System und unterteilten die Gesellschaft in drei Klassen: freie Bürger, die Eigentum und politische Rechte hatten (dazu gehörten auch Bauern mit Grundbesitz), Händler und Seeleute und zuletzt die Sklaven. Eine Art rudimentäre Demokratie löste das monarchische Herrschaftssystem ab. Die freien Bürger wählten einen Regierungsausschuss, dem wiederum ein Ältestenrat zur Seite stand und der sich vor der Versammlung der freien Bürger verantworten musste. Im Unterschied zur minoischen Zivilisation waren Frauen den Männern untergeordnet.

Um 800 v. Chr. waren lokale Landwirtschaft und Viehhaltung so produktiv geworden, dass der Seehandel wieder auflebte. Rund um das Mittelmeer entstanden neue griechische Kolonien, und Kreta übernahm eine wichtige Handelsrolle in der Region.

Geeint wurden die verschiedenen Stadtstaaten durch die Entwicklung eines griechischen Alphabets, die Verse von Homer und die Einführung der Olympischen Spiele. Der Bau zentraler Heiligtümer wie Delphi vermittelte den Kretern zudem ein griechisches Nationalbewusstsein.

Rethymnon, Polyrinia, Falasarna, Gortys, Festos und Lato wurden im neuen Befestigungsstil dorischer Stadtstaaten erbaut: eine befestigte Akropolis auf dem höchsten Punkt, darunter eine *agora* (Markt), ein geschäftiges Handelsviertel und die Wohnquartiere.

Während das übrige Griechenland vom 6. bis 4. Jh. v. Chr. sein Goldenes Zeitalter erlebte, blieb Kreta tiefste Provinz. Durch ständige Kleinkriege zwischen den großen Handelszentren und kleineren, alteingesessenen Gemeinwesen verarmte die Insel immer mehr. Obwohl sich Kreta weder an den Perserkriegen noch am Peloponnesischen Krieg beteiligte, waren viele Kreter aus wirtschaftlichen Gründen gezwungen, als Söldner bei fremden Armeen anzuheuern oder sich aufs Piratentum zu verlegen.

Gleichzeitig zog Kreta als Geburtsort der griechischen Kultur die Aufmerksamkeit von Philosophen wie Plato und Aristoteles auf sich, die ausführlich über seine politischen Institutionen schrieben. Knossos, Gortys, Lyttos und Kydonia (Chania) rangelten weiterhin um die Vorherrschaft und sorgten für ständige Unruhe. Auch Ägypten, Rhodos und Sparta mischten sich in Kretas Streitigkeiten ein, und die Piraterie florierte prächtig.

727

Kretische Befürworter der Ikonenverehrung lehnen sich gegen das Verbot des Bilderstürmer-Kaisers Leo III. auf. Der Aufstand wird zerschlagen; es folgt eine brutale Vergeltungswelle.

824

Arabische Sarazenen erobern Kreta und errichten zur Hortung ihrer Piratenschätze die Festung Khandaq in Iraklion. Die nächsten 150 Jahre sind finster, das kulturelle Leben kommt zum Stillstand.

MARIA BREUER/IMAGEBROKER ©

» Basilika von Agios Titus, Gortys

Das Römische Reich & die Orthodoxe Kirche

Um das Mittelmeer in einen „römischen Teich" zu verwandeln, musste Rom die Piraten in den Griff bekommen und die Schifffahrtsrouten kontrollieren. Als strategisch wichtigste Insel des zentralen Mittelmeers stand Kreta schon seit dem 3. Jh. v. Chr. auf Roms Einkaufsliste. Aber erst während des dritten Mithridatischen Kriegs (73–63 v. Chr.) kam Roms Stunde, indem es die Piratenkarte ausspielte. Nach einem erfolglosen Angriff des Marcus Antonius (Vater von Mark Anton) schickten die Kreter Gesandte nach Rom, die jedoch abgewiesen wurden. Anschließend stellte man in Windeseile eine 26 000 Mann starke Armee zur Verteidigung der Insel auf. 69 v. Chr. führte der römische Konsul Metellus den entscheidenden Eroberungsfeldzug bei Kydonia und hatte trotz tapferen Widerstands innerhalb von zwei Jahren Kreta eingenommen.

Die römische Herrschaft und die damit verbundene Umstrukturierung brachten für Kreta wieder friedliche Zeiten mit sich. Dabei wurden Ländereien und Städte als Gefälligkeit an verschiedene Verbündete Roms verschenkt. 27 v. Chr. wurde Kreta mit Libyen zur römischen Provinz Creta et Cyrenaica zusammengefasst. In der Zwischenzeit hatten die Römer mehrere Jahrzehnte an ihrer neuen Errungenschaft herumgebaut und gründeten 67 v. Chr. die spätere Hauptstadt Gortys. Römische Amphitheater, Tempel und öffentliche Bäder brachten Leben in die Stadt, die Bevölkerung wuchs. Knossos wurde aufgegeben und verfiel, während Kydonia (Chania) im Westen zu einem bedeutenden Zentrum aufstieg. Die römischen Städte waren durch Straßen, Brücken und Aquädukte verbunden, die stellenweise heute noch zu sehen sind. Unter den Römern fuhren die Kreter fort, Zeus in den Dikti- und Ida-Höhlen anzubeten, bezogen aber auch römische und ägyptische Gottheiten in ihre religiösen Rituale ein.

OLYMPIA

2004 erhielten die Athleten der Olympischen Spiele in Athen Zweige von einem 3250 Jahre alten Olivenbaum (einem der ältesten weltweit), der in Nordostkreta bei Kavousi steht.

Das Christentum erreicht Kreta

63 n. Chr. brachte der Apostel Paulus höchstpersönlich das Christentum nach Kreta. Als er die Insel wieder verließ, blieb sein Jünger, der hl. Titus, der Kreta nach und nach konvertierte, erster Bischof der Insel wurde und schließlich 107 n. Chr. im biblischen Alter von 94 Jahren starb. In den ersten Jahren blieb wohl alles ruhig um die kretische Christenheit. Mit dem 3. Jh. n. Chr. begann jedoch wie überall im Reich die groß angelegte Christenverfolgung. Im Jahr 250 starben mit den *Agii Deka* („Zehn Heiligen") im gleichnamigen Dorf die ersten christlichen Märtyrer auf Kreta.

324 verlegte der römische Kaiser Konstantin I. (der Große), ebenfalls Christ, die Reichshauptstadt von Rom nach Byzanz und taufte die Stadt in Konstantinopel um (heute Istanbul). Ende des 4. Jhs. war das Römi-

960
Der byzantinische General Nikiforos Fokas führt die „Expedition nach Kreta" und befreit die Insel. Die Küstenabwehr wird verstärkt, Khandaq wird Hauptstadt und Sitz der Erzdiözese.

1204
Nach der Einnahme Konstantinopels durch Kreuzritter fällt Kreta an Venedig. Die Venezianer bringen Siedler auf die Insel und bauen Städte und Verteidigungsanlagen, u. a. in Rethymnon, Chania und Iraklion.

1363
Venedig wirft beim Aufstand des hl. Titus eine gemeinsame Revolte der venezianischen Führung auf Kreta und der Griechen nieder, wobei die Kämpfe gegen einige adlige Clans noch jahrelang andauern.

1453
Konstantinopel fällt an die Türken. Byzantinische Gelehrte und Intellektuelle fliehen nach Kreta und sorgen für eine Renaissance der byzantinischen Kunst. Es entsteht die neue Kretische Schule der Ikonenmalerei.

sche Reich schließlich offiziell in eine West- und eine Osthälfte unterteilt. Kreta gehörte wie das übrige Griechenland ganz natürlich zur Osthälfte.

Die kleinen Differenzen in der Doktrin, die später zur Abspaltung der Orthodoxen von der Katholischen Kirche führen sollten, lagen noch Jahrhunderte in der Zukunft. Dennoch führte die geografische Teilung des Römischen Reichs auch zu den abweichenden Praktiken, Gebräuchen und Loyalitäten, die die Orthodoxe Kirche unter der Führung des Patriarchs von Konstantinopel später kennzeichnen sollten.

In den Anfängen des Byzantinischen Reichs war Kreta eine selbstverwaltete Provinz. Administratives und religiöses Zentrum war Gortys. Die Seeräuberei flaute ab, der Handel blühte auf, und die Insel wurde reich genug, um jede Menge Kirchen zu bauen.

Kretas Hang zur Ikonenverehrung löste 727 eine Revolte aus, als Kaiser Leon III. den Ikonenkult im Rahmen der „Bilderstürmerbewegung" verbot. Diese regte sich in verschiedenen Phasen des 8. und 9. Jhs., ausgelöst durch komplexe theologische, wirtschaftliche und politische Gemengelage. Teilweise war sie aber auch durch den Islam beeinflusst, der zu dieser Zeit immer weiter erstarkte. Der Aufstand wurde gnadenlos niedergeschlagen, und erbarmungslose Repressalien des byzantinischen Kaisers zwangen Kretas Ikonenliebhaber in die Knie. Dieses Vorgehen wurde jedoch 843 ein für alle Mal durch einen Erlass der Kaiserin Theodora beendet – ein Ereignis, das am ersten Sonntag der Fastenzeit noch heute als „Triumph der Orthodoxie" gefeiert wird.

Reliquien des hl. Titus

In Gortys stehen die Überreste der Basilika Agios Titus aus dem 6. Jh. n. Chr. als stumme Zeugen des Jüngers von Apostel Paulus. Die Reliquien des hl. Titus wurden während der Osmanenbesetzung zur sicheren Verwahrung nach Venedig gebracht und 1966 wieder an Kreta zurückgegeben. Heute befinden sie sich in Iraklion in der Kathedrale, die dem Heiligen geweiht ist.

Zwischen Piraten und Papst

Die friedliche Zeit der byzantinischen Herrschaft fand 824 mit der Ankunft der Araber aus Spanien ein Ende, die nach und nach ganz Kreta eroberten und als Basis für Raubzüge quer durch die Ägäis nutzten. Sie errichteten am Standort des heutigen Iraklion eine Festung namens Khandaq, um dort die Schätze zu horten, die sie durch Piraterie anhäuften. So geriet die Insel in Verruf, ihre Wirtschaft verkümmerte, und das kulturelle Leben kam zum Erliegen. Diese Zeit gilt als Kretas düsterstes Kapitel – entsprechend spärlich ist die Geschichtsschreibung dazu. Zwar wurde ein Teil der Bevölkerung wohl zum Islam zwangskonvertiert, jedoch hielt sich die Religion nicht über die Besatzungszeit hinaus auf der Insel.

In den Jahren 842, 911 und 949 startete Byzanz fruchtlose Eroberungsversuche; Erfolg hatte erst 960 Nikiforos Fokas mit seiner legendären „Expedition nach Kreta". Nach der bitteren Belagerung von Khandaq wurde Kreta 961 befreit, worauf sich Byzanz beeilte, die kretische Küste möglichst gut zu befestigen und seine Macht zu konsolidieren. Khandaq wurde zur neuen Hauptstadt des Themas (byzantinische Bezeichnung für „Provinz") Kreta und zum Sitz der wiederhergestellten Erzdiözese er-

1493

Der kretische Gelehrte Markos Mousouros hilft bei der Aldinen-Veröffentlichung der griechischen Klassiker. Sie werden sehr beliebt und verstärken den Einfluss griechischen Gedankenguts in der Renaissance.

1541

Dominikos Theotokopoulos, der spätere „El Greco", wird in Candia geboren. Seine in Italien und Spanien entstandenen Werke zeigen sowohl den Einfluss der „Kretischen Schule" als auch kühne Innovation.

1587

Vitsentzos Kornaros aus Sitia schreibt den *Erotokritos*, ein voluminöses Vers-Epos, das als Kretas größte literarische Leistung gilt und bis heute zu den wichtigsten Werken der griechischen Literatur gehört.

1645

Eine gewaltige türkische Streitmacht landet in Chania; die Türken fassen erstmals Fuß auf der Insel. Nach der Eroberung Rethymnons sichern sie sich auch den westlichen Teil der Insel.

klärt. Außerdem bemühte sich die Kirche, irregeleitete Schäfchen wieder in die christliche Herde zurückzuholen.

Die nächsten 250 Jahre waren relativ friedlich – bis auf einen kurzlebigen Aufstand des Gouverneurs Kerykes im Jahr 1092. Einige Jahre später kam Kreta zusammen mit Südgriechenland und dem Peleponnes unter die Herrschaft des Oberbefehlshabers der byzantinischen Flotte.

EIN MINI-KREUZZUG & EINE KURZLEBIGE REPUBLIK

Einige interessante Wendungen in Kretas zahlreichen Aufständen gegen die venezianischen Unterdrücker zeugen von der komplexen und spannenden Realität des damaligen Lebens und werfen etwas Licht auf das Verhältnis zwischen den Kretern und ihren italienischen „Gästen".

Ein Beispiel ist der Aufstand des hl. Titus im August 1363, bei dem sich kurioserweise die unterdrückten Kreter gemeinsam mit den venezianischen Siedlern gegen eine neue Steuer auflehnten. Alle Versuche einer friedlichen Einigung stießen bei den Herrschenden auf taube Ohren, sodass die Aufständischen zu den Waffen riefen. Zwar wandten sich die Rebellen in erster Linie gegen die offensichtlichen Nachteile für Handel und Wirtschaft, aber der Aufstand zeigte noch etwas anderes: Nach nur ein paar Generationen auf der Insel scheinen sich die Siedler ihren kretischen Nachbarn näher gefühlt zu haben als ihren Vorfahren im fernen Italien. Sie hatten sich assimiliert.

Die Rebellion führte rasch zum Sturz der Inselregierung; gleiches Recht für Griechen und Orthodoxe wurde ausgerufen. Der hl. Titus, Schutzpatron der Insel, wurde sogar zum offiziellen Symbol für die neue kretische Versammlung der Feudalherren, die Griechen sogar als Mitglieder der Verwaltungsräte zuließ. Die venezianische Diplomatie überzeugte die übrigen Großmächte (vor allem Genua), die Rebellen nicht zu unterstützen, sodass das venezianische Militär im Frühjahr 1364 Candia wieder einnehmen konnte. Nach der Hinrichtung der Rebellenanführer feierten die Venezianer im Juni ihren Sieg. Allerdings freuten sie sich etwas zu früh, denn die Unruhen waren damit noch lange nicht vorbei.

Der Großteil der Kämpfer hatte sich nämlich längst in die zerklüfteten Berge abgesetzt, wo griechische Adelsfamilien wie der Kallergis-Clan im Westen der Insel Pläne schmiedeten, die Italiener endgültig von der Insel zu jagen und sich wieder mit Byzanz zusammenzuschließen.

Das war dem venezianischen Dogen endgültig zu viel, der den Papst überzeugte, einen Kreuzzug gegen die Kallergis zu führen. Nun schloss sich jedoch ganz Westkreta zur Rettung der Orthodoxen Kirche dem Kampf an; die Venezianer brauchten fast fünf Jahre, um den Frieden wieder herzustellen.

Obwohl Venedig letztendlich in Kreta am Ruder blieb, waren diese Aufstände nicht ganz umsonst, denn sie zwangen die Kolonialmacht, Zugeständnisse zu machen. So kam es, dass Kreter griechischer und italienischer Abstammung im 15. Jh. eine Art Waffenstillstand erreichten. Dieser ermöglichte überhaupt erst die bemerkenswerte und einmalige kulturelle Blüte, die eine so wichtige Rolle in der italienischen Renaissance spielte.

1669

Iraklion (Candia) fällt 24 Jahre nach der Eroberung der restlichen Insel schließlich an die Türken. Die Osmanen bauen Moscheen und belegen Christen mit enormen Steuern.

1770

Unter Ioannis Daskalogiannis rebellieren 2000 Kreter in der Sfakia, werden jedoch besiegt. Daskalogiannis wird auf Iraklions Hauptplatz bei lebendigem Leibe die Haut abgezogen.

1821

Der Griechische Unabhängigkeitskrieg greift auf Kreta über, doch die türkisch-ägyptischen Truppen sind den Rebellen zahlenmäßig überlegen. Der zähe Widerstand führt zu grausamen Massakern an Kretern.

1828

In einer der blutigsten Schlachten des Unabhängigkeitskriegs bäumen sich 385 tapfere Rebellen unter ihrem Anführer Chatzimichali Dalianis ein letztes Mal auf. Neben den Rebellen sterben auch etwa 800 Türken.

Das glückliche Dasein endete 1204 ziemlich jäh mit dem perfiden Vierten Kreuzzug, als westliche Kreuzfahrer mit venezianischer Bezahlung es vorzogen, anstelle der Abtrünnigen in Ägypten das christliche Konstantinopel anzugreifen. Kreta wurde danach Bonifazius von Montferrat, dem Anführer der Kreuzfahrer, zugesprochen, der die Insel jedoch an die Venezianer verkaufte. Pech gehabt allerdings, denn seine Erzrivalen aus Genua waren schneller da. Die Insel blieb dann bis 1212 im Besitz Genuas, bis sie schließlich doch an Venedig fiel, deren Kolonialherrschaft bis 1669 andauerte. Heute ist der Einfluss Venedigs noch in allen größeren Städten Kretas zu sehen, wo sowohl Herrschaftshäuser als auch riesige Festungen stehen, die Hafenstädte und Häfen bewachten.

Venedig siedelte adlige Familien und Angehörige der Streitkräfte in Kreta an, von denen sich viele in Iraklion (Candia) niederließen. Allein im 13. Jh. kamen rund 10 000 Siedler, die mit den besten, fruchtbarsten Ländereien der Insel belohnt wurden. Die Kreter, die zuvor Landbesitzer waren, arbeiteten nun als Leibeigene für die neuen venezianischen Herren. Kretische Bauern wurden erbarmungslos ausgenutzt, die Steuerlast war immens. Außerdem versuchten die Venezianer unter dem Einfluss des allmächtigen Papsttums, Kreta den Katholizismus anstelle der Orthodoxen Kirche aufzuoktroyieren. Entsprechend häufig gab es natürlich Aufstände.

Venezianische Juwelen

» Morosini-Brunnen (Löwenbrunnen), Iraklion

» Hafenfestungen, Iraklion, Rethymnon und Chania

» Die Insel Spinalonga bei Elounda

» Moni Arkadiou, südlich von Rethymnon

» Die Festung von Frangokastello, Südküste

Finesse & Feeling

Die venezianische Herrschaft brachte Kreta Wohlstand und Stabilität; mit der Zeit sollte sich das kulturell für die Insel auszahlen. Es entwickelte sich ein einzigartiges Umfeld, in dem sich die weltoffenen Ideen und die Güter der seefahrenden Handelsmacht mit den kreativen Talenten und Traditionen der Insel vereinten. Während in Europa, auf dem Balkan und im Byzantinischen Reich Bürgerkriege, Thronfolgerangeleien und islamische Invasionen wüteten, blieb Kreta die friedliche Sonneninsel und Refugium der Dichter und Denker mit erstklassigem, meist kirchlich finanziertem Bildungsangebot. Das venezianische Kreta war allerdings auch bekannt für seine intellektuellen Zentren (z. B. die *Accademia degli Stravaganti* in Candia), wo sich Rhetoriker einen Schlagabtausch lieferten und Philosophen an uralten Texten knobelten.

Diese kulturelle Blüte wurde von zwei Faktoren erheblich begünstigt: dem Wiederaufleben westlichen Interesses an altgriechischen und lateinischem Gedankengut sowie dem Fall von Konstantinopel im Jahr 1453. Nachdem ein paar Jahre später Trebizond und Mystras am Peleponnes eingenommen wurden, war Kreta die letzte überlebende Bastion des Hellenismus und wurde damit zum Anziehungspunkt für byzantinische Gelehrte und Intellektuelle. Mit ihnen kamen Manuskripte, Ikonen, Erfahrung, etablierte Denkschulen, Bibliotheken und Druckerpressen auf die Insel.

1830

Die Großmächte treten Kreta an Ägypten ab. Die neue Herrschaft bringt die Gleichbehandlung von Muslimen und Christen und den Bau neuer Schulen und Infrastruktur. Doch die hohe Besteuerung löst Unruhen aus.

1840

Nach dem Sieg der Türkei über Ägypten treten die Großmächte Kreta an die Osmanen ab. Wiederholte Gesetzesverstöße führen zu einem erneuten Aufstand und dem Ruf nach Vereinigung mit Griechenland.

1866

Etwa 2000 türkische Soldaten greifen Moni Arkadiou an, wo sich über 900 Rebellen mit ihren Familien verschanzt haben. Die Kreter setzen ein Pulvermagazin in Brand; fast alle werden dabei getötet.

1877–1878

Der Russisch-Türkische Krieg löst einen weiteren kretischen Aufstand aus, jedoch lehnt der Berliner Kongress die Einheit mit Griechenland ab. Kreta wird zur halbautonomen, unzufriedenen Osmanenprovinz.

Die gegenseitige Befruchtung byzantinischer Traditionen und der aufblühenden italienischen Renaissance ist vor allem dafür bekannt, dass sie die „Kretische Schule" der Ikonenmalerei hervorbrachte. Diese vereinte byzantinische und venezianische Elemente und erreichte ihren Höhepunkt im 16. und 17. Jh. Vom 13. bis Anfang des 16. Jhs. waren kretische Kirchen bereits mit Fresken verziert, die vielfach bis heute erhalten sind. Der großartigste Ikonenmaler des 14. Jhs. war Ioannis Pagomenos, während der bekannteste Dominikos Theotokopoulos hieß, der in Italien Malerei studierte, bevor er nach Spanien übersiedelte, wo er sich als El Greco („Der Grieche") einen Namen machte.

Gleichzeitig erlebte Kreta eine ungeheure literarische Blüte. Dabei beeinflussten sich der Stil der traditionellen kretischen Volksdichtung und die poetischen und musikalischen Strömungen aus Frankreich, Italien und Kontantinopel. Wie auch bei der bildenden Kunst kann man hier mit Recht behaupten, dass kretisches Lebensgefühl und italienische Raffinesse eine gelungene Synthese bildeten.

Als Paradebeispiel hierfür dient das epische Meisterwerk der Insel, *Erotokritos*, das Vitsentzos Kornaros aus Sitia, ein Nachfahre der Venezianer, auf Griechisch schrieb. Die Versstruktur des über 10 000 Zeilen langen Mundartepos basiert auf den traditionell kretischen *mantinadhes* (Paarreimen), ähnelt vom Thema her (höfische Liebe, Ehre und Tapferkeit) aber eher seinen französischen Vorgängern aus dem 15. Jh., die ihrerseits von den noch älteren, epischen Mundartdichtungen aus dem byzantinischen Griechenland beeinflusst waren. Die 15-silbige Versstruktur des Gedichts ist sogar typisch für die gesamte byzantinische Mundartliteratur.

KIRCHEN

Das 2008 erschienene Buch *Klöster und byzantinische Kirchen auf Kreta* des kretischen Autors Nikos Psilakis ist ein sehr nützlicher, handlicher und schön illustrierter Führer für Hunderte von Kretas Gotteshäusern.

Widerstand & die Tourkokratia

Im 17. Jh. war das wachsende Osmanische Reich endlich in der Lage, auf hoher See gegen Venedig zu bestehen und die beiden strategisch wichtigsten venezianischen Inseln Zypern und Kreta für den Sultan einzunehmen. 1645 fiel Chania nach zweimonatiger Belagerung durch die Türken, kurz darauf auch Rethymnon. Candias massive Mauern hielten den Eroberern jedoch bis 1669 stand. Nur die Festungen Gramvousa, Spinalonga und Souda blieben in venezianischer Hand, die beiden letzteren sogar bis 1715.

Einer der wenigen Lichtblicke der osmanischen Herrschaft war ein Quäntchen Freiheit für die Orthodoxe Kirche. Wie auch im übrigen Osmanenreich erhielten nichtmuslimische Untertanen einen Schutzstatus. Auch ihr Glaube wurde toleriert, vorausgesetzt, sie zahlten die erdrückenden Steuern. Da eine Konvertierung zum Islam also erhebliche wirtschaftliche und soziale Vorteile mit sich brachte, verwundert es kaum, dass auch hier, wie in anderen osmanischen Ländern, tatsächlich viele übertraten. Als das 18. Jh. anbrach, sicherten der Getreideexport und die

» Byzantinische Ikone, Moni Toplou

1883

Nikos Kazantzakis, Griechenlands berühmtester Dichter, wird in Iraklion geboren. Mitte des 20. Jhs. wird er durch Werke wie *Alexis Sorbas* und *Die letzte Versuchung* bekannt.

1889

Nach erbitterten innenpolitischen Machtkämpfen im kretischen Parlament bricht erneut eine Revolte aus. Die Großmächte zwingen die Türken schließlich dazu, einer neuen Verfassung zuzustimmen.

neu entstandene Olivenölseifenindustrie den Bauern höhere Einkünfte und sorgten so für einen etwas besseren Lebensstandard.

Wer jetzt besonders rebellisch oder stur war, setzte sich in die Bergregionen ab (vor allem in die abweisende Sfakia im Südwesten), um in Freiheit zu leben und Angriffe auf die Türken zu starten. Im Jahr 1700 versprach Russland den Aufständischen seine Unterstützung, worauf der sfakianische Rebellenführer Ioannis Daskalogiannis 2000 Kämpfer in die Schlacht führte. Die russische Hilfe kam jedoch nie; Daskalogiannis wurde auf dem Hauptplatz in Iraklion die Haut bei lebendigem Leibe abgezogen.

Im Jahr 1821 legte der Griechische Unabhängigkeitskrieg die Lunte an einen weiteren fruchtlosen Aufstand. Die Folgen waren bitter: Die Osmanen massakrierten kretische Zivilisten und Priester, die sie (vollkommen zurecht allerdings) als ideologische Aufwiegler hinter dem griechischen Nationalismus vermuteten. Aufgrund der Widerstandsbewegungen auf Kreta, dem Peleponnes und dem griechischen Festland sah sich der Sultan jedoch gezwungen, in Ägypten Hilfe zu suchen. Er bat die dortigen Herrscher um einen Angriff auf die Christen, eine Bitte, der sie nur zu gerne nachkamen: Rund um die Ägäis wurden Tausende massakriert. Kretas Rebellen setzten sich zwar energisch zur Wehr, hatten aber rein zahlenmäßig gegen die türkisch-ägyptischen Truppen keine Chance.

1830 wurde Griechenland schließlich unabhängig. Kreta sprachen die Großmächte jedoch Ägypten zu, in der Hoffnung, dass ein Friede auf der Grundlage einer Amnestie und der Gleichberechtigung von Muslimen und Christen durchgesetzt werden könnte. Doch dann wurde Ägypten in Syrien von den Türken besiegt, worauf Kreta 1840 wieder unter die Herrschaft der Osmanen geriet. Trotz weiterer Reformversuche wurde *Enosis i Thanatos* (Einheit oder Tod) das Motto für erneute Aufstände im Westen der Insel.Türken und Ägypter brachten weitere Massaker nach Kreta, die 1866 ihren international berüchtigten Höhepunkt fanden, als sich 900 entschlossene Rebellen zusammen mit ihren Familien in Moni Arkadiou mit ihrem gesamten Pulvervorrat in die Luft sprengten und 2000 türkische Belagerer mit in den Tod rissen. Das Ereignis schockierte die ganze Welt und schürte Sympathien für die heldenhaften Kreter. Großbritannien und Frankreich unterstützten jedoch weiterhin die Türkei und befahlen den Griechen, jede Unterstützung der kretischen Rebellen zu unterlassen.

Ikonen der Kretischen Schule

Das Museum für religiöse Kunst in Iraklion hat eine bedeutende Ikonensammlung von Künstlern wie dem großartigen Michael Damaskinos, der im 16. Jh. einen unverwechselbaren Stil in der kretischen Kunst prägte.

Endlich vereint

Selbst die Großmächte konnten jedoch nicht verhindern, dass die Welle des revolutionären Nationalismus schließlich über ganz Südosteuropa schwappte. 1877 führte der Russisch-Türkische Krieg zur Befreiung Bulgariens und fast zum Sturz der osmanischen Regierung. Sowohl die

1896

Es kommt zu erneuten Gewaltausbrüchen. Griechenland entsendet Truppen und proklamiert die Vereinigung mit Kreta. Die Großmächte lehnen ab und ernennen Prinz Georg zum Hochkommissar von Kreta.

1898

Türken töten in Iraklion Hunderte christliche Zivilisten, 17 britische Soldaten und den britischen Konsul. Großbritannien verweist die Türken der Insel und stellt Kreta unter internationale Verwaltung.

1900

Arthur Evans beginnt seine Ausgrabungen in Knossos, legt den Palast frei und verblüfft die archäologische Forschung mit der Entdeckung einer hoch entwickelten minoischen Kultur.

1905

Eine revolutionäre Versammlung in Theriso erklärt die Einheit mit Griechenland. Eleftherios Venizelos stellt eine Gegenregierung auf, die Kreta verwalten soll. Die Großmächte ernennen einen neuen Gouverneur.

kretischen Rebellen als auch die griechische Regierung schöpften Mut. Trotz der nicht unerheblichen Erfolge der kretischen Rebellen wurde 1878 beim Berliner Kongress die Idee der *enosis* abgelehnt. Stattdessen erhielt Kreta einen halbautonomen Status mit Griechisch als Amtssprache, und eine Generalamnestie wurde erlassen.

Nach internen Kämpfen im Parlament kam es 1889 zu einem erneuten Aufstand gegen die Türkenherrschaft, gefolgt von neuen Repressalien. In Sfakia belagerte Manousos Koundouros' Geheimbund (der Autonomie und die spätere Vereinigung mit Griechenland zum Ziel hatte) die türkische Garnison in Vamos. Die Aktion zog brutale Vergeltungsmaßnahmen nach sich, was schließlich zur Intervention der Großmächte führte, die den Osmanen eine neue Verfassung aufzwangen.

Beim nächsten Ausbruch der Unruhen im Jahr 1896 entsandte die griechische Regierung Truppen nach Kreta und erklärte die Einheit mit der Insel. Die Großmächte errichteten jedoch eine Blockade der Küste, sodass weder Türken noch Griechen ihre Stellungen verstärken konnten. Schließlich zog Griechenland seine Truppen ab. Anschließend ernannten die Großmächte den unbeliebten Prinzen Georg, Sohn des Königs Georg von Griechenland, zum Hochkommissar von Kreta.

Das brachte das Pulverfass endgültig zum Explodieren. Innerhalb kurzer Zeit erreichte die mörderische Empörung der Kreter das, woran die internationale Diplomatie jahrzehntelang gescheitert war: Die Türken mussten Kreta verlassen. 1898 befand sich eine Abteilung des britischen Militärs zur Überwachung des Machtwechsels in Iraklion, als eine Gruppe aufgebrachter türkischer Muslime die Stadt stürmten und Hunderte von christlichen Zivilisten sowie 17 britische Soldaten und den britischen Konsul niedermetzelten. Die 17 Anführer wurden gefunden und erhängt, bevor schließlich eine britische Schiffsstaffel die Insel erreichte. So endete die Herrschaft der Osmanen über Kreta.

Der charismatische junge Politiker Eleftherios Venizelos aus Chania, ursprünglich Prinz Georgs Justizminister, brach mit seinem Regenten, nachdem dieser sich weigerte, die *enosis* in Betracht zu ziehen. Venizelos berief 1905 in Theriso bei Chania eine revolutionäre Versammlung ein, wo er die griechische Flagge hisste und die Einheit mit Griechenland ausrief.

Richtigen Biss erhielt seine Revolutionsregierung durch die bewaffnete Unterstützung der Kreter aus seinem Umfeld. Die Großmächte baten König Georg, einen neuen Gouverneur zu ernennen. 1908 erklärte die kretische Nationalversammlung die Einheit mit Griechenland und wählte Venizelos zum Premierminister. Trotzdem verwehrte die griechische Regierung kretischen Abgesandten den Zutritt zum Parlament, aus Angst, die Türkei und die Großmächte gegen sich aufzubringen. Erst im Ersten Balkankrieg (1912) wurden Kreter endlich zum Athener Parlament zugelassen. 1913 erkannte der Bukarester Vertrag Kreta formell als Teil des griechischen Staates an.

Literature and Society in Renaissance Crete von David Holton ist eine umfassende englischsprachige Studie der kretischen Renaissanceliteratur im historischen, sozialen und kulturellen Kontext. Einzelne Kapitel zum poetischen und dramatischen Genre wurden von führenden Experten zu diesen Themen verfasst.

1908

Die kretische Versammlung proklamiert erneut die Einheit mit Griechenland; bis zur endgültigen Vereinigung wird es aber weitere fünf Jahre dauern.

1912

Die ersten Abgeordneten aus Kreta ziehen auf Druck von Venizelos, der seit 1910 griechischer Premierminister ist, ins griechische Parlament ein.

1913

Die Türkei sucht Vergeltung, wird aber in den Balkankriegen von Griechenland, Bulgarien, Serbien und Montenegro besiegt. Nach dem Krieg wird Kreta im Bukarester Vertrag offiziell mit Griechenland vereint.

1919

Venizelos entschließt sich zum Angriff gegen die Türkei mit dem Ziel, Istanbul und Teile Kleinasiens zu erobern.

Nach der verheerenden griechischen Invasion von Smyrna schrieb der Vertrag von Lausanne 1923 einen Bevölkerungsaustausch zwischen Griechenland und der Türkei vor. Daraufhin wurden Kretas 30 000 Muslime gegen die griechischen Flüchtlinge aus Anatolien ausgetauscht, wodurch auch die letzten Überbleibsel der *tourkokratia* beseitigt waren.

Ein gespenstischer Anblick

Wer möchte schon morgens am Strand eine Geisterarmee ins Meer marschieren sehen? Manche schon – ihnen erscheinen die *drosoulites* (die Geister von 385 kretischen Kämpfern, die 1828 heldenhaft bei der Verteidigung von Frangokastello an der Südküste gegen die Türken starben) jedes Jahr im Mai.

Zweiter Weltkrieg & die Schlacht um Kreta

Wie bei unzähligen Konflikten davor war Kreta wegen seiner strategischen Lage für Invasoren im Zweiten Weltkrieg eine begehrte Beute. Hitler wollte das Mittelmeer beherrschen und von Kreta aus das britische Ägypten herausfordern. Am 6. April 1941 wurde Griechenland von Norden her in Windeseile überrannt, nachdem die jugoslawische Royalistenregierung besiegt war. Daraufhin richtete der griechische Regierungschef Emmanouil Tsouderos eine Exilregierung auf seiner Heimatinsel Kreta ein.

Da alle verfügbaren griechischen Truppen in Albanien gegen die Italiener kämpften, baten die Griechen Großbritannien um Unterstützung bei der Verteidigung Kretas. Churchill willigte ein, da er die strategische Bedeutung der Insel erkannte und entschlossen war, Deutschlands Vorstoß durch Südosteuropa zu stoppen. Über 30 000 britische, australische und neuseeländische Soldaten stürzten sich auf das letzte Stück freies Griechenland, zwei Drittel von ihnen wurden vom griechischen Festland abgezogen. Doch die Voraussetzungen für die Verteidigung der Insel waren von Anfang an denkbar schlecht, denn die militärischen Ressourcen der Alliierten waren durch ihr Engagement im Nahen Osten bereits überstrapaziert. Kretas Verteidigungsanlagen ließen sehr zu wünschen übrig; es gab kaum Kampfflugzeuge, und die militärische Vorbereitung litt darunter, dass das Kommando allein im ersten Halbjahr 1941 sechs Mal wechselte. Auch das Terrain war ein Problem: Die einzigen brauchbaren Häfen lagen an Kretas exponierter Nordküste, die besser geschützten Häfen der Südküste waren wegen der schlechten Straßenverbindungen für den Nachschub nicht geeignet. Hitler seinerseits war fest entschlossen, Kreta zu erobern und als Luftstützpunkt für Angriffe auf die britischen Streitkräfte im östlichen Mittelmeerraum zu nutzen. In bemerkenswerter Verkennung der rebellischen Vergangenheit Kretas glaubte er sogar, die einheimische Bevölkerung werde die deutschen Truppen freudig begrüßen. Er hatte sich gründlich geirrt.

Nach einwöchigem Fliegerbombardement startete Hitler am 20. Mai die erste Luftlandeoperation der Geschichte. Sie war der Beginn der sogenannten Schlacht um Kreta, einer der bedeutendsten Schlachten des Zweiten Weltkriegs. Tausende von Fallschirmspringern schwebten auf Chania, Rethymnon und Iraklion herab – Hauptziel war die Besetzung des Flugplatzes von Maleme, 17 km westlich von Chania. Ältere Männer, Frauen und Kinder griffen nach Flinten, uralten Schießprügeln, Sicheln

1923

Im Frieden von Lausanne wird ein umfassender griechisch-türkischer Bevölkerungsaustausch vereinbart; 30 000 kretische Muslime werden durch anatolische Griechen ersetzt.

1941

Die Nazis besetzen Griechenland, zur Verteidigung Kretas treffen alliierte Truppen ein. Deutschland startet eine Luftlandeoperation zur Eroberung des Flugplatzes Maleme, westlich von Chania.

BETTMAN/CORBIS ©

» Deutsche Truppen bei der Invasion am 20. Mai

ERINNERUNG AN DEN KRIEG

Die Schlacht um Kreta hatte enormen Einfluss auf den Ausgang des Zweiten Weltkriegs. Gewaltige Opfer auf beiden Seiten sind der Grund dafür, dass Kreta eine bedeutende Pilgerstätte zum Gedenken an den Krieg ist. Jedes Jahr im Mai versammeln sich Kriegsveteranen aus Großbritannien, Australien, Neuseeland und Griechenland zu Gedenkfeiern in ganz Kreta.

Eine der größeren Feierlichkeiten ist eine Inszenierung des Luftlandesturms auf Maleme, westlich von Chania. Heutzutage nehmen nicht mehr so viele Kretaveteranen teil wie früher, doch die Jahrestage sind nach wie vor wichtige Gedenkstunden für Griechen und Ex-Alliierte. Auf der Insel werden auch regelmäßig Touren zu den Kampfschauplätzen des Zweiten Weltkriegs veranstaltet.

Über 1500 alliierte Soldaten liegen auf dem tadellos gepflegten Soldatenfriedhof in der Souda-Bucht bei Chania begraben. Langjähriger Friedhofswärter des deutschen Soldatenfriedhofs in Maleme, auf dem 4500 Soldaten begraben sind, war ausgerechnet George Psychoundakis, der einstige Hirtenjunge, der seine Geschichte als Kurier der Widerstandsbewegung während der deutschen Besatzung in dem Buch *The Cretan Runner* erzählt.

Es gibt weitere Gedenkstätten an den Krieg auf der ganzen Insel, darunter ein äußerst eindrucksvolles Denkmal mit Blick auf die Klippen bei Moni Preveli, eine Gedenkstätte in Stravromenos an der Nordküste Rethymnons und eine weitere am südlichen Hafen von Chora Sfakion, von dem aus die alliierten Truppen nach der Schlacht evakuiert wurden.

und was immer ihnen in die Hände fiel, um ihre Heimat zu verteidigen. Die Verluste der Deutschen waren horrend, aber es gelang ihnen, den Flugplatz Maleme noch am gleichen Tag einzunehmen. Trotz tapferer Gegenwehr hatten die Alliierten die Schlacht binnen zehn Tagen verloren.

Nach der Schlacht um Kreta riskierten viele Inselbewohner ihr Leben, indem sie Tausende alliierte Soldaten vor den Nazis versteckten und ihnen bei der Flucht über das Libysche Meer halfen. Geheimagenten der Alliierten koordinierten den Nachschub über Nordafrika für den Guerillakrieg der kretischen Widerstandskämpfer, der so genannten *andartes*. Sowohl die alliierten Soldaten als auch die Kreter waren der permanenten Bedrohung durch die Nazis ausgesetzt. Sie lebten in Höhlen, versteckten sich in Klöstern wie Preveli oder marschierten durch die Berge, um an der Südküste Nachschub zu entladen. Einer von ihnen war der gefeierte Reiseschriftsteller Sir Patrick Leigh Fermor, der zwei Jahre lang mit kretischen Widerstandskämpfern in den Bergen lebte. 1944 war er an der waghalsigen Entführung des deutschen Generals Kreipe beteiligt.

Nach dieser peinlichen Schlappe waren die Vergeltungsaktionen der Nazis gegen die Zivilbevölkerung grausam: Sie bombardierten Städte,

1944
Kretische Widerstandskämpfer entführen den deutschen General Kreipe und bringen ihn mit Unterstützung der Alliierten nach Ägypten. Die Deutschen reagieren mit brutaler Vergeltung.

1946–1949
In Griechenland entbrennt ein Bürgerkrieg zwischen Kommunisten und konservativen Royalisten. In Kreta bleiben die Kommunisten schwach, wodurch der Insel Blutvergießen und Verbitterung erspart bleiben.

1951
Griechenland wird gemeinsam mit der Türkei Nato-Mitglied. Beide werden im Kalten Krieg zu wichtigen Verbündeten des Westens. Heute noch aktive Militärbasen werden in der Bucht von Souda etabliert.

1953
Die letzten Leprakranken verlassen die Insel Spinalonga. Die Kolonie wird geschlossen.

legten ganze Dörfer in Schutt und Asche; Männer, Frauen und Kinder wurden in Reihe aufgestellt und erschossen. Als die Deutschen 1945 kapitulierten, bestanden sie darauf, sich in britische Hände zu begeben – zu sehr fürchteten sie die Rache der Kreter für die Gräueltaten, die sie über einen Zeitraum von vier Jahren verübt hatten.

Friede, Wohlstand & Wiederaufbau

Mit dem Ende der deutschen Besetzung Griechenlands waren die harten Zeiten jedoch lange noch nicht vorbei. Das Nachkriegsszenario eines kapitalistischen Westens, der versuchte, den kommunistischen Osten in Schach zu halten, hatte in Griechenland blutige Auswirkungen, denn der Widerstand auf dem Festland war stets von Kommunisten dominiert. 1946 boykottierten sie die Wahlen, die König Georg II. mit Unterstützung von Winston Churchill und anderen westlichen Staatsoberhäuptern den Thron zurückgaben.

Es folgten dann drei Jahre bitterer und blutiger Bürgerkriegskämpfe, von denen Kreta glücklicherweise weitgehend unberührt blieb. Dank der mutigen Opferbereitschaft der Briten im Interesse der Kreter sowie der engen Zusammenarbeit mit ihnen waren die Insulaner kaum geneigt, sich dem kommunistischen Kampf anzuschließen. Mit dem Eintritt in die Nato besiegelte Griechenland 1951 gemeinsam mit der Türkei endgültig seine Zugehörigkeit zum Westen. Das neue Bündnis etablierte daraufhin militärische Basen in ganz Griechenland, wobei die Luftwaffen- und Marinebasis in der Bucht von Souda der wichtigste Stützpunkt auf Kreta war. Bis heute ist die Insel für die Nato wie für das griechische Militär von zentraler strategischer Bedeutung. 2011 war sie beispielsweise ein viel benutzter Anlaufpunkt im Luftfeldzug gegen Gaddafi in Libyen.

Nach den Kriegen war für Kreta wie für Griechenland der physische und wirtschaftliche Wiederaufbau das Hauptproblem, von der Anpassung an die immer schneller fortschreitende Modernisierung der Welt ganz zu schweigen. Vor allem in eher rückständigen Gebieten wie Kreta, wo ländliche Bräuche und Traditionen sozial eine große Rolle spielten, beäugte man die liberaleren Trends aus dem übrigen Europa teilweise mit ziemlichem Misstrauen. Das sollte sich jedoch den 1960er- und 1970er-Jahren mit der Ankunft der ersten Touristen ändern. Tourismus wurde ein mächtiger Wirtschaftszweig, der die traditionell bäuerliche Existenzgrundlage auf Kreta nicht nur ergänzte, sondern im Laufe der Zeit aus der Insel eine der wohlhabendsten Regionen Griechenlands machte.

Umsturz & demokratischer Neubeginn

1967 putschten vier griechische Obristen gegen die griechische Regierung, etablierten eine Militärjunta und führten das Kriegsrecht ein. Alle politi-

1963

Georgios Papandreou wird griechischer Premierminister und begründet damit die zweite große politische Dynastie des Landes neben der Familie Karamanlis.

1967

Armeeoffiziere inszenieren einen Staatsstreich und verhängen das Kriegsrecht über Griechenland. Die Junta stürzt sieben Jahre später nach der türkischen Invasion in Nordzypern.

1971

Iraklion wird erneut Hauptstadt und verweist Chania damit auf den zweiten Rang. Es wird zu wichtigstem Kretas Industrie- und Handelsstandort, an dem sich der Großteil des Flug- und Schiffsverkehrs konzentriert.

1974

Nach einem Umsturzversuch gegen Zyperns Präsident Erzbischof Makarios fallen türkische Truppen auf Zypern ein. Die griechische Junta wird gestürzt, in Kreta herrscht wieder Demokratie.

schen Parteien wurden ebenso wie die Gewerkschaften abgeschafft, die Presse wurde zensiert und Tausende griechischer Bürger wurden inhaftiert, gefoltert und ins Exil gezwungen. Auf Kreta wuchs der Unmut, als die Militärs große Tourismusprojekte durchdrückten, für die ihre Günstlinge verantwortlich zeichneten. Als die Junta jedoch 1974 den zypriotischen Präsidenten Erzbischof Makarios absetzen wollte, marschierte die Türkei unter dem Vorwand, die türkische Minderheit zu schützen, in das nördliche Drittel von Zypern ein. Die türkische Besetzung von Nordzypern ist bis heute eines der großen ungelösten geopolitischen Probleme.

Immerhin hatte das Debakel auf Zypern einen positiven Nebeneffekt: Die Junta in Athen wurde gestürzt und Griechenland wurde wieder zur Demokratie. Die Exzesse der rechtsgerichteten Militärs (wie Folter und Verfolgung landesinterner Kritiker) brachten den Linksparteien und ihrer Sache nach dem Sturz der Junta 1974 wieder stärkeren Zulauf. Neben einer neuen demokratischen Verfassung wurden auch Gesetze verabschiedet, die den Polizeizugriff auf dem Universitätscampus verboten und heute noch in Kraft sind. Darüber hinaus wurde die Position der Gewerkschaften gestärkt.

1975 wurde König Konstantinos II. aufgrund eines Referendums schließlich abgesetzt und damit der letzte Rest des griechischen Royalismus hinweggefegt. Der zuvor ins Ausland verbannte Politiker Andreas Papandreou kehrte nach Griechenland zurück. Papandreou, ein Riese der neueren griechischen Geschichte, gründete die sozialistische Partei PASOK, mit der er 1981 den Wahlkampf gewann. Die PASOK blieb in den nächsten 21 Jahren fast ununterbrochen an der Macht. (Später folgte dann sein Sohn Georgios in den Fußstapfen des Vaters und gewann 2009 mit PASOK die Wahl.) Aufgrund seiner stark bäuerlichen Identität und historisch begründeter Ablehnung der Royalisten hat Kreta fast immer die Linkspartei PASOK unterstützt.

Allerdings gab es 1989 eine Ausnahme von dieser Regel, als mit Konstantinos Mitsotakis (einem Neffen des berühmten Eleftherios Venizelos) ein Kreter die Mitte-Rechts-Partei „Nea Dimokratia" mit großer Unterstützung seiner Landsleute in die Wahlen und an die Macht führte. Im Gegensatz zu Andreas Papandreou war Mitsotakis stark pro-amerikanisch und pro-Nato eingestellt. Seine Regierung blieb zwar nur bis 1993 an der Macht, aber der Mitsotakis-Clan übt nach wie vor großen politischen Einfluss aus: Seine Tochter Dora Bakoyiannis war von 2006–09 Außenministerin, als die ND erneut die Regierungsgeschäfte übernahm.

Und hier zeichnet sich bereits das Problem ab, denn seit der Wiedereinführung der Demokratie im Jahr 1974 stehen einige wenige Dynastien kontinuierlich an der Spitze der demokratischen Pyramide und lenken die Geschicke des Landes – ein Umstand, der viele Griechen ziemlich desillusioniert. Vorwürfe der Vetternwirtschaft, Klüngelei und Korrup-

Die Fahne hissen

Ganz unerschrockene Shopper finden hin und wieder bis heute (vor allem in Dorfläden) Fahnen aus dem späten 19. Jh. mit der berühmten Parole der kretischen Rebellen im Kampf gegen die Türken: *Enosis i Thanatos* (Einheit oder Tod).

1981

Griechenland wird als 10. Mitglied in die EG (heute EU) aufgenommen; kretische Bauern erhalten erstmals EU-Subventionen. Viele Kreter unterstützen die erste sozialistische Regierung unter Andreas Papandreou.

1988

Bei der Bank von Kreta wird eine Deckungslücke von 132 Mio. US$ entdeckt. Der Skandal schädigt den Ruf der Regierung, obwohl ein Gerichtsbeschluss Papandreou 1992 von jeder Schuld freispricht.

1990

Der Kreter Konstantinos Mitsotakis wird nach dem Wahlsieg seiner Partei ND (Neue Demokratie) griechischer Ministerpräsident. Nach Korruptionsvorwürfen spaltet sich die ND und wird regierungsunfähig.

1993

Die PASOK kommt wieder an die Macht; der fast achtzigjährige Andreas Papandreou wird erneut Regierungschef.

tion fielen daher bei Otto Normalgrieche auf fruchtbaren Boden und trugen zum Protest gegen die 2010 und 2011 von der Regierung eingeführten Sparmaßnahmen bei.

Tourismus & Entwicklung

In den vergangenen 30 Jahren hat sich Kreta sehr verändert. Seit dem griechischen EU-Beitritt (damals noch EG) im Jahr 1981 genießen kretische Bauern die Vorteile der Agrarsubventionen; auch seine moderne Infrastruktur verdankt Kreta der europäischen Freigiebigkeit. Mit der Einrichtung direkter Charterflüge nach Kreta stiegen die Touristenzahlen zwischen 1981 und 1991 sprunghaft auf das fast Dreifache. Im Laufe der nächsten zehn Jahre führten Pauschaltourismus und Billigflüge zur erneuten Verdopplung dieser Zahl.

Die Sonneninsel Kreta hat mehr warme Monate als jede andere griechische Region zu bieten und leidet nicht unter den sozialen und kulturellen Problemen, mit denen andere Griechen zu kämpfen haben. Kurz: Die Insel hat sich von ihrer traumatischen Vergangenheit freigeschwommen und genießt einen Wohlstand, um den sie viele andere Griechen beneiden. Nach wie vor spielen auf Kreta Familienbindung und Tradition eine große Rolle, sodass die damit verbundene soziale Absicherung noch immer greift. Einrichtungen wie Altersheime sind so gut wie unbekannt (außer natürlich für die Tausende von Nordeuropäern, die sich hier zur Ruhe gesetzt haben).

Kreta beherbergt jährlich über 2 Mio. Besucher, mit entsprechenden Folgen für Umwelt und Wirtschaft: Der Großteil der Touristen wird an der Nordküste in den All-Inclusive-Hotels der Pauschalanbieter kaserniert. Ganz allgemein kann man sagen, dass die großen Einzugsgebiete im Norden Unternehmen, Industrie und Universitäten anziehen, während sich die Wirtschaft der weniger stark bevölkerten Regionen des Hinterlands und des Südens auf die Landwirtschaft stützt. Speziell auf den Tourismus bezogen ist es allerdings so, dass die übermäßige Erschließung der Nordküste die dortigen Hotelbesitzer sehr anfällig für die globalen Trends auf dem Reisemarkt gemacht hat. Weniger ehrgeizige, ruhigere Orte auf der Insel sind dagegen den launischen Schwankungen der Wirtschaft weniger stark ausgesetzt. Mit neueren EU-Subventionen sollen grüner Tourismus sowie die Restaurierung historischer Gebäude und traditioneller Siedlungen gefördert werden. Außerdem wächst das Bewusstsein dafür, dass sich nachhaltiger, ökologisch vertretbarer Tourismus, der sich auf die veränderten Vorlieben der Besucher einstellt, auszahlen wird.

BEEVOR

Das englischsprachige Buch *Crete: The Battle and the Resistance* von Antony Beevor ist eine kurze und gut lesbare Analyse der alliierten Niederlage.

Wolken am Horizont

Landwirtschaft ist und bleibt treibende Kraft und typische Lebensart der Kreter, auch wenn immer weniger von ihnen aktiv daran beteiligt

1996

Papandreou tritt aus gesundheitlichen Gründen zurück und beendet damit eine Ära der griechischen Politik. Sein Nachfolger Kostas Simitis führt Sparmaßnahmen und Reformen ein.

2000

Simitis wird mit knapper Mehrheit wiedergewählt. Er erklärt die Teilnahme an der Europäischen Währungsunion zum Hauptziel seiner Regierung.

2002

Griechenland wird Vollmitglied der Europäischen Währungsunion, der Euro ersetzt die Drachme. Im ganzen Land steigen die Preise sprunghaft an.

2004

Über 100 Jahre nach dem Neubeginn der Olympischen Spiele in Griechenland kommen die Spiele wieder nach Athen. Manche Wettkämpfe finden in Kreta statt, wodurch neue Besucher die Insel kennenlernen.

sind. Wie andere griechische Bauern verlassen sich auch die Kreter bei der Ernte von Oliven, Zitronen, Tomaten und sonstigem Gemüse schon lange auf ausländische (meist illegale) Arbeiter. Hier verschiebt sich jedoch seit einigen Jahren das Spektrum: Bisher wurden für die schweren körperlichen Arbeiten Albaner und andere Zuwanderer aus dem Balkan beschäftigt, die aber aufgrund massiver illegaler Einwanderung zunehmend durch Afrikaner und Asiaten ersetzt werden. Für den durchschnittlichen kretischen Dorfbewohner ist das noch ein ziemlich ungewohntes Bild.

Zunehmend macht sich die EU auch Sorgen um die griechische Rolle im Menschenhandel; 2010 nahm die europäische Grenzpolizei Frontex an der griechisch-türkischen Grenze sowie auf der Hochsee ihren Dienst auf. Der Migrantenstrom aus Nordafrika seit dem Beginn des „Arabischen Frühlings" im Jahr 2011 verursacht ebenfalls Kopfzerbrechen; in den vergangenen Jahren wurden auch Boote an der kretischen Küste wie auf dem offenen Meer aufgegriffen, auf denen Drücker ihre menschliche Ware unter schlimmsten Bedingungen zusammengepfercht und auf die Reise geschickt hatten. Das Problem ist inzwischen im ganzen Land ein Politikum und wird zweifellos auch künftig für Kreta brisant bleiben.

Mehr als alles andere kämpft Griechenland jedoch mit der Finanzkrise und den umstrittenen Sparmaßnahmen, die 2010 und 2011 eine Protestwelle auslösten, begleitet von Streiks und Fabrikschließungen. Bis vor wenigen Jahren war noch undenkbar, was heute landesweit heiß diskutiert wird: Rentenkürzung? Arbeitslosigkeit? Ausstieg aus dem Euro? Die Debatte eskaliert zunehmend und spaltet Gesellschaft und Politik. Bezeichnenderweise nehmen inzwischen Griechen aller Gesellschaftsschichten an den symbolischen Protestmärschen teil, bei denen sie offen ihre Unzufriedenheit mit den politischen Herrscherdynastien zeigen sowie ihr geschwundenes Vertrauen in deren Fähigkeit, die komplexen Probleme des Landes zu meistern. Die Prognosen aus dem In- und Ausland für Griechenlands Entwicklung in den nächsten Jahren sind düster und trist. Es sieht aber ganz danach aus, als würde Kreta die Stürme, die sich am Horizont abzeichnen, besser überstehen als der Rest des Landes, denn es ist relativ gut mit natürlichen Ressourcen ausgestattet. Darüber hinaus sorgt die geografische Trennung vom verstädterten Festland für einen gewissen Schutz gegen die Probleme, denen die größeren Städte ausgesetzt sind (z. B. gewalttätige Proteste).

Auf lange Sicht wird das größte Dilemma der Kreter sein, ihre Kultur und Traditionen zu erhalten und gleichzeitig in einer zunehmend globalisierten Welt nach vorne zu schauen. Dieser Balanceakt wird sich ganz entscheidend auf Gesundheit, Wohlstand und Erfolg der Insulaner und überhaupt auf das ganze Land auswirken.

Der angesehene britische Archäologe John Pendlebury, der die Arbeit von Arthur Evans in Knossos übernommen hatte, wurde 1941 von den Nazis hingerichtet, weil er sich dem kretischen Widerstand angeschlossen hatte. Er liegt auf dem Alliierten Soldatenfriedhof in Souda begraben.

WIDERSTAND

2004

Die PASOK verliert die Parlamentswahlen deutlich; der ND-Vorsitzende Kostas Karamanlis wird Regierungschef.

2007

Die ND wird wiedergewählt, die PASOK erleidet eine bittere Wahlschlappe. Die kleinen Parteien, darunter die kommunistische KKE und die Rechtspartei LAOS, gewinnen neue Sitze im Parlament.

2009

Die Unzufriedenheit mit der ND wächst, PASOK gewinnt die Wahlen und ist gleich mit dem Haushaltsdefizit konfrontiert. Die eingeführten Sparmaßnahmen führen großflächig zu Unruhen und Streiks.

2010

Die griechische Finanzkrise beginnt auch auf Kreta ihre Spuren zu hinterlassen. Die Urlauberzahlen brechen ein, Hunderte von Hotels stehen zum Verkauf.

Die Kreter

Eine interessante Auswahl an kretischer Literatur bietet die Website www.kreta-buch.de des Verlags Dr. Thomas Balistier.

Die Kreter sind ein höchst eigener Clan von Griechen. Ihre Musik und die Tänze zeugen von einem feurigen Temperament, und auch Küche und Traditionen sind typisch kretisch. Die stolzen und patriotischen, aber bekanntermaßen gastfreundlichen Kreter halten mit Überzeugung an ihrer Kultur fest. Sie sehen sich zuerst einmal als Kreter und erst in zweiter Linie als Griechen; zudem fühlen sich die Menschen stark ihrem jeweiligen Herkunftsort verbunden. Das wird besonders außerhalb der großen Touristenzentren deutlich. In ländlichen Regionen sprechen viele Kreter immer noch ihren lokalen Dialekt oder mit ausgeprägtem Akzent.

Jahrhundertelange Kämpfe mit fremden Besatzern haben bei den Kretern einen hartnäckigen Drang nach Unabhängigkeit hinterlassen, gekoppelt mit einem gewissen Misstrauen gegenüber der Obrigkeit und herzlich wenig Respekt vor staatlicher Autorität. Persönliche Freiheit und demokratische Rechte sind schon fast heilig; entsprechend herrscht auch eine tiefe Abneigung gegen die lückenlose Überwachung, die in manchen westlichen Nationen um sich greift. Bei dieser tief verwurzelten Aufmüpfigkeit ist es kein Wunder, dass nationale Gesetze regelmäßig ignoriert werden. Während Griechenland z. B. strenge Waffengesetze hat, verfügen die Kreter offenbar über ein erstaunliches Arsenal. Mehrere Rauchverbote (zuletzt 2010) wurden ganz ungeniert großflächig ignoriert. Und was die Straßenverkehrsordnung betrifft, möchte man eher meinen, es gäbe gar keine. Trotz saftiger Bußgelder wird die Gurtpflicht als lästige (aber freiwillige) Option betrachtet, kreatives und vollkommen rücksichtsloses Parken ist ganz normal, gefährliche Überholmanöver sind weit verbreitet und Motorradfahrer mit Mobiltelefon am Ohr und Helm am Arm sind auch nicht ungewöhnlich.

In dem Roman *Schattenhochzeit (2003)* von Ioanna Karystiani kehrt ein angesehener Genforscher aus den USA in seine Heimat Kreta zurück und sieht sich plötzlich mit dem archaischen Ritual der Blutrache konfrontiert: Er muss den Tod seines Vaters rächen.

Heutzutage wird jedoch die Belastbarkeit der kretischen Kultur und Tradition durch Globalisierung, Marktkräfte und soziale Veränderung hart auf die Probe gestellt. Mittlerweile tut sich ein tiefer technologischer Graben zwischen den Generationen auf: Mehrsprachige Kinder spielen mit ihren Handys, während ihre ungebildeten Großväter im *kafenion* sitzen und bei einem süßen griechischen Kaffee über Gott und die Welt diskutieren.

Kretas Gesellschaft ist stark von der Griechisch-Orthodoxen Kirche und deren Ritualen und Festen geprägt. Die Familienbande und das Gefühl für Familienehre sind immer noch deutlich spürbar. Gelegentlich (allerdings zunehmend selten) kommt es sogar noch zu einer der berüchtigten Blutrachefehden.

Kretische Hochzeiten und Taufen sind nach wie vor riesige Feste. Dabei mit Pistolen in die Luft zu ballern, gilt zwar zunehmend als politisch inkorrekt (und gefährlich erst recht, da schon mal Gäste versehentlich erschossen werden), ist aber in einigen Gegenden noch üblich. Man erkennt sie an den von Kugeln durchsiebten Straßenschildern.

Zwischen den einzelnen Regierungsbezirken herrscht eine große Rivalität. Chania, bis 1971 Hauptstadt der Insel, versteht sich als historisches Herz der Insel, während Rethymnon sich als ihr kulturelles Zentrum betrachtet.

Lebensart

Der kretische Lebensstil hat sich in den letzten 30 Jahren drastisch verändert. Das Leben ist viel leichter geworden, die Verstädterung nimmt zu, der Lebensstandard ist gestiegen, und die Kreter sind heute um einiges wohlhabender als früher. In den größeren Orten gibt es immer mehr schicke Restaurants, Bars und Clubs. In kultureller und religiöser Hinsicht ist der Übergang von einer größtenteils ärmlichen, bäuerlichen Existenz zu einer zunehmend kultivierten und städtischen Gesellschaft für die Kreter manchmal ein schwieriger Balanceakt zwischen altem Sittenkodex und neuer Freizügigkeit. Die junge Generation ist hochgebildet; die meisten sprechen Englisch, viele auch Deutsch. Außerdem leben sie in einem wohlhabenderen und viel mehr multikulturell geprägten Umfeld, als es ihre Eltern und Großeltern taten.

Wie die übrigen Griechen haben auch die Kreter seit Einführung des Euro einen Anstieg der Lebenshaltungskosten hinnehmen müssen. Essen gehen ist um einiges teurer geworden, obwohl es auf Kreta immer noch viele Tavernen mit zivilen Preisen gibt, vor allem in den Dörfern. Trotz allem haben sich die Kreter die Einstellung bewahrt, dass man arbeitet, um zu leben, und sie sind stolz auf ihre Lebensfreude. Soziale Kontakte und Gemeinschaft werden ebenfalls großgeschrieben. Daher sieht man sie auch oft herausgeputzt und im Pulk zur *volta* (Abendspaziergang) schreiten und hinterher die Tavernen und Cafés füllen. Überhaupt gehen Kreter immer im Rudel aus: mit der Familie oder ihrer *parea* (Clique). Alleinsein wird weder geschätzt noch gesucht.

Im Gegensatz zu vielen westlichen Kulturen, wo Augenkontakt mit Fremden eher gemieden wird, genieren sich Kreter keinesfalls, andere offen anzugaffen, zu beobachten und das Kommen und Gehen in ihrer Umgebung ungeniert zu kommentieren. Dabei gibt es kaum ein Tabuthema: vom Privatleben der Gesprächspartner über die Frage, warum sie keine Kinder haben, bis zum Verdienst oder dem Preis, den sie für ihr Haus oder ihre Schuhe gezahlt haben. Außerdem halten sie wenig von

SIGNALSPRACHE

Wenn Kreter mit dem Kopf nach unten nicken, bedeutet das „ja" *(nai)*. „Nein" *(ochi)* signalisieren sie hingegen durch Heben des Kopfes; oft werden dabei auch die Augen nach oben gerollt und mit der Zunge geschnalzt.

FINGER AM ABZUG

Eines Nachmittags in einem Café in Askifou: Ein Mann am Nebentisch zückt eine halb automatische Pistole und feuert ein paar Schüsse ab – nur mal eben so. Spätabends auf einem Fest bei Lissos: Jedes Mal wenn eine Gruppe feiernder Kreter am Strand ein Lied zu Ende gesungen hat, peitschen Schüsse durch die Luft. Bei Hochzeiten und Feierlichkeiten auf der Insel sind Schusswaffen – und Unglücksfälle durch Querschläger – so verbreitet, dass viele Musiker in bestimmten Gegenden inzwischen nur noch spielen, wenn ihnen zugesichert wird, dass die Gäste keine Waffen tragen.

Vor ein paar Jahren führte der bekannte Komponist Mikis Theodorakis eine Kampagne gegen Kretas Waffenkultur an, doch auch das konnte die Inselbewohner nicht dazu bringen, ihre Waffen niederzulegen. Konservativen Schätzungen zufolge besitzt jeder zweite Kreter eine Schusswaffe. Andere Beobachter schätzen, dass es mehr als eine Million Waffen auf der Insel geben könnte, also mehr als Einwohner.

Vor allem in der Umgebung von Sfakia (Chania) und in der Provinz Mylopotamos (Rethymnon) zeugen von Kugeln durchsiebte Straßenschilder davon, dass man sich in einer gewissermaßen gesetzlosen Berglandschaft bewegt, die historisch gesehen ein Bollwerk des kretischen Widerstands war.

Nach Macho-Art eine Waffe zu tragen und gelegentlich ein paar Schüsse abzufeuern, gilt auf Kreta traditionell als Akt der Unabhängigkeit und des Stolzes, ist heutzutage aber teilweise nur noch rücksichtslose Show und noch dazu ein teures Hobby.

höflichem Small Talk, sondern gehen mit ihren Problemen und Wehwehchen lieber gleich in die Vollen.

Die kretische Familie

Die kretische Gesellschaft ist noch recht konservativ. Die wenigsten Griechen ziehen vor der Heirat von zu Hause aus, höchstens vorübergehend zum Studieren oder Arbeiten. Während sich das unter Berufstätigen allmählich ändert, wohnen viele junge Menschen auch wegen mangelnder wirtschaftlicher Chancen und niedrigem Verdienst weiterhin bei ihren Eltern.

Üblicherweise bauen Eltern ihren Kindern nach der Hochzeit eine Wohnung über ihrer eigenen. Oft ist der Bau (je nach Finanzen der Familie) jedoch ziemlich chaotisch, sodass man auch viele halbfertige Rohbauten auf der Insel sieht.

Die Großfamilie spielt im täglichen Leben eine große Rolle, denn Eltern lassen ihre Kinder lieber bei den Großeltern als bei einem Babysitter.

Kreter, die in einen anderen Teil Griechenlands oder ins Ausland ausgewandert sind, behalten eine starke kulturelle und familiäre Bindung zu ihrer Heimat und kommen regelmäßig nach Hause. Selbst in den abgelegensten Dörfern herrscht an staatlichen und kirchlichen Feiertagen reges Treiben durch Familientreffen und heimkehrende Auswanderer.

Trotz der wirtschaftlichen Flaute ist Kreta nach wie vor mit 2 Mio. Touristen im Jahr eines der beliebtesten griechischen Urlaubsziele. Auf der Insel befinden sich 22 % aller griechischen Hotels und 28 % der Hotelbetten. Etwa 20 % der Charterflüge nach Griechenland landen in Iraklion.

TOURISMUS

Stadt oder Land?

Ein weiteres Merkmal des modernen Kreta ist die Kluft zwischen den Generationen bzw. zwischen Stadt und Land. In ländlichen Gebieten sieht man noch Schäfer mit ihrer Herde und Männer, die sich nach der Siesta im *kafenion* versammeln. Die Bergdörfer sind Bollwerke der Tradition; hier sind viele ältere Frauen und Männer nach wie vor in schwarze *vraka* (weite, schwarze Hosen) und Lederstiefel gekleidet.

Doch auch das Leben auf dem Lande verändert sich. Zwar ernähren viele Kreter sich – und ihre Familien in den Städten – nach wie vor von der Landwirtschaft, doch wird heute weniger für den Eigenbedarf als für den kommerziellen Absatz produziert. Wohlhabende Bauern fahren mit Pickups herum und Schäfer haben heute oft ein Handy am Ohr. Die unbequeme Feldarbeit übergeben auch die Kreter inzwischen gern an Gastarbeiter.

Gastfreundlichkeit & Tourismus

Die Kreter sind zu Recht für ihre Gastfreundschaft bekannt. Selbst Fremde werden wie hoch geschätzte Gäste behandelt. Ihre Gastlichkeit ist aber nicht als Unterwürfigkeit zu deuten, sondern eher als Geste

BILDSTÖCKE

Überall an Kretas kurvigen Straßen sieht man sie stehen, die Kapellen im Puppenhausformat auf einem Metallsockel: *kandylakia*. In der Gestalt sind sie so vielfältig wie häufig – klein oder groß, schlicht oder kunstvoll, verwittert oder brandneu. Hinter winzigen verstaubten Fenstern flackert mitunter eine Votivkerze vor einem kleinen Heiligenbild. Da sie besonders oft in Haarnadelkurven, in blinden Kurven und am Rand von steilen Berghängen stehen, entsteht leicht der Eindruck, sie seien nach einem Unfall von den Hinterbliebenen gestiftet worden. Das ist zwar tatsächlich oft der Fall, manchmal stammen sie aber auch von denen, die einen solchen Unfall wie durch ein Wunder überlebt haben und dem zuständigen Heiligen danken wollen. Wer mag, kann an einem dieser tragischen und glücklichen Gedenkstätten anhalten (natürlich ohne selbst in die Tiefe zu stürzen) und eine Gedenkminute einlegen für alles, was den Kretern so viel bedeutet: Familie, Glaube und Tradition.

DAS GROSSE SCHISMA

Als der hl. Paulus im Jahr 49 n. Chr. hier angeblich seine erste Predigt hielt, wurde Griechenland eines der ersten Länder, in denen das Christentum Fuß fasste. Nachdem Konstantin der Große das Christentum 313 n. Chr. offiziell anerkannt hatte (er selbst war durch eine Kreuzesvision bekehrt worden), verlegte er im Jahr 330 die Hauptstadt des Römischen Reiches nach Byzanz (heute Istanbul).

Im 8. Jh. kam es zu Meinungsverschiedenheiten und Rivalitäten zwischen dem römischen Papst und dem Patriarchen des hellenisierten Oströmischen Reiches. Strittig war vor allem die römische Doktrin des päpstlichen Supremats, d. h. die Überzeugung, dass der Papst eine von Gott gegebene, absolute und universelle Macht über die gesamte Kirche ausüben darf. Ein weiterer Streitpunkt war der Wortlaut des Glaubensbekenntnisses in Bezug auf den Heiligen Geist, der nach der ursprünglichen Fassung „vom Vater" kommt. Rom bestand jedoch auf dem Zusatz „und dem Sohn".

Als die Differenzen endgültig unüberbrückbar geworden waren, kam es 1054 zum „Großen Schisma": Papst und Patriarch gingen getrennte Wege als Römisch-Katholische Kirche und Orthodoxe Kirche (Orthodoxie bedeutet „Rechtgläubigkeit").

Die Griechisch-Orthodoxe Kirche hat eine enge Verbindung zur Russisch-Orthodoxen Kirche; zusammen bilden sie die drittgrößte christliche Gemeinschaft. Die Orthodoxe Kirche Kretas ist von der Griechisch-Orthodoxen Kirche unabhängig und untersteht direkt dem Patriarchen von Konstantinopel.

des Stolzes. Auf ihr *filotimo* (Würde und Ehrgefühl) und ihre *filoxenia* (Gastfreundlichkeit, Empfang, Zuflucht) sind sie ebenfalls stolz. Wer Bergdörfer abseits der ausgetrampelten Pfade besucht, wird nicht selten von Einheimischen auf einen Kaffee oder sogar zum Essen ins eigene Haus eingeladen. In Cafés und Tavernen ist es durchaus üblich, einer Gruppe von Freunden oder auch Fremden eine Runde Getränke auszugeben. (Achtung: Es gehört sich nicht, sich umgehend zu revanchieren – das macht man dann lieber ein anderes Mal.)

Erstaunlicherweise verpuffen die Gastfreundlichkeit und Großzügigkeit scheinbar im öffentlichen Bereich. Der Kunde ist König? Auf Kreta eher nicht. Überhaupt muss sich das Allgemeinwohl oft den persönlichen Interessen unterordnen; eine gemeinsame Verantwortung für Probleme wie Umweltschutz ist den meisten Kretern fremd. So stolz die Kreter auf ihr Zuhause sind – für den öffentlichen Raum gilt das selten.

Die alljährliche Touristeninvasion bewältigen die Kreter, indem sie sich in einem anderen Raum-Zeit-Kontinuum bewegen als ihre Gäste. Man bekommt von ihnen oft zu hören, dass bestimmte Orte „nur für Touristen" seien, und das ist normalerweise das Stichwort, solche Orte zu meiden. Viele leben von April bis Oktober im Trubel der Touristenorte an der Küste, wo sie Läden, Pensionen oder Tavernen betreiben. Zur herbstlichen Oliven- und Traubenernte kehren sie dann zu ihrem traditionellen Leben in den Bergen zurück.

Die Touristen speisen frühabends in den Restaurants am Hafen oder Strand. Die Kreter fahren zu ihren Dorftavernen hinaus, wo das Abendessen oft erst um 22 Uhr beginnt. Viele Tavernen tischen Fleisch und Gemüse aus eigener Produktion auf.

Mit der Niederschrift des Neuen Testaments in Koine-Griechisch (der damals im östlichen Römischen Reich gebräuchlichen Alltagssprache) wurde um 50 n. Chr. begonnen.

SPRACHE

Immigration & Multikulturelles

Nach dem Exodus der türkischen Gemeinde im Bevölkerungsaustausch von 1923 blieb praktisch nur noch eine homogene, griechisch-orthodoxe Gemeinschaft übrig. In den letzten Jahren sind jedoch viele Gastarbeiter aus den Balkanländern und Osteuropa nach Kreta gekommen, die meisten davon aus Albanien, Bulgarien und Russland. Sie arbeiten vor allem

KOMBOLOI

Überall haben sie Männer in der Hand und spielen kunstvoll mit ihnen herum. Die Rede ist natürlich von der handschmeichelnden Perlenschnur mit dem schönen Namen *komboloi*, der sich aus den Worten *kombos* (Knoten) und *leo* (sagen) zusammensetzt. Die *komboloia* (Plural) sehen zwar aus wie Rosenkränze, haben aber keine religiöse Bedeutung, sondern dienen einfach nur dem Spaß und der Entspannung: Irgendwie scheint es eine beruhigende Wirkung zu haben, an den Perlen herumzufummeln. Manche verwenden sie auch, um mit dem Rauchen aufzuhören.

Traditionell werden *komboloia* aus Bernstein hergestellt, aber Koralle, selbst gemachte Perlen, Halbedelsteine und Kunststoff sieht man genauso oft. Eine genaue Perlenzahl ist nicht vorgeschrieben; die meisten *komboloia* bestehen jedoch aus einer Schlaufe mit 19 bis 23 Perlen. Sie endet in einer festgeknüpften Perle mit Quaste, die die beiden Seiten der Schlaufe trennt und die zwischen den Fingern gehalten wird.

Fast alles, was man in den Auslagen der Souvenirläden sieht, ist aus Plastik. Es gibt jedoch auch seltene, alte *komboloia*, die teilweise Tausende von Euro wert sind und gefragte Liebhaberstücke sind.

als Hilfskräfte in der Landwirtschaft, auf dem Bau und im Tourismus. Insgesamt stammen inzwischen etwa 10 % der Inselbewohner aus dem Ausland.

Einwanderer aus wirtschaftlichen Gründen sind ein relativ neues Phänomen für die Insel. Wie das übrige Griechenland muss auch Kreta noch lernen, mit der neuen multikulturellen Realität umzugehen. Die Stimmung ist nicht frei von Spannungen und Misstrauen, doch insgesamt scheint Kreta besser mit dieser Entwicklung klarzukommen als viele andere Regionen Griechenlands.

Einige Auswanderer aus Deutschland, England und Nordeuropa haben sich auf Kreta Häuser gekauft und niedergelassen, sind aber eher eine wohlhabende Minderheit. Ehen zwischen ausländischen Frauen und kretischen Männern, vor allem in den 1980er-Jahren eine häufige Erscheinung, bilden eine weitere typische Randgruppe der kretischen Gesellschaft.

Der häufigste Frauenname auf Kreta ist Maria. Die meisten Männer heißen Giannis (Johannes), Giorgos (Georg) oder Manolis.

NAMEN

Religion

Der orthodoxe Glaube ist die offizielle und vorherrschende Religion auf Kreta und ein Schlüsselelement der griechischen Identität und Kultur. Nach der vorherrschenden Meinung kann ein Grieche eigentlich nur orthodox sein. Die jüngeren Leute sind im Allgemeinen zwar nicht mehr so fromm wie ihre Elterngeneration und gehen auch nicht regelmäßig in die Kirche, doch die meisten Kreter – und überhaupt Griechen – betrachten den Glauben nach wie vor als integralen Bestandteil ihrer Identität. Zwischen 94 % und 97 % der griechischen Bevölkerung gehören zumindest nominell der Griechisch-Orthodoxen Kirche an.

Die orthodoxe Religion hat die kretische Kultur während der vielen Jahrhunderte ausländischer Besatzung zusammengehalten – trotz zahlreicher Versuche der Venezianer und Türken, die Kreter zum Katholizismus bzw. Islam zu bekehren. Zur Zeit der Ottomanen war die Religion das wichtigste Definitionsmerkmal eines Griechen.

Trotz des zunehmenden Säkularismus übt die Kirche noch immer einen erheblichen Einfluss auf Gesellschaft, Politik und Wirtschaft aus. Nicht orthodoxe Griechen, die eine Beamten- oder Militärlaufbahn anstreben, haben oft Schwierigkeiten; außerdem erschien die Konfession bis vor Kurzem auf den Personalausweisen. Besonders bedeutsam für den kretischen Jahreskalender sind die Tage der Heiligen und die kirchlichen Feste. Der Namenstag hat mehr Bedeutung als der Geburtstag, und die Taufe ist ein ausnehmend wichtiges Ritual. Die meisten Menschen tragen den Namen eines Heiligen, ebenso Schiffe, Vororte und Bahnhöfe. Wer zu einer Namenstagsfeier eingeladen wird, sollte ein Geschenk mitbringen, sich aber nicht wundern, wenn es erst nach der Feier geöffnet wird.

Auf der Insel stehen Hunderte winziger Kirchen, die überwiegend von einzelnen Familien gebaut wurden und einem bestimmten Heiligen geweiht sind. Leider sind heutzutage viele kleine Kirchen und Kapellen verschlossen, doch meistens lässt sich der Schlüsselverwalter auftreiben, der für Besucher gern aufschließt.

Frauen in der Gesellschaft

Seit griechische Frauen 1952 das Wahlrecht erhielten, ist die Rolle der Frau in der kretischen Gesellschaft schillernd und komplex. Während auf dem Land und in der älteren Generation traditionelle Geschlechterrollen vorherrschen, sieht das für junge Frauen in den Städten viel entspannter aus. Das festgefahrene Bild einer „anständigen" Frau ändert sich rapide mit steigendem Bildungsniveau und der Zahl der beschäftigten Frauen. Obwohl etwa 40 % aller Griechinnen heute berufstätig sind, haben sie immer noch größte Schwierigkeiten, die Karriereleiter überhaupt erst zu finden – von gleichberechtigter Entlohnung ganz zu schweigen. Nur 16 % der Parlamentssitze sind von Frauen belegt. Da auch nur wenige öffentliche Programme berufstätige Mütter bei der Kinderbetreuung unterstützen, hat Griechenland inzwischen die zweitniedrigste Geburtenrate Europas (Schlusslicht ist Italien).

Trotz eines offenkundigen „Machismo" ist die kretische Gesellschaft paradoxerweise im Wesentlichen matriarchalisch strukturiert. Männer vermitteln in der Öffentlichkeit gern den Eindruck, dass sie die Zügel in der Hand und Anspruch auf den Fahrersitz hätten. Doch in Wirklichkeit sind es oft die Frauen, die den Laden zusammenhalten, vor allem im trauten Heim und in Familienangelegenheiten. Wie Toulas Mutter im Film *Hochzeit auf Griechisch* (2002) so treffend sagt: „Der Mann ist der Kopf, die Frau der Hals und sie dreht den Kopf dahin, wo sie will."

Auf dem Lande bewegen sich Männer und Frauen immer noch in verschiedenen Sphären. Wenn sie sich nicht um Vieh oder Olivenbäume kümmern, trifft man die Männer meist plaudernd im *kafenion* (Kaffeehaus) beim *tavli* (griechisches Backgammon), Kaffee oder Raki an. Bei Ausländerinnen werden zwar Ausnahmen gemacht, aber das *kafenion* ist immer noch die Hochburg des Chauvinismus und für kretische Frauen tabu.

Die ältere Generation der Kreterinnen ist stolz auf ihre Fähigkeiten im Haushalt und wendet viele Zeit für die Perfektionierung ihrer Kochkünste auf. Die meisten Männer tun kaum einen Handschlag im Haushalt (oder würden es zumindest nie zugeben). Teils vertreiben sich die Frauen ihre Freizeit noch mit Näh-, Häkel- und Stickarbeiten im Kreise der Geschlechtsgenossinnen, doch nicht mehr so oft wie früher. Junge Kreterinnen sitzen heute eher in einem Café als hinterm Webstuhl.

Griechenland gilt für alle Männer zwischen 19 und 45 Jahren eine neunmonatige Wehrpflicht. Frauen sind im griechischen Heer zwar zugelassen, nutzen das Angebot aber selten. Sie unterliegen keiner Wehrpflicht.

Minoische Kunst & Kultur

Das Erbe der minoischen Kultur, das in Palästen, Siedlungen und Gräbern überall auf Kreta freigelegt wurde, reflektiert den Glanz einer Ära, die in den Augen vieler die friedlichste und blühendste Periode der Inselgeschichte war. Die Minoer umgaben sich gern mit Kunst – auch ihre Paläste waren üppig geschmückt. Noch erhaltene Gemälde, Kleinskulpturen, Siegelsteine, Mosaiken, Keramiken und Schmuckstücke, die in Kretas archäologischen Stätten und Museen ausgestellt sind, gewähren Einblick in die Welt der Minoer und ihre außergewöhnliche Kunstfertigkeit.

Auf Kreta ist die minoische Malerei im Grunde die einzige Form der griechischen Malerei, die die Zeitläufe überdauert hat. Größere Skulpturen überstanden die Naturkatastrophen und Kriege nicht, die Kreta im Lauf seiner Geschichte heimsuchten. Die minoische Kunst faszinierte auch die Invasoren aus Mykene, sodass ihr Einfluss sich nach Santorin und darüber hinaus verbreitete. Den hohen Entwicklungsstand der minoischen Kultur zeigt auch die geheimnisvolle Hieroglyphenschrift Linear A.

Die englischsprachige Website der British Archaeological School at Athens (www.bsa.ac.uk) hat eine virtuelle Tour, die schrittweise durch den Palast von Knossos führt.

Die minoische Gesellschaft

Die Minoer sind ein ganz und gar geheimnisumwittertes Kapitel der Geschichte. Selbst der Name „Minoer" ist ein Kunstprodukt, zu Ehren des mythologischen Königs Minos vom Archäologen Arthur Evans erfunden. Wie sie sich selbst nannten, ist hingegen nicht bekannt. Man vermutet, dass sie mit den prähellenischen Pelasgern aus Westanatolien und vom griechischen Festland verwandt waren und eine ganz eigene Sprache besaßen, die nichts mit den indoeuropäischen Sprachen gemein hatte.

Entsprechende Funde aus den großen Palästen der Insel belegen, dass sie ein friedliches, kultiviertes und wohlhabendes Volk mit gesunden internationalen Handelsbeziehungen sowie großartiger Architektur und Kunst waren. Scheinbar kannten sie sogar die Gleichstellung von Mann und Frau. Die minoische Landwirtschaft war ebenfalls hoch entwickelt, mit weitverzweigtem Bewässerungssystem sowie moderner hydraulischer Abwasserentsorgung. Auch wurden Buchhaltungsdokumente und Aufzeichnungen gefunden, die belegen, dass diese Gesellschaft so gut durchorganisiert war wie ein bürokratisch strukturiertes Unternehmen.

Obwohl nur wenig auf eine matriarchale Gesellschaft hindeutet, genossen Frauen offensichtlich ein hohes Maß an Freiheit und Autonomie. In der minoischen Kunst sieht man sie etwa beim Sport, beim Jagen sowie bei allen öffentlichen und religiösen Festen. Darüber hinaus dienten sie als Priesterinnen und Verwalterinnen oder beteiligten sich am Handel.

Keramik

In der frühminoischen Zeit machte die Keramik Fortschritte. Dunkle Vasen wurden mit weißen Spiralmustern und Motiven aus geschwungenen

Linien verziert. Es bildeten sich verschiedene Stilrichtungen heraus. Für die Pirgos-Keramik waren die Farben Schwarz, Grau und Braun typisch. Bei der späteren Vassiliki-Keramik (bei Ierapetra hergestellt) war der Dekor vielfarbig. Im Mittel- bis Spätminoikum entwickelte sich dann eine Dunkel-auf-Hell-Farbtechnik.

Ein sehr hohes Niveau an Kunstfertigkeiten herrschte in den Werkstätten der ersten Paläste in Knossos und Festos. Die Kamares-Keramik, benannt nach der Höhle, in der die ersten dieser Töpferwaren gefunden wurden, war farbenfroh, elegant und wunderschön. Dekoriert waren sie mit geometrischen Formen sowie Blumen-, Pflanzen- und Tiermotiven; menschliche Formen wurden dagegen nur selten abgebildet. Während der gesamten Neuen Palastzeit wurden Kamares-Vasen für den Tauschhandel genutzt und nach Zypern, Ägypten und in die Levante exportiert.

Seit der Erfindung der Töpferscheibe ließen sich Kelche, Schnabelkannen und *pithoi* (große minoische Vorratsbehälter) schnell herstellen, und die Muster wurden lebhafter. Am eindrucksvollsten sind die extrem dünnwandigen „Eierschalenvasen".

In der Neuen Palastzeit herrschten Meeres- und Blumenmotive vor. Nach 1500 v. Chr. hatten die Vasen drei Henkel und waren häufig wie Tierköpfe geformt, so wie das steinerne *rhyton* (Trinkgefäß) in Form eines Stierkopfs, das im Archäologischen Museum von Iraklion zu besichtigen ist. Nach dem Niedergang der minoischen Kultur war es auch mit der lebendigen Keramik der vorangegangenen Jahrhunderte vorbei.

Schmuck & Skulpturen

Die Kunstfertigkeit in der Schmuckherstellung und Bildhauerei erreichte in der Vorpalastzeit ein sehr hohes Niveau. Die außerordentliche Feinheit und den Phantasiereichtum demonstriert der exquisite Bienenanhänger aus Malia. Ein weiteres minoisches Meisterwerk ist ein goldener Siegelring aus dem 15. Jh. v. Chr., der in einem Grab in Isopata bei Knossos gefunden wurde; er zeigt Frauen in einem ekstatischen Tanzritual auf einer Lilienwiese, während eine Göttin vom Himmel hinabsteigt.

ARCHÄOLOGIE

Sir Arthur Evans; Auf den Spuren des Königs Minos von Silvia L. Horwitz ist ein faszinierendes Portrait des britischen Archäologen, der den Palast von Knossos entdeckte.

KÖNIG MINOS: MANN ODER MYTHOS?

Die Legende der Königs Minos beflügelt seit Generationen die Phantasie der Gelehrten auf der Suche nach Belegen für Homers Beschreibung aus der *Odyssee: Kreta ist ein Land im dunkelwogenden Meere, fruchtbar und anmutsvoll und ringsumflossen. Es wohnen dort unzählige Menschen, und ihrer Städte sind neunzig ... Ihrer Könige Stadt ist Knossos, wo Minos geherrscht hat, der neunjährig mit Zeus, dem großen Gotte, geredet.*

Der legendäre Herrscher Kretas war das Kind von Zeus und Europa und bestieg den kretischen Thron mithilfe des Meeresgottes Poseidon. Von Knossos aus eroberte er den gesamten ägäischen Raum, kolonisierte viele Inseln und vertrieb die Piraten. Er heiratete Pasiphae, die Tochter des Helios, mit der er zahlreiche Kinder zeugte, darunter ein Wesen, das halb Stier, halb Mensch war, den Minotaurus.

Wie lange König Minos jedoch tatsächlich auf dem Thron saß, ist noch immer strittig: Das Wort *enneaoros*, mit dem Homer die Länge seiner Herrschaft beschreibt, ist nämlich zweideutig und könnte entweder bedeuten, dass Minos neun Jahre lang oder seit seinem neunten Lebensjahr regierte. Konnte Minos tatsächlich in der kurzen Spanne von nur neun Jahren ein ganzes Imperium aufbauen oder begann seine lange Regentschaft schon im zarten Kindesalter? Wie auch immer – sein Leben nahm jedenfalls ein gewaltsames Ende auf der Jagd nach Daedalus, der damals unter dem Schutz des Königs Kokalios stand. Nachdem Minos mit Krieg gedroht hatte, falls der legendäre Vater des Flugs ihm nicht ausgeliefert würde, wurde er vom sizilianischen König überlistet, mit dessen Töchtern zu baden. Woraufhin ihm die hinterhältigen Biester kochendes Wasser über den Kopf gossen und ihn töteten.

MINOISCHE AUSGRABUNGSSTÄTTEN

Fotos und Beschreibungen von über 50 minoischen Ausgrabungsstätten auf Kreta hat der Archäologiecrack Ian Swindle auf der sehr umfassenden englischsprachigen Website www.uk.digiserve.com/mentor/minoan/index.htm gesammelt.

Minoische Bildhauer schufen kunstvolle Miniaturen, darunter Votivfiguren aus Fayence (Tonware mit Quarzglasur), Gold, Elfenbein, Bronze und Stein. Zu den herausragenden Beispielen zählt die barbusige Schlangengöttin, die zwei Schlangen in den erhobenen Armen hält und ein kunstvoll gearbeitetes Kleid trägt. Unglaublich beeindruckend ist auch das kleine Bergkristall-*rhyton* aus dem Palast von Zakros. Alle beschriebenen Stücke sind im Archäologischen Museum von Iraklion ausgestellt.

Auch die Siegelschneidekunst entwickelte sich in den Palastwerkstätten weiter fort. Aus Halbedelsteinen und Ton schufen die minoischen Kunsthandwerker wahre Meisterwerke im Miniaturformat, die manchmal auch Hieroglyphen enthielten. Ziegen, Löwen, Greife und Tanzszenen wurden in minutiöser Detailarbeit dargestellt. Der berühmte Archäologe Arthur Evans verbrachte einen Großteil seiner ersten Kreta-Reise mit dem Sammeln solcher Siegel.

In der Nachpalastzeit wurden unter dem Einfluss der kampfesfreudigen Mykener vor allem Waffen hergestellt, während Schmuck und Siegelsteine an Bedeutung verloren.

Die berühmten Fresken

Minoische Fresken sind berühmt für ihre leuchtenden Farben und einen lebhaften Naturalismus bei der Darstellung von Landschaften voller Tiere und Vögel, Meereswelten, in denen es von Fischen und Kraken wimmelt, Festmählern, Spielen und Ritualen. Wahrscheinlich wurden auch vor 1700 v. Chr. schon Fresken gemalt, doch die Katastrophe, in der die minoischen Paläste damals untergingen, löschte alle Spuren davon aus. Knossos erwies sich als reichste Fundgrube für Fresken aus der Neuen Palastzeit; die meisten erhaltenen Stücke sind im Archäologischen Museum von Iraklion zu besichtigen.

Von den Fresken blieben nur Fragmente übrig, die sehr sorgfältig (aber auf umstrittene Weise) restauriert wurden. Die verwendeten Pflanzen- und Mineralfarben sind relativ frisch geblieben. Die minoischen Freskenmaler waren stark von bestimmten ägyptischen Techniken beeinflusst, doch die Figuren sind längst nicht so steif wie auf den meisten ägyptischen Wandgemälden. Fresken aus Knossos zeigen weißhäutige Frauen mit kunstvoll aufgetürmten, schwarz glänzenden Lockenfrisuren. Die stolzen, anmutigen und ungenierten Frauen hatten kurvenreiche Körper und trugen schicke Gewänder, die ihre schönen Brüste freiließen. Die bronzehäutigen Männer waren groß, mit Wespentaille, schmalen Hüften, breiten Schultern sowie muskelstrotzenden Oberschenkeln und -armen. Die Kinder waren schlank und beweglich.

Auf vielen Fresken sind dynamische Szenen abgebildet, von Boxern und Ringern bis zu feierlichen Prozessionen, vom Safranfest bis zum Stiersprung.

DEN STIER BEI DEN HÖRNERN GEPACKT

In minoischen Zeiten hatte der Stier als Machtsymbol einen Stammplatz in der Kunst. Eine seltsame Sportart der Minoer war der sogenannte Stiersprung, bei dem akrobatisch veranlagte Draufgänger den Stier von vorn bei den Hörnern packten und im Salto auf dessen Rücken sprangen. Solche Darstellungen erscheinen oft auf Fresken, Keramiken und Skulpturen. Der Sport wurde von spärlich bekleideten Männern und Frauen ausgeübt und hatte möglicherweise religiöse Bedeutung. Eine der faszinierendsten Stiersprungfresken aus der Neuen Palastzeit wurde im Palast von Knossos entdeckt: Sie zeigt einen Mann, der längs über den Rücken eines Stiers springt, mit weiblichen Figuren zu jeder Seite. Ein weiterer berühmter Stier aus Knossos ist das *rhyton* (Trankopfergefäß) in Form eines Stierkopfes, mit Augen aus Bergkristall und Hörnern aus vergoldetem Holz.

DAS RÄTSEL DER LINEAR-B-SCHRIFT WIRD ENTZIFFERT

Die systematische Entzifferung der Linear-B-Schrift durch den englischen Architekten und Hobbylinguisten Michael Ventris im Jahr 1952 lieferte den ersten greifbaren Beweis für eine längere historische Dokumentation der griechischen Sprache, als bisher in Wissenschaftskreisen angenommen worden war. Linear B ist eine archaische Form des Griechischen, noch um 500 Jahre älter als Homers ionischer Dialekt.

Die Schrift wurde auf Tontafeln geritzt, die dann jahrhundertelang unberührt blieben, bis sie in Knossos auf Kreta wieder ans Licht kamen. Weitere Tafeln wurden später auf dem Festland in Mycenae, Tiryns und Pylos am Peleponnes sowie in Theben bei Boeotia in Zentralgriechenland gefunden.

Dabei handelt es sich hauptsächlich um Inventarlisten und Aufzeichnungen von Handelstransaktionen, zusammengesetzt aus rund 90 verschiedenen Zeichen. Alle stammen aus der Zeit vom 14. bis 13 Jh. v. Chr. Die Tafeln lassen wenige Schlüsse zum gesellschaftlichen und politischen Leben der Zeit zu, wenn sie auch Hinweise auf eine recht komplexe und gut organisierte Handelsstruktur geben.

Wichtig war vor allem die Feststellung, dass es sich eindeutig um die griechische Sprache handelt, womit das moderne Griechisch nach dem Chinesischen die zweitlängste schriftlich dokumentierte Geschichte vorweisen kann. Andrew Robinsons Biografie, *The Man Who Deciphered Linear B,* gibt Einblick in das faszinierende Leben und Genie von Michael Ventris.

Religiöse Symbole

Die Minoer hielten nicht viel von protzigen Tempeln oder religiösen Skulpturen. Heiligtümer in Höhlen und auf Berggipfeln dienten der Ausübung von Kulten oder religiösen Handlungen. Im Mittelpunkt des spirituellen Lebens stand die Verehrung einer Muttergöttin. Die oft mit Schlangen oder Löwen dargestellte Muttergöttin war die Hauptgottheit, die männlichen Götter offenbar untergeordnet.

Das Doppelaxtsymbol auf Fresken und den Palastwänden von Knossos war ein heiliges Symbol der Minoer. Häufige religiöse Symbole in der minoischen Kunst waren auch der mythische Greif und Gestalten mit Menschenkörper und Tierkopf. Man geht davon aus, dass die Minoer die Toten verehrten und an irgendeine Form von Leben nach dem Tod glaubten. Funde aus Anemospilia lieferten auch Hinweise auf Menschenopfer.

Die Minoer wussten sich schon gut zu amüsieren: mit Brettspielen, Boxen, Ringen und gewagter Akrobatik wie beim Stiersprung. Auch die minoischen Tänze waren in der Antike in ganz Griechenland berühmt.

Die minoische Schrift

Aus dem kretischen Hieroglyphensystem, das in der Vorpalastzeit verwendet wurde, entwickelten sich später die Schriften Linear A und Linear B. Das bedeutendste Beispiel der alten minoischen Schrift findet sich auf dem geheimnisvollen, 3600 Jahre alten Diskos von Festos, der 1908 in Festos gefunden wurde und Altertumsforschern seitdem viele Rätsel aufgibt. Die Scheibe mit einem Durchmesser von etwa 16 cm zeigt insgesamt 242 Piktogramme bzw. „Wörter", die in einer Spirale von außen nach innen (oder von innen nach außen?) eingeritzt sind. Wiederholungen bestimmter Wörter oder Sätze nähren die Spekulation, dass es sich um ein Gebet handeln könnte. Die Schrift wurde bislang nicht entziffert.

Die gesprochene Sprache der Minoer ist ebenfalls ein Buch mit sieben Siegeln. Die mykenische Linear-B-Schrift ist zwar eindeutig eine archaische Form der griechischen Sprache, aber Linear A kann durchaus die Niederschrift von etwas vollkommen anderem sein. Sprachwissenschaftler haben schon spekuliert, ob es Verbindungen zu den prähellenischen mesopotamischen Sprachen gab – solange aber nicht weitere Schriftproben auftauchen, wird es ein Rätsel bleiben.

Musik & Tanz

Griechenlands älteste überlieferte Volkslieder, die man auf dem Athos fand, stammen aus dem 17. Jh. und entpuppten sich als *rizitika* (patriotische Lieder) aus Westkreta.

Musik

Kretische Musik ist die dynamischste und beständigste traditionelle Musik in Griechenlands Gegenwart. Auf der Insel selbst ist sie die beliebteste Musik und stellt griechische und westliche Popmusik locker in den Schatten. Einheimische Musik begleitet Hochzeiten, Geburten, Feiertage, Ernten und praktisch jeden festlichen Anlass. Kretas florierende Musikszene bringt immer wieder neue Generationen von Volksmusikern hervor. Sie produzieren neue Aufnahmen traditionellen Liedguts und pflegen einen zeitgenössischen Stil, der seine Wurzeln in traditioneller kretischer Musik hat. In der Weltmusikszene bildet Musik aus Kreta ein eigenes Genre.

VOLKSLIEDER

Instrumente und Stilrichtungen

Im Laufe der Jahrhunderte beeinflussten viele Musiktraditionen die kretische Musik, die an orientalische Modalmusik erinnert. Hauptinstrument ist die *lyra*, ein dreisaitiges Streichinstrument, das man aufs Knie stützt, oft begleitet durch die achtsaitige *lautros* (Laute) als Rhythmusinstrument. Zu den traditionellen Instrumenten gehören außerdem *mandolino* (Mandoline), *askomantoura* (Dudelsack), *chabioli* (Holzflöte) und *daoulaki* (Trommel). Die *bouzouki*, die jeder sofort mit Griechenland in Verbindung bringt, gehört nicht zur kretischen Musik.

Zu den beliebtesten musikalischen Ausdrucksformen der Kreter gehört der *mantinadha* (traditioneller kretischer Paarreim), der uralte Themen wie Liebe, Tod und die Launen des Schicksals behandelt. Tausende von *mantinadhes* halfen während der jahrhundertelangen Besatzungsperioden, ein kretisches Nationalgefühl zu schmieden. Sie verwenden die 15 Silben der byzantinischen Mundartliteratur, die mindestens auf das 12. Jh. zurückgeht. Die besten Versdichter improvisierten bei kretischen Festen Reime auf und für die Gäste und versuchten sich dabei in Witz und Komposition gegenseitig zu übertrumpfen. Diese Tradition setzen auch die jungen Kreter fort: *Mantinadhes* sind fester Bestandteil des modernen Brautwerbungsrituals, wenn auch inzwischen häufig über SMS. Das bekannteste Beispiel kretischer Renaissanceliteratur ist der *Erotokritos* (17. Jh.) von Vitsentzos Kornaros, dessen Sprache und Reime ebenfalls den *mantinadhes* entsprechen. Er hat den Künstlern der Vergangenheit reichlich Material geliefert und inspiriert Kretas Musiker bis heute.

Tieferen Einblick in die kretische Musik bietet www.cretan-music.com – auf Englisch und Griechisch.

Eine weitere populäre Musikform heißt *rizitika* (patriotische Lieder). Das sind jahrhundertealte Lieder aus Westkreta, insbesondere aus den Lefka Ori, die vielleicht vom Liedgut der Grenzposten im Byzantinischen Reich abgeleitet sind, vielleicht aber auch in noch ältere Zeiten zurückreichen. Viele *rizitika*-Lieder handeln von historischen Themen oder Heldengeschichten. Zu den beliebtesten gehört das 1034-versige Lied über den sfakiotischen Helden Daskalojannis, der 1770 die Rebellion gegen die Türken anführte. Die deutsche Besatzungszeit während des Zweiten Weltkriegs hat ebenfalls eine Fülle von *rizitika* hervorgebracht.

Musikalische Prominenz

Nach der Unabhängigkeit wurde traditionelle Volksmusik von der griechischen Bourgeoisie verschmäht. Alle Augen waren auf das europäische Festland mit seiner klassischen Musik und Opernkultur gerichtet, während die eigenen östlichen und „bäuerlichen“ Wurzeln als verpönt galten. Doch in den 1960er-Jahren tauchte in Athen eine neue Welle auf, die sogenannte *entehni mousiki*. Mit urbanen Instrumenten wie der *bouzouki* im Mittelpunkt entstanden populäre Hits, die auf den Werken griechischer Dichter beruhen.

Der gefeierte, aus Ierapetra stammende Komponist Yiannis Markopoulos legte die Messlatte noch höher, indem er ländliche Volksmusik für den Massengeschmack aufarbeitete. International kennt man ihn vor allem wegen der von ihm komponierten Musik für die BBC-Fernsehserie *Who Pays the Ferryman?* Markopoulos war auch dafür verantwortlich, Nikos Xylouris, die Ikone der kretischen Musik, ins Rampenlicht zu bringen. Dessen Karriere endete abrupt und tragisch im Jahr 1980, als er mit 43 an einem Hirntumor starb. Seine einmalige Stimme und sein überragendes Talent für die *lyra* machen ihn bis heute zum meistverkauften und auch meistverehrten Musiker Kretas. In den Jahren der Militärjunta wurde Xylouris zu einer der führenden Stimmen des Widerstands. Xylouris zählte zu einer Gruppe von Künstlern aus dem Dorf Anogia und war der Sprössling einer außergewöhnlich musikalischen Familie.

Xylouris, Thanasis Skordalos und Kostas Mountakis gelten als die großen Meister kretischer Musik. Die meisten modernen Musiker folgen einer der von ihnen geprägten Stilrichtungen. Der berühmteste kretische Musiker unserer Tage ist der legendäre Psarantonis (Antonis Xylouris, Bruder von Nikos), für seinen einzigartigen Musizierstil bekannt und durch seinen wilden Bart und die Haarmähne auch optisch unverwechselbar. Er tritt dauernd irgendwo auf – im winzigsten kretischen Dorf ebenso wie in den Clubs von Athen und auf internationalen Tourneen.

Zu den angesehensten und faszinierendsten Figuren der Musikszene auf Kreta zählt Ross Daly. Der irischstämmige *lyra*-Virtuose betreibt einen hochkarätigen Weltmusik-Workshop in Choudetsi.

Das exzellente Sextett Haïnides gehört mit seiner eigenständigen und unverwechselbaren Musik zu den populärsten Bands, die Kreta in den letzten Jahren hervorgebracht hat. Die Gruppe gibt unvergessliche Livekonzerte in ganz Griechenland. Weitere prominente Figuren sind Mitsos und Vasilis Stavrakakis sowie zeitgenössische Musiker wie die Band Palaïna, Stelios Petrakis aus Sitia, Papa Stefanis Nikas und Yiannis Haroulis. Vielversprechende Talente sind auch der gebürtige Australier Sifis Tsourdalakis sowie der in Belgien geborene Michalis Tzouganakis.

Ein populärer, aus Kreta stammender Vertreter der griechischen Mainstream-Musik ist Manos Pirovolakis mit seinem rockigen *lyra*-Sound. Gebürtige Kreterin ist auch Nana Mouskouri, eine von Griechenlands international bekanntesten Sängerinnen, die zwar seit ihrem dritten Lebensjahr in Athen lebt, aber ursprünglich aus Chania stammt.

LYRA

Musik hat in Griechenland schon seit Tausenden von Jahren Tradition. Archäologen haben sogar schon antike Vasen gefunden, bei denen das abgebildete Instrument einer *lyra* sehr ähnlich sieht

MUSIK

Das älteste bekannte Musikstück in Schriftform stammt aus dem Jahr 408 v. Chr. und wurde in der antiken griechischen Tragödie *Orestes* von Euripides vom Chor gesungen.

Tanz

Seit den allerersten Anfängen des Hellenismus ist der Tanz Bestandteil des Soziallebens auf Kreta. Teilweise sind die Tänze aus rituellen Tänzen in antiken griechischen Tempeln entstanden. Weitere Hinweise finden sich auf antiken griechischen Vasen, die oft Tänzer als Motiv verwenden, sowie in den Werken Homers, der insbesondere das Können der kretischen Tänzer lobt.

Kretische Tänze sind dynamisch, schnell und kriegerisch. Viele von ihnen werden von Männern in Gruppen getanzt. Tänze für Frauen stehen traditionell mit Hochzeit oder Werbung in Zusammenhang und sind

TOP 10 KRETISCHE MUSIK

Diese breit gefächerte Auswahl ist ein Einstieg in die kretische Musik der Vergangenheit und Gegenwart.

» *Tis Kritis Ta Politima* (2009) – die Doppel-CD liefert ein breites Spektrum traditionellen Liedguts von bekannten kretischen und griechischen Künstlern und ist daher eine gute allgemeine Einführung in die kretische Musik.

» *Dimotiki Anthologia-Nikos Xylouris* – das Album von 1976 machte Kretas legendären Musiker Nikos Xylouris zum Star. Ein gutes Preis-Leistungs-Verhältnis bietet die Doppel-CD-Box *I Kriti Tou Nikos Xylouris* mit einem weiteren klassischen Album, *Ta Pou Thimoume Tragoudo* (1975).

» *Ta Oraiotera Tragoudia Tou* (1974) – eine schöne Anthologie von Kostas Mountakis alias „der Lehrer", dem Meister der kretischen Nachkriegsmusik.

» *Thanasis Skordalos* – Bestandteil der Reihe *To Elliniko Tragoudi* (2006) über die großen Meister der griechischen Musik und eine gute Einführung in eine der *lyra*-Legenden Kretas.

» *Anastorimata* – das Album von 1982 ist ein Meilenstein und Vorbote des einzigartigen Stils von Psarantonis. Es enthält auch *mantinadhes* von Vasilis Stavrakakis und die erste Veröffentlichung von Ross Daly.

» *Beyond the Horizon* – Ross Dalys Album von 2002 ist ein Zeugnis seiner außergewöhnlichen Orchestrierung traditioneller kretischer Musik und zementiert den Einfluss des Iren auf die musikalische Landschaft der Insel.

» *Embolo* – das Doppelalbum von 2004 präsentiert Yiannis und Giorgos Xylouris, zwei große Meister der kretischen Musik, und die besten Lautenklänge, die auf der Insel zu hören sind.

» *Xatheri* – diese musikalische Sternstunde von 2003 vereinigt Kretas besten Sänger Vasilis Stavrakakis, Giorgos Xylouris an der Laute, Niki Xylouris und weitere herausragende Musiker, die kretische Klassiker mit frischem Sound interpretieren.

» *Palaiina Seferia* – das tolle Debütalbum des gleichnamigen kretischen Ensembles unter Leitung von Zacharias Spyridakis, einem Schüler des *lyra*-Meisters Mountakis.

» *Haïnides* – das erste Album der beliebten kretischen Band gleichen Namens ist eine gute Einführung in ihren einzigartigen, auf traditioneller Musik beruhenden Stil.

graziöser und anmutiger. Wie bei den meisten griechischen Tänzen tanzt man normalerweise im Kreis – im Altertum bildeten die Tänzer einen Kreis, um sich gegen böse Einflüsse abzuschotten. Während der Besatzungszeiten wurde der Tanz zum Akt der Rebellion, mit der man sich gleichzeitig vor der Nase des Feindes fit halten konnte.

Die beliebtesten kretischen Tänze sind der langsame und graziöse *sirtos* und der *pentosalis*, der einst von bewaffneten Kämpfern getanzt wurde. Von ihm gibt es eine langsame und eine schnellere Version, die sich bis zur Raserei steigert, wobei der führende Tänzer Sprünge, Variationen und Phantasiebewegungen vollführt, denen die anderen mit gemäßigteren Schritten folgen. Ebenfalls populär ist der *sousta*, ein hüpfender Paartanz mit kleinen, exakten Schritten. Der *maleviziotikos* (auch *kastrino* oder *pidikto* genannt) ist ein schneller, triumphierender Tanz.

Gut zu tanzen ist Ehrensache, und die Tänzer übernehmen abwechselnd die Führung, um ihr Können zur Schau zu stellen. Achtung: Jemandes Tanz zu unterbrechen gehört sich absolut nicht, da die Familien normalerweise für den Tanz bezahlt haben (viele kretische Musiker verdienen so ihren Lebensunterhalt).

Die beste Gelegenheit, kretische Tänze zu sehen, sind Feste, Hochzeiten und Taufen. Außerdem gibt es in vielen Gegenden Folkloreveranstaltungen für Touristen, trotz des etwas künstlichen Rahmens eine nette Show.

Bildende Künste, Literatur & Film

Bildende Künste

Die Kunst der Minoer ist bis heute in ganz Griechenland unübertroffen. Vom 8. bis 7. Jh. v. Chr. erlebte Kreta eine kurze Phase der künstlerischen Wiedergeburt. Eine Gruppe von Bildhauern, die man Dädaliden nennt, perfektionierte eine neue Technik zur Herstellung von Skulpturen aus gehämmerter Bronze. Ihr Stil verschmolz die orientalische mit der griechischen Ästhetik, und ihr Einfluss reichte bis aufs griechische Festland. Ab Ende des 7. Jhs. v. Chr. verfiel die kretische Kultur. Unter den Römern kam es zu einer kurzen Wiederbelebung: Die bemerkenswertesten Zeugnisse dieser Zeit sind ihre prachtvollen Mosaikböden und Marmorskulpturen.

Byzantinische Kunst

Die griechische Malerei war stark von der römischen Kunst beeinflusst und erlebte unter den Byzantinern ihre Blütezeit – d. h. etwa vom 4. Jh. v. Chr. bis zum Fall von Konstantinopel im Jahr 1453. Ein Großteil der byzantinischen Kunst wurde bei Volksaufständen im 13. und 14. Jh. zerstört. Im 11. Jh. brachten Emigranten aus Konstantinopel Ikonen mit nach Kreta, doch das einzig erhaltene Exemplar aus dieser Zeit ist die Ikone der Jungfrau Maria in Mesopantitissa (heute in Venedig). Von Anfang des 13. bis zum frühen 16. Jh. waren in den Kirchen rund um Kreta häufig Fresken mit dunkelblauem Hintergrund zu sehen, die in der Kuppel Christus zeigten und die vier Evangelisten in den Ecken, die die Kuppel stützten. In der Apsis war noch die Jungfrau Maria mit Jesuskind abgebildet. Ebenfalls beliebt waren Szenen aus dem Leben Christi (Geburt, Taufe, Kreuzigung) sowie Heiligenstatuen. Auch heute sind noch viele schöne Fresken erhalten, wenn auch mit verblassten Farben.

Der wachsende kulturelle Austausch zwischen byzantinischen und italienischen Künstlern unter den palaiologischen Kaisern (1258–1453) führte zur vollen Entfaltung der byzantinischen Kunst. Der größte Ikonenmaler des 14. Jhs. war Ioannis Pagomenos, der im Westen der Insel Kreta lebte und arbeitete. Einige seiner Fresken sind in den Kirchen von Agios Georgios in Sfakia sowie in Agios Nikolaos in Maza zu sehen, wo er auch begraben liegt.

Die kretische Schule

Nach dem Untergang Konstantinopels (1453) flohen viele byzantinische Künstler nach Kreta, und die Insel wurde zum Zentrum griechischer Kunst. Zugleich stand die italienische Renaissance in voller Blüte, und viele kretische Künstler studierten in Italien. Das Resultat war die „Kre-

SORBAS

Die Figur des Sorbas beruht auf der echten Person des Yorgos Sorbas, eines Arbeiters aus Mazedonien, dem Nikos Kazantzakis erstmals 1915 begegnete. Zwei Jahre später stellte er ihn ein, um bei der Einrichtung eines Braunkohlebergwerks zu helfen, das während des Ersten Weltkriegs zur Deckung des gestiegenen Kohlebedarfs beitragen sollte.

tische Schule" der sakralen Malerei, die technische Brillanz mit einer besonderen Üppigkeit kombinierte. Künstler ließen sich sowohl vom westlichen als auch vom byzantinischen Stil inspirieren. Allein in Iraklion arbeiteten von Mitte des 16. bis Mitte des 17. Jhs. über 200 Maler.

Den größten internationalen Ruhm erlangte El Greco, der sehr unter dem Einfluss des großartigen, in Iraklion geborenen Michael Damaskinos (1530–91) stand. Dieser hatte von einem langen Aufenthalt in Venedig neue Techniken zur perspektivischen Darstellung mitgebracht und in die byzantinische Ikonenmalerei eingeführt. Herzstück der Sammlung im Museum für religiöse Kunst in Iraklion sind sechs tragbare Ikonen von Damaskinos, die aber momentan leider nicht zu sehen sind, da das Museum gerade ausführlich runderneuert wird. Der Dritte im Bunde der kretischen Top-Künstler ist Theophanes Strelitsa (alias Theophanes der Kreter). Er gehörte seinerzeit zu den besten Freskenkünstlern, wobei sich seine Werke alle auf dem Festland befinden.

Zeitgenössische Kunst

Die schönen Künste spielen auf Kreta heutzutage keine überragende Rolle, auch wenn viele zeitgenössische Künstler und Kunsthandwerker auf der Insel arbeiten und ausstellen. Viele aus Kreta stammende Künstler leben und arbeiten in Athen oder im Ausland. Das Museum für zeitgenössische Kunst in Rethymno (S. 85), eine der führenden internationalen Galerien der Insel, zeigt eine Dauerausstellung mit Werken des einheimischen Malers Lefteris Kanakakis.

Neben städtischen Galerien, die in ganz Kreta Ausstellungen lokaler Künstler präsentieren, gibt es auch einige neue Privatgalerien in Chania und Iraklion.

Literatur

Kretas reiche literarische Tradition wurzelt in der Freude der Kreter an Liedern, Versen und Wortspielen. Im späten 16. und frühen 17. Jh. erlebte die kretische Literatur unter den Venezianern eine grandiose Blütezeit.

EL GRECO DER KRETER

Der geniale Renaissancemaler El Greco („Der Grieche" auf Spanisch) war genau genommen Kreter und hieß mit bürgerlichem Namen Domenikos Theotokopoulos. Er kam 1541 in der kretischen Hauptstadt Candia (dem heutigen Iraklion) zur Welt. Es war die Phase reger künstlerischer Aktivität nach der Ankunft zahlreicher Maler, die aus dem türkisch besetzten Konstantinopel geflohen waren. Diese Maler übten einen prägenden Einfluss auf den jungen El Greco aus. Sie sorgten für seine frühe Verankerung in den Traditionen der spätbyzantinischen Wandmalerei, die seinen späteren Gemälden ihre eindringliche spirituelle Note gaben.

Mit Anfang zwanzig ging El Greco nach Venedig und lernte dort im Atelier von Tizian. Doch erst nachdem er 1577 nach Spanien weitergezogen war, konnte er sich als Maler richtig entfalten. Sein äußerst emotionaler Stil kam bei den Spaniern gut an. Er lebte bis zu seinem Tod 1614 in Toledo. Dort hängen auch seine berühmtesten Arbeiten, darunter sein Meisterwerk *Das Begräbnis des Grafen Orgaz* (1586). Viele andere seiner Werke verteilen sich auf Museen in aller Welt. Blick auf den Berg Sinai und das Katharinenkloster (1570), das El Greco während seiner Zeit in Venedig schuf, hängt im Historischen Museum Iraklio neben dem winzigen Bild *Die Taufe Christi*. *Engelskonzert* (1608) ist in der Nationalgalerie von Athen zu bewundern.

Auf Iraklios Platia El Greco steht eine weiße Marmorbüste des Malers, und überall auf der Insel sind Straßen, Tavernen und Hotels nach ihm benannt. Ein kleines El-Greco-Museum wurde im Dorf Fodele eingerichtet – in dem Haus, wo er angeblich einen Teil seiner Kindheit verbrachte. Die Filmbiographie *El Greco* wurde 2007 teilweise in Iraklio gedreht.

TOP TEN ROMANE, DIE AUF KRETA SPIELEN

» *Der Koloss von Maroussi*, Henry Miller (1941)
» *Alexis Sorbas*, Nikos Kazantzakis (1946)
» *Ill Met by Moonlight*, Stanley Moss (1952)
» *Das dunkle Labyrinth*, Lawrence Durrell (1958)
» *Bucht der Delphine/Nacht ohne Mond*, Mary Stewart (1962)
» *Winds of Crete*, David MacNeil Doren (1974)
» *Insel der Vergessenen*, Victoria Hislop (2005)
» *Wish You Were Here*, Mike Gayle (2007)
» *The Tomb of Zeus*, Barbara Cleverly (2007)
» *Blood of Honour*, James Holland (2010)

Das größte Meisterwerk der Ära war ohne Frage das im kretischen Dialekt abgefasste Epos *Erotokritos* von Vitsentzos Kornaros aus Sitia. Die über 10 000 Verse lange höfische Romandichtung ist durchdrungen von Trauer um die verblühende venezianische Ära, die durch die wachsende türkische Macht bedroht war. Um die unglückliche Liebe des Erotokritos (eines Beraters des Königs Herakles) zur Königstochter Aretousa rankt sich eine komplizierte Geschichte, die von Liebe, Ehre, Freundschaft und Mut handelt. Das Gedicht wurde jahrhundertelang rezitiert – von Bauern, die nicht lesen und schreiben konnten, ebenso wie von Profisängern. Es verkörperte den Freiheitstraum, der es den Kretern ermöglichte, die vielen Entbehrungen zu ertragen. Viele seiner Verse wurden in Kretas beliebte *mantinades* eingearbeitet (traditioneller kretischer Paarreim). Es gilt als das bedeutendste Werk der frühen modernen griechischen Literatur.

Wer erinnert sich nicht an die Schlussszene von *Alexis Sorbas*, mit der Anthony Quinn den *sirtaki* unsterblich machte? Dabei ist er gar kein traditioneller Tanz, sondern wurde spontan von Quinn erfunden, der sich am Tag zuvor am Bein verletzt hatte und die ursprünglichen geplanten Schritte und Sprünge nicht ausführen konnte. So wurde aus dem lebhaften Tanz, der im Drehbuch stand, ein langsames Schlurfen, das er fälschlicherweise als traditionell ausgab.

Literarische Ikonen

Griechenlands bekanntester und meistgelesener Schriftsteller seit Homer ist Nikos Kazantzakis, der 1883 inmitten der letzten Phase des kretischen Freiheitskampfs gegen die Türken auf der Insel zur Welt kam. Seine Romane liegen alle in deutscher Übersetzung vor und sind voller Dramatik und kraftvoll gezeichneter Charaktere, darunter *Alexis Sorbas* (1946) und der gefolterte Kapitän Michalis in *Freiheit oder Tod* (zwei seiner Meisterwerke). Neben Alexis Sorbas hat es auch *Die letzte Versuchung* auf die Kinoleinwand geschafft, mit Willem Dafoe und Harvey Keitel in den Hauptrollen. Die Geschichte des *Alexis Sorbas*, die in Kreta spielt, bietet faszinierende Einblicke in die härteren Seiten der kretischen Kultur. Kazantzakis' bewegte literarische Laufbahn verlief nicht immer reibungslos. Als bekennender Atheist geriet er häufig mit der orthodoxen Kirche aneinander (s. S. 255).

Kazantzakis haben seine Bücher zwar weltweit mehr Ruhm eingebracht als jedem anderen kretischen Schriftsteller – den Nobelpreis der Literatur aber nicht. Den erhielt dafür 1979 der Kreter Odysseus Elytis (1911–96). Dessen Poesie hatte es dem Nobelpreiskomittee angetan, die „vor dem Hintergrund der griechischen Tradition mit sinnlicher Stärke und intellektueller Klarsichtigkeit das Ringen des modernen Menschen um Freiheit und Kreativität darstellt".

Eines seiner wichtigsten Werke ist *Axion Esti – Gepriesen sei* (1959), ein komplexes Gedicht über existenzialistische Fragen und die Identität von Land und Volk des Protagonisten. Es wurde von Mikis Theodorakis vertont und ist bis heute eines der bekanntesten Gedichte und Lieder in Griechenland.

Elytis ist einer der wichtigsten Vertreter der „1930er-Generation", die kurz nach dem Zweiten Weltkrieg und dem Griechischen Bürgerkrieg volljährig wurden. Dazu zählt ebenfalls der in Rethymno geborene Pandelis Prevelakis (1909–86). Er ist hauptsächlich als Dichter bekannt, obwohl er durchaus auch Theaterstücke und Romane geschrieben hat. Sein bekanntestes Werk, *Chronik einer Stadt*, ist eine nostalgische Betrachtung seiner Heimatstadt am Anfang des 20. Jhs.

Zeitgenössische Schriftsteller

Zu Kretas vielversprechendem literarischen Nachwuchs gehört Rhea Galanaki (*1947). Ihr preisgekrönter Roman *Das Leben von Ismail Ferik Pascha* (1989) wurde in sechs Sprachen übersetzt. Die Erzählung spielt auf Kreta und beschreibt den Zusammenstoß zwischen Christentum und osmanischem Islam. Der Roman ist Bestandteil der Unesco-Sammlung repräsentativer Werke.

Auch Ioanna Karystiani (* 1952) gehört zur Riege der angesehensten Schriftstellerinnen der Gegenwart. Von ihr stammt das viel beachtete Drehbuch zum Film *Nytes* (Bräute) (2004). Für ihren ersten Roman *Mikra Anglia* (Klein England) erhielt sie den griechischen Staatspreis für Literatur. Er beschreibt Arbeit, Leben und Liebe einer Matrosenfamilie auf der Insel Andros in der ersten Hälfte des 20. Jhs.

Ganz im Zeichen der Erhaltung der literarischen Tradition Kretas steht das gemeinnützige Zentrum für kretische Literatur, das 1987 als Ergänzung zum Nikos Kazantzakis Museum in Myrtia gegründet wurde. Sein Ziel ist das Aufzeichnen, Studieren und Fördern der Inselliteratur. Dazu veranstaltet es literarische Events zu Ehren lebender wie toter kretischer Schriftsteller, darunter Minas Dimakis, Manolis Pratikakis, Yiorgis Manoussakis und Victoria Theodorou.

Film

Jennifer Anniston heißt in Wirklichkeit Jennifer Anastasakis und ist die Tochter des auf Kreta geborenen Ioannis Anastasakis, der ebenfalls Schauspieler ist.

Kreta hat keine lokale Filmindustrie, war aber Drehort für viele Filme, darunter natürlich der berühmte Klassiker *Alexis Sorbas*, der in den 1960er-Jahren u. a. in Stavros auf der Halbinsel Akrotiri entstand und später drei Oscars absahnte. 1956 wählte der amerikanische Regisseur Jules Dassin *(Sonntags nie)* das Dorf Kritsa als Kulisse für *Der Mann, der sterben muss*, seine Filmversion von Kasantzakis' Roman *Griechische Passion*, in der Dassins Frau Melina Mercouri mitspielte.

Ebenfalls in Kreta (und Melbourne) entstand im Jahr 2000 die romantische Komödie *Killer wider Willen*, eine altmodische, griechisch-australische Koproduktion über vertauschte Rollen und kretische Blutrache.

2007 folgte in epischer Breite *El Greco*, ein Film von Yiannis Smaragdis über das Leben des berühmten Kreters. Er wurde teilweise auf Kreta gedreht, genauso wie Olga Maleas *Der kleine Pate* (auch 2007), der anhand einer autobiografischen Kurzgeschichte von Nikos Papandreou (Sohn des früheren griechischen Premiers) einen augenzwinkernden Blick auf die griechische Kultur wirft. Ebenfalls in diesem Jahr drehte die griechisch-amerikanische Regisseurin Christine Crokos ihre romantische Komödie *Reception Will Follow* mit dem griechisch-australischen Schauspieler Alex Dimitriades in der Hauptrolle.

Auch verschiedene TV-Serien wurden auf Kreta gedreht, darunter 2006/2007 das kretische Blutrachedrama *Tis Agapis Machairia* (Messer der Liebe). 2009 fiel dann ein riesiges Filmteam in Spinalonga ein, um *To Nisi* zu drehen, einen 26-teiligen Fernsehfilm von Victoria Hislops Bestseller *Insel der Vergessenen*. Die griechische Fernsehpremiere war im Oktober 2010 (s. S. 171).

NIKOS KASANTZAKIS – KRETAS VERLORENER SOHN

Kretas berühmtester Schriftsteller der jüngeren Vergangenheit ist Nikos Kasantzakis. Er wurde 1883 unter der Türkenherrschaft in der damaligen Hauptstadt Iraklion geboren. Seine frühe Kindheit war von der gärenden Revolution und dem sich anbahnenden Umbruch geprägt. 1897 zwang ihn der Ausbruch der Revolution gegen die türkische Herrschaft, Kreta zu verlassen. Er studierte in Naxos, Athen und später in Paris. Erst mit 31 Jahren wandte er sich dem Schreiben zu, indem er philosophische Werke ins Griechische übersetzte. Jahrelang bereiste er Europa und legte so den Grundstein für eine Reihe von Reisebüchern in seiner späteren literarischen Laufbahn.

Kasantzakis war ein komplexer Schriftsteller. Sein frühes Werk ist stark von den damaligen philosophischen Ideen beeinflusst, darunter die nihilistische Haltung Nietzsches. Die metaphysischen und existenzialistischen Ängste, die Kasantzakis plagten, werden in seinen Schriften deutlich spürbar. Sein Verhältnis zur Religion war schwierig: Offiziell gab er sich als Ungläubiger, doch schien er immer mit dem Gedanken zu spielen, dass es vielleicht doch einen Gott geben könnte. Das in seinen Augen größte Werk war seine *Odyssee*, ein modernes Epos, das sich an die Abenteuer und Reisen des antiken Odysseus anlehnt. Doch mit dem umfangreichen und alles andere als eingängigen Opus aus 33 333 jambischen Versen konnte Kasantzakis sein Ziel, in einem Atemzug mit den Werken von Homer, Vergil oder dem italienischen Renaissancedichter Tasso genannt zu werden, nicht ganz verwirklichen.

Erst als sich Kasantzakis viel später der Romanschriftstellerei zuwandte, ging sein Stern schließlich auf. Werke wie *Griechische Passion* (1948), *Kapetan Mihalis* (1950; heute als *Freiheit oder Tod* bekannt) und *Leben und Lebensart des Alexis Sorbas* (1946; später umbenannt in *Alexis Sorbas*) machten ihn international berühmt. In Letzterem schuf er das Bild des ultimativen, freigeistigen griechischen Mannes, das Anthony Quinn in dem gleichnamigen Film unsterblich machte.

Kasantzakis starb am 26. Oktober 1957 während einer Reise in Freiburg im Breisgau. Gegen den Widerstand der orthodoxen Kirche erhielt er ein religiöses Begräbnis; sein Grab befindet sich auf der südlichen Martinengo-Bastion der alten Stadtmauer von Iraklion.

Kretische Küche

Angelika Illies gibt in *Kretas Küche* (2003) eine gute Einführung in die „gesunde und sonnenverwöhnte" Kost der Insel. Ein Honiglöffel aus Olivenholz zur Portionierung des regionaltypischen Thymianhonigs wird gleich mitgeliefert.

Sollen doch andere auf ihre Linie achten. Auf Kreta mit seinen vielen Leckereien wäre das eine glatte Sünde. Die kretische Kochkunst hat eine völlig eigene Identität innerhalb der griechischen Küche. Regionale Spezialitäten und die Qualität und Auswahl der Produkte, die auf der ganzen Insel von Kleinerzeugern produziert werden, versprechen eine abwechslungsreiche kulinarische Reise. Zu den Höhepunkten einer Kretatour zählen die familienbetriebenen Tavernen, wo traditionelle kretische Gerichte nach uralten Rezepten gekocht werden, dafür aber mit Zutaten, die frisch vom Bauern oder aus eigener Produktion stammen: wild-aromatische Kräuter, die am gleichen Tag in den Bergen gepflückt wurden, Öl und Käse aus eigener Herstellung, zartes Lamm vom Dorfhirten und selbst gefangener Fisch.

Seit dem Siegeszug des Massentourismus wird in den All-Inclusive-Anlagen und langweiligen Touristentavernen ein Einheitsbrei serviert, der der kretischen Küche nun wirklich nicht gerecht wird. Aber das ändert sich bereits wieder: Mit dem wachsenden Stolz auf die eigene Küche kommen immer mehr traditionelle Gerichte zurück auf die Speisekarten. Manche Taverne hat den Zugeständnissen an die kulinarischen Vorlieben der Touristen sogar schon ganz abgeschworen: Die Schnitzel sind wieder dem *stifadho* gewichen (Fleisch, Wild oder Meeresfrüchte mit Zwiebeln in Tomatenpüree). Auch ein paar Sterne weiter oben hat sich einiges getan, wo sich die neue Generation der Chefköche jetzt auch an Variationen traditioneller Gerichte wagt und aus alten Zutaten Neues zaubert.

Kreta hat durchaus das Zeug zu einem Reiseziel für Gourmets, doch seine bäuerliche Küche beruht vorerst noch auf einfacher, saisonal wechselnder und ausgewogener Kost. Ihre größten Trümpfe sind das sonnenverwöhnte, fruchtbare Land und der traditionelle Einfallsreichtum, auf den viele Kreter in wirtschaftlich harten Zeiten angewiesen waren, um ihre nackte Existenz zu sichern.

Die gesundheitsfördernden Eigenschaften der kretischen Küche sind legendär. Ihren guten Ruf verdankt sie wissenschaftlichen Studien der Essgewohnheiten im Mittelmeerraum in den 1960er-Jahren, bei denen sich herausstellte, dass Kreta die niedrigste Rate an Herz-Kreislauf-Krankheiten und anderen chronischen Erkrankungen aufwies. Dies wird hauptsächlich darauf zurückgeführt, dass die Kreter mehr Hülsenfrüch-

PREISE

Die Preisindikatoren in diesem Buch beziehen sich auf den durchschnittlichen Preis für ein Hauptgericht:

» € Günstig	< 7 €
» €€ Mittelteuer	7–15 €
» €€€ Teuer	> 15 €

DAS GUTE ÖL

Die Minoer gehörten zu den Ersten, die durch die Olive reich wurden. Kreta, bis heute ein bedeutendes Olivenanbaugebiet, produziert die größte Menge „extra natives Olivenöl" Griechenlands. Es wird immer mehr Öl aus biologischem Anbau erzeugt: Mindestens neun Olivenanbauregionen auf Kreta führen mittlerweile die geschützte Herkunftsbezeichnung der EU.

Die besten kretischen Olivenöle kommen aus Kolimbari, westlich von Chania, und aus Sitia im Osten. Vorzügliches biologisches Olivenöl produzieren Biolea (bei Chania) und mehrere Klöster, allen voran das preisgekrönte Olivenöl aus Moni Agia Triada bei Chania und Moni Toplou östlich von Sitia.

Am höchsten geschätzt wird *agoureleo* („unreif"), ein dickflüssiges, grünes Öl, das aus unreifen Oliven gepresst wird.

Die Griechen haben weltweit den höchsten Olivenölverbrauch pro Kopf: Auf Kreta verzehrt jeder Einzelne durchschnittlich 31 l pro Jahr.

te, Frischgemüse und Obst als Fleisch und Fertigprodukte verzehren. Die großzügige Verwendung von nativem Olivenöl spielt aber auch eine Rolle.

Das Ritual des gemeinsamen Essens ist ein äußerst wichtiger Bestandteil des kretischen Lebens, ob zu Hause oder mit Familie und Freunden in einer Taverne. Für ein gutes Restaurant oder besondere Spezialitäten nehmen die Menschen weite Wege auf sich und fahren z. B. eigens in die Berge, um Fleisch aus lokaler Aufzucht zu essen, oder ans Meer, um frischen Fisch zu genießen. Einige der besten Tavernen verstecken sich an völlig unerwarteten Orten.

Im kretischen Klima gedeihen Obst und Gemüse das ganze Jahr über. Dementsprechend ist die Insel auch Griechenlands Hauptlieferant für Frisches zum Jahresanfang, einschließlich Avocados und Grapefruits.

Die kretische Küche

Die Essgewohnheiten der Inselbewohner entwickelten sich auf der Grundlage dessen, was für den eigenen Lebensunterhalt vor Ort angebaut oder produziert werden konnte.

Griechische und kretische Küche überschneiden sich in vielen Punkten, aber es gibt besondere kretische Spezialitäten in verschiedenen regionalen Variationen. Die Küche Kretas hat ihre Wurzeln in der Antike und wurde im Laufe der Jahrhunderte von diversen Kulturen beeinflusst. Sie gründet im Wesentlichen auf naturbelassenen Bioerzeugnissen der Saison frisch vom Bauern, auf aromatischen Kräutern und auf qualitativ hochwertigem Fleisch vom Bauernhof. Kretisches Olivenöl, das in riesigen Mengen auf der ganzen Insel produziert wird, gehört zu den besten der Welt und ist integraler Bestandteil fast aller Mahlzeiten. Es ist nicht nur gesund, sondern verleiht Salat und Gemüse eine ganz eigene Geschmacksnote.

Gemüse

Seit Jahrhunderten sammeln die Kreter *chorta* (Wildgemüse) in den Bergen und bereiten daraus warme Salate, Pastetenfüllungen oder Eintöpfe zu. Kretischer *paximadia* (Zwieback), ein Relikt aus Zeiten der Hungersnot, wird aus Gerstenmehl oder Vollkornweizen zu einem harten, trockenen Fladen verarbeitet, doppelt gebacken und hält sich buchstäblich über Jahre. Das beliebte Gericht *dakos* (oder *koukouvagia*) besteht aus mit Wasser befeuchtetem Zwieback, der mit Tomate, Olivenöl und Feta oder *myzithra* (Schafskäse) belegt wird. Ihre ganze Brillanz entfaltet die kretische Küche bei Gemüsegerichten wie Artischocken, dicken Bohnen oder leckeren Zucchiniblüten (*anthoi*) mit Reisfüllung und Kräutern. Es gibt über 100 essbare Wildgemüse auf Kreta, doch selbst die kundigsten Kräutersammler erkennen davon nicht mehr als ein Dutzend.

Top-Infos im Internet

» www.greek-recipe.com

» www.gourmed.gr

» www.greekwine.gr

» www.greekwinemakers.com

Fleisch & Fisch

Fleisch kommt in Kreta heute regelmäßiger auf den Tisch als früher. Kreter essen bevorzugt Lamm und Ziege aus lokaler Aufzucht und haben eine Vorliebe für Kaninchen, das gern mit Rosmarin und *rizmarato* (Essig) zu einem Eintopf gekocht wird. Grillfleisch steht oft ganz oben auf den Speisekarten der Tavernen. Die Kreter haben ihre eigene Art zu grillen, die als *ofto* bezeichnet wird: Große Stücke Fleisch werden senkrecht über glühenden Kohlen gegart. In bestimmten Regionen der Insel wird Fleisch vorwiegend *tsigariasto* (sautiert) zubereitet, einige Tavernen in traditionellen Bergdörfern servieren überraschend leckeres *vrasto* (Hammel- oder Ziegeneintopf). Oft wird Fleisch auch mit Gemüse gekocht, z. B. Lammeintopf mit *stamnagathi* (einer Wildgemüseart) bzw. Artischocken oder Hühnchen mit Okra. Die findigen Kreter verwenden fast alle Teile des Tiers, auch *ameletita* („Unaussprechliches", sprich gebratene Schafshoden) und *gardhoumia* (in Darm gewickelter Magen und Innereien).

Die Original-Kreta-Diät (2005) von Myrsini Lambraki und Ingrid Kiefer lässt die Leser mit authentischen Rezepten rund um das Lebenselixier Olivenöl an der gesunden Wirkung der kretischen Ernährung teilhaben.

KULINARISCHES

Nach Regenfällen werden an den Hängen *chochlii* (Schnecken) gesammelt und nach zahlreichen interessanten Rezepten zubereitet. Versuchen sollte man z. B. *chochlii boubouristi* (in Essig gedünstete Schnecken mit Rosmarin) oder Schneckeneintopf mit *chondros* (Weizenschrot).

An der Küste ist *psari* (Fisch) seit ewigen Zeiten ein Grundnahrungsmittel. Er wird in der Regel völlig schnörkellos zubereitet, meistens als ganzer Fisch gegrillt und mit *ladholemono* (Zitrone-Öl-Dressing) beträufelt. Kleinere Fische wie Rote Meeräsche und der winzige Breitling werden meist nur kurz angebraten.

Käse

Neben dem allgegenwärtigen Feta machen die Kreta wunderbaren Käse aus Ziegen- und/oder Schafsmilch. *Graviera*, ein milder, Gruyère-ähnlicher Schafskäse mit Nussgeschmack, reift oft in speziellen Berghöhlen und Steinhütten, die als *mitata* bezeichnet werden. Besonders köstlich schmeckt er mit Thymianhonig. Weitere lokale Käsesorten sind *myzithra*, ein milder, Ricotta-ähnlicher Weichkäse, der direkt verzehrt oder zum Reiben gehärtet wird; *xynomyzithra*, ein Hartkäse aus gesäuerter Milch; *anthotiro*, ein buttriger, weißer Käse, der als Frisch- oder als Hartkäse verkauft wird; und *galomyzithra*, eine sahnige Spezialität aus Chania. *Staka* ist ein fetter, weicher Rahmkäse, der oft an Reis-*pilafi* (Pilaw) kommt, um es cremiger zu machen.

Eine feine Sache ist der gehaltvolle Joghurt aus Schafsmilch mit seinem intensiven Geschmack, sehr lecker mit Honig, Walnüssen oder Obst.

Getränke

Wein

Krasi (Wein) wurde auf Kreta schon unter den Minoern angebaut – und wer weiß schon, wie lange kretische Bauern schon für den Eigengebrauch keltern. Kommerziell wird der Wein jedoch erst seit den 1930er-Jahren produziert, und erst 1952 begann Minos, in Peza den ersten kretischen Flaschenwein zu vertreiben.

Heute stammen etwa 20 % des griechischen Weins aus Kreta, wo er leider hauptsächlich über riesige Winzergenossenschaften den Weg auf den Markt findet, die mehr am Umsatz als an der Qualität interessiert sind. Größtenteils heißt das: Er wird vermischt und en gros verkauft. Das Endprodukt landet dann als „Hauswein" auf den Restauranttischen. Die Qualität schwankt, aber er ist größtenteils sogar ganz trinkbar.

Die besseren Flaschenweine haben bisher auch noch keinen Feinschmecker in Extase versetzt, was sich aber dank der wachsenden Zahl von Boutique-Weingütern unter der Leitung einer neuen Generation moderner, im Ausland ausgebildeter Winzer langsam ändert. Unter den gehobeneren Weinen, die teilweise sogar nach ganz Europa und in die USA exportiert werden, sind die edlen Tröpfchen der Weingüter Minos-Miliarakis und Lyrakakis sowie der Winzergenossenschaft Sitia. Neue Besucherzentren mit Minimuseum und Probierstube machen auch den Weintourismus allmählich populärer.

In Kreta gibt es drei Weinanbaugebiete. Das größte, das Weinanbaugebiet Iraklion, produziert etwa 70 % des kretischen Weins. Um zwei Zentren herum (Peza/Archanes südlich von Iraklion und etwas weiter westlich rund um Dafnes) werden hier hauptsächlich die Sorten Kotsifali, Mandilaria und Vilana angebaut. Das kleinste Anbaugebiet befindet sich weiter östlich in Lassithi. Dort konzentrieren sich die auf die Liatiko-Traube spezialisierten Weinberge um Sitia. Im Westen der Insel liegt das wichtigste Anbaugebiet westlich von Chania, wo hauptsächlich die Romeiko Traube angebaut wird.

Der mit Kiefernharz parfümierte Weißwein Retsina gehört bei vielen Ausländern mittlerweile zur Griechenland-Folklore. Er ist wohl etwas gewöhnungsbedürftig, passt aber hervorragend zu aromatischen mezedhes und Meeresfrüchten.

Raki & Ouzo

Raki (oder *tsikoudia*) ist ein integraler Bestandteil der kretischen Kultur. Ein Gläschen des feurigen Kurzen gibt's zur Begrüßung, nach dem Essen und fast zu jeder Tageszeit und bei allen Anlässen. Destilliert wird der Schnaps aus Stielen und Kernen von Trauben, die beim Pressen für die Weinproduktion abfallen. Darin gleicht er dem italienischen Grappa. Während der Brennsaison (alljährlich ab Oktober) produzieren Destillerien auf der ganzen Insel – darunter viele Privatbrennereien – Unmengen an Raki.

Die Saison wird in der Regel von ausgedehnten Trinkgelagen und Festessen begleitet. Wer zufällig in einem Dorf landet, in dem Raki gebrannt wird, wird wahrscheinlich zu einem Gläschen eingeladen. Guter Raki hat einen milden, sanften Geschmack ohne Brennen im Abgang.

Buchstäblich Hunderte von familienbetriebenen Kleinstbrennereien verteilen sich über die ganze Insel. Diese füllen das beliebte Feuerwasser in leere Wasserflaschen ab und verkaufen sie in kleinen Läden, in Tavernen oder an Straßenständen. Für Kreter ist es undenkbar, einen kommerziellen Raki aus dem Supermarktregal zu kaufen. Und Recht haben sie! Ein guter Raki hinterlässt im Allgemeinen keinen Kater – vorausgesetzt natürlich, man trinkt ihn zum Essen und in Maßen.

Ouzo, der berühmte griechische Anisbranntwein, hat auf Kreta weniger Anhänger und wird hauptsächlich von Festlandgriechen oder Ausländern getrunken. Er wird pur auf Eis serviert, mit einem separaten Glas Wasser zum Verdünnen, wobei er eine milchig-weiße Trübung annimmt.

KULINARISCHER KALENDER

Januar

Der Neujahrskuchen *vasilopita* verspricht dem Finder der eingebackenen Münze ein Jahr lang Glück.

Februar

Höhepunkt der Olivenernte. Wer sich mit Olivenöl aus dem neuen Jahrgang eindecken will, sollte das jetzt tun.

März

Zum Osterfest stehen *mayiritsa* (Suppe aus Lamminnereien), Lammbraten und *kreatotourta* (Fleischpasteten) auf dem Speiseplan. Überall gibt's rot gefärbte Eier, auch als Dekoration des *tsoureki*, einer Art Brioche.

April

Chochliovradia („Schneckennacht") in Vamos: Auf wie viele Arten kann man Schnecken wohl noch zubereiten?

Mai

Essbares Wildgemüse und Kräuter pflücken und die Zähne in eine frische, junge Artischocke hauen – am besten roh und ganz mit ein paar Tropfen Zitronensaft.

Juni

Hochsaison der Käsereien. Überall gibt's frischen *myzithra*, einen weichen Frischkäse, und *malakos*, einen Quark aus Schafsmilch.

Juli

Die Märkte sind voller Wassermelonen, frischer Feigen, Pfirsiche, Aprikosen und anderer Obstsorten; jetzt ist auch der Höhepunkt der Miesmuschelsaison.

SCHNECKEN

Die Kreter essen wahrscheinlich mehr Schnecken als die Franzosen. Schnecken aus Kreta werden sogar nach Frankreich exportiert.

Bier

Die bekanntesten griechischen Marken sind Mythos und Alfa. Weniger verbreitet sind Vergina und Hillas aus Nordgriechenland, das Biobier Piraiki aus Piräus und Craft, das meist vom Fass getrunken wird. Das einzige kretische Bier stammt aus der Biobrauerei Brink's Brewery (s. S. 102) bei Rethymnon. Im Allgemeinen sind die Griechen aber keine großen Biertrinker, sie konsumieren nur etwa die Hälfte des durchschnittlichen Pro-Kopf-Verbrauchs in der EU. Am billigsten ist Bier im Supermarkt, aber es ist auch an Kiosken erhältlich.

Kaffee & Tee

Griechischer Kaffee, ein Vermächtnis der osmanischen Herrschaft, wird traditionell auf heißem Sand in einem speziellen *briki* (Kupfertopf) aufgebrüht und in einer kleinen Tasse serviert, wobei der Kaffeesatz auf den Boden sinkt (nicht mittrinken). Getrunken wird er *glykos* (süß), *metrios* (mittelsüß) oder *sketo* (ohne Zucker). Der griechische Kaffee hat es allerdings nicht leicht, sich als Nationalgetränk gegen die scharfe Konkurrenz des allgegenwärtigen Frappé, eines Instant-Eiskaffees, zu behaupten. Espresso und Cappuccino sind weit verbreitet und auch kalt (*freddo*) erhältlich. Beliebt sind auch Kräutertees, besonders Kamillentee und der aromatische kretische *tsai tou vounou* („Bergtee"), der gesund ist und gut schmeckt. Die nur auf Kreta heimische Teesorte *diktamo* (Diptam) ist für ihre medizinischen Heilkräfte bekannt. Der am weitesten verbreitete warme „Heiltrunk" ist *rakomelo*: Raki, Honig und Gewürznelken.

Auswärts essen

Mit Familie und Freunden essen gehen ist ein fester Bestandteil des kretischen Soziallebens. Dementsprechend essen alle Kreter – ganz unabhängig vom sozialen Status – regelmäßig auswärts. Wer die wirklich guten Lokale aufspüren will, sollte daher darauf achten, wo die Kreter selbst hingehen. Aufdringliche Hinweistafeln und große, bunte Fotos sollte man unbedingt meiden; hier lauert eine Tourifalle. Auch Hotelempfehlungen sind mit Vorsicht zu genießen, da manche eine Absprache mit bestimmten Restaurants getroffen haben oder eher die Lokale empfehlen, die zur eigenen Sippschaft gehören.

Es empfiehlt sich auch, dem Tagesrhythmus der Einheimischen zu folgen, denn ein Restaurant, das um 19 Uhr noch ausgestorben ist, ist um 23 Uhr vielleicht gesteckt voll mit Kretern (s. „Esskultur", S. 264).

Jedes Esslokal ist gesetzlich verpflichtet, die Speisekarte schriftlich und mit allen Preisen auszustellen. Die meisten berechnen einen kleinen Obolus für Brot und Knabbereien, die bei Ankunft auf den Tisch kommen. Trinkgeld ist keine Pflicht, i. d. R. wird die Rechnung aber aufgerundet; bei Zufriedenheit schlägt man noch 10 % auf.

Mezedhes & Salate

Kreter lieben es, eine Auswahl von mezedhes (Vorspeisen) miteinander zu teilen. Oft wird daraus eine ganze Mahlzeit oder man teilt dann noch ein, zwei Hauptgerichte. Wer mag, kann natürlich auch gleich eine *pikilia* (gemischte Vorspeisenplatte) bestellen.

Beliebte mezedhes sind Dips wie *taramasalata* (Fischrogencreme), *tsatsiki* (Joghurt, Gurke und Knoblauch), *melidsanosalata* (ein rauchiges Auberginenpüree) und *fava* (Spalterbsenpüree). Warme *mezedhes* sind z. B. *keftedhes* (leckere kleine Frikadellen, oft mit gehacktem Lamm, Schwein oder Kalb), *loukaniko* (Würstchen aus Schweinefleisch), *saganaki* (gebratener Käse) und *apaki* (geräuchertes kretisches Schweinefleisch).

Vegetarische *mezedhes* sind *dolmadhes* mit Reisfüllung, frittierte Zucchini- oder Auberginenscheiben und *gigantes* (weiße Riesenbohnen in Tomaten-Kräutersoße). Ein weiterer Favorit sind von Hand geschnittene Bratkartoffeln in Olivenöl.

Typische Meeresfrüchte-*mezedhes* sind eingelegte oder gegrillte *ochtapodi* (Oktopus), *lakerda* (Räucherfisch), Muschel- oder Garnelen-*saganaki* (gekocht mit Tomatensauce und Käse), knusprig gebratene Calamares, gebratener *maridha* (Breitling) und *gavros* (milde Anchovis), entweder eingelegt oder vom Grill.

Suppe ist normalerweise keine Vorspeise, sondern kann für sich genommen – vielleicht mit Brot und Salat – als preiswerte und gehaltvolle Mahlzeit dienen. *Psarosoupa* ist eine Fischsuppe mit Gemüse. *Kakavia* (griechische Bouillabaisse) wird nach Wünschen der Gäste zubereitet und enthält reichlich Meeresfrüchte. Wer auf Innereien steht, sollte sich *mayiritsa,* die traditionelle Kuttelsuppe zu Ostern, nicht entgehen lassen.

Der allgegenwärtige griechische Bauernsalat *choriatiki salata* wird als Beilage zu den meisten Mahlzeiten gereicht. Er besteht aus Tomaten, Gurke, Zwiebeln, Oliven und Schafskäse und wird mit Oregano und Olivenöl angerichtet, gelegentlich kommen noch frische *glistrida* (Kapern) hinzu. Im Frühjahr gibt's auch wunderbares, handgesammeltes Wildgemüse.

Hauptgerichte

Die Tavernen haben üblicherweise verschiedene Eintöpfe, Schmorgerichte und *mayirefta* (fertig gekochtes Essen) sowie auf Bestellung zubereitetes Essen *(tis oras)* wie Grillfleisch im Angebot. *Mayirefta* werden meist schon vormittags zubereitet, damit sie abkühlen können und das Aroma besser durchzieht; lauwarm schmecken sie besser als aus der Mikrowelle. Die beliebtesten *mayirefta* sind *moussaka* (geschichteter Auflauf aus Aubergine, Hackfleisch und Kartoffeln, mit Käsesoße überbacken), *boureki* (Auflauf mit Zucchini, Kartoffeln und Käse), *pastitsio* (Nudelauflauf mit Hackfleisch und Käsekruste), *jemista* (gefüllte Tomaten oder grüne Paprika), *giouvetsi* (ein herzhafter Fleisch- oder Geflügelbraten in frischer Tomatensoße mit *kritharaki* – reisförmigen Nudeln), *stifadho* (Schmorfleisch mit Zwiebeln), *soutzoukakia* (würzige Fleischbällchen in Tomatensauce) und *chochlii* (Schnecken). *Ladhera* sind meist vegetarische Gerichte, die mit viel Olivenöl geschmort oder gebraten werden. Fleisch wird i. d. R. mit Kartoffeln oder mit Zitrone und Oregano gebraten oder auch in einer Tomatensoße oder als Eintopf *(kokkinisto)* geschmort.

Leckeres Fleisch vom Holzkohlegrill – meist Lamm- oder Schweinekotelett – wird in der Regel nach Bestellung zubereitet und nach Gewicht berechnet.

Beliebte Seafood-Hauptgerichte sind Oktopus mit Makkaroni oder Tintenfisch mit einer Füllung aus Käse, Kräutern oder Reis. *Soupies* (Sepien) schmecken ausgezeichnet vom Grill oder als Eintopf mit wildem Fenchel.

Gebratener gesalzener Kabeljau mit *skordalia* (einem tödlichen Dip aus Knoblauch und Kartoffeln) ist ebenfalls ein beliebtes Gericht.

August

Der August steht ganz im Zeichen der kulinarischen Feste: Sitia verneigt sich vor der Sultanine, Tsermiado feiert die bescheidene Kartoffel und Archanes trinkt – na worauf wohl? – auf die Traube.

September

Beginn der Traubenernte!

Oktober

Das Dörfchen Elos (bei Kissamos) heißt den Herbst mit einem originellen Fest rund um die dicke, saftige, süße Esskastanie willkommen.

November

Den Höhepunkt der Raki-Brennsaison feiert ganz Kreta mit ausgelassenen Festen – vor allen in den Bergdörfern.

Dezember

Das typische Weihnachtsgebäck der Kreter sind zuckerbestäubte *kourabiedes* (Mürbteigplätzchen mit Mandeln) und die nussigen, in Honig getauchten *melomakarona*. Dann gibt's noch das *christopsomo* (Christbrot), ein rundes, mit Kreuz dekoriertes Brot.

Fisch wird in den Restaurants meist zum Kilopreis offeriert. Es ist normal, sich sein „Opfer" aus der Vitrine oder in der Küche auszusuchen. Man sollte ihn vorab im rohen Zustand abwiegen lassen, um einen Schock bei der Rechnung zu vermeiden, denn frischer Fisch ist nicht billig.

Kretas Fischindustrie sorgt für sehr viel Frischfisch, doch die lokalen Bestände reichen bei Weitem nicht aus, um Millionen Touristen zu versorgen, die jeden Sommer in Kreta einfallen. Die meisten Restaurants weisen darauf hin, wenn Fisch und Meeresfrüchte aus der Truhe kommen, aber manchmal nur auf der griechischen Speisekarte (zu erkennen an der Abkürzung „kat" oder einem Sternchen).

Bei kleineren Fischen ist man häufiger auf der sicheren Seite – je seltsamer die Größe, desto wahrscheinlicher wurde der Fisch vor Ort gefangen.

Die besten Fische vom Grill sind *tsipoura* (Goldbrasse), *lavraki* (Seebarsch) und *fangri* (Brasse). Kleinere Fische wie *barbounia* (Rote Meeräsche) schmecken gebraten besonders köstlich.

RAKI

Kretischer Raki – Raki-Kultur (1999) von Thomas Balistier führt in die Kunst des Raki-Trinkens ein und informiert ausführlich über die Herstellung des kretischen Nationalgetränks und seine Rolle in Alltag und Kulturgeschichte der Insel.

Süße Sachen

Auf Kreta wird nach einer Mahlzeit traditionell eher Obst gereicht als Süßigkeiten. Das heißt aber nicht, dass es keine köstlichen einheimischen Süßwaren und Kuchen gäbe. Die kretischen Frauen sind stolz auf ihre Backkünste.

Neben den bekannteren griechischen Süßspeisen wie *baklava, loukoumadhes* (kleine Krapfen mit Honig und Zimt), *kataifi* („Engelshaar"; gehackte Nüsse in honiggetränkten Teigfäden), *rizogalo* (Milchreis) und *galaktoboureko* (Teigtaschen mit Vanillefüllung und Sirup) haben die Kreter auch ihre ganz eigenen süßen Spezialitäten.

Da wären zum Beispiel die leckeren *sfakianes pittes* aus der Region Sfakia in Chania: eine Art Pfannkuchen mit leichter *myzithra*-Füllung, die mit Honig serviert werden. *Xerotigana* sind frittierte Blätterteigtaschen mit Honig und Nüssen.

In Sirup eingelegtes Obst, die so genannte „Löffelsüße", wird gelegentlich nach dem Abendessen auf kleinen Tellerchen gereicht, schmeckt aber auch köstlich auf Joghurt oder Eiscreme. Einige Tavernen servieren nach dem Essen *halva*, eine Süßspeise aus Grieß.

KRETISCHE TRAUBENSORTEN

» Dafni – Lebhafte Säure und ein Bukett, das an Lorbeerblätter erinnert. Findet sich häufig in den Anbaugebieten Lassithi und Iraklion.

» Kotsifali – Einheimische blaue Traube mit hohem Alkoholgehalt und vollem Geschmack. Typisch für die Region Iraklion. Wird oft mit Mandilaria kombiniert.

» Liatiko – Sehr alte einheimische blaue Sorte mit komplexem Charakter. Wird hauptsächlich um Sitia angebaut.

» Malvasia – Kretische Traube mit intensivem Blumenbukett und Muskatnoten. Kann gut gelagert werden, wenn er mit Kotsifali vermischt wird.

» Mandilaria – Volle Farbe, aber dennoch leicht. Wird vor allem um Archanes und Peza angebaut.

» Romeiko – Blaue Traube, die hauptsächlich um Chania wächst und zu robusten Rot-, Weiß- und Roséweinen gekeltert wird.

» Vidiano – Einheimischer Weißwein mit intensiven, komplexen Pfirsich- und Aprikosenaromen. Wird oft mit Vilana kombiniert.

» Vilana – Wichtigste weiße Traube des Anbaugebiets Iraklion. Frischer, niedrigprozentiger Wein mit zartem Apfelbukett.

WOHIN ZUM ESSEN?

» **Estiatorio** Ein Restaurant mit dem gleichen Angebot wie eine Taverne, dafür aber mit schönerem Ambiente, formellerer Bedienung und höheren Preisen. Heute bezeichnet *estiatorio* oft ein gehobenes Restaurant mit internationaler Küche.

» **Kafenion** Als eine der ältesten Institutionen serviert ein solches Kaffeehaus fast ausschließlich griechischen Kaffee und Schnaps, doch in den Dörfern haben *kafenia* oft auch Mahlzeiten im Angebot. Sie sind zumeist immer noch eine reine Männerdomäne.

» **Mayireio** Ein Restaurant, das auf traditionelle Hausmannskost wie Eintöpfe, Kasserollen und Ofengerichte *(mayirefta)* spezialisiert ist.

» **Mezedhopoleio** Ein Lokal, das viele verschiedene *mezedhes* (kleine Appetithäppchen zum Teilen) serviert.

» **Ouzeri** Serviert traditionell nur winzige Tellerchen mit *mezedhes* zu jeder Ouzo-Runde.

» **Psarotaverna** Taverne oder Restaurant mit der Spezialität Fisch und Meeresfrüchte.

» **Psistaria** Eine Taverne, die auf Fleisch vom Holzkohlengrill oder Spießbraten spezialisiert ist.

» **Rakadiko** Das kretische Äquivalent einer *ouzeri* serviert mit jeder Runde Raki zunehmend raffiniertere *mezedhes*. Besonders beliebt in Sitia, Ierapetra und Rethymnon.

» **Taverna** Das klassische griechische Esslokal ist ein zwangloses, von einer Familie geführtes (und kinderfreundliches) Restaurant. Die Bedienung bringt vorab Wasser und einen Korb mit Brot und Besteck. Normalerweise gibt's Wein vom Fass, Papiertischdecken und eine Speisekarte mit Standardgerichten.

» **Zaharoplasteio** Eine Mischung aus Patisserie und Café, manchmal nur mit Essen zum Mitnehmen.

Auf die Schnelle

Souvlaki ist das beliebteste Fastfood auf Kreta. Am Spieß oder als Kebab wird es in *pitta*-Fladen gefüllt, dazu kommen Tomaten, Zwiebeln und reichlich *tsatsiki* oben drauf. In größeren und kleineren Städten gibt es viele *fastfoudadika* (Schnellrestaurants nach westlicher Art). Die meisten Bäckereien bieten eine Auswahl an *pites* (Pasteten), einschließlich *kalitsounia* (gefüllte Pasteten), der klassischen *tyropita* (Käsepastete) und *spanakopita* (Spinatpastete). Wer es eilig hat und noch etwas Anständiges in den Magen bekommen möchte, ist in Tavernen mit *mayirefta* an der besten Adresse.

Gesund mit kretischer Küche

Dass die kretische Kost besonders gesund ist, ergab eine maßgebliche Studie, mit der 1960 begonnen wurde. Kretische Männer haben demnach die niedrigste Quote an Herz-Kreislauf-Erkrankungen oder Krebs. Dreißig Jahre später war die Hälfte der kretischen Teilnehmer noch am Leben, in Finnland dagegen kein einziger mehr. Als des Rätsels Lösung gilt die ausgewogene kretische Kost, die reich an Obst, Gemüse, Hülsenfrüchten, Vollkornprodukten, Olivenöl und Wein ist.

Ein weiterer Faktor mögen die *chorta* (Wildgemüse) sein, die Kreter seit Urzeiten in den Bergen sammeln und mit denen sie auch entbehrungsreiche Kriegszeiten überstanden. Ihre möglichen Schutzwirkungen sind noch nicht vollständig erforscht. Auch das regelmäßige Fasten könnte eine Rolle spielen, ebenso die Verwendung von Schafs- und Ziegenmilch statt Kuhmilch. Viele schwören auf die medizinischen

Auf Kreta wachsen geschätzte 30 Mio. Olivenbäume – das sind pro Kopf etwa 62 Bäume.

OLIVENBÄUME

Eigenschaften von Raki und Wein und ihre Bedeutung für ein langes Leben.

Unabhängig von ihren positiven Auswirkungen auf die Gesundheit wird die kretische Küche endlich auch als Schlüsselelement des kulturellen Erbes angesehen. Das Wiederaufleben von Interesse und Stolz verändert langsam auch die gastronomische Landschaft der Insel. Seit einigen Jahren bemüht man sich verstärkt um die Förderung der kretischen Küche, z. B. durch Projekte wie **Concred** (www.concred.gr), einem 2004 ins Leben gerufenen Zertifizierungsprogramm, dem bislang etwa 35 Restaurants angeschlossen sind. Viele davon gehören zu großen Hotels, aber es beteiligen sich auch zunehmend exklusive Restaurants und einfache Tavernen in den Städten und am Meer.

Vegetarier & Veganer

Richtige vegetarische Restaurants sind auf Kreta rar, doch die Kombination aus mageren Zeiten und der Fastentradition der orthodoxen Kirche hat aus den Kretern so etwas wie „Vegetarier aus Versehen" gemacht. Daher sind normalerweise auch recht viele fleischlose Gerichte im Angebot. Bohnen und Hülsenfrüchte bildeten früher die Grundlage der winterlichen Küche; ein Überbleibsel dieser Tradition sind köstliche Gerichte wie *gigantes*. Auch sehr lecker: *fasolakia jiani* (Eintopf aus grünen Bohnen), *jemista* (gefüllte Tomaten) und *bamies* (Okra). Auch Auberginen werden vielfach verwendet, vor allem in Gerichten wie *briam* (Schmorgemüse aus dem Ofen).

Chorta ist extrem nahrhaft. Am süßesten ist *vlita* (Amaranth), und als Delikatesse gilt *stamnagathi*, das in den Bergen wächst und gekocht als Salat oder im Eintopf mit Fleisch auf den Tisch kommt. Weitere verbreitete Wildgemüse sind Rettich, Löwenzahn, Brennnesseln und Sauerampfer.

Esskultur

Die Gastfreundschaft ist ein Schlüsselelement der kretischen Kultur, vom Glas Wasser zur Begrüßung bis zum gewohnten Obst und Raki als Gratiszugabe nach dem Essen. Die Inselbewohner mögen es, Speisen untereinander aufzuteilen; das sorgt für Geselligkeit und Entspannung beim Essen, und man kann alles mal probieren. Kreter essen nur selten allein.

Auf Kreta ist das Frühstück nicht besonders wichtig. Hotels der unteren Preiskategorie bieten meist „kontinentales" Frühstück an (Brötchen oder Brot mit Marmelade und Tee oder Kaffee). Vornehmere Hotels fahren komplette Frühstücksbüfetts auf, einschließlich lokaler Backwaren. Eines der wenigen traditionellen Frühstücksteilchen ist *bougatsa,* ein mit Vanillecreme oder Frischkäse gefülltes Gebäck, das mit Puderzucker bestäubt wird. Es kommt zwar ursprünglich aus Thessaloniki, taucht aber auch hier und da in Kreta auf.

Veränderte Arbeitszeiten haben zwar Auswirkungen auf die traditionellen Essenszeiten, doch das Mittagessen ist noch immer bei den meisten die größte Mahlzeit am Tag; es beginnt aber nicht vor 14 Uhr. Kaum einem Griechen würde es einfallen, vor Einbruch der Dunkelheit zu Abend zu essen. Da die Geschäfte spät schließen (s. S. 274), füllen sich auch Restaurants erst ab 22 Uhr. In den Stunden dazwischen machen Cafés ein Bombengeschäft, vor allem im Anschluss an die nachmittägliche Siesta.

Die großen Mahlzeiten sind ein langgezogenes Ritual. Wer zusammen mit Einheimischen isst, sollte sich zügeln und sich nicht schon an den *mezedhes* vollfressen, denn es kommt noch was. Die Bedienung ist für westeuropäische Verhältnisse gemächlich, aber das Personal legt es auch nicht drauf an, die Gäste loszuwerden. Sobald das Essen serviert ist, lässt die Bedienung die Gäste für gewöhnlich in Ruhe und räumt den Tisch erst ab, wenn die Rechnung angefordert wird. Kreter bestellen viel und behalten am Ende immer was übrig. Viele Restaurants packen die Reste für Gäste ein.

Einen Bauernsalat oder *tsatsiki* als komplette Mahlzeit zu bestellen – wie es junge und besonders sparsame Touristen gern tun –, gilt als unfein, und die Bedienung rümpft oft insgeheim die Nase darüber.

Da Griechen nicht die Angewohnheit haben, nach einer Mahlzeit Kaffee zu trinken, bieten viele Tavernen keinen an.

Kochkurse

Kulinarische Reisen und Kochkurse werden auf Kreta immer beliebter. Allgemeinkurse werden ab 50 € angeboten.

Rodialos (☎28340 51310; www.rodialos.gr) organisiert regelmäßig ein- bis siebentägige Kochseminare in einer wunderschönen Villa in Panormos, in der Nähe von Rethymnon. Mary Frangaki macht die Teilnehmer mit den Grundlagen der kretischen Küche vertraut, indem sie ein mehrgängiges Menü zubereitet. Die Seminare kosten 50 € pro Tag und schließen den Verzehr der selbst gekochten Mahlzeiten ein. Eine Übernachtung in der Villa kostet 30 € – Näheres dazu auf der Website.

Enagron (☎28340 61611; www.enagron.gr) bietet in der Umgebung des Dorfes Axos Kochworkshops an und organisiert saisonale Veranstaltungen rund um die Herstellung von Käse, Wein und Raki. Der Bauernhof in bezaubernder Lage bietet auch Zimmer an (s. S. 202).

Crete's Culinary Sanctuaries (www.cookingincrete.com) konzentriert sich auf Kretas Ökolandwirtschaft und traditionelle kretische Küche. Das Programm beinhaltet Unterricht zum Mitmachen, Vorführungen in Privathäusern und Besuche bei lokalen Bauern und Erzeugern. Die Seminare werden von der griechisch-amerikanischen Profiköchin und Autorin Nikki Rose geleitet, dauern üblicherweise zwei Tage und sind auf zwölf Teilnehmer begrenzt. Sie kosten um die 290 €.

Natur & Umwelt

Geografie

Kreta ist mit einer Fläche von 8335 km² die größte griechische Insel. Sie ist 250 km lang, an ihrer breitesten Stelle gut 60 km und an der schmalsten 12 km breit. Kreta bietet eine außergewöhnliche geografische und ökologische Vielfalt mit Gebirgsregionen, Schluchten, einer ewig langen Küstenlinie und zahllosen Höhlen. Der Artenreichtum der Insel beruht auf einer großen Vielfalt an Lebensräumen für Tiere auf relativ kleinem Raum, einschließlich einiger Feuchtgebiete im Landesinnern. Kreta ist berühmt für seine Pflanzenwelt; im Frühling blühen massenhaft Wildblumen, darunter viele endemische und seltene Arten.

Die Samaria-Schlucht ist der einzige Nationalpark Kretas und bewirbt sich um Aufnahme in die Liste des Unesco-Welterbes

Tiere & Pflanzen

Tiere

Kreta ist bekannt für seine riesige Population an Schafen und Ziegen, doch es gibt auch einige endemische Arten, darunter Hasen und Kaninchen, Wiesel und sogar eine eigene Unterart des Dachses. Die Kretische Stachelmaus mit ihren großen Ohren wird man höchst wahrscheinlich nicht zu Gesicht bekommen, aber wer weiß ... Auch Scharen von Fledermäusen, Insekten, Schnecken und Wirbellosen sind auf der Insel beheimatet.

Weitere lokale Tierarten sind der winzige Kretische Laubfrosch und der Kretische Wasserfrosch.

Vor der steil ins Meer abfallenden Südküste Kretas lebt die bedeutendste Pottwalpopulation des Mittelmeers. Das ganze Jahr über versammeln sie sich in dieser Gegend, gehen auf Nahrungssuche und kalben, vielleicht paaren sie sich auch hier. Mit Glück lässt sich auf Bootsfahrten der eine oder andere erspähen. In den Gewässern vor der Südküste tummeln sich außerdem Gruppen von Blau-Weißen Delphinen, Rundkopfdelphinen und Cuvier-Schnabelwalen. Vor Paleochora werden im seichten Wasser zwischen Gavdos und der winzigen Nachbarinsel Gavdopoula häufig Große Tümmler gesichtet.

Das kretische Pottwalprojekt des Pelagos Cetacean Research Institute überwacht die Walpopulation. Private Touren zur Delphinbeobachtung werden in Paleochora angeboten.

Eingefleischte Vogelbeobachter sollten sich vor einer Kretareise mit *Die Vögel am Mittelmeer* (2004) von Paul Sterry ausrüsten, dem ersten deutschsprachigen Bestimmungsbuch, das mit rund 1000 Farbfotos alle Arten rund ums Mittelmeer (Europa, Nordafrika und Vorderasien) abdeckt.

Vögel

Kreta ist ein lohnendes Ziel für Vogelfreunde, denn die Insel liegt an den Hauptrouten der Zugvögel zwischen Afrika und Europa. Weit über 300 Arten wurden auf Kreta gezählt, sowohl standorttreue als auch wandernde. Während des Vogelzugs im Frühjahr und Herbst machen u. a. verschiedene Reiherarten an den Küsten Zwischenstation.

Eine Fülle interessanter Vögel ist in den Bergen heimisch. Dort leben Blaumerlen, Bussarde, der gewaltige Gänsegeier, Alpensegler,

GEFÄHRDETE ARTEN

Kretas berühmtestes Tier ist die *agrimi* oder *kri-kri*, eine auffällige Wildziege mit großen Hörnern, die schon in der minoischen Kunst häufig dargestellt wurde. Von ihr sind nur in der Samaria-Schlucht und Umgebung sowie auf den Inseln Agioi Theodori vor Chania und Dia vor Iraklion ein paar Exemplare übrig geblieben.

Mit viel Glück erspäht man in der Samaria-Schlucht oder über der Lassithi-Hochebene einen Lämmergeier, der zu den seltensten Raubvögeln Europas gehört und eine Flügelspannweite von fast 3 m hat. Auch ein paar Steinadler und Habichtsadler wurden in dieser Gegend, aber auch andernorts auf der Insel gesichtet, etwa in der Umgebung von Kato Zakros. Gute Arbeit leisten verschiedene Organisationen bei der Auswilderung von Raubvögeln wie Bartgeiern und Adlern in abgeschiedene Regionen der Levka Ori und anderer Berggegenden.

Die Kreter kämpfen hart um den Schutz ihrer Population an Unechten Karettschildkröten, die seit den Tagen der Dinosaurier auf der Insel brüten. Auch einige Exemplare der seltenen und gefährdeten Mittelmeer-Mönchsrobbe sind auf der Insel zuhause und lebt in Höhlen an der Südküste.

Schwarzkehlchen, Amseln und Samtkopfgrasmücken. Auf den Wiesen und Feldern rund um Malia tummeln sich Brach- und Rotkehlpieper, Triele, Cistensänger und Kurzzehenlerchen. An den Hängen unterhalb des Moni Preveli zwitschern Weißbart- und Maskengrasmücken. Viel für Vogelfreunde bietet die Halbinsel Akrotiri: Rund um die Klöster Agias Triadas und Gouverneto leben Halsband- und Trauerschnäpper, Wendehälse, Brachpieper, Blaumerlen, Schwarzkehlchen, Chukarhühner und Steinschmätzer. Säbelschnäbler und Teichwasserläufer zählen zu den Zugvögeln, die sich in Feuchtgebieten wie Elafonisi beobachten lassen.

Denen, die es ganz genau wissen wollten, eröffnet die *Exkursionsflora für Kreta* (1995) von Ralf Jahn und Peter Schönefelder Nikos umfassende Einblicke in die kretische Vegetation. Das Buch hilft mit exakten Beschreibungen und rund 100 Farbfotos bei der Bestimmung der wild wachsenden Farn- und Blütenpflanzen.

Pflanzen

Kreta blüht im wahrsten Sinne des Wortes. Schätzungsweise rund 2000 Pflanzenarten gibt es auf der Insel, 160 davon nur hier. Die Schluchten sind botanische Gärten im Miniformat, deren Abgeschiedenheit das Überleben vieler endemischer Arten begünstigt.

An der Küste blühen im August und September die Pankrazlilien. Im April und Mai stehen an der Westküste die Flockenblumen in Blüte, gleichzeitig leuchten die purpurnen und violetten Blüten der Levkojen als hübsche Farbtupfer an den Sandstränden. Die Strände im Osten Kretas sind zur selben Zeit von knallroten Mohnblumen gesäumt, vor allem rund um Sitia. Am Rand der Strände, an denen die Hotels noch nicht dicht an dicht stehen, wachsen zarte rosa Winden und Jujube-Bäume, die von Mai bis Juni Blüten und im September und Oktober Früchte tragen. In derselben Umgebung blühen im Frühjahr die Tamarisken.

Auch wer im Sommer kommt, hat noch etwas von der bunten Blütenpracht: Von Juni bis August blühen die milchweißen und purpurroten Oleander.

An den Berghängen sieht man im Frühsommer Zistrosen und Besenginster, auf den Wiesen von März bis Mai gelbe Chrysanthemen. Die seltene endemische blaue Ochenzunge (*Anchusa cespitosa*) aus der Familie der Raublattgewächse wächst nur in den Hochlagen der Levka Ori.

Auf Kreta gibt es über 200 wilde Orchideenarten, darunter 14 endemische. Die bekannte Kretische Ragwurz (*Ophrys Cretica*) lockt mit seinem insektenartigen Aussehen männliche Insekten an.

Praktische Informationen

Allgemeine Informationen

Arbeiten auf Kreta

Arbeitserlaubnis

EU-Bürger brauchen keine Arbeitserlaubnis, dafür aber eine Aufenthaltsgenehmigung und griechische Steuernummer, wenn sie länger als drei Monate in Griechenland arbeiten wollen. Alle übrigen Ausländer müssen eine Arbeitserlaubnis vorweisen.

Freiwilligenarbeit

Crete for Life (www.creteforlife.com) Urlaubscamp zum Aufpäppeln benachteiligter Kinder in der Nähe von Ierapetra.

Global Volunteers (www.globalvolunteers.org) Hier wird Kindern in Gazi (westlich von Iraklion) englischer Konversationsunterricht erteilt.

Sea Turtle Protection Society of Greece (www.archelon.gr) Bietet u. a. Teilnahme an Überwachungsprogrammen an.

Jobs in Bars & Hotels

Die besten Jobs in Bars und Hotels bringen ganz schön was ein. Deshalb reißen junge Griechen vom Festland sie sich gerne unter den Nagel – oder Saisonarbeiter aus Osteuropa, die über Agenturen vermittelt werden. Wer sein Glück versuchen möchte, hält sich am besten an die größeren Badeorte oder abgelegenere Ferienziele im Süden. Die großen Ferienanlagen in Chersonisos oder Malia, in denen hauptsächlich Deutsche und Briten Urlaub machen, stellen vielleicht am ehesten deutsch- und englischsprachige Jobber ein. Die beste Zeit für die Jobsuche ist der Frühling (April und Mai).

Reiseleiter/ Animateur

Kreta bietet beste Chancen für Leute, die Kunden eines Reiseveranstalters vor Ort betreuen wollen. Deutsche Unternehmen halten bereits ab Februar nach Personal für die Sommersaison Ausschau. Die Bezahlung ist zwar mies, wird aber durch Trinkgelder aufgepäppelt, und manchmal fallen bei der Vermittlung von Nebenleistungen (Ausflüge, Mietwagen usw.) ein paar Prozente Kommission ab.

Sonstige Jobs

Oft werden Jobs über Kleinanzeigen in den englischsprachigen Zeitungen angeboten. Wer will, kann auch selbst dort inserieren. Die saisonalen Jobs als Erntehelfer sind fest in der Hand von Wanderarbeitern, hauptsächlich aus den Balkanstaaten. Traveller haben kaum noch Chancen, da irgendwo reinzukommen.

Ermäßigungen

Für Senioren, Kinder und Studenten ist auch oft ohne Ermäßigungskarte ein Preisnachlass drin – evtl. muss dazu der Ausweis vorgezeigt werden. Wer die Berechtigung für eine der folgenden Ermäßigungskarten hat, kommt in den Genuss zusätzlicher Vorteile – beim Reisen, beim Shoppen und beim Eintritt für Attraktionen und Unterhaltung.

Camping Card International (CCI; www.campingcardinternational.com/de) Hier gibt's bis zu 25 % Ermäßigung für Stellplätze auf dem Campingplatz sowie eine Haftpflichtversicherung für die Dauer des Aufenthalts dort.

Euro <26 (www.euro26.de) Viele Preisnachlässe für alle unter 26 oder in manchen Ländern unter 30 Jahren. Verkauf online.

International Student Identity Card (ISIC; www.isic.de) Die beliebteste Ermäßigungskarte steht nur Vollzeitstudenten zur Verfügung und wird an ISIC-Verkaufsstellen angeboten – auf Kreta selbst gibt es allerdings keine. Verkaufsstellen in anderen Ländern sind auf der Website aufgeführt.

International Youth Travel Card (IYTC; www.isic.de) Ähnliche Vorteile wie bei der ISIC-Karte für Nichtstudenten unter 26 Jahren. Ebenfalls an ISIC-Verkaufsstellen erhältlich.

BOTSCHAFTEN & KONSULATE

Alle deutschsprachigen Länder sind in Athen durch Botschaften vertreten; Deutschland und Österreich unterhalten auf Kreta auch Honorarkonsule. Näheres dazu auf der jeweiligen Website oder unter der zugehörigen Telefonnummer.

LAND	TELEFON	WEBSITE
Deutschland	210 728 5111	www.griechenland.diplo.de
Österreich	210 725 7270	www.bmeia.gv.at/botschaft/athen
Schweiz	210 723 0364	www.eda.admin.ch/eda/de/home/reps/eur/vgrc/embath

Feiertage

Banken, Geschäfte, Postämter, öffentliche Einrichtungen sowie die meisten Museen und Ausgrabungsstätten sind an gesetzlichen Feiertagen geschlossen. Dazu gehören auf Kreta die folgenden griechischen Feiertage:

Neujahr 1. Januar

Heilige Drei Könige 6. Januar

Erster Sonntag der Fastenzeit Februar

Griechischer Unabhängigkeitstag 25. März

Karfreitag März/April

(Orthodoxer) Ostersonntag März/April

Frühlingsfest/Tag der Arbeit 1. Mai

Mariä Himmelfahrt 15. August

Ochi-Tag 28. Oktober

Weihnachten 25. Dezember

Stephanstag 26. Dezember

Fotos

» Bilderbuchstrände, hübsche Berge, imposante Festungen, hübsche Bergdörfer, historische Städte, lebhafte Tavernen: Kreta ist der Traum aller Fotografen. Ein gutes Referenzwerk für Fotografierwütige ist der Lonely Planet Band *Travel Photography* von Richard I'Anson.

» Militärische Einrichtungen und andere Anlagen mit einem „Fotografieren verboten"-Schild sind tabu!

» In Kirchen sind keine Blitzlichtaufnahmen erlaubt, auch sollte der Hauptaltar nicht fotografiert werden.

» Kreter lassen sich im Rahmen einer Szenenfotografie gerne mit ablichten; wer allerdings ein Portrait schießen will, sollte erst um Erlaubnis bitten. Das gilt natürlich auch fürs Filmen.

Frauen unterwegs

» Kreta ist für Frauen (auch für alleinreisende) erstaunlich sicher. Alleine in Cafés und Restaurants zu gehen (auch abends) ist absolut kein Problem. Das ist aber keine Freikarte für bodenlosen Leichtsinn – Handtaschenklau und sexuelle Belästigung kommen schon hin und wieder vor, aber Vergewaltigungen sind sehr selten.

» Frauen, die alleine an Stränden sowie in Bars und Clubs auftauchen, müssen damit rechnen, ins Visier der Männer zu geraten. In Griechenland gibt es sogar einen Ausdruck für Männer auf der Pirsch nach Touristinnen: *kamaki* – der dreizackige Fischspeer. Zwar sind die *kamaki* heute nicht mehr so aktiv wie vor 20–30 Jahren, es gibt aber durchaus noch die Typen, die einen möglichst großen „Fischzug" an Ausländerinnen in ihr Bett schleifen wollen.

» Im Allgemeinen genügt aber ein deutliches „nein danke" und frau hat ihre Ruhe. Wer sich bedroht fühlt, sollte möglichst laut protestieren. Oft zieht sich das lästige Subjekt dann verschämt zurück oder andere springen einem bei.

» Findet tatsächlich ein Übergriff statt, ist die **Polizei** unter 100 erreichbar; noch besser ist vielleicht die **Krisenhotline für Frauen** (302 651 078 810), deren Mitarbeiter auf den Umgang mit dem emotionalen und physischen Trauma eines solchen Überfalls spezialisiert sind.

Geld

Griechenland ist Mitglied der EU, die nationale Währung ist der Euro.

Bargeld

In Kreta ist Bargeld Trumpf. Wer schlau ist, achtet immer auf den Füllstand seines Geldbeutels, denn ohne Cash geht fast nirgendwo etwas. Auch für den Notfall sollte man stets einen kleinen Vorrat bereithalten.

Geldautomaten

» Geldautomaten sind die schnellste und meist auch billigste Art, sich Bargeld zu beschaffen. Dazu genügt eine Bankkarte und ein Automat, der mit dem internationalen Cirrus-, Plus-, Star- oder Maestro-Netzwerk verbunden ist.

» In den Touristenzentren und in fast allen Orten, wo es eine Bank gibt, sind Geldautomaten zu finden. Auf dem Land haben nur die größeren Dörfer und Städte Geldautomaten, es lohnt sich

KREDITKARTENVERLUST

Bei Kreditkartenverlust sind folgende Telefonnummern rund um die Uhr zuständig:
Amex (☎00800 123 211, 210 326 0000)
Diner's Club (☎210 929 0200)
MasterCard (☎00800 118 870 303)
Visa (☎00800 116 380 304)

also, vorausschauend etwas mehr abzuheben.

» Eine wichtige Erwägung ist auch, dass Geldautomaten nicht immer an den Wochenenden aufgefüllt werden, also am Freitag lieber noch mal in den Geldbeutel schauen!

Kreditkarten

» Die Marktführer MasterCard und Visa werden fast überall auf Kreta akzeptiert. American Express und Diner's Club sind nur in den Touristenzentren gängig.

» Große Hotels und manche Häuser der Mittelklasse nehmen Kreditkarten, nicht aber die kleineren Unterkünfte in Familienbesitz. Am besten gleich beim Check-in fragen. Ähnlich sieht es in Geschäften und Restaurants aus – in den Luxusschuppen geht's auch bargeldlos, aber die kleine Taverne um die Ecke und der Tante-Emma-Laden bestehen auf Cash.

» Ein Aufkleber im Fenster weist darauf hin, welche Karten (wenn überhaupt) angenommen werden.

Reiseschecks

Im Zeitalter der vernetzten Geldautomaten gehören Reiseschecks zunehmend der Vergangenheit an. Sie werden in Geschäften i. d. R. nicht angenommen (selbst wenn sie auf Euros lauten) und von Banken nur gegen horrende Gebühren eingelöst (Wechselstuben sind meist günstiger).

Trinkgeld

Richtige Regeln gibt es auf Kreta für das Trinkgeld nicht, die nachfolgende Auflistung ist daher bestenfalls eine Richtlinie. In Restaurants am besten immer zuerst prüfen, ob die Rechnung nicht bereits einen Zuschlag für die Bedienung enthält. In diesem Fall genügt ein kleines Trinkgeld. Ist dies nicht der Fall, sind bei Zufriedenheit etwa 10 % des Rechnungsbetrags angemessen.

WO/WER	ÜBLICHES TRINKGELD
Bar	Aufrunden auf den nächsten Euro
Zimmerpersonal (Hotel)	1–2 € pro Tag
Hotelportier	1 € pro Gepäckstück
Taxi	Fahrpreis aufrunden

Gesundheit

Kreta ist ein ziemlich gesundes Pflaster. Die größten Gesundheitsrisiken stellen daher Sonnenbrand, wund gelaufene Füße, Insektenstiche, kleinere Verdauungsstörungen und ein Kater dar.

Vor der Reise

» Alle, die auf bestimmte Medikamente angewiesen sind, sollten diese in der Originalverpackung mit deutlich erkennbarer Bezeichnung einführen.

» Ein Arztbrief mit Datum und Unterschrift des behandelnden Arztes, der Krankheiten und Medikamente (Wirkstoff angeben!) beschreibt, ist auch kein Fehler. Codeinhaltige Mittel dürfen ohne ärztliche Bescheinigung gar nicht eingeführt werden.

» Für die Einreise nach Kreta sind keine Impfungen vorgeschrieben. Die Weltgesundheitsorganisation (WHO) empfiehlt jedoch allen Kreta-Reisenden, sich gegen Diphtherie, Tetanus, Masern, Mumps, Röteln und Polio impfen zu lassen.

Medizinische Versorgung & Kosten

» Einen Krankenwagen kann man unter der Telefonnummer ☎166 rufen.

» Bei kleineren Erkrankungen haben Apotheker guten Rat und Medikamente auf Lager; meist können Sie auch sagen, ob ein Arztbesuch ratsam ist.

» Die medizinische Ausbildung in Griechenland ist hervorragend – das Gesundheitswesen jedoch chronisch unterfinanziert. Öffentliche Krankenhäuser sind oft überfüllt und teilweise nicht

EUROPÄISCHE KRANKENVERSICHERUNGSKARTE

Staatsbürger der EU, der Schweiz, Islands, Norwegens und Liechtensteins haben während Ihres Kreta-Aufenthalts mit der Europäischen Krankenversicherungskarte (EHIC) Anspruch auf kostenlose oder vergünstigte staatliche (nicht private!) Krankenversorgung für alle anfallenden medizinischen Behandlungen. Jedes Familienmitglied benötigt dazu eine eigene Karte.

Patienten müssen direkt bezahlen und ein Behandlungsformular ausfüllen, das bei der Rückerstattung mit eingereicht werden muss. Im Allgemeinen werden etwa 70 % der Standardbehandlungskosten erstattet.

allzu hygienisch und Essen gibt's auch keins – dafür sollen die Angehörigen sorgen. Trotzdem gibt's in Iraklion, Chania und Rethymnon moderne, gut ausgestattete Krankenhäuser.

» Kondome sind überall erhältlich (z. B. an Kiosken sowie in Supermärkten und Apotheken), die „Pille danach" aber nicht unbedingt, also besser vorsorgen!

Wasser

» Das Leitungswasser ist gechlort und daher absolut zum Trinken geeignet, obwohl es sicher nicht jedermanns Geschmack ist.

» Trinkwasser in Flaschen ist leicht und billig zu bekommen, selbst im Restaurant.

» Zum Kaffee gibt's üblicherweise kostenlos ein Glas Leitungswasser oder eine kleine Flasche Mineralwasser.

» Wer mag, kann auch die eigene Flasche mit Quell- oder Brunnenwasser auffüllen.

Internetzugang

» Viele Cafés und Bars haben WLAN-Hotspots, bei denen sich Laptop- und Smartphonebesitzer gratis ins Internet einwählen können. Gäste erhalten das Kennwort ggf. bei der Bestellung.

» Viele Hotels haben eine – für Gäste oft kostenlose – Internetecke. Diese sind in diesem Führer durch das Internetsymbol @ gekennzeichnet.

» Das WLAN-Symbol bezeichnet dagegen – jawohl! – Adressen mit WLAN. In Hotels ist der Zugang allerdings oft auf einige Zimmer und/oder Gemeinschaftsbereiche begrenzt. Wer also auf dem eigenen Zimmer Internetzugang braucht, sollte das bei der Buchung angeben.

» Internetcafés sind im Kapitel zum jeweiligen Reiseziel aufgeführt. Da diese jedoch die Lebensdauer einer Eintagsfliege haben, lässt es sich oft nicht vermeiden, dass die Angaben nicht mehr aktuell sind. Hotelangestellte können i. d. R. Empfehlungen geben.

» Chania, Paleohora, Rethymnon, Iraklion und Agios Nikolaos haben ein kostenloses städtisches WLAN.

Klima

Kreta (Iraklion)

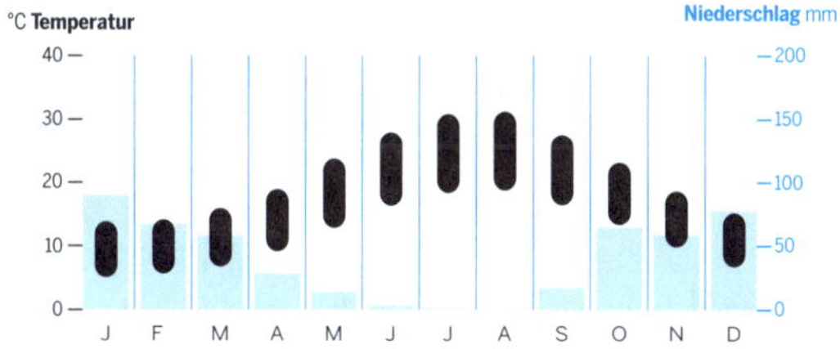

Karten

Alle, die in Kreta selbst fahren wollen (v. a. in ländlicheren Gebieten), sollten unbedingt in eine gute Straßenkarte investieren. Karten gibt's in den meisten Buch- und Souvenirläden für etwa 8 €. Autovermietungen und Hotels verteilen auch oft kostenlose Karten, die allerdings nicht immer besonders genau sind.

» **Anavasi** (www.anavasi.gr) Verlegt sehr gute Straßen- und Wanderkarten, darunter drei verschiedene Straßenkarten für *Chania, Rethymnon und Iraklion* sowie *Lassithi* im Maßstab 1:100 000 sowie den umfassenden *Crete Atlas* im Maßstab 1:50 000. Wanderkarten gibt's für *Lefka Ori* (Stakia und Pahnes), *Samaria/Sougia, Mount Psiloritis* und *Zakros-Vaï* im Maßstab 1:25 000.

» **Harms** (www.harms-ic-verlag.de) Dieser deutsche Verleger hat die zweiteilige *Kreta Touristikkarte* (*Der Osten* und *Der Westen*) im Maßstab 1:100 000 im Angebot.

» **Michelin** (www.michelin.com) Von Michelin gibt's eine Einzelblattkarte der ganzen Insel im Maßstab 1:140 000.

VIEL WIND UM KRETA

Egal, zu welcher Jahreszeit – Kreta ist eine windige Angelegenheit. Wer Wind liebt, kommt voll auf seine Kosten, denn es sind gleich Dutzende im Angebot: kühle Winde, heiße Winde, Winde aus dem Norden, Winde aus Afrika. Zwischen Mai und Dezember ist der *meltemi* der häufigste Gast, ein heftiger, trockener Wind aus dem Norden, der oft tagelang anhält. Üblicherweise wütet er nachmittags am heftigsten und beruhigt sich dann gegen Sonnenuntergang. Zwar sorgt der *meltemi* in der Sommerhitze für willkommene Abkühlung, er fesselt aber auch gerne alle Fähren an den Hafen und jongliert mit Sonnenschirmen wie andere mit Streichhölzern. Das sorgt an der Nordküste für hohen Wellengang, während die Gäste im Süden eher sandgestrahlt werden. Einige Strände können den Winden jedoch aufgrund ihrer geschützten Lage größtenteils eine lange Nase drehen. Dazu gehören Bali, Agia Pelada, Loutro und Myrtos.

ÜBLICHE ÖFFNUNGSZEITEN

In diesem Reiseführer sind die Öffnungszeiten nur aufgeführt, sofern sie von den folgenden Standardzeiten abweichen:

GESCHÄFT	ÖFFNUNGSZEITEN
Banken	Mo–Do 8–14.30, Fr 8–14 Uhr
Bars	20 Uhr–spät
Cafés	9–24 Uhr
Postämter	Mo–Fr 7.30–14 Uhr
Restaurants	11–15 & 19–1 Uhr
Läden	Mo–Sa 9–14 Uhr; Di, Do & Fr 17.30–20.30 oder 21 Uhr; in den Badeorten im Sommer ganztägig
Supermärkte	Mo–Fr 8–21, Sa 8–18 Uhr

» **Petrakis Editions** (☎2810 282 630) Giorgos Petrakis, Trekkingprofi aus Iraklion, hat für jede der vier Präfekturen eine Wander- und Straßenkarte im Maßstab 1:100 000 herausgegeben. U. a. sind darauf der Fernwanderweg E4 und Kretas Bergregionen verzeichnet.

» **Road Editions** (www.road.gr) Der in Athen ansässige Verleger hat die blau eingebundene Karte *Kreta* im Maßstab 1:200 000, die auch praktische Stadtpläne der größeren Städte enthält. Auch von Road Editions: *Eastern Crete* – die östliche Insel im Maßstab 1:100 000.

Öffnungszeiten

» In diesem Buch sind die Öffnungszeiten für Sehenswürdigkeiten und Attraktionen in der Hochsaison aufgeführt; im Winter sind die Zeiten i. d. R. kürzer.

» Am *periptero* (Kiosk) kann man von frühmorgens bis spät in die Nacht hinein einkaufen, und zwar alles von der Busfahrkarte über Zigaretten bis zu Kondomen.

» Die Öffnungszeiten von Museen und Ausgrabungsstätten variieren, je nachdem, ob zusätzliches Personal für die Nachmittagsschicht zur Verfügung steht. Wer einen Besuch nach 15 Uhr plant, sollte sich vorab informieren. Die meisten haben am Montag Ruhetag.

Post

Tachydromia (Postämter) sind am gelben Schild vor der Tür zu erkennen. Auch die Briefkästen für Normalpost sind gelb; die roten sind für Expresspost.

Porto

Briefe bis 20 g in alle Welt kosten 0,75 €. Briefe bis 50 g kosten innerhalb der EU 1,15 €, bei Zielen außerhalb der EU 1,30 €. Innereuropäische Post braucht i. d. R. vier bis fünf Tage. Manche Souvenirläden verkaufen Briefmarken mit einem Aufschlag von 10 %. Es ist wenig sinnvoll, ein Paket schon vor dem Versand einzupacken, da der Postbeamte möglicherweise den Inhalt sehen will.

Rechtsfragen

» Griechenland hat die strengsten Drogengesetze Europas! Griechische Richter machen keinen Unterschied zwischen Drogenbesitz und Drogenhandel: Schon bei einem kleinen Krümelchen Haschisch droht eine Haftstrafe.

» Alle Kreta-Reisenden sollten stets den Personalausweis oder Reisepass dabeihaben für den Fall, dass sie von der Polizei angehalten und befragt werden. Für griechische Bürger ist das Pflicht – das Gleiche wird auch von Ausländern erwartet.

» Wer festgenommen wird, sollte auf einem Dolmetscher *(thelo dhierminea)* und/oder Rechtsanwalt *(thelo dhikigoro)* bestehen.

Reisen mit Behinderung

Menschen mit eingeschränkter Mobilität haben es auf Kreta nicht ganz leicht. Die meisten Hotels, Fähren, Museen und historischen Stätten sind für Rollstuhlfahrer nicht geeignet; auch sonst ist die Insel mit ihren engen Straßen, hohen Bordsteinen und schmalen bzw. vollständig fehlenden Gehsteigen (von geparkten Autos ganz zu schweigen) nicht gerade behindertenfreundlich. Die neueren Hotels haben entsprechende behindertengerechte Auflagen (Aufzüge und Zimmer mit extrabreiten Türen sowie geräumige Badezimmer).

Wen das alles nicht abschreckt, der sollte wissen,

PRAKTISCH & KONKRET

» Post mit ausländischer Zieladresse muss in die gelben Briefkästen mit der Aufschrift *exoteriko* (Ausland) eingeworfen werden.

» Griechische Tagesnachrichten stehen als englische Ausgabe der *Kathimerini* (www.ekathimerini.com) zur Verfügung, die als Teil des *International Herald Tribune* veröffentlicht wird.

TOURISTENPOLIZEI

Wer glaubt, er sei übers Ohr gehauen worden, kann das bei der **Touristenpolizei** (☎171) anzeigen; unter den Diensthabenden ist immer mindestens einer, der Englisch spricht. Die Touristenpolizei überwacht Hotels, Restaurants, Reisebüros, Souvenirläden, Fremdenführer, Servicepersonal sowie Taxi- und Busfahrer. Bei Diebstahl oder Verlust von Reisedokumenten fungiert die Touristenpolizei als Dolmetscher zwischen Urlaubern und regulärer Polizei. Außerdem bekommt man bei der Touristenpolizei Prospekte, Karten und Auskünfte über Verkehrsverbindungen.

dass Rollstuhlfahrer durchaus immer wieder die Insel besuchen. Wo ein Wille, da ein Weg! Das **Eria Resort** (☎28210 62790; www.eria-resort.gr) in Maleme (Westkreta) gehört zu den wenigen ausgesprochen behindertenfreundlichen Hotels in Griechenland. Besondere Bedürfnisse werden berücksichtigt und durch entsprechende Ausrüstung sowie medizinische Versorgung unterstützt. Auch behindertengerechte Ausflüge und Aktivitäten gehören zum Programm.

Die englischsprachige Version der Website www.disabled.gr enthält wertvolle Informationen zum Reisen in Griechenland.

Schwule & Lesben unterwegs

» Gleichgeschlechtliche Liebe ist zwar für über 17-Jährige nicht strafbar – trotzdem hat Kreta keine großartige Schwulenszene (von einer Lesbenszene ganz zu schweigen). Dementsprechend gibt's auch kein nennenswertes Nachtleben. Schwule und Lesben sollten sich außerhalb der Städte auch allzu heftiges Schmusen in der Öffentlichkeit verkneifen, denn es wird nicht wirklich gern gesehen.

» Die einzige echte Schwulenbar auf der Insel ist die **Eros Bar** (www.erosbarcrete.com) in Malia, und im nahe gelegenen Chersonisos ist auch gleich die **Villa Ralfa** (www.villaralfa.com), eine schwulenfreundliche Pension, die auch unter schwuler Leitung ist.

Viele Lokale in Iraklion sind schwulenfreundlich (auch wenn sie kein Geschrei drum machen), Gleiches gilt für die entspannteren Badeorte wie Paleochora sowie für die FKK-Strände.

» Der *Spartacus International Gay Guide* (Bruno-Gmünder-Verlag, Berlin) ist anerkanntermaßen die „Bibel der schwulen Travellerszene". Die beste Website für Schwule ist www.gaygreece.gr. Hier gibt's u. a. Infos zu Cruising-Zonen sowie schwulenfreundlichen Bars, Kneipen und Clubs.

Sicher reisen

Kreta ist im Allgemeinen eine sichere, freundliche und gastfreundliche Insel, auf der eine viel niedrigere Kriminalität herrscht als an manch anderem südeuropäischen Reiseziel. Insbesondere Diebstähle gehen leider viel öfter auf das Konto anderer Touristen als auf das der Einheimischen. Wie überall gilt aber auch hier: Wer ein paar einfache Regeln beherzigt, reist sicherer.

» In öffentlichen Verkehrsmitteln, auf Märkten und an überfüllten Orten immer das eigene Gepäck im Auge behalten. Keine Gepäckstücke im Auto lassen.

» Mietwagen und Hotelzimmer immer abschließen. Lassen sich im Hotel Fenster und Türen nicht richtig abschließen, sollten Wertsachen im Hotelsafe aufbewahrt werden.

» Dunkle Straßen und Parks nachts meiden – vor allem in größeren Städten.

Strom

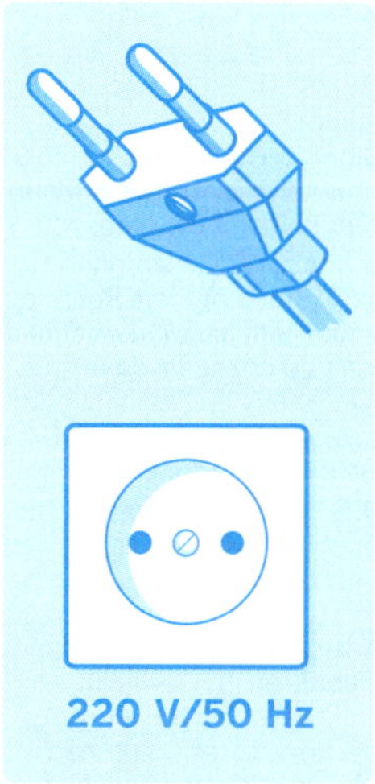

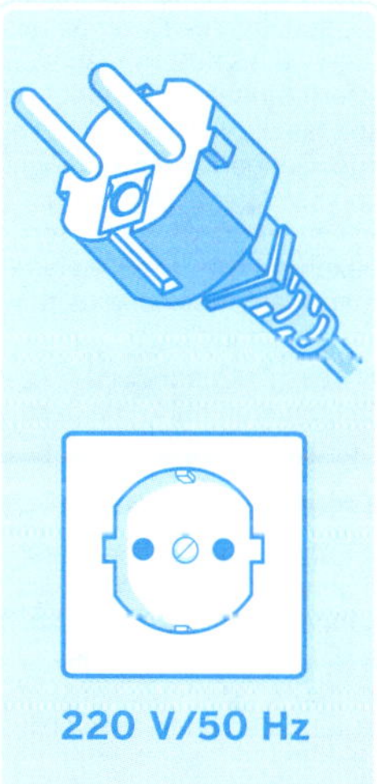

Telefon

Das griechische Telefonnetz ist modern und einigermaßen gut in Schuss. Öffentliche Telefone sind allgegenwärtig, aber – als Folge des Siegeszugs der Mobiltelefonie – allzu oft kaputt.

Alle griechische Telefonnummern haben zehn Ziffern. Festnetznummern beginnen mit einer 2, Handynummern mit einer 6.

Handys

» Handys funktionieren im Frequenzbereich GSM900/1800. Wer aus einem Land mit anderem Mobilfunkstandard kommt, muss sich in Kreta ein Mehrbandhandy besorgen.

» Vor der Reise empfiehlt es sich unbedingt, die Roaminggebühren des eigenen Providers zu erfragen, da Anrufe von Handy zu Festnetz oder anderen Handys ziemlich ins Geld gehen können.

» Besitzer eines Mehrbandhandys ohne Simlock fahren höchstwahrscheinlich besser mit einer kretischen Prepaid-Karte als mit den Roaming-Gebühren im eigenen Netzwerk. Die Karten gibt's bei den drei griechischen Mobilnetzbetreibern – Vodafone, Cosmote und Wind. Sie schalten beim Verlassen des Landes automatisch auf internationales Roaming um, sodass die Karten weiterhin zum Senden und Empfangen von SMS genutzt werden können. Aufladbare Karten bekommt man im Supermarkt, am Kiosk und beim Zeitungshändler.

» Beim Autofahren ist Telefonieren nur mit einem Headset erlaubt.

Telefonkarten

» Öffentliche Telefone funktionieren nicht mit Münzen, sondern mit Telefonkarten *(telekarta)*, die am Kiosk, im Tante-Emma-Laden und in Touristenläden erhältlich sind.

» Über die „i"-Taste ist eine englischsprachige Anleitung abrufbar. Die Telefonkarte auf keinen Fall vor entsprechender Aufforderung entnehmen, sonst besteht die Gefahr, dass das Restguthaben gelöscht wird. Ortsgespräche kosten eine Einheit pro Minute.

» Internationale Prepaid-Telefonkarten *(chronokarta)* sind ebenfalls erhältlich. Dazu muss zuerst ein Zugangscode und dann die Kartennummer eingegeben werden. Die Karten werden mit griechischer und englischer Anleitung verkauft.

Vorwahlnummern

» **Anrufe vom Ausland nach Kreta** Erst 00 wählen, dann ☎30 (die Vorwahl für Griechenland), gefolgt von der zehnstelligen Telefonnummer.

» **Anrufe von Kreta ins Ausland** Erst ☎00, dann die Ländervorwahl und zum Schluss die Telefonnummer wählen (dabei die „0" der Orts- oder Netzvorwahl weglassen).

» **R-Gespräche** Erst die Vermittlung (Inland ☎129; Ausland ☎139) anrufen, dann die Nummer im gewünschten Land angeben.

Toiletten

» Eine Besonderheit des griechischen Abwassersystems ist seine allergische Reaktion auf Toilettenpapier – die Abflussrohre sind einfach zu eng, was allzu schnell eine überlaufende Schüssel zur Folge haben kann. Papier, Binden, Tampons und anderes daher freundlicherweise in die bereitgestellten Abfalleimer werfen.

» Ganz selten trifft man außerhalb der größeren Städte in älteren Häusern, *kafenia*

RAUCHZEICHEN

Griechenland hält in der EU den traurigen Rekord der nikotinabhängigsten Nation: Fast die Hälfte aller Erwachsenen rauchen regelmäßig. Im Laufe der Jahre wurden diverse Rauchverbote eingeführt (und stolz an die große Glocke gehängt), zuletzt im September 2010. Seitdem gilt ein strenges Regelwerk, das sowohl Werbung für Rauchwaren als auch das Rauchen selbst in allen geschlossenen öffentlichen Räumen verbietet, u. a. also in Cafés, Restaurants, Clubs, Büros, Geschäftsräumen und Bahnhöfen.

Die Praxis sieht allerdings anders aus, denn zur Zeit der Recherche wurde das Verbot bereits von vielen Rauchern wieder komplett ignoriert – von der Polizei ebenfalls. In Restaurants und Cafés stehen nach wie vor Aschenbecher auf den Tischen, da sich die Inhaber in Zeiten der Finanzkrise nicht auch noch von ihrer rauchenden Kundschaft verabschieden wollen. Theoretisch liegt die Geldstrafe fürs Rauchen jedoch zwischen 50 und 500 €, während Geschäftsleute, die das Rauchen in ihren Räumen erlauben, mit einem Strafzettel in Höhe von 500–10 000 € rechnen müssen. Das müsste richtig wehtun – zwickt aber in Wirklichkeit kaum einen, denn das Vergehen wird selten geahndet.

Einer staatlichen Schätzung zufolge belaufen sich die Gesundheitskosten durch Raucherkrankheiten jährlich auf etwa 2 Mrd. €.

und öffentlichen Toiletten auf Stehklos.

» Außer an Flughäfen, Zug- und Busbahnhöfen sind öffentliche Toiletten selten. Wer ein dringendes Bedürfnis hat, geht am besten in ein Café. Manchmal wird erwartet, dass man für den Service eine Kleinigkeit kauft.

Touristeninformation

Kretische Touristeninformationen sind eine wilde Mischung: teilweise superhilfreich und richtig gut, aber teilweise auch bevölkert von eifrigen, aber nicht unbedingt gut informierten Studenten. Außerhalb der Hochsaison sind die Öffnungszeiten meist begrenzt; kostenlose Stadtpläne und Broschüren sind nur spärlich vorhanden.

Versicherung

» Eine Reiseversicherung gegen Diebstahl, Verlust und Krankheit ist sinnvoll.

» Manche Verträge klammern riskante Aktivitäten aus, dazu können Sporttauchen, Motorradfahren oder sogar Bergwandern gehören; unbedingt das Kleingedruckte lesen!

» Die Versicherung sollte auch für Krankentransport und ggf. Rückflug aufkommen.

» Am besten informiert man sich schon vor der Reise, ob die Versicherung Arzt- und Krankenhausrechnungen direkt bezahlt oder ob Vorkasse geleistet werden muss.

» Wer die Kosten nachher einreichen muss, sollte alle Unterlagen und Quittungen gewissenhaft sammeln.

» Manche Kreditkarten bieten auch eine begrenzte Reiseunfallversicherung, falls das Flugticket mit dieser Karte gezahlt wird. Einfach beim Kreditkartenanbieter nachfragen, welche Deckung geleistet wird.

Visa

» Einwohner der EU-Mitgliedsstaaten, die unter das Schengener Abkommen fallen (also auch Deutschland und Österreich) brauchen für die Einreise lediglich einen Personalausweis oder Reisepass. Die Visumspflicht entfällt und der Aufenthalt ist zeitlich nicht begrenzt.

» Schweizer Staatsbürger können ohne Visum bis zu drei Monate in Griechenland bleiben. Wer länger bleiben will, sollte sich möglichst weit im Voraus schon mit der nächsten griechischen Botschaft oder dem Konsulat in Verbindung setzen, um ein entsprechendes Visum zu beantragen.

» Schweizer, die ohne Langzeitvisum eingereist sind und verlängern wollen, müssen dies spätestens 20 Tage vor Ablauf der Dreimonatsfrist beim nächsten Ausländerbüro *(Ypiresia Allodhapon)* beantragen und dürfen bei Genehmigung weitere sechs Monate im Land bleiben. Die meisten Dauergäste finden es jedoch unkomplizierter, das Land alle drei Monate zu verlassen und kurz darauf wieder einzureisen.

» Details gibt's auf der Website des Außenministeriums (www.mfa.gr) oder bei den griechischen Botschaften und Konsulaten.

Zeit

In Griechenland laufen die Uhren nach osteuropäischer Zeit (MEZ plus 1 Std.). Die Sommerzeit beginnt wie in Mitteleuropa am letzten Sonntag im März und endet am letzten Sonntag im Oktober.

Zoll

Innerhalb der EU gelten für Waren des privaten Gebrauchs keine Zollbeschränkungen mehr.

Die Ausfuhr von Antiquitäten ist ohne Exporterlaubnis des Kulturministeriums streng verboten. Darunter fällt selbst der kleinste Kieselstein von einer Ausgrabungsstätte.

Wer zu den glücklichen Menschen gehört, die einfach so mal mehr als 10 000 € in bar mit sich herumtragen, muss das am Zoll angeben.

Folgende Mengenangaben gelten bei Erwachsenen für die zollfreie Einfuhr:

» 200 Zigaretten oder 50 Zigarren oder 250 g Tabak

» 1 l Spirituosen

» 2 l Wein

» 50 ml Parfüm

» 250 ml Eau de Toilette

» Sonstige Souvenirs im Wert von maximal 175 € (90 €; bei Jugendlichen unter 15 Jahren)

Verkehrsmittel & -wege

AN- & WEITERREISE

Flüge, Touren und Eisenbahntickets können online gebucht werden unter www.lonelyplanet.com/bookings.

Einreise

Die Einreise nach Kreta ist meist eine sehr einfache Sache. Reisende aus einem der 25 Länder des Schengener Abkommens (d. h. die 22 Mitgliedsstaaten der EU plus Island, Norwegen und die Schweiz) müssen noch nicht einmal den Pass vorzeigen. Es kann aber schon sein, dass der Zoll am Inhalt des Gepäcks interessiert ist. EU-Bürger können mit einem Personalausweis einreisen.

Visa

Bürger der meisten westlichen Länder können ohne Visum nach Kreta einreisen, andere brauchen u. U. ein Schengen-Visum (Näheres dazu auf S. 277).

Auf dem Landweg

Es gibt keine Busverbindung von West- oder Nordeuropa direkt nach Griechenland.

Auto & Motorrad

Autofahrer, die mit eigenem Auto nach Griechenland fahren, müssen Führerschein, Fahrzeugschein und Versicherungsnachweis dabeihaben. Ausländische Autos ohne EU-Kennzeichen müssen einen Länderaufkleber auf dem Auto haben. Außerdem ist das Mitführen von Warndreieck, Feuerlöscher und Verbandskasten Pflicht. Verkehrsregeln und sonstige für Autofahrer relevante Informationen stehen auf S. 280.

Die Anfahrt nach Kreta dauert von Mitteleuropa aus mehrere Tage und ist daher nur bei längeren Aufenthalten sinnvoll. Am schnellsten geht's mit der Fähre von Italien. Die Übernachtfähren von Ancona (21 Std.), Bari (14½ Std.), Brindisi (14½ Std.) und Venedig (21 Std.) fahren nach Patras am nordwestlichen Zipfel des Peleponnes. Fahrpläne und Preise können unter www.greekferries.gr abgerufen werden. Von Patras aus sind es 200 km bis Piräus (bei Athen), Abfahrtshafen für die Fähren nach Iraklion, Sitia oder Chania (Details auf S. 281).

Wer mag, kann auch vollständig über Land via Slowenien, Kroatien, Serbien und Mazedonien nach Griechenland fahren. So spart man sich die Kosten für die Fähre, sitzt dafür aber erheblich länger hinter dem Steuer und muss fünf Ländergrenzen überqueren.

Zug

Als dieser Führer geschrieben wurde, waren in Griechenland alle Bahnverbindungen als Teil der Sparmaßnahmen auf un-

REISEN & KLIMAWANDEL

Jede Form des Reisens, die auf Brennstoff auf Kohlenstoffbasis beruht, erzeugt CO_2, die Hauptursache des von Menschen verursachten Klimawandels. Modernes Reisen ist von Flugzeugen abhängig, die vielleicht pro Kilometer und Person weniger Kraftstoff als die meisten Autos verbrauchen, aber sehr viel weitere Strecken zurücklegen. Auch die hohen Luftschichten, in die Flugzeuge Treibhausgase (auch CO_2) und Schadstoffe ausstoßen, spielen eine wichtige Rolle beim Klimawandel. Viele Websites bieten „Emissionsrechner", mit denen Reisende die CO_2-Emissionen ihrer Reise ausrechnen und die Auswirkung dieser Treibhausgase mit einem Beitrag für klimafreundliche Projekte in der ganzen Welt ausgleichen können. Lonely Planet gleicht die CO_2-Bilanz aller Reisen der Mitarbeiter und Autoren aus.

bestimmte Zeit ausgesetzt. Griechenland ist seither auch nicht mehr Teil des Eurail- und InterRail-Netzes. Wer einen solchen Pass besitzt, kann ihn aber trotzdem für die Anfahrt zu einem italienischen Hafen nutzen, um von dort aus nach Patras am Peleponnes überzusetzen.

Flugzeug

Die meisten Urlauber kommen mit dem Flieger nach Kreta. Zwischen Mai und Oktober bieten Charter- und Billigflieger Direktflüge nach Kreta an; meist von Großbritannien oder Deutschland.

Flughäfen & Fluglinien

Chania (www.chania-airport.com) Günstig gelegen für Traveller, die nach Westkreta wollen.

Iraklion (www.heraklion-airport.info) Kretas größter Flughafen hört offiziell auf den Namen „Nikos Kazantzakis International Airport".

Sitia (☎28430 24666) Nur Inlandflüge.

INTERNATIONALE FLUGLINIEN

AirBerlin/Niki (www.airberlin.com) Bedient die meisten großen Flughäfen in Deutschland, Österreich und der Schweiz.

Condor (www.condor.com) Fliegt die meisten deutschen Flughäfen an.

easyJet (www.easyjet.com) Fliegt nach Berlin, Bristol, Genf, London-Gatwick, Manchester, Mailand und Rom.

Germanwings (www.germanwings.com) Bietet Verbindungen zu den meisten deutschen Flughäfen.

Lufthansa (www.lufthansa.com) Hat Flüge nach Athen.

Ryanair (www.ryanair.com) Bietet von Chania Verbindungen nach Frankfurt (Hahn) und Mailand (Bergamo).

TuiFly (www.tuifly.com) Bedient die meisten großen Flughäfen in Deutschland, Österreich und der Schweiz.

GRIECHISCHE FLUGLINIEN

Aegean Airlines (www.aegeanair.com) Bedient die Flughäfen Athen und Thessaloniki, mit Weiterflügen nach ganz Europa. Hat Direktflüge ab London-Heathrow, Mailand, Paris und Rom.

Olympic Air (www.olympicair.com) Bedient die Flughäfen Athen und Thessaloniki, mit Weiterflügen nach ganz Europa.

Sky Express (www.skyexpress.gr) Fliegt etwa ein Dutzend griechische Ziele an, darunter Athen, Rhodos, Santorini (Thira), Kos und Ikaria.

Tickets

Wer zwischen Juni und September nach Kreta will, sollte schon weit im Voraus buchen. Und warum auch nicht: Flugtickets zu kaufen war noch nie so einfach wie heute. Die meisten Fluglinien verkaufen ihre Tickets online und zu guten Preisen. Dadurch muss auch niemand mehr befürchten, das Ticket für den Heimflug irgendwann im Urlaub zu verlieren. Für alle, die von außerhalb Europas anreisen, lohnt es sich u. U., einen günstigen Flug aufs europäische Festland zu suchen und anschließend mit einem Billigflieger nach Kreta zu fliegen. Charterflüge werden oft blockweise von Pauschalanbietern für komplette Urlaubspakete aufgekauft. Diese sind aber manchmal derart günstig, dass es sich teilweise rentiert, das ganze Pauschalpaket zu buchen und nach dem Flug auf eigene Faust weiterzureisen.

Übers Meer

Kreta ist bestens mit Fähren versorgt: Mindestens eine fährt das ganze Jahr über täglich von Piräus nach Iraklion und Chania, im Sommer sind es sogar drei bis vier. Ein- bis zweimal die Woche legt noch eine langsamere Fähre im Osten in Sitia und im Westen im kleinen Hafen von Kissamos (Kastelli) an. Von November bis April sind die Fährverbindungen stark reduziert. Die Fahrpläne ändern sich jährlich; kurzfristige Verspätungen und Stornierungen wegen schlechten Wetters, Streik oder mechanischen Problemen sind ebenfalls an der Tagesordnung.

Tickets

Bei den Fähren muss man immer mit Verspätung und Totalausfall rechnen. Bei kurzen Aufenthalten ist es daher am besten, erst dann ein Ticket zu kaufen, wenn die Abfahrt tatsächlich schon bestätigt ist. Autofahrer sollten in der Hauptsaison allerdings trotzdem weit im Voraus buchen, vor allem bei Übernachtungsfahrten oder Katamaran-Schnellbooten. Bei Ausfall einer Fähre ist das Ticket dann auf die nächste verfügbare Fahrt mit der gleichen Fährgesellschaft übertragbar. Es gibt auch Fährverbindungen von Kissamos nach Gythion (Peleponnes) sowie von Iraklion zu anderen

NOCH MEHR?

Wer jederzeit ausführliche Infos und Empfehlungen zur Verfügung haben will, holt sich am besten beim Apple App Store das iPhone App „Lonely Planet Athens City Guide".

Kein iPhone? Bei **Lonely Planet** (www.lonelyplanet.com/greece/crete) gibt's Planungstipps, Autorenempfehlungen, Rezensionen von anderen Travellern und Insidertipps.

Fährverbindungen nach Kreta

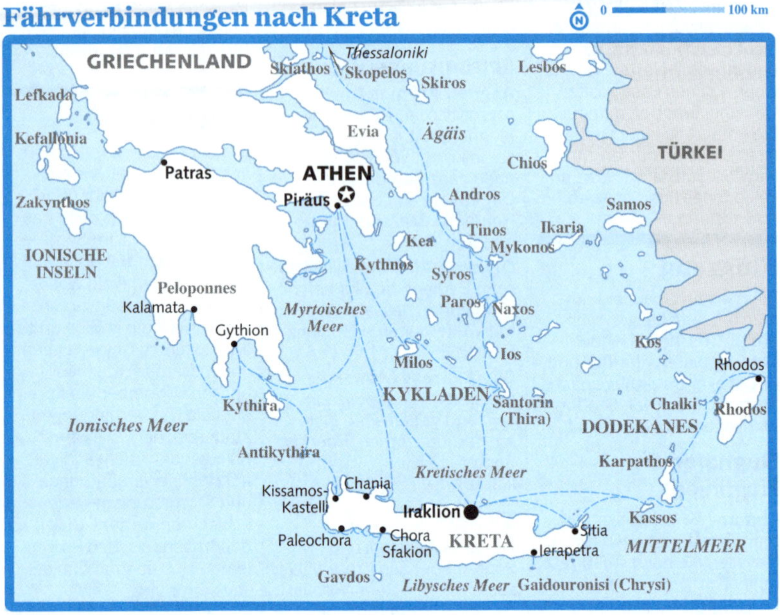

griechischen Inseln, darunter Santorin (Thira), Rhodos und Mykonos.

Tickets kauft man am besten online, entweder direkt bei der entsprechenden Fährgesellschaft oder über eine Buchungsmaschine wie www.greekferries.gr bzw. www.ferries.gr. Die Preise werden durch die Regierung vorgegeben und richten sich nach Entfernung und Reiseklasse (hier ist alles zwischen Deck und Zweibett-Außenkabine geboten). Kinder, Studenten und Senioren bekommen meist eine Ermäßigung von 10–50 %, während die Kleinen unter fünf Jahren oft umsonst mitfahren dürfen.

Segeln

Yachtsegeln ist zwar durchaus eine beliebte Art, durch die griechischen Inseln zu tingeln. Da Kreta aber keine nahe gelegenen Nachbarinseln hat, gibt es hier auch keinen großartigen Yachtbetrieb. Die Segelsaison beginnt im April und endet im Oktober; zwischen Juli und September legen die *meltemi*-Winde (S. 271) jedoch oft jegliche Segelaktivität lahm.

UNTERWEGS VOR ORT

Auto & Motorrad

Mit einem eigenen Fahrzeug lässt sich Kreta ganz prima erkunden, sofern man bereit ist, es mit den Straßen und den einheimischen Fahrern aufzunehmen. Vor Ort gibt's genügend Möglichkeiten, ein Auto oder Motorrad zu mieten, und die Straßen sind in den letzten Jahren erheblich besser geworden. In einsameren Gegenden (besonders im Süden) gibt's aber durchaus noch Schotterstraßen, die nur mit Geländefahrzeugen bewältigt werden können. Auf den schmalen, kurvigen Bergstraßen ist außerdem besondere Vorsicht angesagt.

Das Motorrad ist ein tolles Verkehrsmittel für kürzere Touren. Allerdings ist Kreta eine sehr große Insel, und längere Touren können aufgrund der Entfernungen zu einer echten Strapaze werden.

Wer sich abseits der Hauptstraßen bewegt, sollte die Karten gründlich studieren, da die Beschilderung der Landstraßen mehr als dürftig ist. Wenn es denn tatsächlich Straßenschilder gibt, dann auf Griechisch und Englisch (Letzteres ist eine phonetische Umsetzung des griechischen Namens und folgt ein paar Meter weiter, in abgelegenen Gegenden fehlt auch das). Selbst wenn der Name in lateinischen Buchstaben geschrieben ist, kann man ihn oft erst nach langem Rätselraten mit einem Namen auf der Landkarte oder in diesem Buch in Verbindung bringen, weil die Schreibweise manchmal recht unorthodox ist. Es lohnt sich, in eine gute Karte zu investieren, auch wenn selbst auf der besten Karte nicht alle Nebenstraßen eingezeichnet sind. Unterwegs sind keine Schilder zu erwarten, die einen beruhigen, dass man auf dem richtigen Weg ist, oder die restliche Entfernung bis

FÄHRVERBINDUNGEN VON/NACH KRETA

Aktuelle Verbindungen und Fahrpläne stehen auf der Website des jeweiligen Fährunternehmens oder unter www.gtp.gr, www.openseas.gr, www.ferries.gr und www.greekferries.gr (diese Site hat auch eine Buchungsfunktion).

ROUTE	FÄHRUNTERNEHMEN	DAUER	PREIS	HÄUFIGKEIT
Chania–Piräus	Anek	8½ Std.	35 €	1–2x tgl.
Iraklion–Karpathos	Aigaion Pelagos (Anek)	7½ Std.	18 €	2x wöchentl.
Iraklion–Kasos	Aigaion Pelagos (Anek)	5¾ Std.	18 €	2x wöchentl.
Iraklion–Milos	Aigaion Pelagos (Anek)	7½ Std.	22 €	2x wöchentl.
Iraklion–Mykonos	Hellenic Seaways	4¾ Std.	77 €	1x tgl.
Iraklion–Paros	Hellenic Seaways	4 Std.	75,50 €	1x tgl.
Iraklion–Piräus	Minoan	6½–7½ Std.	28 €	1–2x tgl.
Iraklion–Piräus	Anek	6½–9½ Std.	36 €	1–2x tgl.
Iraklion–Rhodos	Anek	12½ Std.	29 €	1x wöchentl.
Iraklion–Santorini (Thira)	Anek	4¼ Std.	15 €	2x wöchentl.
Iraklion–Santorini (Thira)	Sea Jets	2¼ Std.	51,50 €	1x tgl.
Iraklion–Santorini (Thira)	Hellenic Seaways	2 Std.	48,50 €	1x tgl.
Iraklion–Sitia	Anek	2¾ Std.	16 €	2x wöchentl.
Kissamos–Antikythira	Lane	2 Std.	9 €	2x wöchentl.
Kissamos–Gythion	Lane	6½ Std.	20 €	2x wöchentl.
Kissamos–Kythira	Lane	3½ Std.	14 €	1–2x tgl.
Kissamos–Piräus	Lane	10½ Std.	24 €	2x wöchentl.
Sitia–Iraklion	Anek	2¾ Std.	16 €	2x wöchentl.
Sitia–Karpathos	Anek	4¼ Std.	19 €	2x wöchentl.
Sitia–Kassos	Anek	2½ Std.	11 €	2x wöchentl.
Sitia–Milos	Anek	11 Std.	25 €	2x wöchentl.
Sitia–Piräus	Anek	16½ Std.	35 €	2x wöchentl.
Sitia–Rhodos	Aigaion Pelagos	10½ Std.	28 €	2x wöchentl.
Sitia–Santorini (Thira)	Anek	7½ Std.	25 €	2x wöchentl.

zum Zielort verkünden. Als Faustregel gilt: Immer weiterfahren, solange keine anders lautenden Schilder kommen. Abzweigungen werden in der Regel nicht lange im Voraus angekündigt.

Automobilclubs

Der griechische Automobilclub ELPA hat Abkommen mit anderen nationalen Automobilclubs und bietet deren Mitgliedern seine Dienste an, sofern sie einen gültigen Mitgliedsausweis besitzen. Die Notrufnummer bei Autopannen ist ☎10400.

Benzin & Ersatzteile

Sprit gibt's auf Kreta fast überall, dafür sind die Tankstellen teilweise sonn- und feiertags geschlossen. Selbstbedienung an Tankstellen ist in Griechenland nicht die Regel, auch Zapfstellen mit Kreditkarte sind selten. Tankstellen in abgelegenen Regionen akzeptieren überhaupt keine Kreditkarten. Daher empfiehlt es sich, bei jeder Gelegenheit vollzutanken.

Ersatzteile sind u. U. schwierig zu bekommen, besonders in abgelegeneren Gebieten der Insel. Infos zum nächsten Vertragshändler gibt's an den Tankstellen oder bei ELPA unter ☎10400.

FÄHRUNTERNEHMEN

» **Anek Lines** (www.anek.gr) Ältere Schiffe von/nach Piräus; eine wöchentliche Verbindung auf die Kykladen wird von der Schwestergesellschaft Aegeon Pelagos betrieben.

» **Hellenic Seaways** (www.hellenicseaways.gr) Hochgeschwindigkeitsfähre zu den Kykladen.

» **LANE Lines** (www.lane.gr) Langstreckenfähre zwischen Piräus und Kissamos.

» **Minoan Lines** (www.minoan.gr) Schnelle Luxusfähre von/nach Piräus.

» **Sea Jets** (www.seajets.gr) Hochgeschwindigkeits-Katamarane von/nach Santorini (Thira).

Fahrzeugverleih

AUTO

Dank der großen Konkurrenz sind die Mietpreise auf Kreta günstiger als auf vielen anderen Inseln. In Flughäfen und Städten sind sämtliche größeren internationalen Autoverleiher mit einer Filiale vertreten. Günstiger ist es aber unter Umständen bei den örtlichen Anbietern, die auch verhandlungsbereit sind.

Wie überall variieren die Preise für einen Leihwagen je nach Modell, Abholdatum und Ort teilweise erheblich. In der Regel bekommt man aber einen Kleinwagen ab etwa 35 € pro Tag, plus Steuer und Versicherung. Zusätzliche Fahrer und Einwegfahrten kosten üblicherweise extra. Kindersitze gibt's für etwa 5 € am Tag und sollten gleich bei der Buchung reserviert werden. Die meisten Autos haben Gangschaltung. Wer ein Fahrzeug mit Automatikgetriebe wünscht, sollte im Voraus reservieren, denn sie sind selten und meistens teurer.

Wer einen fahrbaren Untersatz mieten will, muss mindestens 21 oder sogar 23 Jahre alt sein und einen gültigen Führerschein sowie eine der gängigen Kreditkarten besitzen. Manche Autovermieter verleihen auch gegen Aufpreis an jüngere Fahrer. Bei den meisten muss mit Kreditkarte gezahlt werden, obwohl manche der kleineren Anbieter Bargeld oder Reiseschecks als Kaution akzeptieren.

Buchungen, die bereits vor der Anreise vorgenommen und bezahlt werden, sind meist billiger als das Mieten vor Ort. Details gibt's bei Online-Reisebüros wie **Auto Europe** (www.autoeurope.com) oder dem britischen Anbieter **Holiday Autos** (www.holidayautos.co.uk).

Die örtlichen Niederlassungen der Vermietungen sind bei den jeweiligen Reisezielen unter „Unterwegs vor Ort" aufgeführt.

MOTORRAD

Mopeds und Motorräder gibt's überall auf Kreta zu mieten. Motorradneulinge sollten sich die Insel aber nicht unbedingt für ihre Feuertaufe aussuchen. Mit dem Motorrad ist überhaupt besondere Vorsicht geboten, denn glatte Asphaltstraßen verwandeln sich manchmal ohne Vorwarnung in unebene, mit Schlaglöchern übersäte Pisten.

Erfahrene Biker werden feststellen, dass leichtgewichtige Enduros mit 400 bis 600 ccm das ideale Bike für Kretas Straßen sind. Oft sind die Maschinen schlecht gewartet, deshalb unbedingt ihren Zustand vor der Übernahme überprüfen, besonders die Bremsen. Wer ein Moped mietet, sollte mit dem Verleiher über die geplanten Tour sprechen, um sicherzugehen, dass das Zweirad die steilen Berghänge auch meistert.

Die Preise für ein Leihmotorrad beginnen ab 25 € pro Tag für ein Moped oder eine Maschine mit 50 ccm, eine Enduro mit 650 ccm kostet um die 50 €. In der Nebensaison liegen die Preise erheblich niedriger.

Führerschein

Der EU-Führerschein gilt auch in Kreta. Wer nicht Inhaber eines solchen ist, muss vor der Einreise einen internationalen Führerschein beantragen. Details gibt's beim Automobilclub des Heimatlandes.

Ein Motorrad dürfen nur Fahrer im Besitz eines gültigen Motorradführerscheins für den gewünschten Hubraum ausleihen (gültig für alle Bikes ab 50 ccm).

Gefahren

Die größte Gefahr auf Kreta geht nicht von schlechten Straßen, sondern von der einheimischen Fahrweise aus. Sobald die ansonsten entspannten Kreter hinterm Steuer sitzen, nimmt der Wahnsinn seinen Lauf. Wer zu langsam fährt, muss mit dichtem Auffahren, Gehupe und riskanten Überholmanövern rechnen. Von langsamen Fahrern wird erwartet, dass sie auf die schmale Standspur ausweichen und den nachfolgenden Verkehr überholen lassen. Überholen in Kurven und unter Nichtbeachtung von Verboten ist an der Tagesordnung. Die Verkehrsregeln werden routinemäßig ignoriert, und Polizeipräsenz ist mehr oder weniger Fehlanzeige.

Es empfiehlt sich, das Fahrzeug bei Dunkelheit stehen zu lassen. Besonders spätabends sind viele Fahrer unter Alkoholeinfluss unterwegs, was auf Kreta kaum von der Polizei verfolgt wird.

Auch der Zustand des Straßenbelags kann sich plötzlich ändern, wenn ein Straßenabschnitt abgesunken oder verwittert ist. In den

Bergen vergeht auch kaum ein Tag ohne unfreiwillige Pause wegen frei laufender Schaf- oder Ziegenherden. Steinschlaggefahr ist nicht beschildert und entsprechende Stellen sind auch nicht gesichert – also Augen auf!

Verkehrsregeln

Gefahren wird rechts, überholt links. Außerhalb von bebauten Gebieten hat man auf Hauptstraßen Vorfahrt. In geschlossenen Ortschaften gilt rechts vor links.

Die wichtigsten Autobahnen sind vierspurig, aber es gibt auch noch zweispurige Autobahnen mit breiten Seitenstreifen, die gern und oft benutzt werden, z. B. beim Überholen. Freundliche Autofahrer weichen nach rechts aus, wenn der Hintermann zum Überholen ansetzt.

In den Städten ist Autofahren ein einziger Albtraum aus Einbahnstraßen, Halten in zweiter Reihe und willkürlich angewandten Parkregeln. Das Fahrzeug wird zwar nicht abgeschleppt, aber die Strafzettel für Falschparken sind saftig. Behindertenparkplätze sind selten.

Sicherheitsgurte sind auf Vorder- und Rücksitzen Pflicht, und Kinder unter zwölf Jahren dürfen nur auf dem Rücksitz mitfahren. Außerdem sind – theoretisch zumindest – eine Erste-Hilfe-Ausrüstung, ein Feuerlöscher und ein Warndreieck mitzuführen. Benzinkanister im Kofferraum sind dagegen verboten. Die Promillegrenze liegt bei 0,5; Werte über 0,8 Promille gelten als Straftat.

Als zulässige Höchstgeschwindigkeit für Pkw gilt 120 km/h auf Autobahnen, 90 km/h auf Landstraßen und 50 km/h in Ortschaften. Die Höchstgeschwindigkeit für Motorräder beträgt 70 km/h (bis 100 ccm) bzw. 90 km/h (über 100 ccm). Verkehrssünden wie zu schnelles Fahren sind teuer.

Strafzettel sind nicht sofort vor Ort fällig – Verkehrssünder bekommen mitgeteilt, wo sie bezahlen sollen. Wer in einen Unfall verwickelt wird, bei dem keine Personen zu Schaden kamen, muss nicht unbedingt ein Polizeiprotokoll aufnehmen lassen. Trotzdem ist es besser, die nächste Polizeistation aufzusuchen und den Unfallhergang zu schildern. Muss die Versicherung eingeschaltet werden, ist nämlich ein Polizeiprotokoll erforderlich. Wer in einen Unfall mit Personenschaden verwickelt ist und Fahrerflucht begeht, riskiert eine Gefängnisstrafe.

SCHLAU REISEN

Im Zeitalter der Billigflieger ist Fliegen zu einer derartigen Selbstverständlichkeit geworden, dass selten ein Gedanke an alternative Transportmittel oder Umweltschutz aufkommt. Speziell bei Kreta ist die Anreise ohne Flugzeug aber ein richtig schönes – und auch unerwartet komfortables – Erlebnis. Und nicht zuletzt sieht die CO_2-Bilanz auch viel besser aus. Als Beispiel mal die Reise von London nach Iraklion. Wer fliegt, erzeugt damit eine Emission von 0,55 t CO_2. Mit dem Auto kommt man (je nach Modell) mehr oder weniger auf den gleichen Wert. Erst mit dem Zug wird's spannend – da sind es nämlich nur noch 0,05 t.

Allerdings geht das dann natürlich nicht mehr besonders schnell: Je nach Abfahrtsort müssen schon zwei bis drei Tage eingeplant werden. Mit der Bahn geht es wahlweise nach Venedig, Ancona oder Bari, wo jeweils Fähren nach Patras ablegen. Von Deutschland aus ist nur Venedig direkt mit dem Zug zu erreichen (ab München). Die Fahrtdauer der Fähre verkürzt sich aber natürlich, je weiter südlich man den Abfahrtshafen wählt. Von Patras aus fährt dann ein Bus zum Athener Hafen Piräus und zur Fähre nach Kreta.

Wenn (falls?) Griechenland irgendwann wieder den internationalen Zugverkehr aufnimmt, gibt's auch eine durchgehende Verbindung nach Athen über Budapest, Bukarest und Thessaloniki. Die Website www.vertraeglich-reisen.de/anreise-zug/bahnreisen.php?griechenland überwacht die aktuelle Situation und liefert umfassende Informationen.

Versicherung

Eine Haftpflichtversicherung ist in Griechenland für alle Fahrzeuge Pflicht – auch für solche, die vom Ausland ins Land kommen. Daher sollte jeder darauf achten, dass der bei der Autovermietung abgeschlossene Vertrag eine ausreichende Haftpflichtdeckung umschließt. Schäden am Auto selbst (Teil- oder Vollkasko) sind fast bei keinem Anbieter vom Vertrag abgedeckt, sondern eine Zusatzoption. Es empfiehlt sich jedoch auf jeden Fall, eine solche abzuschließen. Manche Kreditkarten bieten für einen bestimmten Zeitraum eine Teil- oder Vollkaskoversicherung an, wenn die gesamte Vermietung über die Kreditkarte läuft. Es lohnt sich daher immer, vor der Reise beim Kreditkartenanbieter nachzufragen, welche Deckung für Griechenland angeboten wird.

Bei Motorrädern ist Haftpflichtversicherung meist im Preis enthalten, aber für Arzt- und Krankenhauskosten kommt die Versicherung normalerweise nicht auf. Es lohnt sich also, die eigene

Reiseversicherung auf die Deckung von Motorradverletzungen zu prüfen, denn auch hier sind sie oft ein Ausschlusskriterium. Bei Maschinen ab einem Hubraum von 50 ccm besteht Helmpflicht; den Helm muss der Vermieter als Teil des Vertrags stellen.

Bus

Busse sind Kretas einzige öffentliche Verkehrsmittel, aber Dank des gut ausgebauten Netzes reicht das auch vollkommen, um ohne Probleme um die Insel zu kommen. Die Fahrpreise unterliegen staatlicher Kontrolle und für europäische Verhältnisse sehr günstig. Fahrpläne und Preise sind auf der Website www.bus-service-crete-ktel.com aufgeführt.

Tagsüber besteht eine stündliche Verbindung entlang der nördlichen Küstenstraße; die Busse zu den Dörfern im Hinterland sowie den Städten an der Südküste fahren in größeren Abständen. Daneben gibt's noch Buslinien zu den wichtigsten Touristenattraktionen wie Knossos, Festos, Moni Arkadiou, Moni Preveli, Omalos (zur Samaria-Schlucht) und Chora Sfakion.

In größeren Städten gibt's meist einen überdachten Busbahnhof mit Wartesälen, Toiletten und Snackbar. In Kleinstädten und Dörfern ist der „Busbahnhof" oft nur ein Haltestellenschild vor einem *kafenion* (Kaffeehaus) oder einer Taverne, die nebenbei Fahrscheine verkauft. Sollte kein Lokal offen sein oder Tickets verkaufen, kann man immer noch im Bus nachlösen.

Fahrrad

Auch auf Kreta wird Radfahren immer populärer, aber für die vielen bergigen Abschnitte braucht man Muckis und Ausdauer. In den meisten Touristenorten gibt's mindestens einen Fahrradverleih, Kostenpunkt zwischen 8 € und 20 € pro Tag. Auf Fähren reisen Fahrräder umsonst mit. Weitere Details zu Mountainbiketouren und Fahrradverleih gibt's im Kapitel „Wandern & Outdooraktivitäten" sowie auf der Website www.cycling.gr.

Fähre

Kleinere Fähren verkehren zwischen den Städten an Kretas Südküste, von denen manche nur über den Seeweg zu erreichen sind.

Im Sommer gibt es tägliche Verbindungen von Paleochora nach Chora Sfakion über Agia Roumeli, Sougia und Loutro. Auch wenn sich der Fahrplan jedes Jahr ändert, fahren normalerweise zwei oder drei Boote von Chora Sfakion nach Agia Roumeli und zurück sowie eins von Chora Sfakion nach Paleochora. Fähren zur Insel Gavdos legen von Chora Sfakion und Paleochora ab.

Mit Ausflugsbooten lassen sich Touren zu diversen Inseln vor der Küste unternehmen, zum Beispiel von Ierapetra nach Gaïdouronisi (Chrisi), von Agios Nikolaos nach Spinalonga oder von Kissamos zur Halbinsel Gramvousa.

Wassertaxi

In mehreren Hafenstädten im Süden gibt es Wassertaxis. Die kleinen Schnellboote bringen Passagiere an Orte, die auf dem Landweg schwer zu erreichen sind. Manche Taxiskipper berechnen den Fahrpreis pro Person, andere nehmen einen Festpreis fürs Boot, der dann durch die Anzahl der Insassen geteilt wird. In beiden Fällen ist das Wassertaxi eine ziemlich teure Angelegenheit.

Nahverkehr

Bus

Die Stadtbusse in Iraklio, Rethymno und Chania bedienen vor allem die Wohnvorstädte und sind daher für Urlauber meist nicht besonders praktisch. Fahrscheine gibt's normalerweise an den *periptera* (Kiosken) oder beim Fahrer.

Taxi

Abgesehen von einsamen Dörfern sind Taxis überall verbreitet und für europäische Verhältnisse ziemlich billig. In größeren Städten und an den Flughäfen gibt es Taxistände, an denen Listen mit entlegeneren Fahrzielen und entsprechenden Preisen ausgehängt sind; so besteht keine Gefahr, übers Ohr gehauen zu werden. Ansonsten gilt der Preis, den das Taxameter anzeigt. Auf dem Land haben Taxis oft keinen Zähler, deswegen vor der Abfahrt immer den Preis vereinbaren.

Trampen

Trampen ist nirgends völlig sicher, egal in welchem Land man sich aufhält, und daher nicht wirklich zu empfehlen. Wer per Daumen reist, sollte möglichst zu zweit an der Straße stehen und jemanden über das geplante Reiseziel informieren. Frauen sollten sich mit einem männlichen Begleiter zusammentun. Übrigens hält man hier nicht wie in Nordeuropa den Daumen hoch, sondern winkt mit ausgestrecktem Arm, wobei die Handfläche nach unten zeigt.

Aus größeren Städten herauszukommen ist meist Knochenarbeit, in abgelegeneren Gebieten ist Trampen viel einfacher. Auf Landstraßen kommt es oft vor, dass Fahrer unaufgefordert anhalten und fragen, ob man mitfahren möchte.

Sprache

NOCH MEHR GRIECHISCH

Zusätzliche Informationen zur Sprache und nützliche Wendungen für diejenigen, die fit in Englisch sind, gibt es im *Greek Phrasebook* von Lonely Planet. Es kann online auf **shop.lonely planet.com** oder als Lonely Planet iPhone Phrasebook im Apple App Store erworben werden.

Griechisch wird seit 4000 Jahren gesprochen und existiert seit rund 3000 Jahren in Schriftform – damit ist es eine der ältesten Sprachen Europas. Das Griechische hat die europäische Kultur über Jahrhunderte hinweg beeinflusst. Ein Großteil des heutigen Vokabulars der indogermanischen Sprachen hat daher griechische Wurzeln, und wer wissenschaftlich arbeitet, hat ohnehin ständig mit griechischen Vokabeln zu tun.

Neugriechisch ist die offizielle Landessprache Griechenlands und eine der zwei offiziellen Landessprachen Zyperns. Daneben wird es auch in vielen griechischen Immigrantengemeinden weltweit gesprochen.

Das griechische Alphabet wird auf S. 286 näher erläutert, aber um sich zu verständigen, genügt es schon, sich an die blauen Aussprachehinweise für deutschsprachige Leser zu halten. Ein paar Tipps vorab: Das Konsonantenpaar dh wird wie das weiche englische „th" ausgesprochen, gh ist die weichere, etwas kehlige Version eines normalen „g", und ch wird vor e- und i-Lauten wie in „ich" und ansonsten wie in „ach" ausgesprochen. Alle griechischen Wörter, die aus mindestens zwei Silben bestehen, sind mit einem Accent aigu (´) versehen, der die Betonung angibt. In unseren Aussprachehinweisen steht die betonte Silbe in Kursivschrift (Schrägschrift).

Das Griechische kennt wie das Deutsche drei Geschlechter – Maskulinum, Femininum und Neutrum. Wo erforderlich, wird das Geschlecht in diesem Kapitel angegeben (in Klammern und mit den bekannten Abkürzungen „m/f/n").

KONVERSATION

Hallo.	Γειά σας.	*ya*·ssas (Sie-Form)
	Γειά σου.	*ya*·ssu (Du-Form)
Guten Morgen.	Καλη μέρα.	ka·li *me*·ra
Guten Abend.	Καλη σπέρα.	ka·li *spe*·ra
Gute Nacht.	Καλη νύχτα.	ka·li *ni*·chta
Auf Wiedersehen.	Αντίο.	an·*di*·o
Ja./Nein.	Ναι./Οχι.	nä/*o*·chi
Bitte.	Παρακαλώ.	pa·ra·ka·*lo*
Danke.	Ευχαριστώ.	ef·cha·ri·*sto*
Gern geschehen/ keine Ursache.	Τίποτα.	*ti*·po·ta
Entschuldigung.	Συγγνώμη.	sigh·*no*·mi
Wie heißen Sie?/ Wie heißt Du?	Πώς σας λένε;/ Πώς σου λένε;	pos sas *le*·ne?/ pos su *le*·ne?
Ich heiße ...	Με λένε ...	me *le*·ne ...
Sprechen Sie Englisch/ Deutsch?	Μιλάτε αγγλικά/ γερμανικά;	mi·*la*·te an·gli·*ka*/ yer·ma·ni·*ka*?
Ich verstehe (nicht).	(Δεν) καταλαβαίνω.	(dhen) ka·ta·la·*ve*·no

EINKAUFEN & DIENSTLEISTUNGEN

Ich möchte gern ... kaufen.
Θέλω ν'αγοράσω ... *the*·lo na·gho·*ra*·sso ...

Ich gucke nur.
Απλώς κοιτάζω. ap·*los* ki·*ta*·zo

Kann ich es anschauen?
Μπορώ να το δω; bo·*ro* na to dho

Das gefällt mir nicht.
Δεν μου αρέσει. dhen mu a·*re*·ssi

Wie viel kostet das?
Πόσο κάνει; *po*·so *ka*·ni

Das ist zu teuer.
Είναι πολύ ακριβό. *i*·ne po·*li* a·kri·*vo*

Könnte ich einen günstigeren Preis bekommen?
Μπορείτε να κατεβάσετε την τιμή; bo·*ri*·te na ka·te·*va*·sse·te tin ti·*mi*

Bank	τράπεζα	*tra*·pe·za
Geldautomat	αυτόματη μηχανή χρήματων	af·*to*·ma·ti mi·kha·*ni* *khri*·ma·ton
Handy	κινητό	ki·ni·*to*
Internetcafé	καφενείο διαδικτύου	ka·fe·*ni*·o dhi·a·dhik·*ti*·u
Kreditkarte	πιστωτική κάρτα	pi·sto·ti·*ki* *kar*·ta
Postamt	ταχυδρομείο	ta·chi·dhro·*mi*·o
Toilette	τουαλέτα	tu·a·*le*·ta
Touristen-information	τουριστικό γραφείο	tu·ri·sti·*ko* ghra·*fi*·o

ESSEN & TRINKEN

Einen Tisch für …	Ενα τραπέζι για …	e·na tra·*pe*·zi ya …
(zwei) Personen	(δύο) άτομα	(*dhi*·o) *a*·to·ma
(acht) Uhr	στις (οχτώ)	stis (och·*to*)
Ich esse kein/e/n …	Δεν τρώγω …	dhen *tro*·gho …
Fisch	ψάρι	*psa*·ri
(rotes) Fleisch	(κόκκινο) κρέας	(*ko*·kki·no) *kre*·as
Erdnüsse	φυστίκια	fi·*sti*·kia
Geflügel	πουλερικά	pu·le·ri·*ka*

Was empfehlen Sie mir?
Τι θα συνιστούσες; ti tha si·ni·*stu*·ses

Woraus besteht dieses Gericht?
Τι περιέχει αυτό το φαγητό; ti pe·ri·e·chi af·*to* to fa·ghi·*to*

GRIECHISCHES ALPHABET

Das griechische Alphabet hat 24 Buchstaben, die wir nachfolgend in Groß- und Kleinschreibung zeigen. Vorsicht, manche Buchstaben sehen aus wie deutsche, klingen aber ganz anders: Das B wird beispielsweise wie „v" und das P wie „r" ausgesprochen. Wie im Deutschen beeinflusst auch die Kombination von Buchstaben deren Aussprache. So wird etwa die Buchstabenkombination ου wie „u" ausgesprochen, während οι zu „i" wird.

Α α	a	wie in „Asien"
Β β	v	wie in „Vase"
Γ γ	gh	ein weiches, kehliges „g"
	y	vor e- und i-Lauten wie in „ja"
Δ δ	dh	wie in engl. „this"
Ε ε	e	wie in „Elle"
Ζ ζ	z	wie in „Hirse"
Η η	i	wie in „Biene"
Θ θ	th	wie in engl. „think"
Ι ι	i	wie in „Biene"
Κ κ	k	wie in „kalt"
Λ λ	l	wie in „Land"
Μ μ	m	wie in „Mann"
Ν ν	n	wie in „Netz"
Ξ ξ	x	wie in „Xaver"
Ο ο	o	wie in „Koffer"
Π π	p	wie in „Puder"
Ρ ρ	r	wie in „Ring", leicht gerolltes r
Σ σ, ς	s	wie in „blass"
Τ τ	t	wie in „Tüte"
Υ υ	i	wie in „Biene"
Φ φ	f	wie in „frisch"
Χ χ	ch	wie in „ach"
		vor e- und i-Lauten wie in „ich"
Ψ ψ	ps	wie in „Psalm"
Ω ω	o	wie in „Koffer"

Achtung, der Buchstabe Σ nimmt in der Kleinschreibung zwei Formen an – σ and ς. Die zweite steht am Ende eines Wortes. Das Fragezeichen im Griechischen gleicht unserem Semikolon (;).

Das war sehr lecker!
Ήταν νοστιμότατο! — i·tan no·sti·mo·ta·to

Prost!
Εις υγείαν! — is i·yi·an

Die Rechnung, bitte.
Το λογαριασμό, παρακαλώ. — to lo·ghar·yas·mo, pa·ra·ka·lo

Mini-Sprachführer

Abendessen	δείπνο	dhip·no
Bar	μπαρ	bar
Brot	ψωμί	pso·mi
Café	καφετέρια	ka·fe·te·ri·a
Delikatessen	ντελικατέσεν	de·li·ka·te·sen
Desserts	επιδόρπια	e·pi·dhor·pi·a
Ei	αβγό	av·gho
Eiscreme	κρέμα	kre·ma
Essig	ξύδι	ksi·dhi
Fisch	ψάρι	psa·ri
Flasche	μπουκάλι	bu·ka·li
Frühstück	πρόγευμα	pro·yev·ma
Gabel	πιρούνι	pi·ru·ni
Gemüse	λαχανικά	la·cha·ni·ka
Gericht	φαγητό	fa·yi·to
Glas	ποτήρι	po·ti·ri
Hauptgerichte	κύρια φαγητά	ki·ri·a fa·yi·ta
heiß	ζεστός	ze·stos
Hochstuhl	καρέκλα για μωρό	ka·re·kla yia mo·ro
Huhn	κοτόπουλο	ko·to·pu·lo
kalt	κρύος	kri·os
Käse	τυρί	ti·ri
Kräuter	βότανα	vo·ta·na
Lamm	αρνί	ar·ni
Lebensmittelgeschäft	οπωροπωλείο	o·po·ro·po·li·o
Löffel	κουτάλι	ku·ta·li
Markt	αγορά	a·gho·ra
Menü	μενού	me·nu
Messer	μαχαίρι	ma·che·ri
mit/ohne	με/χωρίς	me/cho·ris
Mittagessen	μεσημεριανό φαγητό	me·si·me·ria·no fa·yi·to
Nuss	καρύδι	ka·ri·dhi
Obst	φρούτα	fru·ta
Öl	λάδι	la·dhi
Pfeffer	πιπέρι	pi·pe·ri
Restaurant	εστιατόριο	e·sti·a·to·ri·o
Rindfleisch	βοδινό	vo·dhi·no
Salz	αλάτι	a·la·ti
Schüssel	μπωλ	bol
Schweinefleisch	χοιρινό	chi·ri·no
Teller	πιάτο	pia·to
Vegetarier	χορτοφάγος	chor·to·fa·ghos
Vorspeisen	ορεκτικά	o·rek·ti·ka
Zucker	ζάχαρη	za·cha·ri

EINFACHE WENDUNGEN

Wer sich auf Griechisch durchschlagen will, kann diese einfachen Redewendungen durch die jeweils passenden Vokabeln ergänzen.

Wann ist/fährt (der nächste Bus)?
Πότε είναι (το επόμενο λεωφορείο); — po·te i·ne (to e·po·me·no le·o·fo·ri·o)

Wo ist (der Bahnhof)?
Πού είναι (ο σταθμός); — pu i·ne (o stath·mos)

Ich suche (Amphilochos).
Ψάχνω για (τον Αμφίλοχος). — psach·no ya (ton am·fi·lo·chos)

Haben Sie (eine Ortskarte)?
Έχετε (οδικό τοπικό χάρτη); — e·he·te (o·dhi·ko to·pi·ko khar·ti)

Gibt es ein/e/n (Fahrstuhl)?
Υπάρχει (ασανσέρ); — i·par·chi (a·ssan·sser)

Darf ich (es anprobieren)?
Μπορώ να (το προβάρω); — bo·ro na (to pro·va·ro)

Ich habe (ein Zimmer reserviert).
Έχω (κλείσει δωμάτιο). — e·kho (kli·ssi dho·ma·ti·o)

Ich möchte gerne (ein Auto mieten).
Θα ήθελα (να ενοικιάσω ένα αυτοκίνητο). — tha i·the·la (na e·ni·ki·a·sso e·na af·to·ki·ni·to)

Getränke

Bier	μπύρα	bi·ra
Kaffee	καφές	ka·fes
Limonade	αναψυκτικό	a·nap·sik·ti·ko
Milch	γάλα	gha·la
Rotwein	κόκκινο κρασί	ko·kki·no kra·si
Saft	χυμός	chi·mos
Tee	τσάι	tsa·i
Wasser	νερό	ne·ro
Weißwein	άσπρο κρασί	a·spro kra·si

IM NOTFALL

Hilfe!	Βοήθεια!	vo·*i*·thia
Gehen Sie weg!/ Geh weg!	Φύγετε!/Φύγε!	*fi*·ye·te/*fi*·ye
Ich habe mich verlaufen.	Έχω χαθεί.	e·cho cha·*thi*
Es hat einen Unfall gegeben.	Έγινε ατύχημα.	*ey*·i·ne a·*ti*·chi·ma
Rufen Sie ...!	Φωνάξτε ...!	fo·*nak*·ste ...
einen Arzt	ένα γιατρό	e·na yi·a·*tro*
die Polizei	την αστυνομία	tin a·sti·no·*mi*·a
Ich bin krank.	Είμαι άρρωστος.	*i*·me *a*·ro·stos
Hier tut es weh.	Πονάει εδώ.	po·*na*·i e·*dho*

Ich bin allergisch gegen (Antibiotika).
Είμαι αλλεργικός/αλλεργική στα (αντιβιωτικά) — *i*·me a·ler·yi·*kos*/a·ler·yi·*ki* sta (m/f) (an·di·vi·o·ti·*ka*)

RICHTUNGSANGABEN

Wo ist ...?
Πού είναι ...; — pu *i*·ne ...

Wie ist die Adresse?
Ποια είναι η διεύθυνση; — pi·a *i*·ne i dhi·*ef*·thin·si

Können Sie es mir zeigen (auf der Karte)?
Μπορείτε να μου δείξετε (στο χάρτη); — bo·*ri*·te na mu *dhik*·se·te (sto *char*·ti)

Links abbiegen.
Στρίψτε αριστερά. — *strips*·te a·ri·ste·*ra*

Rechts abbiegen.
Στρίψτε δεξιά. — *strips*·te dhe·*ksia*

an der nächsten Ecke
στην επόμενη γωνία — stin e·*po*·me·ni gho·*ni*·a

an der Ampel
στα φώτα — sta *fo*·ta

gegenüber	απέναντι	a·*pe*·nan·di
geradeaus	ολο ευθεία	o·lo ef·*thi*·a
hinter	πίσω	*pi*·sso
nahe	κοντά	kon·*da*
neben	δίπλα	*dhi*·pla
vor	μπροστά	bro·*sta*
weit	μακριά	ma·kri·*a*

Fragewörter

Wann?	Πότε;	*po*·te
Warum?	Γιατί;	yi·a·*ti*
Was?	Τι;	ti
Wer?	Ποιος; Ποια; Ποιο;	pi·*os* (m) pi·*a* (f) pi·*o* (n)
Wie?	Πώς;	pos
Wo?	Πού;	pu

UNTERKUNFT

Campingplatz	χώρος για κάμπινγκ	*cho*·ros ya *kam*·ping
Hotel	ξενοδοχείο	kse·no·dho·*chi*·o
Jugendherberge	γιουθ χόστελ	yuth *cho*·stel

ein ... Zimmer	ένα ... δωμάτιο	e·na ... dho·*ma*·ti·o
Einzel-	μονόκλινο	mo·*no*·kli·no
Doppel-	δίκλινο	*dhi*·kli·no

Wie viel kostet es ...?	Πόσο κάνει ...;	*po*·sso *ka*·ni ...
pro Nacht	τη βραδυά	ti vra·dhy·*a*
pro Person	το άτομο	to *a*·to·mo
AC	έρκοντίσιον	er·kon·*di*·si·on
Bad	μπάνιο	*ba*·nio
Fenster	παράθυρο	pa·*ra*·thi·ro
TV	τηλεόραση	ti·le·*o*·ra·si
Ventilator	ανεμιστήρας	a·ne·mi·*sti*·ras

VERKEHRSMITTEL & -WEGE

Öffentliche Verkehrsmittel

Schiff/Fähre	πλοίο	*pli*·o
Stadtbus	αστικό	a·sti·*ko*
Fernbus	λεωφορείο	le·o·fo·*ri*·o
Flugzeug	αεροπλάνο	ae·ro·*pla*·no
Zug	τραίνο	*tre*·no

Wo gibt es Fahrkarten?
Πού αγοράζω εισιτήριο; — pu a·gho·*ra*·zo i·si·*ti*·ri·o

Ich möchte gerne nach ... fahren.
Θέλω να πάω στο/στη ... — *the*·lo na *pao* sto/sti...

Um wie viel Uhr fährt er ab?
Τι ώρα φεύγει; — ti *o*·ra *fev*·yi

Hält er in (Iraklion)?
Σταματάει στο (Ηράκλειο); — sta·ma·*ta*·i sto (i·*ra*·kli·o)

Ich möchte gerne (in Iraklion) aussteigen.
Θα ήθελα να κατεβώ (στο Ηράκλειο). — tha *i*·the·la na ka·te·*vo* (sto i·*ra*·kli·o)

Ich hätte gerne ein(e) ...	Θα ήθελα (ένα) ...	tha *i*·the·la (e·na) ...
einfache Fahrkarte	απλό εισιτήριο	a·*plo* i·si·*ti*·ri·o

Rückfahrkarte	εισιτήριο με επιστροφή	i·si·*ti*·ri·o me e·pi·stro·*fi*
1. Klasse	πρώτη θέση	*pro*·ti *the*·si
2. Klasse	δεύτερη θέση	*def*·te·ri *the*·si
storniert	ακυρώθηκε	a·ki·*ro*·thi·ke
verspätet	καθυστέρησε	ka·thi·*ste*·ri·sse
Bahnsteig	πλατφόρμα	plat·*for*·ma
Fahrkarten-schalter	εκδοτήριο εισιτηρίων	ek·dho·*ti*·ri·o i·si·ti·*ri*·on
Fahrplan	δρομολόγιο	dhro·mo·*lo*·gio
Bahnhof	σταθμός τρένου	stath·*mos* *tre*·nu

Individualverkehr

Ich möchte gern ein ... mieten	Θα ήθελα να νοικιάσω ...	tha *i*·the·la na ni·ki·*a*·sso ...
Auto	ένα αυτοκίνητο	e·na af·to·*ki*·ni·to
Allradauto	ένα τέσσερα επί τέσσερα	e·na *tes*·se·ra e·*pi* *tes*·se·ra
Jeep	ένα τζιπ	e·na tzip
Motorrad	μια μοτοσυκλέττα	*mia* mo·to·si·*klet*·ta
Fahrrad	ένα ποδήλατο	e·na po·*dhi*·la·to

Brauche ich einen Helm?
Χρειάζομαι κράνος; — khri·*a*·zo·me *kra*·nos

Ist das die Straße nach ...?
Αυτός είναι ο δρόμος για ... — af·*tos* *i*·ne o *dhro*·mos ya ...

Kann ich hier parken?
Μπορώ να παρκάρω εδώ; — bo·*ro* na par·*ka*·ro e·*dho*

Das Auto/Motorrad hatte eine Panne (in ...).
Το αυτοκίνητο/η μοτοσυκλέττα χάλασε στο ... — to af·to·*ki*·ni·to/i mo·to·si·*klet*·ta *cha*·la·sse sto ...

Ich habe einen platten Reifen.
Επαθα λάστιχο. — e·pa·tha *la*·sti·cho

Mir ist das Benzin ausgegangen.
Εμεινα από βενζίνη. — e·mi·na a·*po* ven·*zi*·ni

ZAHLEN

1	ένας / μία ένα	e·nas / *mi*·a (m/f) e·na (n)
2	δύο	*dhi*·o
3	τρεις / τρία	tris (m&f) / *tri*·a (n)
4	τέσσερεις τέσσερα	*te*·sse·ris (m&f) *te*·sse·ra (n)
5	πέντε	*pen*·de
6	έξη	*e*·xi
7	επτά	ep·*ta*
8	οχτώ	och·*to*
9	εννέα	e·*ne*·a
10	δέκα	*dhe*·ka
20	είκοσι	*ik*·o·ssi
30	τριάντα	tri·*an*·da
40	σαράντα	sa·*ran*·da
50	πενήντα	pe·*nin*·da
60	εξήντα	ek·*sin*·da
70	εβδομήντα	ev·dho·*min*·da
80	ογδόντα	ogh·*dhon*·da
90	ενενήντα	e·ne·*nin*·da
100	εκατό	e·ka·*to*
1000	χίλιοι / χίλιες χίλια	*chi*·li·i / *chi*·li·ez (m/f) *chi*·li·a (n)

Schilder

ΕΙΣΟΔΟΣ	**Eingang/Einfahrt**
ΕΞΟΔΟΣ	**Ausgang/Ausfahrt**
ΠΛΗΡΟΦΟΡΙΕΣ	**Information**
ΑΝΟΙΧΤΟ	**Geöffnet**
ΚΛΕΙΣΤΟ	**Geschlossen**
ΑΠΑΓΟΡΕΥΕΤΑΙ	**Verboten**
ΑΣΤΥΝΟΜΙΑ	**Polizei**
ΑΣΤΥΝΟΜΙΚΟΣ ΣΤΑΘΜΟΣ	**Polizeiwache**
ΓΥΝΑΙΚΩΝ	**Toilette (Damen)**
ΑΝΔΡΩΝ	**Toilette (Herren)**

ZEIT & DATUM

Wie spät ist es?	Τι ώρα είναι;	ti *o*·ra *i*·ne
Es ist (2 Uhr).	είναι (δύο η ώρα).	*i*·ne (*dhi*·o i *o*·ra)
Es ist (10 Uhr) dreißig.	είναι (δέκα) και μισή.	*i*·ne (*dhe*·ka) ke mi·*si*

heute	σήμερα	*si*·me·ra
morgen	αύριο	*av*·ri·o
gestern	χθες	chthes
(heute) morgen	(αυτό το) πρωί	(af·*to* to) pro·*i*
nachmittag	απόγευμα	a·*po*·yev·ma
abend	βράδυ	*vra*·dhi
Montag	Δευτέρα	dhef·*te*·ra
Dienstag	Τρίτη	*tri*·ti
Mittwoch	Τετάρτη	te·*tar*·ti
Donnerstag	Πέμπτη	*pemp*·ti
Freitag	Παρασκευή	pa·ras·ke·*vi*
Samstag	Σάββατο	*sa*·va·to
Sonntag	Κυριακή	ky·ri·a·*ki*

Januar	Ιανουάριος	ia·nu·*ar*·i·os
Februar	Φεβρουάριος	fev·ru·*ar*·i·os
März	Μάρτιος	*mar*·ti·os
April	Απρίλιος	a·*bri*·li·os
Mai	Μάιος	*mai*·os
Juni	Ιούνιος	i·*u*·ni·os
Juli	Ιούλιος	i·*u*·li·os
August	Αύγουστος	*av*·ghus·tos
September	Σεπτέμβριος	sep·*tem*·vri·os
Oktober	Οκτώβριος	ok·*to*·vri·os
November	Νοέμβριος	no·*em*·vri·os
Dezember	Δεκέμβριος	dhe·*kem*·vri·os

Kulinarische Begriffe werden im Kapitel „Kretische Küche" (s. S. 256) erläutert.

GLOSSAR

Achäische Zivilisation – s. Mykenische Zivilisation

Agia (f), Agios (m), Agii (pl) – Sankt, Heilige(r)

Agora – Geschäftsbezirk einer antiken Stadt; im modernen Griechenland: Einkaufszentrum

Akropolis – der höchste Punkt einer antiken Stadt

Amphore – hohe Vase mit zwei Henkeln, in der Wein oder Öl aufbewahrt wurden

Basilika – frühchristliche Kirche

Bouzouki – lautenartiges Saiteninstrument, wird in der *Rembetiko*-Musik eingesetzt

Byzantinische Epoche – Periode, die sich durch die Verschmelzung der griechischen Kultur mit dem Christentum auszeichnet. Sie verdankt ihrem Namen Byzanz, der Stadt am Bosporus, die 324 n. Chr. zur Hauptstadt des Römischen Reichs ernannt wurde. Die Teilung des Römischen Reichs 395 n. Chr. leitete den Niedergang Roms ein, wohingegen die östliche Hauptstadt, nun nach Kaiser Konstantin I. in Konstantinopel umbenannt, einen Aufschwung erlebte. Nachdem Konstantinopel 1453 von den Türken bezwungen wurde, zerfiel das Byzantinische Reich.

chora – Hauptstadt, meist einer Insel

Domatio (s), Domatia (pl) – Zimmer, oft in Privathäusern; billige Übernachtungsmöglichkeit in den meisten Touristengegenden

Dorer – hellenistische Krieger, die um 1200 v. Chr. in Griechenland einfielen. Sie brandschatzten die Stadtstaaten, zerstörten die mykenische Kultur und läuteten Griechenlands Dunkles Zeitalter ein, während dem das künstlerisch und kulturell hohe Niveau der Mykener und Minoer verloren ging. Später entwickelten sich die Dorer zu aristokratischen Landbesitzern; sie förderten das Wiederaufleben der unabhängigen Stadtstaaten, die von den reichen Adligen regiert wurden.

Dorische Ordnung – griechische Architekturform, gekennzeichnet durch Säulen mit kanneliertem, geschwollenem Schaft, aber ohne Basis und einem – im Vergleich zu den schön verzierten *ionischen* und *korinthischen* Kapitellen – relativ schmucklosen Kapitell

Dunkles Zeitalter (1200–800 v. Chr.) – Periode, in der Griechenland von den Dorern beherrscht wurde

Ellada, Ellas – s. *Hellas*

ELPA – Elliniki Leschi Aftokinitou kai Periigiseon; griechischer Automobilclub

ELTA – Ellinika Tahydromia; griechisches Postamt

EOS – Ellinikos Orivatikos Syllogos; Verband der griechischen Wander- und Bergsteigervereine

EOT – Ellinikos Organismos Tourismou; nationaler griechischer Tourismusverband (mit Zweigstellen in den meisten größeren Städten), im Ausland als *GNTO* (Greek National Tourist Organisation) bekannt

estiatorio – Restaurant, das sowohl vorbereitete Speisen als auch Gerichte à la carte anbietet

Geometrische Zeit (1200–800 v. Chr.) – Zeit, in der Keramiken charakteristische geometrische Muster aufwiesen; manchmal auch Griechenlands *Dunkles Zeitalter* genannt

GNTO – Greek National Tourist Organisation; s. auch *EOT*

Griechische Klassik – Periode, in der die griechischen Stadtstaaten nach der Niederlage der Perser im 5. Jh. v. Chr. den Gipfel ihres Reichtums und ihrer Macht erreichten. Infolge der Peloponnesischen Kriege und der expansionistischen Bestrebungen von Philipp II., dem König von Mazedonien (regierte 359–336 v. Chr.), und seinem Sohn, Alexander dem Großen (regierte 336–323 v. Chr.), verloren die Stadtstaaten ihre Bedeutung.

Hellas – griechischer Name für Griechenland (weitere Namen: Ellas, Ellada)

Hellenistische Periode (323–146 v. Chr.) – Blütezeit, in der die griechische

Zivilisation Macht und Einfluss erlangte, eingeleitet von Alexander dem Großen und beendet durch die Römer, als sie 146 v. Chr. Korinth überfielen

Ionische Ordnung – griechische Architekturform, deren Säulen durch Stege getrennte Kanneluren und Kapitelle mit sprialförmigen Verzierungen aufweisen; s. auch *Dorische Ordnung* und *Korinthische Ordnung*

Kapitell – Kopfstück einer Säule

kastro – Kastell, Befestigungsanlage, Bastion

Koine – in der vorbyzantinischen Zeit gebräuchliche griechische Sprache, in der die Kirchenliturgien verfasst sind

Korinthische Ordnung – griechische Architekturform, bei der die Säulen glockenförmige Kapitelle mit kunstvoll gemeißelten Ornamenten in Form von Akanthusblättern haben; s. auch *Dorische Ordnung* und *Ionische Ordnung*

Kouros – Männerstatue aus der archaischen Periode, meist mit steifer Körperhaltung und rätselhaftem Lächeln

kri-kri – auf Kreta heimische Tierart mit langen Hörnern, ähnlich der Wildziege; auch als *agrimi* bekannt

KTEL – Kino Tamio Eispraxcon Leoforion; nationale Busgesellschaft, die alle Überlandlinien betreibt

leoforos – breite Straße

libation – altgriechisch für Wein oder Lebensmittel, die den Göttern geopfert wurden

Linear A – minoische Schrift, die bis heute nicht entziffert wurde

Linear B – mykenische Schrift, die entziffert werden konnte

Lyra – kleines, geigenähnliches Instrument, das zum Spielen aufs Knie gestützt wird, weit verbreitet in der kretischen und pontischen Musik

mantinadha (s), mandinadhes (pl) – traditionelle kretische Lieder, deren Texte sich reimen

Megaron – zentraler Raum oder zentrale Gemächer eines mykenischen Palastes

Meltemi – trockener Nordwind, der im Sommer fast in ganz Griechenland bläst

mezedhopoleio – ein Restaurant, in dem *mezedhes* serviert werden

Minoische Zivilisation (3000–1200 v. Chr.) – kretische Kultur im Bronzezeitalter, benannt nach dem mythischen König Minos. Typisch dafür sind wunderschöne Keramik- und Metallarbeiten. Die Epoche wird unterteilt in die Vorpalastzeit (3400–2100 v. Chr.), die Neue Palastzeit (2100–1580 v. Chr.) und die Nachpalastzeit (1580–1200 v. Chr.)

mitata – runde Steinhütten der Schäfer

Moni – Kloster oder Konvent

Mykenische Zivilisation (1900–1100 v. Chr.) – erste große Kultur auf dem griechischen Festland. Typisch dafür sind die mächtigen, unabhängigen Stadtstaaten, die von Königen regiert wurden; diese Periode wird auch die *Achäische Zivilisation* genannt

Nea Demokratia – Neue Demokratie; konservative politische Partei

Nekropolis – wörtlich übersetzt „Stadt der Toten"; antiker Friedhof

nisi – Insel

Nymphaion – Gebäude mit Brunnen im antiken Griechenland, oft den Nymphen geweiht

odeion – antikes überdachtes griechisches Theater

odos – Straße

OTE – Organismos Tilepikoinonion Ellados; nationale Telefongesellschaft

ouzeri – Lokal, in dem Ouzo und kleine Snacks serviert werden

Panagia – Gottesmutter, oft der Name von Kirchen

paralia – Uferpromenade

Pediment – dreieckige, oft mit Skulpturen ausgefüllte Fläche über den Säulen an der Front- und Rückseite eines klassischen griechischen Tempels

periptero (s), periptera (pl) – Straßenkiosk

Peristyl – Säulen, die ein Bauwerk umgeben, meist einen Tempel oder einen Innenhof

Pithos (s), Pithoi (pl) – großes minoisches Vorratsgefäß

platia, plateia – Platz

Propylon (s), Propylaia (pl) – aufwändig konstruierter Haupteingang zu einer antiken Stadt oder Kultstätte. Ein Propylon hatte einen Torbogen, die Propylaia mehrere.

Prytaneion – Verwaltungszentrum eines Stadtstaats

Rembetiko – Bluesmusik, die allgemein mit der Halbwelt der 1920er-Jahre in Verbindung gebracht wird

Rhyton – anderer Name für ein Opfergefäß (s. auch *libation*)

rizitika – traditionelle, patriotische Lieder aus Westkreta

Stoa – langes Gebäude mit Säulen, meist Teil einer *Agora*; diente im antiken Griechenland als Versammlungs- und Zufluchtsort

Taverne – traditionelles Restaurant, in dem Wein und Essen serviert werden

Tholos – mykenisches Grab in der Form eines Bienenstocks

Hinter den Kulissen

WIR FREUEN UNS ÜBER EIN FEEDBACK

Post von Travellern zu bekommen ist für uns ungemein hilfreich – Kritik und Anregungen halten uns auf dem Laufenden und helfen, unsere Bücher zu verbessern. Unser reiseerfahrenes Team liest alle Zuschriften genau durch, um zu erfahren, was an unseren Reiseführern gut und was schlecht ist. Wir können solche Post zwar nicht individuell beantworten, aber jedes Feedback wird garantiert schnurstracks an die jeweiligen Autoren weitergeleitet, rechtzeitig vor der nächsten Auflage.

Wer uns schreiben will, erreicht uns unter **www.lonelyplanet.de/kontakt**.

Hinweis: Da wir Beiträge möglicherweise in Lonely Planet Produkten (Reiseführer, Websites, digitale Medien) veröffentlichen, ggf. auch in gekürzter Form, bitten wir um Mitteilung, falls ein Kommentar nicht veröffentlicht oder ein Name nicht genannt werden soll. Wer Näheres über unsere Datenschutzpolitik wissen will, erfährt das unter www.lonelyplanet.com/privacy.

DANK VON LONELY PLANET

Vielen Dank an die folgenden Leser, die mit der letzten Ausgabe unterwegs waren und uns mit wertvollen Hinweisen, nützlichen Ratschlägen und interessanten Geschichten weiterhalfen:

B Leanne Beattie, Chris Biles, Wendy Bolt, Muriel Boselli, Paul Bryant **C** David Chubb, Mary Collins **D** Bavo Deneckere, **F** Seth Frantzman **G** Robyn Galloway **H** Jennifer Horne, Malcolm Hornsby **K** Mira Kautzky, Andrew P Kirk, Yvonne Kwakkestijn **L** Tassilo Lang **M** Sabrina Magnabosco, John Margaritsanakis, Chiara Mealli, Jacquelien Meijer, Peter Mynors **N** Janet Nicolas **P** Devid Paolini **R** Ewan Ross **S** Tami Shellef, Massimo Stefani, Pamela Stokes **T** Emma Tikunova **W** R Wakefield, Claire Waysand, Laura Woodman

DANK DER AUTOREN

Andrea Schulte-Peevers

Vorneweg erstmal ein großes Dankeschön an Anna Tyler für die Chance, dieses Buch zu übernehmen. Und einen ganz herzlichen Dank an meinen Mann David, der auf der Reise rund um die Insel so ein guter Begleiter war, sowie an Miriam Bers für ihre wirklich guten Empfehlungen. Eine tiefe Verbeugung vor all den netten Menschen, die uns so unglaublich gastfreundlich aufgenommen und ihre Kenntnisse und ihr Insiderwissen mit uns geteilt haben, darunter die Familie Papadospiridaki, Vaggelis Alegakis, Nikos Miliarakis, Ioannis Giannoutsos, Marianna Founti-Vassi und Moin Sadiq.

Chris Deliso

Viele Kreter haben mir mit guten Tipps und guter Gesellschaft geholfen. Im Einzelnen waren das: Manolis (Paleochora), Stavroula (Kissamos-Kastelli), Manolis, Rena und Ioanna (Chania) sowie Leftheris und Giannis (Iraklion). Ein ganz herzliches Dankeschön auch an das Lonely Planet Team, ohne dessen tatkräftige Hilfe ich das *Kreta*-Schiff niemals sicher in den Hafen bekommen hätte: die verantwortliche Redakteurin Anna Tyler, die unbeirrbar geduldige leitende Autorin Andrea Schulte-Peevers sowie die Produktions- und Kartografieteams. *Na eiste kala!*

Des Hannigan

Mein Dank gilt den vielen Freunden und Zufallsbekanntschaften aus Kreta und anderswo, die mich im Laufe der Jahre bei meiner Wanderschaft kreuz und quer über die „große Insel" beraten haben. Es sind zu viele, um alle Namen zu nennen, aber ich hoffe, alle waren sich meiner Dankbarkeit und meiner Zuneigung bewusst.

QUELLENNACHWEIS

Daten für die Klimakarte wurden der *Updated World Map of the Köppen-Geiger Climate Classification, Hydrology and Earth System Sciences, 11, 163344*, von Peel MC, Finlayson BL & McMahon TA (2007) entnommen und angepasst.

Titelfoto: Traditionelle kretische Windmühlen, Ano Kera, Provinz Iraklion, Kreta, Griechenland, Walter Bibikow/Corbis

Viele Fotos in diesem Reiseführer können bei Lonely Planet Images (www.lonelyplanetimages.com) lizenziert werden.

Über dieses Buch

Dies ist die 3. deutsche Auflage von Kreta, sie basiert auf der mittlerweile 5. englischen Auflage, die von Andrea Schulte-Peevers, Chris Deliso und Des Hannigan recherchiert und geschrieben wurde. Die vorhergehenden beiden Auflagen wurden von Victoria Kyriakopoulos geschrieben, die 1. von Joanne Oliver und die 2. von Paul Hellander. Dieser Reiseführer wurde vom Lonely Planet Büro in London in Auftrag gegeben, das Layout stammt vom Cambridge Publishing Management, Großbritannien. An der Produktion beteiligt waren:

Verantwortliche Redakteurin Anna Tyler
Koordinierende Redakteure Karen Beaulah, Gina Tsarouhas
Koordinierender Kartograf Andras Bogdanovits
Koordinierender Layoutdesigner Paul Queripel
Lektorat Helen Christinis, Annelies Mertens, Tasmin Waby McNaughtan
Kartografie Amanda Sierp, Shahara Ahmed
Leitende Kartografin Anita Banh
Layout Chris Girdler
Redaktionsassistenz Kathryn Glendenning, Michala Green, Kim Hutchins, Andi Jones, Hazel Meek, Martine Power, Saralinda Turner
Layout-Assistenz Julie Crane
Bildrecherche Umschlag Sabrina Dalbesio
Bildrecherche Innenteil Rebecca Skinner, Aude Vauconsant
Illustration Javier Martinez Zarracina
Farbdesign Tim Newton
Redaktion Sprachführer Laura Crawford
Dank an Jessica Boland, Brendan Dempsey, Ryan Evans, Heather Howard, Trent Paton, Jessica Rose, Julie Sheridan, Gerard Walker

DIE LONELY PLANET STORY

Ein ziemlich mitgenommenes, altes Auto, ein paar Dollar in der Tasche und Abenteuerlust – 1972 war das alles, was Tony und Maureen Wheeler für die Reise ihres Lebens brauchten, die sie durch Europa und Asien bis nach Australien führte. Die Tour dauerte einige Monate, und am Ende saßen die beiden – erschöpft, aber voller Inspiration – an ihrem Küchentisch und schrieben ihren ersten Reiseführer *Across Asia on the Cheap*. Innerhalb einer Woche hatten sie 1500 Exemplare verkauft. Lonely Planet war geboren.

Heute hat der Verlag Büros in Melbourne, London und Oakland mit mehr als 600 Mitarbeitern und Autoren. Und alle teilen Tonys Überzeugung, dass ein guter Reiseführer drei Dinge erfüllen sollte: informieren, bilden und amüsieren. Und an diesem Grundsatz änderte sich auch nichts, als 2011 BBC Worldwide alleiniger Inhaber von Lonely Planet wurde.

DIE AUTOREN

Andrea Schulte-Peevers

Leitende Autorin; Reiseplanung, Rethymnon, Iraklion, Unterkunft, Kreta aktuell, Die Kreter, Musik & Tanz, Bildende Künste, Literatur & Film, Kretische Küche, Praktische Informationen Auf ihren Reisen durch über 70 Länder hat Andrea ziemlich viele Kilometer gefressen – das reicht locker bis zum Mond und zurück. Aber sie wird niemals ihre erste Ankunft auf Kreta vor rund 15 Jahren vergessen: Auf der Stelle verliebte sie sich in die Menschen, ihre bunt verwobenen Traditionen und ihre lange, stolze Geschichte. Andrea stammt aus Bochum und lebte in London, bevor sie schließlich nach Los Angeles umsiedelte, einen Universitätsabschluss an der UCLA ablegte und als Reiseautorin Karriere machte. Über 60 Lonely Planet Führer stammen ganz oder teilweise aus ihrer Feder, darunter der *Griechenland*-Band. Momentan lebt sie in Berlin.

Mehr über Andrea auf
lonelyplanet.com/members/andreaschulte-peevers

Chris Deliso

Chania, Unterkunft, Geschichte, Minoische Kunst & Kultur Bereits mit fünf Jahren zeichnete Chris Karten der Ägäis; 20 Jahre später brachte ihn sein Byzantinistikstudium an der Universität von Oxford nach Griechenland. Seither hat er 1998 in Thessaloniki Neugriechisch studiert und ist häufig in Griechenland unterwegs gewesen, darunter auch ein Jahr auf Kreta, das er als seine geistige Heimat betrachtet. Die Recherchen für diesen Führer haben Chris ein gerüttelt Maß an Fisch, traditioneller Musik und Sonnenbrand eingebracht, den der sich an den abgelegeneren Stränden der Insel zuzog. Seine persönliche Website ist unter www.chrisdeliso.com zu finden.

Mehr über Chris auf
lonelyplanet.com/members/chrisdeliso

Des Hannigan

Wandern & Outdooraktivitäten, Wassersport, Reisen mit Kindern, Lassithi, Unterkunft, Natur & Umwelt Seit 20 Jahren fährt Des ständig nach Kreta. In den ersten Jahren wanderte er durch die abgelegeneren Bergregionen und erkundete die Südküste, widmete sich aber bald der gesamten Insel. Seit vielen Jahren arbeitet er immer wieder in Griechenland; für Lonely Planet *Griechenland* hat er die Kapitel über die Kykladen, die Ionischen Inseln und die Saronischen Inseln beigesteuert. Wenn er gerade nicht in Griechenland ist, lebt er in England, im äußersten Westen der sonnigen Grafschaft Cornwall. Also schon halb in Kreta, wäre da nicht der lästige Atlantik ...

Mehr über Des auf
lonelyplanet.com/members/deshannigan

Register

000 Verweise auf Karten
000 Verweise auf Fotos

N

O

P

Q

R

S

000 Verweise auf Karten
000 Verweise auf Fotos

000 Verweise auf Karten
000 Verweise auf Fotos

Auf einen Blick

Mit diesen Symbole sind wichtige Kategorien leicht zu finden:

- Sehenswertes
- Strände
- Aktivitäten
- Kurse
- Geführte Touren
- Feste & Events
- Schlafen
- Essen
- Ausgehen
- Unterhaltung
- Shoppen
- Praktische Informationen/Transport

Diese Symbole bieten wertvolle Zusatzinformationen:

- Telefon
- Öffnungszeiten
- Parkplatz
- Nichtraucher
- Klimaanlage
- Internet verfügbar
- WLAN verfügbar
- Swimmingpool
- Vegetarische Auswahl
- englischsprachige Karte
- Kinder willkommen
- Haustiere willkommen
- Bus
- Fähre
- Metro
- Subway/U-Bahn
- Straßenbahn
- Bahn

Die Reihenfolge spiegelt die Bewertung durch die Autoren wider.

Empfehlungen von Lonely Planet:

- LP TIPP – Das empfiehlt unser Autor
- GRATIS – Hier bezahlt man nichts
- Nachhaltig und umweltverträglich

Diesen Einrichtungen bescheinigen unsere Autoren ein starkes Engagement für die Nachhaltigkeit – zum Beispiel indem sie regionale Erzeuger unterstützen, ökologisch wirtschaften oder Umweltprojekte unterstützen.

Kartenlegende

Sehenswertes
- Strand
- buddhistisch
- Burg
- christlich
- hinduistisch
- islamisch
- jüdisch
- Denkmal
- Museum/Galerie
- Ruine
- Weingut/Weinberg
- Zoo
- Sehenswürdigkeit

Aktivitäten, Kurse & Touren
- tauchen/schnorcheln
- Kanu/Kajak fahren
- Ski fahren
- surfen
- Swimmingpool
- wandern
- windsurfen
- sonstige Aktivitäten/Kurse/Touren

Schlafen
- Hotel, Hostel
- Camping

Essen
- Restaurant

Ausgehen
- Bar, Kneipe
- Café

Unterhaltung
- Unterhaltung

Shoppen
- Shoppen

Praktisches
- Post
- Touristeninformation

Transport
- Flughafen
- Grenzübergang
- Bus
- Seilbahn/Standseilbahn
- Radweg
- Fähre
- Metro
- Schwebebahn
- Parkplatz
- S-Bahn
- Taxi
- Bahn
- Straßenbahn
- Tube Station
- U-Bahn
- sonstiger Transport

Verkehrswege
- Mautstraße
- Autobahn
- Hauptstraße
- Landstraße
- Verbindungsstraße
- sonstige Straße
- unbefestigte Straße
- Platz/Promenade
- Treppe
- Tunnel
- Fußgängerbrücke
- Spaziergang
- Abstecher vom Spaziergang
- Pfad

Grenzen
- Staatsgrenze
- Provinzgrenze
- umstrittene Grenze
- Bezirksgrenze
- Meeresschutzgebiet
- Klippen
- Mauer

Städte
- Hauptstadt (Staat)
- Hauptstadt (Bundesland/Provinz)
- Großstadt
- Stadt/Ort

Geografie
- Hütte/Unterstand
- Leuchtturm
- Aussichtspunkt
- Berg/Vulkan
- Oase
- Park
- Pass
- Rastplatz
- Wasserfall

Gewässer
- Fluss/Bach
- periodischer Fluss
- Sumpf/Mangroven
- Riff
- Kanal
- Gewässer
- Salzsee/trockener/periodischer See
- Gletscher

Gebietsform
- Strand/Wüste
- christlicher Friedhof
- sonstiger Friedhof
- Park/Wald
- Sportplatz
- Sehenswertes (Gebäude)
- Highlight (Gebäude)

Lonely Planet Publications,
Locked Bag 1, Footscray,
Melbourne, Victoria 3011,
Australia

Obwohl die Autoren und Lonely Planet alle Anstrengungen bei der Recherche und bei der Produktion dieses Reiseführers unternommen haben, können wir keine Garantie für die Richtigkeit und Vollständigkeit dieses Inhalts geben. Deswegen können wir auch keine Haftung für eventuell entstandenen Schaden nehmen.

Verlag der deutschen Ausgabe:
MAIRDUMONT, Marco-Polo-Str. 1, 73760 Ostfildern,
www.mairdumont.com, lonelyplanet@mairdumont.com

Chefredakteurin deutsche Ausgabe: Birgit Borowski

Redaktion: Bintang Buchservice GmbH, www.bintang-berlin.de
Übersetzung: Jan W. Haas, Silvia Mayer, Thomas Rach, Kathrin Schnellbächer
Lektorat: Jan W. Haas
Satz: Gritta Deutschmann
Technischer Support: Typopoint, Ostfildern/Kemnat

Kreta
3. deutsche Auflage September 2012,
übersetzt von *Crete, 5th edition*, März 2012
Lonely Planet Publications Pty